Digital Transformation in
Cloud Computing

云上数字化转型

阿里云智能-全球技术服务部 ◎著

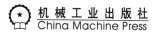

图书在版编目（CIP）数据

云上数字化转型 / 阿里云智能 - 全球技术服务部著 . -- 北京：机械工业出版社，2022.4
ISBN 978-7-111-70483-6

I. ①云… II. ①阿… III. ①企业管理 - 数字化 - 研究 - 中国 IV. ① F279.23-39

中国版本图书馆 CIP 数据核字（2022）第 056026 号

云上数字化转型

出版发行：机械工业出版社（北京市西城区百万庄大街 22 号　邮政编码：100037）	
责任编辑：朱 劼	责任校对：殷 虹
印　　刷：三河市宏图印务有限公司	版　次：2022 年 5 月第 1 版第 1 次印刷
开　　本：186mm×240mm　1/16	印　张：35.75
书　　号：ISBN 978-7-111-70483-6	定　价：149.00 元

客服电话：（010）88361066　88379833　68326294　　投稿热线：（010）88379604
华章网站：http://www.hzbook.com　　读者信箱：hzjsj@hzbook.com

版权所有・侵权必究
封底无防伪标均为盗版

Writing Group 本书编写组

总顾问

李津（花名：老石头）、朋新宇（花名：小芃）

顾问与专家委员会（排名不分先后）

张瑞、黄欢欢（花名：西壁）、金建明（花名：铮明）、霍嘉（靖恩）、王赛、姜伟华（花名：果贝）、宁晓明（花名：灭道）、王佳毅（花名：佳毅）、何龙（花名：周翰）、李猛（花名：六如）、孙磊（花名：越寻）、房祥（花名：云家）、杨鹏（花名：言道）

编写委员会（排名不分先后）

金建明（花名：铮明）、庄隆生（花名：道本）、黎意超（花名：向迪）、曹霖（花名：跑林）、何强（花名：回雁）、沈顺厚（花名：南帆）

各章撰写人员名单

第1章：金建明

第2章：庄隆生、黄佩栋（花名：培东）、李雨晨

第3章：黎意超、王克强（花名：云享）、程哲桥（花名：苗刀）、张羽辰（花名：同昭）、刘晓（花名：右京）、刘迅（花名：崇云）

第4章：祁高攀（花名：云攀）、曹霖、何为（花名：星阁）、史金良（花名：胜庸）、孙鹏翀（花名：两仪）、郑发（花名：云乾）、余康（花名：琪龙）、宋文龙（花名：闻可）、袁铁强（花名：云官）

第5章：何龙、李林洋（花名：豫初）、何强、戴少青（花名：戴少）、马鑫（花名：高风）、王雅晴（花名：鹤晴）、许福、蒲聪（花名：伯钦）、周江（花名：炜松）

第6章：沈顺厚、杨鹏

第7章：庄隆生、李成强（花名：愚篱）、胡志强（花名：恪谦）、曹霖

全书策划与统筹

何强（花名：回雁）

特别感谢（排名不分先后）

宿宸（花名：樵一）、王佩杰（花名：陌歌）、贾林薇（花名：林葳）、韩冰（花名、单于）、刘明（花名：火钳）、王銮锋（花名：猛哥）、李娅莉（花名：雅丽）、姚立哲（花名：姚成）、王佳佳（花名：迦然）、马骏驰、孟祥军（花名：祥君）、王燕萍（花名：燕舒）、邵卫（花名：丞焱）

Foreword 序 一

朋新宇
阿里巴巴集团副总裁
数据技术及产品负责人

"数字化"已经从一个专业术语成为大家熟知的通用名词。企业数字化转型与改革如何确保成功，寻找什么样的切入点最合适，是每个企业负责人都要思考和关注的话题。

阿里巴巴通过近几年在数字化领域的摸索和实践，总结出选择最难的事情反而最容易找到打开工作局面的突破口。那么什么是"最难的事情"？"破"和"立"！

"破"什么？

破"经验主义"。以前做一件事要想很多遍、做很多次尝试，历史经验告诉我们，这种方法不太可行，因为数字化并不是"新瓶装旧酒"。

破"畏难主义"。数字化不是一个部门的事，涉及流程重塑、系统改造、打破部门墙和利益链，而短期结果又不好衡量，很多企业认为太难了。但是，要本着"多一事不如少一事"的思想放弃数字化转型吗？

"立"什么？

立"发展观"。要用发展的眼光布局当下的工作，即要考虑未来5～10年是否能持续具备今天的优势和引领性？是否能跟得上客户的诉求？是否能跑赢竞争对手？员工成长是否匹配市场发展？面对不确定性的未来，数字化应该是企业在众多布局里最具确定性的工作。

立"价值观"。用价值的视角推进未来的投入，即哪里人员最密集、哪些环节花钱最多、哪里风险最高、哪里效率最低，就应该从哪里入手。在数字化治理下，价值才是可被设计和管理的，才能让企业看清现状、发现未知、创造未来。有数字化，才能有数智化。

如何做？

每个企业所属的行业和所处的发展阶段各有不同，《云上数字化转型》这本书总结了阿里自身的数字化转型经验和帮助众多企业客户上云、做数字化转型的心得，有的"先破后立"，有的"先立后破"，有的"边破边立"，是数字化转型领域难得的实战书籍。对于正在思考企业数字化转型的负责人而言，如何正确地做出选择，让企业走得更远、更好？唯有与先行者同行，与践行者同行！

序 二 Foreword

胡臣杰
阿里云副总裁

数字经济已经成为新的经济发展引擎。数字经济的发展速度如此之快，数字化也成为众多不确定性中唯一的确定性。正因为数字化转型变得如此重要，各个行业都开始高度关注数字化，大家既想拥抱数字经济，又因为各种原因犹豫不决，难以破局。

如何解决数字化焦虑？数字化是否有明确的定义或者方法来指导？我们认为答案是肯定的。首先，要有战略决心，数字化转型不是一个项目，而是一个工程，且是一号位工程。数字化的目标，以终为始来看，都离不开"降本增效""组织和组织里的人如何更好地协同""业务与数据、智能化的技术结合"这三点。从这三个目标出发，通过计算、数据、连接、协同，数字化转型就能走出一条破局之路，特别是对于大型企业来说，都要经历技术互联网化（含基础设施云化）、核心业务流程数字化、数据业务闭环化这几个必要阶段。

通过基础设施云化来搭建企业的创新基座，是企业数字化转型的第一步，企业获得算力以及存储的效率也会大大提高。接下来要做的就是核心业务流程数字化。首先需要甄别企业的核心流程有哪些、当前最需要数字化的流程或工作有哪些，而不是把所有的流程都进行数字化。核心流程数字化后，实现数据业务闭环化的关键是将数据逐渐变成企业的生产要素，从而实现从业务到数据、再让数据回到业务的过程，也就是我们经常说的"一切业务数据化、一切数据业务化"。数字化也能够帮助企业重构组织和流程，使决策速度更快，组织的联动更好、更敏捷。但是，实现数字化并不是最终的目标，数字化的根本目标是实现智能化，在智能化的基础上追求创新。只有做出更多的创新，才能推动企业不断发展，并将自己的数字化能力对外进行辐射和拓展。

以近年来做数字化转型的"明星"企业——飞鹤集团为例。通过与阿里云深度合作，飞鹤集团推动了企业的全面数字化转型，打通了企业内数据孤岛，持续开展了中台能力建设，借助大数据能力支持经营决策并反哺业务运营，从而实现了从"制造"走向"智造"，为企业注入了创新动力。数据中台的成功建设，激发了客户对业务中台的建设期望。随着业务中台在飞鹤集团的落地，企业业务将更好地满足消费者的需求，从而走出具有企业特色的数字化转型之路。

在阿里，有这样一群人，他们肩负着业务履约的挑战；他们有一个梦想，就是成为企业数字化转型的"梦之队"；他们以客户为师，每服务一个行业就深耕其中，与客户、生态伙伴一同成长；每做一个项目，就帮助客户沉淀一套体系、为其留下一支队伍。这本书便是他们结合阿里自身的经验以及众多企业客户数字化转型的最佳实践所沉淀的点点滴滴，希望读者阅读后能够有所收获。

前　言 Preface

当今，数字化浪潮已经席卷全球，世界各国和全球主要经济体都不愿在这场变革中失去先机：欧盟委员会于 2020 年 2 月发布《塑造欧洲的数字未来》；美国于 2020 年 9 月发布《设计美国数字发展战略》；我国于 2021 年 3 月发布《中华人民共和国国民经济和社会发展第十四个五年规划和 2035 年远景目标纲要》（以下简称"十四五规划"），在第五篇"加快数字化发展　建设数字中国"中详细阐述了我国的数字化战略。

全球的新冠疫情在某种程度上加速了社会数字化的进程。疫情影响之下，企业和个人对通过云技术构建的数字化工具的依赖度越来越高，政府也更多地借助云和大数据的力量来进行疫情防控和国家治理。今天，在诸多的不确定性中，数字化的趋势是确定的，未来将有更多的人和组织拥抱数字化。我们认为：数字化转型的热潮，实际上反映了人类对未来发展的深度思考，而运用和发展数字化技术可以帮助解决该问题。

"数字化"本身是一种生产力，和生产工具、生产关系紧密结合。阿里云总裁张建锋认为：谁掌握了先进生产力，谁就拥有更多的主动权，而数字化、科技创新就是这个时代的先进生产力。在组织及管理层面，数字化驱动着内部的流程、决策、组织设计、绩效管理更科学、更高效；在业务层面，数字化驱动着端到端业务环节运作效率的提升，加速了融合与协作；在数字创造新产品及价值层面，数字化提供了更多新赛道的可能性，降低了试错和更新换代的成本，加速了新业务孵化。企业需要的是可见路径和效果的数字化转型，但我们完全没必要夸大对"数字化转型"的焦虑感，数字创新是企业业务发展到一定阶段或企业业务发展的需求本身催生的。我们为政府部门和企业提供基于云的数字化技术服务、解决方案，以及后续的技术服务保障，让他们更有信心去做自己想做的事。

企业在拥抱数字化的过程中，信息系统涉及的不仅是一个简单的业务流问题，还涉及数据流、移动化问题，更有用人工智能来处理大数据以及进行万物互联的问题，这在以往的信息化建设中是没有遇到过的。也就是说，数字化转型并不是简单地采购数字化软件或工具就能实现的，而是需要进行顶层规划与设计，通盘考虑企业整体数字化业务的流程，甚至对企业内部的组织架构都要进行相应的调整。所以，我们希望将这本融汇云上数字化转型方法论与最佳实践的著作带给读者。

我们是一群什么样的人？我们来自阿里云智能－全球技术服务部（GTS），是投身中国数字化建设的生力军，我们是飞机、火车、酒店的常旅客，既活跃在各大技术会议的演讲台上，也常在工厂车间或田间地头与工人、农民研究生产问题，还会在你刷微博和短视频时默默为你提供支持保障……我国的"十四五规划"提出的十大数字化应用场景，从智能交通、智慧能源、智能制造到智慧政务，我们都深度参与了。阿里云的技术和服务，以及阿里云的工程师已经成为中国数字化基础设施的一部分，也是产业结构中非常重要的一环。我们通过技术驱动和业务创新，正在努力成为数字化转型的实践者，我们希望培养10万名生态开发者、助力1万家企业完成数字化转型，将自己打造成数字化转型的"梦之队"。不光是在中国，我们也将业务拓展到海外，东亚、东南亚、西亚、欧洲和北美已有我们的数据中心和服务的客户。

美国权威调研机构Forrester在2018年发布"Specialized Insight Service Providers"，旨在评选全球最佳数字化转型专家，阿里云作为中国唯一的厂商入选，评价为"表现出色"且市场表现最佳。在2021年云栖大会上，Gartner联合第三方发布《云创新数字服务2.0》报告，首次定义数字经济时代的云服务行业标准，阿里云成为唯一入选L4（治理级）的云服务厂商。在获得殊荣的同时，作者团队也深感责任重大，我们希望能向市场和行业分享自己对数字化转型的理解和心得。2017年，作者团队出版《企业迁云实战》第1版，在当时，上云这件事还比较前卫，我们重点讨论了基础设施的云化，涉及应用、数据库、大数据等上云迁移的问题，希望帮助企业平滑地迁移到云上；2019年，作者团队出版《企业迁云实战》第2版，在第1版的基础上对产品技术内容进行了更新，同时结合当时的技术趋势和热点，引入了业务中台、数据库和大数据系统云化等专题，帮助企业在云上进行应用和架构重构，使系统更加适应云的技术特征和要求。

本书是前两本书的升华，以云计算近年的发展趋势开篇，引入数字化转型的理念，在统一的顶层设计和业务咨询牵引下，分别阐述应用云化与云原生、云上业务中台、云上数据中台、云上AIoT中台的方法论、标准流程与步骤、标准文档规范以及相关技术业务解决方案等最佳实践，同时辅以丰富的案例帮助读者理解。最后，我们通过3个大型客户的数字化转型综合案例来讲解阿里云赋能下的数字化转型的全过程和最终效果。我们在书中虽然是围绕企业数字化转型进行思考和讲解，但对其他领域来说也具有参考意义。

我们希望企业业务决策者、技术决策者、行业专家、架构师和技术主管阅读本书，也希望本书能够为大家提供有价值的信息和足够的参考借鉴，帮助各行业的数字化转型之路走得更稳、更快，取得的效果更好。希望了解云计算和阿里云的业内人士也能从本书中获益。

本书的编写和出版离不开阿里巴巴集团和阿里云智能 – 全球技术服务部的很多领导、同学的关心与支持，我们将所有贡献者单独列在"本书编写组"中，感谢各位贡献者对本书编写工作的支持！

特别要说明的是，虽然本书所有案例代码均在作者当时的环境中成功运行或实现，但不代表读者在自己的环境里一定能够运行成功，请不要在生产环境随意测试。同时，鉴于技术的飞速发展，加之作者的学识有限，本书难免存在疏漏与欠缺，热烈欢迎读者批评指正！

张 瑞

阿里云智能 GTS 交付技术部总经理

2021 年 10 月

Contents 目 录

本书编写组
序一
序二
前言

第1章 云计算与数字化转型 ········ 1
1.1 云计算的三生三世 ············ 5
1.1.1 云计算的演进之路 ············ 5
1.1.2 狭义的云计算 ············ 13
1.1.3 广义的云计算 ············ 16
1.1.4 云计算的发展现状 ············ 20
1.1.5 云计算的未来 ············ 21
1.2 从数字化转型走向数智化转型 ····· 23
1.2.1 信息化建设与数字化转型 ······ 23
1.2.2 从数字化走向数智化 ·········· 24
1.3 云计算助力的数字化转型之路 ········ 29
1.3.1 云计算与数字化转型是相辅相成的关系 ············ 29
1.3.2 云计算与数字化转型不是万能良药 ············ 30
1.3.3 借鉴、实践、提升 ············ 31
1.4 数字化转型：从建设到精细化经营 ········ 34
1.4.1 数字化转型的初心 ············ 34
1.4.2 数字化运营是什么 ············ 36
1.4.3 数字化运营需要的组织及能力 ············ 38

第2章 企业数字化转型与顶层设计 ········ 40
2.1 当今企业所处的时代背景 ······· 40
2.1.1 数字经济时代及其特点 ······· 40
2.1.2 企业面临的内外部机遇与挑战 ············ 42
2.1.3 数字化转型已是大势所趋 ····· 44
2.2 企业数字化转型概述 ·········· 48
2.2.1 企业数字化转型的定义 ······· 48
2.2.2 企业数字化转型的本质 ······· 51
2.2.3 企业数字化转型的路径和阶段 ············ 51
2.2.4 企业数字化转型面临的挑战 ···· 52

2.2.5 企业数字化转型的多维框架……54
2.2.6 企业数字化转型是个漫长的过程……57
2.2.7 企业数字化转型的探索……57
2.2.8 企业数字化转型的误区……57
2.3 企业数字化转型的顶层设计……60
 2.3.1 顶层设计的价值……61
 2.3.2 顶层设计的范围……61
 2.3.3 顶层设计的三大原则……62
 2.3.4 企业如何进行数字化转型的顶层设计……63

第3章 应用云化与云原生……67

3.1 传统 IT 架构的现状及问题分析……67
 3.1.1 IDC 时代的困境与挑战……67
 3.1.2 云技术走向成熟……68
 3.1.3 企业云化的困境……69
 3.1.4 企业云化的关键技术……70
3.2 云原生的概念、战略及落地……73
 3.2.1 云原生概念的演进和发展……73
 3.2.2 云原生时代的方法论……77
 3.2.3 云原生战略的规划……80
 3.2.4 云原生时代应用架构的规划……82
 3.2.5 云原生架构的原则……85
 3.2.6 云时代的应用架构解析……87
 3.2.7 落地一个云原生应用……90
3.3 云容灾架构的设计与实践……92
 3.3.1 云容灾是云原生的高阶使用场景……92
 3.3.2 容灾备份基础……93

3.3.3 云容灾的建设需求……98
3.3.4 国内容灾行业的需求分析……102
3.3.5 阿里云容灾架构与实践……104

第4章 云上业务中台……114

4.1 业务中台的发展历史和背景……114
 4.1.1 什么是业务中台……114
 4.1.2 阿里巴巴数字化转型与业务中台的发展……114
4.2 业务中台的价值……119
 4.2.1 从业务中台看数字化转型……120
 4.2.2 企业数字化转型的特征……120
 4.2.3 企业数字化转型中业务中台的价值……122
4.3 业务中台的战略与演进……123
 4.3.1 阿里巴巴的业务中台战略……123
 4.3.2 业务中台的演进路线……125
 4.3.3 中台、微服务和 DDD 的关系……133
4.4 业务中台的建设方法及划分思路……133
 4.4.1 概述……133
 4.4.2 产品组合规划……135
 4.4.3 领域建模……135
4.5 业务中台的建设过程……146
 4.5.1 建设过程概述……146
 4.5.2 需求调研……152
 4.5.3 需求分析……162
 4.5.4 架构设计……162
 4.5.5 系统构建……172
 4.5.6 阿里底座产品……184

4.5.7 系统迁移 …… 189
4.5.8 系统上线与保障 …… 192
4.5.9 业务中台的运营 …… 201
4.6 业务中台技术的实践 …… 206
 4.6.1 分布式服务框架与治理 …… 206
 4.6.2 分布式事务处理 …… 214
 4.6.3 大促保障 …… 240
 4.6.4 端到端全链路压测与监控 …… 250
 4.6.5 灰度发布 …… 256
 4.6.6 高可用与高并发 …… 263
 4.6.7 分布式数据库与缓存技术 …… 274
 4.6.8 Serverless 在业务中台场景中的应用 …… 293
4.7 阿里巴巴业务中台项目案例 …… 301
 4.7.1 直销行业案例 …… 301
 4.7.2 快消行业案例 …… 306
 4.7.3 餐饮行业案例 …… 314

第 5 章 云上数据中台 …… 318

5.1 云上数据中台概述 …… 318
 5.1.1 数据中台的发展历史 …… 318
 5.1.2 数据中台的演进路线 …… 319
 5.1.3 数据中台的建设内容 …… 320
 5.1.4 数据中台的建设方法 …… 321
 5.1.5 数据中台的价值 …… 323
5.2 数据中台的架构设计 …… 324
 5.2.1 数据中台的理论 …… 324
 5.2.2 数据中台产品体系 …… 326
 5.2.3 平台架构设计 …… 330
 5.2.4 数据架构设计 …… 339
 5.2.5 标准规范设计 …… 343

5.3 大数据平台建设 …… 347
 5.3.1 大数据平台建设概述 …… 347
 5.3.2 详细技术架构 …… 349
 5.3.3 环境部署 …… 359
 5.3.4 安全方案部署 …… 362
5.4 数据资产化建设 …… 367
 5.4.1 数据资产的定义 …… 367
 5.4.2 数据资产的采集 …… 367
 5.4.3 数据资产的构建 …… 381
 5.4.4 数据资产的管理 …… 392
 5.4.5 数据资产的价值 …… 397
5.5 智能数据应用 …… 398
 5.5.1 数据应用概览 …… 398
 5.5.2 数据应用规划实践 …… 399
 5.5.3 行业数据应用实践 …… 400
5.6 数据中台技术实践 …… 409
 5.6.1 数据治理 …… 409
 5.6.2 实时数据中台 …… 411
 5.6.3 数据脱敏 …… 433
5.7 阿里巴巴数据中台项目案例 …… 439
 5.7.1 美妆品牌项目 …… 439
 5.7.2 居然之家项目 …… 444
 5.7.3 某商业集团项目 …… 450

第 6 章 云上 AIoT 中台 …… 461

6.1 AIoT 简介 …… 461
 6.1.1 AIoT 的定义 …… 461
 6.1.2 AIoT 的体系与产业链 …… 463
6.2 AIoT 的发展 …… 466
 6.2.1 我国政策法规的支持 …… 467
 6.2.2 物联网标准的发展 …… 470

6.2.3 行业应用 …… 471
6.2.4 技术的应用与发展 …… 472
6.2.5 竞争格局 …… 473
6.3 AIoT 项目的建设过程 …… 474
 6.3.1 需求与方案调研 …… 475
 6.3.2 方案设计 …… 477
 6.3.3 交付实施 …… 479
 6.3.4 服务运营 …… 480
 6.3.5 AIoT 交付的价值 …… 482
6.4 阿里云 AIoT 中台 …… 484
 6.4.1 一站式开发平台 IoT Studio …… 486
 6.4.2 AIoT 平台 …… 488
 6.4.3 边缘计算 …… 497
 6.4.4 物联网设备 …… 501
 6.4.5 物联网安全服务 …… 504
 6.4.6 物联网应用服务平台 …… 505
6.5 阿里云 AIoT 项目案例 …… 511
 6.5.1 智慧社区 …… 512
 6.5.2 智慧园区 …… 518

第 7 章 阿里云数字化转型综合案例 …… 522

7.1 某航空公司数字化转型案例 …… 522
 7.1.1 客户背景 …… 522
 7.1.2 阿里云解决方案 …… 522
 7.1.3 项目交付过程 …… 538
 7.1.4 客户价值 …… 541
7.2 旅游与酒店行业案例 …… 542
 7.2.1 客户背景 …… 542
 7.2.2 阿里云解决方案 …… 542
 7.2.3 项目交付过程 …… 544
 7.2.4 客户价值 …… 547
7.3 飞鹤乳业客户案例 …… 547
 7.3.1 客户背景 …… 547
 7.3.2 阿里云解决方案 …… 547
 7.3.3 项目交付过程 …… 553
 7.3.4 客户价值 …… 556

参考文献 …… 558

第 1 章 Chapter 1

云计算与数字化转型

历史上没有哪个时代像今天一样可以像使用水、电、燃气一样使用信息化资源和数据资源,也没有哪个时代能像今天一样对数据和智能进行极致的挖掘与使用。数智时代的快速到来让很多人感到措手不及,但是又充分享受着数智时代的各种便利与创新体验。数智化深刻影响着社会的方方面面,重塑着我们的工作和生活方式。政府部门、企业纷纷把"数字创新"和"治理现代化"提上了日程。

何谓数字创新?数字创新就是以数字技术带动业务、组织、流程的重构。数字创新的价值如图 1-1 所示。

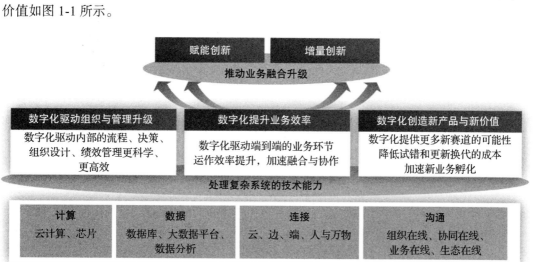

图 1-1 数字创新的价值

- **计算**：计算沿着集中式（大型机）→分布式（虚拟化、分布式）→云计算（按需获取）→数据智能（数字化与智能化）的轨迹发展，这是人类步入计算机时代后的一个关键发展历程。
- **数据**：数据沿着文件存储→数据库→大数据平台→数据分析的路径发展，人类自从使用电子化的方式存储数据之后，对于数据的操作从最初单纯的存储，一步步演化到分类查询，再到深度分析，通过数据辅助人类更好、更高效地做出决策。
- **连接**：云计算不仅是指一个数据中心、一堆设备、一个云操作系统和一些云上计算存储网络等服务，而是形成了云、边、端和人与万物的互联互通。云在中心，提供无限算力和海量数据处理能力，进行全局管控和宏观分析；边分散在各个地域，通过本地计算与分析，解放传输方面的约束，实现本地快速决策；端连接万物，用于激活各类设备，使这些设备像触角一样触达社会的方方面面，在人与物之间建立连接。在不久的未来，也许你在回家的时候，就可以随时知道经过的路灯是好是坏，是不是需要换一条路等，而这只是连接的一个很小的使用场景（连接的场景如图1-2所示）。

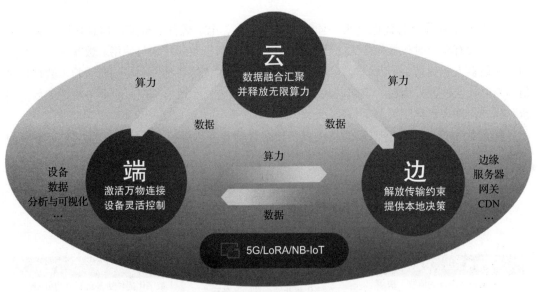

图1-2 连接

- **沟通**：互联网时代、数字时代给人类带来的最大变化就是沟通方式的变化。即时通信、视频互动、直播购物、人脸识别等新事物不断冲击着原有的生活方式，让生活越来越方便。很多组织都开始尝试在线化沟通与管理，组织的在线化管理（无纸化办公、电子化差旅申请、组织效能实时展现、培训在线化等）、协调办公、数据驱动业务在线化、生态伙伴信息流和数据流的拉通等都在突飞猛进地发展。在传统的沟通机制里，信息透明化一直是个很有挑战的问题，众多的信息孤岛导致信息碎片化和不完整，进一步导致组织对很多事情做判断和决策的时候出现信息失真、决策不准确等情况，于是个人经验就成为至关重要的因素。此外，当策略和指令需要上传下达或自上而下地传递给管理层的时候，传统企业的沟通机制其实是比较低效的，通常需要一层层发文，这样传达一件事情需要很长时间。如果能把整个组织用数据流串联起来，分发一个指令可能就是几分钟的事情。特别是对于有几万、几十万个员工的企业，如果要召开全员大会，这在过去是完全不可想象的，而现在利用成熟的在线视频直播会议、云上展览会等各种形式的在线化沟通技术就可以轻松实现。在过去，做一个项目时，要实现几十个人、上百个人对同一份文件进行修改是不可想象的，别说几十个人，就是几个人同时修改，版本管理工作也是很麻烦的。现在，有很多协同平台可以实现多人在线同时编辑的功能。在数智化时代，沟通方面也出现了众多创新（如图 1-3 所示）。

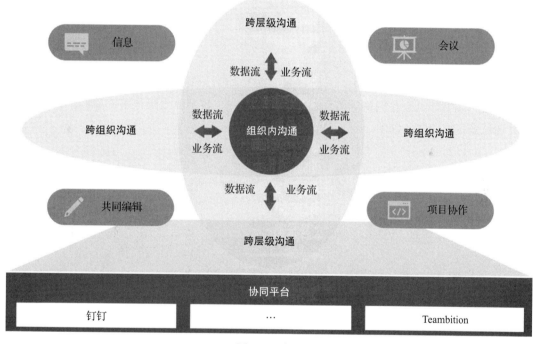

图 1-3　沟通

在数字创新和治理现代化的大需求下，云计算步入了 2.0 时代，从 1.0 时代提供基础计算、存储、网络、安全等资源服务升级到了基础设施云 + 数字原生操作系统 + 行业解决方案 + 生态化业务系统的立体化云服务（如图 1-4 所示）。从 1.0 时代的云化开始，逐步实现了数据化、IoT 化、移动化，再到行业化、生态化发展。基于 2.0 时代的云（如图 1-4 所示），可以更加灵活地实现新的业务场景，可以通过数据推动更多创新业务落地，进而实现商业变革。

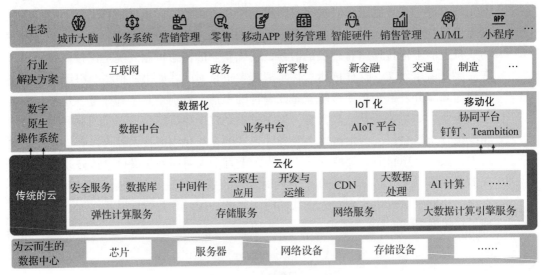

图1-4　云计算2.0时代

阿里巴巴一直尝试构建一个数字原生操作系统，以云计算操作系统为基石，通过物联网、移动化技术打造云端一体化、云钉一体化技术体系，让一切业务都实现数据化。以数据作为血液，串联起社会生活的方方面面，从而形成一个数字原生操作系统（如图1-5所示），最终通过数字推动业务创新。

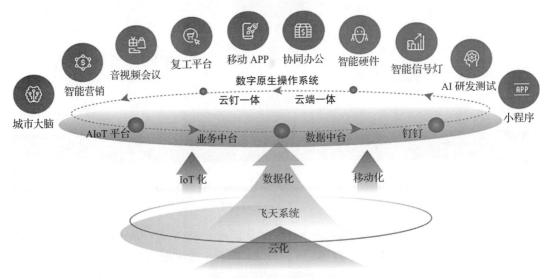

图1-5　数字原生操作系统

对于任何一个政府、机构、企业而言，治理都是重中之重。好的治理可以确保长治久安、健康经营，反之亦然。那么到底什么是治理现代化？治理现代化涉及对内和对外两个层面,对内的核心目标是提升组织的效率、降低运营成本,而且要确保组织是安全可控的;对外,以政府机构为例,目标是实现社会治理的精细化、源头化、应急快速响应化等,实现以人为中心的服务,在经济转型关键期释放数据红利。所以,治理现代化可总结成两个关键词"双在线""内外通"。"双在线"就是实现组织在线、业务在线,"内外通"则是指对内治理精通,对外管理擅长(如图1-6所示)。

图1-6 治理现代化

上面对云计算和数字化做了一个概述,接下来让我们一起揭开云计算与数字化的神秘面纱。

1.1 云计算的三生三世

1.1.1 云计算的演进之路

1. 诞生于极致单机计算时代

2006年8月9日,谷歌首席执行官埃里克·施密特(Eric Schmidt)在搜索引擎大会(SES San Jose 2006)上首次提出云计算(Cloud Computing)的概念。实际上,真正的云计算对外提供服务源自亚马逊(Amazon)在2006年3月推出的弹性计算云(Elastic Compute Cloud,EC2)服务。云计算的概念最早源于20世纪80年代Sun微系统公司提出的"网络是电脑"(The Network is the Computer)这一理念。2006年仍然是微软、IBM、HP、Oracle、SAP等公司如日中天的时代,为什么在极致的单机计算和单体软件盛行的年代诞生了如今风靡世界的云计算呢?大家可能已经发现了一个有趣的现象:谷歌和亚马逊都在研究云计算,可是技术方向上有很大区别。首先,我们来看看谷歌和亚马逊各自的业务:谷歌的主营业务是搜索,亚马逊的主营业务是电商。提到谷歌的云计算,最知名的是早期的三篇论文:

FS、MapReduce 和 BigTable，谷歌早期一直集中精力研究分布式文件系统和大数据相关技术，这主要是因为谷歌的业务对于大规模地、高效地处理数据有很高的要求。亚马逊早期的云计算研究方向也很有趣，由于亚马逊这类电商企业有很强的季节性销售特性，而且是短期的季节性特性，因此当销售高峰来临时，需要快速投入大量计算资源，而这些资源在季节性销售高峰过去后又会变成无用状态，造成大量的浪费，所以这些需求推动亚马逊孵化了早期的云计算服务 EC2。由于这些需求是传统的软硬件无法解决的，因此倒逼谷歌和亚马逊等公司开始研究满足自身业务需求的技术。亚马逊由于受季节性影响更大，为了能更好地节约成本、减少浪费，较早地实现了商业化，推出了云计算的商业服务。亚马逊的 AWS 云出现后，不论是新型的互联网公司谷歌，还是传统软硬件公司微软、IBM 都陆续推出了自己的云，同时也诞生了不少像 Salesforce、RackSpace 这样的新型云计算公司。其中最有趣的是 Salesforce 公司，不同于 AWS、微软、谷歌、IBM 等聚焦于基础设施云服务，Salesforce 看到了众多中小企业在使用 ERP、CRM 软件时成本高、服务少的困境，快速推出了基于 CRM 软件的云计算服务，这是一个很大的突破和创新。事实上，Salesforce 起步很早，1999 年，当时还在 Oracle 工作的 Salesforce 创始人马克·贝尼奥夫（Marc Benioff）就大胆地提出了"去软件化"（No Software）和"软件即服务"（Software as a Service，SaaS）的理念，后来成功创立了 Salesforce 公司。在 Salesforce 公司成立 20 周年时，业务跑出了一条非常令人满意的增长曲线，在 CRM 市场份额中占比 20% 左右，遥遥领先于其他 CRM 厂商。

看完了国外，我们再把目光转回国内。阿里巴巴最初也是一个电商公司，与亚马逊有相似的业务场景，复杂度甚至高于亚马逊，因为每年的双十一、618、年货节等大促活动规模更大、节奏更频繁，对于弹性资源的需求也比国外的互联网公司更大。一方面，看到国际知名企业的技术发展趋势，另一方面由于传统软硬件对电商行业而言成本异常昂贵，于是阿里巴巴从 2009 年开始着手云计算的研究，成立了阿里云公司，并在 2014 年实现大规模商业化。截至目前，云计算业务形态已经发生了翻天覆地的变化，不仅布局了传统云计算业务，而且进一步向智慧城市、零售云、金融云等具有很强行业属性的新领域进发。随后，一批聚焦于细分行业的云计算厂商也如雨后春笋般出现，代表性的公司有 UCloud、青云等。随着阿里云、AWS、Azure 等云计算平台的快速推广，大家都看到了云计算的光明未来和巨大的市场潜力。2016 年之后，腾讯、华为、百度、金山、京东等国内企业也开始快速推出自己的云，中国的云计算产业驶入快车道，开启了云计算的"春秋战国"时代。随着马太效应越来越明显，云计算可能会快速步入"三国"时代。

由于传统软硬件厂商的费用高昂、架构对于新型业务不够友好、传统软硬件厂商很难自我革新、互联网时代的高速发展等因素的影响，云计算在传统软硬件业务发展的巅峰时期诞生，随后一发不可收拾，一路高速发展。但是，相比于传统技术，云计算产业的市场占比仍然还是一个较小的数字，未来的云计算还有非常广阔的发展空间。

2. 云计算发展的四个阶段

云计算从诞生至今，经历了四个发展阶段，目前仍然在高速演进中。

(1)公有云

公有云是云计算最早期的形态,也是截至目前众多云厂商期望实现的终极形态,它是从弹性计算共享资源租用服务开始的。那么,到底什么是公有云?通常,公有云就是用户或客户通过 Internet 连接到第三方提供公共计算、存储、网络、安全、数据、应用共享服务的平台,享受共享资源服务的一种云计算模式。图 1-7 给出了阿里云上典型的公有云使用场景。公有云的出现,一方面大幅降低了中小企业和个人用户使用计算、存储、网络等基础资源的难度和成本,另一方面大幅提升了使用的便捷性、灵活性和时效性。同时,对于中大型企业而言,云计算改变了企业以往重资产持有专有数据中心、服务器、网络、存储等设备的信息化建设模式,可以进一步优化升级人员结构,把精力集中到自身业务发展上。当然,公有云并不局限于基础设施对外提供服务,还把平台、软件、数据作为公有云的新模式对外提供服务,分别称为 IaaS(Infrastructure as a Service,基础设施即服务)、PaaS(Platform as a Service,平台即服务)、SaaS(Software as a Service,软件即服务)、DaaS(Data as a Service,数据即服务)等。这样,云计算就像水、电、燃气等生活资源,用户就像房屋租户,可以按需申请所需资源,支付相关费用。公有云的快速到来让传统 IT 市场出现了质的变化。一方面作为企业和普通用户,过去需要自建数据中心、购买软硬件设备作为资产、

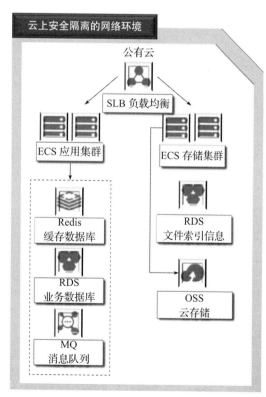

图 1-7 典型的云上架构

培养大量的技术人员完成基础设施的运营和维护工作，随着公有云的到来，很多技术人员开始转型去做懂业务的技术架构师，企业也开始转变思想，把数据和应用迁移到公有云上；另一方面，随着公有云上的 PaaS、SaaS、DaaS 服务的流行，企业也不仅限于租用基础设施共享资源，而是直接租用公有云上的容器平台、中间件、大数据平台等搭建企业所需的各种应用，甚至直接租用第三方云平台做好的软件。其中，最知名的就是 Salesforce 的 SaaS 服务，很多数据类公共服务也越来越流行。

（2）私有云

相比于公有云，人们对私有云的尝试更早，但是那时候不叫私有云，而是采用另外一种形式——虚拟化。早期的企业 IT 架构里，为了更好地节省资源，避免硬件资源独占带来的浪费，出现了把硬件资源虚拟化，从而实现资源隔离、可扩展、安全属性比较高的虚拟化技术。虽然这并不是真正意义上的云，但也是一次可喜的尝试。即使到今天，还有很多企业在使用这种传统的虚拟化技术。VMware、Hyper-V、Citrix、PowerVM 等虚拟化技术出现后，大幅度改善了以往那种独占独享的粗犷资源使用模式。但是，虚拟化技术并没有从本质上改变传统 IT 的使用方式，大家还是需要提前几个月做规划、进行软硬件采购，安装部署也需要几个月，能虚拟化的设备规模也比较小。随着公有云的出现，这种情况才有所改变。在公有云出现的第 5 年，以 OpenStack 为代表的私有云开始出现。阿里云在 2014 年也开始研发与自身公有云技术架构相同、产品代码相同的私有云平台，称之为专有云（专属公有云）。这与 OpenStack 的技术路线不同，选择了公有云/私有云统一架构。在全球头部的几家云厂商都把公有云作为终极目标并全力推广公有云的关键时间点上，为什么私有云市场需求会大量出现呢？因为最初的云出现在几家互联网企业，无论是谷歌、亚马逊还是阿里巴巴，都是典型的互联网公司，其业务场景也是基于互联网开展的，所以最初的客户也是以互联网类型的客户为主。随着云计算的理念逐步深入人心，越来越多的传统企业开始尝试云计算。虽然尝试的企业越来越多，但是大家对数据安全、资源的高度控制等方面有很大的顾虑，而且认为私有的一定更安全，所以在公有云蓬勃发展的同时也出现大量私有化部署云的需求。当前，市场上有多种私有云的架构模式，阿里云采取了与公有云同架构、同代码的方式，可实现高达 10 000 台以上机器规模的私有云部署；AWS 采取了基础架构和运营模式本地化的模式，类似一个本地化外延节点，叫作 Outpost，可以与 VMware 本地化部署环境拉通，也可以独立部署 AWS 软硬件一体化设备。其他云计算厂商也有不同的尝试。

图 1-8～图 1-10 是阿里云的三种私有云产品形态，分别是企业版、敏捷版、一体机版，我们根据这三个图分析当下私有云的产品方向。

❑ 企业版

私有云企业版拥有与公有云几乎相同的产品能力，只是规模不同。拥有相同的云操作系统，丰富的 IaaS、PaaS 产品，对外以 OpenAPI 和 SDK 的方式提供服务，针对私有云配置了容灾、运维管理、安全管理等管理功能，并以统一的管理门户进行管理，这种产品形态适用于企业或机构想建设一个完整的属于自己的云的需求。如图 1-8 所示。

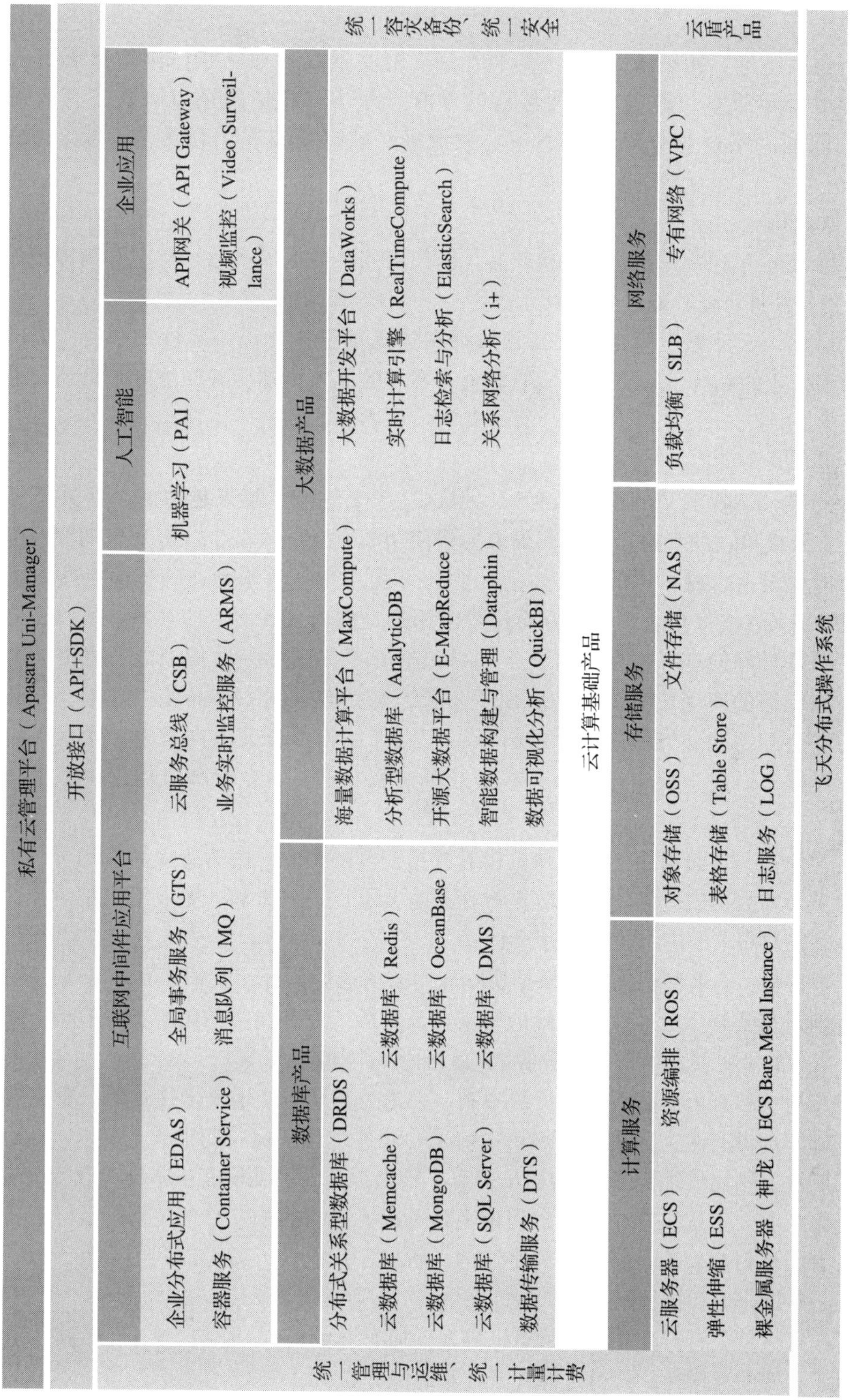

私有云管理平台（Apasara Uni-Manager）					
开放接口（API+SDK）				统一容灾备份 统一安全	云盾产品
互联网中间件应用平台		企业应用	人工智能		
企业分布式应用（EDAS） 容器服务（Container Service）	全局事务服务（GTS） 消息队列（MQ） 云服务总线（CSB） 业务实时监控服务（ARMS）	API网关（API Gateway） 视频监控（Video Surveillance）	机器学习（PAI）		
数据库产品			大数据产品		
分布式关系型数据库（DRDS） 云数据库（Memcache） 云数据库（MongoDB） 云数据库（SQL Server） 数据传输服务（DTS）	云数据库（Redis） 云数据库（OceanBase） 云数据库（DMS）		海量数据计算平台（MaxCompute） 分析型数据库（AnalyticDB） 开源大数据平台（E-MapReduce） 智能数据构建与管理（Dataphin） 数据可视化分析（QuickBI）	大数据开发平台（DataWorks） 实时计算引擎（RealTimeCompute） 日志检索与分析（ElasticSearch） 关系网络分析（i+）	
云计算基础产品					
计算服务	存储服务			网络服务	
云服务器（ECS） 弹性伸缩（ESS） 裸金属服务器（神龙）（ECS Bare Metal Instance）	资源编排（ROS）	对象存储（OSS） 表格存储（Table Store） 日志服务（LOG）	文件存储（NAS）	专有网络（VPC） 负载均衡（SLB）	
飞天分布式操作系统					

统一管理与运维　统一计量计费

图 1-8　私有云企业版

❑ 敏捷版

与企业版不同，敏捷版聚焦于具体产品使用场景或行业场景，例如聚焦于人工智能领域的专有云版本、聚焦互联网架构的专有云版本。敏捷版重点解决专有云最小部署规模的问题，比企业版规模要小一个数量级。敏捷版支持升级到企业版。如图1-9所示。

❑ 一体机版

一体机版聚焦于某一特定场景和产品，例如聚焦于数据库产品，实现开箱即用，不需要购买任何软件许可证。如图1-10所示。

综上所述，云计算厂商在私有云领域都在尝试基于一个统一架构和平台，提供适合不同场景和行业的私有云解决方案。随着企业客户的需求更加明确，这一趋势还会进一步演化。

（3）混合云

先有公有云，后来又出现了私有云，但这并不是终点，越来越多的企业并不满足于单一的公有云或单一的私有云形态，很多期望使用私有云的大型企业客户也期望互联网场景的应用能更灵活、成本更低。比如，对于电商类、CRM等平台，一方面有些应用有很强的阶段性波峰／波谷特点，另一方面这类应用都是面向互联网上的客户，所以建立在私有云上并不是最好的选择，在公有云上则可以拥有更灵活的弹性伸缩能力、更加丰富的产品和更加低廉的使用成本，于是出现了公有云+私有云统一产品使用规范、产品版本及标准的混合云需求。当前，主要的云计算厂商都在朝混合云方向发力，这是当前最主流的云计算形态。混合云相比单一公有云或单一私有云，为企业和机构提供了很多新的优势。

❑ 完善性：一方面消除了企业和机构对数据安全的担心，因为企业和机构可以将其认为重要的数据安全类应用及数据放在私有云上；另一方面，企业可以把对弹性伸缩等有强烈需求的应用放到公有云上。

❑ 成本优势：企业和机构可以根据实际应用需求选择公有云或私有云，实现按需使用，特别是在公有云上，业务低峰的时候释放资源，业务高峰的时候扩展资源，不需要一直保持业务峰值所需最大资源数，从而大幅降低了成本。

❑ 扩展性：私有云具有天然的资源限制，无论是数据中心还是硬件资源，跟传统的IT基础架构没有太大区别，都需要提前采购硬件，且采购周期很长。所以，私有云在扩展性上相比传统IT基础架构虽然有了很大提升，但是没有根本性的改变。公有云可以从本质上解决这个问题，理论上是可以无限扩容的。目前主要的云计算厂商的公有云机器规模都是数百万台量级的，所以采用混合云就可以利用公有云的可扩展性，帮助企业和机构解决可扩展性问题。

❑ 可连接性：公有云几乎可以触达世界上任何有Internet的地方，从而为企业和机构提供了很好的连接性，这也是混合云具有的优势。

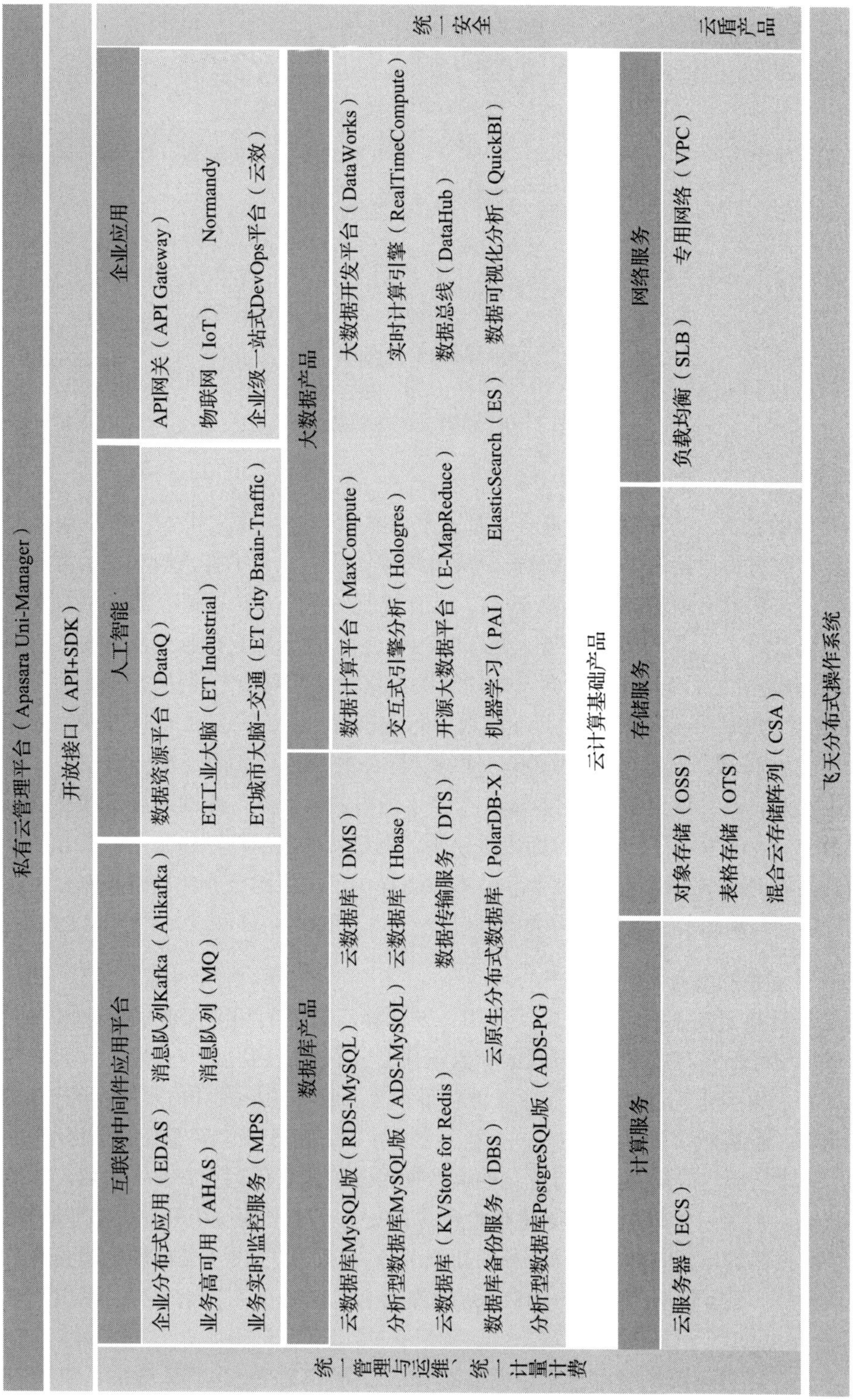
私有云管理平台（Apasara Uni-Manager）
开放接口（API+SDK）
统一管理与运维、统一计量计费
互联网中间件应用平台
企业分布式应用（EDAS）
消息队列Kafka（Alikafka）
业务高可用（AHAS）
消息队列（MQ）
业务实时监控服务（MPS）
人工智能
数据资源平台（DataQ）
ET工业大脑（ET Industrial）
ET城市大脑-交通（ET City Brain-Traffic）
企业应用
API网关（API Gateway）
物联网（IoT）
Normandy
企业级一站式DevOps平台（云效）
统一安全
数据库产品
云数据库MySQL版（RDS-MySQL）
云数据库（DMS）
分析型数据库MySQL版（ADS-MySQL）
云数据库（Hbase）
云数据库（KVStore for Redis）
数据传输服务（DTS）
数据库备份服务（DBS）
云原生分布式数据库（PolarDB-X）
分析型数据库PostgreSQL版（ADS-PG）
大数据产品
数据计算平台（MaxCompute）
大数据开发平台（DataWorks）
交互式引擎分析（Hologres）
实时计算引擎（RealTimeCompute）
开源大数据平台（E-MapReduce）
数据总线（DataHub）
机器学习（PAI）
ElasticSearch（ES）
数据可视化分析（QuickBI）
云计算基础产品
计算服务
云服务器（ECS）
存储服务
对象存储（OSS）
表格存储（OTS）
混合云存储阵列（CSA）
网络服务
负载均衡（SLB）
专用网络（VPC）
云盾产品
飞天分布式操作系统

图 1-9　私有云敏捷版

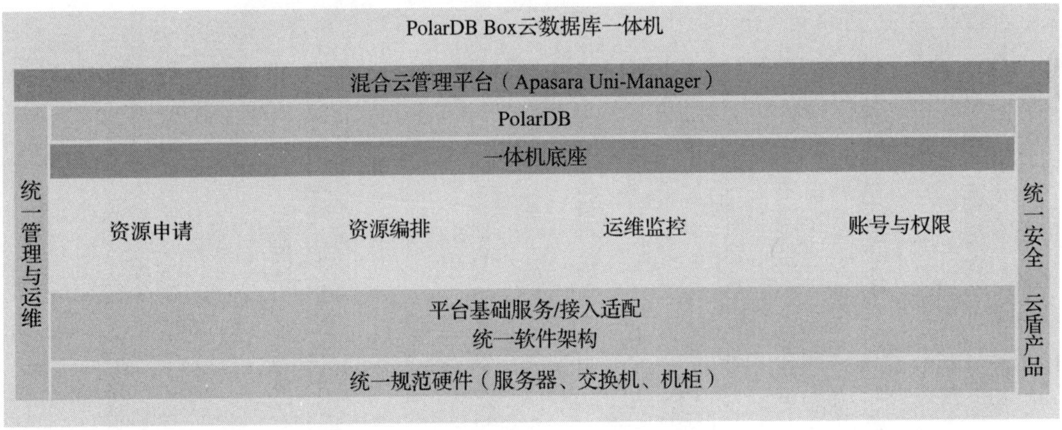

	PolarDB Box云数据库一体机	
统一管理与运维	混合云管理平台（Apasara Uni-Manager）	统一安全 云盾产品
	PolarDB	
	一体机底座	
	资源申请　　资源编排　　运维监控　　账号与权限	
	平台基础服务/接入适配 统一软件架构	
	统一规范硬件（服务器、交换机、机柜）	

图 1-10　私有云一体机版

（4）行业云

前面所说的公有云、私有云、混合云都是从云技术形态本身来讲的，但是众多的企业或机构同样存在着非常强的有行业属性的云计算需求。比如，为了打造数字化的政务治理能力，政府机构需要具有基于AI和大数据的、具有行业属性的云，这里会细分出非常多的种类，包括阿里云的"交通大脑""公安大脑""农业大脑"等行业化的云解决方案。不同于以往通过多款基础产品拼凑的解决方案，这些解决方案会切实结合行业业务细节，利用大数据能力和AI能力，是能够切实解决行业问题的行业云解决方案产品。在这方面，云计算厂商的选择跟过去IaaS、PaaS领域是很不一样的。国外的云计算厂商泾渭分明，要么聚焦于IaaS、PaaS产品，要么聚焦于SaaS、DaaS产品，国内的云计算厂商则结合了自身商业集团的各种技术和商业能力，在行业化方面更进一步，例如阿里巴巴的零售云、物流云、金融云等，腾讯云则借助腾讯集团的整体商业和技术能力提供了类似的行业化云服务能力。这是头部云计算厂商在发展路径上的一个重大分水岭。

3. 云计算催生的服务

随着云计算技术的不断成熟与广泛应用，云计算所需要的相关服务也快速出现，目前主要的云计算服务形式有数字化转型咨询、云迁移、云原生应用设计与开发、大数据咨询与实施、云托管、数字化运营服务、云计算售后服务等。服务的形式和内容既有与传统IT服务相似的地方，也有很多创新。例如，咨询、云迁移、云托管、售后等服务是传统IT服务中的主力，但是云原生应用开发、行业化的大数据服务、数字化运营服务等则加入了很多新的内容，提供封装了云计算厂商自身商业能力的API基础之上的应用开发、基于数据和AI分析结果的数据驱动运营和运营驱动业务的新型服务内容，以及基于云市场可购买的开箱即用的微型服务等。云计算服务市场一边吸取前人的经验，一边大步探索前行，呈现出百花齐放的局面。

目前，云计算服务市场呈现金字塔发展态势，服务商规模呈现马太效应，头部服务商进一步聚拢，传统服务商忙于转型，新的云服务商如雨后春笋一般不断涌现。以前专注于做咨询的服务厂商也开始提供更多的云原生定制化开发、云迁移、大数据实施等服务，进一步在拓展自己的服务边界；新型云服务厂商则一边提供服务，一边自己研发某一领域的云产品，希望在垂直行业能获得优势。

还有一个有趣的现象是，云计算厂商呈现出两极分化的局面，虽然大多数云计算厂商的终极目标都是走向"被集成"模式，但是发展路径的差异很大。在我国，云计算厂商在走向"被集成"模式的前提下，承接了大量总集项目，带着生态合作伙伴一起完成；而美国的云计算厂商则专注于云产品和云服务本身，专业服务则交给他们的生态伙伴。那么是什么原因造成了这种明显的分歧呢？这个分歧是从 2017～2018 年陆续出现的。2018 年，中国数字化治理大规模开展，打造数字化政府的相关业务需求大量出现，例如"最多跑一次""公安大脑""交通大脑""农业大脑""水利大脑"等。阿里云在 2017 年提出了"中台战略"的理念，大量企业也开始了数字化转型之路，着手建设"业务中台""数据中台""管理中台""AIoT 中台"等。随后，国内的云计算厂商陆续推出了自己的"中台"产品和服务。无论是各种"大脑"还是"中台"，都是基于技术底座，需要不断深入客户的实际业务场景，结合客户场景进一步完善和升华，所以出现了先"大集成"再逐步"被集成"的发展方向。而在美国，一方面 IT 市场本身已经比较成熟，建设好了大量信息化基础设施，而且 IT 服务商也规模比较大、比较成熟，信息化的成熟阻碍了数字化转型的进程。另一方面，美国政府、企业对于数字化转型的诉求并不强烈，缺乏广泛的数字化转型的市场土壤，所以美国的云计算厂商更关注基础云产品本身的发展，而没有进一步探索行业化的云产品。虽然目前国内外云计算在发展过程中出现了明显的区别，但未来大概率会回归到"被集成"模式，只是提供的云服务内容会有很大差异。

当前的云服务厂商可分为以下几类：

- 管理服务提供商（MSP）：提供端到端的云咨询、云迁移、开发与大数据实施、云托管等一站式服务的厂商，这类厂商是市场中的领导者。
- 咨询公司：聚焦于数字化转型和云原生咨询的咨询公司。
- 独立软件开发商（ISV）：行业化的定制化云原生软件的开发商。
- 系统集成服务商（SI）：提供混合云平台部署、云迁移、云产品集成等服务。
- 运营服务商（TP）：提供数字化运营咨询服务和代运营服务。

1.1.2 狭义的云计算

1. 狭义云计算：按需提供资源租用的网络

早期的云计算主要是为了提供分布式计算、执行分发任务、最终合并分布式计算结果，谷歌早期的 MapReduce 就是类似应用，所以初期也被称为网格计算，利用成千上万台服务器，在极短的时间内返回计算结果。初期的云计算也是按照计算等服务需求，提供分布式的计算、存储和网络服务，所以从狭义的角度看，云计算就像一个"按需提供资源租用的网络"。

2. 云计算服务的分类

（1）基础设施即服务（IaaS）

IaaS 供应商为用户提供云化的 IT 基础设施，包括运算处理、存储、网络和其他基础计算资源。用户能够远程部署和运行任意软件（包括操作系统和应用程序），供应商则按照用户使用存储服务器、带宽、CPU 等资源的数量收取服务费。

公有云 IaaS 是一种"重资产"的服务模式，需要较大的基础设施投入和长期运营技术的经验积累，该项业务具备极强的规模效应。一旦巨头优势显现，将产生马太效应，通过价格、性能和服务建立起较宽的"护城河"。随着技术的快速成熟，云计算巨头们开启了大规模降价，让技术红利反哺市场，亚马逊自 2006 年推出 AWS 服务，到 2016 年 4 月，其价格已经下调了 42 次；阿里云从 2015 年 10 月到 2016 年 10 月一年内降价高达 17 次。

IaaS 的发展大致可以分为萌芽阶段、成长阶段和洗牌阶段。

- 萌芽阶段：2008 年，IBM 在中国建立首个云计算中心，IaaS 正式进入中国。随后一年，盛大、阿里云开始研发和试点运营相关云业务。
- 成长阶段：2013 年前后，微软、亚马逊 AWS IaaS 业务正式进入中国。同年，UCloud、青云等 IaaS 创业公司成立并开始提供服务，腾讯、华为等巨头也纷纷加入云服务阵营。
- 洗牌阶段：到 2015 年，IaaS 云行业发展趋于稳定，行业格局和盈利模式日渐清晰，行业领先者开始出现，部分云计算厂商开始盈利。同时，行业竞争加剧，进入洗牌阶段。

2020 年，云计算厂商仍然保持着较高的增速。横向上，一部分大型云计算厂商开始拓展可服务的行业宽度，从最初覆盖互联网客户、各类企业客户为主逐步拓展到更多细分行业，比如金融、医疗、公共交通、能源、制造、数字政务、新零售、教育等，从而为更多类型的客户提供具有行业属性的服务，还有一部分初创的云计算服务商选择进一步聚焦优势行业，强化行业属性；纵向上，云计算厂商纷纷向 SaaS、DaaS 方向发展，拓展服务深度。

（2）平台即服务（PaaS）

PaaS 是指将软件研发的平台作为一种服务，并提供给用户。用户或者企业可以基于 PaaS 平台快速开发自己所需要的应用和产品。同时，PaaS 平台开发的应用能更好地搭建基于 SOA 架构的企业应用。PaaS 作为一个完整的开发服务，提供了从开发工具、中间件到数据库软件等开发者构建应用程序所需的所有开发平台的功能。

2009 年，新浪推出国内首个 PaaS 平台 SAE Alpha。2013 年，微软、亚马逊 AWS 等海外公有云 PaaS 服务进入中国；之后，BAT（百度、阿里、腾讯）分别推出开发者 PaaS 平台（百度的 BAE、阿里的 ACE、腾讯的 QCloud）；IM、推送等领域的垂直 PaaS 平台开始提供服务（个推、融云等）。2015 年，国内大型云服务商开始开放更多面向开发者的云服务能力（如阿里百川等）；同时，垂直 PaaS 平台发展迅速，出现了面向物联网、语音识别等的 PaaS

平台。

目前，PaaS 厂商主要是在原有技术功能的基础上，根据优势拓展服务形式和客户群，拓展方向集中在以下 3 个方面。

- 拓展服务功能：从单一 PaaS 服务扩展到多样 PaaS 服务，形成功能商店。
- 拓展服务形式：在原有 PaaS 服务的基础上，拓展同类 SaaS 服务。
- 拓展新客户：在 Paas 通用模块的基础上，为企业提供定制化流程管理。

目前，PaaS 的发展趋势主要表现在三个方面。

- 业务类型同质化：提供单一功能 PaaS 的厂商横向发展为 PaaS 工具商店，可能造成 PaaS 厂商业务重合度高。
- 开发者增值服务成为增长点：在提供功能模块的基础上形成平台生态，提供满足企业/应用生命周期全流程的技术服务。
- 国际化业务或成新增长点：技术模块在国际化推广过程中受到地理位置、使用习惯的限制较小，突破海外市场将成为 PaaS 厂商的新增长点。

（3）软件即服务（SaaS）

SaaS 的概念产生于 2003 年。SaaS 是一种通过网络提供软件的模式，有了 SaaS，所有的服务都托管在云上，用户不用再购买软件，且无须对软件进行维护。现在，一个完整的企业 Web 应用程序可以在云上提供一个敏捷、统一的企业协作平台。就像使用自来水一样，企业可以根据实际需要向 SaaS 提供商租赁在线的软件服务。SaaS 可以帮助企业减少费用，管理硬件、网络和内部 IT 部门。

早期的 SaaS 主要用于销售管理，如八百客、xTools 等公司使用的 ASP 就是早期的 SaaS。进入 2008 年，传统企业积极转型，办公软件企业（如用友、金蝶）开始开发 Saas 业务。SaaS 企业集中布局在 CRM、ERP 流程管理领域。2013 年，SaaS 开始细分，通信、邮箱、网盘等工具开始 SaaS 化，基于手机等移动终端的 SaaS 平台开始出现。随着移动终端的普及，SaaS 自 2014 年以来持续高速增长。

目前，企业级 SaaS 服务市场规模保持快速增长，持续受到资本青睐，相关参与方不断探索新型服务形式。SaaS 厂商发展的基本现状可总结如下：

- 传统软件企业通过拓展服务形式转型为 SaaS 服务商。
- 创业公司在原有垂直领域 SaaS 的基础上向底层拓展同类 PaaS。
- 互联网巨头拓展平台，在 Saas 的基础上引入第三方服务商形成 SaaS 入口平台，打造云服务生态。

SaaS 未来的发展趋势主要表现在三个方面。

- 智能化推动流程管理效率提升：人工智能等技术的引入将极大提升流程优化效率，改善服务，成为改进 SaaS 的重要推动力。
- 行业垂直 SaaS 空间大：在垂直行业积累了一定客户的 SaaS 企业有机会挖掘供应链上的其他机会，例如 B2B、增值服务等。

- 打通碎片化服务：多数服务商专注单一SaaS流程、面临服务数据互不连通的问题，因此在提供整合碎片化数据、流程的SaaS方面存在机会。

（4）数据即服务（DaaS）

DaaS是继IaaS、PaaS、SaaS之后发展起来的一种新型服务概念。DaaS通过数据资源的集中化管理，把数据场景化，为企业自身和其他企业的数据共享提供了一种新的方式。以往企业的数据要么是零散地存放在各个团队或部门，导致无法把数据资源作为一种企业内部的服务提供出来，进而提升企业运行效率，要么就是每家企业都把数据当成自家金矿而不拿出来分享给其他企业或个人。在这样的情况下，这座数据金矿不会产生太大的价值，因为数据不流通。只有把这座数据金矿拿出来变现，让其他企业也能使用数据资源，企业才能真正获取自己想要的物资。在如今数据大爆炸的情况下，没有任何一家企业能收集到自己所需的所有数据，有了DaaS，就可以向其他公司购买自己需要的数据，通过分工协作提升企业竞争力。

1.1.3 广义的云计算

1. 行业云的出现

传统意义上，云计算就是指IaaS、PaaS和SaaS，但是随着不同的厂商和参与者加入云计算阵营，陆续出现了不少新的服务形式，例如端到端服务的行业云。与单纯的SaaS不同，由于行业云的行业属性强、复杂性高，不仅需要提供相对标准化的SaaS、DaaS，还需要提供一定程度的咨询、集成交付及后期的业务、数据和基础设施运营服务。另外，近年来也出现了行业云基础之上的相关商业服务的需求，"商业操作系统"一词应运而生，云在技术基础之上有了向商业服务延伸的可能性。所以，为了区别传统的IaaS、PaaS和SaaS，暂且把此类云计算服务归类为"广义的云计算"。

行业云具有的独特属性包括：全链路化、行业细分化、高度定制化、服务闭环化。

- 全链路化：行业云具有全链路的产品服务能力，从IaaS到PaaS、从PaaS到SaaS和DaaS。
- 行业细分化：每一个行业云都具有很强的行业属性，有行业特有的法律法规要求、技术规范要求、具体行业业务，例如金融云、零售云等。
- 高度定制化：行业云是要实际贴近客户业务的，虽然很多行业云厂商希望聚焦在底层的IaaS和PaaS层提供服务，但是行业云的客户更重视行业云上具有的业务和数据服务能力。所以，目前大多数行业云厂商都在从提供基础云平台服务能力向提供业务服务和数据服务能力的方向发展。
- 服务闭环化：行业云厂商有自己完善的从咨询、实施、售后到运营的完整服务体系。

下面我们看一个有典型代表性的行业云——政务云的通用模式和技术架构。

大家都知道，政府部门的政务管理系统是一种复杂的管理系统，涉及国计民生的方方面面，因此政务云也是非常复杂的。图1-11给出了一个典型的政务行业的行业云架构。

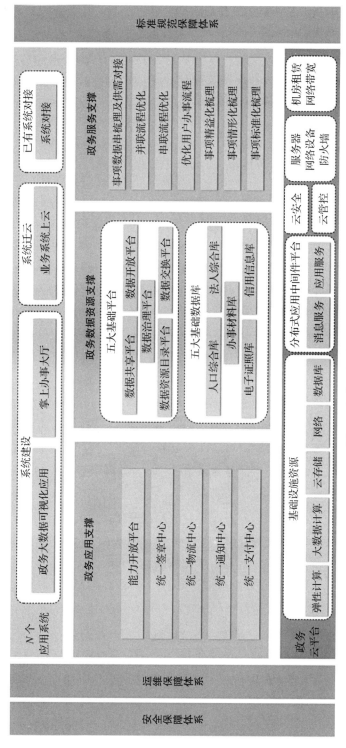

图 1-11 典型的政务云架构

典型的政务云包含了几个核心模块：云平台、业务中台（政务应用支撑）、数据中台（政务数据资源支撑）、流程中台（政务服务支撑）、运维管理平台和定制化应用。

2. 商业操作系统与云计算

目前，IT 服务在向数字化服务转型的过程中，商业能力、数据能力都在服务化，阿里巴巴在 2018 年提出了商业操作系统的概念，把阿里巴巴自身商业运转过程中沉淀下来的能力抽象成服务，作为一种延伸的云服务提供出来。商业操作系统可以理解为以技术为底座、以数据为血液、以共享业务模块为骨架、以场景化业务为筋脉，最终形成一个完整的可为众多企事业单位提供服务的数字化服务体系，也可称为商业操作系统。商业操作系统与传统的云计算相比，一方面商业操作系统让传统云平台透明化，让商业服务能力、数据服务能力站在了前面，另一方面商业操作系统提供的是商业能力服务，不仅是技术服务。

商业操作系统要解决的核心问题是在以互联网客户为中心的大背景下，在面向快速变化的市场及业务情况下，用一种新的设计模式和理念解决不确定性边界和不可预见性问题，同时构建可定制、可插拔、可扩展的商业能力和技术生态体系，并具有完整的开发生态。如图 1-12 所示，在云平台基础之上的各种行业云一起组成了一个更复杂的云计算商业操作系统。

图 1-12　云计算商业操作系统

图 1-13 是一个典型的商业操作系统的示意图。图中给出了一个新零售商业操作系统，它有两大核心部分：一个是由基础云平台、企业内部管理中台和客户业务服务 SaaS 构成的

"客户－企业员工－技术平台",简称为"天·地·人";另一个是由企业工作人员、数字化赋能的货品和各种对外提供服务的场景构成的"组织人员－数字化货品－场景",简称为"人·货·场"。这样一个场景以"人"为核心要素,在云计算和大数据技术赋能的基础上,把客户、企业、货品串联起来。

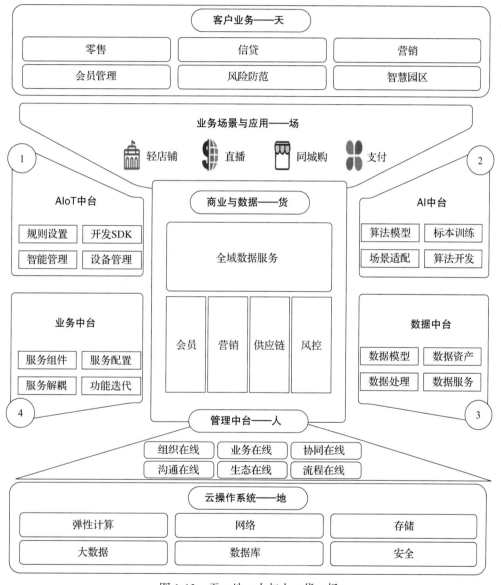

图1-13 天·地·人与人·货·场

3. 万物互联的物联网加速云计算发展
人类社会在人与世界的链接方式上,经历了几个非常关键的里程碑,链接方式不断演进，特别是在过去 20 年里发生了重大的变化。

1）第一阶段——书信时代：造纸术作为人类历史上的伟大发明，不仅解决了文明传承的问题，也让人类的沟通方式产生了重大变革。见信如见人，人与人可以通过书信互通有无，沟通感情。当然，书信的弊端也是显而易见的，如时效性差、互动性差。

2）第二阶段——电话时代：自从电话发明后，声音通过电波传递，让人无论相距多远都可以进行沟通和交流，有很高的时效性。

3）第三阶段——即时通信时代：电话时代只能点对点沟通的弊端随着即时通信技术的出现得到了解决，这又是一次重大的飞跃。多人互动、多样化的沟通模式出现了，简单的沟通演变成复杂场景沟通。

4）第四阶段——视频时代：文字、语音的沟通方式虽然极大地提升了沟通和链接能力，但是仍然没有满足大家希望看到影像的诉求。视频时代的到来又一次丰富了沟通方式和渠道。目前很火的在线直播、短视频就是这种新型沟通模式的典型场景。

5）第五阶段——万物互联时代：以往的沟通都是人与人之间的沟通，人与物、物与物之间还没有形成链接和互动。物联网的出现极大地改变了沟通模式，通过各种物联网设备、移动终端等，让人可以感受到物的各种情绪（温度、湿度、伤痕等），也可以让物能直接收到人的指令。结合 AI 和大数据，整个世界就变成了一个大型的生物体，人是大脑，数据和 AI 是脑细胞，5G 等通信技术是筋脉，物联网设备是神经，共同构成生物体的组织和器官。

1.1.4　云计算的发展现状

1. 云计算市场的马太效应

云计算已走过近 15 个年头，从异军突起到百花齐放再到巨头崛起，云计算市场同样出现了马太效应。

当前的云计算市场有以下几个比较明显的态势。

- 聚类分化：由于云计算是一个规模性业务场景，只有达到一定规模后，边际成本才会出现，所以近年来，云计算出现了有趣的变化。一方面，一些企业不断做大做强，同时把规模化的技术红利反哺到市场和客户，让最终消费者享受到云计算的好处。另一方面，一些中小型云计算厂商聚焦在特色、优势行业里深耕，垂直做深做厚，另一些中小型云计算厂商则转型为提供云计算技术咨询、实施的服务厂商。整个云计算行业一改当初所有云计算厂商都扎堆 IaaS 的局面。
- 增速趋稳：历经多年的高速增长，随着各家云计算厂商的规模越来越大，增速也逐步趋稳。
- 差距收窄：几个头部云计算厂商你追我赶，彼此之间的差距不断收窄，特别是微软和 AWS 之间的差距收窄最明显。云计算厂商之间的竞争进一步加剧。
- 区域化差异明显：在亚太区有很明显的区域效应，作为发源于亚太区的阿里云，市场占比明显高于其他区域；而在欧洲和美国区域，AWS、微软、谷歌则占据绝对优势。

如图 1-14 所示，我们可以在 Cannalys 咨询公司提供的云计算咨询报告里看到，全球主要云计算厂商从 2018 年到 2019 年的变化如下：
- AWS 的市场占比从 2018 年的 32.7% 下降到 2019 年的 32.3%，其年度增速为 36%。
- 微软 Azure 则保持了 63.9% 的高速增长，而且市场占比也在增长，从 2018 年的 14.2% 提升到了 2019 年的 16.9%，增长势头迅猛。
- 谷歌云是几个厂商中全年增速最快的，全年增速为 87.8%。
- 阿里云在保持高速增长的同时，市场占比也有 0.8% 的增长。
- 其他云计算厂商综合出现了下滑，从 2018 年的 44.8% 下降到 2019 年的 40.1%。

云服务提供商	2019 年营收（百万美元）	2019 年市场占有率	2018 年营收（百万美元）	2018 年市场占有率	年度增速
AWS	34.6	32.3%	25.4	32.7%	36.0%
微软 Azure	18.1	16.9%	11.0	14.2%	63.9%
谷歌云	6.2	5.8%	3.3	4.2%	87.8%
阿里云	5.2	4.9%	3.2	4.1%	63.8%
其他	43.0	40.1%	34.9	44.8%	23.3%
合计	107.1	100.0%	77.6	100.0%	37.6%

图 1-14 云计算市场的占比变化

2. 云计算市场的细分领域

随着巨头时代的到来，很多中小型甚至创业型云计算厂商积极寻找生存空间，采用云计算爆发之初那种大而全的做法已经越来越不现实，所以在行业中出现了很多细分领域的云计算厂商。

从技术角度来讲，很多中小型云厂商目前集中在以下几个细分领域。
- 容器：通过容器技术简化客户的云原生改造，目前主要集中在 PaaS 层的管理和 DevOps 方面。
- 视频：随着直播、短视频社交模式的流行，视频技术的要求越来越高，很多云厂商聚焦在视频技术领域不断深挖。
- 大数据：聚焦于某些垂直行业的大数据智能化解决方案。
- 智能园区：提供智能楼宇、社区生活、设备互联、人车管理、创业孵化等方面的行业性云产品和服务。
- CDN：为了使用户有更好的互联网体验，一些厂商聚焦于提供 CDN 服务，目前与云计算技术结合后可进一步优化服务体验和质量。

1.1.5 云计算的未来

1. 北向扩展——行业化云与智能化云

目前，IaaS、PaaS 领域的技术已经越来越成熟，而且这部分技术相对通用。相比之下，

SaaS 服务具有很强的行业属性和定制化需求，虽然目前已经有了 Salesforce 这样非常优秀的 SaaS 云服务商，但是离满足市场需求还有很大的差距。云计算会继续向行业化方向拓展，今天已经出现的众多行业化的云还是粗粒度的，未来会进一步细分，以便更好地满足客户的精准需求。例如，金融云未来可能进一步细分为银行云、证券云、保险云。业务中台也可能进一步细化成汽车行业业务中台、能源行业业务中台、银行行业业务中台等。

此外，随着云原生技术的不断发展，容器、Serverless、AIOps 等技术的不断涌现和成熟，云会进一步智能化，具体体现在以下几个方面。

- 业务配置化：微服务、服务网格、业务中台、数据中台等理念和技术的出现，使业务的新增与裁减变得更简单，可以通过插拔的方式进行业务的灵活调整。
- 资源透明化：Serverless 逐步发展、演进成 FaaS（功能即服务），当前主要集中在把 IaaS 资源透明化方面，未来会进一步拓展到把业务能力抽象化、透明化方面，从而进一步向上发展，提供更强大的无服务器编程和编排能力，进一步优化基础资源、降低应用系统的使用成本。
- 故障自愈化：通过 AIOps 进行监控并利用数据分析、机器学习等技术，在故障发生时可以进行自我诊断、自我修复，在机器无法完成自我修复的复杂情况下，可以通知工程师进行人工干预。
- 扩缩容自动化：云计算本来就具有很强的扩容/缩容能力，容器的大规模使用进一步提升了这方面的能力。根据长期业务的实际运转情况设定相应的扩缩容规则，可实现一定程度上的自动化容量管理，进一步提升资源使用率，降低成本。

2. 南向融合——云计算、物联网、区块链的融合

前面讲到，一方面云计算在北向往业务和数据服务方面拓展，另一方面云计算在南向不断地加深与物联网、区块链等底层技术侧的融合。特别是通过与物联网的结合，云把触角延伸到了端，原来需要全部在中心化的云上进行计算的数据中，有很大一部分可以分解到端上做第一级的计算，不用每次都上传下行地对全部数据进行传输，这样，一方面缓解了中心化的云的计算负担和无效数据传输造成的带宽浪费，另一方面大幅提升了端的自主性和时效性。

3. 去中心化的云

目前，主流的云计算都是高度中心化的云，云计算厂商利用海量的服务器、存储、网络设备提供资源共享能力，用户按需购买资源。这种方式提供了非常强大的计算能力，用户可以用相对低廉的价格购买到所需资源并进行使用。除了这种中心化的计算资源外，全球仍然存在海量的闲置的计算资源，比如个人电脑、手机等移动设备等。目前，有些机构开始尝试通过分布式技术把这部分资源利用起来，BOINC（伯克利开放式网络计算平台）就是其中的一个典型代表。不过，这种模式也存在天然的缺陷，由于提供闲置计算资源的个体无法从中获得相应的收益，激励机制不明确导致志愿者较少，而区块链的出现为解决这一问题带来了曙光。区块链通过贡献证明协议提供可证明的共识和可溯源的信任机制，从而形成有效的激励机制。

云计算从诞生之初就有一个长期发展的目标，那就是"可信、可靠、可控制"，这与区块链的信任机制高度一致。区块链和云计算结合会带来一种新的服务体验。目前，已经出现了一些尝试利用闲置硬盘、手机空闲计算能力等的区块链云计算服务。例如，大家可以把空闲硬盘贡献出来，通过区块链的规则并按照云计算的服务方式，将大量闲置的计算资源整合成超级计算机/计算池，租用给用户使用。类似的厂商有 storj、迅雷等。

当然，区块链也有需要解决的自身性能问题，所以未来将是云计算巨头和众多的基于区块链的小云并存的云时代。

1.2 从数字化转型走向数智化转型

1.2.1 信息化建设与数字化转型

1. 信息化建设的得与失

何谓信息化？信息化就是以现代通信技术、数据库技术、网络技术为基础，将所研究对象各要素汇总至数据库，供特定人群进行生活、工作、学习、辅助决策等和人类息息相关的各种行为的一种技术。

企业信息化建设经历了大型机、PC 和小型机、互联网数据中心（IDC）时代。步入 21 世纪第一个十年后，云计算时代踏浪而来，今天，越来越多的企业及信息化建设者开始拥抱或深度介入云计算时代的各种创新和变革，云计算时代的到来也为社会发展与变革带来了巨大的推动力。随着云计算时代及互联网时代的广泛推广和应用，数据从零零散散存储到数据中心整体沉淀，再到海量数据爆发式增长，数据管理与数据价值挖掘成为当下众多企业不得不面对和思考的问题。下面简要回顾一下企业 IT 系统的发展历程。

- 从 20 世纪 60 年代中期开始，企业开始使用大型机。大型机的使用门槛和成本很高，只有极少数企业能够使用，计算能力被极少数企业拥有，一般企业无法使用这类资源。
- 从 20 世纪 80 年代开始，PC 和小型机出现，企业可以通过购买硬件获得计算和存储能力，但存在架构不灵活、资源利用率不高、易被厂家锁定而不可控等问题。
- 从 20 世纪 90 年代中期开始，企业开始在互联网数据中心托管和租用硬件，放弃自建数据中心。水、电等公共基础设施由数据中心提供和保障，但是计算设备以及计算系统需要由企业自身提供，企业的 IT 运营成本并没有明显的下降。计算能力依然被少数大企业拥有，一般企业由于资金、技术等因素无法享受到计算带来的便利。

现在已经进入云架构时代，依服务方式提供计算能力，按需获取，使用门槛降低，减少了企业在资金、技术、时间等方面的投入，使计算成为像水、电一样的社会公共基础设施。

云架构的弹性带来资源的集约化，按需使用、按需付费以及高质量的专业运维带来计算的服务化。通过 IT 集中式架构向分布式云架构的转型优化，能够支撑高并发、高性能的架构需求，使企业可以放心地拥抱互联网，进行基于互联网、大数据的业务创新。

人类已经从 IT 时代走向 DT 时代，IT 时代是以自我控制、自我管理为主，而 DT 时代是以服务大众、激发生产力为主。这两者之间看起来是技术上的差异，实际上是思想观念层面的差异。

信息化建设给企事业单位带来了以计算机为主的智能化工具为代表的新生产力，大幅提升了企业效率，降低了企业成本。信息化解决了信息资源的高度共享、高度应用的问题，信息化技术推动了对社会资源潜力的充分挖掘。

过去，企事业的信息化建设主要集中在业务功能流程化、信息流数据存储与应用共享、网络连通、基础设施、信息安全等方面。信息化建设主要围绕"业务功能实现"来进行，在提升效率和降低成本方面做到了极致。虽然也做了不少数据分析的工作，但是在围绕数据挖掘价值、推动业务创新方面投入很少。这也是过去信息化建设中的不足之处。

2. 企业为何急于进行数字化转型

互联网出现之后，信息爆炸也同步发生，并且随着 AI 的不断发展与成熟，AI 结合海量数据推动了数字技术时代的快速到来。但是，海量数据对很多企业来说是"幸福的烦恼"，幸福之处是可以通过数据挖掘到更有价值的结果，烦恼的是这么多数据该如何存储、如何挖掘。因此，企业需要通过数字化转型挖掘数据中的价值，提升企业活力和收益。

3. 信息化建设与数字化转型的联系与区别

信息化建设与数字化转型是紧密相关的，信息化建设是基础，数字化转型要基于信息化建设，转变思维，用数据思维进行经营，寻求新的商业模式的突破。所以，数字化转型基于信息化建设，但是又区别于信息化建设，不是简单的升级改造，而是需要在组织和思维方面做出转变。

1.2.2 从数字化走向数智化

1. 什么是数智化

数字化侧重于业务数据化，目的是把业务过程、业务能力用数据的形式展现出来，然后通过数据流转来实现业务的执行和流转。我们以一个企业报销的过程为例进行说明。通常，报销的第一步是填写电子报销单，贴好发票，电子报销单和发票信息都要先转换成数字形式。第二步就是这些数据通过流程在不同的人之间流动，每个人完成流程环节中自己的职责，最终完成一个业务流程。

数智化是在数字化的基础上结合 AI、物联网等，让数字变得有智慧，而且可以通过物联网设备触达更多的地方和更多的领域。例如，在信息化时代，包括数字化时代，通常是人与计算机打交道，"人 – 计算机 – 边缘设备 – 机器 – 边缘设备 – 计算机 – 人"这个闭环是很难实现的，因为一方面缺少边缘设备这个双向连接器，另一方面智能化的决策也很匮乏，很难真正实现高效的自动化执行以及良好的双向反馈和控制。

在 2020 云栖大会上，阿里云智能总裁张建锋宣布阿里云进入 2.0 时代（见图 1-15），飞天云这个"超级计算机"将装上一个数字原生操作系统，就像 Windows 让电脑走进千家万户一样,即使不懂代码的人也能使用云的能力。这将为人和云计算的交互提供一种全新的模式,让云更加易用,让应用开发更加容易。任何企业和个人不需要看懂代码,就能具备云化、数据化、智能化、移动化、IoT 的能力。升级后的云让人和云计算的交互更加方便,云能够普及到更多企业、更多人。张建锋认为,云端一体和云钉一体是数字原生操作系统的重要组成部分。这两大战略将改变人们使用云的方式,改变应用开发的方式,开创一种全新的云计算形态。

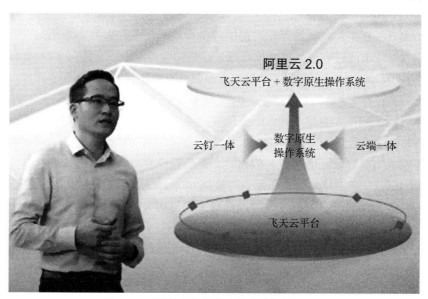

图 1-15　阿里云总裁张建锋发布阿里云 2.0

低代码在 2020 年基本上是起步阶段,2021 年一定是最流行的词汇。让很多用户知道数字化就是一个我自己能完成的工作,这个很关键,这是社会非常大的一个进步。

——阿里云张建锋(行癫)

2020 年,不同的企业协作平台背后不仅体现了对固有资源的路径依赖,而且包含了对未来组织发展方向的不同判断,越来越体现出完全不同的产品思路。飞书改变了传统的以信息为中心的设计思路,凭借文档和会议协作体验崭露头角;企业微信在打通微信之后,成为管理、激活私域流量的营销利器;钉钉在"云钉一体"之后,逐渐进化为一个企业级的应用开发平台,为用户提供低代码开发能力,朝着建设云底座之上的操作系统方向一路跃进。

2. AI 助力数字化向数智化升级

智能化已经成为未来的趋势,从数字化升级到数智化,AI 技术是核心要素,下面通过几个案例来看一下 AI 如何帮助企业从数字化升级到数智化。

(1)智能客服

客户服务作为服务行业重要的基石,是承载客户体验、用户黏性、二次商机挖掘等重要作用的业务。典型的客服业务的核心要素一般都聚焦在"服务态度""响应速度""一次解决率""问题解决时长"等关键指标上。以前的客服行业存在几个突出的问题：重人力服务模型、客户问题难以精准匹配、服务手段单一、服务流程断层等，最终影响的是客服成本、客户体验、客户黏性。

借助智能化技术完全可以解决这些令人头疼的问题。图1-16是一个典型的智能化客户解决思路。该方案从四个方面进行智能化建设："智能覆盖""智能解决""智能体验""数据智能"。

- 智能覆盖：首先梳理清楚客户可能的服务渠道和场景，做好场景化的埋点，这样一旦有服务需求的时候，就可以快速通过接入的服务渠道（电话、工单、IM、网页等）和接入场景（产品问题、服务体验、价格问题等）进行分类和匹配，精准地针对不同客户诉求进行服务。
- 智能解决：一旦客户正式接入服务流程，那么智能化可以做很多事情。比如，在客户开始描述自己的问题之前，根据客户之前遇到的问题或者接入的场景快速从知识库里匹配出客户最可能想咨询的问题，提前给出客户可能要问的问题，变被动服务为主动服务，让客户觉得客服是真的懂他。这一切都可以通过智能机器人进行操作。随后，进一步的问答会通过机器人进行文本识别、知识库比对、引导客户问题进一步定位等，从而大幅降低原来重人力的客服成本。
- 智能体验：在完成了问题的定位后，通过标准的SOP、一些工具等，智能化地帮助客户解决问题。
- 数据智能：前面三个方面能顺利完成都是基于最后一个方面，那就是大量的全链路服务数据、精准的数据模型、长期的基于人工智能的机器人训练等。

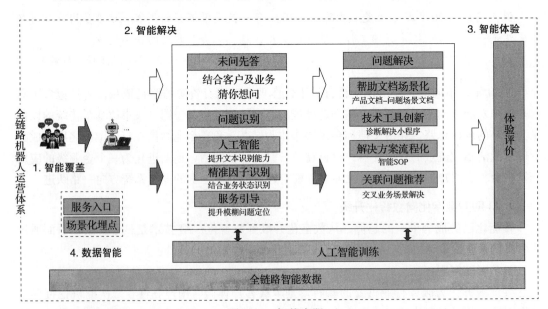

图1-16 智能客服

（2）智能决策引擎

这是一个通过 AI 技术来实现智能决策的示例（如图 1-17 所示）。通常，智能决策引擎由"数据中台""决策因子库""决策场景配置""我的决策场景"几个部分构成。

"决策因子库"是构成智能化的基础，用于设计业务所需的数据指标、数据维度和原子化的场景，建设模型库和算法模型等。

"决策场景配置"是为了能更好地与业务结合，通过场景化业务匹配，把业务场景与底层的数据、数据模型、算法的计算结果展现出来，并给出决策建议、辅助执行决策行动等。

"我的决策场景"能更友好、更个性化地展现每个用户的设置和喜好等。

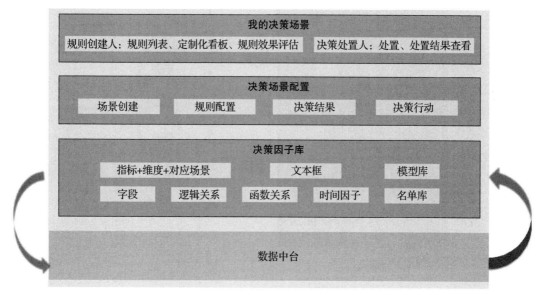

图 1-17　智能决策引擎

（3）智能制造

生产制造中经常会有一类工艺——切片。例如，某家制造企业的硅片切片的良品率一直不能达标，技术人员迟迟找不到解决方案，后来采用 IoT 设备和算法进行了尝试，终于解决了问题，使良品率提升了 2%，节省了大量成本。那么，这个问题是怎么解决的，AI 在其中又起到了什么样的作用？

首先，在工艺的各个环节所用的设备上部署了 IoT 设备，用于收集数据。

其次，设计数据模型和算法模型，并建设 AI 平台。

然后，对收集到的数据进行清洗、处理、计算。

最后，通过对计算出来的数据中的噪声数据（毛刺部分）进行分析，发现问题出在切片机的转轴上，当转轴速度达到一定数值后会发生振动现象，使切片器产生偏移，导致切片质量下降。找到原因后，工厂的工程师对转轴部分做了调整，使问题得到解决。

图 1-18 给出了这个例子的过程示意图。

28 ◆ 云上数字化转型

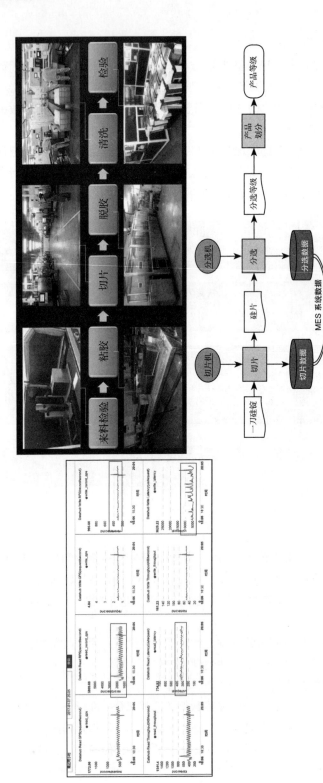

图 1-18 智能制造

这三个例子只是众多的 AI 助力数字化向数智化升级的缩影，但是通过这几个例子可以看到，数字化解决了数据的"采、集、通、用"问题，但是在"用"的环节之后没有完全解决"智"的问题，有了 AI 的加持后，就变成了"采、集、通、用、智"，即演进为数智化。

1.3 云计算助力的数字化转型之路

1.3.1 云计算与数字化转型是相辅相成的关系

1. 云计算带来的重大变化

通过数据提升效率、降低成本、进行业务创新，这个想法不是第一天出现，在大型机、小型机时代就已经出现了这种观点。那个时候，大家陆续研究出了数据库、数据仓库、数据集市、BI 分析等技术，语音识别、人工智能等技术也很早就出现了，但是为什么在那时数字化转型没有真正爆发呢？算力和海量数据是最重要的制约因素。进入 21 世纪，随着互联网技术的大规模使用，分布式技术也越来越流行，云计算如期而至。云计算的到来，一方面带来了理论上无限的计算能力和扩展存储能力的可能性，另一方面也让大家意识到过去由于各种制约因素，大部分数据被当成无用之物而被忽略。近年来，一些创新型企业不断通过数据挖掘业务价值，更精准地匹配用户的需求，寻找新的商业模式，数字化转型终于揭开了神秘的面纱，开始真正走入千家万户。不仅是企业或机构能享受数字化转型带来的红利，每一个个体也实实在在地享受到了数字化转型的好处。例如，我们可以享受智能家居带来的更加便捷的生活方式，可以更精准地获取自己喜欢的货品或喜欢看的影片等。数字经济正式登上了舞台。所以说，云计算是数字化转型的基石和助推器，云计算的到来使数字化时代提前到来，进一步推动数智化时代的快速来临。

2. 云计算为数字化转型提供的几种方式

云计算从以下方面为数字化转型提供便利。

❑ 敏捷性

过去，很多企业进行信息化建设时，第一件事就是做一个长期规划，其中最重要的环节就是为漫长的数据中心建设、硬件设备采购、软件安装部署预留时间，当需要扩容的时候又要把这个流程经历一遍。这个流程往往要花费数月到一两年的时间，而云计算很好地给出了新的解决方案，按需租用、快速扩缩容、理论上的无限扩展能力、DevOps 等敏捷开发运维一体化的管理方式大幅缩短了建设时间，将建设周期从数月到一两年直接降低到几分钟、几小时。这样的时间成本和灵活的使用方式谁不喜欢呢？

❑ 成本与劳动收益

对于任何企业来说，成本与劳动收益（也就是大家经常提到的 ROI）是重要的经营指标之一。在行业竞争日趋激烈、市场环境快速变化的情况下，如果能比竞争对手拥有更低的成本、更高的 ROI，无疑会提升企业自身的市场竞争力。云计算采用的是按需租用方式，目前很多云计算服务都可以按天、按调用次数等方式计量费用，可以在需要的时候增加资源，不需要的时候释放资源。这是一种非常巨大的成本优势，比如有一个客户把数据中心进行整体云化后，成本降低了 50% 左右。

❏ 安全性

谈到云计算就离不开安全，这几乎是每一个开始考虑使用云计算的客户的第一反应。通常，客户总是觉得云不是自己家里的数据中心，安全性不如传统数据中心，特别是数据安全方面。其实，这和大家把钱存在家里和银行是一样的道理，与把钱存在家里相比，存在银行显然更安全。一般来说，安全性包含信息安全、数据安全、合规安全等维度，如果要在企业自己的数据中心构建一整套安全体系，不仅需要购买大量的安全设备（防火墙、防 DDoS 攻击、行为监测等），还需要设计完善的安全管理规范和流程，包括配备安全运营管理人员。就算构建出这套体系，还有一个问题，那就是企业自身没有那么大量的安全样本数据，也很难真正做出很好的防护。在云上，安全防护体系是在数百万级别客户的大量安全攻击和防护过程中不断优化、迭代而得到的安全样本，样本丰富程度一比便知。所以，云上安全防护体系的防护能力和企业自建数据中心完全不在一个量级。总的来说，云上的安全性是优于自建数据中心的。早期有很多人担心自己的数据在云上不安全，有可能被偷走。其实，这件事可以从不同维度来看。首先，云都是多副本、多可用区架构，天然带有容灾能力。其次，每家云计算厂商从维护企业信誉的角度，都不会拿客户的数据安全开玩笑，否则会给企业生存带来不利影响。也就是说，云厂商其实比用户更害怕用户数据出现问题，所以，云厂商会更在意客户的数据安全。从道德上解决了数据安全问题后，技术上就更加没问题了。

❏ 快速执行

这是云计算的突出优势。举个例子，如果客户需要建立一台虚拟机，过去可能需要 2～3 个月才能完成（购买硬件设备需要 2 个月，安装软件和配置虚拟机需要几天），但是现在只需点几下按钮，通过镜像等数分钟就可以完成。有些客户采用更为自动化的管理方式：在结合容器技术和云虚拟主机、存储等做扩缩容的同时，为了解决业务波峰/波谷问题，又开发了一个智能业务监控系统，用于预测业务量走势，同时通过自动化调度容器平台进行资源的扩缩容。

上述这些云计算技术带来的好处极大地促进了数字化转型的进程。

1.3.2 云计算与数字化转型不是万能良药

前面大家看到了云计算的各种好处和优势，那么云计算是不是无所不能呢？当然不是，任何一家企业或机构想要实施云计算，一定要充分评估和认识到可能存在的挑战和风险。

❏ 技术栈的转变

从传统 IDC 迁移到云，再根据云原生技术改造应用等，伴随的是大量技术栈的改变。

例如，以前小型机、虚拟化演变成容器技术，监控等商用软件向开源技术转变，微服务、AI 技术等使用的新技术栈等，这些都会给企业原有的技术栈带来较大的冲击和改变，企业技术人员的储备、新技术栈的选择、老系统改造等都面临很大挑战。此外，还要充分评估伴随着这些技术栈的改变，哪些技术人员要转型、哪些技术要引入、哪些工作要找专门的服务公司提供支持等。同时，老系统改造也伴随着成本的投入，割接时也会对业务稳定性等产生影响。所以，要充分评估这些风险，制定相应的应对策略，将风险限制在可控范围，最忌过于乐观或裹足不前。

❑ IT 部门职能升级

同样，随着云计算和数字化转型的导入与实施，IT 部门的职能也面临升级，会从当前的成本中心向价值中心演进。因为云计算和数字化转型带来了一次机遇，能通过技术和数据来帮助业务进行创新。当然，这一方面是机遇，另一方面也是挑战。如果做不好，业务部门会觉得 IT 部门还是应该做好技术，并且由于更多的技术支持工作都转移到云上，工作更自动化、智能化了，那么对于 IT 部门来说，很多工作简化了，站在业务部门的角度，IT 部门就变得更加不重要了。但是，从另外一个维度来看，如果在数字化转型过程中，IT 部门能在完成数字化转型系统和数据服务能力建设的基础上，也实现自己团队的能力转型，转型成懂数据、懂业务、懂技术、懂运营的复合型人才，那么技术人员不仅拓宽了职业之路，IT 部门也会在企业内部获得业务部门的尊重和更多业务能力的拓展，这就是 IT 部门在数字化转型过程中的机遇。所以说，只有把握好了机遇，才有机会升级为价值中心，否则很有可能地位下滑。举个例子，一个企业通过数据中台的实施，挖掘出了数据的价值，那么这些数据价值如何解读、如何结合具体业务给相关部门提出建议、数据如何不断优化、如何实现数据与业务联动的智能化等都是 IT 部门面临的机会，如果 IT 部门没有把握好，又回到单纯的数据、BI 分析，那业务部门是不会满意的。

❑ 管理理念改变

云计算的导入也会对管理理念提出挑战。例如，开发与运维会从泾渭分明演变成 DevOps，原来 IT 部门的纯技术导向会向数据导向转变，技术人员占比将扩大，通过技术将驱动业务创新等。

1.3.3 借鉴、实践、提升

1. 走出自己的路

数字化转型是一个综合运用通用方法论与技术 + 最佳实践 + 自我验证的过程，完全拷贝别人的经验是行不通、做不好的。那么应该怎样走出自己的路呢？

（1）认清自己

从所处行业、企业自身经营现状、IT 现状、人员现状、企业战略等多维度分析，给企业自身做一个数字化转型的画像，然后结合数字化转型方法论和最佳实践确定未来的企业目标。再根据目标分析差距，看看应该在什么时候启动数字化转型、采用什么样的路线、要投入多少人力和财力、组织阵型要求、可能面临的风险与困难等。从组织的方面来说,数字化转型需要什么样的组织呢?举一个简单的例子,企业要推进一个食品营销业务,需要什么样的人才能更好地推进业务开展呢?其实,这里有一个很简单的原则:选择对美食特别有兴趣或敏感的人去做食品营销运营的事情,可能效果更好。因为他本身就对此有浓厚的兴趣,那么他会深入到业务中,认真理解业务,并具有更强的兴趣和动力,也更有可能做好。数字化转型也是一样的,在建设阶段,建立好业务系统、大数据平台等之后,如果在组织中找到对数据敏感、对通过数据和技术驱动业务变革抱着浓厚兴趣和坚定信念的人,数字化转型就更有可能得到好的效果。

(2)理念先行

在真正动手进行数字化转型的相关工作之前,最重要的是让组织内的关键人物在理念上达成共识。大家如果都已经有了一定的数字化转型的理念,就能大幅降低组织在数字化转型执行中的阻力。前期可以寻求一些外部的数字化转型专业团队进行数字化转型理念、方法论、最佳实践、组织文化设计等方面的分享和培训,内部也可以多组织几次头脑风暴,让大家都抛出问题,达成共识。

(3)通盘考虑、小步快跑

数字化转型需要从高处着眼、低处入手。战略上,务必要做全局考虑,尽量想得远一些,有一个大的蓝图。但在实施过程中,切忌贪大,应对任务进行优先级排序,做出一个完整的规划。建议从最大的痛点、最容易见效的场景着手,快速切入、快速见效,这样更容易验证适合企业自身的数字化转型实施路线。初期验证数字化转型方法和路线适合企业自身后,后面就可以放大并发力了,最怕的就是将所有工作放在一起做,贪多必失。

(4)内外兼修

很多企业觉得请外面的数字化转型专家来帮助做一次咨询就可以实现数字化转型,这是非常大的误区。数字化转型需要外部支持,这非常重要,但更重要的是练好内功,内外兼修必不可少。外部专家会带来数字化转型的方法论、技术和最佳实践,再带着企业做一段时间,我们俗称"扶上马""送一程"。当企业内部团队能真正自己独立进行数字化经营时,再将工作移交给企业自己的团队。所以企业必须建立起适合的组织、找到合适的人、赋予其合适的权力和责任,并适当地简化数字化运营相关的流程。

(5)困难推动创新

数字化转型中的"危机转化"是非常有趣的一个现象。就像前文所述,之所以要启动数字化转型,可能有的企业是跟风,但是大多数企业是因为遇到了痛点。有痛点就有需求,数字化转型的过程注定不会一帆风顺,肯定会遇到困难。以笔者多年的经验,没有一家企业的数字化转型之路是一帆风顺的,都是在挫折中前行,能够越挫越勇的企业才会取得最终的胜利,而在挫折中畏惧的企业,大多会半途而废。所以,我们要辩证地看数字化转型过程中的困难,这些困难中存在着助力数字化转型的潜在动力。给大家分享一个成功的案例和一个不成功的案例。首先来看成功的案例。有一家食品行业的企业,在市场中处于中等偏上地位，决定启动数字化转型专项。从项目启动开始，企业与咨询实施服务商共同组成了由企业业务部门总裁、CIO等牵头的项目领导团队，双方形成了联合交付项目组，每个小组里都有双方的成员，做到你中有我、我中有你，而且明确了每个人的职责。整个项目也被设计为蓝图阶段、一期范围。这里有几个关键之处：1）一号位的界定，这是在企业内可以调动多方资源而且真正有业务痛点的负责人；2）项目没有盲目贪大，全面铺开，一期聚焦在整体蓝图的规划设计、数据中台里偏底层技术平台和数据分析建模部分的能力建设；3）双方项目组融合在一起，而且权责对等。这三点对项目的推进起到了重要作用。尽管这样，项目执行到后期还是遇到了一个非常大的挑战，就是业务部门觉得项目没有给业务带来真正的价值。所幸的是项目初期做了蓝图，也界定了一期的目标就是建设基础的技术底层，而且客户的业务线一号位是业务部门的总裁，他认可和理解这一目标，只是内心有些焦虑，因为公司业务处于快速上升阶段，希望能快速见效。实际上，这个困难不但没有阻碍这家企业的数字化转型进程，反而助推转型工作加速前进。由于大家对业务效果的期望，因此在已经规划好的蓝图基础上启动了二期营销方面的数字化能力建设，并且建设进程比预期更快完成。在建设完成后，大家切实地看到了业务效果，虽然没有特别惊艳，但是也前进了一大步，这就更加坚定了这家企业进行数字化转型的决心，后面陆续启动了三期、四期的工作。

接下来再看一个不太成功的案例。有一家销售型企业，创始人听到数字化转型解决方案和行业中其他企业的尝试和成功案例后，对数字化转型产生了浓厚的兴趣，希望借助数字化转型完成商业上的创新和突破，在激烈的竞争态势下形成新的竞争壁垒。于是，他很快就决定启动数字化转型专项，从业务中台开始做起，项目分为一期和二期。在项目执行过程中，遇到了几个重大问题：1）项目的一号位是CIO而不是业务部门的负责人；2）在二期交付过程中，因为项目还未交付完成，实施过程中也出现了一些延期，所以无法快速见到业务效果，加之中途多次更换CIO，每次CIO更换后都有新的思路和侧重点，导致无法按照最初的规划进行。同时，企业方参与项目的人力也被抽调到其他事情上去。最后，这个项目只能草草收尾。这类事情在过去的信息化建设以及今天的数字化转型建设过程中并不鲜见，主要原因都是在遇到困难的时候就不知所措或失去战略定性，于是全面否定过去，导致无法找到解决困难的办法，最终只能以失败告终。

（6）意志坚定

数字化转型实施过程中，在点上突破可能是比较短的一个周期，但是要完成整个数字化转型，则需要一个比较长期的过程。在小步快跑的过程中，解决了前进路上的各种"杂音"后，还要有一颗强大的心，保持定力，因为不同企业的数字化转型进程周期不一样，往往都是需要经过数年的不断迭代，所以对于战略定性和韧性有很强的要求。

2. 知行合一

说一千道一万，企业不仅要知道数字化转型是什么，也要脚踏实地地去实践，借鉴他人的成功与失败经验，真正走出自己的路，找到适合企业自身的数字化转型之路。所以，笔者认为"知行合一"在数字化转型中是很重要的。实际上，数字化转型最怕几类人："高谈阔论的理论家""只顾做事的实干派""盲目冲动的激进派""畏手畏尾的保守派""借机揽权的投机派",数字化转型需要的是能够"冷静应对""宏观规划""脚踏实地""谦虚谨慎""表里如一"的知行合一的人。

那么知行合一的数字化转型人才模型是什么样的呢?王阳明说"知行合一,止于至善",其中很重要的就是"知中有行,行中有知"。这里的"知"并不只是知道的意思,而是指"良知","行"指的是实践。大家肯定很好奇,"良知"与数字化转型有什么关系?下面就给大家详细分析一下。由于数字化转型是一个系统性、大规模、长期化的过程,参与的人很多,是一个高度精密的协同配合的过程。在这个过程中,大家能否坚持心中的"善",始终如一地遵循内心的良知,确保实践过程不变形、不走样是成功的必要条件。著名企业家稻盛和夫的《心》一书中有一句话也阐明了这个道理,那就是"一切始于心、终于心"。阿里巴巴在数字化转型过程中也遇到了众多困难,因为阿里巴巴遵循"不忘初心""因为信任,所以简单"这样的企业文化,打造了一个简单、善良、大爱的文化体系和组织,所以在数字化转型过程中起到了非常好的作用。因此,良好、正面的价值观会在数字化转型过程中发挥重要的作用(如图1-19所示)。

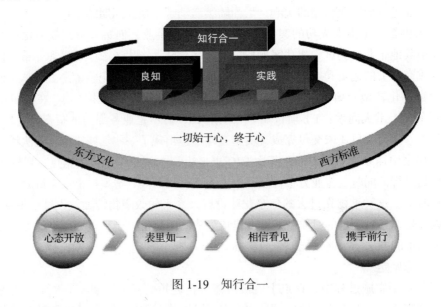

图1-19 知行合一

1.4 数字化转型:从建设到精细化经营

1.4.1 数字化转型的初心

在数字化转型的过程中,我们需要时刻问自己:启动数字化转型战略的初心是什么?也许每家企业有自己的表述,但核心都是"如何利用数字技术和智能技术推动企业实现商业模式、企业文化、组织结构的转型"。数字化转型战略启动后,很多企业一是很兴奋,二是投入大量资金进行各种数字化技术相关的平台、系统的建设,期待平台或系统的建设完成后就可以带领企业实现数字化转型。但是,在完成这些平台和系统建设之后,很多企业突然发现好像跟想象的不一样,感觉缺少了什么,价值体系不明显。此时,我们需要回归到做数字化转型的初心上,看看到底期待得到什么。技术是可以推动商业发生变革的,但是只有技术,商业是不会发生变革的,商业与技术两个轮子必须有机结合、紧密配合,同时一定要以终为始地思考我们服务的最终用户是谁。数字化运营就是链接商业和数字技术最好的纽带。

数字化运营需要做的就是"以消费者为中心""以数据为驱动""全链路整合服务"(如图 1-20 所示)。

❑ 以消费者为中心

还是那句话,要牢记我们的初心。无论我们如何变革、如何转型,最终的目标是能更好地服务客户,从而让企业保持基业长青、经久不衰。而消费者就是我们最终的用户。所以,我们设计数字化转型战略的时候,一定要以如何为最终消费者提供更好的产品与服务为出发点。"新客全域营销""用户运营管理""会员运营管理"等都是以消费者为中心的一些运营手段。

❑ 以数据为驱动

数字化时代最大的不确定性和最大的确定性都是"海量的数据",为什么说数据既是不确定性因素又是

图 1-20　数字化运营要做的三点

确定性因素呢?面对海量数据,有人视之为珍宝、有人弃之如垃圾。视之为珍宝的人认为可以从大量的数据里挖掘出有价值的内容,而且不断地寻找如何创造更多的数据;而弃之如垃圾的人觉得大量的数据占用了太多存储空间,浪费了太多的企业 IT 成本。这就是一个分叉口,能很好地利用数据来挖掘价值的人往往会给企业带来新的商业机会、孵化出新产品、降低成本等,让企业长青变得更确定;而不喜欢数据的人可能还继续过往的商业模式,直到某一天突然发现消费者好像都不买单了,本来可以持续的良好发展势头戛然而止,这就是忽略数据价值带来的不确定性。"数据标签体系建设""数据模型优化""会员洞察分析""营销洞察分析""供应链洞察分析"等都是用数据驱动业务价值的方法。

❑ 全链路整合服务

什么样的数据最有价值?什么样的问题最让企业头疼?很多企业都存在下面的情况:对于同一个客户,不同的业务部门有不同的信息和标签;对于同一个商品,从订单到供应链、生产制造、外部采购没有完整的数据链条,很难针对商品进行整个链路上的数据分析和优化。所以数字化运营作为数字化转型的重要一环,需要与建设阶段紧密结合,形成全链路的数据整合服务。全链路的数据整合有"活动运营管理""精准营销管理""供应链拍成排产分析"等方面。

1.4.2 数字化运营是什么

对于不同的行业，数字化运营的内容也不一样，但是实现路径和基础是一样的。一般情况下，数字化运营会保护三个核心部分：业务运营、数据运营、技术运营。

- **业务运营**：数字化运营作为链接业务和数据技术的纽带，一定不能脱离业务单纯基于数据做事情，那样会本末倒置。所以，业务运营很重要，需要结合实际业务场景、建立"会员运营""营销运营""供应链运营""阵地运营""内容运营""风控运营"等运营管理体系，把人·货·场等有效结合起来。这样，数据分析和分析结果才能有的放矢，有效地支撑业务创新和优化。
- **数据运营**：数字化运营的核心就是围绕数据和智能开展工作，所以数据分析、算法优化、数据标签体系分析与优化等都是有效的抓手。通过有效的数据分析结果，有助于针对不同消费者进行精准营销，有效地提升供应链效率、降低生产制造成本等。
- **技术运营**：前面讲的都是北向的业务层面的内容，但无论是做什么运营，还有一件很重要的事情就是我们不能脱离技术底层平台，针对这个平台及平台上的各类产品也要做运营。例如，针对云平台的容量规划与管理、云上租户画像分析与设计、计量计费日常管理、安全合规管理等，以及针对云平台之上的大数据产品的配置和使用管理等都属于技术运营范畴。

下面以新零售行业为例，解释数字化运营希望做到的三个"见"，那就是"看见""洞见""创见"（如图1-21所示）。

- **看见**：首先需要做到的就是给自己设定一个"北极星指标"⊖和一些核心关联指标，让企业经营过程数据化、可量化、可视化。不同的企业在不同的发展阶段，北极星指标是不一样的。例如，对于一家搜索引擎公司，总用户数可能并不是它的北极星指标，活跃用户数才是真正的北极星指标，因为通过这个指标才能真实地了解企业目前的经营情况和发展趋势。
- **洞见**：能看见企业经营情况后，需要深入分析已经看到的数据，这个阶段叫作"洞见"。在这个阶段可以做很多预测性的分析、行业性的分析。
- **创见**：前面两个阶段还是基于当前数据本身做事情，而想要与其他竞争对手在不同维度形成竞争优势，创新必不可少，而创见阶段就是通过对大量场景化、全生命周期、产品关联性等数据进行分析后，结合一些营销手段、流量变现、渠道优化等方式实现新业务及新产品的创新。

⊖ 北极星指标可简单理解为公司制定的发展目标，不同阶段会有不同的发展目标。之所以称为"北极星指标"，就是寓意这个目标要像北极星一样指引公司前进的方向。在公司制定目标时，一般需要符合 SMART 原则，即具体（Specific）、可衡量（Measurable）、可实现（Attainable）、相关性（Relevant）、有明确的截止期限（Time-Bound）。

第 1 章 云计算与数字化转型 ❖ 37

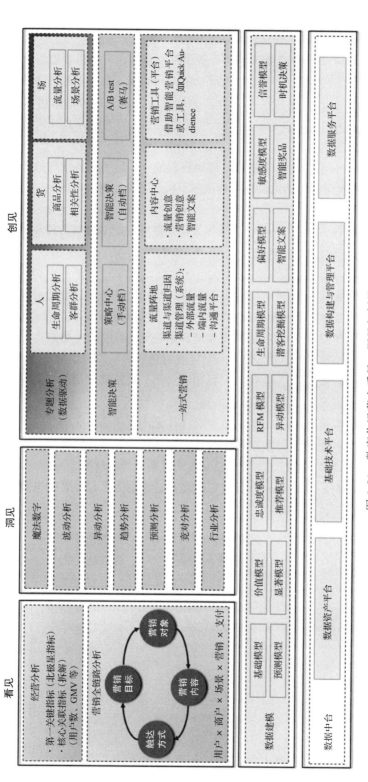

图 1-21 数字化运营之看见、洞见与创见

1.4.3 数字化运营需要的组织及能力

数字化运营涉及的部门比较复杂，需要高频业务互动，所以想要做好数字化运营，完整的链路和组织设计必不可少。一般会按如下方式进行设计（如图 1-22 所示）：

1）KPI 量化拆解：运营是以结果为导向的管理行为，没有 KPI 的运营既是无法衡量的，也是不高效的，所以首先要设计出一个可量化、可拆解的业务 KPI 来指导所有业务方配合整个运营活动的进行。

2）业务线 KPI：有了总的 KPI 之后，需要将其进一步拆解到各个作战单元，这样才能精细化管理，让每一次运营活动可以精准地执行下去，避免花费大量的营销费用，却看不到效果的情况。

3）业务 Owner（作战大盘）：业务总指挥需要知道整个业务拆解路径和进度，所以要给业务 Owner 搭建好作战大盘，实现统一管理。

4）分项运营。

- 渠道运营（作战大盘）：对全渠道的业务进行路径拆解，并且分渠道跟踪进度，这里最重要的工作是尽量全面地梳理出场景布点，确保没有遗漏大的渠道和场景。
- 产品运营（漏斗监控）：产品运营要用链路最短 / 跳出最少的原则，所以需要设定一个漏斗型的监控模型，有助于产品投放能更好地满足消费者的效率和体验两个诉求。
- 机构运营（竞品和监管）：运营不仅要知道自己，更要知道市场，所以竞品分析、自身产品质量监管等也是必不可少的一环。
- 用户运营（成本和用户）：当前的消费者往往采用多渠道、多场景消费模式，所以完整的用户生命周期管理是非常重要的，只有这样才能有效降低用户管理成本，提升用户交叉引流效果。所以，需要建立全生命周期管理机制。
- 数据运营和分析：通过数据分析发现机会，这也是数字化运营的基础，所以需要建立好数据分析工具和模型。

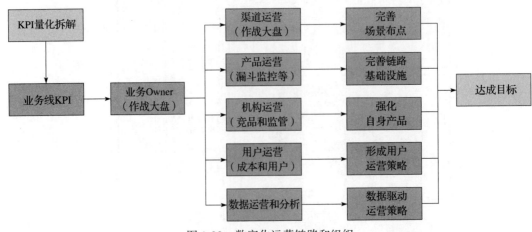

图 1-22 数字化运营链路和组织

5）达成目标：从最初设定 KPI 到最终完成运营活动后实际的达成结果，需要做一个闭环，无论是否达标，都需要做一次完整的复盘，从而吸取教训、优化业务。

有了上面的方法仍然不足以让一个组织做好数字化运营，我们需要从"道""法""术"三个层面一起发力（如图 1-23 所示）。"道"就是数据意识，如果大家都不喜欢通过数据来做业务，那根基就没有了，其他的一切都无法实现，所以最重要的就是培养组织里的成员形成数据思维。其次，我们需要有方法去做运营，并不是进行简单的数据分析以及靠直觉和经验。最后，好的工具是让大家高效运营的有力助手，所以要打造一个得心应手的运营工具。

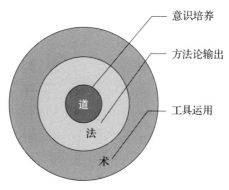

图 1-23　数字化运营的"道""法""术"

Chapter 2 第 2 章

企业数字化转型与顶层设计

2.1 当今企业所处的时代背景

2.1.1 数字经济时代及其特点

全球已迎来新一轮科技与产业革命，依托互联网、大数据、人工智能等新一代信息技术的创新聚变，快速、高效、低成本的数据计算、处理及存储的新体系逐步建立，人类对客观世界的认知与探索从物理空间向信息空间急速迈进，在现实与虚拟之间、原子与比特之间搭建着可以彼此连接、精准映射、交互反馈、有效控制的通道、枢纽与平台。全球产业数字化转型的脉络和趋势日益清晰，成为面向网络化、智能化方向提质增效及重塑核心竞争力的必备基础和必经之路，推动着生产主体、对象、工具、模式、场所的全体系重构和以数据为核心的生产要素的增长动力变革，并形成发展观、方法论、价值判断、运行机理等认知框架的范式迁移。

数字经济是以数字化的知识和信息作为关键生产要素，以数字技术为核心驱动力，以现代信息网络为重要载体，通过数字技术和实体经济深度融合，不断提高数字化、网络化、智能化水平，加速重构经济发展与治理模式的新型经济形态。

随着数字经济时代的到来，全球进行数字化转型的步伐越加铿锵有力。数字经济不光是当前技术、经济、发展等催生的产物，更以其显著的优势引领着时代前进。

1. 数字经济的时代背景

（1）数字经济成为经济发展的新增长引擎

数字经济已成为 21 世纪全球经济增长的主要驱动力。中国信息通信研究院 2020 年发布的《中国数字经济发展白皮书（2020 年）》报告显示，2019 年，我国数字经济增加值规模达到 35.8 万亿元，占 GDP 比重达到 36.2%，占比同比提升 1.4 个百分点，按照可比口径计算，2019年我国数字经济名义增长15.6%，高于同期GDP名义增速约7.85个百分点，数字经济在国民经济中的地位进一步凸显。

我国高度重视数字经济对社会发展贡献的巨大潜能。2018年11月30日，在二十国集团领导人第十三次峰会上，习近平总书记指出："世界经济数字化转型是大势所趋，新的工业革命将深刻重塑人类社会。我们既要鼓励创新，促进数字经济和实体经济深度融合，也要关注新技术应用带来的风险挑战，加强制度和法律体系建设，重视教育和就业培训。我们既要立足自身发展，充分发掘创新潜力，也要敞开大门，鼓励新技术、新知识传播，让创新造福更多国家和人民。"

2020年的《政府工作报告》提出全面推进"互联网+"，打造数字经济新优势。数字经济作为信息化发展的高级阶段，是继农业经济、工业经济后的一种新的社会经济发展形态。

（2）数字产业化稳步发展

近年来，随着信息化基础设施进一步夯实、企业内部结构持续优化，数字化产业正在稳步发展。从规模上看，2019年，数字产业化增加值达7.1万亿元，同比增长11.1%。从结构上看，数字产业结构持续优化，软件业和互联网行业占比持续小幅度提升。⊖

（3）数字化转型是适应数字经济发展的主动选择

在全球数字经济蓬勃发展的时代背景下，数字化转型已经成为各行各业的共识，数字化变革正在改变企业和许多行业的运行规律，不光是数字原生企业，传统企业同样在积极探索数字化转型之路。

数字原生企业通过新一代ICT技术的深入运用，提升产品和服务的竞争力，从而实现企业自身的跨越式发展。初创企业和互联网企业正在对传统市场规则和边界产生冲击，这些企业以更加密集的资本投入、更强有力的客户关系、更加敏捷的运营体系和更加个性化的品牌获得更广泛的优势。共享出行平台对传统出租车行业带来的颠覆性冲击就是典型的例子。

传统企业在宏观经济增长放缓的趋势下，面临着比以往更加激烈的市场竞争。利用新一代ICT信息技术，实施以创新为核心的数字化转型是传统企业转型的重要路径。

（4）行业数字化转型进入"深水区"

开展数字化转型已经成为业界共识，绝大部分企业已经启动了数字化转型。

随着数字化转型的深入发展，数字化转型的深层问题逐步显现，如缺少整体战略及路线图、高层没有对数字化达成共识、业务价值体现不足、数字化转型职责和权力不清晰等。

变化是这个时代的主要特征，数字化转型就是在变化中创新。未来，企业间比拼的将不只是资金和资源，而是拥抱变化的能力以及深入转型的能力。

2. 数字经济时代的特点

（1）新一代ICT技术成为新的生产要素

数字化转型就是将新一代ICT技术作为新的生产要素，叠加到企业原有的生产要素中

⊖ 引自《中国数字经济发展白皮书（2020年）》。

去，从而引起企业业务的创新和重构。因此，新一代 ICT 技术能否得到有效运用，并为企业产生显著的业务价值是转型的关键特征。

（2）数字资产成为创造价值的新源泉

数字化转型不仅是将技术运用到生产过程中，更应该在转型过程中不断积累和形成数字资产，围绕数字资产构建数字世界竞争力，为企业不断创造价值。

2.1.2 企业面临的内外部机遇与挑战

数字经济时代已经到来，随着互联网主体逐渐渗透到企业和全产业链条、全生命周期，互联网对消费者端的变革逐渐完成，对企业端的变革正在拉开序幕。如何收获数字化红利、实现转型升级，已经成为传统企业面对崭新数字经济的机遇和挑战。

1. 企业面临的机遇

数字经济时代催生企业数字化转型，带来了以下几个方面的机遇。

（1）加速应用创新

为了跟上市场的变化，各行各业都在改变新产品、新应用的开发和发布方式。在传统模式下，数据的收集、设计、制造需要很长时间，而且要预先对更新、测试、发布进行规划，完成这一系列工作需要数月甚至数年的时间。

现在，越来越多的企业采用敏捷设计、制造与发布方式，在速度和质量之间实现了更好的平衡，能够快速撤回不成功的新产品或新服务，而且不影响关键服务和系统的持续运行。为了建立更加敏捷的工作流程，企业必须实现更紧密的团队协作以及无缝的系统集成，还要能实时监控协作与集成的效果。

（2）用大数据增强洞察力

大家都希望用大数据武装自己，但只有弄懂了数据的含义，才能将信息转化为竞争力。事实上，每个企业都拥有相当多的客户、竞争对手以及内部运营的数据，因此需要采用合适的工具和流程，去挖掘数据的真正含义，才能快速做出明智的决策，促进创新，并制定具有前瞻性的发展计划。

（3）提供下一代工作空间

技术消费化的趋势和移动设备的增多，使今天企业员工的工作环境流动性远大于从前，工作空间的概念已经发生根本性变化，工作将不再受时间、地点的限制。为了吸引和留住优秀人才，企业必须建立能够适应这种新型工作方式的环境和文化。合适的数字化工具和政策尤为重要，利用它们，员工可高效应对职场中的各种复杂情况。

（4）适应业务发展的安全保障

企业在加速创新、缩短产品周期的同时，也面临着更多安全风险与威胁。随着更多应用实现互联互通，黑客成功侵入一个系统就能非法访问所有相连系统，而员工与合作伙伴获得的远程访问权限，也让企业必须应对系统后门可能增多的问题。

从安全角度看，简化安全流程，持续不断地对所有系统进行推敲、测试和升级至关重要。通过自动化工具以及更好的协议配置，公司可以显著缩短发现和修补漏洞的时间差，从而最大限度地降低系统遭遇非法入侵和数据丢失的可能性。

2. 企业面临的挑战①

（1）文化观念冲突

未来的数字化企业将以完全不同的形态和方式运行。数字化转型过程将极大地突破传统企业的"舒适区"，在缺乏经验的未知领域探索，新旧两种文化观念将存在长期的冲突。

（2）缺乏高层次的数字化战略

如果企业的决策者没有意识到数字化转型的紧迫性和重要性，那么企业数字化转型就没有成功的可能。数字化时代的竞争要求企业的领导者对数字化技术、新兴商业模式保持高度敏感的洞察力，并能时刻反省或调整公司战略。数字化转型过程中的领导力和问责机制意味着，数字化转型必须由最高层支持和授权。

（3）缺失数字化转型文化

很多企业在推进数字化转型的过程中，并没有赋予企业文化新的数字化内涵，或者在各部分人员的认识没有统一的时候，就盲目启动数字化转型。这样没有充分准备的开始会带来后续一系列强大的阻力，进而导致企业数字化转型失败。

（4）缺乏数字化组织与人才

为了有效推进数字化转型，必须同时进行组织机构的变革。转型本身是动态的，在转型过程中如何建立并调整与转型匹配的组织机构是转型综合挑战的一个重要方面。

人才也是转型过程中面临的一大挑战，数字化转型不仅需要掌握新技术的人才、业务创新人才，更需要能够将新技术与业务结合起来的跨领域人才，因此培养高水平的转型人才队伍是转型中不可回避的问题。

（5）缺乏合适的技术平台

在企业数字化转型方面，业务需求快速多变、新技术层出不穷，数字化系统需要稳定扩展与平滑演进。封闭的系统或平台会严重阻碍数字化转型。一个笨重、呆板的技术平台难以敏捷、快速地响应数字经济时代的客户需求。在以数字化、网络化、智能化为突出特征的新一轮数字化转型的过程中，适合企业的技术平台发挥着重要作用。

（6）缺乏系统设计能力

缺少顶层系统设计的数字化转型必然不会成功。认为数字化就是上系统、改善某条业务线，或者跟着纯硬件供应商和没有行业经验的开发商去搞数字化的企业，很容易把数字化转型做成信息化。

（7）新技术的驾驭和整合

数字化转型不仅要求企业能够迅速学习和掌握新技术，还需要将新技术融会贯通以形成组合优势，并且在业务变革中找准结合点，使之运用和改变现有业务。数字化转型对企业

---

① 部分观点引自《企业数字化转型白皮书（2020版）》。

驾驭新技术提出了极大挑战。

2.1.3 数字化转型已是大势所趋

1. 企业信息化经历的四个阶段

国内企业的信息化发展大致可以划分为四个阶段（如图 2-1 所示）。

- 第一阶段：以单机版系统为主的电子化时代（1.0）。电子化就是将企业日常手工、事务性的繁重工作转变为机器工作的过程，这时关注个体的工作行为，可以提高个体的工作效率。该阶段以财务电算化、生产制造自动化等为代表。
- 第二阶段：业务流程信息化时代（2.0）。信息化就是通过企业的管理重组和管理创新，结合 IT 优势将业务流程固化，这时关注整个组织的流程，提升组织的效率。该阶段广泛开展流程梳理和信息化建设，例如 ERP、CRM、SCM、BOSS 系统建设等。
- 第三阶段：数字化转型时代（3.0）。数字化时代的核心是企业对外打通了和用户之间的生态，不仅有效地连接了客户，还连接了生产制造相关的后端设备。其核心的技术就是移动互联网、云计算。
- 第四阶段：业务决策智能化时代（4.0）。智能化的意思是在企业已有知识的基础之上，能够智能地创造、挖掘新知识，以用于企业业务决策、企业日常管理等，形成自组织、自学习、自进化的企业管理体制。该阶段中，人工智能、专家系统的先进思想将应用在企业管理领域中。

图 2-1　企业信息化经历的四个阶段

企业发展的四个阶段也反映了数据发展的阶段。

信息化时代，数据被用于软件和系统内部的局部、简单的统计分析，是作为辅助流程应用的副产品。

数字化时代，企业级数据分析需求出现，以数据仓库、商业智能为代表的系统，以数据可视化、分析报表为主要的服务手段，为企业的运营提供辅助决策。

从信息化时代到数字化时代有一个共同的特点，那就是，数据本质上还是被人使用的，最终还是由人脑形成决策来驱动业务。

到了智能化时代，数据不再是被人"看"的了，数据的使用对象是应用系统本身，不再需要经过人的解读和理解，系统与系统实现直接通信，比如，人工智能的算法从数据中心获取洞见，获取业务的行为指引，直接驱动业务系统。

2. 数字化转型与传统信息化的关系与区别

（1）传统信息化与数字化转型的区别

20 世纪 90 年代以来，与大部分企业信息化相关的高频词汇不外乎 OA、EAS、ERP、PDM、CRM、SCM、MES 等，以及 BI（商务智能）。

信息化注重以系统支撑业务流程实现，强调业务提效、风险管控。数字化与 ToC 关系紧密，属于外向型的，体现在企业相关的流程和客户实现直接对接，以此牵引、倒逼内部模式的变革。

数字化区别于传统信息化的时代背景在于移动互联网时代的到来。即使是在互联网时代，人只有坐在电脑旁才是在线的，互联网其实是电脑之间的互联网。以智能手机以及 4G 的普及为标志的移动互联网的出现，大大改变了人类社会的面貌，互联网世界联网的个体从电脑变成了人。因为手机和人关系紧密，尤其是海量的应用提供了丰富的功能，满足了人类日常生活的各种需求。

根据商业世界的规则，服务是围绕着客户展开的。现在客户都在线上，所以服务和产品也要转到线上。互联网企业提供了一个平台，把传统的线下服务搬到线上提供给客户，即使我们享受的服务位于线下，但是整个交易环节都在线上。交易的核心是通过市场实现需求侧和供给侧的交换，其核心在于匹配信息，也就是买家知道在哪里可以买、卖家知道可以在哪里卖。显然，这个信息交易市场就是数字化的平台，数字化的选择方式之一就是加入一个平台。

现在很多零售行业有自己的线上商城（小程序、微店等），同时又入住天猫、京东等平台，这时原来企业内部的库存系统需要和各个平台进行数据信息同步，而库存背后又涉及一整套生产管理、采购管理的工作。当客户的各种需求从 C 端系统传输过来时，客户看到的仅仅是有货、没货、物流状态，但整个内部运作需要庞大的系统群来支撑。这些系统群的打通不仅仅是技术层面的数据打通，更是流程、业务的打通，所以需要企业内部各个部门打破壁垒、优化组织流程，以适应这种快速响应 C 端需求的场景。可以发现，信息化（库存、生产管理系统等）一定是数字化（快速对客）的前提。如果没有做好企业信息化，数字化将无从谈起。

信息化是数字化的第一阶段。事实上，许多企业的信息化过程还没有真正完成。企业的数字化转型不同于软件升级、六西格玛或是供应链完善项目，它是一个对企业流程进行的全面数字化变革，以重新构建产品和服务。

企业需要先完成信息化过程，才能保证数字化转型顺利展开，所以这里先给出信息化和数字化的定义：

❑ 信息化：核心业务流程的线上化，属于供给侧内部的优化（ToB 属性较重）。
❑ 数字化：企业内部业务流程和客户需求场景的对接，属于需求侧和供给侧的打通。

所谓供给侧结构性改革，核心就是供给侧快速识别、响应需求侧的变化，以此来调整供给端。这里不仅需要系统的支持，更需要企业内部流程的优化改造。

（2）数字化转型引领传统信息化变革

数字化转型有一个非常重要的目的，就是让客户和最终的生产者距离更近，从而降低客户和企业的内部交易成本，最终降低全社会的交易成本。数字化转型的关键在于"转型"，包括业务、组织、思想、工具等。传统信息化的关键是"线上"，要将所有的业务在线上打通，"工具"属性比较重。

数字化需要拉通客户端的需求和企业内部生产经营，这就需要企业内部各个部门的快速协作灵活变通，这些工作是最难的。

现在，互联网企业的核心业务都是在线上的，天生就有数字化的基因（生产关系、商业模式）。传统企业（制造业、零售、房地产等）的商业模式千差万别，但是，只要进入一个存量市场环境（生产大于消费），就要想方设法地让自己的产品和服务快速触达客户。电商及直播带货都是为了快速匹配需求和提供服务。

所以回到数字化转型的话题，怎样判断企业是不是在做数字化转型，核心是看以下三点：

- 有没有快速地让产品和服务触达客户（电商、自建线上渠道都是手段）？
- 企业内部的流程有没有为了快速响应市场需求而做好优化调整（内部生产关系调整）？
- ToC 和 ToB 的流程、数据等有没有实现互通互用？

数字化与信息化最大的不同是，数字化以改造优化生产关系为目的，快速实现从需求到服务的结合，IT 不仅仅是"工具"，而是业务的一部分。

数字化转型不仅是生产力的转型，也是生产关系的转型，对于企业就是业务流程、模式，甚至商业模式的变革；对于个人就是思想、技能等的全面升级。

3. 企业为何急于进行数字化转型

自从互联网出现以来，信息爆炸也同步发生，并且随着 AI 的不断发展，AI 结合海量数据，推动了数字技术时代的快速到来。但是，海量数据对很多企业来说是"幸福的烦恼"，幸福的是可以通过数据挖掘到更有价值的结果，烦恼的是这么多数据该如何存储、如何挖掘。

当今企业面临复杂和快速多变的市场需求，如何更快、更精准、更敏捷地应对市场变化，这是很多企业面临的现实问题。虽然过去做了不错的信息化建设，但是面对新问题特别是新兴产业的挑战时，企业都开始把目光转向数字化转型。那么，什么是数字化转型呢？数字化转型是基于数字化转换、数字化升级进行建设，用数据思维进行企业经营，通过数据挖掘价值，以建立更高维度的商业模式为核心目标的活动。

前面讲到的信息化建设通常称为 IT，现在讲到的数字化转型通常称为 DT。数字化转型不仅是技术视角、数据视角，同时也是组织视角、文化视角。今天，很多企业听到数字化转型都很兴奋，觉得上一套大数据平台、做一些数据模型和数据挖掘就实现了数字化转型，其实这恰恰本末倒置了。数字化转型首先要从理念上做出改变，需要从以前单纯的"用数据"向今天的"采数据、集数据、通数据、用数据"的理念（简称"采、集、通、用"）转变。举个例子，过去很多企业都开发了 CRM 系统、销售系统，但是不同系统的数据无法拉通，同一个用户在不同的系统里有不同的数据描述，数据孤岛现象非常明显。在 CRM 系统里，服务客户可能只需要关注该用户的基本信息；在销售系统里，只需要关注该客户的订单信息。这样，一个客户被硬生生地切割开来，企业也无法完整地描述一个用户的真实特性，因为每个系统里只有这个用户的一小部分特征数据。

在看到众多新兴互联网公司通过挖掘与应用数据，用"数据思维"经营企业取得了非常好的效果后，传统企业纷纷启动自己的数字化转型战略。

4. 数字化转型是企业生存与发展的必然方向

今天，每个国家、地区、行业，甚至每家企业，都不会否认数字化转型的必要性。麻省理工学院数字商务中心主任埃里克·布莱恩约弗森在《第二次机器革命》一书中提出，数字化是今天的一切，是未来的唯一开端。

《中国数字经济发展白皮书（2020 年）》中指出：数字经济规模不断扩张、持续高速增长已成为我国应对经济下行的关键抓手。同时，根据研究，数字化转型成功的企业有望将盈利能力提高 26%、估值提高 12%、收入资产比提高 9%。数字化转型将会给企业带来颠覆性的改变，企业用户需要重新思考企业文化、战略、经营流程以及其他方方面面的问题，甚至包括与伙伴的合作。

由此可以确信，对于企业而言，数字化转型是必经之路！而这个发展过程离不开云计算。第一阶段要先把云计算用起来，以解决物理破坏的风险；第二阶段是虚拟存储，实现资源可伸缩和按需分配；第三阶段利用云计算、大数据，可以给用户提供更多个性化的服务和增值服务。

不光企业，政府部门、个人也面临着数字化转型，未来除了上游和下游，中间环节都需要数字化。

在技术升级、发展的带动下，人们的生活也发生着巨大的改变。26 年前（1994 年 4 月 20 日），中国正式接入国际互联网，开启了互联网时代。如今，我们的生活已经离不开互联网，生活的数字化日趋明显。网络让我们的生活得到了延伸，让每个人都有了"千里眼""顺风耳"。技术的发展推动很多新兴消费业态的出现，比如零售行业中的无人商店，从打开货柜、取出商品、自动结算到离开商店，流畅的消费体验展现了便捷化、个性化、精致化的消费趋势。

科技革命的到来正在培养、改变大众的消费习惯，云计算、大数据这样的技术在当今的经济发展发挥着越来越重要的作用。这种变革和转型在世界经济发展的历史上是前所未有的，未来会涉及更多的企业和行业。因此，企业进行数字化转型不是一种选择，而是必经之路。

2.2 企业数字化转型概述

2.2.1 企业数字化转型的定义

当今世界，数字化转型被赋予了不同的定义，各国也有不同的战略目标。随着数字化技术的影响力不断扩大，数字化转型在以数据为核心的要素驱动下不断发展。在我国，"数字化转型"是经济转型的必经之路已经达成广泛的共识，数字化转型推进体系正在加快形成。

企业数字化转型是指以数据为核心驱动要素，结合新一代云计算、大数据、AI等数字化技术，有效重构企业资源的重大变革，是推动企业可持续发展的重要战略。对企业来说，数字化转型已经成为企业级行动，主导团队往往是公司核心高管。

市场压力与外部不确定因素是推动企业进行数字化转型的主要因素，市场竞争白热化、各种不确定因素等加速了企业开展数字化转型工作的脚步。外部不确定因素主要体现在以下几个方面：

- 应对市场需求的多样化。越来越多的消费者追求个性化的定制（C2M），应对细分市场甚至小众市场加以关注和响应，可以从"长尾效应"中获取更多的利益。2020年9月，阿里的新制造平台——犀牛智造平台正式亮相，犀牛智造工厂也在杭州正式投产（如图2-2所示）。犀牛智造以服装行业为切入点，可以实现按需生产、以销定产、快速交付，从而应对市场需求的不确定性。

图 2-2 犀牛智造

- 应对产品服务的增值化。市场面临产品科技水平、服务水平提升的强烈需求，提升产品服务附加值已成为企业的迫切需求。以服务附加值为口碑的企业异军突起，以海底捞为代表的服务明星企业被越来越多的品牌企业学习（如图2-3所示）。

- 应对全链路生产过程的协同。生产制造越来越复杂，单个企业无法孤立地进行生产制造，必须协同上下游完成这一过程，按需定产、产销协同带来了降本提效、全链路数字化监控的强烈诉求。
- 应对产业生态的协同。产业分工更加细化导致产业链被拉长，上游供应商生态以及下游客户生态的竞争与合作关系日趋复杂，对生态的管理成为企业内部数字化转型的重要组成部分。

阿里云推出了为零售行业量身定制的一站式全链路数智化转型升级"五部曲"，包括基础设施云化、前端触点数字化、核心业务在线化、运营数据化、供应链智能化，进一步给出了零售行业数智化转型详细的路线图。

图 2-3　餐饮公司海底捞上云

- **第一板块**：基础设施云化。上云是唯快不破的基础，是降本增效的有力措施。阿里云作为阿里巴巴所有技术和产品的输出平台，运营着全球最大的零售平台，目前已有八成的国内服饰企业与阿里云达成合作。
- **第二板块**：前端触点数字化。这是获客和 360 度消费者洞察的前提。阿里云的"七星联动"解决方案可串联线下消费者属性、行为及交易数据，再与一颗"北极星"——天猫汇合，最终打破空间限制，通过全域数据更加立体地了解消费者，从而实现一盘货及全域营销，形成线上线下客户行为双漏斗管理（如图 2-4 所示）。
- **第三板块**：核心业务在线化。这会使企业运营效率更高，从而更好地服务消费者。随着业务的不断发展，将企业的核心能力以数字化形式沉淀到平台，形成以服务为中心、由业务中台和数据中台构建起数据闭环运转的运营体系，使企业更高效地进行业务探索和创新，一方面可反哺业务增长，另一方面可提升企业运营效率，构建企业核心化、差异化竞争力。
- **第四板块**：运营数据化。数据中台是必要条件。企业在经营的各个环节都会产生数据，如何将数据进行管理并加以开发利用？多个部门之间都有数据，如何整合？只有通过数据中台才能有效地解决这个问题。
- **第五板块**：供应链智能化。数据业务双中台和全站上云加持，倒逼供应链改革。前端触点数字化、核心业务在线化，这些关键数据在数据业务双中台融合，通过全站上云后的算力加持，将倒逼企业进行供应链数字化的改革，最终实现端到端的智能化。

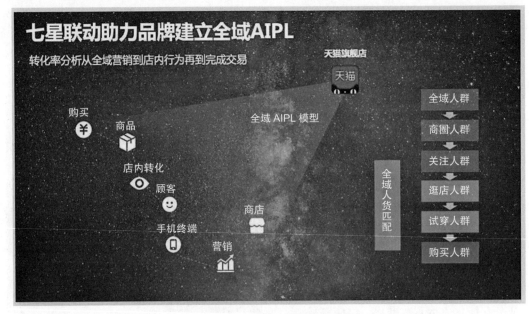

图 2-4　品牌全域 AIPL

尽管企业已对数字化转型的重要性达成共识,但是各个企业对数字化转型所能带来的业务价值期望不一致,甚至对短期利益的诉求很强烈,这往往给企业数字化转型工作的领导者带来巨大挑战。具体来说,企业数字化转型面临以下几方面的挑战:

- 企业数字化转型路径模糊,缺乏中长期规划,无法给出清晰的数字化战略和实施路径,多数企业是有意愿无方法。企业数字化转型项目通常被认为是成本中心,ROI 难以通过数据进行证明也是企业无法痛下决心的重要原因。
- 企业组织体制/机制壁垒严重,新客户、新产品、新组织、新技术、新文化、新模式对现有传统的组织机制提出了挑战和冲击,企业需要由内而外地打破机制壁垒,迸发新机。
- 企业数据化运营能力、数字化改造技术能力、应用能力仍比较薄弱,数字化人才严重短缺,同时在数据应用、数据治理、数据开发、数据质量等方面缺乏有效的手段。

企业数字化转型不仅是技术实现,组织和人为因素在数字化转型进程中也发挥着重要作用,数字化转型领导者具备广阔的组织视野和智慧的领导力是催化剂,但是错综复杂的企业组织层级、割裂的 KPI 考核标准、因循守旧的内部文化、根深蒂固的观念都成为妨碍数字化转型的绊脚石。

新冠疫情期间,企业在应对疫情的同时也发现了数字化转型的新机会,在疫情防控和复工复产方面,企业需要数字化运营手段去解决实际的问题。一方面,企业转型意愿明显提升,数字化转型已经成为关系企业未来的战略;另一方面,企业在疫情期间对数字化转型的需求快速释放，通过数字化手段快速试错的业务场景大量涌现。

2.2.2 企业数字化转型的本质

数字化可以将人类所处的真实世界和虚拟数字连接起来，从中寻求全新的商业模式。数字化转型基于数字化新技术出现和发展，能够帮助企业将原有传统业务与数字化技术进行结合，以解决企业发展过程中的实际问题，同时帮助企业快速创新以应对不确定性，最终实现企业业绩增长和可持续发展的变革要求。

企业数字化转型不是为了数字化而数字化，而是为了商业成长。企业数字化不仅限于IT领域，还包含客户服务、运营、销售、营销、财务、高管、供应链、人事、后勤、客户关系、生态、法务以及其他各类企业事务，是企业对商业成长的不懈追求。

企业数字化领域发展呈现两类特征：

- 伴随企业信息技术的发展，企业信息化逐步覆盖企业内部的各个部门，只不过企业内部信息流、资金流和物流的发展层次存在差异。这里的层次主要包括单一业务单元的信息集成（比如单独的研发管理系统）、跨单元的信息集成（比如ERP系统）和全价值链周期的集成（比如产供销服一体化体系），企业的数字化领域发展的目标就是解决企业内部价值链上所有单元的信息化无缝对接和联动。
- 过去，企业信息技术的发展更多集中在企业内部，但是随着客户需求和内外部环境的变化，单靠企业内部的信息化已经不能满足企业转型需求。企业增长的驱动因素从企业内部的信息化集成走向产业链的信息集成，从单一企业资源走向产业链资源整合。

企业数字化转型需要协同企业战略，而不是追求眼前效益的战术。其本质是重构企业资源，通过数据技术切入企业业务流，形成企业数据智能应用闭环，使企业的生产经营全过程可度量、可追溯、可预测、可评估、可优化。

重构的企业资源为企业带来了新的价值链数字化工具，可助力企业进行数字化转型。

- 整体协同：业务中台、数据中台、AIoT中台、组织中台。
- 研发设计：趋势预测、设计众筹、仿真测试、新品试销。
- 生产制造：物联网状态感知、实时数据分析、最优算法、数据化干预与执行。
- 产品服务：产品全生命周期设计、客户旅程服务、远程诊断、智能敏捷运维。
- 组织管理：集团与区域统分结合管控、区域权限下放、独立业务单元闭环、中台架构。

2.2.3 企业数字化转型的路径和阶段

当企业理解了数字化转型的本质，明确了数字化转型的目标，制定了企业战略层面的顶层设计之后，基于阿里巴巴智能商业理论的"数字化成熟度"评估可以帮助企业判断自身的能力强项和短板，从而在技术实践层面做出最优的选择。企业应根据自身实际情况，制定数字化转型的路径。

阿里巴巴建议的企业数字化转型之路如下（如图2-5所示）。

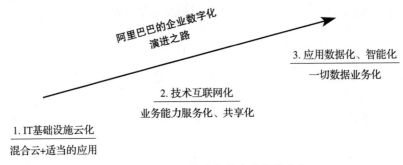

图 2-5　阿里巴巴的企业数字化演进之路

（1）IT 基础设施云化（混合云 + 适当的应用）
- 构建基于现有 IT 架构的混合云，使互联网、业务应用、内部系统上云，提升 IT 资源使用率、运维效率以及用户体验。
- 对应用采用合理的安全策略，保障信息安全。

（2）技术互联网化
- 采用企业级互联网技术，建设企业的业务中台，全面打破信息孤岛，沉淀共享业务模块，释放企业 IT 的敏捷能力，促进业务创新和发展。

（3）应用数据化、智能化
- 建设企业的数据中台，通过对业务数据的萃取和连接形成基于业务的数据体系，通过提供数据服务助力业务发展。
- 通过机器学习、人工智能和大数据等手段，深入挖掘数据的价值，解决过去人力无法解决的问题，拓展认知边界。

企业层面也在积极探索数字化转型的新模式，个别企业有意识地加强转型能力：
- 提升数字化转型能力，从技术上利用 IT 基础设施云化加快核心设备和业务系统上云。
- 推动传统组织结构变革，构建平台型组织（类似阿里中台），构建适配的组织管理体系。
- 加强数字人才的引进和培养，引进数字化转型领导者，培养数字化转型专业人才，塑造企业创新型文化，开发短平快的业务组织流转机制，建立健全企业创新管理、全员共治和内部创业机制。

2.2.4　企业数字化转型面临的挑战

传统企业在推进数字化转型的过程中，需要正视当前企业的现状，包括企业内部的观念、业务团队的创新度、IT 技术团队的技术水平、企业内部的组织架构、竞争对手的行动方案等，因此企业是否能够定义企业数字化转型要解决的问题显得尤为重要，合适的节奏、敏捷快速的执行可以确保转型进程正常推进。

虽然数字化转型面临重重挑战，但是一些企业在应对外部不确定性时也显示出巨大的韧性。

- 阿里巴巴集团在2020年调用数字化能力短期迅速落地健康码项目，成为以数字化能力协助城市治理的典型应用，为管控疫情起到了非常重要的作用，这离不开阿里巴巴具备的良好的数字化能力基础。
- 阿里云钉钉在2020年调用数字化能力迅速赋能企业与家庭，实现基于钉钉的在线办公、在线会议、在线教育等，在云钉协同的配合下，支撑起全国上亿用户的在线办公与在线教育场景，再次显示出通过数字化能力应对不确定性的能力。

当然，企业数字化转型面临的挑战很多，正视现状、定义问题、转型路径、小步落地都是企业需要考虑的，我们总结了一些企业数字化转型面临的技术与非技术挑战，如下所示。

- 传统IT架构转型云化，是重构还是增量？

传统IT架构云化面临一系列技术转型方面的难题，去IOE、拥抱SaaS应用，是重构传统IT系统，还是对传统IT系统进行有效补充？以重构为目的的企业应当注重新的商业模式，全面构建企业战略转型路线图，分批分阶段实施落地；而以增量为目的的企业应当注重解决企业当下的实际问题，利用上云的契机快速适配转型所带来的新业态，催生出新的局部云化IT架构。

- 有了数字化转型工具，是否能转型成功？

大量传统企业的数字化工具交付项目结果印证了数字化工具并不能包治百病，迷信工具可能会重蹈许多传统企业中ERP类大型软件难以软着地的覆辙。成功转型需要确保数字化技术和工具应用在正确的业务和产品的重塑、改善上，以点带面地推动整个转型落地。

- 开放的云上架构，如何保障安全？

云计算已成为数字化转型的基础和底座，云上部署的企业级互联网架构可以支持企业数字化生态的多变业务需求和全域的数据治理。云上部署的IT架构提供了企业持续成长的源动力，成为企业驱动业务创新的重要武器。

安全问题已成为制约企业上云的重大因素。策略是否合理安全，采用公共云还是混合云部署方式，分级权限管理和审计是目前企业上云的重大技术挑战。

- 动员群众解决问题的领导力至关重要，无领导力不数字化转型？

在面对企业资源的重构过程中，重构商业模式对企业来说尤为关键。因为能够驱动企业全局资源的领导力是数字化转型的决定因素。成立跨部门的转型小组、建立以转型为目的的资源适配机制，是保证数字化转型的基本措施。有的企业把此类数字化转型项目与企业信息化项目混为一谈，由信息与流程部门的CIO来主导企业数字化转型的推进，这样是不妥的。一般推荐企业内部有领导力的高层或者CEO来协同推进，确保业务职能、IT职能与数字化职能在组织层面实现充分的融合与交互。

基于我们的经验，很多传统企业在向新零售的过渡中，电商、传统线下、新零售等业务部门间资源协调，以及公司层面的整体资源协调都存在相当大的困难。这再次说明组织和人为因素在数字化转型进程中具有重要作用，因此需要"数字化的领导力"。

❑ 大中台小前台的敏捷组织，是不是数字化转型的组织保障？

基于阿里"大中台，小前台"的实践经验，在沉淀共同的技术能力的基础上，形成敏捷的组织，用于应对业务的快速变化，在高度不确定的商业环境中是一个合适的选择。传统企业注重流程和规范，在数字化形态下，业务链条被大大缩短，因为扁平化、敏捷的小业务单元可以随着市场变化随时调整。

❑ 以数据为中心的决策流程，是不是数字化转型的有效抓手？

虽然企业拥有较为完善的内部 IT 系统，甚至还会有 ERP 系统，但是内部价值链数据割裂、数据洞察场景有限、智能决策场景缺失的问题还是非常严重。数据在上下游流转的过程中，往往面临数据不一致、人工效率瓶颈等成本风险，以数据为中心的决策流程可以帮助企业提升数据分析效率、解决瓶颈。

2.2.5 企业数字化转型的多维框架

提到数字化，很多人的第一反应就是围绕 AI 技术和数据做就可以实现了，笔者的不少朋友和客户都有这样的看法。笔者跟一个客户的 CFO 聊天时，他的观点就是"只要做了数据中台，企业就可以实现数字化转型"，相信这不是这位 CFO 一个人的看法。很多人可能因为在各种大会的演讲或一些宣传的文章里听到、看到的都是技术、数据，于是想当然地认为技术和数据就是数字化转型的全部。事实上，数字化转型涉及的不仅于此。图 2-6 是笔者认为描述企业数字化转型比较全面的一张图，这里把数字化转型定位为四维业务框架：组织、业务、技术、生态。通过有机地结合这四个维度的数字化转型能力，就有可能打造出一个涵盖"全景化数字感知""全链路研究洞察""智慧化策略决策""自动化业务执行""自适应闭环演进"的数字化经营体系。接下来，我们进一步阐述该框架和多维模型。

就像数学上的多维空间一样，现实中的企业和机构也可以用多维空间来设计自己的数字化模型。

1）零维：具备技能的个体，这是组成社会的基本元素，也是每个企业和机构赖以生存的基本要素。每个个体都会用自己掌握的技能做事情。这就是数字化转型多维模型里的零维。

2）一维：技术，由众多具备技能的个体贡献出来的技能就像一个一个点，这些点组成了技术这条线，这就是数字化转型多维模型里的一维空间，包括技术平台、AI、数据、区块链等。

3）二维：业务，一个个成套的技术组成了能提供服务能力的业务，业务就是数字化转型多维模型里的二维空间。技术能力是线，众多的技术能力组成了业务这个面。

4）三维：组织，一个完整的组织会有众多的业务在进行，组织要管理众多业务有序运行，也就是由线组成了面。

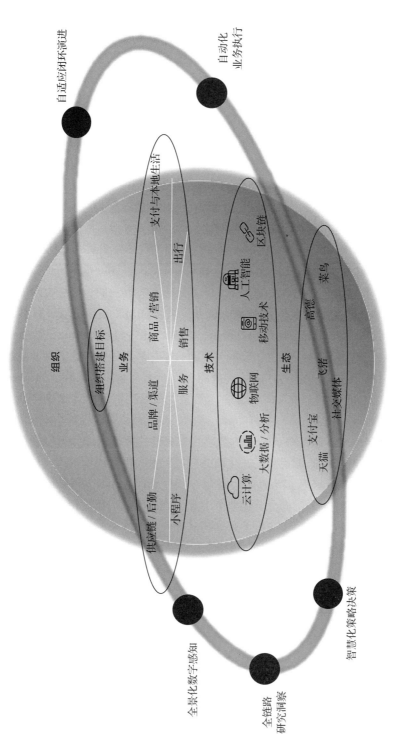

图 2-6 企业数字化转型多维模型

到这里为止，一个传统架构下的业务模型和框架就出现了。但是，这里有一个问题：大家还是围绕这个企业或机构自身进行运转。虽然也会与其他企业或组织协同，但还是为了完善自身的架构而进行的改进，这就是过去所说的信息化。也就是说，一切工作都是围绕企业自身进行，而不是真正地与周边关联起来，也没有真正用数据把相关的生态带动起来，形成一个数字化的社会。

5）四维：生态。跳出企业自身，每个企业所处的大环境里还有众多企业和机构，它们的发展和运行并不是由这个企业所决定的。就像时间一样，大的生态总是会不停向前，企业只有顺应生态发展的大潮流，在其中找到正确的定位和目标，才能更有效地在相同的四维维度里发展得更好，也才能积极地反哺、影响这个数字化转型的四维空间。在数字化转型中，通过数据链接企业自身和生态、用AI、区块链等技术有效地撬动生态中的各个环境，就可以比别的企业更高效、更容易地找到成功的钥匙。

6）N维：高阶维度迭代的金钥匙——数字化转型迭代5要素。从零维到四维，企业完成数字化转型的模型设计和建设后，也可能会发生一种情况，那就是方向选错了、过程走错了，那么还有没有办法帮助企业再次成功呢？笔者认为是有办法的，历史上众多伟大的企业都经历过多次濒临倒闭的绝境，但是又成功起飞，例如IBM、通用电气、日产汽车、诺基亚、苹果等。究其原因，都是通过创新打破旧的格局，然后再创辉煌。在数字化转型的多维模型里，我们也希望能定义一种"补天术"帮助数字化转型失败的企业拥有一次补过的机会。笔者认为，我们可以通过构建5个关键的能力，形成企业数字化转型的"补天术"，它们就是"全景化数字感知""全链路研究洞察""智慧化策略决策""自动化业务执行"和"自适应闭环演进"。

1）全景化数字感知：眼耳鼻。把关键数字指标显性化展现出来，就像眼睛和耳朵，可以通过展现出的关键数字指标发现问题，从而为"补天术"提供决策输入。

2）全链路研究洞察：经脉。为每个关键业务节点都打上标签，就像人的经脉一样，通过步骤1的输入，可以快速定位哪个关键业务节点出现了问题，从而精准施策，对有问题的业务做出调整，而且可以从全局考虑有关联性的其他业务。

3）智慧化策略决策：脑。我们不希望每个决策都是由人来设定策略并执行，那样就像回到石器时代、农业时代，我们希望能通过AI来给出智能化的判断和关键建议，辅助决策者做出优化或改革策略。

4）自动化业务执行：四肢。在第3步已经完成了策略的制定，那么也需要一套智能化、自动化程度高的工具来帮助执行，这就是众多的工具和平台。

5）自适应闭环演进：心脏。从步骤1到步骤4是一整套执行链路，但是如果到此为止，我们只能补救一次，而我们希望找到真正可以多次补救的可能，那么就需要有一个能自我演进的方式，这就是企业的组织形式和文化。通过不断让企业自身保持活力，遇到问题后就执行一次步骤1～4，就像施展了一次"补天术"一样。

2.2.6 企业数字化转型是个漫长的过程

回到前面提到的那位 CFO 的观点，大家肯定可以感觉她对数字化转型认知时间应该是比较短期的，至少还没有超过一年。但是，这是一个认知上的错误，数字化转型绝对不是建设一个大型数据平台、做些数据分析就可以实现的，而是需要长期运营和经营、不断迭代演进的。数字化转型可以分成两个阶段，我们可以用房子来类比。第一个阶段就是盖房子，房子盖好后，就进入第二个阶段。这时如果没有物业管理，那么肯定住得不舒心。只有通过专门的物业公司长期经营，并不断优化房子存在的各种不足，住户才有可能越住越舒心。两个阶段都非常重要。在数字化转型过程中，除了建数据平台，组织保障、理念都需要演进。如果真的想做数字化转型，那么从第一天开始就要做好心理准备，这是一个漫长的过程，只是可以在这一过程中的不同阶段分解出自己最想实现的业务目标并逐步实现。业界数字化转型做得不错的企业都是长期坚持、不断演进和迭代的。

2.2.7 企业数字化转型的探索

经过一段时间的尝试，不少领域出现了数字化转型的一些有趣的探索，取得了不错的效果。例如，健康码在疫情防控工作中起到了重要的作用。现在出现了一个有趣的新名词"强信息化人"，这是什么意思呢？就是说过去的信息化建设中，多是给商品等打上信息标签，但是现在已经围绕着"人"建了一整套信息标签体系，包括人的基本属性、出行属性、健康属性，再进一步与家庭、关联者属性结合起来，形成一张数字化的信息网。这样，如果某一个人感染新冠病毒，就可以快速地找到密接人及关联者，从而高效地预防病毒进一步蔓延。再例如，目前的牛奶生产，从产奶的牛开始，到牛奶的采集、生产、包装、运输、销售都打上了信息标签，再用区块链进行管理，就可以很好地控制食品质量和溯源，任何环节出现问题都可以快速找到问题点并精准地采取措施。还有很多有趣的尝试，比如目前已经在研发和推广的云电脑（Cloud Computer），有可能颠覆和改变传统个人电脑（PC）的使用方式，不仅可以提供传统 PC 具备的功能，还能提供很多传统 PC 无法提供的能力，比如大规模复杂计算、海量数据挖掘、AI 视觉渲染，等等。所以，云和数字化转型时代是一个不断打破旧事物、不断给出惊喜的时代。

2.2.8 企业数字化转型的误区

1. 沉迷于别人的成功故事

最近几年，越来越多的厂商、数字化转型专家站上讲台，分享数字化转型的方法论、产品、成功案例等。比如，某企业通过大数据平台建设帮助企业拓展了新业务，降低了成本；某政府机构通过建立智慧控制中心，实现了全链路的管理，等等。大家听完都热血澎湃，下定决心在自己的企业进行数字化转型。但是，冷静下来，我们首先要考虑的是到底要不要做数字化转型。毫无疑问，数字化转型是必须要做的事情。但是别人的成功是那么简单就获得，那么轻易就可以复制的吗？答案绝对是不。

其次，我们需要甄别他人的哪些数字化转型成功经验可以借鉴，哪些失误一定要避免。台上分享的时间往往很短，很多时候讲者都会展现美好的一面，不会分享太多背后的故事。所以，我们在有一颗滚烫的迫切进行数字化转型的心的同时，也要保持冷静、冷静、再冷静的头脑。在决定做数字化转型之前，务必做好三件事："自我转型可行性评估""数字化转型SWOT分析"和"一号位工程"。

（1）自我转型可行性评估

笔者建议，可以采用一些统计学方法进行分析，例如层次分析法（Analytic Hierarchy Process，AHP），把自身数字化转型的可行性分成"目标层""约束层"和"方案层"。这三层是关联的，上层对下层具有支配作用，同一层内的因素则是相互独立的。比如，"目标层"对"约束层"具有支配作用，"目标层"定义好后才可以定义"约束层"。还有一点需要注意，就是每一层的因素不要超过 9 个，也不要少于 5 个。因为根据心理学的研究，人类对于事物的优劣性判断在超出一定范围时会失真，所以因素太多或太少都不好。

- 目标层：聚焦于解决问题的目标。这一层可以考虑设计如下几个因素（当然，不同企业有不同的目标，可以按照自身特点进行设计）："组织变革""GMV 增长""会员新增""流量变现""ROI 优化""成本降低""流程优化"等。
- 约束层：聚焦于实现总目标需要采取的各种措施、准则、约束条件。
- 方案层：聚焦于解决问题的各种方案、措施。

对于层次分析，需要设计、构建一个判断矩阵，将对目标有影响的因素进行两两对比，对比结果构成一个矩阵。对于构建出来的矩阵需要进一步做一致性检查，根据一致性检查结果不断调整对比矩阵，直到达到一定的一致性计算结果范围为止。层次分析法比较复杂，不是本书的重点内容，感兴趣的读者朋友可以查询专门的资料进行学习。表 2-1 给出了一个示例。

表 2-1 层次分析法判断矩阵示例

优先级	标度	层次	规则判断矩阵	因素 1	因素 2	因素 3	因素 4	因素 5
1	5	规则 1	1	3	5	3	3	5
1	5		1	1	3	3	5	3
2	3	规则 2	1/3	1	3	1	1	1
2	3		1/3	1	1	3	3	1
2	3		1/3	1	1	1	1	1
2	3		1/3	1	3	1	1	1
3	1	规则 3	1/5	1/3	1/3	1	1	1
3	1		1/5	1/3	1/3	1	1	1
3	1		1/5	1/3	1/3	1/3	1/3	1

(2)数字化转型 SWOT 分析

除了上面提到的可行性分析之外,也建议对自身能力及行业环境、数字化转型技术成熟度等进行 SWOT 分析,从多个维度做出判断。

(3)一号位工程

前面所说的因素很重要,但是最重要的就是一定要把数字化转型定位成为企业或机构的"一号位工程",如果不能由一号位亲自主持,往往会面临半途而废或者组织阻力很大等问题。

最后,一旦决定做数字化转型,那就要有"咬住青山不放松"的决心,还要有组织变革、坚持、关注长期效益等方面的配套措施。

2. 数字化转型没有"银弹"

数字化转型一定会助力企业再次腾飞,但是对于数字化转型也务必做好心理准备,它不是"银弹",不可能解决企业的所有问题。数字化转型提供的是一套理念、一套技术、一套最佳实践,但这些都是外因,外因可以让企业或机构"照镜子""找钥匙",但是愿不愿意"照镜子""找钥匙",则需要内因驱动。如果组织或机构抱着试试看的态度,或者盲目崇拜数字化转型,觉得数字化转型是万能灵药,那结果往往会比较糟糕。所以,数字化转型没有"银弹",脚踏实地走好每一步才有可能真正实现数字化转型。

3. 心力、脑力、体力是否准备好

数字化转型是一场长跑,长跑中最终获胜的往往不是起步时处在第一位的冲刺型选手,而是一直保持稳定状态、会分配体力、能保持稳定的节奏,甚至很长一段时间在跟跑的选手。在长跑过程中,考验的是一个运动员的"心力""脑力"和"体力"。数字化转型也是一样,同样考验企业管理者和参与者的"心力""脑力"和"体力"。

- 心力:理想、激情、理解、关爱等,用心投入与合作者去做一件事情或一项事业。
- 脑力:逻辑分析能力、抽象能力、总结能力、结构化能力等,是一个人专业性的表现。
- 体力:执行力、韧性等。

那么这三者使用的顺序又是什么样呢?"心力"一定是最先要用起来的,因为需要让大家在有激情、相互理解、有共同愿景的情况下做事情。心在一起了,事情也就好做了。其次才是用"脑力",就是用自己的专业知识抽象问题、寻找解决思路等。最后才是用"体力",如果一开始就用尽了体力,那么事情并不会按照预期前进,因为人已经筋疲力尽了,还哪里有心思去谈理想、理性地设计解决思路呢?

如果三者中的任何一个没有准备好,那么建议再准备准备,然后一鼓作气,有计划、有节奏地完成数字化转型变革的"长跑"。

4. 组织与理念是取得成功的关键因素

我们发现一个有趣的现象:很多企业做了大数据平台,也建设了比较完善的数据分析

平台和报表，但是客户发现自己不会看数据。这不是个例，而是一个相对普遍的现象。很多企业满怀信心去做数字化转型，但总是很难达到预期效果。

可见，在数字化转型中，稳定的组织保障、让数据深入日常经营理念中是非常重要的。什么样的组织适合做数字化转型呢？如何才能真正地让数字化经营的理念深入人心呢？

（1）组织

纵观数字化转型做得比较好的企业，其组织形式方面往往有一些共性的东西是可以借鉴的：非严格流程管控、职级观念较淡、扁平化管理阵型、关键岗位年轻人多、有长远战略目标。想做数字化转型变革，但所有事情都要严格按照流程，组织就缺乏灵活性，也会限制员工的创新。数字化转型的成功并不是完全靠"外脑"就可以完成的，更需要通过"内脑"在转型过程中不断演进、不断创新。外脑只是诱因，内脑才是关键。如果职级观念比较重，大家就很难打破业务之间的边界。任何变革本身就带有一定的破坏性，如果不能容忍适当的试错和破坏性，或者没有变革的土壤，那变革就无从下手。同样，既然是变革，就需要更多的新鲜血液、新的思考和尝试，年轻人恰恰是这方面最好的抓手。可是，光有这些仍然存在失败的风险，因为如果组织缺乏清晰的战略定位和战略定性，就会在遇到困难时中途退出，而不是迎难而上。

（2）数字化经营理念

要形成数字化经营理念，需要做好以下几件事：1）知道什么是数字化经营理念；2）按照数字化经营理念，养成每天看数据，并结合数据分析做判断和决策的习惯；3）既不盲目迷信数据，也不能无视数据。

先看看什么是数字化经营理念。简单总结来说，就是"一切业务数据化""一切数据业务化""业务数据智能化"。首先定义清楚自己的业务，让它们先变成一个个数据，这是基础和基本要素；然后，对这些数据进行收集、抽象、分类建模、按要求处理，让这些数据真正可用；接下来，业务都已经数据化了，大家需要学会怎样看懂这些数据、看懂数据背后的故事，所以我们需要进一步按照场景进行业务和数据建模，形成场景化的数据应用，也就是前面说的一切数据业务化。到了这一步，数据就可以多维度、多层次地展现在你的面前，让你看到数据的价值。但是，到这一步还是不够的，因为这些都是人为设计好的数据模型，人之力有穷尽之时，所以我们希望给已经场景化和业务化的数据安上翅膀，那就是智能。通过智能，可以进一步深挖人力无法分析到或忽略掉的数据背后的故事和线索，这才是海水之下的冰山部分。言而总之，就是做好业务数据化、数据业务化、数据智能化，然后养成每天看数据、不断优化、迭代数据的习惯，同时通过数据深挖业务潜力或创新点，数字化经营的理念就可以真正深入人心。

2.3 企业数字化转型的顶层设计

本节将介绍企业数字化转型的顶层设计，涉及企业数字化转型顶层设计的价值、范围、设计的三大原则，并详细介绍企业如何进行数字化转型顶层设计。

2.3.1 顶层设计的价值

数字化转型是企业发展模式的变革与创新，是企业从工业经济时代迈向数字经济时代的必然选择，也是当前多数企业最为关心的话题。企业若想发展其数字经济，就必须提供数字化作战能力的支撑，而顶层设计是必经之路。成大业者，要有战略的眼光，登高望远；要有大格局，大手笔。企业技术的信息化与局部的数字化往往无法解决转型的当前实际问题和未来长远发展的问题，所以一套具有全景视角的顶层设计就显得尤为重要。

在实现企业数字化转型的过程中不仅涉及解决方案和产品，更涉及企业的组织架构变化，甚至企业整体战略和文化的调整，而这一切都需要一套正确的顶层设计来给企业指明方向。

首先，顶层设计是一种引导和控制企业各种关系和流程的结构，可以指导企业信息化各项工作的开展，并且完善企业架构，使其增加价值，以信息化为手段助力企业实现目标。其次，企业在发展中需要产品和服务的交付与赋能，需要各业务部门分工协同，并以应用系统做支撑。然而，随着企业业务的快速发展，原来的信息系统已经不能很好地满足业务的需求，数据不统一、信息孤岛的趋势日益严重。在企业数字化转型过程中，顶层设计的一个要素就是数据赋能，要让数据变成资产和资本。要保证数据的输入、输出和产出，就需要企业的各种应用来协同进行工作。在企业顶层设计中，需要企业的业务架构、应用架构、数据架构和技术架构、安全架构进行支撑。最后，企业的战略、转型和迭代更新都需要围绕着愿景展开。数字化转型是组织面向未来的新战略的开始，技术上的困难只是难题的一部分，企业更需要将转型看成一种愿景：以未来的视角审视现在，用技术为未来创造无限可能。

因此，顶层设计是企业数字化转型的必经之路且意义重大。顶层设计的意义在于以全局视野和未来视角来主导业务的数字化革新，用一套充分理解业务运营与数字化技术的顶层设计来推动企业数字化转型，激发企业全员的动力，提升数字化转型成功的几率。

2.3.2 顶层设计的范围

没有全景式的视角和战略，单纯从技术层面实现数字化，可能造成生产环节与数据的割裂、数字化与经营实际的割裂，相当于用局部思维去谋划整体，必然无法得到转型成功的结果。数字化转型的计划必须具有战略高度、业务广度及实践跨度，将企业内部繁复的业务、系统通过战略思维和结构化方式整合起来。

数字化转型的顶层设计是一套完整的体系，也是规划目标、实现手段和方法、资源保障的综合设计。对于数字化转型顶层设计的范围，笔者认为可以从如下六个层面展开。

1. 业务层

业务层的顶层设计主要梳理公司的核心业务逻辑，而要实现企业的数字化转型，最重要的是要做好业务转型。在梳理核心业务过程中，联合大多数企业业务系统当前的"平台化"

设计思路，实现从内部打通管理与运营链条，并且在外部整合服务资源、打通服务链条。

2. 技术层

技术层的顶层设计主要是搭建能够实现核心业务的技术架构，以技术赋能未来业务发展。从基础、数据、服务、应用和门户这五层技术架构进行设计，确保每一层都可以自主掌握核心能力。

3. 组织层

组织层的顶层设计是用于保障业务层与技术层设计落地的组织形式，并且通过专项规划设计沟通会的形式来推行规划设计的落地执行，搭建公司层信息化管理组织保障，持续优化管理机制。

4. 运营层

运营层的顶层设计是为了实现以用户为运营价值原点，从而建设更加完善的运营体系，让运营效益最大化。在企业的数字化转型过程中，运营能力的建设尤为重要。如果没有同步进行运营体系的建设，前期在软件系统和资源上的投入就会被白白浪费。

5. 人员层

人员层的顶层设计是为了实现数字化转型的最终落地，推动企业数字化进程。一旦从公司层面制定好数字化战略，就需要专业的人才跟进和参与，而人才的发掘也应从开发、维护向产品设计、流程再造、架构设计、人工智能开发、数据价值挖掘的拓展转型。

6. 文化层

文化层的顶层设计是为了实现企业数字化转型的敏捷性和机动性。企业文化的变革推动数字化转型进程，企业必须要转变传统文化，才能实现敏捷与精益，从而推动整个公司的行为变化。

2.3.3 顶层设计的三大原则

要顺利推进数字化转型顶层设计，企业应该遵循以下三大原则。

1. 业务驱动原则

- 通过对业务层的顶层设计，梳理公司核心业务架构和逻辑，实现信息化业务流再造。清晰的业务边界划分有助于在职责上划分明确界限，避免交叉重复的工作和流程。
- 一套正确的业务流程衔接，有助于通过梳理核心的业务流程避免各自为政，使不同部门和流程间合理衔接；创新的同步化可避免不同企业业务间的创新度不平衡或同一业务在不同部门间的不同步，实现创新的同步和流程的运转流畅，有利于业务流程的优化。

2. 统一架构原则

顶层架构设计要遵循标准一致、体验一致、模块化微服务和掌握核心能力的原则，才能够实现平台间、业务间的统一,搭建出一套能够支持业务、快速提高企业效率和收益的技术架构。

- 标准一致:通过统一数据、开发、接口、安全等技术关键节点的标准,实现集成扩展,避免多系统并行开发后因标准差异大导致的不兼容所带来的时间、人力、物力的多重损失。
- 体验一致:前端设计需要简洁明了,并从用户视角出发,降低学习成本,这样才能在企业内部迅速地实现数字化系统的推广,扩大使用范围,让企业在短期内就能从数字化转型中得到相应的收益,建立起信心,让企业数字化走远、走长。同时,也能避免因新系统过于复杂、错误操作而给企业带来风险,否则非但不会锦上添花,反而会雪上加霜。
- 模块化微服务:建立通用模块化微服务,并通过标准化的模块组装提高复用率,不但可以提高开发效率,还可以降低安全风险,同时满足上面提到的标准一致和体验一致原则,方便系统间的顺利对接和用户的快速上手。
- 掌握核心能力:企业在数字化转型的过程中,要注重掌握核心能力,深度了解背后逻辑,以保证转型过程和架构设计处在可控范围内,快速及时地洞察转型过程中的机会点和风险点,及时对方向进行微调,达到更好的转型效果。

3. 分工协同原则

分工协同原则需要统一目标、统一思路、统一设计,以信息规划与整合委员会明确的业务层、技术层、组织层三大顶层设计目标为统一目标,以专项设计沟通会为载体,按照公司信息规划要求各平台统一整体设计思路,严格遵循公司技术标准,遵循统一架构、数据、界面标准,通过规划与整合委员会进行技术方案审定,实现快速迭代,有条不紊地进行数字化转型工作。

2.3.4 企业如何进行数字化转型的顶层设计

1. 企业数字化转型的顶层设计方法论

企业数字化转型的顶层设计方法论如图 2-7 所示。

在数字化转型过程中,业务流程优化再造的能力主要依靠各业务部门(个别企业有专业的流程梳理团队与 IT 团队在一起工作),自建有技术能力的 IT 团队,把控整个系统建设环节,并进行系统整合,以避免因技术能力或主导权缺失而导致无法整合的情况。

主要的模式有以下几种:

- 业务部门流程梳理 + 自主开发

业务部门提出需求,IT 部门自主开发建设。

- 业务部门流程梳理 + 自主设计 + 外包开发

业务部门提出需求,IT 部门自主掌握设计、代码、产权,外包建设。

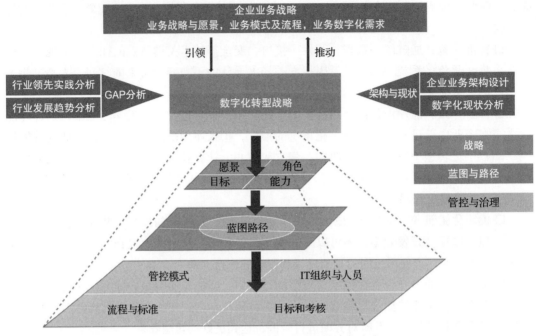

图 2-7 企业数字化转型的顶层设计方法论

❏ 流程再造中心 + 系统建设

业务部门提出需求,流程再造中心再造流程,系统建设可采用前两种方式完成。

可以看到,第一种、第二种模式强调技术整合,技术架构设计、代码、产权由企业自己掌握,避免外包带来的技术壁垒,区别在于技术队伍的规模不同。第三种模式只有少数企业采用,在 IT 部门设置流程再造中心或队伍,强调全流程的优化再造,是一群研究流程的技术人员用信息化先进技术思维来创新企业流程的过程。

上述模式均拥有自主设计能力,是实现数字化转型的基础。有了专业团队,就能够结合企业自身情况,量身打造自己的信息规划与计划,做好顶层设计,管理控制流程设计、架构设计、数据设计,从而避免出现流程割裂、重复建设、系统林立、数据标准不一。

2. 企业数字化转型的工作步骤

企业数字化转型的工作步骤可用图 2-8 来概括。

图 2-8 企业数字化转型的工作步骤

（1）需求收集

e-works 在 2011 年就推出了两化融合成熟度评估体系，包括六大行业版本，后来又推出智能制造和智能工厂评估体系，工业和信息化部相关研究机构也推出了相关的评估体系。制造企业可以通过数字化转型现状评估，了解价值链各个环节应用数字技术的深度、广度和应用效果，存在哪些数字化技术应用的断点，并对各个分支机构进行比较，与行业标杆进行对标，从而明确企业进行数字化转型的基础。

（2）对标分析

通过广泛的企业内部调研与行业最佳实践分析，结合行业的标准规范和合规性需求，基于企业的发展战略来梳理企业推进数字化转型的需求，并根据重要度与可行性来确定企业推进数字化转型的突破口。

（3）研讨共创

分析在数字化转型过程中应当如何优化企业的业务流程，确定企业进行数字化转型的关键考核指标，制定数字化系统的整体框架，明确企业未来三到五年数字化转型的整体规划。

（4）实施路径

明确各个数字化系统的具体功能、部署方式和集成方案；确定数据采集、设备联网、IT 与 OT 集成方案；制定数字化转型的年度投资计划；明确推进数字化转型的组织体系；分析数字化转型的投资收益；预测数字化转型过程中可能存在的风险和规避策略。

（5）规划修订

数字化转型的规划应该做到"三年一规划，一年一滚动"。企业应当对数字化转型的状况进行年检，并结合企业实际情况和新兴技术的发展，对数字化转型的规划进行修订。同时，企业应当高度重视数字化转型核心团队的建设，将 IT 部门、自动化部门、规划部门和精益的推进部门结合起来，并聘请外部专家和顾问，从而确保企业的数字化转型过程一步一个脚印，取得实实在在的效益。

推进数字化转型，企业是主体。要真正实现数字化转型，需要企业高层有决心、有毅力，真正理解数字化转型的内涵，引领数字化转型的过程。

数字化转型不能搞形式主义，走过场，也不需要搞大而全，必须根据企业自身的需求、在产业链中的地位、企业的实力和发展愿景来制定个性化的数字化转型策略。可以预见，会有越来越多的制造业提出数字化转型的咨询服务需求，同时，提供这类咨询服务的咨询机构也需要经过长期的实践，拥有经验丰富的咨询服务团队。

3. 企业数字化转型成熟度评估模型

企业按上述步骤明确数字化转型的目标、根据企业情况完成顶层设计后，可基于阿里巴巴智能商业理论的"企业数字化转型成熟度"（如图 2-9 所示）模型来进行评估，以判断企业自身的能力强项和短板，并在技术实施时做出最佳决策，更快、更优地实现企业数字化转型。

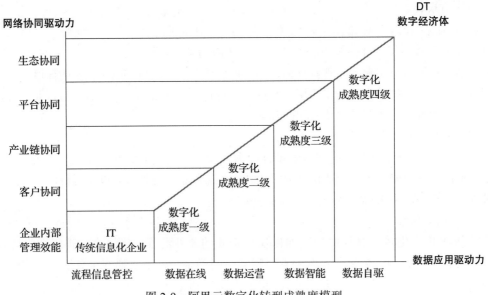

图 2-9 阿里云数字化转型成熟度模型

阿里云研究中心发布的《新一代数字化转型白皮书（2019）》第 2 章提到，随着 AI 时代到来，大数据与微粒化认知成为现实，"数字化转型"被赋予全新的内涵：数据代替了传统物理材料，成为重要资产；"数字外场"压缩时空，改变了生产关系。因此，我们要从"网络协同"驱动力和"数据应用"驱动力两个维度出发，帮助企业从智能商业角度，对于自身的数字化成熟度及转型升级的路线图做出明确的判断。注意，在用量子化的战略观去衡量企业数字化成熟度时，"数字外场"给企业带来的机遇也许是非线性的，因此成熟度模型本质上允许跳跃和叠加。

基于图 2-9 所示的模型，对照《新一代数字化转型白皮书（2019）》定义的数字化转型成熟度模型的评估维度，企业可以通过回答一系列的调研问题，对于自身所处的数字化成熟度进行评估，并根据所属行业及企业战略目标等综合因素，根据不同的成熟度指标找到适合企业本身的数字化转型方案。

第 3 章

应用云化与云原生

本章先分析传统 IT 架构的痛点,接着讨论 IT 基础设施云化和应用云化的需求,并详细分析云原生架构理念,最后介绍帮助企业进行数字化转型的方法论、实践、案例。

3.1 传统 IT 架构的现状及问题分析

3.1.1 IDC 时代的困境与挑战

当下,企业创新,特别是小微企业和初创企业的创新面临着 IT 技术和 IT 成本方面的壁垒。此外,传统 IT 企业还不同程度地面临着"安全之痛""弹性之惑""技术之疲",进而面临着"创新之苦"。我们不妨设想下面几个场景:

- 一个规模不算大的 IT 公司,随着业务的不断扩张,感觉越来越力不从心……
- 原有的 8 个运维人员、3 个 DBA、2 个网络工程师疲于奔命,过着"007"的生活,还要招聘更多的人员吗?但人力成本预算有限……
- 信息部门有 80 多个工程师,如何从成本中心变成利润中心……
- 去年花 100 万元购买了服务器,业务还没有上线,但今年服务器价格已经下降了 30%,后续如何避免这种情况?
- 购买了 SAP Hybris,似乎没有起到很大的作用,该怎么处理?
- 购买了 SAP HANA,价格昂贵,有没有性价比更高的方案?
- 已有存储容量为 2PB 的设备,由于业务洪峰,存储要求陡增到 400TB,难以长时间支撑怎么办?要再买新设备吗?
- 业务数据越来越多,容灾很重要,什么样的方案性价比更高?

- 运营团队做了个促销活动，瞬间就莫名其妙被薅了羊毛……
- 网站被黑客恶意攻击，客户数据泄漏怎么办？
- "618 大促"临近，按照预期业务流量测算需要新增 100 台机器，但这些机器平时又用不上，买还是不买？
- 有一批机器马上过保修期了，部分机器故障，如何平滑地对业务及数据进行迁移？
- 数据库并发量增大，频繁故障怎么办？DBA 们可能又要失眠了……
- 为了快速进行业务上线，装了一堆开源软件，bug 不断怎么办？
- 业务需求信息部门该怎么来支撑？大大小小的烟囱式业务系统如何整合？
- 如何快速构建一个像阿里巴巴双十一式的大屏帮助管理层进行决策？
- 如何才能让大数据服务于业务？如何进行精准营销？用户画像如何快速构建？

是的，企业中高层管理者们面临着众多亟待解决的问题，整体上可以概括为以下 5 个方面：

- 如何能够在保持业务快速增长的同时降低企业的 TCO？
- 如何让企业的基础设施更有弹性，以应对大促时流量的洪峰以及业务低谷时资源的浪费？
- 如何让企业的 IT 设施更加安全可靠，让业务永续？
- 如何让企业的 IT 技术栈始终处于业界前沿，提升员工效率，并保持竞争力？
- 如何便捷地享受科技发展带来的技术红利，反哺业务创新，为企业带来更大的利润？

这五个方面的问题可以概括为 12 个字：成本、弹性、稳定、安全、效率、创新。这是传统 IDC 时代企业力争解决的问题，也是企业追求的目标。

3.1.2　云技术走向成熟

从云计算市场的规模及增速可以看出，全球云计算市场规模呈现稳定增长的态势，国内市场规模保持高速增长，预计未来几年将继续保持稳定增长，前景可期。

1. 广泛的接受度

阿里云、IEEE 中国等联合发布的《中国云信任报告》显示，在中国，云已经成为企业所接受的主流 IT 技术和商业模式，超过 60% 的企业用云支撑主营业务网站，过半数企业用云支撑核心业务系统。初创公司群体中，业务全部上云的比例超过 59%。中国企业对云的信任状况高于预期，超过 74% 的企业认为云值得信任，半数企业认为云上更加安全。已经上云的企业对云计算的信任度高出未上云企业的 52%。云计算定义了一种按需使用和付费的资源利用模式，加上近年来政策体系日趋完善，云计算技术日益成熟，云计算早已经度过了炒作期，成为全社会的基础性生产力工具，并成为"新基建"的重要组成部分。

2. 越来越成熟的生态

目前，各行各业都在谈生态，笔者认为，对于云计算来说，云生态主要包含两个层面。

第一层,从技术融合上看,云计算、大数据、物联网、机器学习、移动化等新技术不断涌现,并相互融合,构建了一种全新的生态,推动整个社会向智能化方向发展。第二层,从产业合作上看,无论是以云服务提供商为主体的云计算上下游产业链的生态发展,还是配合国家"一带一路"倡议,产业联合的范围逐渐扩展到国门之外,云计算生态化是大势所趋,而且会日益成熟。

3. 云化是企业必然的选择

有计算需求的地方就需要云,云作为基础设施无处不在,正以"润物细无声"之态改变着我们的经济活动和生活。云化是全球企业必做的选择题,要么上云,要么淹没在云的发展浪潮中。一句话,云化是企业必然的选择。

3.1.3 企业云化的困境

说了这么多云计算的现状与契机,可真正到了落地云化战略之时,面对原本陈旧的系统,企业如何一步一个脚印,平稳、安全地完成系统云化呢?企业面临的难题主要有两方面,一是决策难,二是技术难。

导致决策难的关键因素如下:

- 数字技术薄弱:很多企业信息化程度低,数据采集效率低,甚至还停留在人工使用办公软件来收集和使用数据的阶段。
- 成本投入不足:企业数字化转型是一项周期长、投资大的复杂系统工程,从软硬件购买到系统运行维护,从设备更新换代到人力资源培训,都需要持续的资金投入。
- 人才储备短缺:Gartner 估计,由于数字化人才短缺,最近几年都有 30% 的技术岗位空缺。当前,无论是政府部门还是传统企业,人才短缺已成为数字化转型的主要瓶颈。
- 组织制度欠缺:在云上,更希望基于小型化、自主化、灵活化的决策单元,构建扁平化、平台化的新型组织架构;然而传统企业容易出现层级复杂、多重领导和反应迟缓的组织模式。

总结起来,导致决策难的原因在于:一是自身数字化转型能力不够,导致"不会转";二是数字化改造成本偏高、自身资金储备不足造成"不能转";三是企业数字化人才储备不足,致使"不敢转";四是企业决策层数字化转型战略不清,导致"不善转";五是企业多层组织模式不灵,导致"不愿转"。

导致技术难的关键因素如下:

- 固化的 IT 架构:传统 IDC 中存在大量拥有数字化经验的企业,广泛存在的 IT 基础设施包括 VMware、OpenStack、x86 物理机、集中存储和负载均衡器等设备。因此如何平滑地进行应用迁移,并且进行部分未过保硬件的利旧是企业针对架构演进与成本控制的双重权衡。
- 适应与重构:企业为了适应云上的架构,往往需要将单一的应用转变为基于微服务架构的应用集群。一个本地数据中心迁移到多地点进行部署时，需要适当地将原先的应用程序进行重构。迁移系统的关键部分经常会导致停机，新的部署仍然不能保证在首次运行中取得成功。

- 海量数据传输：关系型数据往往依赖相关的存储系统，不管是关系型数据库为核心的数据库集群，还是基于 Hadoop 构建的大数据平台，云上/云下的技术栈往往有所差异，相关数据传输还需要克服存储底层系统的兼容性问题。
- 云上持续迭代：目前，大部分持续集成（CI）和持续交付（CD）都支持多个云平台，同时要求使用特定云平台的 API，包括创建、监控和移除服务。使用这些特定的 API 需要工程团队花费较多的精力去适配和调试。

总结起来，导致技术难的原因在于：工程师们针对实际的场景，结合技术与成本的约束进行考虑。如何平衡架构改造的成本与收益，如何合理利用云上架构优势，如何选型数据传输方案，如何在云上云下打通 CI/CD，这些都是需要深思的问题。

3.1.4 企业云化的关键技术

鉴于传统的 IDC 技术与当前的主流云技术的差异，企业云化有很多关键技术来弥补云场景与传统场景的鸿沟，满足企业在云化过程中的要求。这里按照计算机架构与云化过程，将这些技术分为三个大类：基础技术、搬迁技术、应用技术。下面参考目前阿里云生态分别举例。

基础技术包括 VPN 与智能网关、高速通道与云企业网、云服务器技术。

搬迁技术包括应用迁移技术、数据迁移技术。

应用技术包括应用发现技术。

1. VPN 与智能网关

要想实现平滑的云化过程，首先要解决的是线下的 IDC 内网与云站点的网络互通。当然，说到两个网络实例的互通时，我们第一反应就是使用 VPN 技术。

- VPN（Virtual Private Network，虚拟专用网络）可以通过一个公用互联网络建立一个临时、安全的连接，是一条穿过混乱的公用网络的安全、稳定隧道。使用这条隧道可以对数据进行多重加密，达到安全使用互联网的目的。当两个独立网络实例需要互联互通，但是又没有足够多的成本来搭建物理网络链路时，这种高效的虚拟专用网络技术需求应运而生。目前，VPN 已广泛用于企业办公中。虚拟专用网也可以是针对企业内部网的扩展，帮助远程用户、公司分支机构、商业伙伴及供应商同公司的内部网建立可信的安全连接，这是一种经济又安全的方式，因此很多人在自己电脑中也需要建立 VPN 连接，以方便远程办公等。
- 阿里云 VPN：阿里云提供了 VPN 网关，基于 Internet 的网络连接服务，通过加密通道的方式实现企业数据中心、企业办公网络或 Internet 终端与阿里云专有网络（VPC）建立安全可靠的连接，并支持 IPSec-VPN 连接和 SSL-VPN 连接。除了提供传统

VPN 的功能外，阿里云 VPN 网关具有以下优势：1）安全：使用 IKE 和 IPSec 协议对传输数据进行加密，保证数据安全可靠；2）高可用：采用双机热备架构，故障时可实现秒级切换，保证会话不中断，业务无感知；3）配置简单：开通即用，配置实时生效，从而快速完成部署。
- 智能网关：除了基础的 VPN 网关，阿里云基于云原生的 SD-WAN 架构推出了智能网关。智能网关针对有极高安全要求的企业提供了硬件和软件版本来帮助企业实现一站式接入上云，获得更加智能、更加可靠和更加安全的上云体验。

2. 高速通道与云企业网

- 高速通道与云企业网：除了虚拟化方式，也可以通过广域网实现网络实例的互通，更加安全和稳定的方案是使用专线。
- 阿里云高速通道（Express Connect）：阿里云高速通道可用于在本地数据中心和云上专有网络间建立高速、稳定、安全的私有通信。高速通道的专线连接绕过网络路径中的 Internet 服务提供商，可避免网络质量不稳定问题，同时可免去数据在传输过程中被窃取的风险。高速通道通过专线将本地内部网络连接到阿里云的接入点。专线的一端接到本地数据中心的网关设备，另一端连接到高速通道的边界路由器。此连接更加安全可靠、速度更快、延迟更低。将边界路由器和要访问的阿里云专有网络加入同一个云企业网后，本地数据中心便可访问阿里云专有网络内的全部资源，包括云服务器、容器、负载均衡和云数据库等。
- 云企业网（Cloud Enterprise Network）：阿里云云企业网是承载在阿里云提供的高性能、低延迟的私有全球网络上的一个高可用网络。云企业网可在不同地域 VPC 间、VPC 与本地数据中心间搭建私网通信通道，通过自动路由分发及学习，提高网络的收敛速度和跨网络通信的质量和安全性，实现全网资源的互通，帮助用户打造具有企业级规模和通信能力的互联网络。

3. 云服务器技术

解决了网络互通问题之后，选择企业应用上云的载体就成为当务之急。要保障云下和云上有相同的表现，甚至在云上要得到更好的服务，就需要云上应用的载体有更高的稳定性和安全性。可运维性与弹性伸缩能力将是企业上云的重点目标。

- 云服务器 ECS（Elastic Compute Service）：阿里云云服务器是阿里云 IaaS 层的基础产品。相比于普通的 IDC 机房以及服务器厂商，ECS 使用更严格的 IDC 标准、服务器准入标准以及运维标准，保证云计算基础框架的高可用性、数据的可靠性以及云服务器的高可用性。得益于阿里云多年在安全领域的沉淀，ECS 对于用户数据的私密性、用户信息的私密性以及用户隐私的保护力度都有非常严格的要求，并且通过了多种国际安全标准认证，包括 ISO27001、MTCS 等。当然，在弹性能力上，阿里云拥有在数分钟内创建出一家中型互联网公司所需要的 IT 资源的能力，保证了大部分企业在云上构建的业务都能够承受巨大的业务量压力。ECS 的弹性不光体现在计算的弹性，存储的弹性、网络的弹性以及对于业务架构重新规划的弹性共同支持客户使用任意方式去组合业务。

- 弹性裸金属服务器（神龙，ECS Bare Metal Instance）：这是基于阿里云完全自主研发的下一代虚拟化技术而打造的新型计算类服务器产品，兼具虚拟机的弹性和物理机的性能及功能特性。与上一代虚拟化技术相比，下一代虚拟化技术不仅保留了普通云服务器的弹性体验，而且保留了物理机的性能与特性，全面支持嵌套虚拟化技术。弹性裸金属服务器融合了物理机与云服务器的优势，实现超强、超稳的计算能力。通过阿里云自主研发的虚拟化 2.0 技术，业务应用可以直接访问弹性裸金属服务器的处理器和内存，无任何虚拟化开销。弹性裸金属服务器具备物理机级别的完整处理器特性（例如 Intel VT-x），零成本支持 ARM 等其他指令集处理器，还能实现物理机级别的资源隔离优势，特别适合上云部署传统非虚拟化场景的应用。

4. 业务迁移技术

服务器迁移中心（Server Migration Center，SMC）是阿里云自主研发的迁移平台。相比于传统的 P2V、V2V 工具，阿里云 SMC 完全适配阿里云 ECS，可将单台或多台迁移源迁移至阿里云。迁移源（或源服务器）指待迁移的 IDC 服务器、虚拟机、其他云平台的云主机或其他类型的服务器。SMC 支持在业务不暂停的情况下，将源服务器系统产生的增量数据同步至阿里云，并且可以实现批量迁移、多线程加速传输，并提供丰富的 API 进行自动化扩展。另外，SMC 还可以将 IDC 服务器迁移至容器镜像服务，进一步辅助客户进行云原生改造。

5. 数据迁移技术

- 数据转储（DUMP）：大部分数据库或存储系统都支持将数据导出为文件，简称为 DUMP 方式。当需要将数据复制到其他设备上时，通过文件导入方式进行。不过，由于 DUMP 技术本身的限制，只能进行 DUMP 时刻的快照迁移。频繁修改的数据并不适合此方案。另外，识别数据增量也变得尤为重要。如果没有合适的方法记录 DUMP 快照的时间点，存储介质本身又不能按照时间点进行增量快照，那么只能通过暂时停止业务在源的写入来确保 DUMP 的快照与真实业务数据之间的一致性。这又对业务特性有更加明确的要求。总结一下，DUMP 本身具有通用、简单的特性，但是受限于其静态数据搬迁的特性，需要格外注意 DUMP 过程中与 DUMP 后的业务增量。
- 数据传输服务（Data Transmission Server）：除了静态 DUMP 系列的技术，阿里云还提供流式数据的迁移技术 DTS。DTS 支持 RDBMS、NoSQL、OLAP 等多种数据源之间的数据传输。它提供了数据迁移、实时数据订阅及数据实时同步等多种数据传输方式。DTS 的推出弥补了 DUMP 为首的静态数据迁移技术的缺口，支持实时变化的数据的采集和同步，用户在使用过程中无须考虑其中的增量、修改、迁移时间点等复杂的信息。

6. 应用发现技术

应用发现服务（Application Discovery Service，APDS）是一款面向企业上云场景，针对评估、规划、建设、迁移的需求的迁云评估工具。APDS可帮助待上云的企业自动发现并整理线下IT资产，分析识别主机和进程信息、资源使用水位以及各应用和组件之间的依赖关系。APDS通过在云下业务系统安装采集器和探针，将云下应用相互访问的情况记录到本地文件，并且通过离线上传的模式在阿里云内进行自动识别与分析，发现/盘点企业云下IT资源，分析识别主机和进程信息、资源使用水位以及各应用和组件之间的依赖关系。APDS支持Linux、Red Hat、Debian、CentOS、Ubuntu等类型的操作系统，无侵入式采集，不影响在线业务的性能，支持数据加密采集和存储。它能自动对进程进行打标和聚类，可识别用户使用的三方系统组件，进一步简化系统架构，是大、中型企业进行迁移评估、云上架构辅助工作的利器。

3.2 云原生的概念、战略及落地

3.2.1 云原生概念的演进和发展

1. 上云后的困惑与限制

对于企业应用或者企业系统（我们之前也使用"信息系统"之类的名称）往往巨大且笨重，包含工资系统、医疗记录、请假系统、CRM、库存管理、保险、物流控制甚至邮件公文等。在我们的常识中，规模足够大的企业才会拥有复杂的企业系统，这些企业系统的第一个特征就是大，虽然相对于互联网应用的用户数量来说，企业系统并没有千万级的用户，但是这些系统的存在为企业提供了巨大的价值。不可否认，在信息化的今天，在浩瀚的数据中发现商机、找到降低成本的解药，抑或是想提高生产效率都必须依赖成熟且稳定的企业系统，成功的案例也不在少数。这一切随着云时代的到来不断加速，我们使用云计算的技术红利来提高企业应用的价值，获得更好的运行环境、更稳定的存储、更多样的云产业来适应市场，现代企业所面对的数据量远超过去。

随着云计算相关技术在工程领域的成功案例越来越多，IaaS、PaaS和SaaS的概念已被用户广泛接受。但是，从项目数量的角度看，获得较好营收的是IaaS层服务，包括云服务器、云数据库和云存储。这是因为IaaS层完成了最初的虚拟化，企业的应用不再需要和硬件服务器绑定，所以企业的规划、采购、升级、维护过程变得简单。但IaaS层的云化技术只是云原生技术的一部分，很多企业没有体验到PaaS和SaaS层云化技术的好处。

一个刚刚完成云化的传统企业的画像大致是下面这样：

- ❑ 云化：在公共云上开始部署业务，使用的云服务较为传统，以ECS、RDS、OSS为主，有一定的云上运营经验。
- ❑ 管理：管理方式与IDC时代相比有所进步，基本实现白屏化管理，对基础设施与业务指标都有全面的监控方式，监控粒度为机器级别，能够实现资源与应用的配合管理。
- 应用：偏互联网的技术栈居多，单体架构居多，应用较为巨大且笨重，部署、迁移、增加新功能等的成本很高，应用的采购与研发周期很长。
- 数据：企业使用 RDS（关系型数据库服务）来处理 OLTP（联机事务处理）和 OLAP（联机分析处理）。对于简单的分析场景，RDS 是能胜任的。但是对于中大型企业来说，数据量巨大、数据类型多样，RDS 显然不能很好满足。因此，企业需要其他的数据仓库产品来支持大数据场景，而选择什么样的数据仓库产品，对企业来说也存在难度。
- 资源：由于使用"机器"的方式运营企业级应用，资源管理粒度很大，无法提高资源利用率，弹性扩容与高可用无法落地。

显而易见，在这种场景下，云计算为企业带来的好处并没有让人拍手称快。之前有一位客户提到，"云计算就是加强版的虚拟机，我们要一个自动备份的功能就足够了，网络规划不需要点鼠标也不错，别的啊，并没有太大的价值"。我承认，在这种场景下，云计算的确没有太多的价值，就如同喷气式战机发明后还是使用活塞式战机的方式驾驶，那什么战果都无法取得了。

实际上，"无法提高资源利用率""无法响应新技术趋势""数据无法产生价值"等问题并不是因为这些企业意识不到，而是没有足够的能力去使用或者朝着这个方向演进。一个生产摩托车的企业肯定不像互联网公司那样可以充分利用容器技术。同理，传统的物流企业也不能像互联网电商一样有足够的技术团队为其量身定做现代系统。在云计算的时代，我们希望企业不需要为基础设施费心，但这仅仅是开始，企业最终只需要关注自己的业务，基础设施、运行环境、数据仓库、应用依赖等麻烦事都有统一的标准或者解决方案来解决，这便是云原生的意义。

早期企业在上云时，使用经典的"lift and shift"模型，但这仅仅是迁移。陈旧的早期应用无法灵活地使用云计算带来的技术红利。更危险的是，这种传统的应用模式限制了人们的思维与组织方式，以及工作流程，在持续交付落地前，很多企业甚至无法想象软件功能可以如此快速地迭代，更无法想象云原生时代可以将应用的迭代速率提高到以小时为单位。

云原生不是免费的午餐，它需要企业投入精力，在架构设计、技术选型、生产与交付过程中匹配最佳使用实践，最终会相比传统方式发生极大的改变。从技术角度上看，云原生更加强调应用无状态化、易扩展、易处理，架构上也偏向异步化；从业务角度看，云原生创新更快、更容易，开发一套新系统变得更简单。这些改变在使用云原生技术前可能是无法想象的。

2. 云原生是云化的递进

从文字上看，原生的英文是 Native，Native 有天然的、当地的、土生土长的意思，从一开始这个概念就是描述天生适用于云环境下的应用。云技术的基础设施就像喷气式飞机，自然要使用新的方式驾驶，这些驾驶手段是为了新环境而设计的。云原生的技术、方法论、实践都是为了体现出云化的价值。

我们先从经典的 ECS 使用场景来说。ECS 作为基础的虚拟化产品，提供了虚拟机的进阶使用方式，它就是云时代的基石。我们可以使用 ECS 安装不同的应用软件，部署自己的产品或者代码，提供网站、FTP、数据库、中间件等服务，ECS 几乎是万能的，因为它面向的是通用的计算（computing，所有的东西都是 computing）。但是随着时间的推移，我们发现，FTP 服务器往往对核心数不太敏感，其瓶颈在于磁盘 I/O、大小或是网络带宽，并且维护一个 FTP 服务器的成本也很大，我们需要自己处理备份、安全、文件校验等一系列操作。在这个场景下，计算不是核心，所以我们考虑不再使用 ECS，而是使用 OSS 进行文件或对象存储。如果你的应用程序是直接使用 OSS 进行设计、研发、部署的，那么这个程序就有云原生的基础，因为它是天然面向云产品的。

对于部署企业内部网站的 ECS，在流量高峰时（比如早上 9 点上班时），我们需要进行大量的计算，比如打卡、进行任务分配、处理业务等。这时候，我们倾向于使用巨大的实例（16 Cores）来应对，但是在非繁忙时段，这种内部网站并没有多少访问量，小型的实例就足够了。这种典型的潮汐型应用往往会使用 ASG 来进行资源配给，但是企业使用 ASG 来提高资源效率的场景太少了，很多时候应用系统无法支持弹性（比如黏性 session 或者状态保持），或者没有足够的能力进行运营管控，又或者定时 / 负载响应式的 ASG 生效时间太慢了（分钟级），对于技术能力较弱的传统企业，ASG 不流行就不难理解了。再加上很多传统的系统，或者重要的专用生产系统有特定的依赖与配置，它们往往要求有特定的操作系统与运行时依赖，或者是由于授权的原因，这些系统一旦部署至 ECS，就很难拿出来，甚至无法再次部署。对于企业来说，ECS 并不是资产，企业应用应该与 ECS 这种云产品解耦，处理好 ECS 的易失性。这个时代最重要的资产不是企业应用的程序，而是数据。很多企业无力进行遗留系统的改造或者更新，就勉强将其部署至云平台，其结果就是战战兢兢地祈祷它不会失效，这样云化后也无法获得太多的收益。

对于大多数企业来说，需求是很清楚的，他们想在白天运行网站、应用，把已经购买的资源投入其中，晚上进行批处理的大数据计算，希望每个子系统按照自己的负载调整资源；不想要一个有 1000 多张表的巨型 Oracle，也不想让整个企业共用一个自建的、超大的 Redis 集群；希望新的技术能够立刻被采用，可控，并能够迅速产生价值；希望企业系统的控制大屏能全面展示所有的情况，从基础设施到应用；不需要招募资深、顶尖的运维人员，只想让更多的人关注业务，毕竟人力成本已经不亚于基础设施成本，或者说，随着基础设施成本的下降，基础设施不应该成为业务的阻碍。

所以，云原生概念从提出到现在，无论代表技术是容器还是元服务，核心价值都是解决云化后的痛点。云原生提倡的价值与云化的价值是一致的，只是有了更清晰的演进方向：只要这样做，就能实现云化的价值。当然，方法论与实践是在不断发展的，也随着技术的改进而变化。在云时代，最佳实践与产品都在迅速变化，前些年 Kubernetes 书籍中的很多示例已经无法在当前版本下运行了。如何在剧烈的技术变化下赶上浪潮，实现更低的技术绑定、更快的迭代与弹性、更强的可靠性与灾备能力，已成为企业数字化转型中的重要问题。

3. 云原生概念的变迁

云原生概念最初只有一种随意、粗糙的描述，大约是指为云而生的"东西"（笔者也怀疑是不是因为 Cloud Native 这个词很高端，所以为了这个词而造出概念）。有意思的是，Native 是形容词，而不是名词，所以在英文语境下，我们会说某某产品是云原生的，或者说我要做一个云原生的产品。比如，很多 NewSQL 数据库都会宣称自己是云原生数据库（Cloud Native Database），这是很合理的。但是在中文语境下，我们往往认为云原生是一个名词，是一个"东西"，是可以购买、部署、使用的产品，这就造成了很大的误解，因为从原意上，云原生的重点是它修饰的东西，而不是它自己。

根据 CNCF 的定义，云原生是软件研发中的一种方法，"在公有云、私有云或者混合云这种现代、多变的云环境下，研发与运行一个可扩展的应用程序"，其中会用到容器、微服务、Serverless、不可变的基础设施以及通过"声明式"的代码进行部署的技术。这些设计时就考虑到松耦合的技术能够提高系统的灵活性、弹性与可观测性，与强大的自动化技术结合，能让我们高效、稳定地支持业务上的变动。

大多数实践云原生的企业都有类似的技术选型：使用大量 Docker 容器运行微服务式的应用程序，这些容器被 Kubernetes 之类编排工具所编排，配合日志中心、服务治理等工具实现可观测性，使用 DevOps 与 CICD 进行多种部署。随着实践的累积，由 CNCF 提倡的云原生落地方式已经成为业界共识，并在技术能力较强的企业中取得了巨大的进展。市场规模也在逐步提高，Gartner 的报告指出，2022 年将有 75% 的全球化企业在生产中使用云原生技术，而根据 2019 年的 Container Adoption Survey 报告，调研的 501 家企业的 IT 项目中，87% 正在使用容器技术，而 2017 年这个数字是 55%。

当然，不仅是 CNCF 对云原生有定义，VMware-Pivotal 的定义也广受认可。这个定义是从 PaaS 时代继承和发展而来，所以云原生的很多概念与实践是来自 Cloud Foundry 与 Heroku 这种 PaaS 领军者，用户不想关注操作系统、网络、底层依赖，而是希望平台帮助完成这些工作，于是产生了 12-factor-app 这种应用程序标准与通过 API 和 Contract 聚合的交互方式。这也是很多企业基于 Kubernetes 进行 PaaS 研发的初衷，即希望屏蔽底层。目前，Pivotal 的定义是，云原生表示一种新的交付模型，它能利用云计算的优势来构建与运行应用程序，关注创建与部署应用程序，而不需要关注其他。与 CNCF 的定义类似，描述重点为构建与运行应用程序、通过基础设施的解耦，该程序可以适应于任何云环境。Pivotal 在技术上将其收敛为四个方面：微服务、容器化、DevOps 与持续交付（注意，DevOps 与持续交付是两件事），并且认为在这个时代下，敏捷方法论（agile）是最适合云原生的，因为能够快速响应变化。

我们已经对云原生的概念有了较为清晰的认识，但是想驾驭这么多与传统软件研发有很大区别新技术、新架构、新概念是很难的，落地难已经成为云原生最大的问题，这也促使我们使用新的方法论来指导整个过程，就像淘汰当年的"瀑布式"软件研发流程一样。

3.2.2 云原生时代的方法论

1. 平衡演进与革命

作为热爱新技术的人，我们对学习和采用新技术的热情是无法阻挡的，特别是新技术已经在某些场景下证明了其能力，我们很难控制自己不去采用。随着云原生时代的到来，相关的新技术已经席卷全球，这是近年来企业进行数字化转型的常态，我们该用什么样的方式对待这些新技术？既然有这么多成功经验，我们可以全力投入云原生吗？这些问题是无法回答的，但是我们有一个起点——平衡演进与革命。

使用全新的技术轰轰烈烈地创造新应用与产品是非常有诱惑力的，谁都希望自己站在业界的前沿，采用最新的技术证明自己，并体现出业务价值，所以是时候将过去的垃圾一扫而空，重新创造出一个新的世界了！但现实是残酷的。首先，云原生领域内的所有技术都在飞速发展，我们无法锚定一个稳定的技术栈或者范围，容器的编排技术从 compose、swarm 再到 Kubernetes，微服务也向 mesh 化发展，你所确定的技术栈也许在一年后就不适合了，这时候摆在面前的问题是：硬着头皮继续下去，还是更新方向后再继续？诚然，哪种选择都不是很好，特别对企业应用进行改造时，重写在业务上是没有任何收益的。而且，很多知识也会丢掉，或者无法验证，因为企业应用是多年的积累。我曾经见过基于数据库排序逻辑编写的业务过程，很难想象这种业务逻辑在重写后会有什么样的代价。

采用 Spring Cloud 是一个很有价值的例子，使用 Spring Cloud 作为微服务平台或框架的做法在 2016 年后逐步在国内流行。但是，Spring Cloud 一开始与容器并不兼容（这不是指不能容器化），Eureka 这种注册发现逻辑适用于变动很少的虚拟机环境（这也符合 Netflix 的基础设施），但是采用该框架的企业并不是 Netflix，也没有深入考虑采用的后果。随着容器与 Kubernetes 的流行，越来越多的人发现，将 Spring Cloud 的应用放到 Kubernetes 上是一件很矛盾的事情，但是应用与 Spring Cloud 甚至 Java 语言耦合太深，再进行改造又会产生无法预计的成本，最后不得不承认微服务并没有传说中的那么好！

所以，我们必须要控制自己不能被云原生冲昏头脑，在采用云原生技术时应该控制好边界，使系统处于一个演进的状态。我们可以先对边缘的服务进行云原生改造，并配合按需付费的基础设施降低成本。在改造的过程中积累经验，使用重构的方式处理我们的企业应用与系统。在笔者曾经开发的系统中，既有使用 Spring MVC 的重型核心网站，有大量基于 Spring Boot 的 RESTful 应用程序运行在容器中；也有 Serverless 作为新服务的运行环境，在不断的技术迭代中慢慢替换掉最初的核心网站，最后将其封存、下线。无论是进行云原生落地，还是进行更大规模的数字化转型，演进与持续才能保证我们能走到最后，要通过每一步积累的经验来指导下一步实践。

2. 对扩展开放

这里的扩展是指功能上的扩展，扩展能力表示对业务的响应能力。当然，这里我们并不从业务的角度或者中台的角度进行讨论，而是从技术的角度讨论云原生或者云原生相关的实践如何解决传统应用难以扩展的问题。

传统的技术与研发模式很难做到对扩展开放，最主要的原因是代码难以修改，导致新功能无法顺利加入。比如，一旦使用了某种语言和框架，那么企业应用将会使用这个语言与框架很多年。随着维护人员的更替，我们发现增加新的功能越来越困难，因为无法确定修改是否安全，而且应用越大，测试的难度也越高。最后业务人员、研发人员都无法忍受，我们不得不进行重写。实际上，这种"焦油坑"式的应用在一开始并不是要做成难以修改的样子，反而最初模块的边界很清晰、各司其职，但是由于缺乏足够的隔离手段与变化规则，以后因增加新功能造成耦合，最后无法解开。而在云原生领域，容器化、微服务的技术与架构都有较好的隔离性，容器化让你不得不使用无状态的方式组织应用程序，模块之间的交互从方法调用上升到高级协议（虽然会有性能上的损失以及分布式的问题，但是没有免费的午餐），而微服务的特点就是分布式、解耦，至少在一个微服务内，耦合的代价我们是能承担的。曾经有一个很好的评判一个服务是否是微服务的标准：能否在两周内重写。

在进行企业应用上云实战时，我们常常会遇到有上千张表的巨大 Oracle 数据库。造成这种情况的原因很多，这里不展开讨论。实际上，关系型数据库所提供的数据结构并不能满足所有应用的需求，有时候我们需要存储文件、图片，有时候我们需要存储图、树这种数据结构，有时候我们又需要简单、高性能的 key-value 或者 OLAP，而现实是我们只有一个巨大的数据库实例，所有的需求、所有的数据都放在其中。首先，在传统的云下环境中，数据库的重要程度是最高的，维护数据库的成本也是最高的。但是，上云后，完全可以采用不同的数据库（广义上的）来释放巨大实例，云平台显著降低了多类型数据库的维护成本，而使用数据的方式则由应用来决定。对于用户的 profile 这种 key-value 类型数据，NoSQL 最合适不过。如果市场人员需要实时分析销售数据，ADB 也是不错的选择。云原生的分布式与天然的隔离性有助于针对不同的服务选择不同的数据库，并隐藏数据库的细节（当访问淘宝时，你作为调用者并不需要关心淘宝用了什么数据库），这也是微服务实践中非常重要的一点，同时，这样也能减轻对某种数据库的依赖程度，降低"去 O"的成本。

在云原生时代，系统之间的交互更加多样，通信方式从函数调用升级至多种方式：基于 HTTP 或 RPC 式的 API、使用 Kafka 或者其他 Stream 式的 pub/sub，使用 MQ 或者 SNS 中间件。数据的发布方式也更加多样，比如可以使用 Kafka 实现新型的企业总线，建立 Event Driven 系统，使用补偿事件的方式在分布式中贯彻事务，也可以使用 ZooKeeper 这种分布式协调管理中心实现不影响现有系统的 Serverless，定时进行数据扇出也非常轻松、简单。由于企业应用之间的调用方式更加协议化，因此能够处理好与遗留系统直接的边界，体现在代码上就是调用方法与发送 HTTP 请求的区别。这样边界清晰、面向协议交互的系统是非常利于研发与测试的，我们可以轻松地使用 mock 模拟出上下游，并配合本地的 minikube 立刻开启完全对等的环境，从而提高研发人员的效率。

有了容器，我们不需要考虑基础设施，环境实现了标准化；微服务为我们提供了系统之间的合作关系；可观测性、DevOps 描述系统的状态，让我们能够清楚地看到一切情况；

持续交付与自动化保证了系统一直在线，并可以持续、快速地更替，也就是更快的扩展。想象一下，云原生落地后，修复线上问题将会变得非常简单：某时给订单服务部署了新的版本，但是产生了bug，运维人员收到警报后立刻回滚，由于有容器与编排平台，这个回滚可以非常快速。然后，研发人员通过日志中心收集到错误信息，定位到出问题的服务，再使用容器本地重现问题。由于容器创造了一致的运行环境，因此其重现的成本低于传统方式。最后，研发人员进行代码修复，并加入新的自动化测试覆盖这个场景，再进行提交，实现新一轮部署。现在，一个企业应用可能有无数个版本在不断地部署，就如同Firefox与Chrome的版本号一样，我们可以很轻松地达到这样的变化效率。

3. 偏向应用层

长久以来，我们都同意"计算距离数据越近，效率越高"这一观点。使用JDBC Driver读取关系型数据库，然后在Java代码中进行计算的效率远远小于在数据库中使用函数或者存储过程进行计算，再将结果返回。除IO的因素之外，专为数据库设计的存储过程在计算效率上也好于通用型的高级语言。当然，这个原因只是一方面，很多企业级应用都会大量使用数据库的特性，例如自定义函数、包含业务实现的存储过程，来进行应用建设，我们会请DBA专家来处理那些复杂的SQL脚本，每个脚本都可以精确、高效地完成业务需求。但是这种方式带来的后果是，存储过程本来并不适合编写复杂的业务逻辑，而且其语言设计也比较早，往往难以阅读、理解并修改，只有专家才能对其进行操作，一旦发生人员更替或者经过历年的迭代，要想搞清楚相应部分的业务逻辑就变得非常困难。更麻烦的是，存储过程与数据库绑定，无法高效地使用自动化方式进行测试，一旦一个系统没有足够的自动化测试，其可维护性就会降低。数据库特性是一个让人又爱又恨的选择，精简高效与易于扩展很难兼得，这些数据库特性也是"去O"运动中最大的阻碍。

所以，使用高级语言可以大大缓解这一情况，因为代码面向的不是机器而是人类，对于使用高级语言的工程师来，阅读某段C#代码并不太困难，相对于系统级编程语言（C++、Rust、Go）来说，高级语言封装了太多底层，你不需要看到socket，也不需要自己管理内存。虽然它有时并不高效，但是易于修改与维护，而易于修改与维护则代表着软件的价值。当有复杂的、陈旧的业务逻辑需要改动时，最佳的做法是先写测试，并将测试加入自动化的流程中，再进行重构、解耦，就能够完成业务升级的需求。

在云原生领域，可控制、易维护的权重远远大于高效。当然，这不是说系统效率不重要，作为企业应用的负责人，永远都需要进行权衡与选择。我们可以使用Nginx作为反向代理实现API Gateway最基本的路由分发功能，高效并易于验证，但是如果需要更高级的限流、熔断、安全验证、访问规则限制等能力，就不得不使用应用层产品来实现。如果对延时的要求并没有精确到毫秒级（大多数应用都是如此），我们完全可以用Java去写Zuul规则来替代Nginx的Lua。我们也可以使用OSS SDK去操作文件、对象，而不是使用File这种底层的操作接口。大多数情况下，对需要改变的表达业务的逻辑使用可控制的技术，在云原生时代会更有优势。

云原生时代，应用的另一个重要特征是进程之外（out-of-process）的治理。对于企业应用来说，SSL、日志、熔断、访问控制、限流、性能监控、注册发现等治理能力是必不可少的，但是这些能力往往与业务无关。既然与业务无关，在性能允许的情况下我们可否将其移至主进程之外？答案是肯定的，Sidecar模式在近几年迅速流行，并催生出service mesh这种更先进的微服务框架。那么为什么要做进程之外的处理？原因还是希望工程师更关注业务，同时赋予系统极大的可移植性。毕竟核心常在，其他功能都由平台或者Sidecar提供，在不知不觉中，我们就完成了PaaS当年的设想。

4. 警惕吹笛人

我们常说："唯一不变的是变化本身"，云计算、互联网这种依赖软件技术的行业充满了极大的变化。以云原生为例，其概念一直在变迁，随着主导公司的改变与技术的更迭，几乎没有稳定、完整的最佳实践。我们要认真践行"没有银弹"的思想，这个世界没有免费午餐，当你需要排序结果的时候，是一定要用一段代码去实现的。很多企业实施Spring Cloud的微服务架构并没有产生足够的价值，更多是为了微服务而微服务，原因很简单：这些企业并没有Netflix那样的技术能力，也并不了解或者拥有符合Spring Cloud的基础设施，也没有足够的技术能力去进行治理与自研发。在编程语言领域中，每年都有新的语言来挑战Java，比如Kotlin、Scala，当然最后都没有成功，或者没有达到其宣传的效果。我们欢迎新的技术被发明、被推广，这对于行业是极为重要的，也代表着软件工业的活力，但是我们需要清楚地认识到，任何鼓吹新技术万能的论调都是非常危险的，甚至是邪恶的。

回顾自己的工作，很早以前我们就开始使用docker-compose进行生产环境下容器的编排。docker-compose简单好用，但是缺乏弹性、易处理等方面的支持，也很难满足滚动更新这种持续交付的需求，我们不得不自己发明了很多工具来完成这些工作。"容器就是进程，不编排的容器是没有价值的"，随后市场上开始流行Swarm与Mesos作为编排工具，而云计算巨头AWS也推出AWS Elastic Container Service，它们都宣称自己是未来，并且有很好的使用范例，但是，你必须选择一个，同时也要避免倾力于其中之一。幸运的是，我们的应用程序严格遵守无状态、无共享的模式，在容器外并无依赖，所以可以很轻松地变换编排工具与运行环境。但是，最后胜出的产品是Kubernetes，但是谁能保证Kubernetes是可以使用十年的技术？毕竟潜力更大的Serverless已经出现了！我们在转型时并没有花费多少成本，这也是因为一开始就认为底层编排平台不可控，所以采取适当保持距离的做法。这也是至今我们比较担心在Kubernetes上运行Stateful应用的结果，比如数据库、MQ。

3.2.3 云原生战略的规划

1. 战略视角与规划

在前面两节，我们对云原生这个概念进行了剖析，对其中的技术进行了讨论，梳理了常用的方法论。现在，我们应该能感觉到，这是一种全新的技术与模式，是云计算价值的体现。现在，摆在我们面前的有无数通过CNCF、阿里云、Pivotal、AWS等企业与社区提供的新技术，还有很多企业的实践故事，现在似乎是时候采用这些技术了。但是，贯彻云原生必须有一个自上而下的战略，本节就开始讨论这方面的内容。

（1）技术选型

云原生落地的困难之处就是无法锚定一个核心的技术，即使 CNCF 力捧的 Kubernetes 也一样。Kubernetes 作为编排世界的胜利者是一个不错的选择，但是也许会有降维打击的技术存在。所以在技术选型时，遵循的原则应是对技术开放，而不是全部依赖。特别是这种作为底层的编排平台，我们要考虑它失效或者被禁止使用后，该如何运行我们的容器。云原生时代是开放的，是进程之外的，是松耦合的，对各种编程语言和框架都是欢迎的。所以，应该使用"可控制"作为准绳，一旦发现某项技术处于失控的状态时，能够用极小的代价替换它，这才是合理的技术选型逻辑。是时候告别整个公司只用一个 Oracle 数据库，公司的 Java 版本都是 1.6 时代了！

（2）演进路线

我们知道，云原生相关技术的演进速度是极快的，是不断变化的，所以将已有企业应用迁移、改造至云原生，就像站在一个漂浮在海面、不断融化的冰山上往另一块巨大的冰块上跳跃的过程，出发点和目的地都不稳定。在之前的内容中，我们提到这是一个演进的过程，而不是先在目的地盖好房子再搬家进去的过程，整个演进的过程应该是无中断的，企业业务也不能受到影响。这显然需要极高的工程控制能力，精益思想（lean）在这个阶段能发挥巨大的作用。我们可以先租用少量的云产品进行概念验证，再进行边缘应用的改造与搬迁，一旦发现问题，就立刻迭代更新接下来的操作。慢慢地，迁移的效率就会提高，同时，这也是一个梳理已有的企业应用的好机会。当然，目的地在不断变化，但是如果可观测性与服务治理很成功，我们就不必担心，一个巨大的企业，其应用会运行在 ECS、容器、Serverless、浏览器、移动端等各处，但是不会失去控制。

（3）制定规则

多变的应用技术、多变的运行环境、每周都有新的服务发布、每天都有服务在进行更新与部署，这些不同的服务使用不同的数据库，通过开放的协议互相沟通与协助，而且使用了不同的编程语言，甚至开发者都彼此陌生。在这种环境下，什么是确定的，或者稳定的？在云原生时代，统一的约束远远大于共享的资源，我们应该给一个应用程序完整的约束来贯穿其生命周期，可以使用经典的 12-factor-app，也可以使用 OAM 模型，给企业应用足够的空间，约束它的外部表现与依赖，而不是内部的实现。要谨慎对待共享的资源，假设你的服务依赖于某个注册中心，那么这个注册中心将会一直存在于系统中，直到最后一个使用它的系统下线。

（4）改变组织

很多企业在 IT 方面的预算模式已经极大地影响了云计算的价值。如果是半年做一次预算的话，那么我们无法预知半年后的 IT 投入，这更与 on-provision 的云计算相悖。进行原生化转型时，我们希望系统是逐步演进的状态，一开始并不需要太多的 IT 投入，也不需要租用太多的基础设施与 SaaS，这就与确定的预算产生矛盾，导致为了匹配预算而不得不浪费资源，或者加快进度的情况出现，最后导致演进失败。同时，组织内部也需要调整。云原生时代，我们强调应用程序应该彻底面向业务，更多时候研发者要直接对应用负责，也就是遵循"you build it, you run it"的规则，这时再使用根据职能进行小组划分的方式就非常不合理了。根据康威定律，这种老式的组织结构会造成拆分的服务无法运维、运营、演进，最终大家还是耦合在一个巨大的数据库上，因为要有一个小组来专门运维这个数据库。但是，数据应该属于应用，就像货物属于买家，而不是属于仓库。

2. 阿里云的云原生布局

阿里云是 CNCF 的顶级成员，是标准的制定者与推动者，阿里云启动容器化进程至今已整整十年。作为最早布局云原生技术的企业之一，Aliyun Kubernetes（ACK）已成为阿里"双 11"这种顶级互联网规模化场景中实实在在的技术主角。站在新十年的起点，阿里云预测 ACK 将成为用户和云计算新的交互界面，未来会有越来越多的应用负载部署在 ACK 之上，包括数据库、大数据、AI 智能和创新应用，ACK 将成为云原生计算的基石。在 KubeCon 2020 大会上，阿里巴巴携众多云原生技术亮相，重点围绕 ACK 规模实操、微服务体系、Serverless 生态三大领域展开，并深入探讨了 AI、边缘容器、Serverless、Service Mesh、Spring Cloud、Knative、Nacos、运维、调度等云原生方面的热门技术话题。

阿里云有世界一流水平的容器、微服务经验。阿里云早在 2015 年就推出了容器产品，经过不断迭代，目前已形成以 ACK 为核心的容器生态。根据 Gartner 的报告，阿里云在国内是唯一一家有全面的容器化布局的云企业。在微服务体系方面，阿里也有比较深厚的积累，并通过一些开源项目，比如 Dubbo、Nacos、HSF、SOFAStack 等，把阿里微服务体系中的经验和实践向外输出。另外，阿里把微服务体系、开源体系的技术与云进行整合，这样使用云的客户就能更方便地直接使用开源的产品。

阿里云对云原生、标准与开发的态度是云原生产品生态必须有标准并开放，这样不同厂商之间的服务、基础设施等都可以实现互通。用户开发的应用可以运行在阿里云容器之上，也可以运行在其他厂商的容器之上，应用所依赖的本质上都是一些开放的接口。这一直是阿里云努力的方向，从云原生发展的角度，标准开放、与社区生态进行融合可以减少用户的成本与担忧。

3.2.4 云原生时代应用架构的规划

1. 代码结构的变化

我们知道，云原生架构是基于云原生技术的一组架构原则和设计模式的集合，是通过云原生产品所总结出的新的架构设计模式，使得开发人员的编程模型产生了巨大的变化。从历史上看，十年前你可能还在编写使用操作文件的 IO 库进行本地的文件读写，现在这种底层的、极为通用的场景已经被大量的类库或者服务取代，很少有人需要自己写 JSON Parser。很多编程语言都有文件、网络、存储、并发等基本元素，随着时代的发展，这些基本元素渐渐衍生出成熟的框架与范式，用来解决网络调用、高可用、分布式存储等问题。在云原生时代，这些常用问题往往会通过服务与进程之外的方式解决。

所以，我们的代码将会清晰地区分业务与非业务区域。在业务领域，我们希望代码与功能是清晰简单的，恰好表达了产品经理的需求，即客户的年收入是多少，我们就提供多少贷款额度，这部分代码与框架、数据库、网络通信无关，也不需要依赖 JPA 或者 MyBatis。同时，这部分代码最能体现业务价值。相对于业务代码，非业务代码则变成了一种细节（detail），我们需要存储用户的职业与年收入信息，至于使用 MongoDB 还是 MySQL，并不是业务关心的细节。这种趋势越来越明显，但是在社区中，业务代码的逻辑设计与价值讨论较少，因为技术人员更关注技术上的进步与革新，常常查阅某项数据库的性能指标，或者了解哪种框架简单易用，很少会讨论如何设计业务代码，很多研发人员会认为这是通过 if-else 就能完成的事情。

在云原生时代，我们希望应用能够专注于业务，使用设计模式或者其他方法论创建灵活、敏捷、响应市场的代码，取消业务代码与其他无关细节的依赖。你可以通过检查 import 来查看是否有这样的依赖，也可以思考，如果为业务代码换一个底层框架，需要多长时间能够完成？或者采用的框架与组织形式是否影响了业务代码的迭代？

2. 委托非功能特性

严格意义上来说，架构（Architecture）是不存在所谓的标准定义的，我们有很多经验上的说法。比如，软件架构常常用于描述软件的组成结构，经常有人会用建筑学的术语来类比，房屋的结构与软件架构是类似的。但是，使用房屋的人会根据自己的需求决定将房屋作为店铺或是住房，类似地，软件功能往往也不是架构决定的。架构在很多时候影响的是非功能性需求。回想一下你在大学做毕业设计时写的程序，处处充满了不合理的设计：过度的耦合、不正确的抽象、模块之间没有清晰的边界，等等，但是它能够工作，它并不需要像商用软件那样强大、高效，只需要达到让你毕业的标准即可。

再例如，组织分布式存储是非常困难的，假设我们需要为用户提供存储空间用于存放上传的文件、资料等，那么使用单节点的存储就无法满足非功能性需求。如果上传文件较多，单节点容量不够，就必须停机扩容，即使有海量的存储空间，由于 IO 限制也无法提供令人满意的下载和使用速度。诚然，你可以使用喜欢的编程语言编写自己的分布式存储，如利用 HDFS 技术来实现。这就是一个典型的非功能性需求，在云原生时代，我们不需要再自己发明轮子。

针对这类分布式存储问题，在云时代可以使用 OSS 或者其他技术轻松解决，在代码中就是删除自己编写的"分布式文件系统存储模块"，然后引入 OSS SDK，再使用三个方法来解决上传、下载、获取 meta 的功能，这样就基本告别了复杂的存储问题。但还有一些遗留问题没有处理完，比如我们需要控制使用 OSS SDK 的范围，一般会编写 wrapper 封装，或者使用 adapter 模式，这样从业务代码来看，就不需要知道 OSS 是否存在了。将来，如果需要将 OSS 换为其他技术，其改动范围也能控制在 wrapper 之内。

我们可以按照这个思路遍历已有系统中的非功能需求，并尝试思考哪些需求可以被委托，比如 Web 访问日志记录、应用日志收集与上传、应用程序的配置、服务间发现与调研、断路器、健康检查、性能指标收集等。当你将这些非功能需求统统移出代码之后，应用系统就变得非常清楚，研发人员不用再额外关注底层。

3. 完全自动化：从测试到部署

软件测试是为了证伪而非证真，这与是否自动化并没有关系。很多时候，软件测试只能保证产品的基本质量，不能保证一定没有任何问题。而在测试领域，自动化测试金字塔理论指出：在最下层投入应越来越多。首先，投入底层测试的成本较低，因为针对代码的单元测试一旦发现错误，比较容易修复，再加上是单元测试，涉及的其他模块较少；第二，底层测试的效率很高，一般单元测试只依赖代码，而不需要依赖数据库、Web Server，运行速度很快，能够立刻提供结果，这样发现和修改错误的效率很高；底层越稳固、测试覆盖得越全面，就能够给上层足够的信心，在全链路的功能测试中如果出现问题，也更容易排查。

自动化测试非常重要，至少在单元测试层面是与业务代码同样重要的。根据金字塔理论，底层单元测试的投入低、价值高、依赖少，我们就可以频繁、自动地运行自动化测试，几乎所有的 CICD 工具都可以完成这个工作。另一方面，对于研发人员，我们需要鼓励在研发过程中同步编写业务代码与单元测试代码，使用单元测试代码来证明业务代码满足某项产品需要。当然，落地 TDD（Test-Driven Development）并不是一件容易的事情，需要业务开发人员转换思路。业务代码由测试代码驱动这一方式也比较违反直觉，是否需要采用取决于团队的情况以及技术是否熟练。在这里，笔者并不是强调单元测试的重要性，而是希望建立一个快速的自动化反馈：每当有代码修改（还没有 merge 到发布分支前），进行自动化测试，通过大量测试用例的堆叠给予我们可发布的信心。在我们的实践中，单元测试的覆盖率如果能达到"分支 100%"，就表示该系统有非常好的质量，因为分支往往代表业务规则。你也可以使用这个规则来考察自己的代码质量。

在云原生时代，我们希望做到"快、快、快"，快速地响应变化，不管是业务逻辑还是负载的变化。但是，在一个项目组中，往往还有另一种声音，就是"稳、稳、稳"。很多运维同学甚至项目负责人并不希望多频次地发布，他们的想法是：系统总归要上线、发布，既然发布那么麻烦，要停机去更新代码与产物，有时候还伴随着数据库变更，那么我们能不能少做几次发布以降低风险？自动化发布更危险，手动发布都不是很稳定，更何况自动化发布呢？看起来的确是这样，特别是每次新版本上线都需要执行超长的发布计划，还需要指定回滚计划，做的越多，则错的可能性越大。

刚才提到的场景就是 DevOps 文化想要解决的问题，发布的风险在于粒度的控制，如果粒度在掌控之中，就可以清楚当前版本与未来版本之间的差异，就能够明确是否可以发布。自动化发布工具的出现，将发布能力还给了开发者，同时也迫使开发者去解耦应用依赖，做到独立发布，使业务交付速度得到了质的提升。所以，在未来的云原生环境下，不是什么时候去发布，而是每时每刻都有一个节点、服务、模块在进行发布。由于粒度较小，rollout 与 rollback 都非常迅速，也会让发布的同学了解改变的内容，同时配合自动化测试、代码扫描、灰度、AB、feature toggle 等验证工具,让发布成为日常。阿里巴巴研发平台团队可以轻松做到 1 天多次发布生产,可用性达到 99.95%,变更失败率小于 5%。

3.2.5 云原生架构的原则

1. 服务化原则

当代码规模超出小团队的合作范围时,就有必要进行服务化拆分了,包括拆分为微服务架构、小服务(Mini Service)架构。通过服务化架构把不同生命周期的模块分离出来,分别进行业务迭代,避免迭代频繁的模块被慢速模块拖慢,从而加快整体的进度和稳定性。同时,服务化架构面向接口编程,服务内部的功能高度内聚,模块间通过公共功能模块的提取增加软件的复用程度。分布式环境下的限流降级、熔断隔仓、灰度、反压、零信任安全等本质上都是基于服务流量(而非网络流量)的控制策略,所以云原生架构强调使用服务化的目的还在于从架构层面抽象化业务模块之间的关系,标准化服务流量的传输,从而帮助业务模块进行基于服务流量的策略控制和治理,不管这些服务是基于什么语言开发的。

2. 弹性原则

大部分系统部署上线前需要根据业务量进行估算,准备一定规模的机器,从提出采购申请到供应商洽谈、机器部署上电、软件部署、性能压测,往往需要几个月甚至一年的周期,而这期间如果业务发生变化,重新调整非常困难。弹性则是指系统的部署规模可以随着业务量的变化自动伸缩,无须根据事先的容量规划准备固定的硬件和软件资源。弹性能力好不仅可以缩短从采购到上线的时间,让企业不用操心额外软硬件资源的支出成本(闲置成本),降低了企业的 IT 成本。更关键的是,当业务规模面临海量、突发性扩张的时候,不会再因为软硬件资源储备不足而"说不",保障了企业收益。

3. 可观测原则

今天,大部分企业的软件规模都在不断增长,原来使用单机就可以对应用做完所有调试,但在分布式环境下,需要对多个主机上的信息做关联,才可能回答清楚服务为什么宕机、哪些服务违反了其定义的 SLO、目前的故障影响了哪些用户、最近这次变更给哪些服务指标带来了影响,等等,这些都要求系统具备更强的可观测能力。可观测性与系统提供的监控、业务探活、APM 等能力不同,前者是在云这样的分布式系统中,主动通过日志、链路跟踪和度量等手段,让一次 APP 点击背后的多次服务调用的耗时、返回值和参数都清晰可见,甚至可以下钻到每次三方软件调用、SQL 请求、节点拓扑、网络响应等,这样的能力可以使运维、开发和业务人员实时掌握软件的运行情况,并结合多个维度的数据指标,获得前所未有的关联分析能力,不断对业务健康度和用户体验进行数字化衡量和持续优化。

4. 韧性原则

当业务上线后,最不能接受的就是业务不可用,这会导致用户无法正常使用软件,影响用户体验和收入。韧性是指软件所依赖的软硬件组件出现各种异常时,软件表现出来的抵御能力。这些异常通常包括硬件故障、硬件资源瓶颈（如 CPU/ 网卡带宽耗尽）、业务流量超出软件设计能力、影响机房工作的故障和灾难、软件 bug、黑客攻击等，会对业务可用性带来致命影响。韧性从多个维度诠释了软件持续提供业务服务的能力，核心目标是降低软件的 MTBF（Mean TimeBetween Failure，平均无故障时间）。从架构设计上，韧性包括服务异步化能力、重试 / 限流 / 降级 / 熔断 / 反压、主从模式、集群模式、AZ 内的高可用、单元化、跨 region 容灾、异地多活容灾等。

5. 所有过程自动化原则

技术往往是把"双刃剑"，容器、微服务、DevOps、大量第三方组件的使用，在降低分布式复杂性和提升迭代速度的同时，增加了软件技术栈的复杂度和组件规模，所以不可避免地带来了软件交付的复杂性。如果控制不当，应用就无法体现云原生技术的优势。通过 IaC（Infrastructure as Code）、GitOps、OAM（Open Application Model）、Kubernetes Operator 和大量自动化交付工具在 CI/CD 流水线中的实践，一方面使企业内部的软件交付过程自动化，另一方面在标准化的基础上进行自动化，通过配置数据自描述和面向终态的交付过程，让自动化工具理解交付目标和环境差异，实现软件交付和运维的自动化。

6. 零信任原则

零信任安全对传统边界安全架构思想进行了重新评估和审视，并对安全架构思路给出了新建议。其核心思想是，默认情况下不应该信任网络内部和外部的任何人 / 设备 / 系统，需要基于认证和授权重构访问控制的信任基础，诸如 IP 地址、主机、地理位置、所处网络等均不能作为可信的凭证。零信任对访问控制进行了范式上的颠覆，引导安全体系架构从"网络中心化"走向"身份中心化"，其本质诉求是以身份为中心进行访问控制。

零信任的第一个核心问题就是身份，要给不同的实体赋予不同的身份，解决是谁在什么环境下访问某个具体的资源的问题。在研发、测试和运维微服务场景下，身份及其相关策略不仅是安全的基础，更是众多（资源、服务、环境）隔离机制的基础。在员工访问企业内部应用的场景下，身份及其相关策略提供了灵活的机制来提供随时随地的接入服务。

7. 架构持续演进原则

今天，技术和业务的演进速度非常快，很少能从开始就清晰地定义架构并在整个软件生命周期里都适用，往往还需要对架构进行一定范围内的重构。因此，云原生架构本身应该且必须是一个具备持续演进能力的架构，而不是一个封闭式的架构。除了增量迭代、目标选取等因素外，还需要考虑组织（例如架构控制委员会）层面的架构治理和风险控制，特别是在业务高速迭代情况下的架构、业务、实现之间的平衡关系。云原生架构对于新建应用而言，架构控制策略相对容易选择（通常选择弹性、敏捷、成本的维度），但对于存量应用向云原生架构迁移，则需要从架构上考虑遗留应用的迁出成本 / 风险和到云上的迁入成本 / 风险，并在技术上通过微服务、应用网关、应用集成、适配器、服务网格、数据迁移、在线灰度等应用和流量进行细颗粒度控制。

3.2.6 云时代的应用架构解析

1. 存储与计算分离

我们刚才提到,架构在很多时候影响的是非功能性需求,云原生时代的到来给了架构更大的自由度与可行性。世界上最重要的资源不是石油或者核燃料,而是数据。在初学编程时,我们就被告知计算距离数据越近,效率就越高,所以很多传统系统中有大量的业务逻辑是用"数据库存储过程"来表达的,因为数据库往往作为一致性的终点。按照这样的方式构建出的系统极容易尾大不掉,很多企业的 Oracle 系统就是这样被绑定而无法摘除的,因为存储过程太难以阅读、编写、修改、测试了。不仅是数据库,Hadoop 为骨干的大数据系统也有类似的问题,其存储与计算放在一起,可节省网络资源,但是目前网络的速度远远大于磁盘的 I/O。这就得出一个结论,计算与存储耦合不仅让系统失去了扩展与演进的能力,也造成了资源的浪费、扩容的不易。并不是每个业务系统都能运行在 Hadoop 这种成熟的大数据框架之上的,集中式的存储与计算就不得不面临这些问题。

1)资源浪费:计算和存储总会有一个业务先到达瓶颈,但是到达瓶颈的时间点往往是不一样的。我们为了存储增量,就需要额外增加计算,在现实中就是增加一台机器,这自然就造成了浪费。

2)难以扩展:在计算与存储耦合的情况下,如果要横向扩展,就必须增加机器。但是,机器的配置又比较死板,机器的型号也难以统一。

3)难以演进:落地新的业务与技术,计算与存储耦合使得代码难以修改,并且常常被底层框架绑架,难以扩展和演进。

以一个数据库为核心的系统已经成为过去,我们需要将计算与存储彻底分离,状态保存在某个地方,无论是数据库、NoSQL 还是 NAS;而计算可以变成无状态、纯函数式的过程,删除黏性会话、共享内存、临时文件互访这种有临时状态的情况,针对性地处理高热数据使用 Redis、Memcached,等等。当系统不再依赖本地的特定状态,部署与扩容就会非常简单,并且也容易找到瓶颈(可横向扩容的计算部分往往不会是瓶颈)。

2. 面向服务(微服务、Mesh 化)

相对于单体应用,微服务希望每个模块都是独立的服务,使用网络协议相互调用。每个单体应该是独立的,分别进行业务迭代。因为有协议与接口的限制,我们可以将一次大的业务变动分解到不同的服务中,每个服务都进行独立的代码修改、测试、部署,但一定要遵循"向后兼容"的原则,这样,多次变化最终组织成一次变化,从而加快整体进度和稳定性。毕竟变化是持续的,业务也可以根据持续的变化来动态调整。在讲述单体应用时,我们会列出很多常见的痛点,这也是分布式微服务想解决的问题:

1)规模越来越大,变成垃圾场:如果一个代码仓库有十个以上的贡献者,那么代码仓库就很难维护,除非有极强的工程能力与良好的习惯。单体应用在一开始并不复杂,往往有优美的架构设计、清晰的边界以及书写规范的 readme,随着人员的更迭以及需求的增加,不得不在"看起来"合适的地方增加功能，最终造成谁也看不懂、说不明白的代码现状，甚至有的代码变成了谁也不想碰的"大泥球"。

2）发布极为困难，更改的成本更高：传统的单体应用还有一个难题就是发布，往往采用手动方式进行停机式的发布，并且与虚拟机绑定（很多客户的应用甚至不能离开某台机器重新部署）。发布的困难也导致了回滚困难，最终使得运维同学拒绝或者推迟变更。

3）学习成本高，知识离散：传统应用的代码学习成本让每个新人都望而生畏。随着几年的迭代，代码库中积累了很多人的知识与设计，在学习时并不是代码无法阅读或者难以理解，而是知识的缺失以及边界无法确定。

4）难以启动研发环境，以及永远不对等的 staging：我们创建 staging 或者类似 UAT 的环境就是希望在上线前有一个对等测试场景，如果在这里没问题，线上就不会有问题。但是环境一旦失去维护，或者有差异，就会彻底让我们失去信心，更别提在本地创建研发环境了，甚至有的单体应用已经彻底无法在本地启动，因为依赖太多了。

但微服务并不因为简单就容易实现，一旦使用多个服务组合完成业务，表达在代码上就是多个进程之间的通信，其低效率与不稳定的程度是远远大于函数调用的。在微服务的世界中，模块分别部署在不同的地方，它们之间的约束或者协议由方法签名转变为更高级的协议，比如 RESTful、PRC。在这种情况下，调用一个模块就需要通过网络，我们必须知道目标端的网络地址与端口，还需要知道所暴露的协议，才能够编写代码。比如，使用 HttpClient 进行调用。即使 Mesh 能帮助我们在进程之外解决调用问题，也还有很多问题需要面对：服务的降级、限流、调用的安全、一致性保证、服务接口的变化、串联错误，等等，这些都是在云原生时代需要经常面对的。

3. 使用弹性能力

按需使用（on provisioning）被认为是云平台最重要的功能。我们常常认为云计算资源相对于本地的计算资源是昂贵的，如果比较虚拟机的单价，那么这个结论是部分正确的。但是，从总体的运维成本来看，云计算的确远好于本地，因为管控的能力与资源利用的能力足够抵消某个虚拟机的价格。一个 32GB 内存的 RDS 实例全年可能需要过万元的费用，但是往往不够一个运维同学半个月的工资成本。云计算提供的平台能力与自动化能力能够提高运维效率，很多运维层面的操作都会被平台托管，减少了大量的人力需求。

同时，在互联网时代，企业 IT 常常要面对促销、突发事件等，这会导致内网出现爆发性的流量与工作负载增长，无论是基础的弹性伸缩组，还是最新的容器、Serverless 技术，弹性都是极大的优势，即我们并不需要在日常维护过多的资源。

4. 易部署与易处理

应用的快速启动和优雅的终止、最大化地提供健壮性是现代应用的追求。Serverless 之所以火热，一方面大家认为它提供了未来的价值，另一方面是因为它提供了规范的编程范式：简单、直接的函数调用。这种考虑 input-output 的逻辑自然好理解，也更稳定，某种程度上与函数式编程想要达到的目的一致。创建一个快速启动、弹性伸缩的应用、迅速部署变化的代码与配置，这些都离不开基础的稳固。同时，易部署与易处理的应用也能够提高系统的复原能力。一般来说，复原能力是指系统能在发生故障后进行恰当的处理，然后恢复正常。云计算是托管性质的服务，通常我们需要共享平台，在资源中争用，而在虚拟化的环境下容易出现故障。

除了启动迅速（我们希望是秒级，所以容器非常受欢迎，无须担心依赖，通过 docker run 就可以运行起来），一般来说，我们认为易处理是指"优雅地终止"，即在收到 SIGNTERM 后，应用完成最后的活动再退出，比如网络服务往往会处理完最后的请求，再退出进程。对于进行数据处理的 worker 或者 job executor 程序，可以通过 Java 注解，或者其他框架留下的钩子进行关闭。我们不希望在频繁的弹性、发布、重启中，出现没有完成的事务或者异常，减少脏数据的出现。

5. 使用事件：事件驱动与事件为源

事件驱动（Event Drive）与事件为源（Event Sourcing）是两种不同的、以事件为核心的设计模式，但是在云原生应用中被广泛使用。对于事件驱动，我们并不陌生，很多时候通过中间件聚合系统就是一种事件驱动，我们很容易实现类似 pub-sub 的架构。这里我们并不讨论 DDD 常说的 Event Storming，而是从架构方面阐述事件驱动的优势。首先，事件驱动是解耦的最佳方案，所谓事件通常表示"发生了的"事情，比如 Order Submitted、User Created、Job Started，如果事件中常常有祈使性的动词，则不太合适作为解耦的描述。因为这表示希望发出事件的应用去关注下游的动作，它更像是命令（Command），比如 Publish Sub、Delete Item、Refresh Order。如果希望做好解耦，就一定要规范好事件，至于谁观测了事件、又做了哪些事情，均与发出事件的应用无关。这样会显著降低每个服务的难度，即当用户注册时，邮件服务会发送邮件，而优惠券服务则会给客户增加优惠，这并不影响用户服务的业务逻辑。但是，对于整个网上商城系统，这样的设计就难以窥其全貌，并且有较弱的一致性（只能实现最终一致性），如果有事务需要使用事件的方式完成，那么保证原子性是难以做到的事情。

事件为源模式是以事件为中心的另一种设计模式，其核心思想在于：事件是整个系统的全部状态，是唯一的状态来源，系统的状态是一系列有序事件变化的结果。这并不难理解，对于我们每个人，银行账户就是事件为源的表示，从你在银行开户开始到当前的余额都是一系列财富操作相加的结果，即账本的数学总和。它们是按照时间排序的，而且总符合你的经济活动，最重要的是，你无法修改自己的账本。但是，对于给你办理贷款工作人员，他们可能只关注特定的事件，即每个月你的工资收入，由此，我们可以得出一个有意思的结论：事件的价值是相对于观测者的。当你忘记自己的现金数额时，只要从你的第一笔账开始计算，总能获得结果（或者从某个中间状态），这就是 truth 的意思。那么，事件为源模式的价值在哪里？

首先，事件为源能够确立系统的唯一状态，无论订阅者或者观测者的逻辑，都无法影响系统的最终一致状态。同时，对于不同的观测者（或订阅者），可以灵活实现各类业务需求。对于 ECS 的监控数据，Dashboard 应用只负责显示图表，而大数据服务则可以归类整理，并进行预测。使用事件为源模式可以避免数据更新冲突，也可以非常简单地进行回滚、重放。

这两种事件相关的设计模式因为"读写分离"在互联网界的流行而逐渐被推广。可以回想一下，在我们使用 MySQL 的 master-slave 读写分离的架构下，事件在哪里出现，又在哪里被重放呢？既然使用数据库来帮助我们实现读写分离，那么系统的"读"与"写"这两个部分可否有不同的实现呢？答案当然是有的，一般写请求是小于读的，而读的场景也比写要复杂，那么读写可以先从部署架构中分离，随后可以在代码中分离，甚至读写都可以采用不同的存储技术。

6. 专为前端的后端：BFF

BFF 与 API Gateway 是两个非常容易混淆的概念，很多微服务架构设计喜欢在架构图上画出 API Gateway，部署架构或者描述底层组件是可取的，而描述业务模块之间的关系是非常不可取的。API Gateway 在很多时候进行的是非业务处理：路由控制、身份验证、限流、访问记录等，而 BFF 是一个标准的业务概念，代表为不同的前端创建不同的后端（虽然有的 API Gateway 也有聚合服务的能力，但大多数时候还是非业务向的）。最初，我们的应用是为桌面 Web UI 服务的，但随着移动用户的增长，我们又需要为移动用户提供服务，比如一个商品详情页面，我们希望能够返回简练的信息，因为移动屏幕并不能一次展示全部评论。

这些显著的差异会让移动应用与桌面应用对后端的 API 提出不同的要求，特别是信息量巨大、有大量交互的服务，这时候我们往往使用两套不同的接口，因为使用一个接口同时支持两种客户端的成本太高了。但是，因为这两套接口还没有实现代码与部署的分离，导致不能跟进客户端的负载变化，所以为每个客户端创建一个后端（常常分为桌面与移动应用，或对外应用与对内应用），这样就可以微调每个后端的接口与性能，最大程度地满足前端需求，而无须担心破坏其他客户端的体验。但是，核心的业务层或者业务的服务还是同一套服务，这一部分是没有必要更改的。

当然，BFF 不是完美的，实现一个独立应用的成本较高。虽然容器技术、DevOps 方法论可以降低新服务的启动成本，但是系统一旦创建就很难下线，因此需要思考是否有足够的价值驱动，或有无技术债的风险。

3.2.7 落地一个云原生应用

1. 划分边界

经过这么多讨论，相信大家已经对云原生架构有了充分的理解与认识。相对于传统的企业级应用，我们希望打造能够充分利用云计算优势、享受云计算红利、让业务更敏捷、成本更低，同时有良好的弹性与扩展性的应用。无论是哪种应用架构，其核心还是业务的实现，只有业务代码才是应用的核心，其他部分只是附属品。所以对业务的理解、划分，合理地使用设计模式来抽象和实现业务，并留下可扩展性是一开始就要考虑清楚的。

在云原生时代，应用天然是分布式的，这就要求我们明确业务之间的边界，也就是划分出领域，领域内部则是封闭的。这就像我们编写 Java 代码时，如果你的类有很多公有方法，那一定是一个非常不清晰的实现，别人无法不知道它的作用，最后变成堆放一切的"垃圾场"。划分清晰的业务边界后，就可以定义边界之间沟通的方式，是同步还是异步、是一对一还是一对多，这样的业务领域就可以清晰地划分出每个服务，以及服务之间的协议了。

2. 技术选型与架构设计

在云原生时代进行技术选型时，我们面对非常多的选择。

从通用计算、运行环境、存储类型、网络划分、可观测性、容器与 Serverless、安全组件、自动化、DevOps 平台、编程语言、框架、发布工具到日志收集，这些产品都有很不错的候选，并且都有相对成熟、开源的选择。那么是否有准则可以帮助我们选型呢？

自动化是一个很好的准则，要提高效率就必须有足够的自动化落地能力。而最容易或者最有价值实施自动化的首先是频繁的、每日都要做的事情，其次是那些以前无法自动化，但是自动化后可以每日去进行的事情（比如部署至生产环境）。云原生时代，我们可以使用自动化解决很多问题，例如测试一个服务是否正常，以前需要单独创建 MySQL 实例并准备数据，现在可以使用 Docker 直接在 CICD 工具中创建一个只用于测试的 MySQL，并启动另一个容器进行测试。同时，对云上资源的扩容、缩容也可以自动化完成，无论是使用 Kubernetes 还是其他编排工具，都可以通过编序好的脚本，甚至通过 CICD 来完成，并集成通知。对于基础设施，使用 Terraform 可以完成自动的资源创建，或使用 helm 来快速部署自己的应用。

同时，可控制的技术也是一个很重要的倾向。大多数云原生技术都是开源的，并且易于与 IaaS 层解耦，我们在技术选型时也需要注意这一点。Docker 技术之所以火热，是因为它让开发所需要的灵活性、开放性和运维所关注的自动化达成了平衡。我们既可以在研发环境中使用，也可以用于自动化测试，还可以用于应用分发与部署。随后，开源的 Kubernetes 完整体现了容器编排的价值，成为分布式资源调度和自动化运维的事实标准。最重要的是，Kubernetes 屏蔽了 IaaS 层的差异，能够让我们的应用运行在不同的环境中，避免了在技术选型中被厂商锁定的顾虑，最终成为云原生时代最重要的基础设施。

3. DevOps 与持续交付

落地 DevOps 与持续交付又是一个老大难问题，我们认为只有规模化的落地才能产生足够的价值。在组织内部，我们需要选择一款兼具灵活性和规范性的平台，这个平台既要有足够的功能扩展，又要灵活简单（Jenkins 可能难以学懂，云效与 Buildkite 都是很好的例子）；其次，需要制定适用自己企业的研发模式，比如自动化测试的标准、代码扫描的方式、发布验证的流程设计等；最后，通过适当的卡点、通知来进行全局管控。

落地持续交付是软件行业的难题之一，我们希望为软件的发布创建一个可以重复且可靠的过程，这要遵循两个原则：尽可能将所有事情自动化；将构建、部署、测试和发布软件所需的所有的东西纳入版本控制中，使用统一的代码变更流程管理。对于将所有事情自动化这个原则，有些事情肯定是不可能自动化的，比如进行探索性测试。但是，在需要人为决定前，构建、单元测试、预发环境部署都是可以自动化的，人只做决策（卡点）而不进行操作。对于第二个原则，我们将所有构建、部署、测试和发布的东西都纳入代码库，以代码库作为最终的源，自动化脚本的变动也将受到版本控制。在进行功能修改时，必然会有 merge request 这类的流程进行跟踪，这种高聚合的方式非常适合微服务。当签出一个应用的代码时，就可以通过自动化脚本进行构建，并部署至某个环境。由于 CICD 工具也是一台"工作电脑"，因此它可以做完全相同的工作。

无论是 DevOps 还是持续交付，自动化运维都有一个启发性的原则：提前并频繁地做让你感到痛苦的事情。如果你讨厌每次的发布，那就尝试在提交代码前加上足够的测试，从单元测试到功能测试，不断地在发布前完善自动化的测试来增加覆盖；当你对扩容充满担忧，讨厌手动进行，那就需要把相关的东西放到代码库中，频繁地修改直至完毕，由 CICD 替你运行；如果别人的代码总是和你的代码冲突，那就应该尽早集成，从一开始就使用 merge 和 rebase 来让代码清晰。

软件交付是每个成员的责任，涉及研发人员、业务人员或者运维人员等，而且是一个持续改进的过程。研发人员完成了业务人员提出的需求，并不表示这件事情已经完成，即使已经将最新的代码部署至生产环境。在云原生时代的分布式的环境下，一件事情完成与否并不是一个人能控制的，它需要整个团队共同完成，这也就是我们提倡的 DevOps 精神——打破隔阂，坐在一起，共同承担。

3.3 云容灾架构的设计与实践

本节首先介绍云原生和云容灾之间的关系，然后对国内银行机构的容灾技术进行调研分析，最后介绍阿里云将自身沉淀多年的容灾能力向社会输出的实战经验。

3.3.1 云容灾是云原生的高阶使用场景

前面详细介绍了云原生架构的理念，下一个云原生颠覆的领域会不会是传统的容灾领域呢？在云原生技术理念的指导下，如何构建应用系统的容灾方案，是一个很有意思的话题。

在云原生快速发展的趋势下,传统的迁移和容灾仍然停留在数据搬迁的层面上,忽略了面向云特性和用户业务的思考和改进。云计算的愿景是让云资源像水、电一样按需使用,所以基于云原生的容灾也理应顺应这样的历史潮流。为什么传统容灾的手段无法满足云原生需求呢?简单来说,二者关注的核心不同。传统容灾往往以存储为核心,并且对计算、存储和网络等基础架构层缺乏有效的调度方法,无法实现高度自动化编排。而基于云原生构建的应用,存储和数据库变成了云原生服务本身,当用户业务系统全面上云后,用户不再享有对底层存储和数据库的绝对控制权,也不需要在业务编码时过多关注底层的容灾架构,因此传统的容灾手段需要做一些变化。传统容灾与云容灾的对比如图 3-1 所示。

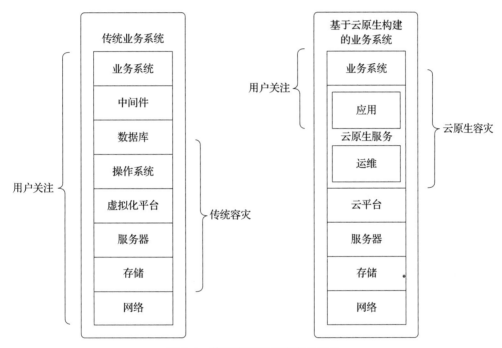

图 3-1　传统容灾和云容灾的对比

笔者认为,在构建云原生容灾的解决方案时,要以业务为核心去思考构建方法,利用云原生服务的编排能力实现业务系统的连续性。接下来,我们会从传统容灾基础知识开始,逐步深入地介绍基于云原生技术理念的云容灾是如何实现的。

3.3.2　容灾备份基础

1. 灾难事件的定义

我们常常把灾难事件定义为一个突发的、非计划的、能够导致重大伤害或损失的、严重的不幸事件。灾难事件随时都可能发生。图 3-2 列举了 2000 年以来发生的一些重大灾难事件。

图 3-2　2000 年以来发生的重大灾难事件

2. 场景的灾难维度

从容灾的角度又是如何定义灾难事件的呢？笔者认为可以从以下三个方面重点考虑：
- 突发事件造成企业关键业务功能或流程的中断时间超过企业能够容忍的最大限度。
- 通常以恢复时间目标值（RTO 值）作为判定是否灾难的依据。
- 通过评估，当预计关键业务功能的中断时间超过预定的 RTO 值，则视为灾难发生，应该启动相应的预案及计划。

我们来看一组数据。2000 年之前的 20 年时间里，因为电力中断、暴风雨/雪以及洪水等自然灾害造成的灾难事件数量稳居前列。据国际权威机构 Swiss Re 的统计数据，在世界范围内，从 20 世纪 60 年代到 90 年代，世界上可统计的自然灾害发生率增长了 3 倍，经济损失增长了 9 倍！进入 21 世纪，这个数字还在快速增加，因此容灾备份问题应该得到重视。图 3-3 给出了灾难场景的分类。

3. 容灾与备份的概念

容灾系统的作用在于保证系统数据和服务的"在线性"，即当系统发生故障时，仍然能够正常提供数据和服务，使系统不至于停顿。通俗地说，就是为了防止天灾人祸和不可抗力，在两地或多地建立相同的 IT 系统，彼此同步，能随时切换。

而备份的作用与此不同。备份是"将在线数据转移成离线数据的过程"，其目的在于应对系统数据中的逻辑错误和保存历史数据。备份是基石，是数据高可用的最后一道防线，其目的是在系统数据崩溃时能够恢复数据。

那建设了备份系统，是否就不需要容灾系统了？答案是否定的。这里有一个前提，就是要看业务部门对 RTO/RPO 指标的期望值。备份只能满足数据丢失、数据破坏时的数据恢复需求，而不能提供实时的业务接管功能。因此，容灾系统对于某些关键业务而言是必不可少的。

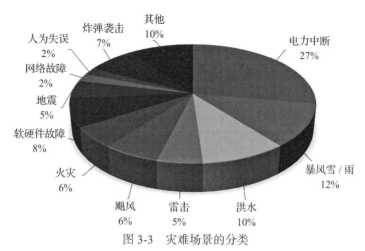

图 3-3 灾难场景的分类

资料来源：Contingency Planning Research（1982～1999 年的统计数据）

（1）什么是 RTO

RTO（Recovery Time Objective，恢复时间目标）是企业容许的服务中断的时间长度。通俗来说就是业务中断后多久能恢复。不中断最好，即 RTO=0。图 3-4 给出了 RTO 的示意图。

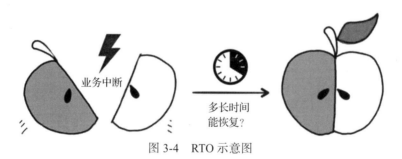

图 3-4 RTO 示意图

（2）什么是 RPO

RPO（Recovery Point Objective，恢复点目标）是指当服务恢复后，恢复得来的数据所对应的时间点。通俗地说就是系统中断后数据会损失多少。不损失最好，即 RPO=0。图 3-5 给出了 RPO 示意图。

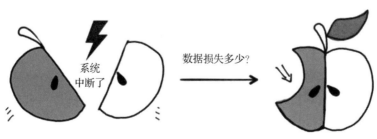

图 3-5 RPO 示意图

4. 容灾能力评估体系

对于 RTO 和 RPO，当然其值越小越好，但也需要综合考虑业务场景的必要性、成本、技术可行性等因素来进行取舍。根据国家标准《信息系统灾难恢复规范》，容灾系统一共有 6 个等级（见表 3-1）。等级越高，RPO/RTO 值越小。

表 3-1 容灾等级的划分

防护等级	数据备份	数据备份处理	可防范的风险	RTO	RPO
第 1 级：基本支持	□ 完全数据备份，每周一次 □ 备份介质场外存放	—	业务数据损坏	2 天以上	1～7 天
第 2 级：备用场地支持	□ 完全数据备份，每天一次 □ 备份介质场外存放 □ 每天多次定时批量传送	灾难时调配	□ 业务数据损坏 □ 业务处理场地不可用	24 小时以上	1～7 天
第 3 级：电子传输和部分设备支持	□ 完全数据备份，每天一次 □ 备份介质场外存放 □ 每天多次定时批量传送	配备部分数据处理设备	□ 业务数据损坏 □ 业务处理场地不可用 □ 部分设备/网络故障	12 小时以上	数小时～1 天
第 4 级：电子传输及完整设备支持	□ 完全数据备份，每天一次 □ 备份介质场外存放 □ 每天多次定时批量传送	全部设备，可用状态（冷站）	□ 业务数据损坏 □ 业务处理场地不可用 □ 全部备用设备/网络故障	数小时～2 天	数小时～1 天
第 5 级：实施数据传输及完整设备支持	□ 完全数据备份，每天一次 □ 备份介质场外存放 □ 数据实时复制	全部设备，就绪/运行状态（温站）	□ 业务数据损坏 □ 业务处理场地不可用 □ 全部备用设备/网络故障	数分钟～2 天	0～30 分钟
第 6 级：数据零丢失和远程集群支持	□ 完全数据备份，每天一次 □ 备份介质场外存放 □ 同步实时备份，实现数据零丢失	□ 备用与生产的处理能力一致并完全兼容 □ 应用软件集群、实时无缝切换 □ 远程集群系统的实时监控和自动切换（热活）	□ 业务数据损坏 □ 业务处理场地不可用 □ 全部备用设备/网络故障	数分钟	0

5. 数据备份的分类

按照备份数据量，数据备份分为全量备份、增量备份和差异备份（如图 3-6 所示）。

- 全量备份：指在某一个时间点上对所有数据或应用进行一次完整的拷贝。这种备份方式的优点是备份过程和恢复过程简单。不足之处在于，各个全量备份中存在大量重复数据，由于数据量大，因此备份和恢复的时间较长。全量备份最理想的方式是先对数据和应用打快照，然后使用快照执行全量备份。然而，是否支持创建快照并基于快照进行全量数据备份，则依赖于备份系统的能力。如果备份系统不支持快照功能，就意味着全量备份需要在特定时间窗内没有任何新数据生产和存储。如果在备份过程中，数据源发生了数据变化，那么备份出来的"完整数据备份"其实是残缺的。当灾难发生时，用这些残缺的数据来恢复业务系统，很可能引发二次灾难，因为我们很难（或需要投入非常大的成本）判断是哪部分数据出现了残缺。对于某些核心系统来说（如手机银行 APP），需要 7×24 小时持续运行，其间会源源不断产生数据。如果备份系统不能支持先打快照再进行全量备份的方式，那么这类核心系统备份一次需要申请停机窗口，保证在备份过程没有新增数据产生。显然，这种方式难以被业务部门接受，运维部门也会被质疑专业能力不足。

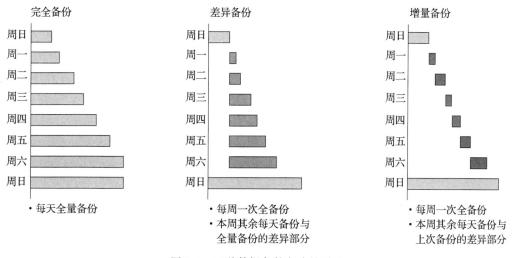

图 3-6　三种数据备份方式的对比

- 增量备份：指在一次全备份或上一次增量备份后，只需备份发生变化的数据，包括新增和修改。这种方式最显著的优点是没有重复的备份数据，因此备份的数据量不大、备份时间短。不足之处是恢复的过程比较麻烦，并且比全量备份的恢复过程更加耗时。恢复过程必须具有上一次全量备份和所有的增量备份数据，并且必须沿着从全备份到依次增加备份的时间顺序逐个恢复，这就极大增加了恢复时间。举个例子，假设某个系统在周日 00:00 完成了一次全量备份，然后在每天凌晨 00:00 执行增量备份。如果系统在周四上午发生故障，产生了大批脏数据，导致不准确问题，现在需要将系统恢复到周三晚上的状态。那么，运维人员需要先把周日的全量数据恢复出来，然后依次把周一、周二、周三凌晨 00:00 的增量数据恢复出来。在这种备份技术中，全量数据和增量数据之间的关系就像自行车的链条一样，一环扣一环，任何一环出问题都会导致整个链条脱节。
- 差异备份：针对完全备份，备份上一次的完全备份后发生变化的所有文件（在差异备份过程中，只备份有标记的那些文件和文件夹。它不清除标记，即备份后不标记为已备份文件，换言之，不清除存档属性）。差异备份是指在一次全备份后到进行差异备份的这段时间内，对那些增加或者修改文件的备份。在进行恢复时，只需对第一次全量备份和最后一次差异备份进行恢复。差异备份在避免了另外两种备份策略缺陷的同时，又具备它们各自的优点。首先，它具有增量备份时间短、节省磁盘空间的优势；其次，它具有全备份恢复所需磁带少、恢复时间短的特点。系统管理员只需要两盘磁带，即全备份磁带与灾难发生前一天的差异备份磁带，就可以完成系统恢复。

三种备份方式的对比如下：
- 按备份数据量，从多到少排序为全量备份、差异备份、增量备份。
- 按数据恢复速度，从快到慢排序为全量备份、差异备份、增量备份。

3.3.3 云容灾的建设需求

1. 云容灾的部署方式

云灾备是指利用数据传输技术将生产中心的数据直接备份到云灾备中心。当生产中心发生灾难并恢复后，可通过云灾备中心的数据反向传输给生产中心，由生产中心恢复业务的访问。云容灾指在云灾备中心部署和生产中心相同的业务系统，并且将数据及时从生产中心自动同步到云灾备中心。当生产中心发生灾难时，可快速将业务流量切换至云灾备中心，保障业务连续性。

云灾备中心可以选择公共云、专有云和混合云。
- 公共云在互联网上将云服务公开给大众使用。用户按需使用云服务并按需付费，具备较大的灵活性。
- 私有云是专为单个最终用户或群组而创建的，通常在该用户或群组的防火墙内运行的云环境。
- 混合云是吸收公有云与私有云双重优势的最佳中间方案：专有云在稳定性、易用性、拓展性等方面具备公有云级别的成熟度，又兼顾了私有云的安全可控，能够更好地满足政企特定性能、应用及安全合规等诉求。

我们用一个通俗的例子来近似地描述这三种云形态。

张三、李四、王五住在一栋楼，楼下有一个饭店。张三一直在饭店吃饭，饭店提供饭菜，不用张三自己动手，按需付费，这是公共云；李四一直在家做饭，厨房是自建机房，自己买菜自己做饭，这是私有云；王五家里突然有几个亲戚来访，包括年轻人和老人，家里坐不下这么多人，但老人不喜欢在外面吃饭，要自己在家煮饭吃，年轻人去饭店吃饭，这是混合云。

目前，主流的云容灾部署方式有两种类型。

一是云平台本身构建的云灾备解决方案，包括数据库、文件、中间件的云迁移、云备份和容灾。客户的业务系统基于云平台底座的容灾能力进行相应的适配改造后，在整体上具备备份和容灾能力。

图 3-7 为基于阿里云的一站式容灾服务。这类似于房屋整包装修，房客拎包入住即可。

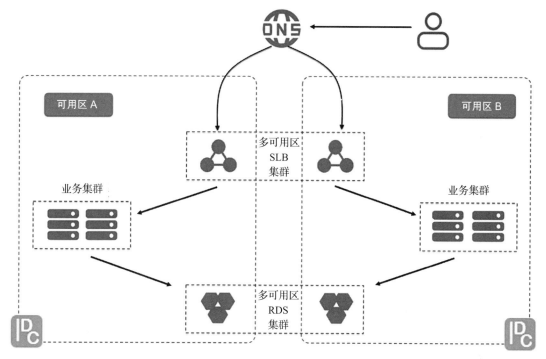

图 3-7 基于阿里云的一站式容灾架构

二是基于众多第三方商业软件及灾备技术服务，在不改动或尽量少改动原有业务系统体系架构的基础上，提供定制化的灾备技术解决方案。典型的实现路径是基于 IOE（IBM 小型机、Oracle 数据库软件、EMC 专用存储）专用架构来搭建云业务层的容灾体系。

图 3-8 为传统容灾架构，业主方需要采购、管理、运维多个商业软硬件产品。类似于自己装修，可以自己选择购买什么品牌的家具。

不管是哪一类服务模式，从技术架构层面上说，都可以分为：数据层、网络层和应用层。从云备份的角度分析，可以采用定时或实时的备份方式，根据用户的实际需求和成本进行选择。从云容灾角度分析，包括本地到云端、云端到云端、单个云产品故障、网络故障、应用系统故障的切换维度。容灾切换方式分为手动切换和自动切换。与传统容灾方式相似的是，需要考虑容灾切换的 RTO 和 RPO、处理好客户端用户体验及数据一致性等问题。

2. 云容灾的价值

云容灾结合云原生分布式和弹性伸缩、丰富的中间件和数据库产品，以及按需使用的特点，相比本地灾备具备了多方面的优势。

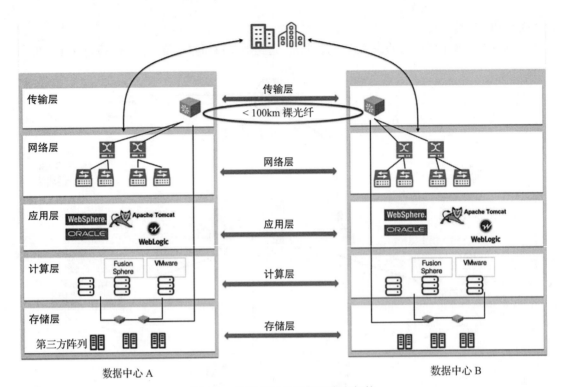

图 3-8　基于多商业软件的容灾架构

（1）降低 IT 成本

传统容灾方式高度依赖专用存储硬件和商业数据库的数据复制能力，如我们常听到的 IOE 方式，这种方式将数据存储和计算能力都集中在少数的主机和存储设备上，称为集中式架构。这种集中式架构对硬件和商业数据库的性能、可靠性要求很高，因此部件更换和运维成本很高。

基于云原生的分布式架构从设计之初就是为了解决集中式架构的扩容难和价格高的问题。云存储和云数据库等云端产品主要采用大量通用型主机，利用分布式协同软件，将数据分散存储于若干通用存储服务器上，并通过多副本和一致性算法进行综合管理，面向最终用户提供统一的逻辑存储空间。相比专用服务器和存储设备，这些普通服务器发生故障的概率更高，所以基于云存储和云数据库的高可用及容灾机制，必须将云平台架构设计和开发环节考虑进去。

（2）安全备份与快速恢复

当灾难发生时，不同的行业和不同的客户针对 RTO 和 RPO 有不同需求，通常会按照上级监管单位的规范来执行。云计算厂商基于分布式架构，从存储、数据库、中间件、负载均衡到弹性云主机，均有对应的多副本集群技术。相比集中式架构的单机模式，集群模式在单机故障高可用方面有更快的恢复速度。有些优秀的云厂商可以在底层实现跨地域的数据自动备份，为用户提供统一的逻辑入口，用户甚至无须关心底层数据复制的逻辑实现，只需关注自身业务逻辑实现即可。这种跨地域的数据自动备份技术能够帮助提高容灾等级，当发生灾难时，在保障逻辑入口不变的情况下，可自动完成数据访问路径的切换。这对于满足上级监管单位的容灾要求是非常好的支撑方式。

（3）专业维护

云原生技术的核心是通过分布式理念和面向失败的设计来实现数据库/存储/中间件产品的高可用。相比传统的集中式架构，云原生对运维人员技能的广度和深度都提出了新的要求。对于公共云上的灾备系统，其后台有云厂商专业的 7×24 小时运维团队，覆盖机房运维、网络、计算、存储、安全、数据库、中间件等工作，大大简化了用户的运维难度。如果客户自建私有云的灾备系统，上述领域均需要配备对应专业的运维人员，否则当灾难发生时，很难达到预期的灾备恢复效果。

3. 云容灾实施注意事项

云容灾实施指的是在云端搭建灾备中心的过程，本节主要讨论 IaaS 层、PaaS 层、SaaS 层的部署实施过程，关于容灾演练和容灾恢复在后续章节中讨论。云容灾建设对于每个参与其中的用户来说，都是投资巨大的工程，因此在项目需求分析阶段就要做好评估。以下几个作为通用的问题，可在需求分析阶段参考。

（1）专业性问题

选择一个专业的云服务厂商是容灾项目实施的关键。评估一个云服务厂商的专业度有几个参考依据，包括：厂商自己是否已经完成云容灾的建设、在行业中是否有云厂商的成功案例（同行客户的评价）、是否有专业的咨询/交付/售后体系、云厂商的业界排名情况以及云生态建设情况。

在选择云服务厂商时，生态建设情况常常被忽略。云容灾的演练和故障恢复是一项长期工作，某些行业（如金融和医保）受到上级监管机构的约束，每年至少要做一次容灾演练，日常也需要对灾备环境的业务系统进行巡检、升级和维护等工作。这些日常及长期的工作，除了云厂商自有运维人员外，用户侧也需要有运维团队承接。从成本角度考虑，丰富的云生态意味着用户可以通过低成本方式招聘或外包，找到熟悉云平台的人，或者通过简单培训后可快速掌握云平台基础运维的人员。因此，云容灾主流的长期成本策略是外包运维＋原厂专家咨询的模式。

（2）时间问题

时间分为两种：一种是灾备恢复的操作时间 RTO，另一种是数据的丢失时间 RPO。容灾实施时间取决于用户的 IT 架构复杂度、用户构建的容灾方案以及涉及的业务系统。如果灾备两端的软硬件设备同构，又只是做简单的数据、文件、数据库及系统的备份，那实施时间不会长；如果两端的 IT 架构的异构情况比较多，又要建设多种业务的容灾，那么实施时间就会比较长。

数据的恢复与业务接管同样适合上述情况。用户应明确容灾的业务种类、数据量、周期、恢复时间、网络带宽等情况，以 RTO、RPO 作为云容灾建设的量化标准，在满足监管要求的情况下，自然是时间越短越好。

（3）安全问题

安全分为几个层面：一是云基础架构和网络的安全性，主要是防止出现系统 bug 及网络运维问题；二是在迁移、备份及容灾建设过程中，可能造成系统性能下降、系统宕机、灾备端不可用等方面的影响；三是自主可控问题，与传统 IOE 架构类似，云平台对用户来说没有办法做到完全自主可控。云平台本身的问题可能导致业务数据丢失，这种风险来自软件 bug、设备故障、黑客攻击（如 DDoS）、监守自盗、操作失误等方面。可以采取加密、多副本备份等手段防范风险，不要将鸡蛋都放在一个篮子里，保障数据在本地和云端的安全。

（4）监管合规问题

合规问题往往是监管问题，应该引起参与方高度重视。因为长期备份的数据面临归档的问题，虽然数据归档后和业务连续性的关系逐步弱化，但归档数据依然受到合规性的强制约束。

3.3.4　国内容灾行业的需求分析

目前，银行是我国容灾技术领域中发展最早和最成熟的机构之一。银行机构的数据中心容灾发展历程，在一定程度上反映了我国的容灾建设水平和未来的发展趋势。下面重点以银行机构为例进行分析。

1. 容灾的业务需求

银行机构本身具备较强的资金实力，同时业务涉及国计民生，因此容灾建设的驱动力非常强，对容灾的要求和建设水平都非常高。总结起来，银行机构的容灾需求有以下几点：

- 可切：支持计划内容灾切换演练，计划外切换有详细的容灾预案。
- 敢切：构建更高的数据 RPO 水平，保障数据一致性，当真正发生数据中心级故障时，敢于进行容灾切换。
- 常切：通过年度或季度的容灾演练，不断优化 RTO/RPO，并提高运维人员的操作水平。
- 成本：通过更加合理的容量配比，控制整体 TCO，获得最优的整体性价比。
- 灰度：应用支持跨数据中心级别的灰度发布，灵活调度不同数据中心的业务流量，实现细粒度的容灾切换范围，提高灾备中心的资源利用率。

通过对一些大型银行和发达地区的银行进行调研，银行机构的容灾建设历程有几个阶段（见图 3-9）：

- 第一阶段：2000 年至 2010 年期间，单机房建设、同城双活建设、同城容灾切换试点。
- 第二阶段：2010 年至 2015 年期间，两地三中心架构演进和机房建设、同城容灾切换试点、同城双活运行试点。

❏ **第三阶段**：2015 年至今，同城容灾切换常态化、同城双活交替运行、容灾切换持续优化。

图 3-9　部分银行容灾建设进程

2. 容灾的技术需求

通过调研分析发现，在容灾建设过程中，每个银行都会遇到以下几个核心技术问题。

（1）容灾架构如何设计，数据如何在两个数据中心之间同步？

双机房采用双活架构还是主备架构，取决于数据的同步能力。目前的技术水平还无法保障长距离数据传输的实时性，两个数据中心的数据存在一定的延迟，那么由业务系统来实现数据同步，还是由基础平台来完成数据同步？

（2）业务系统如何适配基础平台的容灾能力？

银行的业务系统在开发和升级时，开发商更关注业务逻辑的实现，应该由基础平台来屏蔽多中心的部署和容灾切换逻辑。那么在业务系统开发时，应该注意哪些事项呢？

（3）如何搭建容灾切换平台？

在进行数据中心容灾演练的过程中，需要有统一的调度平台，能够管理和监控两个数据中心的运行状态，同时要覆盖 IaaS/PaaS/SaaS 层的对象。这涉及多个厂商的平台和系统，如何进行统一调度呢？

（4）如何开展容灾演练？

灾备数据中心建设完成后，容灾演练场景的顺序应如何选择呢？如何应对机房掉电、网络中断、某些业务系统故障、数据库故障等情况呢？每种演练场景涉及的业务影响、容灾切换难度和恢复时长各不相同，场景的选择直接关系到演练结果。

3.3.5 阿里云容灾架构与实践

上述容灾业务需求和技术需求是所有开展容灾项目的机构都会涉及的，下面我们先介绍一下阿里云是如何解决的，并通过对比阿里云内部和外部的业务特点，抽象出通用的容灾架构。

1. 阿里云内部的异地多活架构

阿里云容灾技术的原始需求来自淘宝系列的电商业务连续性需求，既要满足日常 7×24 小时的业务连续性，又要满足"双十一全球购物狂欢节"的突发性系统容量，还要能够应对各类灾难场景。常见的灾难场景包括：

- 人为操作失误：常见的有配置错误、应用发布失败等。
- 硬件故障：常见的有网络设备故障，导致机房或集群内多台服务器受影响。
- 网络攻击：DDoS 等。
- 断网 / 断电：光缆被挖断。
- 自然灾害：雷击导致机房电力故障。
- 供电不足：用电高峰期市电供应不足。

阿里云经过多年的探索、实践和优化，沉淀出一套适合电商业务的异地多活架构（如图 3-10 所示）。异地多活一般是指在不同城市建立独立的数据中心，各个数据中心同时承载业务流量，由多活底层架构负责将数据在多个数据中心之间进行同步。有了异地多活，当机房或者容量遇到限制时，可以在其他机房或城市快速扩建业务单元，实现快速水平扩容的目的。

图 3-10　阿里云业务多活架构

异地多活是一个架构属性比较重的产品，整个产品由管控 + 组件组成，同时需要和其他产品结合来实现异地多活。一个完整的异构多活架构包括下列组成部分：

- 控制台：提供多活配置及运维闭环的功能，包括集群新建、扩容、缩容等常规运维操作。
- 接入层：基于 Tengine 的多活组件，承接所有单元前端流量，并按照路由规则将流量分发到正确的后端应用。
- 应用层：主要指阿里云分布式应用服务 EDAS 和 MQ 消息队列。
- 数据层：由数据库客户端和分布式数据库中间件 DRDS 的多活组件共同完成对多活数据库的管控。

多活管控平台的架构如图 3-11 所示。

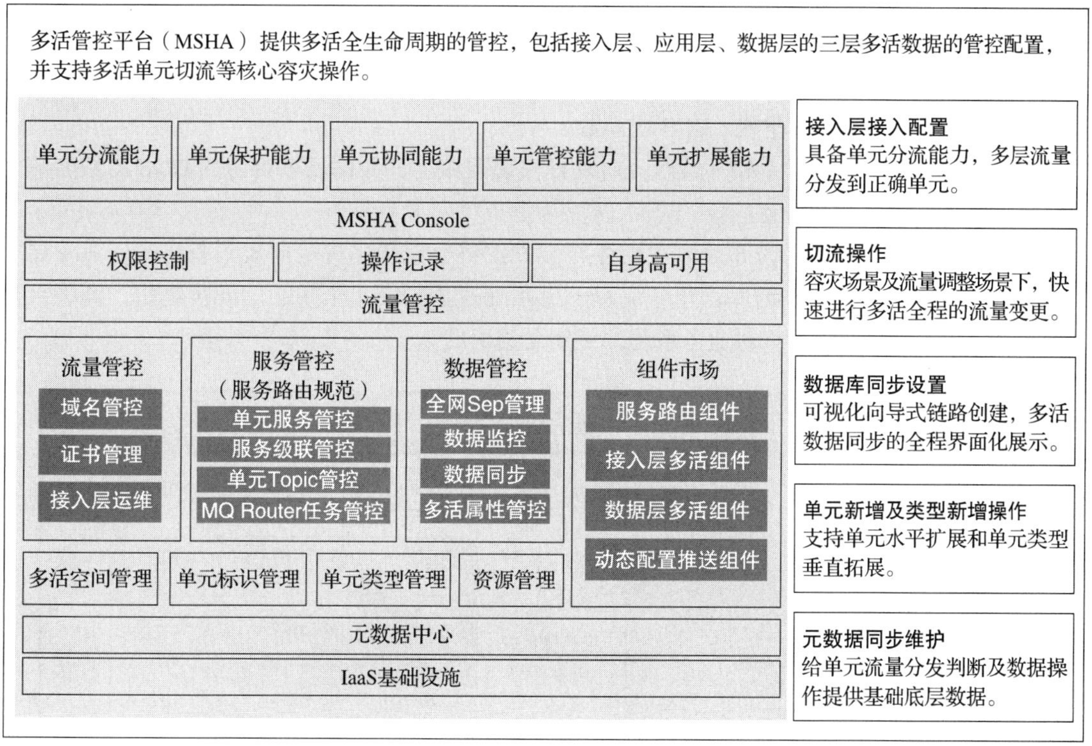

多活管控平台（MSHA）提供多活全生命周期的管控，包括接入层、应用层、数据层的三层多活数据的管控配置，并支持多活单元切流等核心容灾操作。

| 单元分流能力 | 单元保护能力 | 单元协同能力 | 单元管控能力 | 单元扩展能力 | | **接入层接入配置**
具备单元分流能力，多层流量分发到正确单元。 |

MSHA Console

权限控制　　操作记录　　自身高可用

流量管控

流量管控	服务管控 （服务路由规范）	数据管控	组件市场
域名管控	单元服务管控	全网Sep管理	服务路由组件
证书管理	服务级联管控	数据监控	接入层多活组件
接入层运维	单元Topic管控	数据同步	数据层多活组件
	MQ Router任务管控	多活属性管控	动态配置推送组件

多活空间管理　单元标识管理　单元类型管理　资源管理

元数据中心

IaaS基础设施

切流操作
容灾场景及流量调整场景下，快速进行多活全程的流量变更。

数据库同步设置
可视化向导式链路创建，多活数据同步的全程界面化展示。

单元新增及类型新增操作
支持单元水平扩展和单元类型垂直拓展。

元数据同步维护
给单元流量分发判断及数据操作提供基础底层数据。

图 3-11　多活管控平台架构

2. 阿里云输出的通用容灾架构

异地多活效果看起来很不错，但如果不假思索、贪大求全地要求所有业务做多活，很可能什么也做不成。因为异地多活需要很大的成本，包括数据中心建设成本、业务改造成本、组织架构调整的成本等。虽然在电商领域有很好的应用场景，但是在通用行业中，不一定能够直接套用。因此，阿里云首先对外输出的是通用的同城双活双中心和异地双中心架构，帮助通用行业用最小的成本获取最大的容灾价值。

阿里云常见的容灾架构包括同城双中心和异地双中心（如图 3-12 和图 3-13 所示），两种架构有一些共性的架构原理，主要涉及以下方面。

❑ 机房级流量控制：双机房通过 GSLB（Global Server Load Balancer，全局服务负载均衡）对主备中心的 DNS 域名解析来控制访问流量分流到 2 个数据中心的比例。GSLB 对 2 个中心的状态进行探活和检测，以自动或手动方式将流量从一个机房切换到另外一个机房。在前面看到的各大银行的容灾切换演练就广泛使用了 GSLB 的切换技术。

❑ 双中心网络打通：主中心和备份中心通过专线打通，通常会有主备两条专线，用于两个中心的数据同步。

- 应用对等部署：每个应用在两个中心对等部署，分别对外呈现不同的 VIP 地址。当发生机房级故障或切换时，灾备机房具备完整的业务能力。
- 应用本中心自闭环：应用采取"糖葫芦串"方式进行处理。正常情况下，在本中心内完成所有业务逻辑处理。业务入口的 SLB（Server Load Balancer，服务负载均衡）挂载本机房的业务主机（ECS 或容器）。
- 数据层访问：数据库和存储产品对外提供访问域名，并由云平台内的 DNS 将域名解析到实际的主实例上。
- 数据同步：云平台内部采取周期性异步方式将数据从主机房同步到备机房。业务层面通过域名访问数据库，业务流程上无须处理数据在 2 个中心的同步逻辑，即平台内部的数据同步过程对业务系统的使用是透明的。

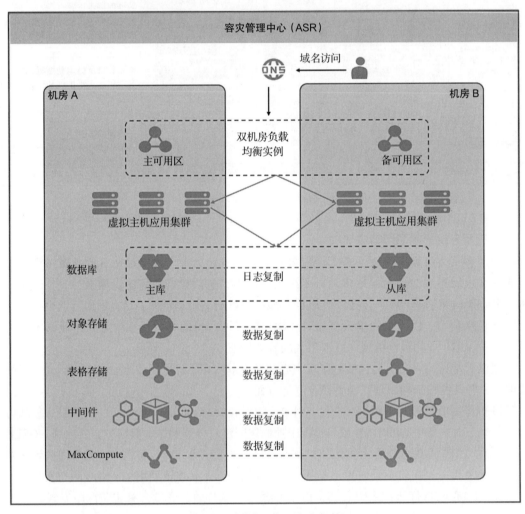

图 3-12　同城双中心容灾架构

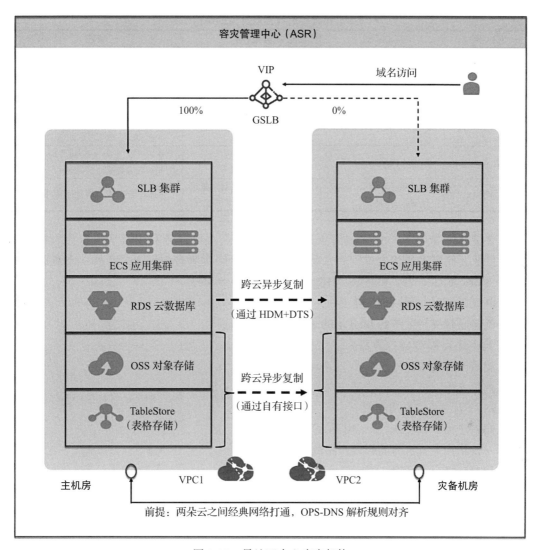

图 3-13 异地双中心容灾架构

下面我们来分析一下同城双中心和异地双中心架构的区别。

造成同城和异地容灾架构差异的核心因素是地理距离。同城容灾是在同城或相近区域内（小于等于 100KM）建立两个数据中心，异地容灾主备数据中心之间的距离较远（大于 100KM）。

由于异地长距离的网络带宽时延和稳定性的影响，两个数据中心的数据同步及时性比同城情况要差，因此产生了架构上的差异。这里的数据包括云平台内部的元数据和业务系统的业务数据。我们对同城和异地的容灾架构做了一个简单对比，如表 3-2 所示。

表 3-2　同城容灾与异地容灾的架构差异

对比项	同城容灾	异地容灾	备注
云架构	一朵云，两个可用区	两朵云，两个可用区	一朵云对元数据的实时同步要求高，因此同城一朵云，异地两朵云
流量切换	GSLB 或云平台内 SLB	强依赖 GSLB	异地架构的 SLB 不跨机房
访问应用的域名	双中心同域名	双中心同域名	应用对外暴露相同域名，通过 GSLB 控制流量比例
应用双活	支持	不支持	异地采取主备模式，GLSB 切流
访问数据的域名	双中心同域名	双中心双域名	两朵云，业务系统部署时需配置访问本机房数据层的域名
数据同步及时性	数据库：秒级 存储：分钟级	数据库：秒级 + 网络延迟 存储：分钟级 + 网络延迟	异地长距离同步增加了同步耗时

上述业务系统与云平台完成容灾架构的适配后，可以充分利用云平台自身的容灾能力，降低业务侧容灾的建设难度。目前，阿里专有云容灾平台包括 2 个产品，分别是 ASR（Apsara Stack Resilience）和 HAS（High Availability Service）。

ASR 的定位及主要功能如下：

- 支持且仅支持云平台 IaaS 层的故障切换。
- 云产品及 RPO 监控大盘。
- 支持机房级或产品的切换。
- 内置 5 个灾难场景的故障注入及恢复流程，可一键执行。

HAS 的定位及主要功能如下：

- 蚂蚁产品"核心态" + "用户态"的故障切换。
- 一键切换主备机房的蚂蚁产品及应用。
- 可自定义容灾预案。
- 支持自定义脚本的调用和流程编排。
- 具备故障注入及恢复能力，可根据预案一键执行演练。

从 2 个容灾平台的架构中可以看到，云平台 IaaS 层基础产品（包括计算、存储、网络、数据库）的容灾切换可由 ASR 完成，中间件产品和银行的业务系统可由 HAS 完成。HAS 能够支持业务层面的容灾切换能力，核心在于支持调用用户自定义的脚本，以及调用流程编排。业务层面的容灾切换往往包括几个方面：系统初始化、系统状态检查、系统状态变更、系统重启、宿主机重启，这些操作可通过脚本来实现，然后提供给 HAS 产品调用。金融云的容灾架构如图 3-14 所示。

3. 应用容灾交付方法论

银行机构的业务系统比较多，一般由不同的第三方业务系统厂商来开发，开发商主要关注业务逻辑的实现。我们在评估容灾方案的过程中发现，业务系需要遵循一些通用的规则以发挥云平台的容灾能力。业务适配流程如图 3-15 所示。

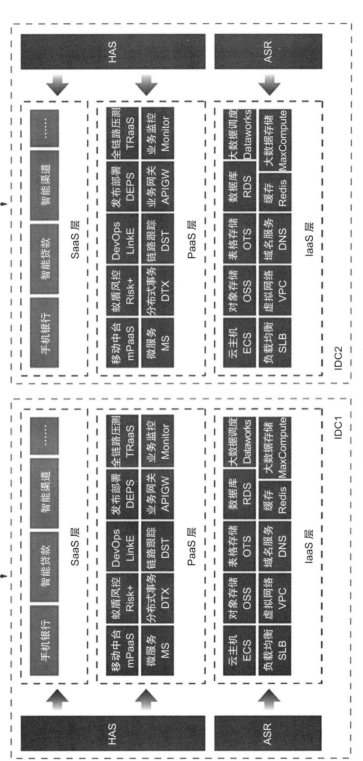

图 3-14 金融云容灾架构

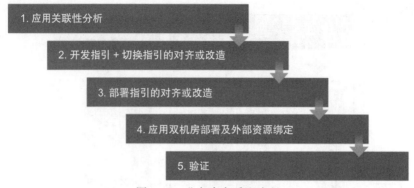

图 3-15 业务容灾适配流程

- 容灾是体系化工程，需要分析应用上下游及依赖，全部环节都要纳入容灾范畴。
- 通过开发指引、切换指引对应用进行改造或对齐。
- 通过部署指引对部署架构进行改造或对齐。
- 完成双机房部署，依赖资源的部署、外部资源（如 GSLB）的绑定等。
- 完成容灾架构的演练及验证。

下面我们来介绍基于云原生架构，实现云容灾所要遵循的通用指引规则。

（1）业务开发指引规范

- 应用无状态化设计。无状态服务对于单次请求的处理不依赖其他请求，服务本身不存储任何信息。任何需要持久化的业务数据都要存储在具备容灾能力的产品中，如 RDS、Redis 或 OSS。不建议在 VM 内存或磁盘中保存业务数据（包括日志），由于其没有数据复制能力，会导致数据在机房故障中丢失。日志建议以流式数据输出到可持久化产品中（如 SLS），不建议写本地文件。
- 在分布式系统中，推荐采用面向失败的设计方式。应用需要具备探测、捕获、处理网络连接错误的能力，以应对容灾场景下的服务切换等问题。典型的案例如 RDS 数据库，当 RDS 主备切换时会有秒级连接中断，应用访问 RDS 会出现异常。而且，当 RDS 完成切换后，应用可能依然无法访问数据库，其主要原因是连接池持有的无效连接未被清理，导致应用程序报错。因此，应用需要具备重连、重试的功能，有效地处理网络或服务切换问题。
- 业务可重试。面向失败的设计方式的另一个场景就是业务可重试。应用系统间交互时，尤其是微服务场景，由于某种原因（网络抖动、请求超时、机房切换等）会导致调用方进行重试，被调用方就要处理重复到达的请求。因此，被调用方需要支持业务请求的重试，重试具备幂等性，且能保证结果的正确性。
- 减少自建服务。原则上首选具有容灾能力的云产品，如 RDS、Redis、OSS 等。若云产品未能满足需求，需自行设计并实现容灾架构。容灾架构不仅要考虑数据复制，还要考虑服务切换及统一服务接口。

- 服务调用本机房优先。应用系统在双机房部署，进行交互时，尽量避免跨机房调用，应做到本机房封闭，即在本机房完成业务调用，以降低延迟。在微服务场景中，服务间调用是很频繁的，机房内封闭对于复杂业务带来的多次调用的延迟优化是有意义的。
- 不能强依赖缓存。缓存服务（如 Redis）通常用来缓存数据库查询的结果数据，以减少数据库的压力和响应时间。但缓存中的数据无法保证一直有效，当遇到存储空间满、集群故障、集群切换等场景时，可能导致访问缓存失败。因此，应用可以使用缓存但不要强依赖缓存，当访问缓存失败时应有替代办法。

（2）业务部署指引
- 应用系统双机房对等部署。应用的部署形态是多样的，可以是基于 ECS、K8S、EDAS 等。在双机房容灾场景下，要求应用做到跨机房的冗余部署，保证每个模块、接口或微服务在双机房都要部署，任一个机房内的应用均可独立运行。
- 利用 SLB 对外暴露服务。SLB 具有自动故障收敛功能，可有效抵御机房级和产品级故障，路由收敛及切换后 SLB 实例可保持 IP 地址不变，对于外部应用透明。不建议直接使用 ECS 对外暴露服务，在故障场景下，ECS 实例本身没有跨机房提供服务的能力。
- 业务系统通过域名访问云产品。多数云产品（尤其是对于数据库及存储）会提供域名的方式。应用要使用域名来访问这些产品，而不是使用域名解析后的 IP 地址，也无须担心域名解析带来的开销。云产品在变更、升级或容灾切换后均可保持域名不变，部分产品的 IP/VIP 会变，因此使用域名的方式无须应用做出修改。对于容灾场景，通过统一域名来访问云产品，对应用保持透明，云平台切换完成后即可提供服务。

4. 容灾演练场景的选型

从上述大中型的容灾演练场景以及阿里云在金融机构参与演练的情况来看，常见的演练场景主要包括两种：1）单个云产品的主备实例切换；2）将生产中心的业务流量全部切换至灾备中心（同城或异地），在灾备中心运行一段时间后，将流量回切到原生产中心。

从真实的故障角度考虑，容灾场景分为多种情况，容灾处理策略也不完全相同。常见的容灾演练场景包括：

1）数据中心掉电：包括生产中心掉电、同城灾备中心掉电、异地灾备中心掉电，涉及接入层流量切换、故障机房修复、流量回切。机房整体故障的修复工作涉及所有应用系统重新启动，而银行的业务系统错综复杂，机房掉电的修复难度极大，因此业界很少做掉电演练。

2）数据中心接入层断网：主要指数据中心与互联网断网，包括生产中心断网、同城灾备中心断网、异地灾备中心断网。由于灾备中心处于运行状态，通过接入层的流量切换能够快速恢复业务状态，可以实现 RPO=0，因此业界的容灾演练主要针对这个场景。

3）数据中心之间断网"脑裂"：主要指 2 个数据中心之间的内部网络断网。不管是数据实时同步还是异步同步，都依赖数据中心之间的专线网络互通。长时间的数据中心间网络中断，可能导致数据差异太大，无法及时完成数据中心之间的数据同步，进而导致数据永久性丢失，即 RPO>0。因此业界会谨慎选择此演练场景。

4）单平台或单业务系统的故障：主要指数据中心内某个平台或业务系统故障后，需要单独将这部分平台和业务系统切换至灾备数据中心。这类演练场景比较常见，通过接入层的智能 DNS 服务，将故障平台和业务系统的域名切换至灾备机房。此时数据库和存储层可正常访问，数据无丢失，RPO=0。

5. 阿里云输出的容灾能力发展趋势

由于银行机构的容灾建设非常有代表性，因此仍以银行机构的容灾建设为例进行说明。阿里云通过参与银行机构的容灾建设，认为银行机构的容灾能力发展有 2 个明显的趋势：

1）大中型银行：大部分银行机构已完成两地三中心的容灾架构，未来会出现"双中心双活运行常态化""容灾切换演练常态化"和"核心业务系统逐步去 IOE"的趋势。

2）中小银行：大部分银行机构已完成同城双中心的容灾架构，未来会进一步完成和完善同城双中心和两地三中心架构；在新系统上线和老系统改造时，尝试完成去 IOE 的改造；搭建并完善统一的容灾管理平台，定期开展容灾切换演练。

基于上述趋势分析，阿里云结合自身的实践和能力积累，参考淘宝网多年来双十一全民购物狂欢节的技术经验后，在金融行业、政府、零售、制造业实施了多个容灾项目，并根据不同行业的特殊需求，不断对产品能力进行完善。未来阿里云的容灾能力在异地多活和常态化容灾演练等方面，会持续输出到各行业各业，帮助有需要的用户根据自己的需求实现同城双活、异地容灾、两地三中心、多活的架构。

6. 阿里云容灾的服务案例

从 2017 年至今，阿里云已经帮助多家银行和政府机构实施了具备机房级灾难切换能力的容灾项目，覆盖同城容灾和异地容灾架构。

2020 年，某银行携手阿里云打造"同城三机房"容灾方案[注]。该银行和阿里云经过 2 个月的努力，完成了 12 个核心场景的容灾切换演练，证明了阿里云"同城三机房"容灾解决方案的可靠性。即使真的发生数据中心级故障，也能够实现一键式机房快速切换，达到 RPO 为零，RTO 小于 30 分钟的目标，保障业务的连续性和稳定性。该项目基于阿里云飞天专有云，结合银行多个核心业务系统的主机房容灾演练，对银行业实现云容灾有较高的参考意义，包括：

1）同城三机房容灾解决方案。

2）同城三机房容灾演练方案。

3）互联网出口双活方案。

[注] 详情可见：http://hy.stock.cnfol.com/yuancailiao/20201230/28622244.shtml。

所谓"同城三机房"方案，是指三个机房两两相连形成"三角网络"，数据库采用分布式架构在三个机房部署。所谓"互联网出口双活"方案是指三个机房中，有两个机房可直接面向互联网用户提供服务，简称"双活"。

银行 IT 系统的容灾演练是一项复杂的系统性工程。该项目团队做了细致的准备工作：对演练场景的每个阶段、每一步骤进行了细化，包括每一步骤的技术验证方案、业务验证方案、应急预案、回退决策条件、回退方案等，确保万无一失。同时，在组织阵型上，阿里云交付团队、产品研发团队、银行相关部门进行充分的信息同步，最终顺利完成多项复杂的带业务的容灾演练场景，获得较好的实施效果。

2021 年，阿里云完成了某市医保系统异地容灾的项目。[1] 该市智慧医保平台在 2021 年完成了生产环境下的异地容灾切换。通俗地说，云上医保系统在遭遇极端灾害时可迅速恢复业务正常，实现"断电不打烊"。

平台稳定、性能高效、业务不中断已经成为医保运行的关键要求。所谓异地容灾解决方案，就是采用主备架构，当主机房发生故障时，可迅速切换至备用机房承接流量与服务，以确保医保系统稳定运行。据悉，此次测试的核心医保系统的容灾切换时长为 6 分 54 秒。

该市医疗保障局智慧医保办负责人表示，目前已建成"云 + 分布式"部署的医保信息平台，同时符合国家医疗保障局对云平台"多中心、并行运行、互为容灾"的技术要求，是省级医保全面数字化转型的重要项目。

---

[1] 详情可见 https://wap.peopleapp.com/article/rmh19372996/rmh19372996。

Chapter 4 第 4 章

云上业务中台

4.1 业务中台的发展历史和背景

4.1.1 什么是业务中台

随着数字化浪潮愈演愈烈,单纯地依靠建系统已经不能让企业应对瞬息万变的市场。传统的信息化建设的路线主要是业务部门提出需求,研发部门理解需求并完成系统设计和建设,最后 IT 部门将系统部署到生产环境,并努力保持系统运行稳定,满足支撑业务运转的要求。表面上看,这样的模式没有什么问题,但深入分析后会发现如下问题:

- 研发部门针对不同业务部门的需求给出相对独立的方案,即使部门之前的需求大部分相同。
- 针对不同部门搭建的系统形态各异,相互独立,形成数据孤岛,各个系统的数据不统一。
- 维护困难。
- 扩展性差,无法应对互联网业务对系统灵活性的要求。
- 可复用性不高,企业重复发明轮子,投入成本越来越大。

现在,企业需求已经从单纯的系统级别复用上升到企业核心能力的复用。如何提升企业的核心能力的灵活性,复用核心能力,已成为数字化转型的核心诉求。针对这个问题,阿里巴巴结合自己数十年的 IT 系统建设经验,给出了有力的响应——中台。

4.1.2 阿里巴巴数字化转型与业务中台的发展

阿里巴巴提出的业务中台的概念是企业 IT 架构转型的一个方法论。业务中台以业务能力复用为目标，规范了企业从业务支撑系统设计、业务能力复用、如何和消费者连接、如何做企业的业务创新到数据驱动业务的企业数字化平台规划的全过程。以阿里巴巴为例，阿里巴巴最初将淘宝平台作为链接商家和消费者的平台，淘宝平台逐步构建了基于电商领域的各种可复用的能力，比如电商领域的售前、售中和售后能力。随着阿里巴巴的发展，这部分能力逐渐下沉，形成了可复用的业务能力，支撑了后续淘宝商城和天猫商城的快速发展。阿里巴巴中台战略如图4-1所示。

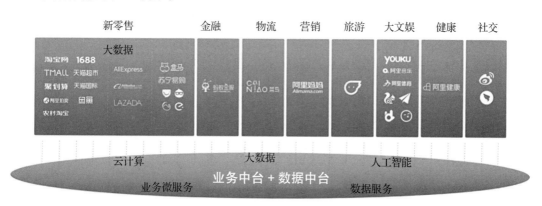

2015年底，集团对外宣布启动阿里巴巴集团中台战略。战略定义为：
- 构建符合DT时代的更具创新性、灵活性的"大中台、小前台"组织机制和业务机制。
- 前台作为一线业务，更敏捷、更快速地适应市场，中台将集合整个集团的数字运营能力、产品技术能力，对各业务前台形成强力支撑。

图 4-1　阿里巴巴集团中台战略示意图

对于业务中台建设的指标，速度和灵活性是两个非常重要的参数。速度和灵活性的要求体现在：

- 可灵活部署。
- 可快速扩展、弹性伸缩。
- 可恢复性。
- 迭代周期加快。

微服务架构很好地实现了应用之间的解耦，基本解决了单体应用扩展性不足和无法伸缩的问题，是构建业务中台的不二之选。微服务架构在带来很多好处（比如扩展性、弹性伸缩、小规模团队的敏捷开发）的同时，也引起了不少争论：功能A是放在微服务甲还是微服务乙里？到底多微才算是微服务？和SOA架构里的服务有什么区别？有没有微服务拆分的标准方法？综合来看，微服务架构遇到的问题就是如何确定业务边界和应用边界的问题。

中台架构更偏向于如何构建业务，或者说如何确定业务模型，形成业务中台的过程实际上是对业务领域不断分析和细化的过程。微服务建设需要有明确的服务边界和业务边界。这个鸿沟正好可以通过DDD方法论来弥合。DDD作为方法论可以同时指导业务中台的业务建模和微服务建设，三者完美结合，相辅相成。

阿里巴巴的业务中台是围绕交易来构建的，包含所有与交易关联的领域。交易领域以商品为输入，通过订单销售给客户，交易过程中心需要营销优惠券、在线支付、库存，以及物流等领域的支持。因此，典型的零售行业业务中台一般会包含多个服务中心：

- 会员中心：提供会员管理、会员权益等方面的支持。
- 商品中心：提供商品管理能力，以及商品的关联信息，比如商品品牌、属性、类目、类别等。
- 交易中心：提供订单、购物车等功能。
- 营销中心：提供优惠券、配售等功能。
- 库存中心：进行库存管理，包括库存锁定、扣减、库存模型等。
- 登录中心：涉及用户名、密码、登录等功能。

每个服务中心提供此领域的服务能力，如图 4-2 所示。

会员中心服务于用户全生命周期，为用户提供特定的权益和服务，企业可以围绕会员中心构建用户画像，基于用户画像为不同的用户提供差异化的服务。会员中心的能力包括：

- 会员加入。
- 会员信息管理。
- 会员等级管理。
- 会员权益。
- 积分管理。

交易中心是电商系统的核心。交易中心负责业务交易订单的全生命周期管理，包括从用户将商品加入购物车到生成实际的订单（有些企业的订单可以基于商品的类型进行分拆）、订单支付、发货，以及订单取消、查询，直到最终完成订单。交易中心的能力主要包括：

- 购物车管理，包括匿名购物车。
- 订单生产。
- 订单查费。
- 逆向交易管理。
- 订单冲销。
- 订单售后。

商品中心提供商品核心数据管理的能力，以商品为中心，构建了商品以及与之关联数据的管理能力，包括商品基础信息、商品图片、商品品类、类目、商品属性等。商品中心的能力清单如下：

- 品牌、类目和属性管理，包括对商品类目的维护、属性的维护等功能。
- 商品主数据管理，包括商品的创建、编辑、查询、下架等。
- 商品的价格管理。

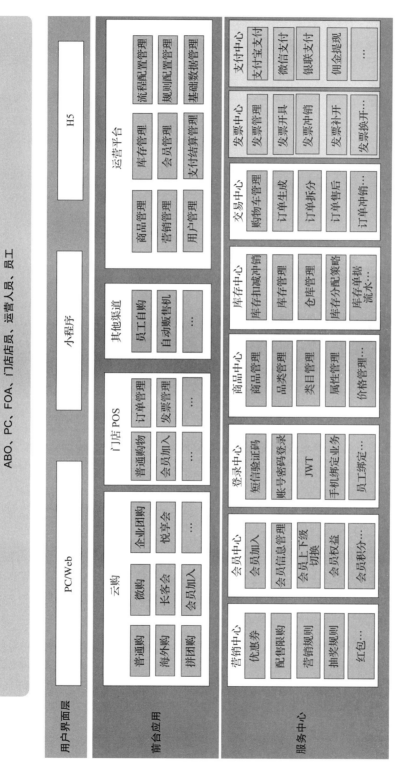

图 4-2 零售行业业务中台服务中心示意图

库存中心提供商品的库存全生命周期管理，包括商品的库存查询、库存扣减、虚拟库存、渠道库存、实物库存、库存对账等服务能力。库存中心的主要能力包括：
- 库存扣减冲销，包括库存的扣减、库存还原等。
- 库存管理。
- 库存按不同渠道分配的能力。
- 库存流水管理。
- 库存对账。

营销中心提供优惠券、促销的全链路管理，包括优惠券创建、核销、满减满赠、红包、奖池等营销相关的能力。营销中心主要能力包括：
- 优惠券管理，包括优惠券的发放、查询、核销等相关能力。
- 营销规则管理，包括营销规则创建、营销规则更新等能力。
- 配售限购，比如限购、配售的配置管理。
- 红包奖池、抽奖等能力。

支付中心提供标准的支付服务，包括支付页面、支付渠道，涉及微信、支付宝、银联等支付能力的对接，以及对账能力。支付中心的能力包括：
- 支付能力，包括创建支付订单、调用特定支付渠道等能力。
- 支付路由，包括支付渠道管理、支付方式管理、支付商户开通管理等能力。
- 支付状态，支付结果查询等能力。

通过中台系统的建设，可以将多个电商系统运行在一套服务和平台上。因为中台构建的是企业的核心业务能力，多个电商系统在库存、支付、商品等领域都有较高的可复用性，营销、会员也最少有 70% 的能力可复用性，这为企业（特别是互联网业务相关的企业）节省了巨大的系统建设和运行成本。通过业务中台的建设，既可以减少系统重复建设和烟囱式建设造成的额外费用，又可以打通各个领域的数据，形成数据闭环，减少系统运营和人员成本，而且因为打通数据，客户画像更加准确，从而可以增加流量，促进业务增长。

如果我们通过传统的面向服务的架构来建设系统，最后的结果很可能是将不同的系统服务化，然后强行集成在一起，通过 ESB 服务总线的方式暴露出去，各个系统可能存在功能重复（因为没有按照不同的领域去设计）的问题，系统的可扩展性因为服务总线成为单点瓶颈而受到巨大限制，这样建设出来的系统并不是中台，只是将企业的所有业务能力和接口做了一个大而全的集成。

虽然中台的概念提出时间不长，但是中台已经在短短的几年中走出一条发展之路。结合技术架构演进的经验，笔者认为中台会在广度和深度两个方向继续演进和深化。

首先从广度来讲，由于中台的核心理念是企业核心能力复用，因此和能力相关的领域会出现对应的中台类型，比如我们熟知的业务中台、数据中台。一方面，沿技术角度演进会出现 AI 中台、移动中台、技术中台、研发中台，甚至会出现跨云能力整合的云中台；沿业务角度演进，会出现组织中台、政务中台、管理中台等。另一方面，随着企业的发展，以及对业务的进一步抽象，某个特定中台范围内的共享能力会从大家熟知的用户中心、营销中心、交易中心，逐步扩展到工单中心（替换传统的生产支持系统）、内容中心（替换传统的CMS）、培训中心等。也就是说，如果发现某方向的业务发展势头不错，就可以将相关的业务沉淀下来形成业务中台，企业的其他团队可以通过 API 使用这个业务，从而加速企业的创新，缩短企业新产品上市的周期。

其次，从深度来讲，中台沉淀的业务能力并不是和前台业务需要的能力一一对应的。也就是说，我们不能构建大而全的中台，而是要将中台上构建的能力做深。中台作为企业共享能力平台，需要考虑将核心业务进行抽象、建模，解决共性问题，更好地为不同的业务服务。而且，随着前台业务的发展和使用共享的服务，会对抽象的业务能力进行反向的滋养，促进业务抽象程度的提高，业务中台适配的业务领域会越来越广，这就是深度的体现。因为越好的抽象越能支持业务应用开发的灵活性，因此业务中台做深是中台在企业中体现价值的另一个演化方向。

中台要解决的是企业如何应对变化的问题，这是企业在纷繁复杂的市场竞争环境下必须要解决的核心问题。具体来说，从业务中台的角度看，市场在变化，竞争对手在变化，业务形态在变化，特别是在数字化场景下，企业的业务大多以数字服务的形态体现，业务流量也在变化，因此如何应对这些变化，快速响应转瞬即逝的商业机会，核心是提升业务能力的复用。业务能力复用是业务中台建设的核心目标，因此业务中台的建设本质上是解决企业应对变化的问题。

从数据中台的角度来看，企业需要应对外部变化，需要做决策。决策需要的数据从来都没有被很好地集中过，总是有一些数据散落在企业中。当市场发生变化、客户发生变化、竞争对手发生变化时，如何以指标的形式将这些变化提供给企业的决策者呢？企业数据中台建设的核心是把散落在企业各处的数据变化，以统一的企业核心指标的形式体现出来，帮助企业应对变化。

当前，企业处于快速变化的市场环境中，数据中台解决的是如何提供更好的决策来应对变化，业务中台解决的是通过业务复用来应对变化。或者说，数据中台提供有效的数据指标帮助企业及时识别变化，从而有效应对；业务中台则提供了帮助业务快速应对变化的工具。一个是告诉企业在哪里应对变化，一个是提供企业应对变化的手段。

中台建设是一个庞大的系统化工程，不可能一蹴而就，需要有效的方法论和流程支持，不可能通过传统的系统建设方案实现。但是，在介绍业务中台建设流程之前，我们先回答一下黄金圈法则的核心问题，为什么需要业务中台，或者说业务中台能够给企业带来哪些价值。

4.2 业务中台的价值

比起传统应用的开发，业务中台应用的构建无论是复杂度还是技术能力要求都要高很多。相信大部分企业都听说过业务中台，但并不是所有企业马上会开始建设业务中台，原因是大家并不清楚下面几个问题：1）业务中台是否适合企业现在面临的问题？ 2）构建业务中台花费巨大，是否能够给企业带来应有的价值？3）为什么中台化改造远比跟风建设中台更重要？只有企业的负责人对企业中台的价值有清晰的了解，才能在建设过程中排除万难，坚持正确的方向，让业务中台给企业带来价值。

在介绍业务中台的价值之前，我们再回顾一下数字化转型。业务中台是数字化转型的一种企业资源配置方式，只有对企业数字化转型遇到的问题有充分的了解，才能体会业务中台建设对数字化转型的重要性，并理解为什么业务中台建设是企业数字化转型的一条必经之路。

4.2.1 从业务中台看数字化转型

我们先看看数字化转型的定义。数字化转型（digital transformation）是在数字化转换（digitization）、数字化升级（digitalization）基础上，进一步触及公司核心业务，以新建一种商业模式为目标的高层次转型。数字化转型是开发数字化技术及支持能力，从而新建一个富有活力的数字化商业模式的过程。

我们正处于一个互联网新技术和行业加快融合并孕育变革的时代，以云计算、大数据、人工智能和物联网为推动力的新一代科技技术的发展日新月异，成为推动经济、社会、政治、民生和文化等领域发展的强大推动力。新技术的成熟也推动了包括传统企业在内的几个变化：

第一个变化是过去20年消费互联网蓬勃发展，造就了基于互联网、云计算的共享服务的业务模式，成就了阿里巴巴、腾讯、百度、今日头条、美团、滴滴等消费互联网企业，掀起了企业采用新技术、新业务的数字化转型浪潮。

第二个变化是云计算的应用。云计算利用虚拟化技术，实现了资源的弹性伸缩，可帮助企业整合资源、提高资源利用率，根据业务需求可以弹性扩展/收缩资源。对于传统IT平台，数据分散在各个业务服务器上，可能某单点有安全漏洞，部署云系统后，所有数据集中在系统内存放和维护，提升了安全性。

第三个变化将发生在未来20年的产业互联网时代。消费互联网市场已趋于稳定与饱和。互联网公司在经历了野蛮生长之后，依靠庞大的消费数据和独特的商业模式切入产业价值链，带动后端供给侧转型，形成消费互联网（需求侧）拉动产业互联网（供给侧）的趋势。产业互联网时代，企业必须利用云技术搭建共享平台，实现数据在线和智能应用，利用数据能力来提升服务能力，从而更好地服务于客户，服务于员工。依托数字化转型，实现传统企业与互联网深度融合的产业互联网时代已经到来。

4.2.2 企业数字化转型的特征

企业的数字化以企业的实际发展阶段和核心业务为立足点，结合企业的核心竞争力进行梳理，如企业的产品、渠道覆盖力、用户范围、行业发展方向、产业互联，依托企业自身优势，明确企业数字化转型的本质。企业数字化转型的本质到底是什么？我们应该如何理解企业数字化？结合数字化转型建设的经验，以及参与阿里巴巴数字化转型的经历，我们对数字化转型的本质概括如下。

企业数字化转型的第一个特征：数据。在以互联网为基础的数字经济时代，每个人每一天都在不断产生数据，这些数据可以以海量的数字、文字、图片、设备识别图像等形式被存储下来。借助大数据技术、算法模型对数据进行归类、分析、总结和应用，使其变为数字经济时代最重要的资产——数字资产。把数据转变成数字资产是企业数字化转型的第一个特征。

企业数字化转型的第二个特征：连接。在传统的商业模式下，仔细观察企业是如何将产品售卖给客户的，会发现传统商业模式中的几个因素——客户、商品、企业、渠道——之间需要通过某种方式进行连接，才能完成传统商业模式的销售工作。比如，企业需要通过电视广告、电话销售将产品和用户连接在一起；企业需要采用线下推广会、博览会的形式，将商品和渠道连接在一起；销售渠道需要通过购买电视广告时段、购买户外广告的形式，将渠道和用户连接在一起。因此，商业模式的核心是连接。对于数字化转型，连接的本质没有发生变化，但是企业可以使用的手段更加丰富，并且借助大数据技术，企业通过客户画像，能够精准地将产品和客户联系起来，把营销的效率发挥到极致。另外，企业通过互联企业营销、服务、市场、品牌、设计、研发、生产等各个环节，能够优化资源配置，形成高效的企业价值链。互联不仅是企业不同业务之间的连接，也包括企业内部的互联、员工和员工的互联、员工和企业的互联，从而提升企业运营的效率。最后，互联还可以体现为人和设备的互联，比如可穿戴设备可以监控人的健康指数等。

企业数字化转型的第三个特征：智慧。对企业而言，数字化转型通过系统对数据进行不断沉淀，通过大数据平台不断对数据进行分析，形成商业洞见和报告，最终解决面向未知商业领域变化的应变能力，包括整个生态体系内围绕商品、用户的智能运营能力。

现在，各个行业都在对数字资源进行整合，以形成更加庞大的数字经济平台，为产业互联和生态体系内不同价值链节点的用户提供更加便利、高效、优质的连接服务。因此，每个企业都应该将自身的数字资源进行整合，并进行共享，通过资源整合、连接用户后获得更大的回报。数字化转型对企业来说不是要不要做的问题，而是什么时候做的问题。

中国经济发展已进入数字化快车道，引领着全球数字经济的创新。每个企业都想搭乘这趟数字快车，在创新之路上赢得竞争优势。数字化转型不再是可有可无的，每个企业都意识到这是关乎企业未来发展空间的关键问题。

数字化转型涉及产业、生态、企业等在商业环境下管理的变革，思维、创新、商业模式决定着每个企业的数字化之路。企业最终都会走向数字化，到那时，对企业的估值不仅依据收入规模等指标，更多的是依据数字平台连接的用户数据、商品数据、交易数据等产生的商业价值。引入数字技术可以改善产业生态链上的员工、客户、渠道分销商、事业合伙人、终端门店或商户、供应商、异业合作伙伴以及相关数字利益链上的商业关系。

总之，数字化转型就是将数字技术应用集成到企业内部的管理领域和外部变化的商业环境中去，从而对业务价值链产生决定性改变。企业要不断创新，要对原有的业务流程进行数字化处理，进而探索出新的运营策略。这些都是中台建设的目标，因此中台是企业成功进行数字化转型的必经之路。

4.2.3 企业数字化转型中业务中台的价值

每个人对中台的理解都不尽相同,阿里提出"中台"这个概念,最初只是为了将自身的实践进行赋能输出,以场景化应用、数字化资产的形态构建核心差异化竞争力。中台恰好实现了"将数字技术赋能企业商业领域运营,支撑前端业务快速多变和创新,符合数字经济时代的商业运营方式和价值创造路径"这个目标。中台是企业数字化转型的基础和保障。

了解了中台对企业数字化转型的重要性之后,我们来谈谈中台会给企业带来的价值。图 4-3 是中台给企业不同层面带来的价值总览。

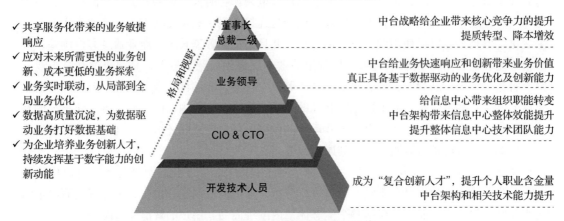

图 4-3 中台对企业各个层面的价值

业务中台的存在价值是为客户服务,中台服务的客户有如下几类。

(1)企业内部管理人员

对企业内部管理人员,中台将为企业带来核心竞争力的提升。企业能力服务化会让企业的业务更加敏捷、效率更高。特别是对于处在业务转型期的传统企业,中台带来的不仅是核心业务能力的服务化,还包括更低成本的业务探索,助力企业完成业务转型,找到未来 10 年的明星产品和战略方向。另外,业务中台有完整的设计,数据可以更加高质量地沉淀下来,为数据驱动业务和数据中台的建设打下坚实的基础。

(2)企业内部员工

对企业的内部员工来说,中台建设需要复合型的创新人才,需要对业务、技术、商业、数据能力、云计算、架构设计、编码都有深入理解的综合性人才,构建中台的过程是员工在以上各个方面发展的绝好机会。企业通过数字化转型可以培养出应对 DT 时代业务快速变化,用云计算和大数据助力业务发展的全栈人才。

很多企业喊了多年"提质转型和降本增效",中台建设从企业核心竞争力、人才培养、企业战略发展方向,结合云计算、大数据、人工智能给出了针对这一问题的最优解法。企业需要通过数字化转型来提升 DT 时代的竞争力,中台建设是企业数字化转型成功的唯一模式。

（3）企业的最终用户

企业以盈利为目的，通过业务中台的建设，可以显著提升企业 IT 系统的运维效率。特别是在 DT 时代，业务中台可以有效缓解互联网应用带来的不确定性，主要体现在以下方面：

首先，流量不确定性。流量不确定会造成两方面的问题：企业投入巨量的资源来应对流量激增情况，但是促销的时候流量不高，造成资源浪费；互联网病毒式营销造成大量用户瞬间涌入系统，造成系统资源告急、宕机，导致服务中断，影响最终用户的体验。

其次，市场的不确定性。市场的不确定性需要企业的产品和服务用足够短的上市时间来抓住转瞬即逝的商机。比如，竞争对手退出了某种商品组合，此商品为企业的重要竞品，这时营销和市场部门要快速跟进，给出商业推广计划，IT 和数字化部门要马上给出支撑应用来协助市场推广和销售工作，从而服务企业的忠实客户。

以上不确定性都可以通过业务中台来解决。业务中台以提升企业的业务能力为目标，让企业在面对这些不确定性的时候能够游刃有余，给用户提供稳定、安全和一致的服务体验。

了解了中台给企业带来的价值，想必大家已经迫切地想了解如何建设中台。先别着急，我们先从技术架构发展的角度聊聊中台演进的历史，或者说我们来回答一下如何一步一步地走到中台模式。

4.3 业务中台的战略与演进

中台源于平台，但是中台又和平台不一样。从企业 IT 战略的角度，中台比平台的层次更高。平台化建设在很多企业已经实践了很多年，也有很多成熟的落地经验。但是，很多人刚开始接触中台的时候，一定会有很多疑问：这不就是另外一种平台化建设方案？又来收企业的智商税，换汤不换药？在深入了解业务中台的建设之前，我们先来聊聊业务中台从哪里来，又将去往何方。

4.3.1 阿里巴巴的业务中台战略

业务中台的概念来源于阿里巴巴的中台战略。2015 年，阿里巴巴集团对外宣布启动中台战略，中台战略的核心点如下：

- 构建符合 DT 时代的更具创新性、灵活性的"大中台、小前台"组织机制和业务机制。
- 前台作为一线业务，更敏捷、更快速地适应市场，中台将集合整个集团的数字运营能力、产品技术能力，对各业务前台形成强力支撑。

中台战略为阿里巴巴随后几年的发展提供了坚实的能力支撑，对整个集团的数字化能力进行了平台化沉淀，加速了业务创新。当然，阿里巴巴并不是一开始就朝着中台的方向建设核心系统，它是阿里人在过去十几年的系统化建设中不断探索、不断尝试的结果。图 4-4 概括了阿里巴巴的中台发展之路。

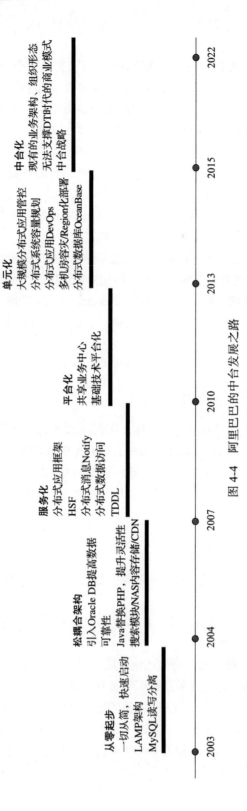

图 4-4 阿里巴巴的中台发展之路

我们可以看到，阿里巴巴的系统建设和大部分企业类似，都是从简单、快捷的 LAMP 架构开始，数据库使用 MySQL，并采用了数据库的读写分离特性来提升数据库的性能。随着阿里巴巴业务的不断发展，特别是淘宝业务的用户量越来越大，PHP 构建的单体应用已经不能满足业务的发展要求。

2004 年左右，阿里巴巴引入了 Oracle 数据库套件来提高数据的可靠性，并且使用 Java 替换了 LAMP 架构中的 PHP 来提升系统开发的灵活性和健壮性，把搜索模块独立出来，提升系统的整体可扩展性。随着阿里巴巴的体量进一步扩大，服务化、平台化和单元化逐渐成为阿里系统建设的主要方向。在这个过程中，阿里巴巴开发出了分布式应用平台 HSF、分布式数据访问层、基础设施平台来给各个服务灵活地提供基础设施，通过分布式数据库 OceanBase 来解决分布式系统对于数据库的需求，以及多机房容灾等，从而逐步将阿里巴巴的核心系统从单体应用提升为支持多机房容灾部署的分布式系统应用。

2015 年，阿里巴巴正式提出了中台战略。构建符合数字时代的更具创新性、灵活性的"大中台，小前台"组织机制和业务机制，使一线业务更加敏捷，能更快速地适应不断变化的市场。同时，中台集合整个集团的产品技术能力、运营数据能力，对前端的业务形成强有力的支持。阿里对于中台的定义是：中台是一个基础的理念和架构，把所有的基础服务用中台的思路进行建设，并进行联通，从而支持企业的业务端。因此，中台的本质是：提炼企业各个业务的通用性需求，进行业务和系统抽象，形成通用的、可复用的业务模型。

4.3.2　业务中台的演进路线

从阿里巴巴的中台发展之路，我们大致可以看出业务中台的演进路线，主要分为以下四个阶段：单体应用阶段、SOA 架构、微服务架构和中台战略。

1. 单体应用阶段

单体应用简单来说就是把一个系统涉及的各个组件都打包成一个一体化结构进行部署和运行。在 Java EE 领域，一体化结构很多时候体现为一个 WAR 包，部署和运行的环境是以 Tomcat 或者 WebLogic 为代表的各种应用服务器。对于一个典型的电商应用来说，如果采用单体应用，其架构如图 4-5 所示。

从图 4-5 可以看到，在单体架构下，用户通过浏览器访问应用程序。当用户进行登录的时候调用会员中心的服务，会员中心访问数据库层，数据库层负责对数据进行操作。当用户访问交易中心的时候，

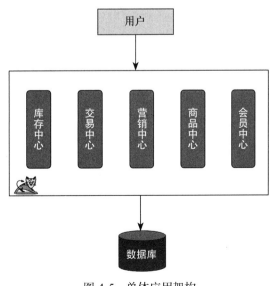

图 4-5　单体应用架构

交易中心的服务会访问库存中心，库存中心访问数据库，获取可扣减的库存数并扣减库存。

这是一个典型的单体应用架构，这种架构存在以下问题：

- 首先，数据库存在单点。所有业务的数据库都存放在同一个实例上，当数据库实例出现问题的时候，整个应用就不可用，可用性非常低。
- 其次，扩展能力受限。整个单体应用的所有功能和服务都耦合在同一个应用中，当其中某个应用需要更新版本时，整个应用都要重新发布，无法根据业务模块的需要进行伸缩。
- 再次，复杂性高。单体应用项目包含的模块非常多，模块的边界模糊，依赖关系不明确，牵一发而动全身，而且代码质量参差不齐，可维护性差。
- 最后，部署频率越来越低。随着代码的增多，复杂性增加，构建和部署的时间变长，每次部署都需要经过长时间的测试来保证质量。同时，因为每次都需要部署整个项目，部署后的验证过程也需要更长的时间，造成上线的成功率不高。

当然，任何事物都有两面性，单体应用架构也不是一无是处。一个归档包包含所有功能，便于共享，并且很容易测试，所有功能都在同一个应用中。单体应用一旦部署，所有的服务或者功能马上就可以使用，因为没有外部依赖，极大地简化了测试过程，测试工作可以立即展开。单体应用的所有代码都在同一个应用工程中，这种模式在项目的早期可以有效地提升开发、测试、部署和运维的效率，只需少量的开发人员就可以完成整个项目端到端的支持。但是，随着业务规模扩大，业务复杂性提升，以及数据量不断扩大，单体应用架构的缺点越来越明显。为了解决业务增长和单体应用架构的能力无法匹配的问题，出现了面向服务的架构。

2. 服务化和SOA

面向服务的架构方法（SOA）将应用中的不同功能模块通过服务定义的接口和契约关联起来，也就是通过对服务和数据库进行切分，提高应用的扩展性，从而支持不断增长的业务规模。接口采用中立方式定义，独立于每个接口实现硬件、软件和编程语言。这样，构建在各个系统中的服务就可以用一种通用的方式进行交互。图4-6给出了一个典型的SOA架构。

SOA架构模式具有如下优点。

- 面向服务的系统规划：SOA架构将庞大的业务系统拆分成高内聚的服务单元，每个单元对外提供独立的服务能力，服务和服务之间通过协作来实现业务价值。
- 松耦合：SOA架构可以应用多种技术，比如交易中心和商品中心可分别使用不同的技术栈来实现。
- 明确定义的接口和无状态的服务设计：系统的可靠性依赖于外部网络特质，服务被设计成独立的、自包含的功能模块。
- 跨平台，跨语言：服务层可以使用任何语言来实现，做到物尽其用。比如，Java擅长核心业务处理，C++擅长高并发，.NET擅长数学计算，Python擅长大数据处理等。对于调用端来说，提供的接口统一，就不用关心服务端具体的实现技术细节，只需关心ESB上可访问接口的接口契约。

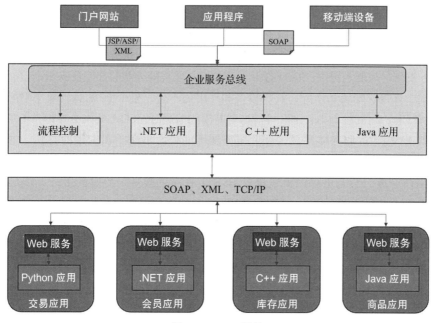

图 4-6　SOA 架构

本质上，SOA 对企业内部的各种服务能力进行治理，提供了统一的接入标准。

服务的拆分也带来了新的问题。客户端如何访问通过服务总线暴露的服务（安全）？随着服务越来越复杂，访问量越来越多，ESB 总线逐渐成为瓶颈和单一故障点，如何提升系统的可用性？SOA 上暴露的服务大多通过 SOAP（SOA Protocol）进行交互，如何更好地支持互联网时代核心流量入口——移动端㊀？

SOA 架构的作用是让企业的各个系统能够更加容易地融合在一起，形成统一的服务来供消费端使用，或者说 SOA 更加关注的是水平服务，而不是垂直的每个服务本身。在 SOA 架构设计方案中，通过 ESB 暴露给调用端的服务是对底层多个水平且自治的服务的集成，ESB 更加关心暴露的服务契约是否合理、是否能够满足调用端的业务需求，而不是底层的每个服务本身。在服务层，SOA 设计中喜欢给服务分层，比如每个服务有服务层、业务逻辑层、数据访问层，设计人员设计好契约后，开发人员按照契约进行开发，最后进行集成测试。通常这个过程少则半年，多则 1～2 年才能上线，是典型的自上而下开发模式。

随着互联网行业的蓬勃发展，企业都在全力谋求互联网环境下的发展和转型。2015 年，国务院印发《关于积极推进"互联网+"行动的指导意见》，发展互联网应用成为我国在经济领域的重大战略。所以，我们探讨一下 SOA 架构是否适合用于互联网场景。

回到前面给出的 SOA 架构图。每一次调用 ESB 上暴露的服务都要通过处于中心位置的 ESB 路由。举个例子，当门户网站调用创建订单服务的时候，门户网站调用 ESB（1 次）、ESB

㊀　SOAP 非常重，移动端通常支持 REST 协议。

调用库存服务（1次）、ESB 调用订单服务（1次），最终会有 3 次服务调用，并且整体都通过 ESB 来驱动。从调用逻辑上来看，服务总线的访问和计算压力会非常大。因此所有企业服务总线都必须采用集群的方式来部署，以支持企业业务高峰。企业服务总线包含的功能非常多，比如包括服务发现、注册、路由、接口监听等功能，并且对服务器的性能要求很高。服务器需要一次性采购、部署、安装和调配，资源投入和产出比不高，整个 IT 的运营效率不高，特别是面对互联网行业访问流量不均、随时可能出现井喷的情况时，SOA 架构更显得力不从心。

基于 SOA 构建的服务体系成为企业服务调度的核心枢纽。在构建的时候，主要考虑的是支持企业内部的系统调用，但是在互联网时代，这些服务（比如上图的订单服务）需要面向互联网用户开放，会有更多的流量进入 ESB 上暴露的服务，更多的服务调用又给企业服务总线带来更大的服务调用压力。随着外部环境的变化，内部业务的发展也会造成服务的访问量提升，两者叠加，很难估算流量的最大洪峰。举个例子，某中型零售类企业估算需要支持最高 10 000 个并发用户，需要 10 台机器来分发路由到底层的服务，在流量高峰期，每个机器的资源使用率达到 80%。但是，当访问流量来临时，某个服务器可能因为硬件原因出现服务异常，导致 10 台机器中有一台无法提供服务，于是高峰期的所有流量会分配到剩下的 9 台机器上，负载的水位很快就超过了 90%。更糟的情况是，如果这 9 台机器中某一台又出现了问题，剩下的 8 台机器瞬间就会彻底打满，整个企业服务总线会被流量冲垮，这就是典型的雪崩效应——因为一台服务器出现问题，导致整个平台宕机。

当企业服务总线出现此类问题的时候，服务的恢复时间和成本非常高，传统的服务器逐台重启的方式不能彻底恢复，因为一旦启动一台，打爆一台。需要切断前端的访问（整个系统挂公告），启动所有的服务器后，如果测试没有问题，才能开放流量。很多时候，因为服务器宕机的根本原因无法很快定位，系统很脆弱，存在再次雪崩的可能。

基于以上两点，企业服务总线 SOA 架构的扩展能力无法线性化，导致这种中心化部署的应用很难达到互联网业务的可扩展性、稳定性、健壮性要求。

3. 微服务架构

微服务架构（Microservice Architecture）是一种架构模式，它提倡将单架构的应用划分成一组小的服务，服务之间互相协调、互相配合，为用户提供最终价值。服务通常围绕业务能力构建，并且可以通过云效、Jenkins 这样的全自动部署工具自动部署发布。微服务架构模式也可以称作一种架构的理念，Martin Fowler 在提出微服务模式的同时，也提出了微服务的设计原则，为系统设计人员将理念落地提供了技术指导思想。

实施微服务需要具备以下条件：

❏ 计算和存储资源能快速分配。
❏ 具备快速部署的能力。应用程序通常由多个微服务组成，服务之间独立开发和部署，因此无论是测试环境还是生产环境，都需要具备快速部署的能力，以满足多个服务快速迭代、独立部署的要求。
❏ 监控，需要有网络、资源、访问链路等。

❑ 标准化的 RPC。

图 4-7 是一个典型的微服务架构图。

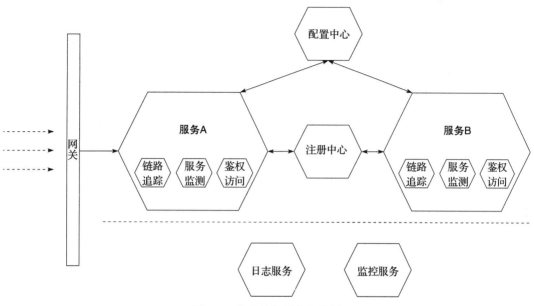

图 4-7 典型的微服务架构图

通过图 4-7 可以看到，服务之间使用注册中心寻址，通过 REST API 进行调用，每个服务有明确的边界，客户端通过网关访问微服务提供的能力。微服务架构解决了单体和 SOA 架构下软件无法快速响应需求和业务变化的窘境，特别在互联网时代，服务需要可扩展、弹性伸缩、小团队敏捷开发等特性，微服务的出现可以说是恰逢其时。

任何事物都有两面性。在享受微服务带来的好处的同时，很多企业在微服务落地的过程中也遇到了很多问题：到底多微算是微服务？微服务的边界该如何设计？应该按什么维度来拆分微服务？微服务架构下，访问链路变长，如何进行链路跟踪来提升运维团队解决问题的效率？可以说，在相当长的一段时间内，这些问题都没有好的理论和实践。也正因为如此，业界有不少人对微服务产生了误解。

❑ 有些人认为微服务是升级版的服务化，就是把 SOA 架构中的每个服务进一步拆分，让服务变得微小，易于单独开发和管理。

❑ 有些人认为微服务就是把原来的单体架构替换为基于微服务架构的技术框架，并且服务拆得越小越好。

显然，我们可以找出很多漏洞反驳以上两个观点。对于微服务架构模式，即便是提出者——思特沃克（Thoughtworks）公司的首席科学家 Martin Fowler 也没有告诉我们答案。笔者认为，从本质上讲，微服务是 SOA 架构的一种演进，与 SOA 架构服务化思想没有本质上的区别，换句话说：微服务是 SOA 发展出来的产物，它是一种比较现代化的细粒度的 SOA

实现方式，微服务不再强调传统 SOA 架构里面的 ESB 企业服务总线，同时 SOA 的思想进入单个业务系统内部，实现真正的组件化。

正是因为 Martin Fowler 在提出微服务架构的时候并未对服务拆分、服务监控等做详细说明，所以每个微服务架构的实践者对微服务都有自己独特的理解，笔者在践行微服务架构的过程中，比较赞同 Martin Fowler 对于微服务架构典型特征的如下描述：

- 分布式服务组成的系统。系统由多个微服务组成，服务之间有明确的边界，各个服务以及它们之间的组合构成系统对外的功能特征，而不是传统 SOA 架构中基于"中心化"企业服务总线的方式构建服务。
- 按照业务而不是技术来划分和组织服务。微服务架构会将原有的单个业务系统拆分为多个可以独立开发、设计、运行和运维的服务，服务更关心的是能力、性能和安全，而不太关心具体的底层实现技术。
- 独立部署，灵活扩展。传统的单体架构是以整个系统为单位进行部署，而微服务则是以每个独立组件（如订单服务、商品服务等）为单位进行部署。
- 自动化运维和系统容错。微服务架构下的应用需要实现较高的平台可用性和稳定性。自动化运维可以在系统发生流量井喷时，自动扩展资源予以应对。当系统的某个服务发生故障时，可以自动切断调度到响应节点的流量，对用户侧透明，用户体验不受影响。
- 服务快速演化。好的架构不是设计出来，而是演进出来的，这条原则也适用于微服务。没有人能从一开始就设计出永远不会出问题的系统，承认认知的局限性是微服务设计的第一条原则。当服务上线后，因为认知的局限性，服务要能够演进，逐渐从半稳态向相对稳定状态靠近（服务不需要业务稳定，而是需要不断地滋养，需要在不同的场景下验证和沉淀，因此只是一种相对稳定状态）。

微服务不是免费的午餐，服务间有着错综复杂的调用关系。服务的数量众多，如何在大促、秒杀、硬件故障的情况下提供稳定的服务，这不仅要从技术运维层面予以考虑，还要从服务的设计角度选择合适的微服务粒度。阿里巴巴从传统应用架构转变为今天的共享服务系统架构，本质上也是建设微服务架构的过程，这不仅仅是技术架构的演化，更多的是业务不断演化的结果。企业要构建微服务架构，不要想着靠一两个项目就出成绩，正所谓"罗马不是一天建成的"，企业需要从业务到技术通力合作、不断沉淀，只有把企业的核心业务沉淀到一个一个的微服务上，才能看到微服务的真正价值，这就是中台战略的核心。

4. 中台战略

2015 年底，当大多数企业忙着进行年度总结的时候，阿里巴巴对外宣布全面启动阿里巴巴集团 2018 年中台战略，构建符合 DT 时代的更具创新性、灵活性的"大中台，小前台"组织机制和业务机制。作为前台的业务会更敏捷、更迅速地捕捉瞬息万变的市场商机；而作为中台的后端，将集合整个集团的业务、数据能力，为前端业务提供更有力的支持。

要理解中台战略，就要从企业面临的实际挑战说起。信息化让企业尝到了系统建设的好处，很多公司的信息系统如雨后春笋般破土而出，信息化部门按照自己的节奏，收到需求、分析需求、设计软件、开发、测试、上线维护，这个过程中一般能做到及时响应。但是当业务量重的时候，由于资源和排期，并不能很好地满足业务对系统的紧急要求，因此出现了被称为"影子 IT"的系统。业务部门通过手上的工具，建设了用户管理、销售管理等信息管理应用。由于这些应用在开发的时候并未进行完整的设计，导致在多年后，企业内部充斥着多个功能类似的系统，我们将这种类型的系统建设称为"烟囱式"系统建设模式（参见图 4-8）。

图 4-8　"烟囱式"系统建设

"烟囱式"系统建设有特定的历史背景，这样的建设方式有如下弊端：

- 重复功能建设和维护带来重复投资。
- 打破"烟囱式"系统形成的孤岛成本高昂。
- 企业数据不统一，造成用户体验差。
- 不利于业务的沉淀和持续发展。

业务支持一直是企业信息化建设的核心职能，随着同行业企业间竞争的加剧，将核心竞争能力进行通用化沉淀，是保持企业高速发展的重中之重。中台战略以场景化应用、数字化资产构建核心差异化竞争力，恰好实现了"将数字技术赋能企业商业扩展、运营，支持前端业务快速响应市场和创新，符合 DT 时代对商业运营方式和价值创造的要求"（如图 4-9 所示）。

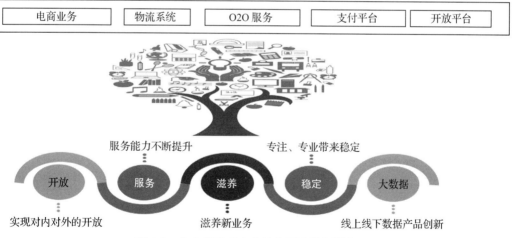

图 4-9　中台战略对企业的全面支持与赋能

图 4-10 给出了业务中台建设的整体解决方案。

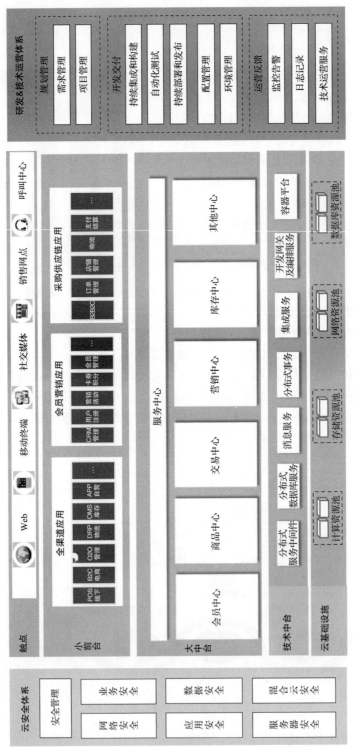

图 4-10 业务中台整体建设方案

现在，企业已经不需要考虑要不要建设中台，而是要考虑什么时候建设中台、如何建设中台的问题。中台是企业在 DT 时代的商业运营基础和保障。

4.3.3 中台、微服务和 DDD 的关系

在介绍业务中台建设之前，先介绍一下微服务、DDD 和中台的关系。微服务是在中台实现层面的技术和框架。中台架构更偏向于如何架构业务，或者说如何确定业务模型，形成业务中台，这实际上是对业务领域不断分析和细化的过程。微服务建设需要有明确的服务边界和业务边界。这个鸿沟正好可以通过 DDD 方法论来弥补。DDD 方法论可以同时指导业务中台的业务建模和微服务建设，三者完美结合，相辅相成。业务中台演进的路线如图 4-11 所示。

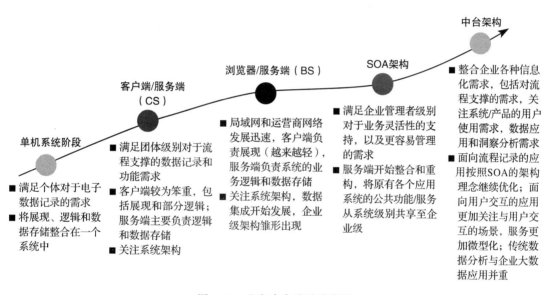

图 4-11　业务中台演进路线图

最后，中台是 SOA 的进化形态，更面向企业数字化转型需求，并注重流程、用户交互、组织效能。微服务是实现中台架构的一种落地方式。

4.4　业务中台的建设方法及划分思路

4.4.1　概述

业务中台的建设是企业数字化转型的重要环节，中台化改造可以帮助企业在支撑当前日常业务现状的前提下，以未来灵活业务发展为目标，对当前的信息化系统进行架构设计、组织的定义、技术的实现与中台运营的规划。作为软件工程的实践，软件自身所带来的复杂性、

不可见性、符合性、可变更性的要求在业务中台的项目中也需要有相应的规划和应对方案。

业务中台项目的建设周期一般从半年到几年不等，涉及企业较大规模的人员和资源投入，业务中台的建设方法直接影响着最终系统的可扩展性。我们通过多个中型项目的成功实践，将业务中台的规划思路进行了总结，并在项目中进一步验证、完善，取得了不错的效果。本节就结合具体案例对建设过程中应用的方法进行介绍。

业务中台的总体规划和设计分为四个层次（如图 4-12 所示），下面依次介绍。

图 4-12 业务中台总体规划和设计的四个层次

第一个层次是业务战略规划。通过调研客户的需求、竞争对手的产品动态，根据客户的需求和竞争对手的动态来制定产品战略，包括投资产品的组合、投资的人员、投资的流程等。产品战略决定了产品的组合，产品的组合又决定了用例的集合。

从总体的业务战略出发，可以细化终端客户的需求，最后形成产品组合的方案。用格式化的语言描述用例的集合，可以输出业务流程图或者用例图来帮助我们更好地理解用例场景。

第二个层次是业务建模。基于前期的业务战略、产品组合规划以及客户的需求，我们可以定义业务概念的模型。针对业务概念进行领域建模，会涉及概念模型以及概念之间的关联，同时要进一步细化业务的边界来帮助我们进行划分。通过和领域专家做充分的沟通来定义和明确业务概念的提取方法，包括考虑业务概念的关联关系。通过定义领域、子域、限制上下文来定义具体的业务域功能。

第三个层次是系统建模。基于前期的业务域划分，在实现层面要更多地考量软件类的定义，以及实现的设计模式，包括类与类之间的关联、通过组合聚合还是继承等方式实现、类的职责分配、系统的边界等。同时需要考虑如何与已有系统进行集成或者扩展。在这个阶段，需要考虑软件的一些设计原则，包括软件的设计模式，同时要考虑非功能性的一些需求,如性能和稳定性的要求。

第四个层次是数据模型。这里涉及如何承载数据的一些要求,包括功能性的要求和非功能性的要求,如分库分表、选型上是线性数据库还是非线性数据库,以及与存储相关的一些约束、与已有数据的集成等。这里需要考虑整个系统的性能(包括稳定性等)。后面会用具体实例来说明整体过程。

4.4.2　产品组合规划

阿里巴巴自身的业务发展经历了从一个小型电子商务网站到现有的跨多业务领域的大型系统平台的过程。在这个过程中,中台化的架构设计非常关键,以"大中台""小前台"的理念,阿里巴巴构建了一个可以支持全球交易的商业操作系统。这一套方法论和阿里云的技术平台有助于对现有的软件平台进行中台化改造,为企业持续快速增长提供技术支撑。中台项目也属于一种开发项目,在传统企业应用软件系统的基础上,通过使用微服务、领域建模等方法论,让软件平台在满足当前业务需求的同时,以较少的重构工作量,保证后续业务持续发展。中台化技术架构支持企业数字化战略如图4-13所示。

4.4.3　领域建模

业务中台常用的业务建模方法是领域建模。领域建模的目的是统一认知,定义概念并明确概念之间的关系。通过对业务现状及发展趋势的分析,基于领域建模的方法,将业务专家与技术专家的知识结合在一起,定义最适合企业业务发展的业务域能力,结合技术的最佳实践,形成适合企业业务特性的中心的能力划分。以领域定义为输入,可以指导代码工程的设计与实现。

领域是一个企业所进行的商业活动的总称。企业在特定的行业或者市场提供服务,业务范围就是我们说的"领域"。企业业务中台的建设是针对特定的领域开展,满足该领域业务战略与发展目标。建设开始后,相应的领域边界是确定的。一个系统的建设是为了实现一个领域的业务需求,而业务中台需要把业务中常用的共享能力进行区分,基于共享能力的定义来确定通用能力。

领域模型是某个特定业务领域的软件模型。通常,领域模型通过对象模型来实现,这些对象同时包含数据和行为,并且表达了准备的业务含义。

在单体应用中,为了实现领域的功能,通过单一、内聚、全功能的模型来完成。DDD可以将一个领域分为若干子域,领域模型在限界上下文中完成开发。领域模型在业务中台项目中就是业务域的范围。通过一个业务域的功能实现,可以将一个大的功能范围切分成多个中心进行开发和实现,从而减少风险。

如图4-14所示,在初始系统建设的过程中,业务场景相对简洁,为了追求快速上线以支持业务,研发团队在领域上的规划较少,主要是以功能为导向,通过单体应用快速上线的方式实现。随着业务的发展,系统越来越庞大,由于缺少前期的核心领域规划,扩展能力、新

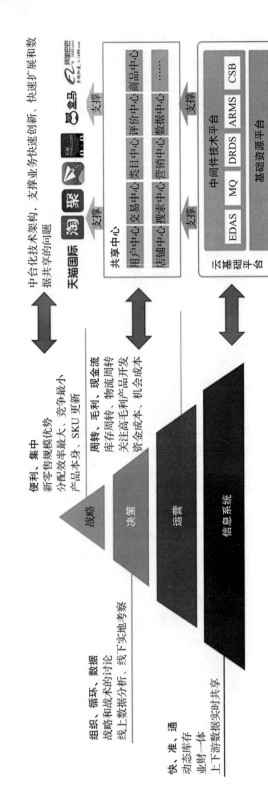

图 4-13 中台化技术架构支持企业数字化战略

功能调整成本越来越高，经常出现改动功能 A 影响功能 B 的情形，或者出现为了实现功能 A 不得不另外复制工程调整为 C 的功能，导致系统庞杂，形成技术债务。如何将技术团队的研发成果形成正向的沉淀？前期好的领域设计是信息系统规划的关键，下面我们就来探讨一下如何进行领域模型的设计。

领域模型主要基于用例集收集与方法论处理而得出。

领域模型体现的是对问题域业务问题的理解，用于简洁地表述业务现状。领域模型有如下特点：

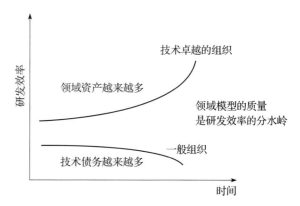

图 4-14　领域模型质量与研发效率的关系

- 领域模型是保持业务需求与技术实现高度一致的工具。
- 好的领域模型可以支持业务的快速发展。
- 领域模型是渐进迭代优化的。
- 领域模型是一个研发组织的核心沉淀，决定产生技术负债还是技术资产。

领域建模分析的步骤如图 4-15 所示。

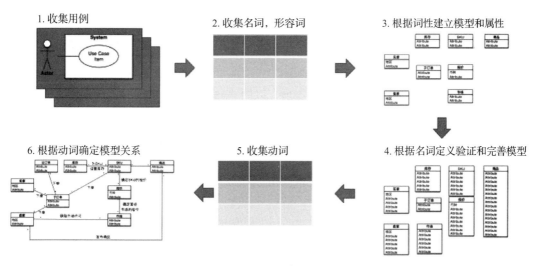

图 4-15　领域建模步骤

1. 用例分析示例

以全渠道商品管理业务场景为例，商品需要支持的业务场景如图 4-16 所示。通过对业务场景的分析，我们可以对用例进行结构化定义，分析业务域的实体和关联关系，从而帮助我们更好地理解领域概念的关系。

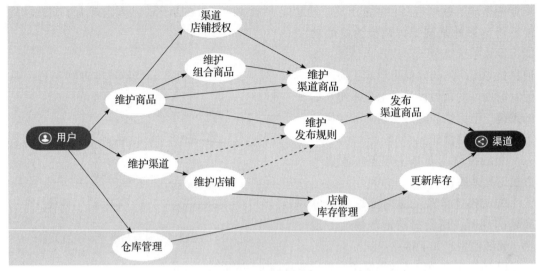

图4-16 业务场景分析示例

2. 分析用例

分析用例可以采用事件风暴的方式。事件风暴是一项团队活动，领域专家与项目团队通过头脑风暴的形式，罗列领域中所有的领域事件，整合之后形成最终的领域事件集合。然后，对每一个事件，标注出导致该事件的命令，再对每一个事件标注出命令发起方的角色。命令可以由用户发起，也可以由第三方系统调用或者定时器触发等。最后，对事件进行分类，整理出实体、聚合、聚合根以及限界上下文。它可以快速分析和分解复杂的业务领域，完成领域建模。在这个过程中，最重要的是识别实体、属性和关联关系。

用例主要用于定义场景下要做什么事情，以图4-16的用例图为例，主要定义角色在业务场景下需要完成的工作。针对具体的场景，可通过语义分析来分析、识别实体与属性。根据名词的修饰对句子进行分析，从【谓语】【状语】和【定语】【主语】【宾语】中寻找名词、形容词和动词。比如：

【上海】【运营小二】【为天猫平台】【发布】【规格为红色的】【商品】

- 【上海】：定语
- 【运营小二】：主语。主语为名词，名词可以尝试抽象成领域模型。
- 【为天猫平台】：状语。状语为名词，可以确定状语中名词和宾语的关联关系。
- 【发布】：谓语。谓语为动词，可以确定主语和宾语的关联关系。
- 【规格为红色的】：定语。定语包含名词和形容词，可以抽象成宾语。

关联关系与属性的定义：关联关系（名词拥有多值），或者属性（名词拥有单值，且为文本或者数字）。定语中还包含属性值或者关联对象值。

- 【商品】：宾语。宾语为名词，可以抽象成领域模型。

实体名称的示例如图4-17所示。

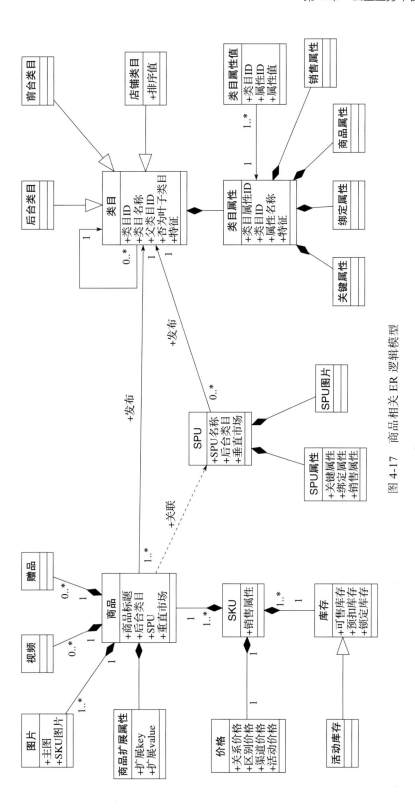

图 4-17 商品相关 ER 逻辑模型

表 4-1 给出了商品实体关系表。

表 4-1 商品实体关系表

实体名称	解释和作用	举例
SPU	SPU（Standard Product Unit，标准化产品单元）是对某一类标准产品的共同特征属性的描述，是商品信息共有属性的一种抽取。 SPU 是一个介于叶子类目和商品之间的概念，是对类目的细化，是淘宝网标准化、规范化运营的基础。 SPU 是标识产品的一种机制，它是由后台类目＋一组关键后台类目属性＋一组被约束的后台类目属性组成的。这些属性是这个类目下的关键属性，"类目＋关键属性"唯一确定一个产品（SPU）	比如，在手机类型下，品牌和型号这两个属性可以确定一个 SPU；以 P40 为例，品牌是华为，型号是 P40
商品	商品特指与商家有关的产品。每个商品有一个商家编码，每个商品有多个颜色、款式，可以有多个 SKU	例如，iPhone 是一个单品，当淘宝上很多商家同时出售这个产品的时候，iPhone 就是一个商品了
SKU	SKU（Stock Keeping Unit，库存量单位）是库存进出计量的单位，可以以件、盒、托盘等为单位。在服装、鞋类商品中使用最普遍	例如，一款女装中，粉红色的 S 码是一个 SKU，M 码是一个 SKU，L 码也是一个 SKU。所以一般一款女装有 S、M、L、XL、XXL、XXXL 共 6 个 SKU
关键属性	可以唯一确定一个 SPU 的属性	例如，品牌＋型号（例如华为 +P40）
销售属性	一种特殊的属性，这类属性定义了类目具有的 SKU 可使用的属性	例如，服装类目的颜色、尺码，手机类目的套餐、颜色
商品属性	该属性表示商品的特有特征，不能作为 SPU 属性	

3. 关联分析

识别出属性及实体关系，从业务场景中收集名词和形容词，得出实体实例。

（1）实体与值对象

领域建模时，根据场景分析过程中产生的领域对象，如命令、事件等之间的关系，找出产生命令的实体，分析实体之间的依赖关系组成聚合建立模型之间的依赖，划定限界上下文。

（2）识别实体方法

❏ 是否具有唯一标识。
❏ 在经历状态变更后是否能保持不变。
❏ 具有业务属性和业务行为。
❏ 能够被持久化。

（3）识别值对象方法

❏ 值对象具有不变性，在创建之后就不能改变，包含其所有属性。
❏ 一组相关联的属性，并且每个属性都是不可缺失的组成部分。
❏ 具有可替换性，当被引用的值对象发生状态变化时，需要用一个新的值对象进行替换。

4. 领域划分

领域划分就是将识别出的名词实体对象进行分类。如图 4-18 给出了领域划分的一个例子。

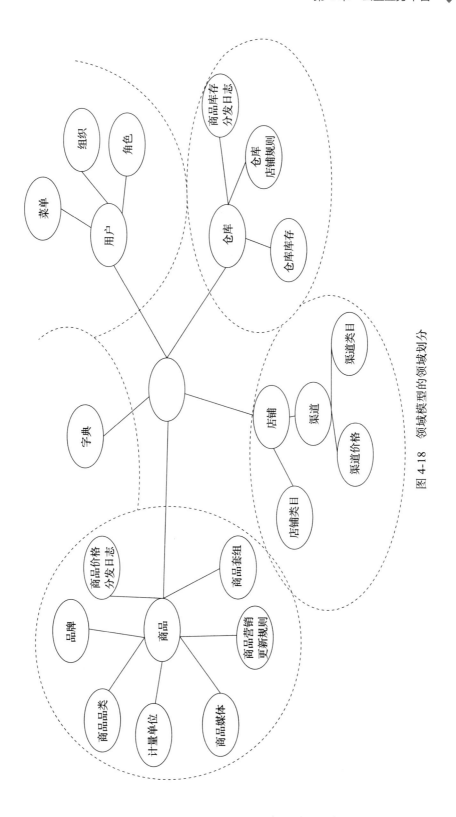

图 4-18 领域模型的领域划分

对所有实体对象进行分类就可以完成域划分。比如，主订单、子订单对象可以归类到交易域，买家、卖家对象可以归类到会员域。一个域实际上是一个或多个实体对象的信息集合，并对其中的实体对象的生命周期进行管理。

域与实体对象的划分关系如下：
- 一个域管理一个或多个实体对象。
- 一个实体对象由一个域进行管理。
- 如果出现一个实体对象被多个域管理的情况，那么相关域的职责实际上存在冲突、耦合，会相互影响。

限界上下文用来封装领域对象，提供上下文环境，划分边界，使业务相关对象具有特定的含义。这个边界定义了模型的适用范围，领域的边界就是通过限界上下文来定义。限界上下文是微服务设计和拆分的主要依据。划分限界上下文及服务拆分的标准如下：
- 根据域中的上下文语义，将聚合进行归类，划定限界上下文。
- 根据聚合之间的依赖程度，将强依赖的划分到同一个限界上下文。
- 聚合是否处于子域中的核心部分。
- 最终限界上下文划分的边界就可形成微服务。

5. 业务域划分示例

表 4-2 给出了业务域划分的一个例子。

表 4-2　业务域划分示例

会员域	□统一会员 ID，支持多渠道及产品线会员操作，全端覆盖（PC、H5、微信公众号等） □包含注册（企业注册、个人注册）、登录、会话、SSO、多样化用户身份核实功能、账户信息维护 □账户安全，包括修改密码、密码找回、修改邮箱、邮箱验证、手机验证、安全问题 ……
商品域	为多渠道、多行业、多端（PC、无线、微信公众号）提供多形态（实物、服务、虚拟）的商品服务（商品发布与编辑），包含类目信息、产品（SPU）信息、品牌信息、商品规则信息等信息管理及查询等 ……
交易域	交易是买卖双方以计算机网络为平台，通过合约形式进行的钱与产品或服务的交换 □链路视角：交易链路串联了商品、营销、支付、物流等多个系统，让消费者能够从商家手中购买实物 / 服务、并保证交易能够成功履行 ……
支付域	资金域主要解决订单履行以及结算的问题 □支付：主要解决订单支付过程的问题，包含 　● 支付方：谁来支付 ……
结算域	结算 □结算分账：当订单完成时，将卖家收到的钱按一定比例分给其他账户，分账需要以下两个信息： 　● 分账描述信息：记录该订单的分账业务，方便汇金或支付宝决策如何分账 　● 分账规则：通过支付宝的分账规则是写入到订单中的，所以这些信息会写入订单的垂直表中 ……

(续)

营销域	为多渠道、多行业、多端（PC、无线、微信公众号）提供各种营销解决方案和营销玩法，这些玩法会贯穿商品详情、购物车、交易过程中优惠展示、享受等关联链路。主要包含以下功能： □ 优惠管理：提供减价、折扣、赠品等优惠方式工具赋能商家，提供优惠的创建、展示、查询、使用等能力接口 ……

6. 中心划分

从业务域的规划与定义，可以分析、规划出具体业务域的能力。以商品域能力为例，规划业务架构如图 4-19 所示。

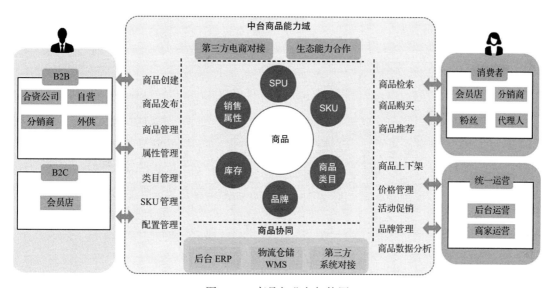

图 4-19　商品与业务架构图

业务中台由按照领域封装数据和能力的服务中心组成。服务中心提供的接口对象作为能力，由业务中台统一输出和展现给上层应用。上层应用对中台提供的能力进行编排，根据需要采用或部分采用中心提供的能力，从而快速地开发和部署，以适应企业业务的变化。

共享服务中心和应用系统采用微服务模式设计。微服务是目前较为先进的架构设计思想，在国内外许多大型互联网公司均有成功的应用，其核心是化繁为简、化整为零，把应用分解为小的服务模块进行独立开发。微服务的特点使其便于部署到容器，对开发、测试、运维过程产生了革命性影响，有力地支持了 DevOps 开发，便于敏捷开发和自动化测试，有利于独立部署、维护升级和故障处理，能够提高效率和质量。

可以说，业务中台和微服务是相辅相成、息息相关的。

服务分组	服务能力
商品搜索	获取商品列表
	查询商品信息
	获取优惠信息
商品生命周期管理	获取商品列表
	获取商品详情
	获取某商品的SKU信息
	新增商品
	编辑商品
	编辑商品时保存历史记录
	删除商品
	批量删除商品
	新增商品类型
	编辑商品类型
	删除商品类型
商品上下架管理	查询商品上下架列表
	商品上架
	商品下架
	批量上架商品
	批量下架商品

服务分组	服务能力
商品模板	获取商品模板列表
	获取商品模板详情
	新增商品模板
	编辑商品模板
	删除商品模板
	批量删除商品模板
	商品模板状态修改
商品套餐	获取套餐列表
	获取套餐详情
	新增套餐
	编辑套餐
	删除套餐
	批量删除套餐
	套餐状态修改
	设置套餐关联的商品
	获取套餐上下架列表
	套餐上/下架
前台类目	新增前台类目
	修改前台类目信息
	删除前台类目
	批量删除前台类目
	获取树形前台类目列表
	获取树形前台类目详情

服务分组	服务能力
后台类目	新增后台类目
	修改后台类目信息
	删除后台类目
	批量删除后台类目
	获取树形后台类目列表
	获取树形后台类目详情
品牌	查询品牌列表
	新增品牌
	修改品牌信息
	删除品牌
	批量删除品牌
商品属性组	获取商品属性组列表（贷款方案、机油参数、汽车保险等）
	获取商品属性组详情
	新增属性组
	修改属性组
	删除属性组
	批量删除属性组
商品属性	获取商品属性列表（首付期数、重量、商业险等）
	获取商品属性详情
	新增属性
	修改属性
	删除属性
	批量删除属性

图 4-20　业务中台微服务拆分

微服务是实现业务中台的技术方式，因此服务拆分对后续的系统开发和落地至关重要。

服务拆分过细会导致应用数量变多、维护更加烦琐。拆分也会使运维人员需要关注的内容和操作性任务成倍增长，这些问题若得不到妥善解决，必将成为运维人员的噩梦。其次，服务间的交互也会变得错综复杂，容易引起服务调用超时，导致系统雪崩。图 4-20 给出了一个微服务拆分的例子。

虽然微服务的设计与划分是一件依赖架构师个人经验和对业务理解的主观工作，但还是有一些规律可循。图 4-21 给出了一些微服务划分的参考原则，其中最重要的就是按照业务领域划分，这也是目前推崇的 DDD 方法（领域驱动设计）。

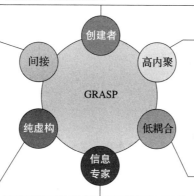

图 4-21 微服务划分的原则

微服务的划分原则说明如表 4-3 所示。

表 4-3 微服务划分原则说明表

规则名称	规则说明
创建者（Creator）	问题：谁负责产生类的实例 解决方案：如果符合下面的一个或者多个条件，则可以将创建类 A 实例的职责分配给类 B。 ❏ B 包含 A ❏ B 聚合 A ❏ B 拥有初始化 A 的数据并在创建类 A 的实例时将数据传递给类 A ❏ B 记录 A 的实例 ❏ B 频繁使用 A

(续)

规则名称	规则说明
信息专家 (Information Expert)	定义：如果某个类拥有完成某个职责需要的所有信息，那么这个职责就应该分配给这个类来实现。这时，这个类就是相对于这个职责的信息专家 解决方案：将职责分配给拥有履行一个职责所必须信息的类（域）
低耦合 (Low Coupling)	问题：怎样支持低的依赖，减少变更带来的影响，提高重用性 解决方案：分配一个职责，保持低耦合度（依赖其他域或者模型强弱程度的度量）
高内聚 (High Cohesion)	问题：如何使复杂性可控 解决方案：分配一个职责，使之保持高内聚（职责的相关程度和集中程度）。在域边界划分的角度，让模型之间紧密的联系体现在类域的内部，而不是域之间
纯虚构 (Pure Fabrication)	问题：既不想破坏高内聚和低耦合的设计原则，但是有些职责无处放置，该如何处理 解决方案：将一组高内聚的职责分配给一个虚构的或者处理方便的类，它并不是问题域的概念，而是虚构的概念，可以达到支持高内聚、低耦合和重用的目的
间接 (Indirection)	问题：如何分配职责，以避免两个事物之间的直接耦合 解决方案：当我们不知道将职责分配给何种模型的时候，可以看看是否能将职责分配给中介模型

针对上述原则，有以下几点说明：
- 微服务的特点在于能够根据业务提炼不同的服务，系统经过拆分，根据不同的功能划分出业务系统和共享服务中心。各子业务系统调用多个共享服务中心完成功能，共享服务中心调用数据层的多种中间件框架。一般来说，业务服务系统只能访问自己的数据库，对于其他数据库中的数据，则通过调用服务提供的接口来访问。
- 化整为零的思路与传统软件开发设计方法的最大区别在于，不是开发一个巨大的单体式应用，将所有服务和能力都塞进这个应用中，而是将应用分解为小的、互相连接的多个微服务。一个微服务一般完成某个特定功能。

以某旅游酒店企业数字化转型项目为例，试点应用服务化的设计，按照微服务的技术特性、通用性综合考虑如下：
- 其核心是组成业务中台的 8 个共享服务中心，整个试点应用系统所依赖的公共服务都凝练到这 8 个服务中心中。随着系统逐步扩大，业务中台的模块会更丰富、功能更多。这样，有新的业务系统上线时，可以直接复用已有的共享服务中心。
- 整个系统用微服务框架设计，包含了微服务最重要的 5 个功能点：服务治理、服务网关、服务容错、服务链路跟踪和服务监控。

在后面的内容中将给出架构设计的一些具体案例。

4.5 业务中台的建设过程

4.5.1 建设过程概述

通过前面的介绍，我们对业务中台的建设思路和设计有了全面的了解。特别是，我们通过 DDD 方法论，对问题域进行了分析，得出了中心划分和每个中心的能力清单。基于业务中台设计阶段的产出，相信有开发背景的读者朋友应该已经按捺不住内心的焦急，迫切地想知道什么时候可以写代码。在编写代码之前，我们还有大量的工作要做，比如技术选型、架构设计、详细设计等。除了这些技术相关的工作，考虑到业务中台仍属于软件开发领域，需要工程化建设过程来确保质量。

1. 什么是软件工程

我们先来看看软件工程的定义。软件工程是研究和应用如何以系统性、规范化、可定量的过程化方法来开发和维护软件，以及如何把经过时间考验而证明正确的管理技术和当前能够得到的最好的技术方法结合起来的工程学。软件工程涉及程序设计语言、数据库、软件开发工具、系统平台、标准、设计模式、云计算、安全、性能、软件开发模式等方面。

软件工程的目标是在给定成本、进度的前提下，开发出具有适用性、有效性、可修改性、可靠性、可理解性、可维护性、可重用性、可移植性、可追踪性、可互操作性和满足用户需求的软件产品。追求这些目标有助于提高软件产品的质量和开发效率，减少维护的困难。

软件开发模式是软件工程的一个重要研究领域，软件开发模型用来描述和表示一个复杂的软件开发过程。当提起软件开发模式，大家首先想到的应该是著名的瀑布模型。瀑布模型是 W.W.Royce 在 1970 年提出的软件开发模型，瀑布模型将软件生命周期划分为制定计划、需求分析、软件设计、程序编写、软件测试和运行维护六个基本活动，并且规定了它们自上而下、相互衔接的次序，如同瀑布流水，逐级下落。在瀑布模型中，软件开发的各项活动严格按照线性方式进行，当前活动接受上一项活动的工作结果，完成所需的工作内容。当前活动的工作结果需要进行验证，如验证通过，则该结果作为下一项活动的输入，继续进行下一项活动，否则返回修改。除了瀑布模型，还有如下常用的软件开发模式：

- 迭代式开发模式：迭代式开发也称作迭代增量式开发或迭代进化式开发，是一种与传统的瀑布式开发相反的软件开发过程，它弥补了传统开发方式中的一些弱点，具有更高的成功率和生产率。
- 快速原型模式：快速原型模式的第一步是建造一个快速原型，实现客户或未来用户与系统的交互，用户或客户对原型进行评价，进一步细化待开发软件的需求。通过逐步调整原型使其满足客户的要求，开发人员可以确定客户真正的需求是什么；第二步是在第一步的基础上开发出让客户满意的软件产品。
- 敏捷模式：敏捷开发是一种以人为核心、迭代、循序渐进的开发方法。在敏捷开发中，软件项目的构建被切分成多个子项目，各个子项目的成果都经过测试，具备集成和可运行的特征。换言之，就是把一个大项目分为多个相互联系，但可独立运行的小迭代项目，并分别完成。在此过程中，软件一直处于可使用状态。

软件开发模式本质上需要解决以下问题：提供一套有效的软件开发过程来指导软件开发，从而满足软件的功能性需求和非功能性需求。为了帮助大家更好地理解软件开发模式，接下来着重介绍一下瀑布模型和敏捷模式。

2. 瀑布模型

瀑布模型的优点是严格遵循预先计划的步骤，一切按部就班，比较严谨。瀑布模型强调文档的作用，要求每个阶段都要仔细验证。典型的瀑布模型如图 4-22 所示。

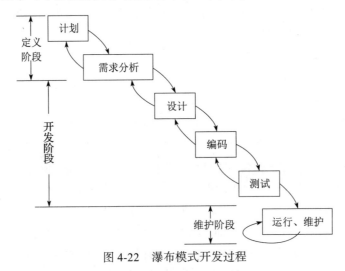

图 4-22　瀑布模式开发过程

瀑布模型的问题是线性过程太过理想化，已不适合现代软件开发模式，几乎很少被业界采用。其主要问题在于：

- 各个阶段的划分完全固定，阶段之间产生大量的文档，极大地增加了工作量。
- 由于开发模型是线性的，用户只有等到整个过程的末期才能见到开发成果，增加了开发的风险。
- 早期的错误可能要到开发后期的测试阶段才能发现，从而带来严重的后果。
- 各个软件生命周期衔接花费的时间较长，团队人员交流成本大。
- 瀑布模型在需求不明确且项目在进行过程中可能变化的情况下基本是不可行的。

3. 敏捷模式

瀑布模型每个阶段之间都有强烈的依赖关系，前一个阶段被视为后一个阶段的输入，如果输入质量不高，便会严重影响后续阶段的输出质量。同时，如果前一个阶段未能达到标准，也会造成后续阶段停滞，导致开发周期加长。而且，项目早期即作出承诺会导致后期需求的变化难以调整，代价高昂。

敏捷开发就是在这样的背景下诞生的。2001 年，17 位软件开发人员聚集在犹他州的 Snowbird，讨论大家对于工作的想法与各种软件开发方法，寻找其中的共性，最终发布了著名的"敏捷宣言"以及 12 项原则，正式宣告敏捷开发运动开始。

数据显示，有 70% 采用瀑布式开发方法的软件开发项目以失败告终。原因在于，市场的需求瞬息万变，很难明确且完整地收集产品需求；同时，技术的发展日新月异，所定义功能的可实现性也面临着多重不确定性的因素。当需求收集和产品定义工作无法很好地完成时，瀑布式开发方法自然无法摆脱高失败率的命运。

敏捷开发的一个核心思维模式的转换便是：从瀑布式开发所代表的“Fix Scope, Flex Time”（固定范围，弹性时间）转向“Fixtime, Flex Scope”（固定时间，弹性范围）。

在市场和技术快速变化的背景下，既然市场需求和产品定义所代表的“范围”无法固化，导致无法确定应该投入多少资源来完成，那不妨固定好已有资源，以资源为约束，实现“范围”的最大化实现，于是从“计划驱动”转向为“价值驱动”。瀑布模式与敏捷模式的对比如图 4-23 所示。

图 4-23　瀑布模式和敏捷模式对比

在敏捷开发思想提出后，诞生了“个体与交互胜过过程与工具”“可以工作的软件胜过面面俱到的文档”“客户协作胜过合同谈判”“响应变化胜过遵循计划”这样的代表敏捷价值观的“敏捷宣言”（如图 4-24 所示），充分发挥“人”作为代码编写者在软件开发过程中的价值。

个体与交互	胜过	过程与工具
可以工作的软件	胜过	面面俱到的文档
客户协作	胜过	合同谈判
响应变化	胜过	遵循计划

图 4-24　敏捷开发的优势

同时，在敏捷宣言的指引之下产生了多种多样的敏捷开发方法，如 Kanban 和迭代式的 Scrum 方法（参见图 4-25），进一步通过具体的实施手段展现敏捷宣言所代表的敏捷价值观。

可以看出，敏捷不仅是一个形容词，更代表了一种方法，那么究竟什么才是“敏捷”呢？

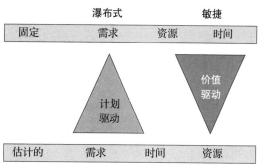

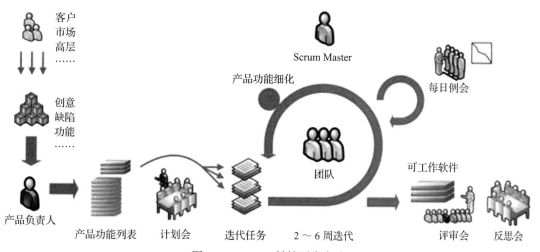

图 4-25　Scrum 敏捷开发方法

敏捷开发以"复杂系统"为背景。作为一种方法，最终都是被"人"所采纳并实施。而人对于世界的认知和理解始终朝着减少未知（Unknown）和不确定性（Uncertainty）两个方向前进。对于未知，需要逐步理解（Understandable）；而对于不确定性，通常是提前预测，通过反馈来获得判断（Predictable）。因此，可理解和可预测也成为人认知世界的两个维度。随着科学技术的进步，对世界上很多事物已经达到可理解、可预测的地步，但还存在非常多的不可理解或不可预测的事物。特别是，每个人的认知能力存在差异，同一个事物对某些具有足够认知能力的人来说是可理解、可预测的，但对另外一些认知能力不足的人，便会出现既无法理解也无法预测的"混乱系统"（Chaotic）。复杂系统（Complex）也是一样的。当相对于人的认知而言，对可理解性和可预测性均提出较高的要求，便呈现出复杂系统的特征。如同敏捷开发产生时的背景，市场瞬息万变，需求变得不可预测；技术日新月异，对某些需求的技术可实现性也变得越来越难以理解。但这种不可理解性和不可预测性并没有超出人的认知能力的范围，没有到彻底混乱的地步；同时，通过不断地反馈和学习，可以逐渐消除未知和不确定。因此，对于这样的复杂系统，运用敏捷方法，可以更好地获得对系统的理解和预测。

以人为核心驱动，对于使用敏捷方法而言，其最终的目的是理解所处的复杂系统，激发复杂系统所具有的能量。这里更强调"系统"对于"人"的价值，而非单纯地承认其"复杂"的特征。同时，复杂系统又是一个相对的概念，是相对于人的认知能力而言。对于复杂系统，其认知的过程依然会沿着"可理解""可预测"两个方向发展，这个过程中"人"将扮演主要的角色，需要充分挖掘"人"的潜能。无论对"目的"而言，还是对"过程"而言，在运用"敏捷"方法时，"人"都是认知和运转"复杂系统"过程中的核心驱动力。

"敏捷"实际上是具有适应能力的一种经验性的过程控制方法。任何一种方法都具有一定的目的性，为了达成目的势必要实施一定的过程控制。在"复杂系统"的背景之下，瀑布式开发所代表的预定义过程控制（Predefined Process Control）已不再适合，而以人为核心驱动的经验性过程控制（Empirical Process Control）将具有更好的适应性和灵活性，同时能充分发挥人的潜能和价值。人类在进化过程以及认知、改造世界的过程中始终面临着各种未知（Unknown）和不确定（Uncertainty），所以人类的历史天然就是一个敏捷的过程。

总结一下，敏捷（Agile）代表的是一种方法，是在以人为核心驱动（Human-Driven）的复杂系统（Complex System）背景下的一个具有适应性的经验性过程控制方法（Adaptive Empirical Process Control）。

4. 业务中台的建设过程

介绍完瀑布和敏捷两种模型后，我们接下来聊聊业务中台的建设过程。本章的开始介绍过，业务中台的开发本质上属于软件开发的范畴，因此软件工程所有的开发模式都可以作为业务中台建设的开发模式。读者可能会问，那么应该选择传统的瀑布开发模式还是现在比较流行的敏捷开发模式呢？要回答这个问题，我们需要看看业务中台的建设过程涉及哪些工作，这些工作的先后顺序是什么。图4-26总结了业务中台的建设过程。

流程	需求调研	需求分析	业务中台架构	业务中台设计实现	业务应用设计实现	项目里程碑验收	项目终验	持续运维	持续运营
活动	业务调研 技术调研	业务建模 非功能需求 需求质量保障	领域建模 服务中心规划 服务规划 服务能力规划 技术规划 部署规划 集成规划 安全规划 技术运营规划	业务中台设计 业务中台搭建 业务中台开发 业务中台功能性 测试 业务中台非功能 性测试	业务应用设计 业务应用开发 业务应用功能 性测试 业务应用非功 能性测试 上线功能评审 上线	里程碑验收	项目交接 项目验收	各环境管理 日常升级维护 业务监控 系统巡查	基于数据的运营 分析
交付物	业务调研报告 技术调研报告	需求规格说明书	业务中台规划说明书 技术架构规划说明书 部署规划说明书 集成规划说明书 安全规划说明书 DevOps规范说明书	业务中台详细设计说明书 基础环境 源代码、镜像、制品 测试计划 测试用例 功能测试报告 性能测试报告 安全测试报告	业务应用详细说明书 源代码、镜像、制品 测试计划 测试用例 功能测试报告 性能测试报告 安全测试报告 发布计划 上线操作手册	里程碑验收报告	用户手册 系统运维手册 服务接口说明书 项目验收报告	业务稳定性报告 性能调优 应急方案	运营分析报告

图 4-26 业务中台建设过程

从图中可以看到，业务中台的建设有 9 大步骤，每个步骤有明确的输入和输出。这个流程和瀑布开发模式完全一样，是否意味着业务中台只能使用瀑布模型？

5. 业务中台的建设模式

这个问题的答案肯定是否，因为敏捷的核心理念是把大块的工作切分成可独立验证的小块工作来迭代建设。仔细观察业务中台的建设流程，我们发现，大部分步骤都可以借助敏捷的思路，通过小步快跑来迭代式地逐步完成。特别是业务中台建设部分，可以采用敏捷的方式定义好里程碑，迭代建设完成。图 4-27 给出了整个业务中台开发建设部分采用敏捷模式的流程图。

业务中台的建设不可能一蹴而就，需要通过迭代的方式逐步完善。业务中台建设的 9 大步骤的每一步都需要企业投入足够的资源。接下来，我们具体介绍一下业务中台建设的每个阶段，从微观层面展示业务中台建设的每一步要做什么，有哪些好的实践，以及产出物是什么。

4.5.2 需求调研

需求调研的目的是找出企业的业务需求点，为后面引入业务中台解决问题奠定基础。因此，了解客户业务、摸清业务流程、梳理重要业务场景对设计业务中台的共享服务中心至关重要。业务中台需求调研流程如图 4-28 所示。

1. 需求调研前的准备工作

在进行需求调研之前，需要进行下述准备工作：

1) 了解客户所属行业的基本标准及专业术语，这时需要与客户的对接人员做一个初步沟通。
2) 了解客户的人员组织架构、规则制度等。
3) 将从客户处获取的主要业务场景作为输入，勾勒出要调研的重要业务需求。
4) 制定详细的调研进度安排表。
5) 获取要调研的应用系统的负责人及联系方式。
6) 准备好调研的访谈记录表和调研核心问题清单。
7) 准备好调查问卷。

2. 调研过程

需求调研可以通过问卷、单独访谈、会议讨论等形式进行。总结而言，这三种方法各有优缺点，因此可以根据实际情况结合三种方法使用。问卷调研可以进行较大量的调研，收集反馈。但问题定义比较有限，不能完整展现业务流程现状；单独访谈可以比较深入地了解个体对于当前业务的理解、可提升的业务流程等，但个体对业务的理解可能不太全面；多人

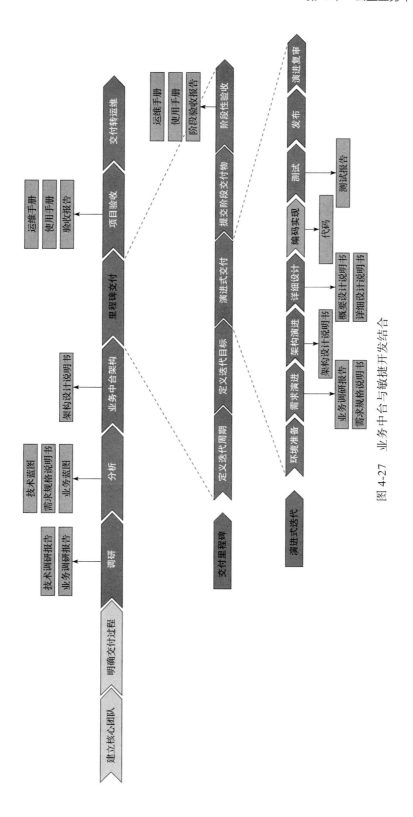

图 4-27 业务中台与敏捷开发结合

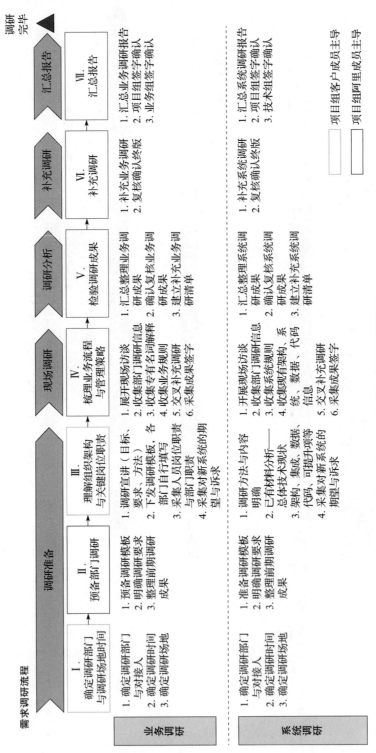

图 4-28　业务中台需求调研流程

会议可以对部门的业务进行充分讨论，但可能因为人数较多，一些较复杂的话题不能表达清楚。同时，人数较多时会导致观点发散，降低调研效率。调研工作在项目中也可能由专门的业务架构师进行，但是技术架构师也要对业务调研的输出物进行学习，方便开展后续的技术架构设计工作。

调研内容包括如下几个方面：总体目标、背景、系统角色定义、总体业务流程、业务场景、功能性需求，以及与外部系统的交互。调研是为了更好地了解客户的业务需求，在这个过程中，应重点关注以下几个方面。

（1）总体目标和业务流程

这里要确定需求调研的范围，总体目标要与客户目标保持一致，不能有偏差。业务流程是后面划分业务中台能力中心的核心依据。

（2）业务场景

通常来讲，业务场景可以根据系统角色定义来分类。以某酒店旅游行业数字化转型项目的需求调研为例，业务场景分为消费者适用的场景、企业员工适用的场景、总部运营人员适用的场景。通过业务场景分类，可以识别其中的实体对象，实体对象是业务中台能力中心的重要组成部分。

（3）技术调研

基于前期业务整体规划的范围，为了保证后续研发过程顺利进行，也要对需要集成的周边系统开展调研。主要关注以下方面。

1）现有 IT 组织及研发架构。

中台的构建涉及研发组织的适配，因此前期需要分析当前研发体系的现状。技术调研阶段主要分析现有技术组织及研发现状，从产品设计研发团队的构建到基础架构运维的系统情况均应涉及。

重点调研的内容包含以下方面。

- 第一是当前的技术团队组成情况。传统应用系统的构建与运营主要分为前端团队的构成，后端实现的业务分析师、研发、运维团队，以及数据库的相应团队。对于业务中台的实现场景，是否成立以一个或几个中心为主的技术研发运营团队，整个团队的构建围绕着中心开展需求的定义与分解、开发实现与上线版本控制等。
- 第二是当前的研发流程。从需求的来源到整体上线的流程进行细化调研，对每个阶段的设计、输出产物等进行定义，分析发版周期需求/问题定义到开发、测试上线的过程。后续在业务中台的研发过程中，用于分析如何实现更加快速的迭代，研发流程上需要进行细化的定义。

图 4-29 给出了一个问题/需求管理泳道图。

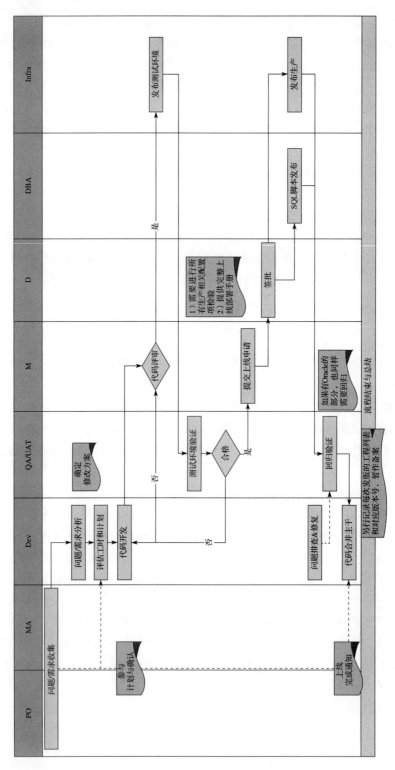

图 4-29 问题/需求管理流道图

2）调研现有系统情况。

中台化的改造是对企业 IT 架构的完善和优化，是一个持续演进的过程。首先，我们需要清晰地定义当前需要替换或者优化的应用系统。从应用系统来看，基于不同行业的情况，一般会有电商平台系统、CRM、CDP 系统，典型的后端系统会有 ERP、制造执行、财务管理等。需要先做好已有系统现状的调研，理解系统数据量和技术实现的情况。通过这个调研过程，可以在业务中台建设过程中，更清楚地理解需要替换或者实现的系统边界。在构建中台系统的时候，基于已收集的网络现场、集成情况、数据情况来完成技术架构实现工作。表 4-4 给出了应用系统的分类。

表 4-4 应用系统的分类

系统名称	应用类型	功能描述	技术描述
索引创建服务	基础服务	将 RDS 数据同步到 ES，中间做数据转换等。接收 DTS 的 Kafka 消息，转换成 ES 操作插入数据	Java、EDAS、微服务等主流技术栈
搜索服务	前台应用	直接基于 ES，对外提供服务	Java、EDAS、微服务等主流技术栈
SOA	第三方应用	上一代面向服务架构的系统	Java、EDAS、微服务等主流技术栈
ADFS	第三方应用	微软的 ADFS，用于新内部系统 Web 认证	Java、EDAS、微服务等主流技术栈
支付宝、快钱、银联	第三方应用	用于第三方支付相关功能	Java、EDAS、微服务等主流技术栈
QQ、微信、微博	第三方应用	用于第三方登录	Java、EDAS、微服务等主流技术栈
CMS	第三方应用	内容管理系统（网站）	Java、EDAS、微服务等主流技术栈

3）网络现状。

业务中台应用部署的前提是充分考量企业当前的网络情况，针对云下的网络现状调研是否与云下系统有集成的需求、各 IDC 机房、办公室间的网络情况、网段规划、带宽情况等，为后续应用的集成设计提供前期输入与准备。同时，对于已有应用部署在云上的情况，需要了解其云上 / 云下环境中网络连通的方式，是采用专线还是 VPN 的方式访问。云上则主要调研各 VPC 的网络规划、定义、不同可用区之间的网段情况等。

图 4-30 给出了一个企业的网络现状示意图。

4）安全现状。

☐ 网络安全
- DDoS：采用 DDoS 云原生防护（基础版）
- WAF：防火墙应用情况
- 云盾（数据库审计）

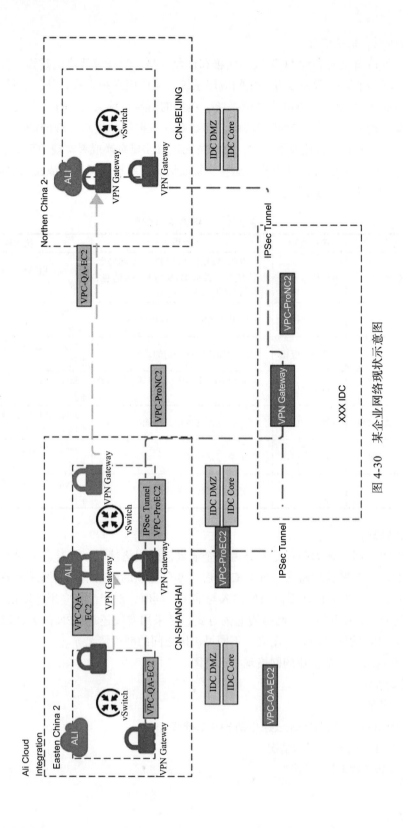

图 4-30 某企业网络现状示意图

❑ 数据安全
- RDS：SQL 洞察
- DMS：SQL 审计
- 安全中心（安骑士）

5）数据存储。

业务中台系统的建设在数据上需要考虑几种情况：系统新建、与外部系统的集成以及对原有系统的替换。对于业务中台的改造，原有系统数据的同步或者切换不可避免，因此，已有系统的数据情况在技术调研阶段也需要进行详细分析。

首先，需要基于业务规划的范围，重点调研集成系统的数据情况。例如，当前系统的数据量、初始化过程中系统模型的匹配规则等在集成方案中应进行细化设计。

如有新老系统切换的情况，建议在项目开展前期，由一支独立的团队参与系统的割切分析，重点关注可能的方案，基于评估的方案来执行数据分析工作。在后续 4.5.7 节中会展开说明如何进行数据的切换。数据情况的调研工作是后续设计的基础。

一些企业在数据调研过程中，会涉及云下数据到云上数据的同步，对部分敏感数据需要考虑是否要进行特殊的处理，例如对云下企业的经销商或者客户个人数据加密。如图 4-31 所示，该企业的用户数据源存储在云下，通过加密个人敏感数据，同步至云上业务中台系统中，用于业务的查询与分析。

表 4-5 给出了业务中台数据上云的清单。

表 4-5 业务中台数据上云清单

源系统	源数据库备份文件（GB）	加密/处理后大小（GB）	总增量数据（GB）
系统 A	×××	×××	×××
系统 B	×××	×××	×××
系统 C	×××	×××	×××
小计（GB）	×××	×××	×××

6）系统集成。

系统整体的集成架构如图 4-32 所示。

7）其他技术现状。

后端系统的性能现状是，中台系统为了支撑快速的业务变化，且需要支撑前端大批量请求，调研阶段需要分析集成系统的性能情况。例如，ERP、物流、支付等交易相关核心链路的性能支撑情况、是否会形成性能上的瓶颈，这些在前期分析的过程中可以进行摸排。如果有性能的考量，在业务设计和开发阶段可以重点关注。

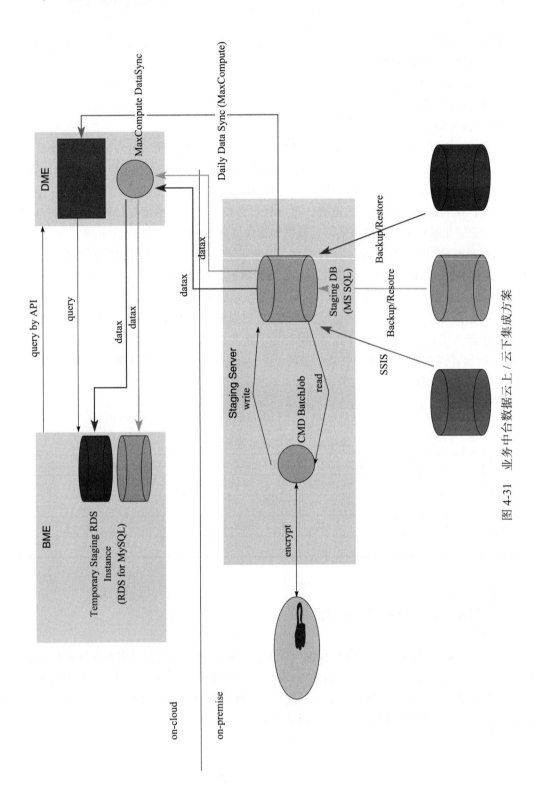

图 4-31 业务中台数据云上/云下集成方案

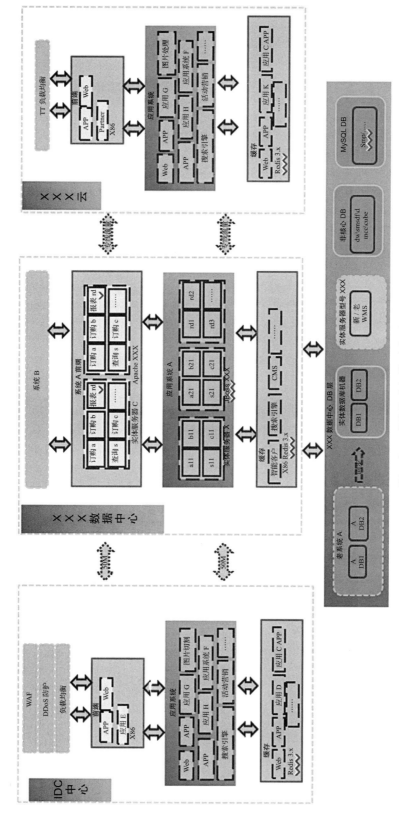

图 4-32 系统集成架构示意图

4.5.3 需求分析

在这一阶段,要分析前面所做的需求调研,充分理解需求,编写总体业务流程和典型业务场景流程图。

首先,应根据实际业务需要,分析主体流程并设计业务流程图。主体流程由若干个业务场景组成。接下来,需要拆分流程中的业务场景,为每一个业务场景绘制流程图。针对每一个业务流程图再绘制时序图,通过时序图识别业务流程里的实体对象和业务操作,为后面的中台能力中心设计提供数据基础。图 4-33 给出了一个调研成果示例,图 4-34 给出了从调研咨询到设计的衔接关系。

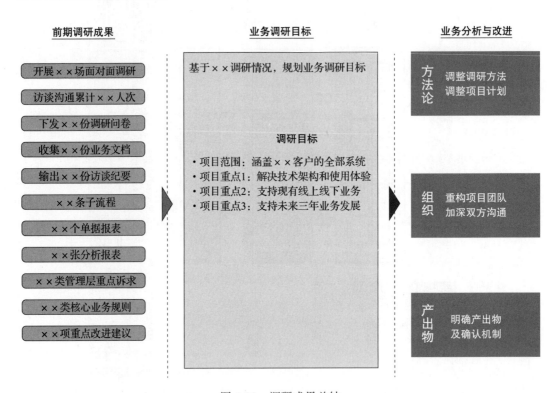

图 4-33 调研成果总结

4.5.4 架构设计

业务中台的建设从业务需求开始,通过技术建设实现业务功能的落地。中台落地后既可支撑初始的业务需求,也为后续业务的发展打下坚实的基础。同时,通过一系列运营方式,从技术反哺业务,实现良性循环的发展目标。架构设计是技术落地的起点,架构设计的过程也是中台建设的整体思考过程,良好的架构设计会为中台建设提供良好的先决条件。

业务咨询到中台化的实现

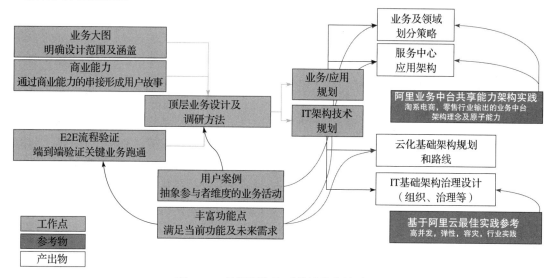

图 4-34　从调研咨询到设计的衔接关系

图 4-35 展示了架构设计的各个阶段、需要考虑的各方面因素，以及架构迭代演进的特性。其中，输入因素可以归结为三类：第一类是现状或者客观事实，这些现状可以是当前的现状，也可以是企业即将规划达成的现状，总之是中台的系统架构要应用的具体企业或者业

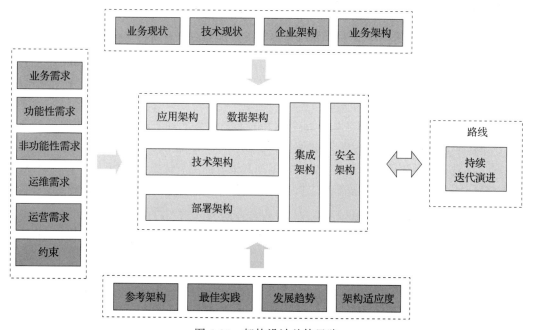

图 4-35　架构设计总体思路

务的现状；第二类是具体的需求，包括业务需求、功能或者非功能性需求、运维/运营需求或者约束等，这些需求可以通过中台的建设方式进行落地，满足特定时间段内的业务发展要求；第三类是技术发展规划部分，中台的架构设计应匹配技术发展的趋势，保证足够的先进性和可演进性，为企业未来的中台建设预留空间，同时保证一定的架构适应度，避免在中台建设初期投入过大、超前过多而与实际脱节。

当中台的系统建设进入架构设计阶段的时候，一般已经明确了企业现状、业务现状和具体的需求等，所以架构设计阶段更关注如何基于以上输入进行中台系统的技术落地。一般来讲，一个一般规模的中台系统是基于领域驱动设计进行业务分析后，通过分布式技术落地的一套业务系统。不过，中台的落地形式和架构方案取决于业务的需求。比如，对于一个小规模的企业，技术能力尚不够强大，研发人员也不够多，若想通过中台的理念构建自己的系统也是可行的，可以规划一套具备足够演进能力的架构让技术系统随着业务不断发展而不断健全，业务能力也可以随着这套系统不断创新与突破，这就是一个很好的中台演化的例子。当中台系统的规模越来越大，整体的线性扩展能力或者系统整体的可用性已经无法通过简单的分布式系统进行管理，就需要中台继续演化自己的能力，比如扩展点、异地多活或者全链路压测等。所以，对于中台应该如何落地还是要结合实际，架构设计也是一样，不要盲目超前，也不要忽视新技术带来的好处，小有小的好处，大有大的玩法。

下面我们系统地讲解架构设计的总体理念、落地的过程以及各个架构关注的内容。

1. 架构设计的理念

总体来讲，架构设计是为了解决业务复杂度所带来的问题，所以在架构设计时，首先要考虑业务的需求和未来的演进。如果是简单系统，并且一段时间内没有迭代发展的计划，那么完全可以采用简单的架构，例如单体架构。这样做的好处是可以节省人力成本，也可以避免复杂架构带来的一系列维护、管理等问题。哪怕是单体架构，只要做到较好的分层和模块化，避免人为导致的架构磨损等问题，仍然可以很好地支撑业务。而且，做好模块化后，也便于在业务需要时做微服务拆分。

对于简单系统来讲，单体架构是一个很好的选择，但是对于建设中台这种复杂的业务需求，单体架构在人员组织构成、迭代速度、扩展性等方面的劣势就凸显出来了。随着业务的发展，我们不得不选择整体复杂度更高，但在其他方面更有优点的架构。中台架构的逐渐成熟，是伴随着业务的需求和技术的成长逐渐演化而来的。下面从几个方面介绍促进中台演化的重要技术。

- 领域驱动设计：为复杂业务的理解提供了理论基础。通过领域驱动设计的思想可以对复杂业务场景进行拆分，从而生成业务域、聚合、实体、领域事件等关键业务定义。这些都为整体业务拆解为可以落地的领域需求做好了准备。
- 微服务：突破了传统单体架构的物理界限，并通过一系列微服务治理能力解决了微服务拆分带来的通信、链路、配置等一系列问题。微服务也为领域驱动设计划分的各个业务域提供了技术上的实现基础。

- 容器：为微服务的运行提供了环境基础。业务系统进行微服务拆分后，可能会划分为几十、上百个微服务[⊖]，每个微服务运行的环境依赖可能各不相同，于是微服务运行环境的治理就成为一个严重的问题。所以，容器具备的运行环境隔离及运行资源隔离的能力为微服务解决了服务运行中急需解决的一环。
- CI/CD 体系：微服务带来的问题不仅是微服务体系的治理和运行环境。当微服务较多时，服务本身的编译发布也变成一个极其复杂和繁重的工作，这些问题可以通过健全的 CI/CD 体系进行固化和自动化，从而提高微服务体系整体的发布效率。
- 云计算的推广：云计算的地位近几年已经逐步明确，目前已经成为信息行业的基础设施。云计算可以快速提供业务系统运行所需要的计算、存储、网络等资源，丰富的云产品可以降低系统搭建的难度，同时云厂商具备的运维能力可以弥补一般企业运维能力的不足，从而促进业务系统快速孵化上线。业务中台的建设可以最大限度地利用云计算的优点，在建设速度、运行弹性、系统维护、安全等方面促进中台的成熟。

基于以上的技术基础，可以提出以下中台架构设计的基本理念：

- 面向分布式设计（Distribution）：使用领域驱动设计、微服务、容器。
- 面向配置设计（Configuration）：配置与代码隔离，服务运行依托各个环境独立的配置；具体发布可以选择 Git Flow 模式或者一次编译多次部署的方式。
- 面向韧性设计（Resistancy）：故障容忍和自愈。
- 面向弹性设计（Elasticity）：基于时间或系统负载的弹性能力。
- 面向性能设计（Performance）：快速响应，并发和资源高效利用。
- 面向自动化设计（Automation）：自动化的 DevOps 体系。
- 面向诊断性设计（Diagnosability）：集群级别的日志、度量和追踪。
- 面向安全性设计（Security）：安全端点、端到端加密、整体安全体系。

2. 架构设计的过程

概括来讲，架构设计的过程遵循如图 4-36 所示的流程，因为某些后续的设计需要将前面的架构设计作为输入。例如，数据架构要基于应用架构来规划数据分布，技术架构要基于应用架构的功能定义来确定技术组件。

图 4-36　架构设计流程

但架构设计过程不一定是瀑布式的，比如有些情况下技术架构可能会反向影响应用架构或者数据架构的设计。所以，整体的架构设计过程是具备依赖关系的整体迭代过程，最终

⊖ 淘宝的微服务数量远不止这些。

达到一个总体理想的目标。

架构设计是中台设计的起点，整个过程其实是模拟了中台的建设过程。可以让设计者从业务开始，逐渐理解系统的建设目标、数据的组织形式、技术的实现方式、整体的部署形态、内外部交互情况以及安全体系。这些概括了一个系统所要重点关注的各个主要方面，让中台建设团队在宏观上有一个整体认识，在落地的过程中有一个基本的依据。

3. 应用架构

应用架构是通过对业务的理解，采用领域建模的分析方法，对业务流程、场景用例进行分析和抽象，完成业务、聚合、实体、领域事件等相关分析成果，并将具体的业务实现按照前台应用加共享服务中心的模式形成的，它能准确定义应用范围、功能及模块。

应用架构是承接系统需求和技术落地的交点。通过应用架构的功能及范围定义，可为后续系统的建设提供指导意见。例如，在后续的数据架构或者部署架构的设计中，可以以应用架构作为设计基础；在组织结构方面，可以参照应用架构进行组织划分，这样组织的边界和职责就能一目了然。

如图 4-37 所示，应用架构中定义的服务中心是从业务角度对领域能力的划分，但服务中心与微服务的对应关系未必是一对一的。微服务的划分以领域驱动设计的一个或多个限界上下文为主要参考项，并且考虑分布式事务的场景或者最终一致性带来的复杂度、人员组织情况、硬件资源分配、系统整体管理和发布的复杂度等因素。

应用架构中定义的业务应用称为前台，是距离业务最近的、直接承接业务的服务。它们可以基于中台提供的能力快速实现，中台的意义就在于帮助业务快速成功。

应用架构是对整体业务的一个高度抽象，在实际进行设计时，还需要在此架构基础上进行补充说明，尽可能描绘清楚各模块的具体职责。图 4-37 给出了一个应用架构的示例。

4. 数据架构

应用架构完成了各服务中心领域模型的定义，那么数据架构就是把领域分析得出的实体（DO）以持久化模型（PO）存储的形式进行落地的设计。数据架构的定义不仅涉及数据库，也涉及缓存、对象存储、搜索引擎等数据相关能力及模型的定义。它完整地规划了各共享服务中心内数据存储的形态、功能定位和技术选型。如图 4-38 所示，数据架构把各中心的情况进行汇总，各个中心可以基于对数据的实际使用情况进行细化，例如包含数据存储的具体选型、数据存储的规模、数据使用的链路、备份与恢复的方式等。

5. 技术架构

技术架构是以应用架构和数据架构为输入，并且兼顾技术未来的发展趋势、技术与业务及数据实现相匹配等角度而设计的技术落地规划。如图 4-39 所示，技术架构确定了整体技术选型，详细描述了中台系统底层基础资源的应用、云产品存储及中间件的选型、中台服务使用的技术点等。

第 4 章 云上业务中台　　167

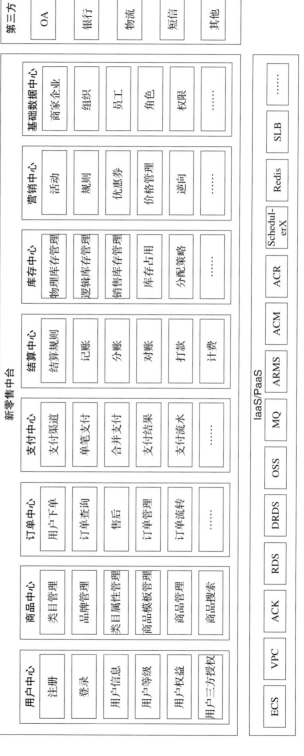

图 4-37　应用架构设计示例

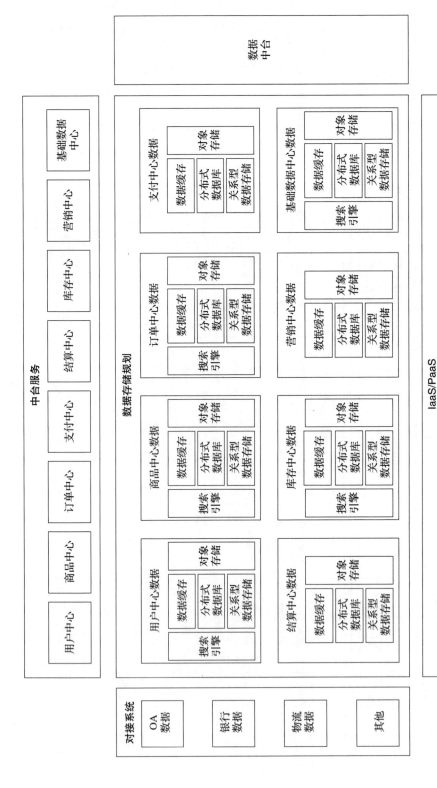

图 4-38　数据架构设计示例

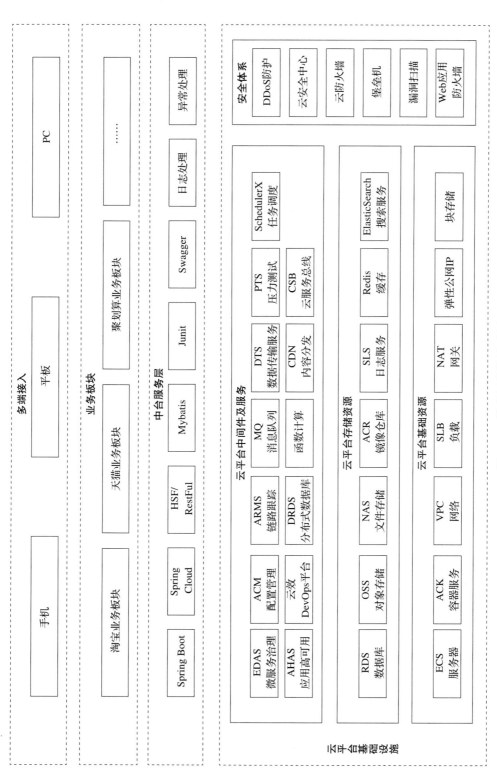

图 4-39 技术架构设计示例

所有中台实现人员都应该关注技术架构，它是中台在实现过程中技术方案的提炼，直接确定了中台人员的技术相关工作内容，避免中台人员使用过多、过杂的技术而使中台技术栈过于庞大。技术架构也是对中台实现人员的技术要求，中台实现人员应能够对自己所负责工作相关的选型范围内的技术点做到足够理解和恰当运用。

6. 部署架构

部署架构详细描述了中台系统运行时使用的云产品、服务、网络、请求链路等的关系。如图4-40所示，图中的部署架构描述了所有资源在一个可用区内（具体服务运行在Pod上）以及所使用云产品的情况。所有服务Pod运行在ACK之中，ACK使用ECS作为服务器资源；ACK与EDAS中的名字空间是一一对应的关系；底层的云资源和EDAS中的微服务在同一个VPC网络内；给出了客户端到中台服务的访问路径等。同时，描述了一些更细节的内容，比如服务Pod通过NAT进行对外网的访问。

图4-40把一个可用区内所有资源的部署情况描述得较为清楚，但是中台系统的具体部署未必是在一个可用区内，比如考虑到容灾需求，中台系统可能会选在一个地域⊖内的多个可用区⊖进行部署，或者在多个地域进行部署，并且实现多地域系统间的流量切换，这个技术称为异地多活。相关的实现不能简单通过部署解决，还要考虑到服务注册、数据同步等技术。

所以，部署架构不仅要关心业务功能需求的满足情况，更要关心技术上的实现和非功能性需求的满足。

7. 集成架构

集成架构基于业务需求和上下文，分析中台系统和企业其他业务应用、企业外部应用之间的业务耦合关系，实现中台和企业其他业务应用、企业外部应用之间的数据集成、应用集成的规划。

图4-41简单枚举了所有的对接系统、系统间的通信方式等。如果中台的外部对接系统较多且存在同一类功能对接了不同系统的情况，或者希望通过集成架构描述更多信息，也可以在集成架构中添加具体通信的功能和作用，甚至主要接口的信息。

8. 安全架构

安全架构是依据业务安全需求和相关安全合规要求，从业务安全、应用安全、数据安全、基础安全、账户安全、云平台安全和安全监控及运营等方面对中台系统的安全进行规划。如图4-42所示，图中列举了中台在安全方面的关注点，这些内容都需要在建设中台时密切关注，并且结合中台的实际业务需求和技术情况进行实现。

⊖ 地域之间的距离一般比较远，跨度近千公里，网络延时较为明显。
⊖ 可用区之间的距离一般不会很远，大约几十公里，在请求链路不频繁跳转的前提下，延迟基本可控。

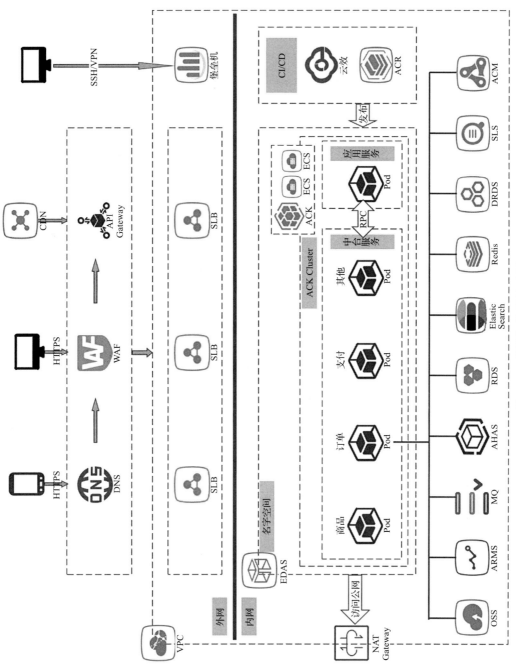

图 4-40 部署架构设计示例

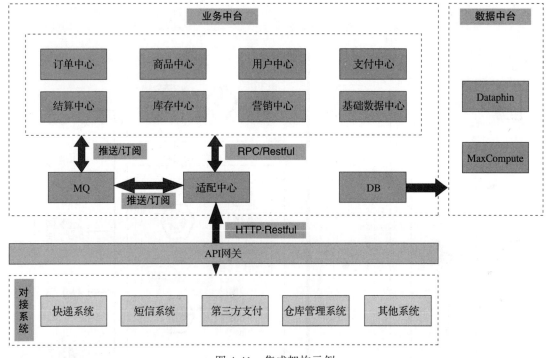

图 4-41 集成架构示例

图 4-42 安全架构示例

4.5.5 系统构建

系统构建是以需求分析、领域设计、架构设计为基础,进一步规划和细化系统的详细设计，然后通过代码来构建服务的具体能力，通过服务和中间件等资源的搭建完成整体系统建设的过程。一般来讲，系统构建的工作内容非常多，各个环节都需要投入一定的人力才能满足要求，如果采用瀑布模式构建整个系统可能并不适合。对于中台的系统构建，推荐使用敏捷的方式来完成。

采用敏捷的方式，首先要规划出一个业务上的最小闭环，尽快进行落地和验证。落地验证成功基本上可以说明整体架构的可行性，并且可以尽早暴露和解决问题。这种敏捷迭代的方式也符合逐渐成熟的中台理念，后续企业健全中台能力时完全可以复用这种模式。如果在建设中台时采用瀑布模型，则会让技术团队习惯单体应用的开发思维，缺乏快速响应前端需求的演练，不利于中台在企业内部长期的技术运营和成长。如果中台的快速迭代能力构建不好，那么系统快速响应能力也会成为空谈，不利于中台的快速成熟，也会失去中台快速支撑业务的建设优势。

图 4-43 展示了系统构建阶段的主要迭代环节，以及各环节的主要工作内容。下面将深入各个环节来讲解中台的构建过程。

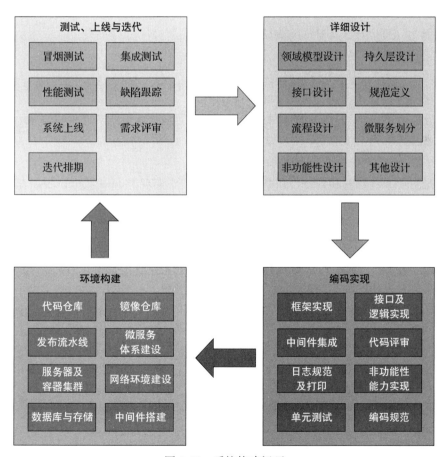

图 4-43 系统构建闭环

1. 详细设计

基于之前对业务的调研和分析，以及领域驱动模型的分析、中心的划分和能力识别等工作成果，中心的详细设计以领域模型关系为起点，逐渐细化中心内的持久模型定义、接口定义、主要流程、事件发布与监听等内容。

（1）领域模型

领域建模是对业务逻辑进行系统建设分析的一种方式，它最大的优势是衔接了业务语言与技术语言，为业务到系统的落地提供了一种翻译途径。从领域模型出发，通过技术研发实现领域能力，从而实现了业务逻辑。

业务中台中某一中心的详细设计是以领域能力定义为起点的。例如，在业务分析及领域设计阶段，可以得到如图 4-44 所示的模型关系。类目与商品之间是一对多的关系、品牌与商品之间是一对多的关系等，这种对应关系为系统的持久模型提供了设计依据。在领域设计阶段提炼出来的中心能力，可以在服务内的领域层及应用层进行实现，通过接口的形式暴露出来，用于服务间调用或被前端服务使用。领域事件可以通过消息的方式在服务间进行传递和监听，从而实现事件的处理。所以，用技术方式实现领域的落地即可以实现业务需求的落地。

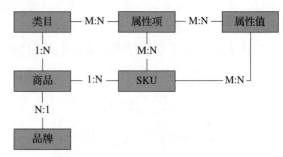

图 4-44　类目、商品和品牌模型关系

（2）微服务划分

领域是对业务的理解和划分，而微服务是实际需要实现的 Java 服务，所以存在领域与微服务转化的问题。具体要如何转化需要考虑的因素比较多，下面列举这些因素对微服务划分的影响。

1）实体间关系：领域实体的划分是领域建模的成果，通过领域建模得到的实体间具备包含、关联等关系。一般来讲，实体间的最小聚合单元是聚合根及它的相关实体，所以聚合根内的实体是不能分割到不同服务的。其上一个层级是限界上下文，它定义了最小的业务边界，所以可以把限界上下文作为微服务拆分的最小单元。但是在实际的系统建设中，不一定要基于限界上下文拆分，还要考虑其他因素。

2）人员及组织结构：这也是影响微服务划分的重要因素。微服务的数量需要考虑组织及人员的承载能力，以及组织之间的沟通成本等。若微服务过多，但人员和组织数量无法与之匹配，就会增加额外的成本，所以从人员角度考虑，会把多个限界上下文合并至一个微服务。

3）非功能性的考虑：若两个限界上下文间存在强一致性事务，那么就要考虑事务的实现方式，比如把两个限界上下文放入一个微服务内，或者多个限界上下文放在一个微服务内。如果某一个限界上下文的需求迭代频繁或者性能要求较高,则可以考虑把这个限界上下文拆分出来独立为微服务。

4)模块化及可演化:即使在设计时考虑了许多因素,但实际运行一段时间后还会觉得之前的微服务划分不合理。出现这种情况其实并不意味着在设计时就存在问题,而是因为随着业务的发展、人员的调整、技术实现的变化,需要微服务随之演化。所以,在设计之初就应该考虑到这种情况,在实现微服务时做好模块化封装,在需要进行微服务拆分或者合并时,以模块作为拆分或者合并的单元,使微服务可以随业务共同成长。

对于图 4-45 所示的领域模型关系,在业务语义上,类目、属性项、属性值可以划分至一个限界上下文内;商品和 SKU 可以划分至一个限界上下文内;品牌可以独立划分至一个限界上下文内。这里可能会有一个问题:SKU 也与属性项及属性值有关联关系,为什么不能划分至一个限界上下文?这就需要结合实际的业务场景来分析了。在实际场景中,创建属性项需要挂靠到类目的叶子结点上,属性值需要挂靠到属性项上。而 SKU 不同,SKU 是在商品挂靠到类目叶子结点之后,才能选择此类目挂靠的属性项进行关联,所以 SKU 没有和属性划分至一个限界上下文内。

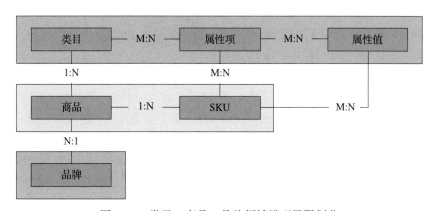

图 4-45 类目、商品、品牌领域模型界限划分

限界上下文划分完成之后,就要考虑微服务如何划分。如果存在业务压力不大或者人力紧张等情况,可以考虑把这 3 个限界上下文划分至一个微服务内,并在微服务内做好模块化,方便以后进行微服务拆分;如果商品相关信息会被频繁访问或改动,那么可以把类目和品牌划为一个微服务。商品与 SKU 这个限界上下文单独成为微服务,SKU 通过 RPC 调用获取属性相关信息。如果考虑到 SKU 远程调用属性的损耗,可以在商品微服务中进行属性内容的缓存(但要注意属性的更新同步)。当然,也可以把这 3 个限界上下文都单独划分为微服务。所以,微服务的划分需要结合实际情况进行分析,理性地取舍,并且解决不同划分带来的问题。

(3)持久模型

在进行中台持久模型设计之前,首先需要了解在中台建设过程中经常用到的几种模型、这些模型所处的位置及其作用。

如图 4-46 所示，在中台的一个微服务内，一般存在 3 种模型（实例化后为对象），分别是数据传输对象（Data Transfer Object，DTO）、领域对象（Domain Object，DO）和持久化对象（Persistent Object，PO）。而在前端应用中，存在另外一种模型——视图对象（View Object，VO）。不同的模型在微服务或系统内担任不同的角色。

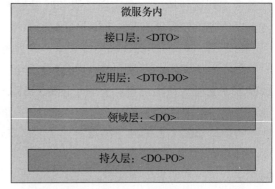

- VO：一般用于页面的展示、封装页面数据元素。数据通常由 DTO 转换而来，大部分字段和 DTO 的数据内容相同。但考虑到页面显示的多样性，页面显示一般不直接复用 DTO 模型，而是使用新定义的视图模型（VO）。
- DTO：主要用于服务间的数据传递，但 DTO 的设计要注意共性的提炼。例如，当某一个前端应

图 4-46　商品持久模型

用用到性别这个字段时，VO 的显示是"男""女"；而另一个前端应用的 VO 需要显示"小哥哥""小姐姐"。这种情况下，DTO 就不能为每一个前端做适配，所以 DTO 可以考虑采用"1"和"0"作为通用的性别标识，而个性化的标识由 VO 来实现。DTO 还有另外一个很重要的任务，因为 DO 模型可能有很多字段，或者嵌套较多，但并不是都需要传输的，所以 DTO 承担了把 DO 转化成适宜传输的模型的功能。
- DO：领域对象最主要的特征是具备业务字段与业务方法，能够实现业务逻辑。它并不关心存储，也不关心传输，主要是通过领域驱动的落地方式实现实体内及聚合内的业务逻辑。
- PO：数据库真正持久化落地的模型，PO 与 DO 有时可能高度匹配，尤其是在业务字段上 PO 与 DO 能够一一对应，但 PO 更关注数据库的落地和技术上的实现，所以会有一些差异。例如，PO 会有"创建时间"和"更新时间"字段；PO 为了实现"乐观锁"会添加"version"字段；当 DO 的两个模型存在多对多的映射关系时，PO 会单独创建一个表记录这种关系，但这个表的模型在 DO 中是没有的。

所以，对于中台持久模型的设计，主要考虑的是如何把业务模型（DO）通过一定的转换，形成可以持久化保存、包含业务属性、包含数据库附加字段并且通过某种关联字段或者库表保留模型关系的持久化模型。图 4-47 展示了商品持久模型包含的内容，其中 id、gmt_create、gmt_modified 是数据库附加字段，name、url、other_do_column 是业务模型所需字段，brand_id、category_id 是外部关联的字段。

	列名	类型	默认值	是否为空	描述
规约要求	id	bigint		否	唯一标识
模型业务字段	name	text		否	商品名
	url	text		否	商品详情链接
	other_do_column	…		…	…
外部关联	brand_id	bigint		否	品牌ID
	category_id	bigint		否	类目ID
规约要求	gmt_create	datetime		否	创建时间
	gmt_modified	datetime		否	修改时间

图 4-47　商品持久模型内容

（4）接口定义

接口是微服务对外提供能力的方式，接口能力是通过微服务内的应用层、领域层等来实现的，而接口对外透出、使外部服务可以访问则是从接口定义开始的。一般的接口定义包含接口名称及作用、接口服务名及路径、RT 及 QPS、请求参数、接口应答、错误码等通用信息。对于一些特殊的接口，比如需要调用方传入加密信息时，需要在接口定义中描述加密方式，以便调用方可以根据描述实现加密。所以，接口的定义主要是让调用方能尽可能地了解接口的使用方式，降低沟通成本。

下面简单描述接口定义中的各部分内容：
- 名称：商品查询。
- 说明：通过商品 id 查询商品信息。
- 服务名：Commodity。
- 路径：/Commodity/{id}。
- 关键指标：

RT	单机 QPS
300ms	200

- 请求参数：

字段名称	类型	是否必须	描述
commodityid	bigint	是	商品唯一 id
option	xxxDTO	否	商品信息的附加查询拓展，例如读取对象中的某个标识位，确定是否查询当前商品库存等（此处不对此字段再展开演示）

❑ 接口应答：

字段名称	类型	是否必须	描述
result	CommodityDTO	是	商品的详细信息
success	Boolean	是	是否成功
code	String	是	业务错误码
message	String	是	附加信息
ext	Map<String, Object>	否	其他信息

❑ 错误码：

错误码	错误描述	解决方案
Commodity-x-001-01-001	商品不存在	检查 ID 是否正确
Commodity-x-001-01-002	商品已失效	查询商品时附加商品失效仍然查询标记

（5）主要流程

对于服务内比较重要或者特殊的功能，仅仅通过接口说明是不够的，还需要更加详细的描述，那么时序图是一个不错的选择。图 4-48 描述了获取商品的主要流程。由于商品的读取在业务中是一个高频的动作，因此添加缓存是很必要的。在此时序图中使用了懒加载的方式实现商品的缓存，当然也可以根据实际系统的需要更换缓存加载方式，比如使用预加载的方式实现。如果微服务中有领域事件，那么领域事件的监听与处理也可以通过时序图来描述。

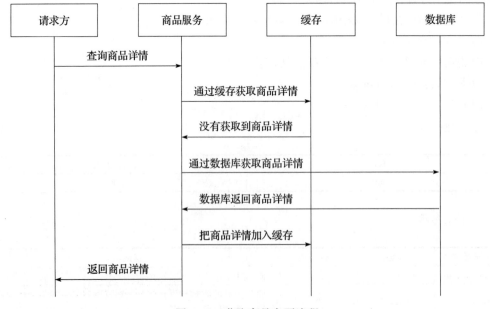

图 4-48　获取商品主要流程

（6）非功能性设计

非功能性设计主要解决的是明确提出的业务指标需求，以及在业务需求中没有明确提出，要经过对业务需求的分析而得出的需求。

业务明确的指标需求包含 RT（响应时间）、QPS（承载量）、RTO（复原时间目标）、RPO（复原点目标）、存储空间、弹性伸缩等一系列系统非功能需求。

另外一种指标不能直观地在业务需求中查看。例如，用户中心的总体用户规模预估为 1 亿，那么使用 MySQL 单表存储明显不合适，需要考虑分库分表；如果需要根据用户名或者其他信息进行搜索，那么直接在数据库中搜索的性能并不如预期，则需要考虑对用户信息添加搜索引擎。对于某一事务的操作，是选择强一致性还是最终一致性，某一操作的幂等实现等非功能需求也要在设计上与业务需求一起规划。

（7）通用规约

通用规约不仅局限于一个中心内部，它是在详细设计阶段整体中台建设中各个中心共同遵守的一种约定，约定的内容涵盖各中心通用的技术和设计部分。通用规约一般包含如下内容：《数据库设计规约》《编码规约》《日志规约》《安全规约》《单元测试规范》《设计规约》。具体内容可以参考《阿里巴巴 Java 开发手册》。

这些通用的规约条目较多，如果全部以人工方式去规范和实现成本较高，所以需要把规约通过脚手架进行固化，或者通过工具辅助检查实现。脚手架可以参考编码实现部分的说明，辅助工具可以在 IDE 中安装阿里规约插件"Alibaba Java Code Guidelines"来获取。

2. 编码实现

详细设计完成后，需要通过编码把各中心的设计成果落地，形成可以运行的 Java 服务。一般来讲，在中台建设过程中，编码阶段会占用整个建设周期一半左右的时间，所以如何提高编码的质量和效率是中台建设过程中需要不断探索和优化的重要环节。

（1）标准脚手架

编写微服务时，一般从一个基础脚手架开始，所以如果能够在脚手架中定义通用的能力和框架标准，可以起到提高编程效率、提升编程质量、统一技术栈、方便人员调度和互相承接工作、方便代码审查的效果。表 4-6 列举了脚手架拥有的一些能力。

表 4-6 标准脚手架能力清单

脚手架能力	能力说明
模块定义	明确脚手架的模块和分层。例如，通过 Module 分隔大的功能区，在业务实现 Module 内通过 package 分隔业务逻辑模块和分层等
存储及中间件标准使用	对各中心通用的中间件进行默认依赖注入，提供标准的写法或者提供默认的代码生成
测试相关能力	单元测试、Mock 代码
接口定义	☐ 集成 Swagger 方便接口调试 ☐ 标准的请求应答格式 ☐ 如有必要，考虑通过 AOP 实现接口切面日志打印

（续）

脚手架能力	能力说明
日志打印	❑ 标准的日志输出格式 ❑ 日志输出设置
代码检查	❑ 调用关系检测、编码检查等
统一依赖，打包管理	❑ 通过 maven 的 parent 中的 pom 文件，实现依赖版本统一管理 ❑ 提供默认的 dockfile 文件，统一打包规范
其他辅助能力	❑ 统一的错误码管理、统一的异常捕获等

（2）微服务框架

图 4-49[⊖]简要描述了微服务内的 Module 能力划分，以及 Module 内各 Package 的功能。这种划分方式通过 Module 从大的层面实现了功能的分隔，如 api_module 在 RPC 调用时可以作为二方包被其他服务引用，启动模块 boot_module 与业务实现模块 domain_module 分离等；它也考虑了在业务逻辑内，即 domain_module 内的模块化，为微服务的拆分和合并提供了技术基础。

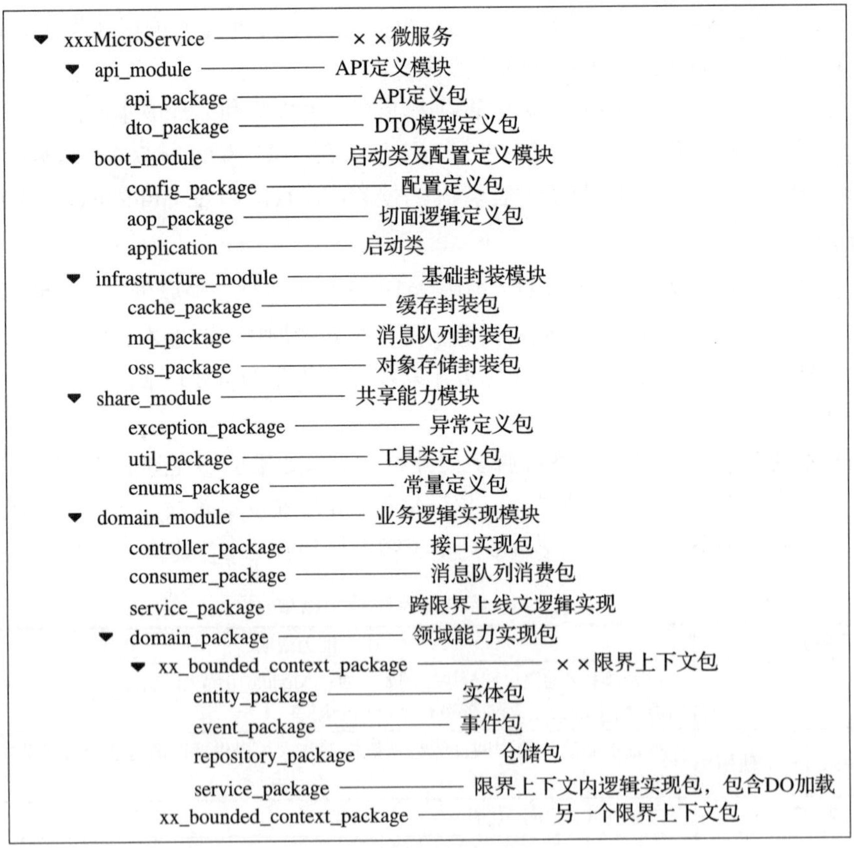

```
▼ xxxMicroService ──────────── ××微服务
    ▼ api_module ──────────── API定义模块
        api_package ──────────── API定义包
        dto_package ──────────── DTO模型定义包
    ▼ boot_module ──────────── 启动类及配置定义模块
        config_package ──────────── 配置定义包
        aop_package ──────────── 切面逻辑定义包
        application ──────────── 启动类
    ▼ infrastructure_module ──────────── 基础封装模块
        cache_package ──────────── 缓存封装包
        mq_package ──────────── 消息队列封装包
        oss_package ──────────── 对象存储封装包
    ▼ share_module ──────────── 共享能力模块
        exception_package ──────────── 异常定义包
        util_package ──────────── 工具类定义包
        enums_package ──────────── 常量定义包
    ▼ domain_module ──────────── 业务逻辑实现模块
        controller_package ──────────── 接口实现包
        consumer_package ──────────── 消息队列消费包
        service_package ──────────── 跨界上线文逻辑实现
        ▼ domain_package ──────────── 领域能力实现包
            ▼ xx_bounded_context_package ──────────── ××限界上下文包
                entity_package ──────────── 实体包
                event_package ──────────── 事件包
                repository_package ──────────── 仓储包
                service_package ──────────── 限界上下文内逻辑实现包，包含DO加载
            xx_bounded_context_package ──────────── 另一个限界上下文包
```

图 4-49 微服务内的 Module 划分

⊖ 图中的模块及包命名添加了 module 和 package，这是为了方便读者阅读，实际项目中不需要添加此内容。

（3）接口及实现

微服务的接口可以方便本地调试和查看请求出入参数示例，可以引入 Swagger 帮助实现此能力。Swagger 的用法此处不做展开，各位读者可以查看官方文档了解详情。

在之前介绍的微服务框架中，使用 api_module 作为接口的定义模块，此模块默认选用一种通信协议定义接口的通信方式。如果在实际系统的建设过程中，需要满足更多通信协议，可以考虑对此模块再次拆分，形成一个纯粹的 api 定义模块，以及多个协议接口定义模块。每个协议模块引用 api 定义模块，并在纯粹的 api 模块的 interface 上添加各自的协议信息。

关于接口的业务逻辑实现，可以结合之前的脚手架架构分层、配合领域封装的思想，各层各模块承担相应的职责，从而实现接口的业务逻辑。

- xxxController：domian_module 模块 controller_package 中的接口实现类，继承了 api_module 中的某个 interfece 类。此文件主要的作用是补充通信协议信息、参数验证、标准化返回等。此文件包含 service_package 中对应的类实例 xxxService，具体实现逻辑时调用 xxxService 中的方法。
- xxxService：被 xxxController 调用，是具体接口的实现类。当微服务内有多个限界上下文，并且某一接口需要调用多个限界上下文的能力时，可以通过此文件进行组装，向下调用 xxxDomainService。
- xxxDomainService：限界上下文内的能力封装，可以通过它加载领域实体，编排各领域实体能力，可以调用 xxxEntity 中的方法。
- xxxEntity：具体的聚合根及实体，具备领域能力，可以调用此类的方法实现实体的业务逻辑。

接口执行完成后，一般都会通过标准的返回格式返回给调用方，可以参考如下代码：

```
@ApiModel(" 标准返回 ")
public class ResultResponse<T>{
    private static final String SUCCESS_MSG = "success";
    @ApiModelProperty(
        value = " 业务错误码，如 Commodity-x-001-01-001, Commodity-x-001-01-002,
        example = " Commodity-x-001-01-001"
    )
    private String code;

    @ApiModelProperty(" 额外消息 ")
    private String message;

    @ApiModelProperty(" 是否成功 ")
    private Boolean success;

    @ApiModelProperty(" 一些 meta 信息或扩展信息 ")
    private Map<String, Object>ext;
```

```
@ApiModelProperty(" 实际数据，一般来说是DTO")
private T Data;

public ResultResponse(String code, String msg, T data) {
    this.code = code;
    this.message = msg;
    this.Data = data;
    this.success = true;
}
...（省略其他内容）
}
```

（4）单元测试

中台系统一般复杂度很高，而且为了快速响应业务需求，要求迭代速度很快。在这种前提下，在保证速度的同时保证质量就显得尤为重要。单元测试是中台建设中非常重要的一环，简单来讲就是用单元测试覆盖主要的业务逻辑，通过Mock模拟外部返回。使用Assert判断单元测试的执行结果是否正确。在每次代码编写完成后和提交代码之前运行一次单元测试，保证本地修改和提交不会对已有逻辑造成影响，避免由于本次修改造成已有逻辑不可用，从而达到保证质量的目标。

（5）扫描检查

代码扫描根据引入的插件和工具不同，有不同的操作方式。下面简单列举阿里规约插件"Alibaba Java Code Guidelines"的使用情况。

在IDE中安装"Alibaba Java Code Guidelines"插件后，重启IDE。然后，在工程上点击鼠标右键，可以看到如图4-50所示的新添加的功能菜单。点击"编码规约扫描"即可扫描选中的工程。扫描完成后，可以看到如图4-51所示的扫描结果，这样就可以根据扫描提示找到对应的代码进行修改了。

图4-50 添加Alibaba编码规约扫描插件

图4-51 Alibaba编码规约扫描结果

（6）环境搭建

在研发中台直至系统上线的过程中，一般会用到4套环境（当然也可以根据实际需求进行调整）。这4套环境的定位各有不同，具体如下：

- DEV环境：研发环境，主要供用户研发人员使用，用于研发调试。
- SIT环境：集成测试环境，主要由测试人员使用，用于内部测试。
- UAT/SIM环境：用户验收/仿真环境，主要给实际使用者用于验收或体验。
- PROD环境：生产环境，系统真正对外提供服务的环境。

这 4 套环境应分别具备独立的网络及运行资源[一]，如图 4-52 所示[二]，每套环境相互隔离[三]，而这 4 套环境的代码部分是统一的，通过 CI/CD 能力实现不同环境的发布。

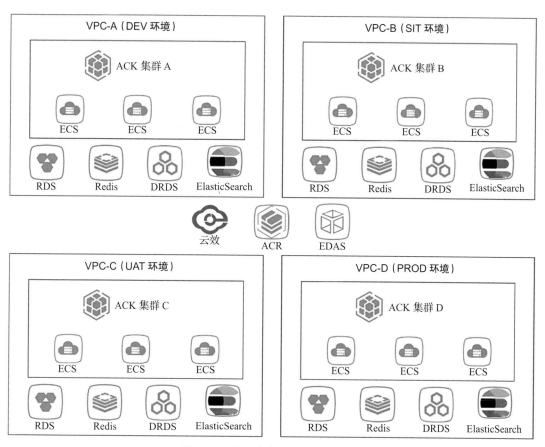

图 4-52 业务中台标准的 4 套环境

（7）代码托管与发布

中台的建设伴随着大量的代码工作，一个好的代码仓库可以提高团队的代码管理能力。代码仓库可以自己搭建，也可以选用一些托管仓库。Codeup 是阿里云的一款代码管理产品，提供代码托管、代码评审、代码扫描、质量检测等功能，帮助企业实现安全、稳定、高效的研发管理。大家进行中台建设时，可以选择 Codeup 作为代码管理平台，具体使用参见官方文档。

[一] 环境的业务承载能力不同，根据实际的需要进行建设，不是容量完全对等的。
[二] 此图为各环境的部署示意图，具体环境内部署情况详见部署架构。环境内具体云产品的搭建请参照官方文档，此处不做展开。
[三] 具体隔离方式视云产品的特性而定。例如，每个环境对应一套 ACK 集群；而 4 套环境对应一个 EDAS，每个环境对应 EDAS 中的一个命名空间。

选定代码仓库后，如何让代码仓库的分支和实际工作的内容配合就是一个待解的问题，可以选用 GitFlow 工作流程作为中台代码管理的方式。GitFlow 中常用的分支是 master、release、develop、feature、hotfix。每个分支的作用、操作方式都有其特点，如果展开来讲需要的篇幅较多，读者可以在互联网上搜索相关内容自行学习。但网上关于分支与环境的对应关系论述较少，表 4-7 给出了分支与环境的建议，供各位读者参考。

表 4-7 GitFLow 分支与环境的对应关系

分支	环境	备注
master	PROD	生产环境上线后，master 分支合并进最近的代码，保证 PROD 环境与此分支统一
release	UAT	是 PROD 的待发布分支，与 UAT 保持统一；当发布完 PROD 环境之后，代码合并至 master 分支
develop	DEV/SIT	研发环境和内部测试环境的分支
feature	DEV	研发人员正在研发的分支
hotfix	PROD	紧急 bug 修复的分支；修复后上线至 PROD 环境，并合并到其他分支

一般来讲，中台系统的微服务较多，如果选择手工的方式进行发布明显不符合中台快速、敏捷的要求，可以选用阿里云的"云效"产品。云效中有流水线的功能，是持续建设的载体，通过构建自动化、集成自动化、验证自动化、部署自动化，完成从开发到上线过程的持续建设。云效除了具备流水线能力外，还具备需求管理、缺陷管理、知识库等功能，可以全方位托管中台研发生命周期中从需求到上线的工作，具体使用方式可以查看官方文档。

4.5.6 阿里底座产品

阿里云为业务中台类项目建设提供了丰富的底座产品，常用的产品包括 EDAS、MSE、RDS、DRDS、企业版 Redis、RocketMQ、CSB、SLS、ARMS 等。下面简要介绍每个产品，详细的内容可查询阿里云官网。

1. EDAS

EDAS 是一个应用托管和微服务管理的云原生 PaaS 平台，提供应用开发、部署、监控、运维等全栈式解决方案，同时支持 Spring Cloud 和 Apache Dubbo 等微服务运行环境，助力应用轻松上云。其主要功能如下：

- 多种底层服务器选择：EDAS 无缝集成了 ECS 云服务器和容器服务 Kubernetes 版，用户可以基于实际托管需求来选择 ECS 集群或容器服务 K8s 集群。
- 多种发布方式：EDAS 支持使用控制台、API、CLI 和 SDK 来完成部署，也支持使用云效和 Jenkins 实现应用的持续集成，并支持使用 Cloud Toolkit 插件实现应用的自动化部署。
- 多种部署形式：支持 WAR 包、JAR 包和镜像等部署形式。
- 应用管理：EDAS 为用户提供从创建到运行的应用全生命周期管理服务，包括应用的发布、启动、停止、扩容、缩容和删除等服务，用户可以轻松运维上千个应用实例。
- 弹性伸缩：自动扩缩容有助于用户轻松应对突发流量，自动将应用扩容到合理水平，流量过后自动缩容，有效节省资源成本。
- 监管控一体化：实现监控管一体化，可观测、可灰度、可回滚，并提供了更多维度的自动监控、智能诊断和报告输出等功能。
- 金丝雀发布：支持设置灰度流量和分批发布的次数来实现生产环境的流量逐步升级，极大降低了部署的风险。
- 全链路流控：支持业务系统各环节多重灰度控制，对流量按指定的规则进行灰度识别，并引导到下游应用对应的部署分组，从而实现快速灵活的多应用、多灰度控制，有效节省资源成本。

2. RDS

RDS 是一种稳定可靠、可弹性伸缩的在线数据库服务。基于阿里云分布式文件系统和 SSD 盘高性能存储，RDS 支持 MySQL、SQL Server、PostgreSQL、PPAS（Postgre Plus Advanced Server，高度兼容 Oracle 数据库）和 MariaDB TX 引擎，并且提供容灾、备份、恢复、监控、迁移等方面的全套解决方案，彻底解决数据库运维的问题。

3. PolarDB-X

PolarDB-X 是由阿里巴巴自主研发的云原生分布式数据库，融合分布式 SQL 引擎 DRDS 与分布式自研存储 X-DB，基于云原生一体化架构设计，可支撑千万级并发规模及百 PB 级海量存储。它专注于解决海量数据存储、超高并发吞吐、大表瓶颈以及复杂计算效率等数据库瓶颈问题，历经天猫双十一及阿里云各行业客户业务的考验，助力企业加速完成业务数字化转型。

PolarDB-X 的核心能力采用标准关系型数据库技术实现，配合完善的管控运维及产品化能力，使其具备稳定可靠、高度可扩展、持续可运维、类传统单机 MySQL 数据库体验的特点。

PolarDB-X 在公共云和专有云环境沉淀打磨多年，承载大量用户核心在线业务，横跨互联网、金融支付、教育、通信、公共事业等多行业，是阿里巴巴集团内部所有在线核心业务及众多阿里云客户业务接入分布式数据库的事实标准。

4. Redis

阿里云数据库 Redis 企业版（又称阿里云 Tair）是基于阿里集团内部使用的 Tair 产品研发的云上托管键值对缓存服务，从 2009 年开始正式承载集团缓存业务，历经天猫双十一、优酷春晚、菜鸟、高德等业务场景的打磨，是一款高效的企业级缓存服务产品。2019 年 11 月，Tair 3.0，即云数据库 Redis 企业版在集团内外同步上线。产品类型及特性如表 4-8 所示。

表 4-8 阿里云产品类型与特征对比表

Redis 企业版产品类型	特性
性能增强型	□ 采用多线程模型，性能约为同规格社区版实例的 3 倍 □ 提供多种增强型数据结构模块（Modules），包括 TairString（含 CAS/CAD 命令）、TairHash、TairGIS、TairBloom 以及 TairDoc，使业务无须关心存储的结构和时效性，能够极大提升业务开发效率
持久内存型	基于 Intel 傲腾数据中心级持久内存（AEP），提供大容量、兼容 Redis 的内存数据库产品。单实例成本对比 Redis 社区版最高可降低 30%，且数据持久化不依赖传统磁盘，保证每个操作持久化的同时提供与 Redis 社区版类似的吞吐和延时，极大提升业务数据可靠性
容量存储型	基于云盘 ESSD 研发，兼容 Redis 核心数据结构与接口，可提供大容量、低成本、强持久化的数据库服务。容量存储型在降低成本和提升数据可靠性的同时，解决了原生 Redis 固有的 fork 而预留部分内存的问题，适用于兼容 Redis、需要大容量且访问性能较高的温冷数据存储场景
混合存储型	采用内存加磁盘的存储模式，能够在业务高峰期后对冷热数据进行弹性分离，既保证了热数据的内存访问速度，又提供了远超社区 Redis 的存储容量，实现了性能与成本的平衡

5. RocketMQ

消息队列 RocketMQ 是阿里云基于 Apache RocketMQ 构建的低延迟、高并发、高可用、高可靠的分布式消息中间件。消息队列 RocketMQ 既可为分布式应用系统提供异步解耦和削峰填谷的能力，同时具备互联网应用所需的海量消息堆积、高吞吐、可靠重试等特性。适用场景如下：

- □ 削峰填谷：秒杀、抢红包、企业开门红等大型活动时皆会带来较高的流量脉冲，这种情况下常常因没做相应的保护而导致系统超负荷甚至崩溃，或因限制太多导致请求大量失败而影响用户体验，消息队列 RocketMQ 可提供削峰填谷的服务来解决该问题。
- □ 异步解耦：交易系统作为淘宝/天猫主站核心的系统，每笔交易订单数据的产生会引起几百个下游业务系统的关注，包括物流、购物车、积分、流计算分析等，整体业务系统庞大而且复杂，消息队列 RocketMQ 可实现异步通信和应用解耦，确保主站业务的连续性。
- □ 顺序收发：日常需要保证顺序的应用场景非常多，例如证券交易过程时间优先原则，交易系统中的订单创建、支付、退款等流程，航班中的旅客登机消息处理等。与先进先出（First In First Out，FIFO）原理类似，消息队列 RocketMQ 提供的顺序消息可保证消息 FIFO。
- □ 分布式事务一致性：交易系统、支付红包等场景需要确保数据的最终一致性，大量引入消息队列 RocketMQ 的分布式事务既可以实现系统之间的解耦，又可以保证最终的数据一致性。
- □ 大数据分析：数据在"流动"中产生价值，传统数据分析大多是基于批量计算模型，而无法做到实时的数据分析。将阿里云消息队列 RocketMQ 与流式计算引擎相结合，可以很方便地实现业务数据的实时分析。
- □ 分布式缓存同步：天猫双十一大促，各个分会场琳琅满目的商品需要实时感知价格变化，对数据库的大量并发访问会导致会场页面响应时间长，集中式缓存因为带宽瓶颈会限制商品变更的访问流量，而通过消息队列 RocketMQ 构建分布式缓存，可实时通知商品数据的变化。

6. CSB

云服务总线（Cloud Service Bus，CSB）提供平台化的应用集成和服务开放能力，帮助企业打通、整合内外部新旧业务系统，实现跨环境、跨归属应用系统之间的互通集成和管控。CSB 提供了面向开放平台、微服务网关和应用集成的特色能力集。

CSB 主要包含以下功能组件：

- 开放平台（CSB Open Platform）：用于企业内外服务能力的打通和统一开放管理，提供常见协议适配支持和独特的跨环境服务级联机制。
- 微服务网关（CSB Micro Gateway）：用于微服务的快速发布（API），注重与微服务体系的无缝对接和治理能力打通、托管开源引擎、贴合开源使用体验。
- 应用集成（CSB APP Connect）：以低代码可视化方式连接组装各种类型的应用端点，实现敏捷、高效、统一管控的系统对接集成。

架构如图 4-53 所示。

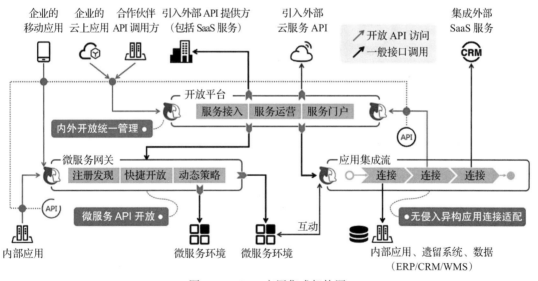

图 4-53 CSB 应用集成架构图

7. SLS

日志服务（Log Service，SLS）是针对日志类数据的一站式服务，在阿里巴巴集团经大量大数据场景锤炼而成。用户无须开发就能方便地完成日志数据采集、消费、投递以及查询分析等功能，提升运维、运营效率，建立 DT 时代海量日志处理能力。主要功能如下：

- 实时采集与消费。如图 4-54 所示。

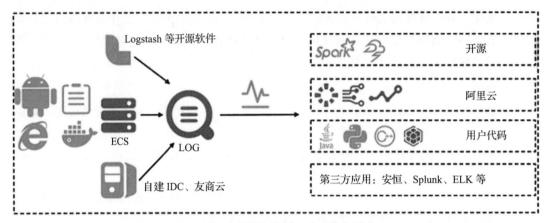

图 4-54　日志服务实时日志采集与消费

❑ 查询与实施分析，如图 4-55 所示。

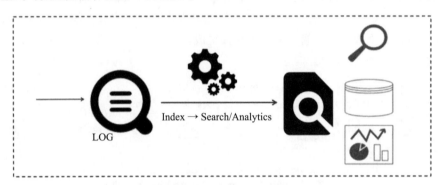

图 4-55　日志服务实时日志查询与分析

❑ 投递数仓，如图 4-56 所示。

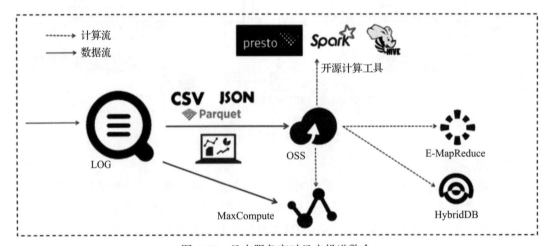

图 4-56　日志服务实时日志投递数仓

8. ARMS

应用实时监控服务（Application Real-Time Monitoring Service，ARMS）是一款应用性能管理（APM）产品，包含应用监控、Prometheus 监控和前端监控三大子产品，涵盖分布式应用、容器环境、浏览器、小程序、APP 等领域的性能管理，能帮助用户实现全栈式性能监控和端到端全链路追踪诊断，让应用运维更加轻松、高效。ARMS 的主要功能如图 4-57 所示。

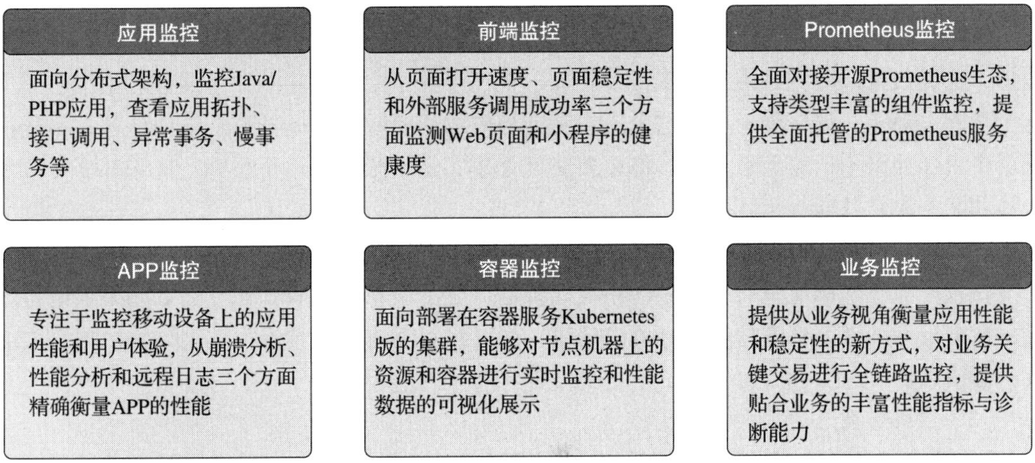

应用监控	前端监控	Prometheus监控
面向分布式架构，监控Java/PHP应用，查看应用拓扑、接口调用、异常事务、慢事务等	从页面打开速度、页面稳定性和外部服务调用成功率三个方面监测Web页面和小程序的健康度	全面对接开源Prometheus生态，支持类型丰富的组件监控，提供全面托管的Prometheus服务
APP监控	容器监控	业务监控
专注于监控移动设备上的应用性能和用户体验，从崩溃分析、性能分析和远程日志三个方面精确衡量APP的性能	面向部署在容器服务Kubernetes版的集群，能够对节点机器上的资源和容器进行实时监控和性能数据的可视化展示	提供从业务视角衡量应用性能和稳定性的新方式，对业务关键交易进行全链路监控，提供贴合业务的丰富性能指标与诊断能力

图 4-57 ARMS 的主要功能

4.5.7 系统迁移

传统系统向中台迁移的过程可以有两种选择，一种是搭建一套新的中台技术框架，业务部分以领域或微服务为单位向中台技术体系逐个迁移，这种迁移方式单次影响较小，但持续时间较长；另一种是新研发一套中台系统，所有对接系统进行一次全量迁移，这种方式对系统整体影响较大，但整体转型中台化较为迅速和彻底。两种方式都各有优劣，从快速实现中台转型的角度来看，采用第二种方式为宜。但第二种方式复杂度较高，所以后续重点介绍全量迁移的实现方案。

对于一次性全量迁移，考虑到新的中台一般改动较大，在技术架构实现、数据模型以及周边系统、前台系统对接方面都有影响，所以建议在可以短暂停止业务的情况下，选择停机迁移。停机迁移时，主要的工作包含历史数据的迁移、周边系统的更新和对接、全量的回归验证。

1. 数据迁移

数据迁移是通过保留用户历史数据的方式，达到用户在业务使用上的连贯性。例如，用户在老系统的订单记录可以在新系统中查看。为了达到这样的目标，需要对数据的迁移范围、迁移影响、迁移方案、数据订正、迁移校验进行仔细的分析和设计。

（1）迁移范围

要想了解迁移范围，需要从业务和技术两个角度进行考虑。首先，在业务层面，要确认迁移的业务范围，哪些需要迁移、哪些不需要迁移，不需要迁移的数据如何处理，是丢弃还是另外有系统承接；其次，在技术层面，需要了解老系统保存数据使用的工具，如数据库、文件等使用的存储工具是什么，还要了解数据的分布位置、对应的链接地址等。

（2）迁移影响

迁移影响是指数据迁移对业务的影响，以及其他因素对数据迁移工作的影响。

数据由老系统迁移至新中台的过程中，老系统中可能包含一些新中台使用不到的业务数据，这类数据产生的原因多种多样。例如，曾经存在一个历史功能，但最近老系统已经把这个功能去掉了，那么如何处理这个历史功能导致的历史数据，是迁移至新中台还是不迁移至新中台？如果不迁移至新中台，那么要如何处理，是单独保存还是丢弃？这些都需要技术人员和业务人员共同决策。

其他因素对数据迁移的影响，是指一些定时任务产生的数据或者消息队列产生的数据，可能在系统关停外部流量后仍导致老系统的数据产生新增条数或者状态变化。如果这些延迟类的数据没有处理完就进行数据迁移，迁移方案又没有考虑增量情况，就会导致数据丢失或者状态错误。

（3）迁移方案

图 4-58 列出了数据迁移方案需要关注的核心内容。实际上，迁移方案要结合迁移需求进行定制，它需要顾及迁移动作的方方面面。

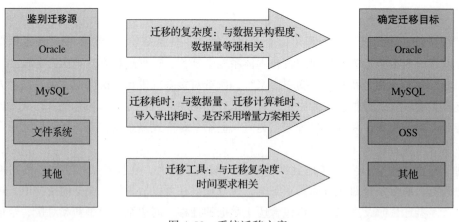

图 4-58 系统迁移方案

1）数据源和目标：确认老系统的源数据存储在哪里，需要迁移至哪里。例如，把老系统 Oracle 数据库里的数据迁移至新中台 DRDS 中；把老系统的 FastDFS 里的数据迁移至新中台的 OSS 中。这种同等类型的迁移较为简单。但是也有特殊的情况，例如把老系统数据库里的数据迁移至新中台的 OSS 中，这就需要找到对应的迁移方案进行特殊处理。

2）数据迁移的复杂度：如果是数据平迁，那么复杂度比较低，例如把老系统的表 a 平迁至新中台的表 A；稍微复杂的情况，是先把老系统表 b 中的数据进行简单的转换，迁移至新中台表 B 中；更复杂一些的情况，是把老系统表 c 中的字段经过复杂的转换（如 hash 等），迁移至新中台的表 C 中；再复杂一些的情况，是把老系统表 d 中数据的某些列合并，迁移至新中台表 D 中；复杂度再提升，对老系统表 e 中的数据，将一条数据拆分为多条或者多条数据合并为一条后，迁移至新中台表 E 中；复杂度继续升级，把老系统中多个表的数据，通过某一个字段关联，转换为一个新的表的数据存入新中台。迁移方案的实现难度会随着以上情况的出现而增加，最好以上问题都有专门的方案，以保证迁移实施人员的工作可控。

3）迁移时间：停机迁移的时间是有限的，不可能停机太长时间，所以如何保证数据迁移工作能够在既定时间内完成就变得尤为重要。如果历史数据太多，使用各种办法均无法在既定时间内完成，就需要考虑增量迁移，而不是简单的一次性全量迁移。在设计增量迁移方案时，需要对数据特性进行分析。系统的基础类数据、运营类数据可以提前进行迁移，因为它们不会随用户的使用而新增或改变；用户的早期历史数据如果不可能改变其状态，也可以提前迁移。总体来讲，为了减少迁移时间，尽量把可以前置的工作先做完。

4）迁移工具：迁移工具需要结合实际的数据状况确定。如果系统异构程度较低，数据模型基本没有差异，可以考虑使用 DTS 等迁移工具；如果数据差异不大，可以考虑使用 DTS 加中间库转换的方式实现迁移；如果系统异构程度高，数据量很大，计算量很大，则可以考虑使用 DataWorks 或者 DataPhin 这种大数据处理工具进行处理，这些工具具备数据的导入导出、复杂计算、线性扩容算力、自定义函数、托管数据计算依赖和调度的能力，可以胜任复杂的迁移工作。

5）迁移演练：整体数据迁移的过程一定要经过演练，以保证数据迁移的时间和质量。

（4）数据订正

老系统运行时间久，难免会出现一些脏数据，这些数据如果迁移至新中台可能会造成系统故障，所以需要按照新中台的要求进行修复。例如，有些数据需要删除、有些空字段需要赋值、有些字段需要改变状态等。这些问题一定要让对应的产品和技术人员共同决策，之后进行相应的处理。

（5）数据校验

数据校验是保证数据迁移工作正确执行的检验方式，一般需要技术人员和测试人员共同参与。技术人员在数据层面进行校验，测试人员在业务和表现层面进行校验。

技术人员校验的内容包含数据条数、数据类型、某一状态下的数据条数、乱码、数字计算错误、分库分表错误等。测试人员校验的工作主要是基于数据迁移的测试用例，覆盖系统的使用、中间流程衔接、历史数据查看等内容。

2. 系统割接

系统割接包含数据迁移、新中台的上线、周边系统的对接切换等工作。它不是一个纯粹的技术工作，还包含大量沟通、协调工作。对于停机的系统割接工作，主要包含以下内容。

1）相关方识别：为了保证割接能够考虑到所有可能的影响，相关方识别工作主要包括系统、业务和人员三个角度的识别。系统包含老系统、新中台、周边系统（包含对接的系统和可能互相产生影响的系统）；业务包含割接动作可能影响的业务范围；人员包含所有系统的相关人员、业务的相关人员、其他可能影响到割接的人员。

2）前置准备：为了保证割接工作能够顺利进行，前置准备工作包含割接公告、割接维护页；各环境的建设，如新中台 PROD 环境为一个新的环境，可以前置完成建设，不必在割接当天再搭建；相关系统的网络建设；新资源的申请；环境账号和操作权限获取；相关人员的计划同步。

3）割接方案细化：割接当天的实际操作需要细化到分钟级，所有操作有明确的时间点、明确的执行人、明确的操作检验方式和检验人；尽量做到所有操作都有事前的演练，割接实际操作前最好做两次全量的演练以保证割接的顺利进行；所有割接的操作人都明确了解自己的工作内容，并且保证操作正确。

4）割接回滚：割接是一项细致和复杂的工作，任何一个环节出现问题而无法快速排查解决，都可能导致整体割接动作失败。所以，割接方案一定要具备回滚的能力，保证割接失败时可以回退至旧系统，使业务可以继续运行。割接的回滚方案也需要进行演练，保证回滚时井然有序。

5）割接验证：割接验证需要结合实际的系统情况、各系统的验证方式等统筹考虑。例如，某些系统可以提前验证，某些系统必须同步验证，某些系统可以基于白名单验证，某些系统必须启动公网流程才能验证，某些系统要缩短验证时间，各系统验证方式不统一可能导致的冲突，数据迁移验证的时间节点，验证的脏数据如何处理等。

6）组织保障：组织保障伴随割接动作的全生命周期。割接动作的相关方较多，组织保障机制可以在制定割接方案时推动各系统的方案制定和落地；在演练和实际割接时，起到统一协调的作用；在割接出现问题时，起到决策的作用。

4.5.8 系统上线与保障

上线节点作为研发阶段成果对外展示的最终阶段，其重要程度不言而喻。经历了紧张的项目周期和辛勤的工作，最终展现的时刻到了！为了给"观众"们展现更好的效果，我们需要在上台前做好一切准备。一般来说，可以把系统上线流程分为以下四个重要阶段：上线准备、上线执行、上线保障和上线转维。

1. 上线准备

俗话说：台上十分钟台下十年功；工欲善其事，必先利其器。这充分说明要想顺利执行一个上线动作，我们是需要在准备工作上花费很大精力的。一般来说，可以按照以下四个维度进行准备。

（1）组织准备

组织准备涉及的角色有技术总负责人、业务总负责人、项目/产品经理。

这些角色组成"上线管理小组",共同保证上线动作的成功执行,同时拥有上线过程中意外情况的决策权。在其中应选举出一位上线的总指挥。

组织准备清单如下:

- 上线分工责任总表(如表 4-9 所示)。该表格主要明确在上线过程中,各关系小组的核心职责分工。使用该表格可明确上线阵型,实现联合作战、快速响应的目标。注意,在关键负责人位置,建议放 AB 角色,以防突发情况。

表 4-9　上线分工责任总表

父级组	分组名称	责任人 A	责任人 B	职责描述	分组信息
技术组 / 业务组 /……	用户中心组 / 账户中心组 /……	Jack/Rose/……	Tom/Jerry/……	协调用户中心发布、自测、代码合并 /……	电话 / 座位区域 /……

- 上线分工责任分表。各分组参照总表思路明确各个分组内部模块负责人,或者上线步骤环节负责人。
- 上线保障组织列表。需要按照系统保障要求和 SLA 进行工作组织安排,并指定关键接口人和联系方式,可以使用与上线分工责任表相同的方式。

图 4-59 给出了一个上线组织架构设计的示例。

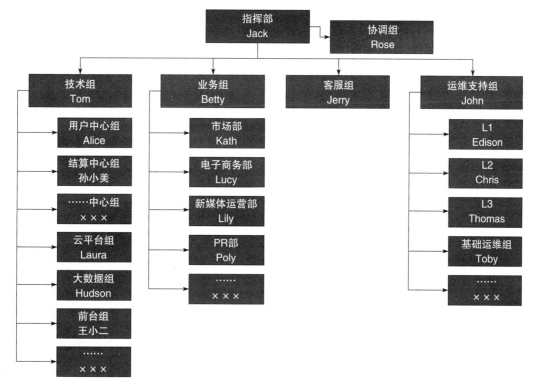

图 4-59　上线组织架构设计

（2）流程准备

涉及角色：上线管理小组。

流程准备清单如下：

1）上线准备流程如图 4-60 所示，其中有几个基本原则：

- 通用发布时间和频次：每周一次（重大安保期间实施封网），一般选在业务低峰时间段，版本号控制。
- 通用发布流程：必须走审批流，原则上在变更实施前一天完成审批。
- 特殊发布流程：线上 Bug/ 故障修复、紧急业务需求，供应商、总负责方、客户三方协商一致且评估影响面可控时通过审批流发布。
- 定义发布红线、业务质量红线和业务故障：触发红线引起业务故障时，采取每月质量汇报、责令高管汇报的机制。

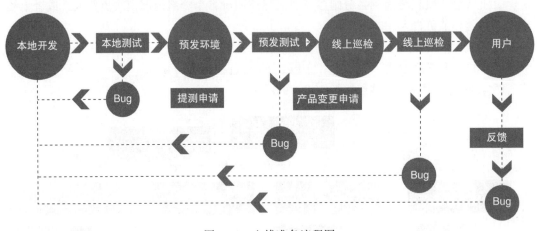

图 4-60　上线准备流程图

2）上线动作时间总表（如表 4-10 所示）。上线动作的前半部分需要包含全部技术准备和业务准备动作，后半部分则需要包含上线过程中的执行动作本身。这里列举了一些常见的上线动作，如上线分工责任总（分）表确认、上线动作时间表确认、预发环境上线测试完成确认、测试报告验收签字、系统变更和上线功能说明列表确认、各方上线确认、发布方案确认、数据备份和割接方案及演练确认、应急预案确认、发布通知以及声明、代码分支合并、代码打包、维护页面准备或切流准备、代码部署和发布、技术团队测试确认、业务团队测试确认、维护页面去除或流量切换完成、上线结束通知、上线报告、上线保障启动、上线问题跟踪等。

表 4-10　上线动作时间总表

上线动作编号	动作描述	执行分组	执行开始时间	执行结束时间	应急预案	是否完成
001	预发环境上线测试完成	用户中心组/账户中心组/…	2020/8/7 21:00 GMT +8	2020/8/7 23:00 GMT +8	预案 #001	/

笔者曾有多个全球发布会性质的项目/产品上线经历，通常是由市场部和公关部联合向外推出项目/产品。最简单的描述方式就是，到了一个固定的时间点，Bang！全球的合作媒体同时投放广告、同步推送官网宣传片等。如果上线动作没有按照既定的时间完成或者没有做好沟通协调，某个国家的用户们将会非常尴尬地看到404页面或者产品未上架的通知，这种结果对于斥巨资做宣传和推广的公司的伤害不言而喻。在电商使用场景中，最常见的就是整点大促了，背后的道理是一样的。所以在表中，如果涉及跨时区联合发布的情况，开始时间和结束时间是很重要的，加上GMT的时区标识也是为了使时间描述更准确。

3）上线动作时间分表。参照总表思路，明确各个分组需要执行的动作中的子流程和步骤，做到任务落实到人、落实到具体时间。另外，对于在既定时间内是否可以完成执行，以及是否留有足够的缓冲时间应对突发情况，需要做充分考虑。如果发现上线动作规划时间不足，需要立刻反馈到上线管理小组，进行整体调整和通知，避免出现消息不同步的情况。

（3）技术准备

技术准备涉及的角色有研发、测试、运维、技术总负责人。

技术准备清单如下：

- ❏ 是否明确上线组织阵型和上线流程。
- ❏ 是否获得正式上线确认。
- ❏ 是否正式提交和确认上线分工责任分表、上线动作时间分表和上线保障组织列表。
- ❏ 是否有明确的上线操作手册。
- ❏ 目标系统是否通过最终代码质量审核。
- ❏ 全团队是否明确代码冻结时间窗口。
- ❏ 预发环境是否通过全量回归测试、安全测试、性能测试等关键质量卡点，并获得正式确认的测试通过报告。
- ❏ 通过质量卡点的代码是否合并到生产分支并再次部署至预发环境，并开启代码冻结。
- ❏ 是否正式提交和确认系统变更和上线功能说明列表，建议使用 Word 更详细地描述表格中的信息（见表 4-11）。

表 4-11 上线功能说明表

变更编号/需求编号/用户故事编号	影响产品/模块/中心	修改配置项	代码分支	回滚方案	负责人
US#1001 用户新增性别字段	用户中心	环境变量加入×××	Git/×××/××	××	Jack

- ❏ 是否已正式确认各类专项方案，包括发布和部署方案、数据备份和割接方案、应急与回滚预案、上线技术测试方案、上线期间稳定性监控方案。对于大促类型，需要做大促专项设计方案等。

（4）业务准备

业务准备涉及的角色有各相关业务部门、业务总负责人。

业务准备清单如下：

- 是否明确上线组织阵型和上线流程。
- 是否获得正式上线确认。
- 是否正式提交和确认上线分工责任分表、上线动作时间分表和上线保障组织列表。
- 是否已准备并确认上线维护通知和 PR 公告，并同步上下游公司 / 组织 / 部门上线安排。
- 各个业务部门是否明确和正式确认系统变更和上线功能说明列表。
- 预发环境是否通过全量业务验收测试。
- 是否已正式确认上线业务测试方案、业务应急预案等。

2. 上线执行

在做好充分准备的前提下，上线执行过程按照时间表一步步推进就可以了。一般涉及系统割接时，需要执行的步骤见图 4-61。

割接要注意以下几点：

- 再小的割接都可能导致故障。
- 一半故障是由于割接引起的。
- 哪怕在测试环境运行非常正常的系统，当部署到生产环境的时候也可能出现问题。
- 灰度是非常必要的。
- 割接前要充分评估影响的范围。
- 充分的准备和测试可以降低故障发生的可能性。
- 故障的总结非常必要。

上述注意点中提到了"灰度是非常必要的"，笔者在这里简要介绍一下常见的发布模式：全量的、蓝绿的、滚动的、灰度 / 金丝雀的。

全量发布最简单粗暴，就是"一拨上"，所以一般需要漂亮友好的系统维护页面，告诉用户系统正在更新中。这种方式一般用于对业务连续性要求不高的系统，这里不赘述。

蓝绿发布比全量发布优雅一点，但是门槛仍比较低，就是两套系统切换着上。一般通过反向代理 /Router 在两套一模一样的系统之间切换，理论上没有或者很少有业务不可用时间，出了问题可以立刻切回原来的生产系统。这种方式适合事务性不高的系统，比如官网类型的项目。如果事务性比较高或者新系统和老系统的架构完全不同，可能就会花很大一部分精力去处理数据一致性和脏数据问题了。

滚动发布区别于蓝绿发布的一刀切方式，它采用的是一批批地停止机器、更新后再启动的方式。这样做的好处就是比蓝绿发布节省资源，但是也存在一些衍生的问题。比如，发布到 80% 的时候出现问题，就需要将前面已执行的工作一批一批地回滚回去。同时，在高并发的场景下云基础组件会触发自动扩缩容，滚动的过程中如果发生了扩容，管理起来会产生更多的复杂性。所以选用这种模式的用户需要慎重考虑。

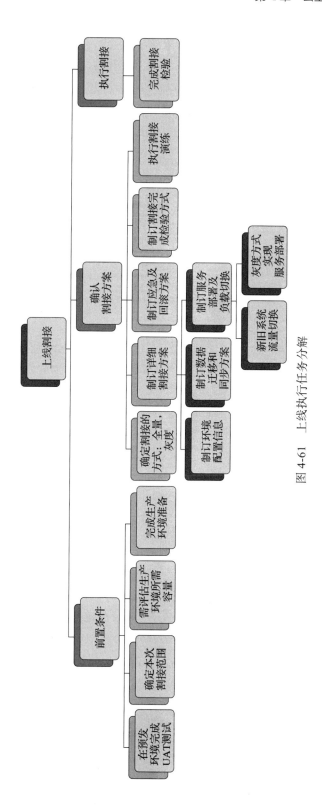

图 4-61 上线执行任务分解

灰度发布是在现有业务系统更新中比较常用的方式，这种方式更为顺滑，方案也不难，主要依靠负载均衡的调整。从负载中去掉发布的机器，执行发布和部署，然后测试，通过测试后再加回负载中。这种方式适用于新老版本共存，但是按照用户流量拆分的情况，比如一些天使用户体验推广。这种方式也更容易做 A/B 测试，如果 B 版本的反馈很好，再扩大范围，逐步将流量比例放大。但是对于新老系统并存的情况，需要注意数据双写的问题，比如系统同时消费一个 MQ，但是数据结构在两个版本下变化了。独立的环境情况下的灰度发布架构如图 4-62 所示。

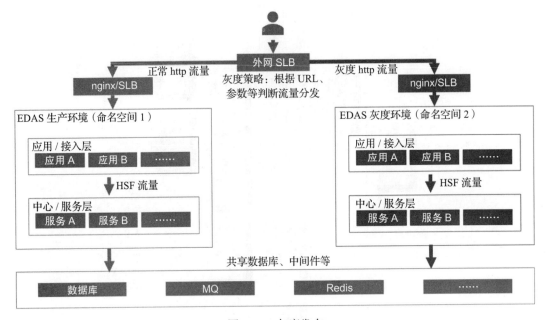

图 4-62　灰度发布

如果用 EDAS 将全链路都管理起来，则如图 4-63 所示。

在执行上线动作的时候，建议相关负责人都处在一个物理空间内，比如作战室。如果在不同的地区、时区，一定要保证相关人员都在同一个远程会议中。大家统一按照上线总指挥的指示严肃、高效、仔细地完成上线动作。同时，发布过程应当遵循以下总体原则：

❑ 发版说明需要技术负责人自己先评审，提交之后默认是已一审过的申请。
❑ 不允许"搭便车"的情况，发布和本次更新无关的内容。
❑ 测试团队出结果，技术负责人进行风险评估并给出结论。
❑ 发版过程要可追踪、可回退。
❑ 原则上生产环境权限由业务责任方管理，避免技术团队权限过大的情况，如果确实需要，则按需申请单次发版权限。

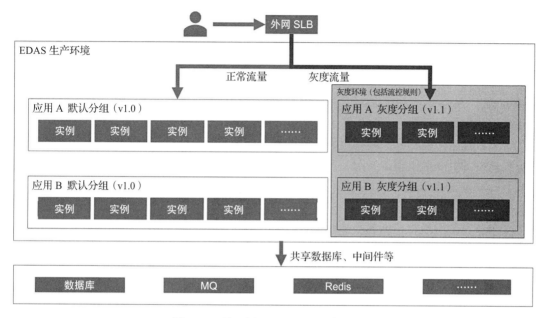

图 4-63 基于阿里云 EDAS 的灰度发布

上线如果出现故障或者问题，例如发现了某些测试阶段没有发现的问题，那么需要业务／技术分组对问题进行初步判断和定性，并记录（参照缺陷描述要求）。对于非阻断性问题，将于上线后统一汇总至测试人员，并在保障期进行修复。对于阻断性问题，需立即同步给上线管理小组，进行统一决策。如果在动作结束时间点之前可以立刻修复，则进行修复；如果不能修复，则需要立即启动技术和业务的应急预案。这个阶段的流程参见图 4-64。

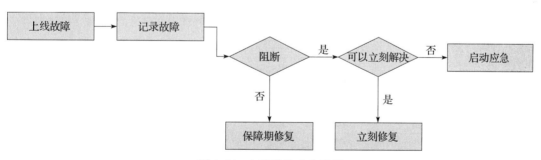

图 4-64 上线紧急响应流程

3. 上线保障

从上线结束、通知成功发送开始，整个系统将正式进入保障期。一次成功的上线并不能以上线动作的完成作为标准，我们强调的上线成功一定是以可稳定地支持业务为标准。一般来说，保障期可以分为上线重点保障期和上线稳定保障期两个阶段。

按照笔者的经验，重点保障期一般采取 7×24 小时的监控和支持模式，根据上线影响范围和业务重要程度时长短不一,多以一周为平均长度。在重点保障期内,阻断性和严重级别的生产问题优先考虑止血和保证业务连续性。对于需要修改代码才能修复的问题,一般采取紧急变更流程(注意 Hotfix 分支管理合并问题)。对于一般性质问题或者上线过程中发现的非阻断性问题,研发团队会并行修复,以保证在下一个正常发布窗口解决尽可能多的问题。

在上线稳定保障期,一般采取 5×8 小时的监控和支持模式,多以重点保障期时间的一半为时长。进入上线稳定保障期后,标志着系统的重大阻断性问题都得到了解决,所以尽可能地减少紧急变更流程的发起,逐步向日常发布流程靠拢。在上线稳定保障期中期,建议安排一次正常发布流程,将已修复的非阻断性问题进行发布,为业务方做转维签字做准备。

为了更好地组织保障期和快速响应,我们会制定明确的值班表,明确联系人和问题升级路线。所有保障相关者,包括负责人和升级联系人均需要保证联系方式通畅、快速响应。表 4-12 给出了上线保障联系人表的例子。

表 4-12 上线保障联系人表

保障模块	班次	联系人	联系方式	升级联系人	联系方式
××中心/基础设施/××应用	9:00—17:00	Jack	150××××	Rose	155××××

4. 上线转维

成功上线后,系统将进入长期运维阶段。一般运维会基于某一个服务响应合约(Service Level Agreement,SLA),根据不同的工单级别/严重程度指定响应时间(Response Time)和解决时间(Resolution Time),示例如表 4-13。而且,在合同中会指定对应的处罚措施,如 S1 级别的工单超时百分比不允许多于 10%,否则处以总金额的 5% 罚款(Penalty Fee);也会指定全年服务可用率达到 95% 以上等要求。

表 4-13 工单 SLA 级别说明表

工单级别	级别描述	响应时间	解决时间
P1-Blocker	阻断性问题,服务器挂机,服务完全不可用,系统瘫痪,严重安全泄漏等	10 分钟	30 分钟
P2-Critical	严重性问题,核心链路不可用,业务连续性受到严重影响,如电商系统中无法下单、支付等	30 分钟	2 小时
P3-Major	重要问题,日常功能性问题,但不阻断业务,如某些校验规则失效	1 小时	不同问题按情况估算
P4-Minor	非重要问题,不影响使用,多见于页面显示问题,如文字错行、图片不美观等	4 小时	不同问题按情况估算

为了更高效地解决问题以及满足 SLA 的要求,一般采用金字塔形状的支持模型,即分为 L1、L2 和 L3。搭建好的分层支持模型需要有好的知识管理体系(Knowledge Base,

KB），避免出现层层透传，压力都传到最后一层的情况。

- L1：一线支持人员。大型企业一般采用呼叫中心或者桌面支持类的组织，负责问题的分拣、响应与初级问题解决。一般可以解决比较基础的使用问题和简单的配置问题。
- L2：二线运维人员。解决问题的主力，可以按照不同的支持范围进行分组，如中台、基础平台、前端应用等。对于稳定的系统，大部分问题都会集中在高级功能配置和使用上，主要依托 KB 的完善和沉淀。一般来说，团队的 KPI 也会有知识库搭建和沉淀的部分。
- L3：三线研发人员。主要解决 L1 和 L2 发现的功能缺陷/新功能，或者涉及产品原理的工单。问题的解决一般会触发系统发布流程。

笔者之前有过全球支持中心的工作经验。对于 7×24 小时的服务中心，P3 和 P4 的问题遵循日落规则（Follow The Sun），即留在本时区的支持中心不进行流转；对于 P1 和 P2 的问题，一般会要求不间断地帮助提出方解决问题，所以会要求前一个时区的支持团队做好问题的记录和转移。此外，对于所有工单，为了保障满意度，需要实施追踪，对于 P3 和 P4 的普通工单，至少每 2 天给提出方更新信息。如果工单解决方案涉及系统发布或者版本变更，那么在关闭工单前，需要给提出方提供发布时间和对应的版本号。同时，提出方的工单如果非常紧急，也可以发起升级流程（Escalation Process），得到支持团队管理层的重视。

对于运维支持团队，问题跟踪时间间隔和被升级的次数也可以作为一项重要的考核指标。一个健全的运维支持体系是系统稳定和客户满意度的重要保障。

4.5.9 业务中台的运营

GrowingIO 的创始人曾经说过一句名言：如果你的企业没有增长，那就是在走向死亡，这句话和中国的谚语"逆水行舟，不进则退"有异曲同工之妙，都道出了增长是企业永恒的真理。著名经济学家科斯对企业有过经典的定义：企业本质上是一种资源配置的机制，企业与市场是两种可以互相替代的资源配置方式。企业是以盈利为目的，进行生产经营，为社会提供产品和服务的经济组织。无论是初创企业还是上市公司，如何优化资源配置，从而达到增长的目的，是衡量企业的核心指标。

1. 什么是运营

相信读者或多或少都接触过运营这个词，特别在互联网行业，一般都会有内容运营、用户运营、活动运营和产品运营这几种类型。

（1）内容运营

内容运营要解决的核心问题是围绕内容形成生产和消费闭环系统，同时持续提升和内容相关的指标，比如内容的质量、访问量、传播次数、点击率等。内容运营要解决的核心问题包含但不限于以下要点：

- 内容管理，包含内容的基础属性、扩展属性等。
- 内容如何展示。
- 内容在什么渠道展示能更加有效地触达客户。

（2）用户运营

用户运营的核心是围绕用户的全生命周期，包括用户拉新、用户管理、用户留存、沉睡用户激活以及用户分级管理建立起来的用户管理闭环，同时持续提升用户的各项指标，包含用户画像、用户满意度、总用户数量、用户客单价、活跃用户数量、用户停留时间等。运营要解决的核心问题包含但不限于以下要点：

- 我们的用户是谁？他从哪里来？来自线上用户、地推营销活动，还是留存用户推荐？渠道是什么？
- 用户进入系统后，他的行为是什么？我们如何维持和客户的关系，通过定期邮件更新、推荐新品、折扣？
- 为了留存客户，我们应该做什么？激励体系还是用户积分？
- 用户流失的原因是什么？如何建立用户流失预警机制？如何召回流失用户？

（3）活动运营

活动运营要解决的核心问题是围绕活动的策划、资源确认、宣传推广和效果评估而建立的管理闭环。一个活动必须有明确的目标，从策划到投放，需要持续关注活动的效率和效果评估。

（4）产品运营

产品运营主要是通过各种手段来提升某个或者某类商品的知名度、市场占有率、用户访问次数等。

从运营岗位承担的职责来看，运营岗位分为：文案撰写、微博\博文撰写、微信文章撰写、活动文案撰写、新闻稿\软文撰写、百科创建、问答营销、方案策划、活动策划（微博活动、线下活动）、用户运营、数据运营、话题营销、事件营销、社群营销、短视频营销、脚本的撰写、视频拍摄、剪辑。这些能力可以支撑产品营销的各种玩法，如图4-65所示。

2. 运营的本质

基于以上几类运营的分析，笔者认为互联网运营的本质，或者说底层逻辑，是"满足目标用户'以为的'那些需求"，也可以说运营就是在产品和用户之间产生联系，同时成就彼此的一个过程。

运营的本质可以拆分成三部分：目标用户、"以为的"、满足需求。可以说，运营的全部工作都要围绕这个三部分展开。在这三部分下，运营工作会拆分成更详细的工作项。我们接下来介绍这三部分。

（1）目标用户

通过营销分析，利用相应方法找到潜在用户群体就是用户运营的一部分工作，如用户分析、调研等，确定"什么是目标用户"；在确定之后进行推广，也就是"找到那些目标用户"，这就是渠道运营、市场推广的大部分工作内容。

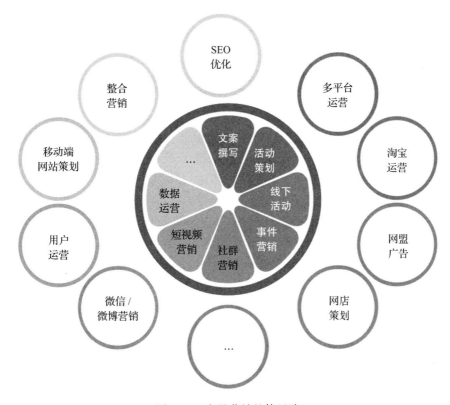

图 4-65　产品营销整体思路

（2）"以为的"

"以为的"在这里可以解释为"用户本来有但自己并不清楚，通过运营活动后，对自己的需求有了了解，因此完成购买"。注意，这里是有而不自知，并非没有，如果没有需求，那么无论如何也无法激发。

"以为的"也可以理解为比产品运营更深层次地挖掘潜在需求。如果想做好产品运营，需要深入了解用户的需求及心理，甚至挖掘人性的弱点。

（3）满足需求

这里的需求可以理解为常规需求、刚需，以及可以稍微挖掘的需求。更多是从功能性考虑，以医疗行业为例，一个在线挂号的用户可能还会产生在线购药的需求，也可能产生购买保险或进行体检的需求。

综上所述，运营就是在满足用户需求的前提下，为了用户增长、用户活跃和用户变现所采用的一系列推动产品与用户建立联系的良性循环干预措施。这就是互联网环境下的运营本质：所有运营的目的都是推动企业增长，或者说提升营收。

3. 业务中台的运营

介绍完运营和运营的分类后，我们回到本节的主题——业务中台的运营。从运营的目的来看，业务中台的运营和互联网运营没有本质区别，但是业务中台的运营与传统的运营有几点不同。

（1）以业务中台为基础

业务中台负责将企业的核心业务能力进行抽象并形成标准的服务。业务中台的建设一般会从企业全局高度出发，结合公司的发展战略，整合企业的核心业务场景，形成可复用的业务能力，通过 API 的方式提供给内外部用户调用。业务能力复用率和新业务构建 TTM（Time to Market）是衡量业务中台的核心指标。

（2）业务能力复用次数

业务能力复用次数是指业务中台提供的可复用业务能力在企业内部被复用的次数。例如，企业构建了登录中心，登录中心提供登录和授权的能力。如果我们要衡量登录中心的业务能力复用指标，可以通过统计在过去一个周期内，业务中台登录中心的能力被哪些新系统复用过，总次数即为登录中心能力复用次数。

（3）新业务构建 TTM

TTM 指产品上市周期。我们可以通过对比没有业务中台时新业务系统上线的 TTM 和基于业务中台构建新业务系统的 TTM，从而衡量业务中台提供的可复用业务能力是否缩短了企业新业务系统 TTM 以及缩短的比率。

因此，以业务中台为基础的运营的核心就是通过各种手段提升业务中台的业务能力复用次数和新业务构建 TTM。

（4）数据驱动

企业构建了业务中台之后，就能够非常容易地收集到很多业务数据，数据库中会逐步累积巨量的数据，包括用户访问数据、页面访问数据、订单数据、购物车数据、商品购买数据等。这些数据蕴藏着巨大的价值，是等待企业开采的金矿。

（5）业务运营大屏

随着业务中台的发展，企业沉淀的数据越来越多，如何通过大数据技术发挥出数据的力量，并指导企业的生产经营活动，是企业 CEO 需要解决的重要课题。通常来讲，非技术人员对大数据的直观印象是年终时支付宝给出的年度账单、微信在新年给出的个人社交分析等。企业运营人员则需要通过媒介来展现数据的威力和企业的核心指标等。数据大屏作为大数据展示媒介的一种，已经广泛应用于各种展示厅、会展、发布会等场景中，其中不乏通用的处理方案，如阿里巴巴集团的 DataV 产品。该产品的大屏有多种主题，提供多种模板。在阿里巴巴内部，DataV 也用于展现每年双十一的盛况。图 4-66 给出了某直销企业的业务中台大屏，从图中可以看到，企业通过数据大屏技术展示了在促销期间，业务、技术平台的现状和健康状况。

第 4 章 云上业务中台 ❖ 205

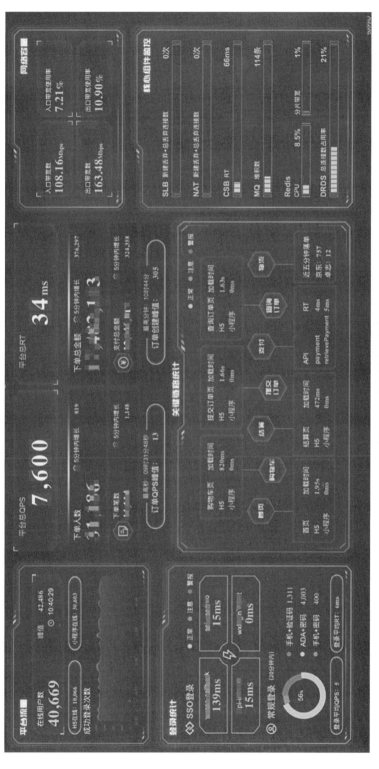

图 4-66 数据大屏示例

综上，业务中台运营可以定义为：以业务平台为基础，提升业务中台业务能力复用次数、缩短企业新业务构建和上市周期，并且通过数据驱动来更加精准地在产品和用户之间产生联系，成就彼此的一个过程。

4.6 业务中台技术的实践

业务中台的构建除了要有一套理念和架构方法论作为支撑，在落地过程中也要有相应的技术平台或框架体系来保证业务中台不是空中楼阁，而是有坚实的技术基础。

业务中台的技术实践借鉴了去中心化的 SOA 理念和微服务架构的最佳实践，从服务治理、事务处理、分布式数据库与缓存技术、高并发与高可用、灰度发布、端到端全链路压测与监控、大促保障以及新出现的无服务架构都能在业务中台的实践中得到应用，体现了业务中台技术体系兼容并蓄、与时俱进的特点。

4.6.1 分布式服务框架与治理

随着业务规模和复杂度不断提高，应用从单体应用向分布式应用发展。伴随着分布式应用架构的发展，在分布式应用中反复出现的问题被业界高人们研究、解决、沉淀，逐渐形成了分布式服务领域能够重用的通用问题框架及方案，这种框架称为分布式服务框架，比如大家熟知的 SpringCloud 框架、Dubbo 框架等。图 4-67 给出了 Dubbo 的整体架构（内容来源于 http://dubbo.apache.org/）。

图例说明如下：
- 图中左边的为服务消费方使用的接口，右边的为服务提供方使用的接口，位于中轴线上的为双方都会使用的接口。
- 图中从下至上分为十层，各层均为单向依赖。右边的黑色箭头代表层之间的依赖关系，每一层都可以脱离上层被复用。其中，Service 层和 Config 层为 API，其他各层均为 SPI。
- 图中浅色小块的为扩展接口，深色小块为实现类，图中只显示用于关联各层的实现类。
- 图中虚线为初始化过程，即启动时组装链；实线为方法调用过程，即运行时调时链；三角箭头表示继承，可以把子类看作父类的同一个节点，线上的文字为调用的方法。

各层说明如下：
- Config（配置层）：对外配置接口，以 ServiceConfig、ReferenceConfig 为中心，可以直接初始化配置类，也可以通过 spring 解析配置生成配置类。
- Proxy（服务代理层）：服务接口透明代理，利用代理模式生成客户端的代理对象，通过 Proxy 层实现代理对象方法的调用，扩展接口为 ProxyFactory。
- Registry（注册中心层）：封装服务地址的注册与发现，以服务 URL 为中心，扩展接口为 RegistryFactory、Registry、RegistryService。

第 4 章 云上业务中台 ❖ 207

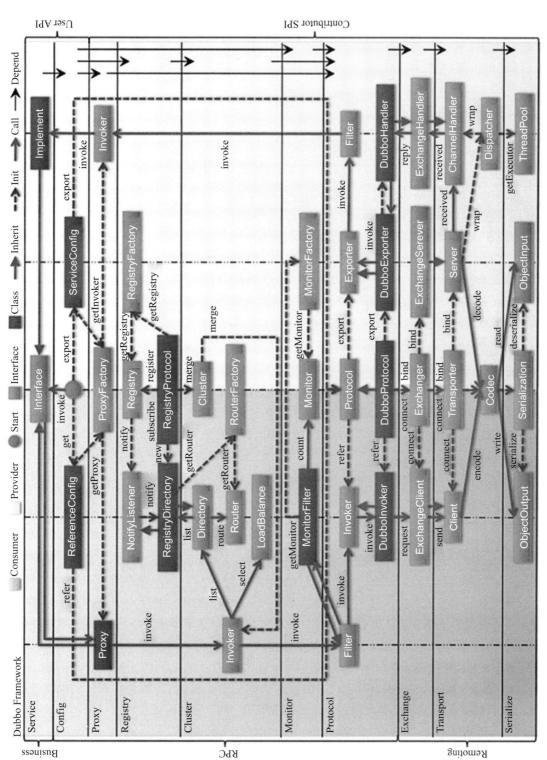

图 4-67 Dubbo 整体架构

- Cluster（路由层）：封装多个提供者的路由及负载均衡，并桥接注册中心，以 Invoker 为中心，扩展接口为 Cluster、Directory、Router、LoadBalance。
- Monitor（监控层）：RPC 调用次数和调用时间监控，以 Statistics 为中心，扩展接口为 MonitorFactory、Monitor、MonitorService。
- Protocol（远程调用层）：封装 RPC 调用，以 Invocation、Result 为中心，扩展接口为 Protocol、Invoker、Exporter。
- Exchange（信息交换层）：封装请求响应模式，同步转异步，以 Request、Response 为中心，扩展接口为 Exchanger、ExchangeChannel、ExchangeClient、ExchangeServer。
- Transport（网络传输层）：抽象 mina 和 netty 为统一接口，以 Message 为中心，扩展接口为 Channel、Transporter、Client、Server、Codec。
- Serialize（数据序列化层）：可复用的一些工具，扩展接口为 Serialization、ObjectInput、ObjectOutput、ThreadPool。

分布式服务治理是开发、维护分布式服务必须做的工作，而分布式服务框架是完成这个工作使用的主要工具。我们接下来就介绍一下分布式服务面临的主要问题以及分布式服务框架采用的解决方案。

1. 服务注册

提到分布式服务，必然涉及服务的提供者和消费者，服务的消费者要调用服务，就需要知道服务提供者的具体地址。在分布式服务开发过程中，这是最基础、最常见的问题，目前业界的解决方案大同小异，都是提供一个服务注册服务用于保存所有服务提供者的地址，并将地址推送给订阅方。具体实现形式根据分布式服务框架不同而不同。

Dubbo 框架是阿里巴巴开源的一套分布式服务框架，目前该项目已经成为 Apache 的顶级项目。它采用 Zookeeper 作为服务注册中心，服务间采用 Dubbo RPC 协议实现相互调用。

SpringCloud 从封装 Netflix 公司的相关组件开始，一路发展起来，现在已经发展出很多系列，Netflix 的 Eureka 注册中心在服务间采用 HTTP 协议实现相互调用。

SpringCloudAlibaba 是阿里巴巴开源的一系列 SpringCloud 解决方案，其服务注册中心 Nacos 在服务间调用支持 Dubbo RPC 协议，无论在性能上还是功能上都有不错的表现。

阿里云的分布式服务平台 EDAS 提供了 Nacos 的商用版本注册中心，使用 Nacos 作为注册中心开发的应用无须修改任何代码，部署到 EDAS 后即可使用 EDAS 提供的共享注册中心。

Nacos 的架构及概念如图 4-68 所示。

1）服务（Service）：是指一个或一组软件功能（例如特定信息的检索或一组操作的执行），其目的是不同的客户端可以为不同的目的重用（例如通过跨进程的网络调用）。Nacos 支持主流的服务生态，如 Kubernetes Service、gRPC|Dubbo RPC Service 或者 Spring Cloud RESTful Service。

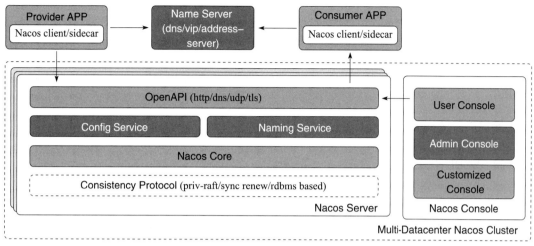

图 4-68　Nacos 整体架构

2）服务注册中心（Service Registry）：是服务、服务实例及元数据的数据库。服务实例在启动时注册到服务注册表，并在关闭时注销。服务和路由器的客户端查询服务注册表以查找服务的可用实例。服务注册中心可能会调用服务实例的健康检查 API 来验证它是否能够处理请求。

3）服务元数据（Service Metadata）：是指包括服务端点（endpoint）、服务标签、服务版本号、服务实例权重、路由规则、安全策略等描述服务的数据。

4）服务提供方（Service Provider）：是指提供可复用和可调用服务的应用方。

5）服务消费方（Service Consumer）：是指会发起对某个服务调用的应用方。

6）配置（Configuration）：在系统开发过程中，通常会将一些需要变更的参数、变量等从代码中分离出来独立管理，以独立的配置文件的形式存在。其目的是让静态的系统工件或者建设物（如 WAR、JAR 包等）更好地和实际的物理运行环境进行适配。配置管理一般包含在系统部署的过程中，由系统管理员或者运维人员完成。配置变更是调整系统运行时行为的有效手段之一。

7）配置管理（Configuration Management）：在数据中心里，系统中所有配置的编辑、存储、分发、变更管理、历史版本管理、变更审计等与配置相关的活动统称为配置管理。

8）名字服务（Naming Service）：提供分布式系统中所有对象（Object）、实体（Entity）的"名字"到关联的元数据之间的映射管理服务，例如 ServiceName → Endpoints Info、Distributed Lock Name → Lock Owner/Status Info、DNS Domain Name → IP List，服务发现和 DNS 就是名字服务的两大应用场景。

9）配置服务（Configuration Service）：在服务或者应用运行过程中，提供动态配置或者元数据以及配置管理的服务提供者。

2. 服务配置

单体服务时，使用本地配置来管理应用配置，随着分布式服务的增加和相同服务的实例数的增加，相关配置的管理复杂度也随之增加，就会出现以下问题：

❏ 静态化配置需要修改配置甚至需要重新发布，至少需要重新启动。
❏ 配置文件过于分散，需要对不同系统的配置文件位置进行管理。
❏ 配置修改无法追溯，一旦出错回滚会很麻烦。

为解决以上问题，要把所有服务的配置统一到配置服务中心进行统一管理。配置中心一般要满足 4 个能力要求：

❏ 应用与配置分离，修改配置不需要修改源码。
❏ 配置集中管理，运维方便高效。
❏ 配置服务要稳定、高可用。
❏ 配置的修改可追溯，便于管理及回滚。

具备以上能力的配置中心能有效地提高运维效率，降低配置管理的复杂度和成本。

SpringCloudNetflix 采用 spring-cloud-config-server 作为配置中心，SpringCloudAlibaba 采用 Nacos 作为配置中心。

阿里云的 EDAS 平台提供 Nacos 的商业版本配置中心 ACM。

Nacos 在上一节已经介绍过，这里补充一下服务配置部分的数据模型（如图 4-69 所示，图片来源于 https://nacos.io）。

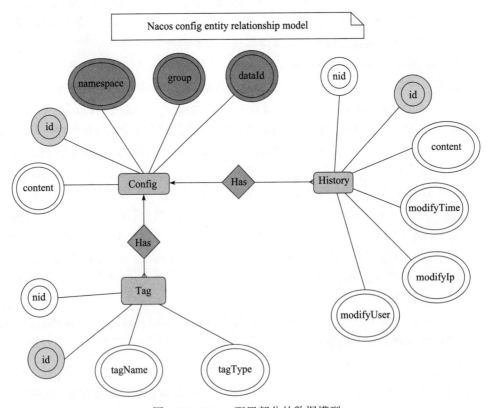

图 4-69 Nacos 配置部分的数据模型

配置主要有三个实体：配置项（Config）、历史配置项（History）、标签（Tag），具体属性就不一一介绍了。

3. 服务协议

分布式服务之间的调用需要使用特定的 RPC 通信协议，包括 HTTP 协议和 TCP 协议两大类，具体比较如表 4-14 所示。

表 4-14 HTTP 和 TCP 协议的对比

项目	TCP	HTTP
案例	Dubbo、Motan、Grpc、Thrift 等	SpringCloud、Web Service 等
序列化	二进制	文本
性能	高	低
接口契约描述	Thrift 等	Swagger 等
客户端	强类型客户端 一般可自动生成 支持多语言	支持多语言
开发者友好	客户端直接使用 TCP 简单 二进制内容可读性不高	浏览器可直接访问 文本内容可读性高
开放性	需要转换为 HTTP 开放	直接对外开放

内部通信一般建议使用 TCP 类通信协议，比如业务中台内部服务之间的通信；外部通信建议使用 HTTP 类通信协议，比如前台应用与中台服务之间通信。

SpringCloudNetflix 采用 HTTP 协议，SpringCloudAlibaba 内部调用支持 Dubbo 协议，外部支持 HTTP 协议能够更好地满足性能及易用性的要求。

Dubbo 缺省协议采用单一长连接和 NIO 异步通信模式，适合于小数据量大、并发的服务调用，以及服务消费者机器数远大于服务提供者机器数的情况。反之，Dubbo 缺省协议不适合传送大数据量的服务，比如文件、传视频等，除非请求量很低。Dubbo 的架构如图 4-70 所示（图片来源于 http://dubbo.apache.org/）。

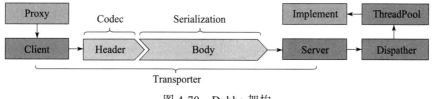

图 4-70 Dubbo 架构

Dubbo 缺省协议使用基于 mina 1.1.7 和 hessian 3.2.1 的 tbremoting 交互。它具有如下特性：
- 连接个数：单连接。
- 连接方式：长连接。
- 传输协议：TCP。

- 传输方式：NIO 异步传输。
- 序列化：Hessian 二进制序列化。
- 适用范围：传入/传出参数数据包较小（建议小于100KB），服务消费者比提供者数量多，单一消费者不会造成提供者满负荷，尽量不要用 Dubbo 协议传输大文件或超大字符串。
- 适用场景：常规远程服务方法调用。

4. 服务网关

本质上，服务网关=服务路由+过滤器。为什么需要服务网关呢？首先，分布式服务系统中有多个服务，对外提供服务时，如果每个服务都暴露到外部环境，则不利于运维管理，也不利于负载均衡。另外，服务鉴权、限流、监控等横切功能也没必要在每个服务上都实现一次，因此在分布式服务系统中，服务网关就很有必要了。

SpringCloud 使用 SpringCloudGateway 作为推荐的服务网关，相关实现还有 Netflix Zuul 等。SpringCloudGateway 的处理流程如图 4-71 所示。

其中：
- DispatcherHandler：处理客户端请求。
- RoutePredicateHandlerMapping：匹配路由。
- FilteringWebHandler：执行路由定义中的 Filter。
- Filter Chain：网关的可扩展点，可根据具体业务需求进行定制开发。
- Business Service：具体的业务服务。

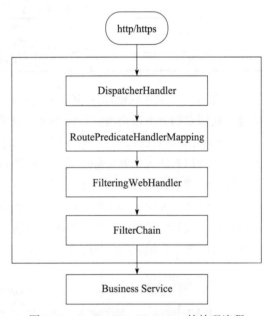

图 4-71 SpringCloudGateway 的处理流程

5. 流量监控

分布式服务系统由于服务间的相互调用会形成调用链路，这是与单体服务的不同之处。随着分布式服务系统的规模和复杂度不断提高，调用链路的监控就显得尤为重要，SpringCloudAlibaba 使用阿里巴巴开源的 Sentinel 作为链路监控工具。阿里云 AHAS 服务提供 Sentinel 的商业 Saas 服务版本，其主要功能如下：

（1）架构感知
- 自动感知应用的拓扑结构。
- 以可视化的方式直观呈现应用对基础架构的依赖关系和组件间的依赖关系。
- 持续记录上述依赖关系。

（2）流量防护
- 专业化、多样化的限流手段。
- 实时秒级的监控。
- 立即生效的规则管理。

（3）故障演练
- 提供基于真实线上故障的高可用能力演练服务。
- 根据用户的应用架构智能推荐故障演练场景。

（4）功能开关
- 按照统一的方式定义、管理业务运行时功能切换。
- 支持定义任意类型的配置项，且自动根据类型做自动拆装，代码层无须关注类型信息，简化运行时配置项的使用流程。

6. 服务监控

服务监控是服务治理的重要方面，SpringBoot 提供了轻量简洁的监控解决方案 SpringBootActuator 和 SpringBootAdmin。SpringBootActuator 提供了对单个 SpringBoot 应用的监控，信息包括状态、内存、线程、堆栈等。如果分布式服务个数很多，使用起来不方便，而且 Actuator 监控接口返回的数据格式是 JSON，不方便阅读，于是 SpringBootAdmin 诞生了。它可以针对 SpringBootActuator 接口进行封装美化，可以查询所有 SpringBootActuator 中的监控信息，还可以修改 logger 的级别，使用比较方便。

SpringBootAdmin 监控的日志读取的还是服务本身的日志，当服务宕机无法访问时是读取不到具体日志的。分布式服务的日志监控一般会采用独立的监控机制。我们通常采用 ELK 套件来实现日志的监控，具体架构如图 4-72 所示。

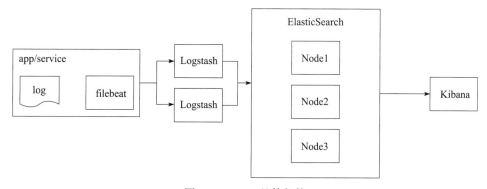

图 4-72　ELK 整体架构

除了框架提供的监控方案以外，生产环境一般会有独立的第三方监控平台，如 Prometheus。阿里云提供了一套易用的分布式服务日志收集服务 SLS 以及分布式服务监控平台 Arms，可以为云上服务提供强大的日志及监控功能。

以上介绍了分布式服务框架主要解决的问题以及常用的解决方案，阿里云为分布式服务的整个生命周期提供了全方位的产品与服务。

4.6.2 分布式事务处理

业务中台在业务架构层面由不同的服务中心组成；在技术架构层面，每个服务中心都是拥有自身所属领域内私有数据的自治服务。无论服务中心之间还是构筑在服务中心之上的聚合应用必然会有交互，可以完成一个实际的业务事务或者场景，这也意味着业务中台的技术实践与分布式系统中的事务是密不可分的。

1. 分布式事务的概念及业务中台应用场景

从概念上讲，事务是一个不可分组的操作集合，这些操作要么都成功执行，要么都取消执行。典型的需要事务的场景是银行账户间的转账。假如 A 账户要给 B 账户转账 100 元，那么 A 账户要扣减 100 元，B 账户要增加 100 元，这两个账户的数据变更都成功才算是转账成功。更严格地说，可以用 ACID 特性来表述事务。

- Atomicity（原子性）：事务中的所有操作要么都成功执行，要么都取消执行，不能存在部分执行、部分不执行的状态。
- Consistency（一致性）：事务的一致性源于对数据的一组特定陈述及不变量必须始终成立。对数据不变量的保持本质上属于应用程序的范畴，它并不是数据库事务本质的东西。这里的一致性与分布式一致性有本质的不同。举例来说，A、B 两个账户各有 100 元，无论两个账户并发相互转账多少次，两个账户的资金总额依然是 200 元。
- Isolation（隔离性）：并发事务之间的相互影响程度。ANSI/ISO SQL 标准（SQL92）定义了四种事务隔离级别：读未提交、读已提交、可重复读、串行化。
- Durability（持久性）：事务完成后对数据的更改不会丢失。从技术视角来看，不存在完美的持久化方案。

在业务中台的技术实践中，如果服务中心内的某个服务仅限于访问所属服务中心的某个数据库或者物理实例，既不涉及跨服务中心的远程调用，也不涉及服务中心内部可能的多个数据库或者数据源，这种情况下的事务称为本地事务。本地事务借助传统的数据库事务处理手段即可。但是，如果服务中心内的某个服务涉及跨服务中心的远程调用或者跨自身服务中心内部的多个数据库或者数据源时，需要考虑分布式事务处理的解决方案。

分布式事务是指事务的发起者、参与者、数据资源服务器以及事务管理器分别位于分布式系统的不同节点之上。概括起来，分布式事务有三种场景：跨数据库分布式事务、跨服务分布式事务、混合式分布式事务（如图 4-73 所示）。

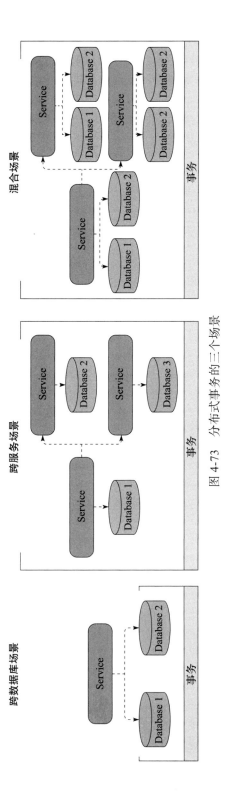

图 4-73 分布式事务的三个场景

分布式事务中涉及的参与者分布在异步网络中，参与者通过网络通信来达到分布式一致性，网络通信不可避免地会出现失败、超时的情况，因此分布式事务的实现比本地事务面临更多的困难。下面介绍几种常见的分布式事务解决方案。

2. 分布式事务解决方案

（1）XA 规范

在 20 世纪 80 年代出现了以 Tuxedo（Transactions for Unix, Extended for Distributed Operations）为代表的一批分布式事务中间件，用于解决电信领域的 OLTP 系统的分布式事务处理。后来，标准化组织 X/Open 采纳了这些分布式事务中间件的设计思想和一些接口，推出了分布式事务规范——XA Specification。

XA Specification 中定义了分布式事务处理模型，这个模型中包含四个核心角色：

- RM（Resource Manager，资源管理器）：提供数据资源的操作、管理接口，保证数据的一致性和完整性。最有代表性的就是数据库管理系统。当然，某些文件系统、MQ 系统也可以看作 RM。
- TM（Transaction Manager，事务管理器）：是一个协调者的角色，协调跨库事务关联的所有 RM 的行为。
- AP（Application Program，应用程序）：按照业务规则调用 RM 接口来完成对业务模型数据的变更。当数据的变更涉及多个 RM 且要保证事务时，AP 会通过 TM 来定义事务的边界，TM 负责协调参与事务的各个 RM 共同完成一个全局事务。
- CRM（Communication Resource Manager，通信资源管理器）：主要用来进行跨服务的事务的传播。

在 XA 规范中，分布式事务是构建在 RM 本地事务（此时本地事务被看作分支事务）上的，TM 负责协调这些分支事务要么都成功提交、要么都回滚。XA 规范把分布式事务处理过程划分为两个阶段，所以又叫两阶段提交协议（two phrase commit），具体步骤如下。

1）预备阶段：
- TM 记录事务开始日志，并询问各个 RM 是否可以执行提交准备操作。
- RM 收到指令后，评估自己的状态，尝试执行本地事务的预备操作：预留资源、为资源加锁、执行操作等，但是并不提交事务，并等待 TM 的后续指令。如果尝试失败，则告知 TM 本阶段执行失败并且回滚自己的操作，然后不再参与本次事务。（以 MySQL 为例，这个阶段会完成资源的加锁、redo log 和 undo log 的写入。）
- TM 收集 RM 的响应，记录事务准备完成日志。

2）提交/回滚阶段：这个阶段会根据上个阶段的协调结果发起事务的提交或者回滚操作。

3）如果所有 RM 在上一个步骤都返回执行成功，那么
- TM 记录事务 commit 日志，并向所有 RM 发起事务提交指令。
- RM 收到指令后，提交事务，释放资源，并向 TM 响应"提交完成"。

- 如果 TM 收到所有 RM 的响应，则记录事务结束日志。

4）如果有 RM 在上一个步骤中返回执行失败或者超时没有应答，则 TM 按照执行失败处理，那么
- 记录事务 abort 日志，向所有 RM 发送事务回滚指令。
- RM 收到指令后，回滚事务，释放资源，并向 TM 响应回滚完成。
- 如果 TM 收到所有 RM 的响应，则记录事务结束日志。

XA 规范中详细定义了各个核心组件之间的交互接口，具体内容参见文档 https://pubs.opengroup.org/onlinepubs/009680699/toc.pdf。以 TM 和 RM 的交互接口为例，图 4-74 体现了一次完整的全局事务中 TM 和 RM 之间的交互。

XA 两阶段提交协议的设计目标是要像本地事务一样实现事务的 ACID 特性：
- 原子性：在 prepare 和 commit 阶段保证事务是原子性的。
- 一致性：XA 协议实现的是强一致性。
- 隔离性：XA 事务在完成之前一直持有资源的锁，所以可以做到事务的隔离。
- 持久性：基于本地事务实现，持久化是有保证的。

XA 是出现最早的分布式事务规范，Oracle、MySQL、SQLServer 等主流数据库都支持 XA 规范。J2EE 中的 JTA 规范也是参照 XA 规范编写的，与 XA 规范兼容。XA 是在资源管理层面实现的分布式事务模型，对业务的入侵度较低。

XA 两阶段提交协议可以覆盖分布式事务的三种场景，但是在业务中台的技术实践中，由于下面的一些原因导致实际应用场景非常有限：
- 在全局事务的执行过程中，RM 一直持有资源的锁，并且调用保持同步阻塞状态。如果参与的 RM 过多，尤其是在跨服务的场景下，网络通信的次数和时间会急剧增加，所以阻塞的时间更长，导致系统的吞吐能力变得很差，事务死锁出现的概率增加。因此，该协议并不适合业务中台场景下的跨服务的分布式事务模式。
- 对于每一个 TM 域来说，由于 TM 是单点，存在单点故障风险，如果 TM 在阶段 1 之后停止工作，会导致参与的 RM 长时间收不到阶段 2 的请求，从而长期持有资源的锁，影响业务的吞吐能力。同时，在一次完整的全局事务中，TM 和 RM 之间的交互多达 8 次，非常影响系统的处理性能。
- XA 两阶段协议可能导致阻塞问题。如果 TM 在 RM 等待其最终决定时脱机，则 RM 将被卡住并保持其数据库锁，直到 TM 再次联机并发布其决定。这种锁的长期持有可能中断使用相同数据库的其他应用程序。

（2）TCC

TCC（Try、Commit、Cancel）是一种补偿型分布式事务处理模式（如图 4-75 所示），该模式要求业务中台应用或者服务中心的每个服务提供 Try、Confirm、Cancel 三个接口。它的核心思想是通过对资源的预留，尽早释放对资源的加锁。如果事务可以提交，则完成对预留资源的确认；如果事务要回滚，则释放预留的资源。

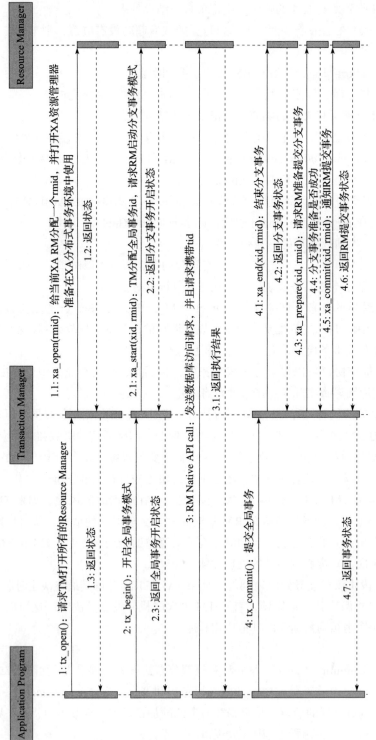

图 4-74 全局事务 TM 和 RM 完整交互

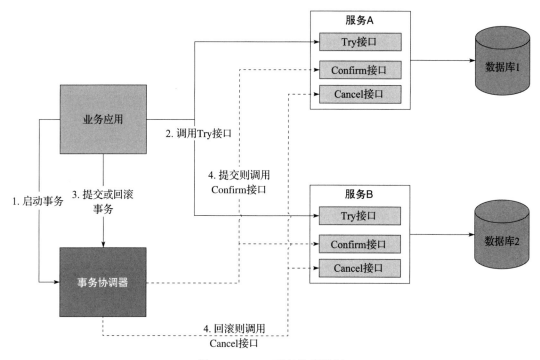

图 4-75　TCC 事务处理机制

TCC 也是一种两阶段提交协议，可以看作 2PC/XA 的变种，但是不会长时间持有资源锁。TCC 模型将事务的提交划分为两个阶段：

阶段 1　完成业务检查（一致性）、预留业务资源（准隔离性），即 TCC 中的 Try。

阶段 2　如果 Try 阶段所有业务资源都预留成功，则执行 Confirm 操作，否则执行 Cancel 操作。

- Confirm：不做任何业务检查，仅仅使用预留的资源执行业务操作，如果失败会一直重试。
- Cancel：取消执行业务操作，释放预留的资源，如果失败会一直重试。

在 TCC 模式中，事务的发起者和参与者都需要记录事务日志。事务的发起者需要记录全局事务和各个分支事务的状态和信息，事务的参与者需要记录分支事务的状态。

TCC 事务在执行过程中的任意环节均可能发生宕机、重启、网络中断等异常情况，此时事务处于非原子状态和非最终一致状态，那么就需要根据主事务记录和分支事务记录的日志完成剩余分支事务的提交或者回滚，使整个分布式事务内所有分支事务达到最终一致的状态，实现事务的原子性。

TCC 事务具备事务的四个特性：

- 原子性：事务发起方协调各个分支事务全部提交或者全部回滚。
- 一致性：TCC 事务提供最终一致性。

- 隔离性：通过 Try 预分配资源的方式来实现数据的隔离。
- 持久性：由各个分支事务来实现。

TCC 事务将分布式事务从资源层提到业务层来实现，可以让业务灵活选择资源的锁定粒度，并且全局事务执行过程中不会一直持有锁，所以系统的吞吐量比 2PC/XA 模式高很多。支持 TCC 事务的开源框架有 Seata、ByteTCC、Himly、TCC-Transaction。

TCC 事务模型对业务方侵入较大，需要业务方把功能的实现由一个接口拆分为三个，开发成本较高。同时，TCC 事务为了解决异步网络中的通信失败或超时带来的异常情况，要求业务方在设计实现上遵循三个策略：

- 允许空回滚：异常发生在阶段 1 时，部分参与方没有收到 Try 请求从而触发整个事务的 Cancel 操作，Try 失败或者没有执行 Try 操作的参与方收到 Cancel 请求时，要进行空回滚操作。
- 保持幂等性：异常发生在阶段 2 时，比如网络超时，会重复调用参与方的 Confirm/Cancel 方法，因此需要这两个方法在实现上保证幂等性。
- 防止资源悬挂：网络异常导致两个阶段无法保证严格的顺序执行，出现参与方 Try 请求比 Cancel 请求更晚到达的情况，Cancel 会执行空回滚而确保事务的正确性，但是此时 try 方法也不可以再执行。

（3）Saga

Saga 也是一种在业务中台的技术实践中维护不同服务之间数据一致性的机制。一个 Saga 表示用于更新多个业务中台服务中的数据的一个系统操作。它和 TCC 一样，也是一种补偿型分布式事务处理模式。但是，它没有 Try 阶段，而是把分布式事务看作一组本地事务构成的事务链。数据事务链中的每一个正向事务操作都对应一个可逆的事务操作。Saga 事务协调器负责按照顺序执行事务链中的分支事务，分支事务执行完毕即释放资源。如果某个分支事务失败，则按照反方向执行事务补偿操作。

假如一个 Saga 的分布式事务链由 N 个分支事务构成 $[T_1, T_2, \cdots, T_n]$，那么该分布式事务的执行情况有三种：

- $T_1, T_2, \cdots, T_n$：N 个事务全部执行成功。
- $T_1, T_2, \cdots, T_i, C_i, \cdots, C_2, C_1$：执行到第 i（$i \leq n$）个事务的时候失败了，则从第 i 个事务开始以相反顺序依次调用前面所有本地事务的补偿操作。如果补偿失败，就一直重试。补偿操作可以优化为并行执行。
- $T_1, T_2, \cdots, T_i$（失败），T_i（重试），T_i（重试），$\cdots$，T_n：适用于事务必须成功的场景，如果发生失败就一直重试，不会执行补偿操作。

根据 Saga 事务的实际执行过程，一个典型的 Saga 结构模型可以包含如下三种类型的事务。

- 可补偿性事务：可以使用补偿事务回滚的事务。
- 关键性事务：Saga 执行过程的关键点。如果关键性事务执行成功，则 Saga 将一直运行直至完成。关键性事务并不要求一定是可补偿性事务或可重复性事务，但它可以是最后一个可补偿性事务或第一个可重复性事务。
- 可重复性事务：在关键性事务之后的事务，保证成功。

Saga 的处理流程如图 4-76 所示。

图 4-76　Saga 处理流程

Saga 的实现需要包含协调 Saga 步骤的逻辑。当 Saga 启动时，协调逻辑必须选择并通知第一个 Saga 参与方执行本地事务。一旦该事务完成，Saga 协调选择并调用下一个 Saga 参与方。这个过程会一直持续到 Saga 执行完所有步骤。如果任何本地事务失败，则 Saga 必须以相反顺序执行补偿事务。有两种方法可以用来构建 Saga 的协调逻辑。

1）协同式（choreography）：Saga 的角色和执行顺序逻辑分布在 Saga 的每一个参与方中，它们通过交换事件的方式沟通。

2）编排式（orchestration）：Saga 的决策和执行顺序逻辑集中在一个 Saga 编排器中，编排器给各个 Saga 参与方发出命令式消息，指示这些参与方服务完成本地事务。

Saga 事务是可以保障事务的三个特性：
- 原子性：Saga 协调器可以协调事务链中的本地事务要么全部提交，要么全部回滚。
- 一致性：Saga 事务可以实现最终一致性。
- 持久性：基于本地事务的持久化机制。

但是 Saga 不保证事务的隔离性，本地事务提交后，变更就对其他事务可见了。其他事务如果更改了已经提交成功的数据，可能会导致补偿操作失败。比如扣款失败，但是钱已经花掉了。因此，需要考虑这种场景并从业务设计上规避这类问题。

Saga 事务和 TCC 事务一样，对业务实现要求高，要求业务设计实现遵循三个策略：
- 允许空补偿：网络异常导致事务的参与方只收到了补偿操作指令，因为没有执行过正常操作，因此要进行空补偿。
- 保持幂等性：事务的正向操作和补偿操作都可能被重复触发，因此要保证操作的幂等性。
- 防止资源悬挂：网络异常导致事务的正向操作指令晚于补偿操作指令到达，则丢弃本次正常操作，否则会出现资源悬挂问题。

虽然 Saga 和 TCC 都是补偿事务，但是由于提交阶段不同，因此两者也有所不同：
- Saga 是不完美补偿，补偿操作会留下之前原始事务操作的痕迹，需要考虑对业务的影响。
- TCC 是完美补偿，补偿操作会彻底清理之前的原始事务操作，用户是感知不到事务取消之前的状态信息的。
- TCC 的事务可以更好地支持异步化，但是 Saga 模式一般在补偿阶段比较适合异步化。

Saga 模式非常适合业务流程长的长事务的场景，实现上对业务侵入低，所以非常适合微服务架构的场景。同时，Saga 采用的是一阶段提交模式，不会对资源长时间加锁，不存在"木桶效应"，所以采用这种架构的系统性能高、吞吐高。

支持 Saga 模式的框架包括阿里巴巴开源的 Seata 项目、Chris Richardson 的 Eventuate Tram Saga 等。

（4）基于消息的分布式事务

基于消息的分布式事务的核心思想是参与方通过消息系统向其他事务通知事务的执行状态。消息系统的引入更有效地将事务参与方解耦，使各个参与方可以异步执行。这种方案的难点在于解决本地事务执行和消息发送的一致性：两者必须同时执行成功或者同时取消执行。在实现上有两种方式：基于消息队列事务消息的方案和基于本地数据库事务消息的方案。

1）基于消息队列事务消息的分布式事务。

普通消息是无法解决本地事务执行和消息发送的一致性问题的。因为消息发送是一个网络通信的过程，在发送消息的过程中有可能出现发送失败或者超时的情况。出现超时时，有可能发送成功，有可能发送失败，消息的发送方是无法确定的，所以此时消息发送方无论是提交事务还是回滚事务，都有可能出现不一致性。

为了解决这个问题，引入了事务消息。事务消息和普通消息的区别在于事务消息发送成功后，处于 prepared 状态，不能被订阅者消费，等到事务消息的状态更改为可消费状态后，下游订阅者才可以监听到此消息。

本地事务和事务消息的发送处理流程如下：

- 事务发起者预先发送一个事务消息。
- MQ 系统收到事务消息后，将消息持久化，消息的状态是"待发送"，并给发送者一个 ACK 消息。
- 事务发起者如果没有收到 ACK 消息，则取消本地事务的执行；如果收到 ACK 消息，则执行本地事务，并给 MQ 系统再发送一个消息，通知本地事务的执行情况。
- MQ 系统收到消息通知后，根据本地事务的执行情况更改事务消息的状态。如果成功执行，则将消息更改为"可消费"并择机下发给订阅者；如果事务执行失败，则删除该事务消息。
- 本地事务执行完毕后，发给 MQ 的通知消息有可能丢失。所以支持事务消息的 MQ 系统有一个定时扫描逻辑，若扫描出仍然是"待发送"状态的消息，就向消息的发送方发起询问，询问这条事务消息的最终状态如何并根据结果更新事务消息的状态。因此，事务的发起方需要给 MQ 系统提供一个事务消息状态查询接口。
- 如果事务消息的状态是"可发送"，则 MQ 系统向下游参与者推送消息，推送失败会不停重试。
- 下游参与者收到消息后，执行本地事务，本地事务如果执行成功，则给 MQ 系统发送 ACK 消息；如果执行失败，则不发送 ACK 消息，MQ 系统会持续推送该消息。

2）基于本地数据库事务消息的分布式事务。

基于事务消息的模式对 MQ 系统要求较高，并不是所有 MQ 系统都支持事务消息，RocketMQ 是目前为数不多的支持事务消息的 MQ 系统。如果所依赖的 MQ 系统不支持事务消息，那么可以采用本地消息的分布式模式。

该模式的核心思想是事务的发起方维护一个本地消息表，业务执行和本地消息表的执行处在同一个本地事务中。若业务执行成功，则同时记录一条"待发送"状态的消息到本地消息表中。系统启动一个定时任务定时扫描本地消息表中状态为"待发送"的记录，并将其发送到 MQ 系统中。如果发送失败或者超时，则一直发送，直到发送成功后，从本地消息表中删除该记录。后续的消费订阅流程与基于事务消息的模式类似。

基于消息的分布式事务模式对 ACID 特性的支持如下所示。
- 原子性：最终可以实现分支事务都执行或者都不执行。
- 一致性：提供最终一致性。
- 隔离性：不保障隔离性。
- 持久性：由本地事务来保证。

基于消息的分布式事务可以对分布式系统更有效地解耦，各个事务参与方之间的调用不再是同步调用。它对 MQ 系统的要求较高，对业务实现有一定的侵入性，要么提供事务消息状态查询接口，要么需要维护本地消息表。基于消息的分布式事务适用于要求最终一致性的业务场景，在业务中台的技术实践中也具有广泛的应用。

（5）最大努力通知型分布式事务

最大努力通知型分布式事务解决方案也是基于 MQ 系统的一种解决方案，但是不要求 MQ 消息可靠。业务活动的主动方在完成业务处理后，向业务活动被动方发送通知消息（允许消息丢失）。主动方可以设置时间阶梯型通知规则，在通知失败后按规则重复通知，直到通知 N 次后不再通知。主动方给被动方提供校对查询接口，被动方按需校对查询，用于恢复丢失的业务消息。业务活动的被动方要保证自身的幂等性。

假设客户通过电信运营商的网上营业厅提供的客户端进行手机话费充值，充值方式选择支付宝支付。整个操作的业务流程如图 4-77 所示。
- 客户选择充值金额 50 元，支付方式选择支付宝。
- 电信运营商的网上营业厅系统创建一个充值订单，状态为支付中，并跳转到支付宝的支付页面（此时进入支付宝的系统中）。
- 支付宝确认客户的支付后，从客户的账户中扣除 50 元，并在电信运营商的账户中增加 50 元。执行完毕后，将充值结果通知给电信运营商网上营业厅系统。电信运营商网上营业厅系统得到通知后，更新自身充值订单的状态为"成功"或者"失败"。在通知阶段可能由于某些异常（比如网络故障或者电信运营商网上营业厅系统服务异常）导致通知失败，通常情况下支付宝会阶段性重新通知，但通知次数会有上限，所以无法保证一定成功通知到电信运营商网上营业厅系统。这也是尽最大努力通知的含义。

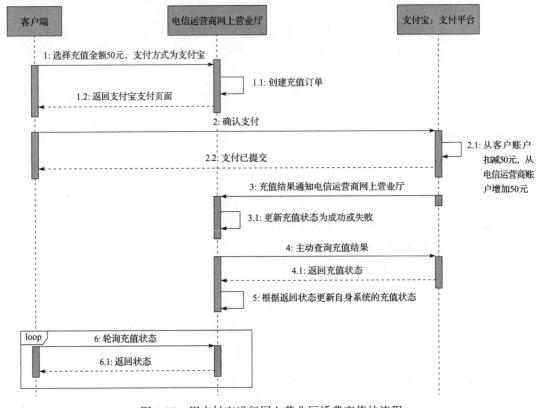

图 4-77 用支付宝进行网上营业厅话费充值的流程

- 如果支付宝的通知次数超过上限,电信运营商网上营业厅系统可以扫描支付中的订单,主动向支付宝发起请求,核验订单的支付结果。
- 电信运营商网上营业厅系统根据查询的结果更新自身充值订单的状态。
- 客户端在此过程中可以轮询充值订单的状态。

基于上述业务流程,从技术角度可以利用消息队列的确认机制来实现最大努力通知。典型的产品有阿里巴巴的 RocketMQ 等。

以阿里巴巴的 RocketMQ 的确认机制(ACK)为例来实现最大努力通知型分布式事务,可采用两种方案。两种方案中提到的业务主动方和业务被动方分别指的是发起通知的一方和接收通知的一方。以前述业务场景为例,支付宝为业务主动方,电信运营商网上营业厅系统为业务被动方。

第一种方案(如图 4-78 所示)是业务主动方和业务被动方直接基于 RocketMQ 的消息及 ACK 机制实现最大努力通知。其关键流程如下:

- 通知发起方将通知通过普通消息机制发给 RocketMQ 的自定义 topic。如果消息没有发出去,可由通知接收方主动查询通知发起方的业务执行结果。
- 通知接收方监听 RocketMQ 的自定义 topic。

❑ 通知接收方接收消息并在业务处理完成后回应 ACK，否则回应需重新消费。
❑ 通知接收方若没有回应 ACK，则 RocketMQ 会重复通知。RocketMQ 会按照类似间隔 1min、5min、10min、30min、1h、2h、5h、10h 的方式，逐步拉大通知间隔，直到达到通知要求的时间窗口上限。
❑ 通知接收方可通过消息校对接口来校对消息的一致性。

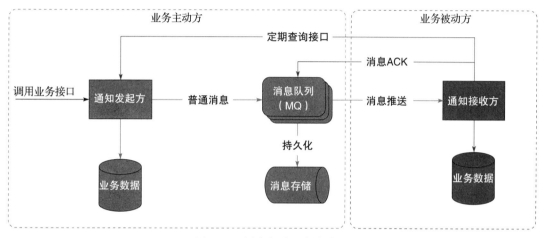

图 4-78　最大努力通知方案一

第二种方案（如图 4-79 所示）是业务主动方自身作为 RocketMQ 消息的消费者，通知网关通过接口与业务被动方交互，实现最大努力通知。其关键流程如下：

❑ 通知发起方将通知通过普通消息机制发给 RocketMQ 的自定义 topic。如果消息没有发出去，可由通知接收方主动查询通知发起方的业务执行结果。
❑ 主动方通知网关监听 RocketMQ 的自定义 topic。
❑ 主动方通知网关接收消息并通过接口调用通知接口方完成业务处理后回应 ACK，否则回应需重新消费。这里的接口可以是传统的 Web Service、RESTful API 或者 RPC 接口。
❑ 主动方通知网关若没有回应 ACK，则 RocketMQ 会重复通知。RocketMQ 会按照类似间隔 1min、5min、10min、30min、1h、2h、5h、10h 的方式，逐步拉大通知间隔，直到达到通知要求的时间窗口上限。
❑ 通知接收方可通过消息校验接口来确认消息的一致性。

最大努力通知型方案本质上是通过引入定期校验机制来确保最终一致性。它对业务侵入性较低、对 MQ 系统要求较低，实现相对简单，适合于对实时强一致性要求比较低、业务链路较短的场景，比如跨平台、跨企业的系统间的业务交互。

3. 分布式事务技术最佳实践

（1）利用 RocketMQ 事务消息处理分布式事务

图 4-80 给出了 RocketMQ 事务消息处理分布式事务的原理图。

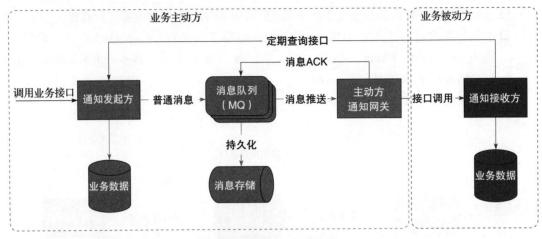

图 4-79 最大努力通知方案二

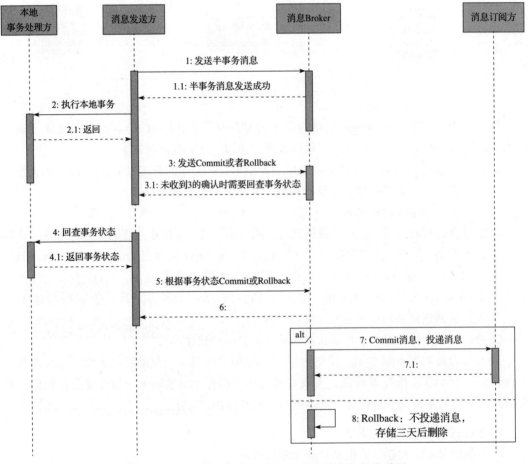

图 4-80 RocketMQ 事务消息处理分布式事务的泳道图

发送事务消息包含以下两个步骤:

1)发送半事务消息(Half Message)及执行本地事务,示例代码如下。

```java
import com.aliyun.openservices.ons.api.Message;
import com.aliyun.openservices.ons.api.PropertyKeyConst;
import com.aliyun.openservices.ons.api.SendResult;
import com.aliyun.openservices.ons.api.transaction.LocalTransactionExecuter;
import com.aliyun.openservices.ons.api.transaction.TransactionProducer;
import com.aliyun.openservices.ons.api.transaction.TransactionStatus;
import java.util.Properties;
import java.util.concurrent.TimeUnit;

public class TransactionProducerClient {
    private final static Logger log = ClientLogger.getLog();  // 您需要设置自己的日
                                                              // 志,便于排查问题。

    public static void main(String[] args) throws InterruptedException {
        final BusinessService businessService = new BusinessService(); //本地业务。
        Properties properties = new Properties();
            //您在控制台创建的 Group ID。注意:事务消息的 Group ID 不能与其他类型消息的
            Group ID 共用。
        properties.put(PropertyKeyConst.GROUP_ID, "XXX");
            //阿里云身份验证,在阿里云 RAM 控制台创建。
        properties.put(PropertyKeyConst.AccessKey, "XXX");
            //阿里云身份验证,在阿里云 RAM 控制台创建。
        properties.put(PropertyKeyConst.SecretKey, "XXX");
            //设置 TCP 接入域名,进入消息队列 RocketMQ 版控制台的实例详情页面的 TCP 协议
            //客户端接入点区域查看。
        properties.put(PropertyKeyConst.NAMESRV_ADDR, "XXX");

        TransactionProducer producer = ONSFactory.createTransactionProducer
            (properties,
            new LocalTransactionCheckerImpl());
        producer.start();
        Message msg = new Message("Topic", "TagA", "Hello MQ transaction===".
            getBytes());
        try {
            SendResult sendResult = producer.send(msg, new LocalTransactionExecuter() {
                @Override
                public TransactionStatus execute(Message msg, Object arg) {
                    Object businessServiceArgs = new Object();
                    TransactionStatus transactionStatus = TransactionStatus.Unknow;
                    try {
                        boolean isCommit =
                            businessService.execbusinessService(businessService
                                Args);
                        if (isCommit) {
                            //本地事务已成功,提交消息。
                            transactionStatus = TransactionStatus.CommitTransaction;
                        } else {
```

```
                    // 本地事务已失败,回滚消息。
                    transactionStatus = TransactionStatus.RollbackTransaction;
                }
            } catch (Exception e) {
                log.error("Message Id:{}", msgId, e);
            }
            System.out.println(msg.getMsgID());
            log.warn("Message Id:{}transactionStatus:{}", msgId, transaction
                Status.name());
            return transactionStatus;
        }
    }, null);
}
catch (Exception e) {
    // 消息发送失败,需要进行重试处理,可重新发送这条消息或持久化这条数据进行补
    // 偿处理。
    System.out.println(new Date() + " Send mq message failed. Topic is:" +
        msg.getTopic());
    e.printStackTrace();
}
```

2)提交事务消息状态。

当本地事务执行完成(执行成功或执行失败)时,需要通知服务器当前消息的事务状态。通知方式有以下两种:

❑ 执行本地事务完成后提交。

❑ 执行本地事务一直没提交状态,等待服务器回查消息的事务状态。

事务状态有以下三种:

❑ TransactionStatus.CommitTransaction:提交事务,允许订阅方消费该消息。

❑ TransactionStatus.RollbackTransaction:回滚事务,消息将被丢弃不允许消费。

❑ TransactionStatus.Unknow:无法判断状态,期待消息队列 RocketMQ 版的 Broker 向发送方再次询问该消息对应的本地事务的状态。

```
public class LocalTransactionCheckerImpl implements LocalTransactionChecker {
    private final static Logger log = ClientLogger.getLog();
    final  BusinessService businessService = new BusinessService();

    @Override
    public TransactionStatus check(Message msg) {
        Object businessServiceArgs = new Object();
        TransactionStatus transactionStatus = TransactionStatus.Unknow;
        try {
            boolean isCommit = businessService.checkbusinessService(business
                ServiceArgs);
            if (isCommit) {
```

```
                // 本地事务已成功，提交消息。
                transactionStatus = TransactionStatus.CommitTransaction;
            } else {
                // 本地事务已失败，回滚消息。
                transactionStatus = TransactionStatus.RollbackTransaction;
            }
        } catch (Exception e) {
            log.error("Message Id:{}", msgId, e);
        }
        log.warn("Message Id:{}transactionStatus:{}", msgId, transactionStatus.
            name());
        return transactionStatus;
    }
}
```

当步骤 1 中半事务消息发送完成，但本地事务返回状态为 TransactionStatus.Unknow，或者应用退出导致本地事务未提交任何状态时，从 Broker 的角度看，这条 Half 状态的消息的状态是未知的。因此，Broker 会定期要求发送方检查该 Half 状态消息，并上报其最终状态。

事务消息的 Check 方法里面应该写一些检查事务一致性的逻辑。消息队列 RocketMQ 版发送事务消息时需要实现 LocalTransactionChecker 接口，用来处理 Broker 主动发起的本地事务状态回查请求，消息队列 RocketMQ 版发送事务消息时需要实现 LocalTransactionChecker 接口，用来处理 Broker 主动发起的本地事务状态回查请求。因此，在事务消息的 Check 方法中，需要完成两项工作：

❑ 检查该半事务消息对应的本地事务的状态（committed 或 rollback）。
❑ 向 Broker 提交该半事务消息本地事务的状态。

消息队列在完成事务消息的提交确认后即可投递消息到消息订阅者或消费者。消息的消费者可按照消息订阅方式获取消息，在处理消息过程中要保证自身业务逻辑的幂等性。消息队列 RocketMQ 版支持以下两种消息获取方式：

❑ Push：消息由消息队列 RocketMQ 版推送至 Consumer。
❑ Pull：消息由 Consumer 主动从消息队列 RocketMQ 版拉取。

Pull Consumer 提供了更多接收消息的选择。下面的示例代码仅展示了常用的 push 模式，Pull 模式可以参考阿里云 RocketMQ 官方文档。

```
import com.aliyun.openservices.ons.api.Action;
import com.aliyun.openservices.ons.api.ConsumeContext;
import com.aliyun.openservices.ons.api.Consumer;
import com.aliyun.openservices.ons.api.Message;
import com.aliyun.openservices.ons.api.MessageListener;
import com.aliyun.openservices.ons.api.ONSFactory;
import com.aliyun.openservices.ons.api.PropertyKeyConst;

import java.util.Properties;

public class ConsumerTest {
```

```java
public static void main(String[] args) {
    Properties properties = new Properties();
        // 您在控制台创建的 Group ID
    properties.put(PropertyKeyConst.GROUP_ID, "XXX");
        // AccessKeyId 阿里云身份验证,在阿里云服务器管理控制台创建
    properties.put(PropertyKeyConst.AccessKey, "XXX");
        // AccesskeySecret 阿里云身份验证,在阿里云服务器管理控制台创建
    properties.put(PropertyKeyConst.SecretKey, "XXX");
        // 设置 TCP 接入域名,进入控制台的实例管理页面的获取接入点信息区域查看
    properties.put(PropertyKeyConst.NAMESRV_ADDR, "XXX");
        // 集群订阅方式 (默认)
        // properties.put(PropertyKeyConst.MessageModel, PropertyValueConst.
        // CLUSTERING);
        // 广播订阅方式
        // properties.put(PropertyKeyConst.MessageModel, PropertyValueConst.
        // BROADCASTING);

    Consumer consumer = ONSFactory.createConsumer(properties);
    consumer.subscribe("MyTopic", "TagA||TagB", new MessageListener() {
        // 订阅多个 Tag
        public Action consume(Message message, ConsumeContext context) {
            System.out.println("Receive: " + message);
            return Action.CommitMessage;
        }
    });
    // 订阅另外一个 Topic,如需取消订阅该 Topic,请删除该部分的订阅代码,重新启动消费端即可
    consumer.subscribe("TopicTestMQ-Other", "*", new MessageListener() {
        // 订阅全部 Tag
        public Action consume(Message message, ConsumeContext context) {
            System.out.println("Receive: " + message);
            return Action.CommitMessage;
        }
    });

    consumer.start();
    System.out.println("Consumer Started");
    }
}
```

(2) 分布式事务中间件 Seata

2019 年初阿里开源 Seata 后,该项目得到了极大的关注。Seata 以高性能和零侵入的方式为目标解决微服务领域的分布式事务难题,目前正处于快速迭代中。

Seata 支持 4 种模式,分别是 AT 模式、TCC 模式、Saga 模式、XA 模式。

❑ AT 模式是一种无侵入的分布式事务解决方案。在 AT 模式下,用户只需要关注自己的 "业务 SQL"。用户的 "业务 SQL" 作为一阶段,Seata 框架会自动生成事务的二阶段提交和回滚操作。鉴于 AT 模式对于开发者优化,但是从性能和可伸缩性角度看仍有待考验,其对于性能的开销仍不可小视,所以在高并发的场景不建议使用。

- TCC 模式需要用户根据自己的业务场景实现 Try、Confirm 和 Cancel 三个操作。事务发起方在一阶段执行 Try 方式,在二阶段提交执行 Confirm 方法,二阶段回滚执行 Cancel 方法。
- Saga 模式下,分布式事务内有多个参与者,业务流程中每一个参与者都提交本地事务,需要用户根据业务场景实现其正向操作和逆向回滚操作。分布式事务执行过程中,依次执行各参与者的正向操作,如果所有正向操作均执行成功,那么分布式事务提交。如果任何一个正向操作执行失败,那么分布式事务会逆序执行前面各参与者的回滚操作,回滚已提交的参与者,使分布式事务回到初始状态。
- XA 模式下,Seata 只支持本身就支持 XA 协议的数据源。

下面将重点介绍一下 Seata 对于 TCC 和 Saga 的支持。

1)利用 Seata 实现 TCC 只需要几个关键的步骤。

- 定义配置类,完成 Seata 框架依赖元素的注入。先自动注入 DataSourceProperties,获取 JDBC 信息;再注入 GlobalTransactionScanner,用于扫描 TCC 事务。

```
@Configuration
public class SeataAutoConfig {

    private DataSourceProperties dataSourceProperties;

    @Autowired
    public SeataAutoConfig(DataSourceProperties dataSourceProperties){
        this.dataSourceProperties = dataSourceProperties;
    }

    /**
     * init durid datasource
     * @Return: druidDataSource  datasource instance
     */
    @Bean
    @Primary
    public DruidDataSource druidDataSource(){
        DruidDataSource druidDataSource = new DruidDataSource();
        druidDataSource.setUrl(dataSourceProperties.getUrl());
        druidDataSource.setUsername(dataSourceProperties.getUsername());
        druidDataSource.setPassword(dataSourceProperties.getPassword());
        druidDataSource.setDriverClassName(dataSourceProperties.getDriverClass
            Name());
        druidDataSource.setInitialSize(0);
        druidDataSource.setMaxActive(180);
        druidDataSource.setMaxWait(60000);
        druidDataSource.setMinIdle(0);
        druidDataSource.setValidationQuery("Select 1 from DUAL");
        druidDataSource.setTestOnBorrow(false);
        druidDataSource.setTestOnReturn(false);
        druidDataSource.setTestWhileIdle(true);
        druidDataSource.setTimeBetweenEvictionRunsMillis(60000);
        druidDataSource.setMinEvictableIdleTimeMillis(25200000);
```

```java
            druidDataSource.setRemoveAbandoned(true);
            druidDataSource.setRemoveAbandonedTimeout(1800);
            druidDataSource.setLogAbandoned(true);
            return druidDataSource;
    }

    /**
     * init datasource proxy
     * @Param: druidDataSource  datasource bean instance
     * @Return: DataSourceProxy  datasource proxy
     */
    @Bean
    public DataSourceProxy dataSourceProxy(DruidDataSource druidDataSource){
        return new DataSourceProxy(druidDataSource);
    }

    /**
     * init mybatis sqlSessionFactory
     * @Param: dataSourceProxy  datasource proxy
     * @Return: DataSourceProxy  datasource proxy
     */
    @Bean
    public SqlSessionFactory sqlSessionFactory(DataSourceProxy dataSourceProxy)
        throws Exception {
        SqlSessionFactoryBean factoryBean = new SqlSessionFactoryBean();
        factoryBean.setDataSource(dataSourceProxy);
        factoryBean.setMapperLocations(new PathMatchingResourcePatternResolver()
.getResources("classpath:/mapper/*Mapper.xml"));
        factoryBean.setTransactionFactory(new JdbcTransactionFactory());
        return factoryBean.getObject();
    }

    /**
     * init global transaction scanner
     * @Return: GlobalTransactionScanner
     */
    @Bean
    public GlobalTransactionScanner globalTransactionScanner(){
        return new GlobalTransactionScanner("${spring.application.name}", "my_
            test_tx_group");
    }
}
```

☐ 定义分布式事务中特定业务活动的 TCC 接口，并且标注为 @LocalTCC，标识此 TCC 为本地模式，即该事务是本地调用，非 RPC 调用。另外，添加 @TwoPhaseBusiness-Action 注解，标识为 TCC 模式，其中定义了 commitMethod 和 rollbackMethod。如下所示为定义 1 个库存扣减的业务活动。

```java
@LocalTCC
    public interface InventoryDecrementBusinessAction{
```

```java
@TwoPhaseBusinessAction(name = "InventoryAction",commitMethod = "confirm",
    rollbackMethod = "cancel")
boolean try(BusinessActionContext actionContext, @BusinessActionContext
    Parameter(paramName = "productDTO") ProductDTO productDTO);

boolean confirm(BusinessActionContext actionContext);
boolean cancel(BusinessActionContext actionContext);
}
```

- 实现业务活动接口，其中 Try 阶段可以执行预占逻辑或者真实业务逻辑，Confirm 阶段执行真实业务逻辑或者空操作，Cancel 阶段执行回退逻辑。

```java
@Component
public class InventoryDecrementBusinessActionImpl implements InventoryDec
    rementBusinessAction  {

    ...

    @Override
    public boolean try(BusinessActionContext actionContext, ProductDTO productDTO) {

        ...
        int storage = baseMapper.decreaseInventory(productDTO.getProductCode(),
            productDTO.getCount());

        if (storage > 0){
            return true;
        }
            return false;
    }

@Override
    public boolean confirm(BusinessActionContext actionContext) {
    return true;
    }

@Override
    public boolean cancel(BusinessActionContext actionContext) {
    ...
    ProductDTO productDTO = JSONObject.toJavaObject((JSONObject)actionContext.
        getActionContext("productDTO"),ProductDTO.class);
    int storage = baseMapper.increaseInventory(ProductDTO.getProductCode(),
    productDTO.getCount());
        if (storage > 0){
            return true;
        }
        return false;
    }
}
```

- 定义并实现业务服务接口。在业务服务接口的实现中调用业务活动接口的实现，完成全局的分布式事务。

```java
@Service
    public class InventoryServiceImpl implements InventoryService {

@Autowired
private InventoryDecrementBusinessAction firstTccAction;

@Autowired
private InventoryOtherBusinessAction otherTccAction;

@Override
@GlobalTransactional
public boolean decreaseInventory(final ProductDTO productDTO) {
    // inventory decrement, first phase
    boolean result = firstTccAction.try(null, productDTO);

    if(!result){
    // fail to decrease inventory, cancel local and global transaction
    throw new BusinessRuntimeException("The inventory decrement failed. ");
        }

    // other tcc action, first phase
    result = otherTccAction.try(null, productDTO);

    if(!result){
        throw new BusinessRuntimeException("The other tcc action failed. ");
        }

        return true;
    }
}
```

2）利用 Seata 实现 Saga。

利用 Seata 实现 TCC 只需要几个关键的步骤。

- 定义分布式事务中特定业务活动的接口。如下所示为定义 2 个业务活动，分别是库存扣减和业务扣减活动。每个活动需要包含正向操作和其对应的逆向或补偿操作。

```java
public interface InventoryAction {
    boolean reduce(String businessKey, BigDecimal amount, Map<String, Object>
        params);
    boolean compensateReduce(String businessKey, Map<String, Object> params);
        }

public interface BalanceAction {
    boolean reduce(String businessKey, BigDecimal amount, Map<String, Object>
        params);
    boolean compensateReduce(String businessKey, Map<String, Object> params);
}
```

❑ 定义业务场景对应的状态机。状态机语言采用 Seata 自定义的基于 JSON 的 DSL 语言。图 4-81 展示了状态机及其对应的 DSL 语言。状态机可以利用 Seata 提供的可视化设计器来设计。详情参见 Seata 官方文档：https://seata.io/zh-cn/docs/user/saga.html。

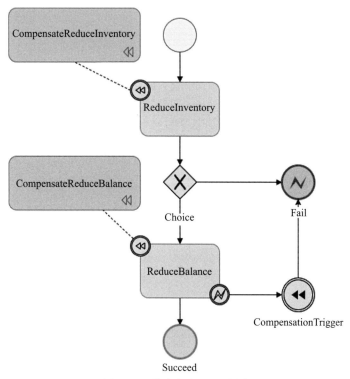

图 4-81　状态机和 DSL 语言

```
{
    "Name": "reduceInventoryAndBalance",
    "Comment": "reduce inventory then reduce balance in a transaction",
    "StartState": "ReduceInventory",
    "Version": "0.0.1",
    "States": {
        "ReduceInventory": {
            "Type": "ServiceTask",
            "ServiceName": "inventoryAction",
            "ServiceMethod": "reduce",
            "CompensateState": "CompensateReduceInventory",
            "Next": "ChoiceState",
                "Input": [
                    "$.[businessKey]",
                    "$.[count]"
                ],
                "Output": {
                    "reduceInventoryResult": "$.#root"
                },
```

```
            "Status": {
                "#root == true": "SU",
                "#root == false": "FA",
                "$Exception{java.lang.Throwable}": "UN"
            }
        },
        "ChoiceState":{
            "Type": "Choice",
            "Choices":[
                {
                    "Expression":"[reduceInventoryResult] == true",
                    "Next":"ReduceBalance"
                }
            ],
            "Default":"Fail"
        },
        "ReduceBalance": {
            "Type": "ServiceTask",
            "ServiceName": "balanceAction",
            "ServiceMethod": "reduce",
            "CompensateState": "CompensateReduceBalance",
            "Input": [
                "$.[businessKey]",
                "$.[amount]",
                {
                    "throwException" : "$.[mockReduceBalanceFail]"
                }
            ],
            "Output": {
                "compensateReduceBalanceResult": "$.#root"
            },
            "Status": {
                "#root == true": "SU",
                "#root == false": "FA",
                "$Exception{java.lang.Throwable}": "UN"
            },
            "Catch": [
                {
                    "Exceptions": [
                    "java.lang.Throwable"
                    ],
                    "Next": "CompensationTrigger"
                }
            ],
            "Next": "Succeed"
        },
        "CompensateReduceInventory": {
            "Type": "ServiceTask",
            "ServiceName": "inventoryAction",
            "ServiceMethod": "compensateReduce",
            "Input": [
                "$.[businessKey]"
```

```
            ]
        },
        "CompensateReduceBalance": {
            "Type": "ServiceTask",
            "ServiceName": "balanceAction",
            "ServiceMethod": "compensateReduce",
            "Input": [
                "$.[businessKey]"
            ]
        },
        "CompensationTrigger": {
            "Type": "CompensationTrigger",
            "Next": "Fail"
        },
        "Succeed": {
            "Type":"Succeed"
        },
        "Fail": {
            "Type":"Fail",
            "ErrorCode": "PURCHASE_FAILED",
            "Message": "purchase failed"
        }
    }
}
```

- 实现定义的业务活动接口。这个与业务相关，这里不再赘述。
- 实现定义的业务服务接口，声明全局事务，并在接口方法中调用业务活动接口的实现。与 TCC 类似，这里不再赘述。
- 在 Spring Bean 配置文件中配置一个 StateMachineEngine，然后启动自定义的状态机。

```
<bean id="dataSource" class="...">
..
<bean>
<bean id="stateMachineEngine" class="io.seata.saga.engine.impl.ProcessCtrl-
    StateMachineEngine">
<property name="stateMachineConfig" ref="dbStateMachineConfig"></property>
</bean>
  <bean id="dbStateMachineConfig" class="io.seata.saga.engine.config.DbState-
    MachineConfig">
    <property name="dataSource" ref="dataSource"></property>
    <property name="resources" value="statelang/*.json"></property>
    <property name="enableAsync" value="true"></property>
    <property name="threadPoolExecutor" ref="threadExecutor"></property>
        <!-- 事件驱动执行时使用的线程池，如果所有状态机都同步执行可以不需要 -->
    <property name="applicationId" value="saga_sample"></property>
    <property name="txServiceGroup" value="my_test_tx_group"></property>
</bean>
<bean id="threadExecutor"
class="org.springframework.scheduling.concurrent.ThreadPoolExecutorFactoryBean">
    <property name="threadNamePrefix" value="SAGA_ASYNC_EXE_" />
    <property name="corePoolSize" value="1" />
```

```
            <property name="maxPoolSize" value="20" />
</bean>

<!-- Seata Server 进行事务恢复时需要通过这个 Holder 拿到 stateMachineEngine 实例 -->
<bean class="io.seata.saga.rm.StateMachineEngineHolder">
        <property name="stateMachineEngine" ref="stateMachineEngine"/>
</bean>
```

- 获取 StateMachineEngine bean，并启动自定义的状态机。

```
ApplicationContext applicationContext = new ClassPathXmlApplicationContext
    ("classpath:saga/spring/statemachine_engine_test.xml");
stateMachineEngine = applicationContext.getBean("stateMachineEngine", State-
    MachineEngine.class);

Map<String, Object> paramMap = new HashMap<>();
        paramMap.put("a", 1);
String stateMachineName = "simpleChoiceTestStateMachine";
stateMachineEngine.start(stateMachineName, null, paramMap);
```

（3）基于本地数据库事务消息的分布式事务

核心设计思想是将分布式事务拆分成一系列本地事务进行处理。其设计思路源于 Ebay 经典的 BASE 方案。Ebay 的完整方案见 https://queue.acm.org/detail.cfm?id=1394128。此方案的核心是将需要做分布式处理的任务通过消息日志的方式异步执行。消息日志可以存储到本地文本、数据库或消息队列，再通过业务规则自动或人工发起重试。

基于本地数据库事务消息的方案如图 4-82 所示。服务中心一作为业务的上游需要在完成一部分事务处理后触发下游服务中心二的事务。图中的 MQ 是消息队列的统称，不代表任何产品。整个方案需要考虑如下关键步骤。

- 服务中心一作为消息生产方，除业务数据库表之外需要额外建一个消息表，并记录消息发送状态。消息表和业务数据要在一个事务里提交，也就是它们要在一个数据库里面。
- 消息会通过 MQ 投递到消息的消费方。如果消息发送失败，则通过消息状态检查轮询任务进行重试发送。消息状态检查轮询服务会检查消息表中状态不符合预期的消息，比如状态维持超过预期的时间，然后重新发送到 MQ。
- 服务中心二作为消息消费方，接收到消息后，记录消息，然后完成自己的业务逻辑。如果本地事务处理成功，接口调用服务中心一的消息状态更新接口完成状态更新；如果处理失败，那么会重试执行。如果是业务失败，可以调用服务中心一的接口通知业务补偿。
- 服务中心二的消费者逻辑要保持幂等性。

设想现在有电话营销中心和调度中心两个服务中心。电话营销中心处理营销案例作业逻辑，依赖于调度中心将案例分配给人处理。电话营销中心有 marketing_task 表维护营销案例，调度中心有 dispatching_task 表维护包括电话营销系统、审批系统等多种业务系统在内的业务案例。

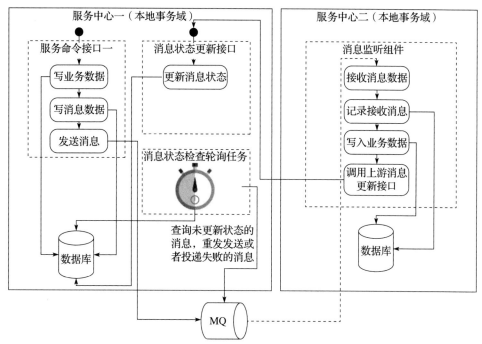

图 4-82 基于本地数据库事务消息分布式事务方案

假设营销中心和调度中心的业务表结构如下：

```
marketing_task(id, status, description)
dispatching_task (id, case_no, case_type)
```

在营销中心可以增加消息日志表：

```
marketing_task_log (xid, case_no, status, gmt_create)
```

在调度中心可以增加消息接收表：

```
trans_receive_log(xid, case_no, gmt_create)
```

在营销中心增加营销案例的时候同时新增消息日志记录，两个操作在同一个本地事务中执行：

```
begin;
    insert into marketing_task(id, $case_no, $description);
    insert into marketing_task_log($xid, $case_no, $status, now());
commit;
```

在调度中心接收到消息之后，增加调度任务的同时增加消息接收日志，两个操作在同一个本地事务中执行：

```
begin;
    insert into trans_receive_log($xid, $case_no, now());
```

```
insert into dispatching_task (id, $case_no, $case_type, now());
commit;
```

由一个定时任务轮询扫描 marketing_task_log 表中 gmt_create 超过设定阈值的消息记录，重新发送消息。

4.6.3 大促保障

1. 什么是大促

大促是大型电商平台主要的营销形式。营销本质上是通过薄利多销的形式来吸引更多用户的关注。随着互联网行业在国内蓬勃发展，国内电商领域的竞争越来越激烈，阿里巴巴在电商领域的优势越来越不明显，图 4-83 是 2019 年国内主流电商平台总成交额（GMV）和市值金额的对比。

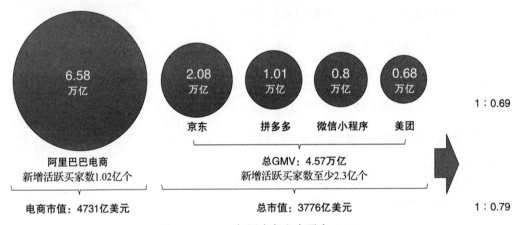

图 4-83　2019 年国内各电商平台 GMV

通过上图的比较可以看到，阿里巴巴和国内其他主要电商的成交额、总市值之间的差距已经越来越小。也就是说，国内电商领域的竞争已经从 10 年前的蓝海发展到现在的红海。在深入介绍大促之前，我们先从 Why（为什么）开始，聊聊电商为什么需要大促，或者大促能给电商带来什么好处。

大促（或者叫促销，本书两个概念可以互换）源自美国商场的圣诞促销。在这一天，美国的商场都会推出大量的打折和优惠活动，以便在年底进行最后一次大规模的促销。

在国内，大家应该都听说过双十一、618 大促。特别是双十一，已经从阿里巴巴一家企业年终的促销活动演变为所有电商平台年度最重要的促销活动。大促期间买过东西的读者应该都会注意到，大促期间商品的价格远远低于平时的售价（如果价格高于平时，双十一这样的促销活动估计没有多少人会关注）。不知道大家有没有这样的疑问：大促的时候，商家是否真的能赚到钱？要回答这个问题，需要介绍一下大促的目的，或者说商家为什么要做大促。笔者认为，大促是防止用户流失的自我防卫机制，特别是人口红利消失后，大促就是零和博弈。整体来说，大促有以下目的：

- 鼓励顾客大量购买，迅速提升整体销售额。
- 给顾客带来新鲜感，加深顾客对平台以及平台上售卖商品的印象。
- 争取潜在顾客，尝试在自己平台上购买，并让顾客熟悉新平台和售卖的商品。
- 抢夺顾客，打击竞争对手。

图 4-84 是笔者总结的大促的目的。

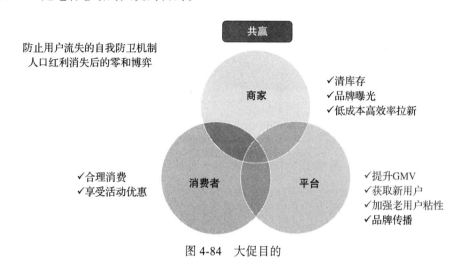

图 4-84　大促目的

在这里要强调一点：大促是商家、消费者和平台共赢的促销活动，这也是大促这样的促销手段能够经久不衰的主要原因。商家通过让利吸引更多买家购买商品，更多的买家购买商品，有助于清理库存，提升 GMV，增加老客户的黏性，同时获取新客户；因为有更多的用户在平台上购买商品，平台的品牌价值得到提升，品牌得到传播；买家可以用较低的价格购买到相同品质的商品。通过大促这样的促销手段，完美实现了商家、消费者和平台的三方共赢。

2. 大促保障流程

电商平台运营有三个非常重要的目标：拉新、促活和转化。大型促销活动当天会有很多用户登录系统完成购买。从系统的角度，这也意味着大促当天流量和并发量均会出现井喷，因此在大促活动过程中，对系统的稳定性、安全以及容量的要求非常高。这就要求我们必须对大促做好技术保障，必须对运营的每个细节进行详细分析，对促销过程中的业务玩法进行了解。基于业务玩法，确定业务的关键路径；基于关键路径，确定承压组件以及每个组件的容量配置。针对可能出现的中间件、系统服务中断，需要规划具体的应急预案，这样在服务中断的时候，才不会手忙脚乱。因此，大促保障不是一项简单的工作，而是一个系统化的工程，涵盖了项目管理、组织协调、技术保障、风险识别、应急预案、熔断规划、故障演练、系统监控以及大促后的业务和技术复盘等工作，如图 4-85 所示。

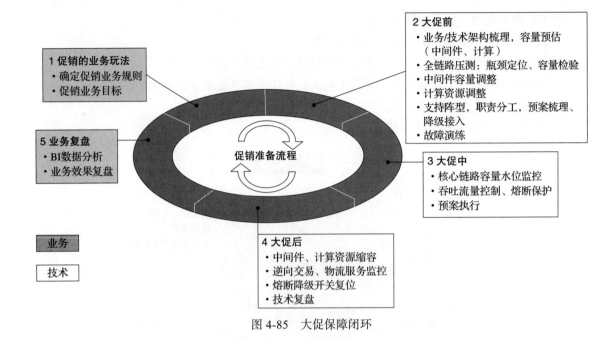

图 4-85 大促保障闭环

首先，从端到端的流程角度看，大促保障分为业务玩法的确认、大促前的准备工作、大促中的系统保障、大促后的资源缩容以及业务复盘（分析大促是否满足了设定的业务目标）这五个阶段。接下来，我们详细介绍每个阶段以及每个阶段的核心工作，目的是让读者对每个阶段的需要完成的工作有一个直观的了解，更重要的是了解为什么要做这些工作。

（1）确定促销业务玩法和业务目标

确定促销业务玩法包括梳理促销的业务目标人群、业务量和业务玩法，特别需要关注的是各种渠道的流量分配。业务玩法不同，核心链路的承压不同，比如普通的抢红包和红包裂变对 Redis 这类组件的压力是完全不同的。普通的抢红包只要承受第一波压力，随着奖池的红包数量减少直至清零，系统就可以经受住考验，整个过程顺利完成。但是红包裂变不一样，第一波红包抢完后，用户如果下单，并在社交网络分享后，就有机会让红包产生裂变（比如裂变成三个），这样第二波、第三波的红包创建请求可能源源不断地到来。在极端情况下，第一波并发是 10 万，第二波可能会变成 30 万并发。通过这个例子，大家可以看到，不同的业务玩法，其核心链路可能不同，并且不同的业务玩法对系统的核心组件造成的压力也不同，因此必须对促销的业务玩法有清晰的了解。

我们需要评估促销活动的业务量以及最大并发用户数。容量估算通常从粗到细，业务负责人需要针对此次活动可能同时在线的用户数量给出估算，提供诸如 20 万、5 万这样的客户同时在线数量预估。基于这些同时在线用户数据，可以进行细粒度的系统容量估算。当然，不是所有的业务部门都能够提供这些数据。当业务部门无法提供粗粒度数据的时候，我们依然可以通过分析以往营销活动的数据，获取最近一次玩法类似的促销活动同时在线的客户数量，然后基于业务发展的考虑，给予一定比例的上浮，估算出这次促销活动同时在线的客户数量。比如，我们在进行618大促保障准备的时候，对2019年618促销的数据进行了分析，得出了2019年同时在线人数、订单最大的并发数，以及优惠券服务最大的并发数。然后基于这些数据，以及业务的发展变化，特别是考虑到2020年疫情影响的因素，会有更多人通过电商渠道购买商品，我们估算流量和并发会大幅上升，给出了资源配置比去年增加100%的估算。最终结果和我们的估算偏差不大，在帮助客户创出营收新高的同时，也保障了用户体验，保持了老客户的黏性，同时因为裂变这样的创新玩法，获取了20%的新客户。

通过以上的介绍，大家可以看到，大促保障的第一步非常关键，它决定了我们后续的工作是否有效。是否有准确的粗粒度预估数据直接决定了容量规划、技术保障、风险评估等工作的有效性。很多企业认为大促保障是技术活，技术人员只负责让系统稳定、安全，在出现故障的时候能快速恢复就行，但这样的做法是舍本逐末。大促保障工作不够完整会导致问题频发。因此，务必要做好对大促业务场景的全面了解，并针对促销给出合理的粗粒度容量预估，为第二步大促前的准备工作打下坚实、稳定的基础。

（2）大促前准备阶段

对促销业务场景和粗粒度容量有了清晰的认识后，我们进入大促前准备阶段。大促前准备阶段的主要目标是针对粗粒度的容量预估，给出细粒度的容量规划，包括网络带宽、DDoS带宽、网关容量、各个中心的服务能够提供的最大TPS、Redis的规格、RocketMQ的最大并发消息数量、分布式数据库DRDS的规格、RDS数据库的规格。如果使用ES作为查询引擎，也需要估算ES的规格；确定资源的规格后，还需要确定关键路径资源的可扩展性，以及可扩展的瓶颈。比如，如果我们使用一个SLB来负载外网的流量，但是一个SLB的连接数最高规格是5万，而外网同时连接的数量超过5万，那么势必会有一部分用户出现连接异常或者等待的情况，这时5万就是可扩展的瓶颈所在。另外，在考虑规格的时候，一定要留有一定的余量。其次，要明确此次促销的系统部署架构图、核心业务的访问链路。我们有过几次促销保障的惨痛经历，在促销开始的那一刻，流量像洪水般涌进系统，这时客服报告很多用户出现http500错误，无法加购物车。因为没有详细的部署架构图，我们花费了20分钟才发现问题的原因是微服务网关前边的一个私有SLB（负载均衡）规格太小导致连接数被打爆，这个隐藏的SLB从来没有在任何部署架构图、集成架构图上出现，大家都认为流量是从前端直接进入微服务网关。另外，在大促之前，需要对系统做完整的全链路压测，度量单服务器或者单POD能够支持的最大QPS、单POD的峰值QPS容量是进行计算资源规划的关键信息。最后，大促前准备阶段需要确定保障计划，包括人员组织结构、职责分工、系统风险以及预案、预案演练，以及大促当天系统监控、告警、熔断和限流方案等。

大促前准备阶段有很多任务，这里我们对几个核心的任务进行详细介绍，包括全链路压测、系统部署架构图、容量规划、风险预案以及人员组织结构。

❑ 全链路压测

在介绍全链路压测,以及全链路压测和大促保障的关系之前,我们先说说大促的技术痛点。大促的技术痛点实际上可总结为如何解决不确定性因素对促销系统的影响。图 4-86 给出了大促保障过程中的技术痛点。

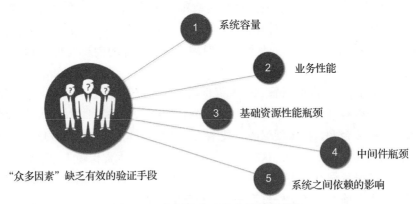

图 4-86　大促保障过程中的技术痛点

大促保障的总负责人需要回答:对于应用,应该规划多少个 POD;数据库选什么规格;Redis 要多少个分片等。有些同学比较机智,可能会说:这个简单,我们按照宁滥勿缺的策略来做,使用比实际情况多很多的硬件资源以备不时之需就行了。这样的思路可以解决问题,但是代价太高,任何一家公司的预算都是有限的,那么我们如何优雅地回答前面的几个问题,并且在资源规划和成本之间找到平衡?这就是全链路压测的用武之地。

我们先来看看全链路压测的定义和目的是什么。全链路压测是以全链路业务模型为基础,将前端系统、后端各个服务中心提供的 API 接口、微服务网关 CSB、DB 等整个系统环境完整地纳入压测范围中,以 HTTP 请求为载体,模拟真实的用户行为,在测试环境构造出真实的大规模用户并发访问流量,对设定的业务场景进行试压,直至达到目标峰值,在压测过程中发现系统瓶颈,包括中间件瓶颈、基础设施的瓶颈,找出性能问题点、系统之间的依赖和系统整体吞吐能力,测试电商系统在设定并发压力下的稳定性。

❑ 系统部署架构图

系统部署架构图用来显示系统中软件和硬件的物理架构。从系统部署架构图中可以了解软件和硬件组件之间的物理关系以及处理节点的组件分布情况。使用部署图可以显示运行时系统的结构,同时可以了解构成应用程序的硬件和软件元素的配置和部署方式。

准确的系统部署架构图在大促准备阶段可以帮助我们发现系统的风险点,制定相应的预案;在大促保障中,系统部署架构图可以在系统出现问题的时候,帮助我们快速梳理访问链路，收敛问题发生的区域，快速恢复系统的服务。图 4-87 是笔者负责的一个项目的部署架构图（精简版）。

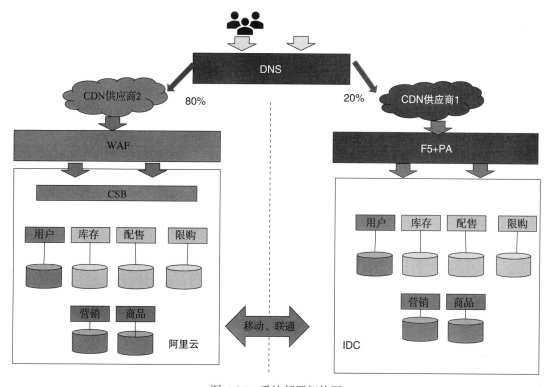

图 4-87　系统部署架构图

❏ 容量规划

在业务确定了业务目标之后，一般需要把粗粒度的业务目标换算成应用，重要链路上的中间件依赖系统的容量。容量评估需要评估从用户端访问开始到数据库之间多个节点的容量计划，包括应用、网络、存储、中间件、CDN、负载均衡、微服务网关、数据库等。笔者目前服务的客户在进行大促之前，会对系统访问链路上所有的节点进行分析，基于业务目标规划出支持特定促销活动的容量和规格，如图 4-88 所示。

应用的容量规划通过单 POD 支持的最大 TPS 进行计划。比如某次促销活动中，营销中心需要支持 5 万的 TPS，如果单 POD 能够支持的 TPS 是 1000，那么需要 50 个 POD 来支持此次促销活动。数据库、微服务网关、MQ 以及负载均衡的容量预估需要基于访问链路分析以及系统的业务模型来分析需要扩容的倍数，比如某一次用户订单请求会造成三次库存中心调用，因此需要考虑类似的放大情况。

在促销的过程中，系统有两个能力非常重要：一个是水平扩展的能力，一个是应急预案的能力。我们先着重介绍一下水平扩展能力。

ceName	产品组件	Instance ID	变配前规格	升配规格	降配后	备注	状态
中心	Redis	r-wz9xff5j04ej7p5we0	16G集群版（8节点）	16G集群版（8节点）			无须升配
/bris	Redis	r-wz9inzy6vwkykc56b1	8G集群版（4节点）	8G集群版（4节点）			无须升配
BFF	Redis	r-wz9z1u8pyo5i7kno3i	8G集群版（4节点）	64G集群版（32节点）			已升配
中心	Redis	r-wz9gq683tjwlcv0lb4	16G集群版（8节点）	32G集群版（16节点）			已升配
中心	Redis	r-wz9wpziyv35s53bjs9	16G集群版（8节点）	32G集群版（16节点）			已升配
中心	Redis	r-wz9x7pjifnq58y8q1n	16G集群版（8节点）	16G集群版（8节点）			无须升配
中心	ElasticSearch	es-cn-mp91n2tkj0008klpe	可用区*2，数据节点*4 4C16G	可用区*2，数据节点*24 4C16G，23副本	1分片，23副本，24节点		升配
中心	ElasticSearch	es-cn-09k1u6chq000mscfe	可用区*2，数据节点*4 4C16G	可用区*2，数据节点*24 4C16G，23副本	1分片，23副本，24节点		已升配
中心	ElasticSearch	es-cn-09k1q2jq400070p64	可用区*2，数据节点*4 8C32G	可用区*2，数据节点*20 4C16G	5分片，3副本，20节点		已升配
心共用	DRDS	drdshhid5utyf5wi	标准版，32核128GB	标准版，64核256GB			已升配
中心	私有RDS	rm-wz96te92zbt14wqwe	8核64GB（独享套餐）	32核256GB（独享套餐）			已升配
中心	私有RDS	rm-wz9y70h7w2196p0qf	8核64GB（独享套餐）	32核256GB（独享套餐）			已升配
中心	私有RDS	rm-wz964hp7d2p3b669j	8核64GB（独享套餐）	32核256GB（独享套餐）			已升配
中心	私有RDS	rm-wz9wlbo1sqt22ocrh	8核64GB（独享套餐）	32核256GB（独享套餐）		首节点	已升配
和支付	私有RDS	rm-wz9005uumg9p9zr01	8核64GB（独享套餐）	8核64GB（独享套餐）	accl_ne_cc_pd 4w连接		无须升配
和支付	私有RDS	rm-wz9nk8o7f55i8rr3u	8核64GB（独享套餐）	16核128GB（独享套餐）		首节点	已升配
和支付	私有RDS	rm-wz90i4748750el2ug	8核64GB（独享套餐）	8核64GB（独享套餐）			无须升配

图 4-88　系统容量规划表截图

水平扩展能力是指通过线性增加机器来提升系统的吞吐能力。大促时瞬间流量大，对系统的峰值处理能力有很高的要求。大促保障很重要的一个工作是保障峰值的处理能力，确保系统能够轻松应对瞬间的峰值。从单个机房来说，要从流量流向的链路逐层分析，从 2 层、3 层的路由器、交换机、机柜、服务器，4 层的软负载均衡 LVS（F5），再到 7 层的应用层，都需要具备水平扩展能力。从机房级别来说，架构和部署上既要支持同城双机房，又要支持异地多活多机房，这些架构是水平扩展能力的关键。

❑ 风险应急预案

在进行大促保障部署架构梳理的时候，一般会进行风险评估，并且风险评估越早进行越好。风险梳理、风险预案设计是大促保障体系中风险保障的核心工作。

风险梳理是根据大促保障的业务目标进行的风险梳理过程（如图 4-89 所示）。根据应用的关键链路将电商系统的直接依赖项梳理出来，然后基于关键链路上的业务情况，假设某个直接依赖出现宕机或者服务不可用的时候，观察会对系统造成什么影响，以及会对使用系统的用户造成什么影响。比如，风险梳理一般从用户视角开始，链路包括商城的首页、登录页、商品搜索、商品详情、购物车、结算页、提交订单、支付页面、订单详情页、订单查询等，针对链路上核心页面的依赖情况，假设服务不可用，然后基于对系统的影响，给出优先级排序，确定哪些是需要重点保障的风险，哪些风险对核心链路影响不大，可以低优先级处理。

图 4-89 基于大促保障流程的风险梳理

基于梳理出的风险优先级，应针对需要重点保障的风险制定预案。预案需要有明确的风险定义和执行条件。通常在大促的过程中，会有很多问题报告出来，所以需要在大促之前确定问题决策机制。只有通过问题决策机制的决策后，才可以执行预案。一般都涉及数据恢复、系统更新等风险高的操作。预案分为常规预案和紧急预案，常规预案可以看作大促前的准备工作，比如关闭一些不必要的数据同步、关闭复杂的推荐引擎并通过兜底推荐商品清单代替等。紧急预案是比较容易理解的预案类型。比如，在大促的过程中，我们发现抢红包开始后未创建出优惠券，这个时候要启动应急预案，手动通过异步的方式创建优惠券，否则客户可能因为看不到自己抢到的红包而放弃购物，直接造成促销业务目标受损，间接造成老客户黏性降低等后果。

图 4-90 是大促期间的问题决策链示例。

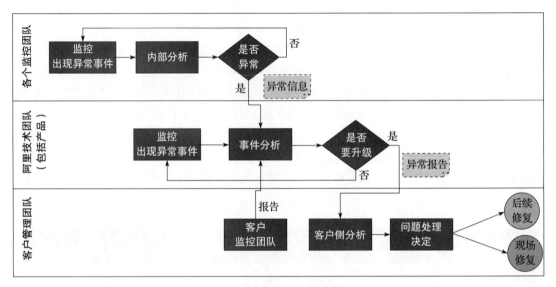

图 4-90　大促期间问题决策链

（3）大促保障人员组织

组织保障是大促保障的重要一环。要保证大促顺利进行，从组织上要做好资源的规划和倾斜，这需要企业的管理层达成共识。大促保障人员组织包括在大促准备阶段的组织保障和大促当天的组织保障。大促准备阶段的工作前面已经做了详细介绍，可以看到，这些工作都需要对应的资源才能完成，因此需要企业调度合适的资源来完成这些工作项，完成大促保障工作的准备。比如，全链路压测、应急预案的演练、网络应急预案的演练都需要特殊的资源来完成。

大促当天的组织保障主要包括建立大促指挥部，并且预订和布置作战室，所有参与大促保障的人员必须坐在一起，方便沟通和问题排查。要做好链路监控和分析工作的分工，当系统出现问题的时候，能够有人快速发现瓶颈，上报问题，并根据问题决策流程，确定是否要执行应急预案。

（4）大促中系统保障

大促中的系统保障工作主要集中在系统监控和应对突发流量，包括：

- 监控日志服务各个中心的实时日志，对所有在日志中出现的 Error 级别的日志进行实时分析，确定错误不会对促销业务目标的达成产生任何影响。如果的确发现了影响业务目标的异常，需要通过问题上报机制提交给决策团队。
- 通过阿里巴巴 ARMS 这样的工具监控系统的实时访问链路。ARMS 主要用来监控每个服务的平均影响时间、调用链路、数据库慢 SQL，以及错误率。特别是 ARMS 上提供针对错误请求的调用堆栈的集成，大促保障人员可以通过图形化界面直接分析调用堆栈，分析错误发生的代码行，这对大促期间分析和排查问题非常有效。
- 在大促的过程中，可能出现突发流量大于设计流量的情况。为了确保系统不出现雪崩，需要设置限流降级。如果监控到流量突发的情况，可通过系统的横向扩展能力，增加处理资源，从而应对这样的场景，保证服务质量。基于阿里巴巴 EDAS 部署的应用，可以使用自动扩展技术，当流量高于某个指标（比如服务所有处理能力的 CPU 使用率达到了 70%），会自动扩展一般 POD 来应对可能持续增长的流量；当 POD 的使用率空闲一段时间后，EDAS 的调度能力会无损下线一些 POD，确保资源投入和业务产品之间的平衡。

大促保障中一定要确保核心支持人员都在现场，这样当出现问题的时候，信息流转更加高效。特别是，每个系统应该指定一个负责人来负责系统的资源规划、大促前的配置检查、大促中监控，以及问题收集统计、大促后的复盘。只有为整个系统的所有参与部分分配明确的负责人，才能在第一时间发现问题。笔者第一次负责促销活动的时候，就是因为没有将监控的任务和系统分配到人，导致大家都在看同一个工具而忽略了另外一个工具，从出现错误到发现错误已过去了 10 分钟，造成了无可挽回的损失。

（5）大促后技术和业务复盘

大促活动结束并不意味着大促结束。每次大促都是一次探险，特别是在大促的过程中，如果出现问题，一定要将这些问题沉淀下来，形成问题分析复盘报告。比如，要求将所有线上发现的问题形成问题分析报告，问题分析报告包含以下内容：

- **问题描述**　通过简单直白的语言把问题的表象、造成的影响以及初步的分析信息记录下来。
- **原因分析**　基于问题描述以及初步的分析信息，进一步分析问题产生的根本原因，为下一步设计解决方案提供足够的信息。
- **解决方案**　基于问题的根本原因设计解决方案。很多时候解决问题需要耗费大量的人力和物力，笔者建议可以从短期和长期方案的角度考虑。短期方案治标，先解决症状，让业务恢复运行；长期方案治本，从根源解决问题发生的源头，确保后续此类问题不再发生。
- **后续计划**　很多问题可能不是一个中心，或者一个应用的问题，需要举一反三，发现一次就彻底解决一次。因此，后续计划不光制定短期和长期修复计划，还需要基于发现的问题来排查所有中心潜在的类似问题。

大促结束后需要进行技术和业务复盘，将大促保障过程中做的好的、可以进一步提高的，以及建议通过头脑风暴的方式，由团队通力合作梳理出来，形成持续改进。需要注意的是，在进行复盘的时候，切记不要把复盘开成批斗大会，因为该解决的问题都已经解决，复盘更多要着眼于通过整个团队的力量，找出大家达成共识的改进方向。只有指定的改进项是大家讨论过并且一致认可的，才可能落地实施，持续改进的效果才能发挥出来。

在亲历多次大促之后，总结起来，大促主要工作要确保4种能力：验证能力、水平扩展伸缩能力、快速发现问题能力、预案能力。大型网站的大促是一项复杂的系统化工程，要有严格的项目管理和进度管理，以及保证良好的上下游沟通。大促中最关键的是提升系统的水平伸缩能力，水平伸缩能力构建的前提是容量的规划、度量及瓶颈问题的发现和分析，最终通过合理的架构模式来提升水平扩展能力。

4.6.4 端到端全链路压测与监控

全链路压测可以有效地对上线前的系统进行系统容量的评估，为实际大促做好准备。总体方案涉及三个方向：历史数据的分析与流量预估、生产环境的流量与预发回放以及生产环境压测与影子表构建。

- 方案一将通过历史大促的流量分析，提供一些典型场景的压力建议与分析。
- 方案二主要说明预发环境的准备，流量录制与回放及控制脚本的相关内容。
- 方案三主要介绍使用阿里建设脚手架构造一个典型示例，用于评估当前项目改造的可行性分析及后续研发规划。同时，方案三中提供当前阿里对外输出的生产环境压测管理平台方案说明，以便架构师进行总体评估。

1. 方案一：历史流量分析与未来流量预估

方案一如图 4-91 所示。

官网接口调用情况（日常）如图 4-92 所示。

并发压测基于所有接口同等请求压力开展，与大促场景下的峰值请求有较大差异，如图 4-93 所示。左侧通过并发模式压测，100 个并发请求会对链路上的接口都施加相同压力，右侧的实际场景则是由于一次直播或热点事件导致某个页面产生的峰值请求。

（1）关键技术概念

- 并发用户数：指的是现实系统中操作业务的用户。在性能测试工具中，一般称为虚拟用户数（Virutal User）。注意，并发用户数跟注册用户数、在线用户数有很大差别。并发用户数一定会对服务器产生压力；而在线用户数只是"挂"在系统上，对服务器不产生压力；注册用户数一般指的是数据库中存在的用户数。
- TPS（Transaction Per Second）：每秒事务数，是衡量系统性能的一个非常重要的指标。
- RPS（Records Per Second）：每秒记录数。

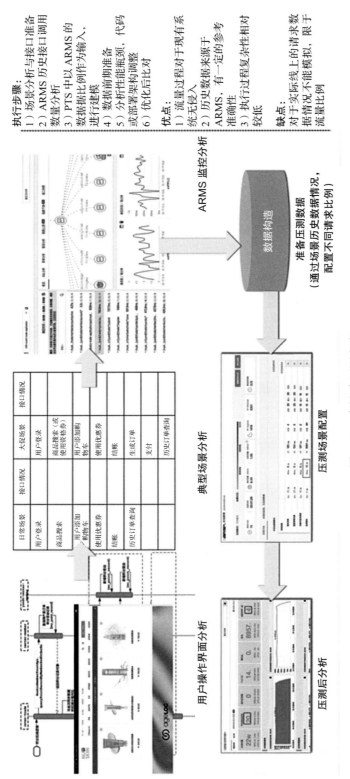

图 4-91 全链路压测方案一

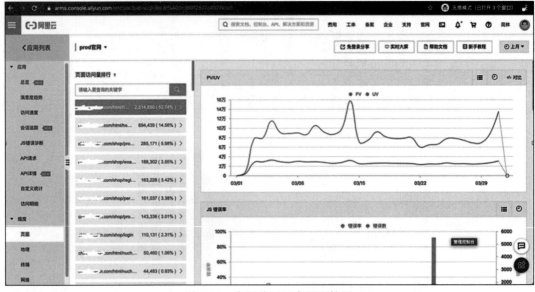

图 4-92 官网接口日常调用情况

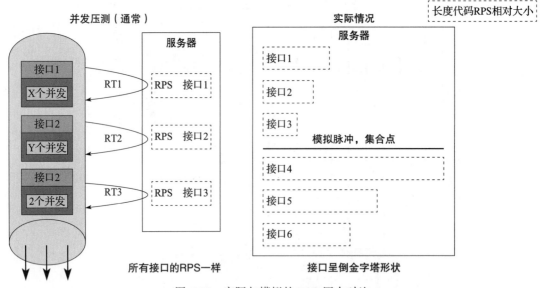

图 4-93 实际与模拟的 RPS 压力对比

（2）VU 和 TPS 换算

- 新系统并发用户数（VU）获取：没有历史数据可参考，只能通过业务部门进行评估。
- 旧系统并发用户数（VU）获取：对于已经上线的系统，可以选取高峰时刻在一定时间内使用系统的人数。这些人数属于在线用户数，并发用户数取 10% 就可以了。例如，在半个小时内，使用系统的用户数为 10 000，那么取 10% 作为并发用户数就够了。

- 新系统 TPS 获取：没有历史数据可参考，只能通过业务部门进行评估。
- 旧系统 TPS 获取：对于已经上线的系统，可以选取高峰时刻在 5 分钟或 10 分钟内，获取系统每笔交易的业务量和总业务量，按照单位时间内完成的笔数计算出 TPS，即业务笔数 / 单位时间（5×60 或 10×60）。

（3）三种模式分析
- 并发用户模式：更加适用于对于系统定性的分析，比如定位性能瓶颈，以及单接口的性能基线沉淀（对比历史性能优化或劣化）。并发模式的难点在于 RT 的准确性拟真。
- TPS 模式：对系统做定量的分析有杰出表现，比如服务容量规划、全链路性能基线沉淀，也可以用于定位性能瓶颈。TPS 模式的难点在于模型的准确性评估和预测。从实现难度上来说，前者比后者难度更大、掌控度更低。

系统的性能由 TPS 决定，跟并发用户数没有太大关系。系统的最大 TPS 是一定的（在一个范围内），但并发用户数不一定，可以调整。建议做性能测试的时候，不要设置过长的思考时间，在最坏的情况下对服务器施压。一般情况下，大型系统（业务量大、机器多）做压力测试，10 000～50 000 个用户并发；中小型系统做压力测试，5000 个用户并发比较常见。
- RPS 模式：即"吞吐量模式"，通过设置每秒发出的请求数，从服务端的角度出发，直接衡量系统的吞吐能力，免去并发到 RPS 的烦琐转化，可以一步到位。

API 接口（如电商的加购物车、下单等功能）主要用 TPS（Transaction Per Second，每秒事务数）来衡量系统的吞吐能力，选择该模式可以直接按照预期的 TPS 设置 RPS。如果希望检验"下单"接口是否能达到 500 TPS 的预期，那么设置 RPS 为 500，每秒发送 500 个请求，可检验系统的吞吐能力。

该模式下，请求无法及时响应时会导致较高的并发，有异常情况时应及时停止。

该模式仅支持非自动递增进行压测（即需在压测过程中手工调速）。

4）压测场景分析。

当前的压力测试主要依据并发用户数进行业务测试，一些大促场景下对于异常的流量激增无法还原。

例如 4/10 的一个大促场景下，4/10 在预发环境下进行压力测试时，主要是以 400 左右并发用户正常登录、下单流程进行压力测试，压力结果正常。

在实际大促进行时，由于当前产品设计需要在活动几分钟前更新活动宣传页，导致 CDN 没有完成预热，用户刷不出宣传页信息，有大量的流量回流到主页，造成应用层的访问瓶颈，出现部分用户访问慢或无法访问的情况。在紧急增加应用层的节点后，系统访问恢复正常。

可见，需要从大促场景的流量分析业务场景，进而依据历史数据加上业务预期增量来进行流量压力的规划。图 4-94 给出了压测场景测试的结果。

2. 方案二：生产流量录制与预发环境回放

数据准备主要分为 RDS、DRDS、ElasticSearch、Redis 的数据情况需要保持与流量录制环境的数据一致性。对于流量的录制与回放，当前主要通过 GoReplay 工具进行回放。

排序	大促场景	页面	峰值 PV/UV	峰值时段	页面访问占比
1	手机主页	china.****.com/html/home.app.html	1.07W/5176	11:00	60.36%
2	PC 主页	china.****.com/html/home.html	3248/791	10:00	13.46%
3	商品清单	china.****.com/shop/productlist/**	604/312	10:00	4.59%
4	个人信息	china.****.com/shop/personal	789/372	10:30	3.51%
5	注册	china.****.com/shop/register	516/187	11:00	3.10%
6	微信自动登录	china.****.com/shop/wxlogin	754/329	10:00	2.49%
7	登录	china.****.com/shop/login	285/133	10:00	1.85%
8	商品详情	china.****.com/shop/productdetail/**	211/196	11:00	1.56%
9	创意内容中心 1	china.****.com/html/nuchannel.app.html	301/184	19:00	1.22%
10	购物车	china.****.com/shop/cart	185/138	10:30	0.84%
11	创意内容中心 2	china.****.com/html/xxxchannel/media-detail.app.html	120/60	19:00	0.78%
12	支付成功页	china.****.com/shop/pay-success	219/193	10:30	0.54%
13	折扣清单	china.****.com/shop/discountist	137/102	10:30	0.54%
14	折扣详细	china.****.com/shop/xxx	81/25	20:30	0.50%
15	创意内容中心–详情页	china.****.com/html/nuchannel/media-detail.html	120/14	22:30	0.42%
16	创意内容中心 3	china.****.com/html/nuchannel.html	67/21	22:30	0.38%
17	订单详情页	china.****.com/shop/order-detail	111/108	10:30	0.33%
18	手机导入页	china.****.com/shop/products/XXXX	60/31	9:30	0.32%
19	手机导入页	china.****.com/shop/products/xxx	56/19	13:00	0.31%
20	职业	china.****.com/shop/career	54/36	19:00	0.30%

图 4-94 压测场景测试结果

下面主要以 GoReplay 作为流量录制与回放的工具。

随着应用程序的增长，测试所需的工作量也呈指数级增长。GoReplay 可以重用现有流量进行测试，能够在不影响应用程序流量的情况下分析和记录应用程序流量。这消除了将第三方组件置于关键路径所带来的风险。

GoReplay 有助于开发者对代码部署、配置和更改基础结构。GoReplay 为灰度提供了独特的方法。后台的 GoReplay 不是代理，而是监听网络接口上的通信量；无须更改生产基础结构，而是在与服务相同的计算机上运行 GoReplay 守护进程。

1）部署架构。

- 将 NAS 服务挂载到生产应用服务器，用于存放录制生成的文件。为了不再做环境间的脱敏操作，这个 NAS 服务仍部署在生产环境中。
- 为了避免流量回放给生产环境带来的压力，建议单独配置流量播放实例。同时，在这个实例中可以编制一个批量控制机器录播的脚本，方便起停。
- 整体执行过程为：在应用层中安装 GoReplay 录制工具。将 NAS 挂载到每个机器中，并在流量播放的机器中配置脚本工具，用于流量的批量开启与关闭。

2）环境准备。

演示环境使用一个 4 ECS 实例的 EDAS 集群，在集群中部署一个示例应用，包含应用层提供 RESTful 接口，通过 RPC 调用后端服务。

3）应用部署情况。

其中模拟一个中台中心 RX-BME-CENTER，一个应用层 rx-trade-application。

4）NAS 挂载。

开通 NAS 服务后，可以通过提供的挂载命令将存储空间挂载到应用实例上。

5）工具安装与配置。

在应用服务器中安装 GOREPLAY 工具：

```
Wget https://github.com/buger/goreplay/releases/download/v0.16.1/gor_0.16.1_x64.tar.gz tar xvf gor_0.16.1_x64.tar.gz
```

监听 8090 端口，并将流量文件存储在 .gor 文件中：

```
sudo ./goreplay --input-raw :8090 --output-file=rx_production_record-0001.gor
```

6）流量预发环境播放。

播放保存在 NAS 目录的文件，并将流量转发至预发环境 SLB 地址。

```
sudo ./goreplay --input-file rx_production_record-0001.gor --output-http="http://slb-address:8080"
```

7）请求重写。

在压测过程中，会对生产环境的一些字段进行脱敏处理，也会为了方便测试而重置一些信息，如用户名 / 密码等。

```
gor --input-raw :80 --output-http "http://staging.server" \
--http-header "user-name: xxxxx" \
--http-header "user-pass: xxxxx"
```

3. 方案三：生产环境压测与影子表构造

目前，为了保证集团线上的业务，特别是大促业务，会采用很多种方案，典型的就是线上全链路压测。全链路压测主要分为两部分：pts 流量压测和压测流量进入影子表。

1）技术原理。

项目可以基于 mybatis 和 springboot 开发。通过过滤器截取流量打标，然后编写 mybatis 插件，以动态替换的方式实现基本的功能。使用类似的原理添加 MQ、Redis、OSS 的自动拦截，达到全链路 mock 的功能。

2）具体实现如下：

- 定义相应方法和类注解，如果指定的 RESTful 接口带有 head xxxx，那么打上标识。
- 后续各个组件都会识别这个标识，把指定流量的数据打入影子表（Redis，OSS 的场合会通过加上前缀的方式使用）。

3）使用方法如下：

- 初始化基础的数据库，在所有表前面加上 shadow。
- 引入 maven 二方包：

```xml
<dependency>
        <groupId>com.aliyun.gts.bpaas</groupId>
            <artifactId>shadow-table-dependency-mybatis-starter</artifactId>
        <version>1.0-SNAPSHOT</version>
    </dependency>
```

- 在需要监控的 controller 上面添加注解 @ShadowTable。
- 在请求上加入请求 header：

```
x-shadow-table-code
```

4.6.5 灰度发布

1. 常用的发布技术

表 4-15 给出了常用的发布技术。

表 4-15 常用的发布技术对比

发布技术	简介	作用	特点
A/B 测试 （A/B Testing）	测试应用功能表现的方法，例如可用性、受欢迎程度、可见性等	收集数据，降低或者验证假设	多种技术栈，包括： - 部署槽 - 流量调度 - 特征开关 - 循环反馈

（续）

发布技术	简介	作用	特点
金丝雀发布 （Canary Releasing）	向部分终端用户发布新特性（对用户可见）	❏ 验证新特性是否有效 ❏ 在容量有限的情况下，只能逐步推进新特性滚动升级	多种技术栈，包括： ❏ 部署槽 ❏ 流量调度 ❏ 特征开关 ❏ 抽样
灰度发布 （Dark Launch）	❏ 跟金丝雀发布相似 ❏ 新特性对终端用户不可见	❏ 希望新特性的测试对终端用户无感 ❏ 预期会对线上资源产生重大影响时	技术栈，包括： ❏ 部署槽 ❏ 抽样技术
蓝/绿部署 （Blue/Green Deployment）	利用一个主服务器集群（蓝色集群）和一个备用服务器集群（绿色集群）对应用的旧版代码和新版代码进行平滑切换和迁移	减少发布过程中服务停止的时间	技术栈，包括： ❏ 部署槽 ❏ 流量调度

2. 灰度发布的概念

灰度发布是指在黑与白之间能够平滑过渡的一种发布方式。A/B 测试就是一种灰度发布方式，让一部分用户使用 A，一部分用户开始使用 B，如果用户对 B 没有反对意见，那么逐步扩大范围，把所有用户都迁移到 B 上面来。灰度发布可以保证整体系统的稳定，在初始灰度的时候就可以发现、调整问题，以减小其影响度。

3. 灰度发布的场景

❏ 服务能力变动频繁，发布周期短。
❏ 具有产品频繁升级的兼容风险、用户流失风险、系统宕机风险。
❏ 需要对原有产品做大范围改动和重构。
❏ 客户第一，让用户平滑切换系统。

灰度发布场景要素如图 4-95 所示。当应用上线前，无论进行了多么完善的测试，都无法保证线下测试时发现所有潜在故障。在无法百分之百避免版本升级故障的情况下，需要通过一种方式进行可控的版本发布，把故障影响控制在可以接受的范围内，并支持快速回滚。

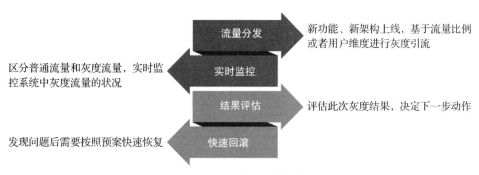

图 4-95 灰度发布场景要素

当应用上线前，无论进行了多么完善的测试，都无法保证在线下测试时发现所有潜在故障。在无法避免所有版本升级故障的情况下，需要通过一种方式进行可控的版本发布，把故障影响控制在可以接受的范围内，并支持快速回滚。因此，在时间成本可控的情况下，灰度发布是降低上线风险的比较好的方式。

4. 灰度发布步骤

灰度发布的步骤如图 4-96 所示。

- ❏ 选择合适的灰度策略，把符合灰度策略的访问流量引到应用的新版本上（应用的新版本通常部署在灰度机器上）。
- ❏ 进行灰度发布效果、运营数据的分析。

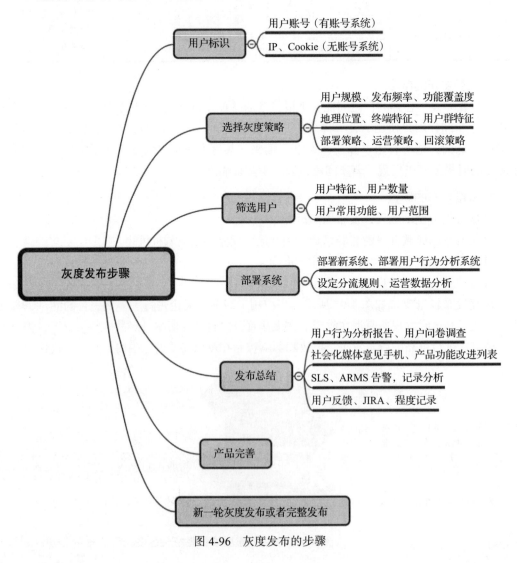

图 4-96　灰度发布的步骤

5. 阿里的灰度发布设计实践

阿里要求生产发布和变更可灰度、可监控、可回滚，满足安全变更要求。阿里的灰度发布设计实践如图 4-97 所示。

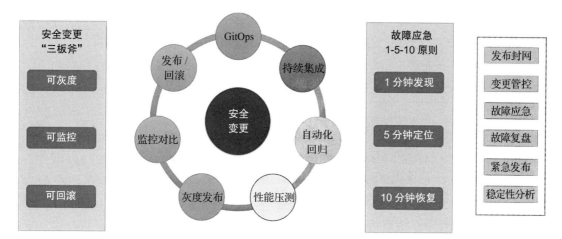

图 4-97　灰度发布设计实践

6. 主流微服务灰度架构原理

现在，主流的 Java 微服务框架包含 Spring Cloud、Dubbo 和基于 Istio 微服务框架及 Kubernetes 实现，实现原理一般是用户发起请求，利用灰度策略、用户账号或者灰度 IP，通过网关将灰度标签经路由转发给消费者和服务提供者，从而提供灰度服务，如图 4-98 所示。

由此可见，要实现灰度发布，需要一整套系统和流程的支撑。但灰度发布需要的一些能力是通用的，企业也可以借助其他平台，减少自身的研发运维成本。

7. 阿里云 EDAS 灰度发布方案

阿里云 EDAS 已经发布了 3.0 版本，完全支持金丝雀发布，也就是灰度发布，其能力如图 4-99 所示。

EDAS 目前支持两种灰度发布策略：按流量比例灰度策略和按请求内容策略灰度。如果微服务技术栈使用 Spring Cloud，在 EDAS 中支持 Cookie、Header 和 Parameter 三种方式，根据实际需求设置。如果使用 Dubbo，则根据应用实际的参数、参数值获取表达式进行配置。

❑ 金丝雀前后端全链路灰度发布

标签是云原生环境下的重要部分，基于 EDAS 发布能力，可以在 EDAS 部署页面渲染服务器。用户请求浏览器传递 user-id，根据用户灰度规则加载 index.html，然后到 CDN 回源加载对应灰度版本 js/css，通过 user-id 参数访问微服务网关，通过配置中心灰度规则，到注册中心拉取需要访问的应用 pod version，进行链路访问。其他未配置灰度规则访问请求会根据 RT 动态路由到相应的 pod 上。金丝雀发布前后端全链路如图 4-100 所示。

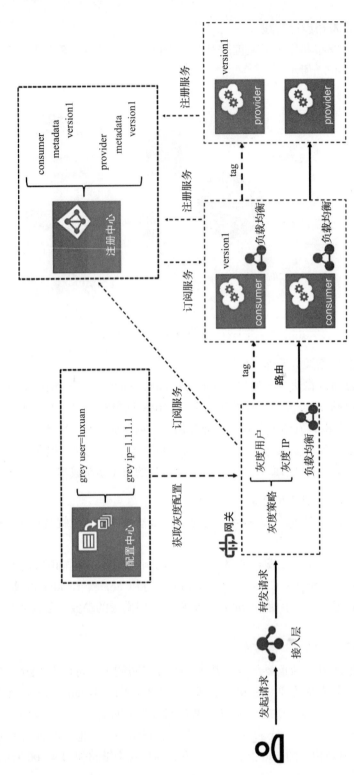

图 4-98 主流微服务灰度架构原理

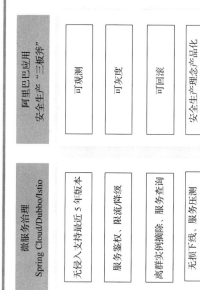

图 4-99　阿里云 EDAS 3.0 对灰度发布的支持

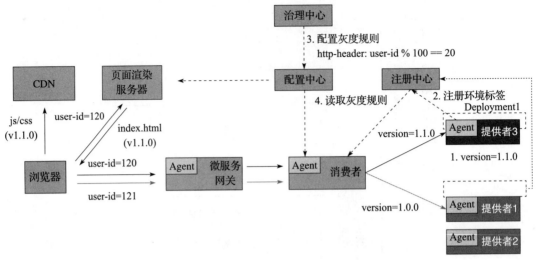

图 4-100　金丝雀发布前后端全链路

❏ 全链路流量控制

在全链路流量控制下，每个研发人员独立部署一套环境，基于全链路流量控制进行逻辑隔离。入口请求打上标识（tag），标识绑定应用分组，形成规则推送到配置中心，大幅度降低研发成本。如图 4-101 所示。

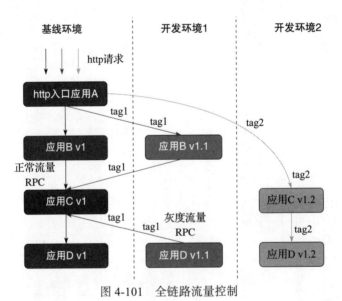

图 4-101　全链路流量控制

❏ 应用支持无损下线

如图 4-102 所示，应用下线时代码无须任何修改，只需要安装 Agent 即可（EDAS 自动安装）。下线的时候会主动通知客户端，加速客户端感知。此外，还支持 Dubbo 2.5.8/Spring

Cloud Edgware，兼容所有注册中心。

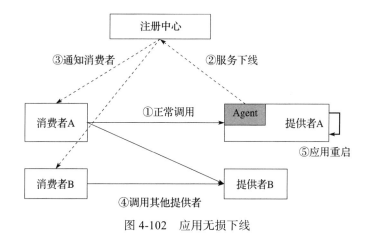

图 4-102　应用无损下线

8. 灰度发布价值

灰度发布的价值如图 4-103 所示。

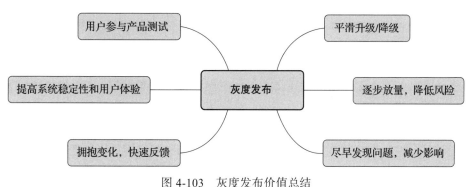

图 4-103　灰度发布价值总结

4.6.6　高可用与高并发

1. 高可用架构全景图

企业高可用架构全景图如图 4-104 所示。企业高可用架构的发展经历过冷备、双机热备、同城双活、异地双活、异地多活几个阶段。读者应该比较熟悉双机热备，这里我们重点介绍多活的解决方案。

多活（Multi-Site High Availability，MSHA），顾名思义就是分布在多个站点同时对外提供服务。与传统的灾备的最主要区别就是，"多活"里的所有站点同时对外提供服务，不仅解决了容灾本身问题，提升了业务连续性，并且实现了容量的扩展。

2. 多活高可用解决方案

图 4-105 给出了多活高可用解决方案的原理图。

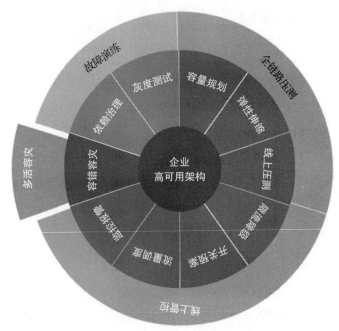

图 4-104　企业高可用架构全景图

（1）同城多活

我们先来详细解释同城多活的含义。

- 多活：日常存在多个对等的逻辑数据中心同时对外提供服务，一个数据中心发生灾难或业务流量调整时，其他数据中心可接管此数据中心流量，外部业务对这些变化没有任何感觉。
- 同城：一般为同个城市多个数据中心复用同一套基础设施，因物理距离小，所以可接受跨机房的延时。这个概念也可延伸为，在同一个存储基础设施场景下，业务可接受物理距离带来的网络开销，即为"同城"。

1）设计原则。

在了解"同城多活"的概念后，我们确定如下设计原则。

- 选取分区范围：选择一组资源，在复用同一存储设施（DB）的基础上，归为一个同城单元格（Cell）。
- 单元格优先：对于 RPC、消息、HTTP 等流量，均设置 Cell 优先策略，保障流量优先自闭环在单元格内完成，其他单元格可用于兜底。

2）同城多活场景两个模型。

- Unit：单元

业务流量基于路由 ID 或标识完成强自闭环的逻辑数据中心。

数据存储基础设施建议各自独立，但若业务出于成本考虑，可与其他单元共用一份，但容灾能力和爆炸半径会因此而放大。

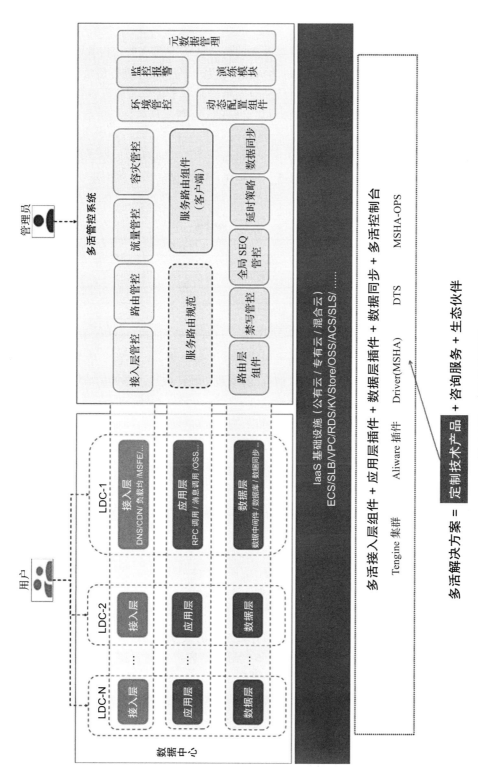

图 4-105 多活解决方案

❑ Cell：单元格

在同个单元内，业务流量尽可能独立的逻辑区域跟其余单元格共同组合成一个单元对外提供强路由能力。单元格内部为弱路由，基于优先策略进行流量流转。

业务流量基于权重在前端分流，而后端应用集群是基于优先策略形成的尽可能弱自闭环的逻辑应用中心，数据存储基础设施必须共用一套，否则会存在数据质量和一致性问题。

3）同城多活的价值。

❑ 提升容灾能力。在现实业务运行中，灾难事件不仅包括地震、挖光纤这些低概率事件，还有人为原因等高概率的事件，这些通过同城多活均可以解决。表 4-16 给出了一些常见的灾难场景。

表 4-16 常见灾难场景

场景	场景说明
人为操作失误	常见的有配置错误、应用发布失败等
硬件故障	常见的有网络设备出故障，导致机房或者集群内多台服务器受影响
网络攻击	DDoS 等网络攻击
断网/断电	如支付宝光缆被挖断
自然灾害	如雷击导致机房电力故障

有了同城多活，当出现以上这些场景时，秉承"先恢复，再定位"的原则，可以有效地提升业务的连续性。某互联网公司通过自己的实践、验证取得了不错的成绩，做到让"业务恢复时间"和"故障恢复时间"解耦合。

❑ 节约成本，在相同的成本场景下，可以让多个逻辑数据中心承担外部流量，避免资源闲置和浪费问题，实现对资源的充分利用。

❑ 灰度验证，基于同城多活的路由优先级局部按标识路由能力，业务可实现自定义的灰度验证功能（A/B 测试或蓝绿发布），业务方定义多个 Cell 后针对不同应用：

- 对于单体应用，基于上游的分流比例或规则，可完成指定流量在指定应用内自闭环的能力。
- 对于分布式应用，基于阿里云中间件技术栈，可完成指定流量在指定 Cell 链路自闭环的功能，当验证链路的某一个应用容量不足时，会使用其他 Cell 进行兜底，避免链路中断。

图 4-106 给出了基于阿里云技术栈的分布式应用架构。

（2）异地多活

异地多活是指分布在异地的多个站点同时对外提供服务。与传统灾备的最大区别在于，"多活"里的所有站点同时对外提供服务，不仅解决了容灾本身问题，提升了业务连续性，并且实现了容量的异地扩展。

1）可以解决的问题。

❑ 传统的灾备中心日常不提供服务，关键时刻切换成功率较低。

❑ 传统的灾备中心日常不提供服务，资源利用率不高。

❑ 传统的灾备方案无法解决多地域资源水平扩展的问题。

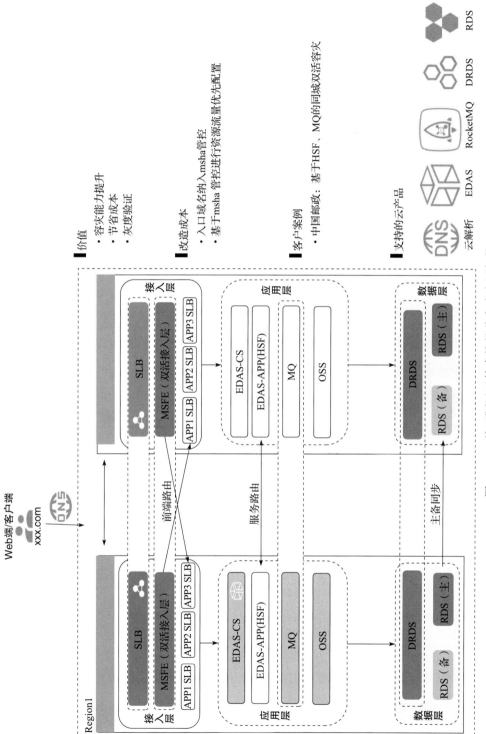

图 4-106　基于阿里云技术栈的分布式应用架构

2）架构优势。

□ 业务连续性：所有站点均对外提供服务。

□ 扩展性：容量可实现站点级别扩展。

□ 准确性：所有站点同时提供服务，切换成功率高。

异地多活架构如图 4-107 所示。

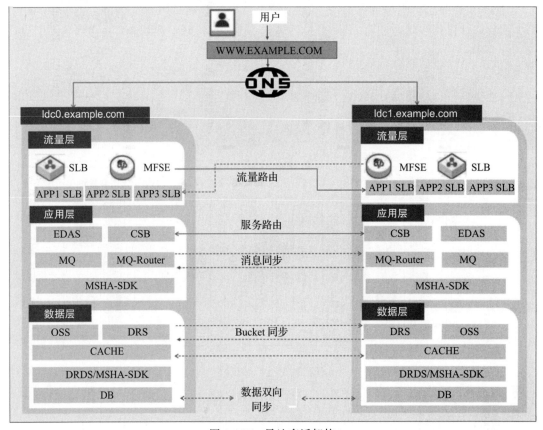

图 4-107　异地多活架构

3）两地多活（同城 + 异地）解决方案。

两地多活（同城 + 异地）解决方案如图 4-108 所示。

（3）应用高可用服务

应用高可用服务（AHAS）是专注于提高应用及业务高可用的工具平台，目前主要提供应用架构探测感知、故障注入式高可用能力评测、流控降级高可用服务和功能开关等核心能力，通过各自的工具模块可以快速、低成本地在营销活动场景、业务核心场景中全面提升业务稳定性和韧性。

1）适用场景。

□ 流量防护：以流量为切入点，提供业务系统全方位可用性防护（经过十年的双十一活动沉淀）。

□ 架构感知：自动感知集群拓扑结构和应用的相互依赖关系并进行展示。

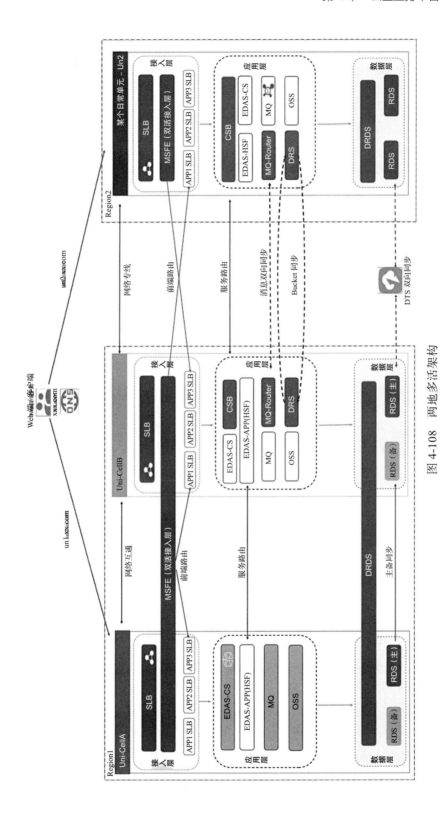

图 4-108 两地多活架构

❏ 故障演练：提供丰富的故障场景实现，帮助分布式系统提升容错性和可恢复性。
❏ 功能开关：全局视角动态管理业务配置。

2）高可用防护的通用手段。

❏ 流量控制

应对洪峰流量：秒杀、大促、下单、订单回流处理。

消息型场景：削峰填谷、冷热启动。

付费系统：根据使用流量付费。

❏ 熔断降级

适用于任何结构复杂的服务。当系统内部或者外部出现不稳定因素时，可迅速降级不稳定因素，让服务保持稳定，如支付系统调用第三方服务、慢 SQL 降级等场景。

❏ 系统保护

根据 load、CPU 使用率、inbound QPS/RT 等指标动态调节入口流量。

（4）企业高可用架构

1）应用高可用。

EDAS 是一个应用托管和微服务管理的 PaaS 平台，是分布式架构、数字化转型上云的首选在线业务应用托管平台。它能够提供应用开发、部署、监控、运维等全栈式解决方案，同时支持 Spring Cloud、Apache Dubbo、Service Mesh（Istio）等微服务运行环境，帮助各类应用轻松上云。如图 4-109 所示。

2）数据库高可用。

云数据库 RDS（Relational Database Service）是一种稳定可靠、可弹性伸缩的在线数据库服务。它采用一主一备的双机热备架构，适合大部分用户场景。当主节点故障时，备节点可以在秒级完成切换，整个切换过程对应用透明；当备节点故障时，RDS 会自动新建备节点以保障高可用。针对数据库同城高可用的场景，分为单可用区和多可用区的实例。单可用区实例是指主备节点位于同一个可用区。主备节点位于两台不同的物理服务器上，可用区内的机柜、空调、电路、网络都有冗余，从而保障高可用性。多可用区实例（也称为同城双机房或者同城容灾实例）是指主备节点位于同一地域的不同可用区，提供跨可用区的容灾能力，且不额外收费。RDS 的容灾架构如图 4-110 所示。

PolarDB-X（原 DRDS）是由阿里巴巴自主研发的云原生分布式数据库，融合了分布式 SQL 引擎 DRDS 与分布式自研存储 X-DB，基于云原生一体化架构设计，可支撑千万级并发规模及百 PB 级海量存储。它专注解决海量数据存储、超高并发吞吐、大表瓶颈以及复杂计算效率等数据库瓶颈问题，历经天猫双十一及阿里云各行业客户业务的考验，可助力企业加速完成业务数字化转型。PolarDB-X 将数据拆分到多个 MySQL 存储，使每个 MySQL 承担合适的并发、数据存储和计算负载，且各个 MySQL 处于稳定状态。PolarDB-X 针对应用层透明支持分布式逻辑处理，最终得到一个具有稳定可靠、高度扩展性的分布式关系型数据库系统。PolarDB-X 的拆分原理如图 4-111 所示。

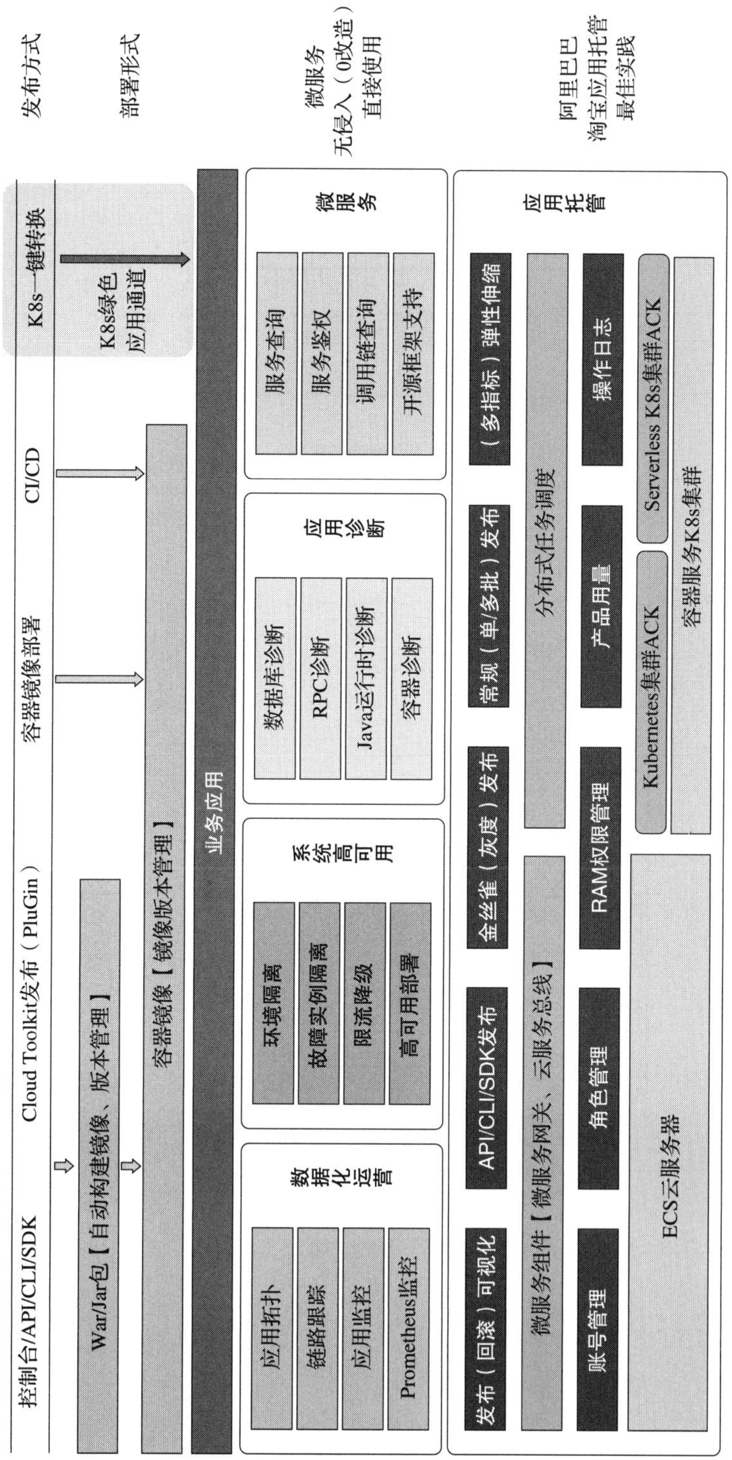

图 4-109　基于阿里云 EDAS 的企业高可用架构

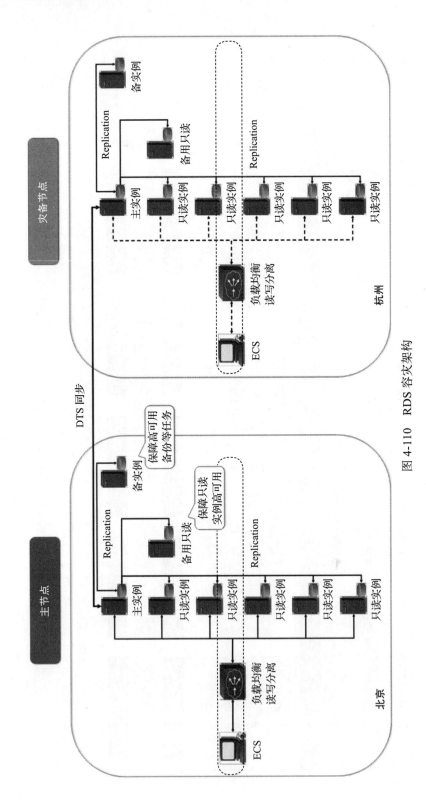

图 4-110　RDS 容灾架构

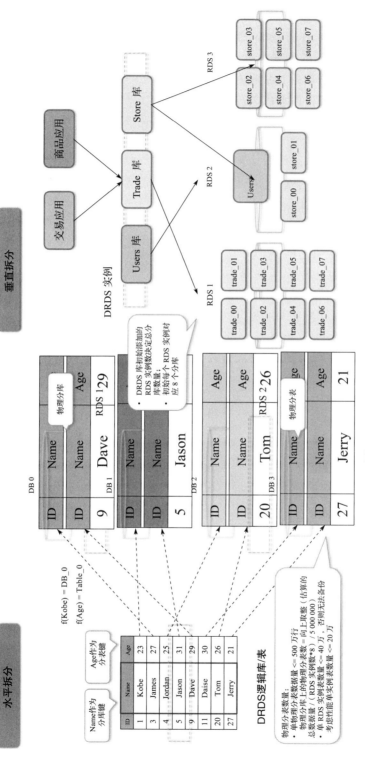

图 4-111 PolarDB-X 拆分原理

数据库 Redis 采用双机主从（master-replica）架构，主从节点位于不同物理机。主节点对外提供访问，用户可通过 Redis 命令行和通用客户端进行数据的增删改查操作。当主节点出现故障，自研的 HA 系统会自动进行主从切换，保证业务平稳运行。在数据可靠性方面，默认开启数据持久化功能，数据全部落盘。支持数据备份功能，用户可以针对备份集回滚实例或者克隆实例，有效地解决数据误操作等问题。同时，支持容灾的可用区（例如杭州可用区 H+I）创建的实例，并具备同城容灾的能力。Redis 的高可用架构如图 4-112 所示。

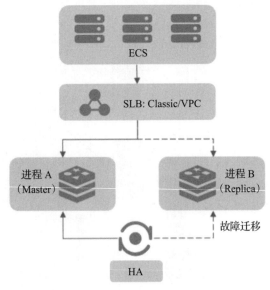

图 4-112　阿里云 Redis 高可用架构

阿里云 ElasticSearch 容灾方案有很多，如双集群互备、集群多活、同城容灾等。如果新建集群，应对业务流量洪峰的情况（如双十一、双十二、618 等），推荐使用双集群互备的方案，进行集群灾备升级。如图 4-113 所示。

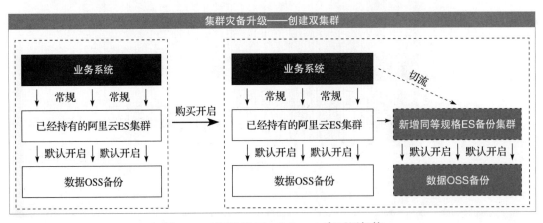

图 4-113　阿里云 ElasticSearch 高可用架构

4.6.7　分布式数据库与缓存技术

在完成业务中台的服务中心规划进入服务中心建设的过程中，需要考虑企业的业务对于服务中心的性能要求。对于业务量大带来的对服务中心请求量大的场景，由于服务中心的业务逻辑层都是可以水平扩展的，因此瓶颈通常集中在数据库层面。本节重点介绍如何利用分布式数据库及缓存技术应对数据库层面的挑战。

1. **分布式数据库及缓存对业务中台的重要性**

业务中台的每个服务中心可以拥有独立的数据库,这相当于对传统单体应用的单一的业务数据库做了垂直拆分,从技术上能够缓解单一数据库的扩展性瓶颈,比如数据库实例资源扩容限制、连接数限制、表增多带来的资源竞争。但是,随着单一服务中心的业务访问量增加到一定的规模,该服务中心对自身单一数据库的访问也会达到容量的上限。这就要求服务中心的建设解决单一数据库的性能瓶颈。

此外,在业务中台的建设过程中,缓存对于性能优化也起着举足轻重的作用。从前端到应用、应用到中台服务中心、中台服务中心之间会有用户请求的调用,链路越长,访问时延越大。为降低访问时延,可以利用缓存缩短访问链路。同时,由于数据的层级化存储,比如寄存器、硬件 Cache、本地内存、硬盘、分布式缓存、远端数据库的访问速率逐级下降,前面的组件可以作为后面组件的缓存,从而提高重复请求的访问效率。图 4-114 给出了各个内存层次的延迟和容量。

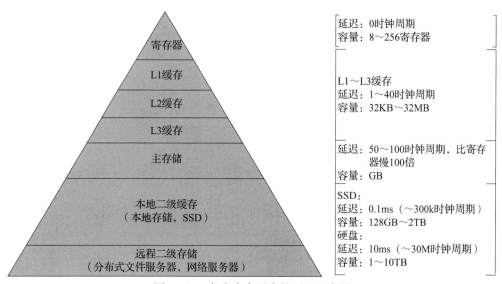

图 4-114 各个内存层次的延迟和容量

2. **分布式数据库的基本概念**

分布式数据库是多个相互连接的数据库的集合,这些数据库物理上分布在通过计算机网络互连的各个站点。分布式数据库有如下特性:

- ❏ 集合中的数据库在逻辑上相互关联,对外表现为单个逻辑数据库。
- ❏ 数据跨多个站点进行物理存储。每个站点中的数据都可以由独立于其他站点的 DBMS 来管理。
- ❏ 站点中的处理器通过网络连接。
- ❏ 分布式数据库不是松散连接的文件系统,因为它包含事务处理,但对事务支持的程度因系统而异。

分布式数据库从技术架构上来讲,可以分为图 4-115 所示的类型。

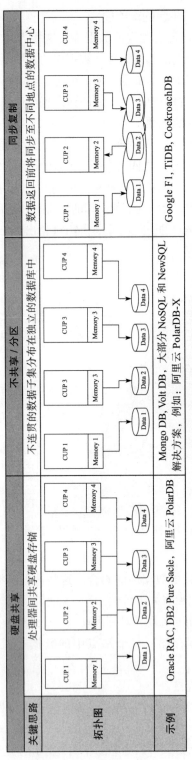

图 4-115 三类分布式数据库架构

阿里巴巴电商的实践也是伴随着数据库技术的发展而不断丰富、发展的。图 4-116 列举了阿里巴巴数据库技术的几个发展阶段：从采用商业数据库到开源数据库，再到云托管数据库服务，最后到云原生分布式数据库。

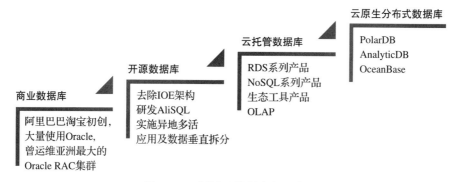

图 4-116　阿里云数据库发展阶段

❑ 稳定

对于大部分应用而言，关系型数据库所承担的职责是整个数据管理系统中最核心和基础的，不仅直接影响到终端用户的服务体验，也是业务数据的最后一道保障，所以稳定性是数据库选型的核心因素。

PolarDB-X 的稳定性建立在合理使用久经考验的 MySQL 的基础上，单机 MySQL 在高并发、大量数据存储和复杂计算场景下，呈现出相对弱势的状态。

相比于全自研的分布式 NewSQL 数据库，PolarDB-X 产品始终以持续稳定性和可运维性作为第一要务，同时通过标准数据库技术弥补与单机数据库的体验差异，让用户便捷、快速地上手、使用，充分发挥产品的业务价值。

❑ 高度可扩展

相比传统的单机关系型数据库，PolarDB-X 采用分层架构确保在并发、计算、数据存储三个方面均可线性扩展，通过增加 PolarDB-X 计算资源与存储资源来达到水平扩展效果。

相比基于分布式存储的新型云原生数据库，PolarDB-X 的扩展性理论上没有上限，打消了业务在快速发展过程中因为数据库扩展性产生的后顾之忧与运维压力。

❑ 持续可运维

对于大部分应用而言，关系型数据库要保证能够 7×24 小时稳定工作，持续可运维是数据库的核心关键能力。

PolarDB-X 在公共云和专有云持续深耕多年，提供了丰富的产品化能力及完备的运维体系，可通过完整的 OpenAPI 可让业务自行定时与集成。

3. 分布式数据库技术最佳实践

每种类型的数据库都是为解决不同类型的问题而生的。PolarDB-X 作为一种分布式数据库也有其适用场景。

PolarDB-X 产品在高并发、分布式事务、复杂 SQL 优化、并行计算等方面都有比较好的用户沉淀和技术发展，它适用于如下场景：

- 对超高并发和大规模数据存储有较高要求的互联网在线事务类业务场景。
- 传统企业级应用因业务发展导致计算量与数据量呈爆发式增长，急需具备更强计算能力的在线事务型数据库场景。

（1）按容量选择

在 OLTP 业务领域，数据库的容量通常关注并发度、数据存储、复杂 SQL 响应时间这 3 个维度。若当前数据库中任意一个维度出现瓶颈，或因业务不断高速发展而提前规划数据库，选用 PolarDB-X 构建分布式数据库可有效降低后期数据库的扩展及运维压力。

在业务发展初期，选择单机数据库或分布式数据库需要考量很多因素。但从数据库自身的角度出发，业务使用的 SQL 语句、数据类型、事务、索引、其他功能均是确定的。对于大部分业务而言，只要 SQL 语法、数据类型、事务、索引支持较为完整，且具备有效手段可在各种极端场景下进行水平扩展，那么对于高速发展的业务而言，PolarDB-X 是所有分布式数据库中最具生命力及延续性的方案。

（2）按成本选择

对于数据库选型的成本考量，主要包括以下 2 个部分：

- 业务开发上手难度过高往往会导致项目延期，业务效果不尽如人意。对于一个新型数据库而言，如何有效兼容现有流行数据库的使用习惯和功能支持的完整度至关重要。PolarDB-X 兼容 MySQL 生态，对于主流的客户端、驱动具有良好的兼容性，SQL 语法完善，业务可快速进行对接和适配。
- 数据库长期持久的稳定性及优异的性能表现对于业务而言至关重要，因为 PolarDB-X 将数据、负载分摊至多个 MySQL 实例中，所以面对逐步增大的负载压力，PolarDB-X 相比大规格单机数据库具有更强的稳定性。在性能表现层面，因为天然支持分布式，抵御业务的超高并发是其强项，配合单机并行计算、多机 DAG 计算，PolarDB-X 能够覆盖绝大多数在线业务的复杂计算需求。

（3）按应用生命周期发展选择

PolarDB-X 的各个拆分模式（如图 4-117 所示）可无缝平滑打通，全方位覆盖、满足业务各个生命周期中对于数据库的扩展性诉求。

图 4-117　PolarDB 拆分模式演进

1）分库分表。

随着业务中台上业务数据规模的不断增长，传统的单机数据库面临伸缩性瓶颈，通过 PolarDB-X 的分库分表技术，可以解决此类问题。通过分库分表，将业务数据及访问压力分摊到多台单机数据库实例上，可解决在线业务的超高并发难题。同时，通过水平拆分可线性扩展数据存储空间，提供 PB 级存储能力，高效解决单机数据库存储瓶颈。针对在线业务提供的并行查询以及 MPP 并行加速能力，可大幅提升在线业务海量数据下复杂分析查询的执行效率。若数据库单表数量过大，将导致数据库吞吐能力下降，整体性能迟缓。通过分库分表将单表数据水平拆分至各个 MySQL 中，可有效解决单表数据量膨胀问题。业务通过使用分库分表可在不同 RDS 实例的多个数据库间进行联合查询及事务操作，从而有效避免业务端复杂的硬代码处理方式，大幅提升业务开发效率。

2）数据库垂直拆分。

数据库垂直拆分指的是按照业务对数据库中的表进行分组，同组的表放到一个新的数据库（逻辑上，并非实例）中。在这里，应从实际业务出发将大业务分割成小业务，比如商城整个业务中的用户相关表、订单相关表、物流相关表应独立分类形成用户系统数据库、订单系统数据库、物流系统数据库，如图 4-118 所示。

3）数据库水平拆分。

在数据库垂直拆分后，如果数据量持续增长并且单个分片遇到了数据库性能瓶颈，此时就应考虑数据库水平拆分了。之所以先进行垂直拆分再进行水平拆分，是因为垂直拆分后数据业务清晰而且单一，更加方便指定水平的标准。比如，对电商业务垂直拆分后的用户中心进行水平拆分，可以根据用户注册时间的区间、用户的区域或者用户 ID 的范围、Hash 等条件，以及相关联的表记录将对数据进行拆分。

图 4-119 展示了按照每 100 万为区间对用户系统进行水平拆分的情况。

4）表级垂直拆分。

表级垂直拆分可以简单视为将大宽表拆成多个小表。数据表垂直拆分就是纵向地把表中的列分成多个表，把表从"宽"变"窄"。拆分时一般遵循以下几个要点：

❑ 冷热分离，把常用的列放在一个表中，不常用的列放在一个表中。
❑ 大字段列独立存放。
❑ 有关联关系的列紧密地放在一起。

图 4-120 展示了如何把用户表中常用的和不常用的大字段进行垂直拆分。

5）表级水平拆分。

表级水平拆分的原理和数据库水平拆分的原理类似，通常是针对一个物理库来说的，可以根据主键 ID 进行 Hash 拆分，也可以根据某个指定字段进行拆分。比如，图 4-121 中的 user_log 表先根据 user_id 字段做数据库级别水平拆分，再以 user_action_date 字段作为表级别水平拆分键进行拆分。

280 ❖ 云上数字化转型

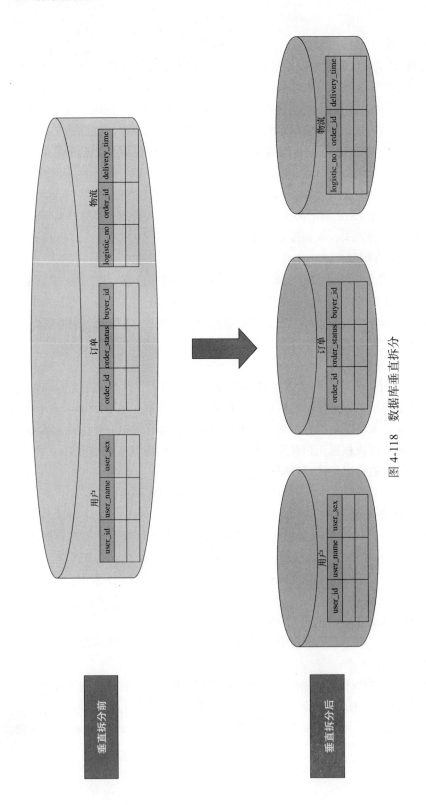

图 4-118 数据库垂直拆分

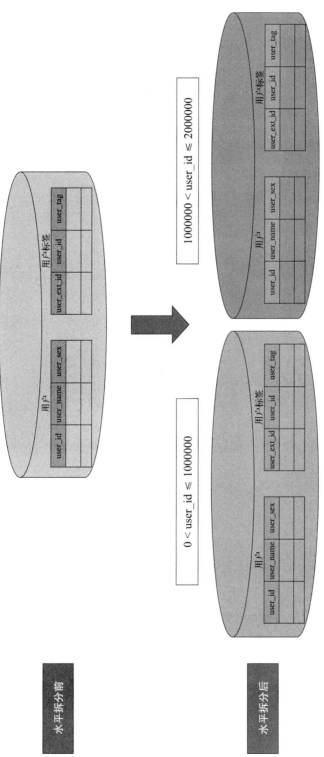

图 4-119　数据库级水平拆分

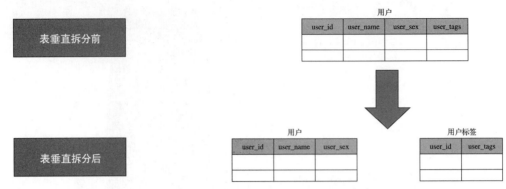

图 4-120　用户表字段的垂直拆分

6）如何选择拆分键。

拆分键是水平拆分过程中用于生成拆分规则的数据表字段。PolarDB-X 将拆分键值通过拆分函数计算得到一个计算结果，然后根据这个结果将数据拆分到私有定制 RDS 实例上。

数据拆分的首要原则是尽可能找到数据所属的业务逻辑实体，并确定大部分（或核心的）SQL 操作或者具备一定并发的 SQL 都是围绕这个实体进行，然后可使用该实体对应的字段作为拆分键。

业务逻辑实体通常与应用场景相关，下面的一些典型应用场景都有明确的业务逻辑实体（以此类推，其他应用场景也能找到合适的业务逻辑实体），其标识型字段可用来作为拆分键。

- 面向用户的互联网应用，围绕用户维度来做各种操作，那么业务逻辑实体就是用户，可使用用户 ID 作为拆分键。
- 侧重于卖家的电商应用，围绕卖家维度来做各种操作，那么业务逻辑实体就是卖家，可使用卖家 ID 作为拆分键。
- 游戏类在线应用，围绕玩家维度来做各种操作，那么业务逻辑实体就是玩家，可使用玩家 ID 作为拆分键。
- 车联网在线应用，围绕车辆维度来做各种操作，那么业务逻辑实体就是车辆，可使用车辆 ID 作为拆分键。
- 税务类在线应用，围绕纳税人来进行前台业务操作，那么业务逻辑实体就是纳税人，可使用纳税人 ID 作为拆分键。

例如，某面向卖家的电商应用需要对如下单表进行水平拆分：

```
CREATE TABLE sample_order (
    id INT(11) NOT NULL,
    sellerId INT(11) NOT NULL,
    trade_id INT(11) NOT NULL,
    buyer_id INT(11) NOT NULL,
    buyer_nick VARCHAR(64) DEFAULT NULL,
    PRIMARY KEY (id)
)
```

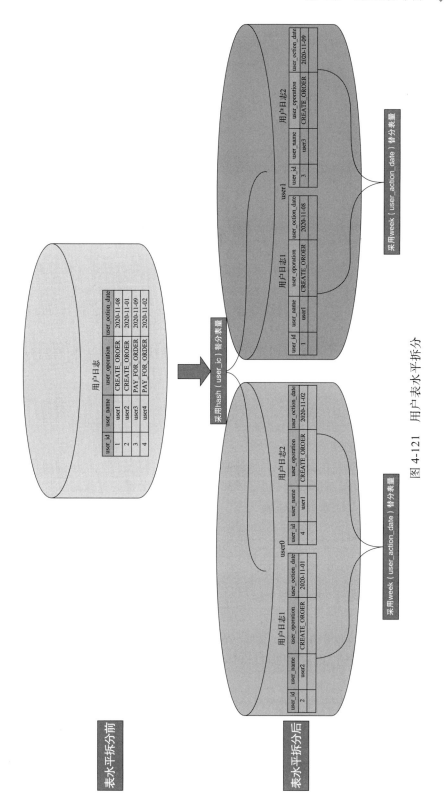

图 4-121 用户表水平拆分

如果确定业务逻辑实体为卖家,那么选择字段 sellerId 作为拆分键,则可以使用如下分布式 DDL 语句建表:

```
CREATE TABLE sample_order (
    id INT(11) NOT NULL,
    sellerId INT(11) NOT NULL,
    trade_id INT(11) NOT NULL,
    buyer_id INT(11) NOT NULL,
    buyer_nick VARCHAR(64) DEFAULT NULL,
    PRIMARY KEY (id)
) DBPARTITION BY HASH(sellerId)
```

如果针对选定的业务逻辑实体找不到合适的字段作为拆分键,特别是传统企业级应用,那么可以考虑使用以下方法来选择拆分键。

- 根据数据分布和访问的均衡度来考虑拆分键,尽量将数据表中的数据相对均匀地分布在不同分表中。
- 按照数字或字符串类型与时间类型字段相结合作为拆分键,进行分库和分表,适用于日志检索类的应用场景。

例如,某日志系统记录了用户的所有操作,现在需要对如下日志单表进行水平拆分:

```
CREATE TABLE user_log (
    userId INT(11) NOT NULL,
    name VARCHAR(64) NOT NULL,
    operation VARCHAR(128) DEFAULT NULL,
    actionDate DATE DEFAULT NULL
)
```

此时,可以选择用户标识与时间字段相结合作为拆分键,并按照一周七天进行分表,则可以使用如下分布式 DDL 语句建表:

```
CREATE TABLE user_log (
    userId INT(11) NOT NULL,
    name VARCHAR(64) NOT NULL,
    operation VARCHAR(128) DEFAULT NULL,
    actionDate DATE DEFAULT NULL
) DBPARTITION BY HASH(userId) TBPARTITION BY WEEK(actionDate) TBPARTITIONS 7
```

更多拆分键的选择和分表形式,请参考阿里云帮助文档中关于表创建相关内容(https://help.aliyun.com/document_detail/71300.html#concept-1825026)。

7)如何选择分片数。

DRDS 中的水平拆分有两个层次:分库和分表。每个 RDS 实例上默认会创建 8 个物理分库,每个物理分库上可以创建一个或多个物理分表。分表数通常也被称为分片数。

一般情况下,建议单个物理分表的容量不超过 500 万行数据。通常可以预估 1 ~ 2 年的数据增长量,用估算出的总数据量除以总的物理分库数,再除以建议的最大数据量(500

万),即可得出每个物理分库上需要创建的物理分表数:

物理分库上的物理分表数 = 向上取整(估算的总数据量/(RDS实例数×8)/5 000 000)

因此,当计算出的物理分表数等于1时,分库即可,无须再分表,即每个物理分库上一个物理分表;若计算结果大于1,则建议既分库又分表,即每个物理分库上多个物理分表。

例如,某用户预估一张表在2年后的总数据量大概是1亿行,他购买了4个RDS实例,那么按照上述公式计算:

物理分库上的物理分表数 = CEILING(100 000 000/(4×8)/5 000 000) = CEILING(0.625) = 1

结果为1,那么只分库即可,即每个物理分库上1个物理分表。

若上述例子中,用户仅购买了1个RDS实例,那么按照上述公式计算可得:

物理分库上的物理分表数 = CEILING(100 000 000/(1×8)/5 000 000) = CEILING(2.5) = 3

结果为3,那么建议既分库又分表,即每个物理分库上3个物理分表。

(4) 读写分离

读写分离可以减少高并发场景下单实例的性能压力,通过将数据库分为主从库,一个主库(Master)用于写数据,多个从库(Slaver)轮询读取数据,主从库之间通过某种通信机制进行数据的同步,这是一种常见的高可用数据库架构。图4-122展示了"一主二从"的数据库结构。

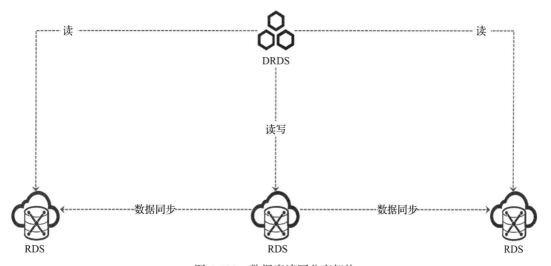

图4-122 数据库读写分离架构

当PolarDB-X存储资源的MySQL主实例的读请求较多、读压力比较大时,可以通过读写分离功能对读流量进行分流,减轻存储层的读压力。

PolarDB-X读写分离功能采用对应用透明的设计。在不修改应用程序任何代码的情况下,只需在控制台中调整读权重,即可实现将读流量按自定义的权重比例在存储资源

MySQL 主实例与多个存储资源只读实例之间进行分流，而写流量则不做分流，全部指向主实例。

设置读写分离后，从存储资源 MySQL 主实例读取属于强读（即实时强一致读）；只读实例上的数据是从主实例上异步复制而来，存在毫秒级延迟，因此从只读实例读取属于弱读（即非强一致性读）。可以通过 Hint 指定那些需要保证实时性和强一致性的读 SQL 到主实例上执行。

（5）异构索引之 GSI 实践

在采用分库分表技术后，需要选择分库分表键。如果查询的维度与数据表的拆分维度不一致，就会产生跨分片的查询。跨分片查询的增加会导致查询变慢、连接池耗尽等性能问题。在这种情况下，全局二级索引（Global Secondary Index，GSI）应运而生。全局二级索引支持按需增加拆分维度，提供全局唯一约束。每个 GSI 对应一张索引表，使用 XA 多写保证主表和索引表之间数据强一致。如图 4-123 所示。

全局二级索引和局部索引之间有如下区别：

- 不同于局部索引，如果数据行和对应的索引行保存在不同分片上，这种索引称为全局二级索引，主要用于快速确定查询涉及的数据分片。
- 在分布式数据库中，如果数据行和对应的索引行保存在相同分片上，这种索引称为局部索引。在 PolarDB-X 中特指物理表上的 MySQL 二级索引。
- 这两种索引需要搭配使用，PolarDB-X 通过 GSI 将查询下发到单个分片后，该分片上的局部索引能够提升分片内的查询性能。

下面来看一个案例。首先，创建 1 个订单表，其中分库键为 orderid。如果当前业务需要查询买家的订单列表，那么可以为买家 id（即 Seller Id）创建 1 个全局二级索引。创建全局二级索引后，PolarDB-X 会在数据库中创建 1 张异构索引表，该表包含指定的索引字段和原表的分库分表键，并且以索引字段为分库分表键。如果在创建 GSI 的时候还指定了覆盖列，则这些覆盖列也会出现在为 GSI 创建的异构索引表中。通过把经常用到的查询字段作为覆盖列可以减少某些场景下的查询开销，因为只需要查询 GSI 异构索引表即可。创建 GSI 也会带来开销，当原表有数据的增加、删除或更新时，PolarDB-X 都会启动分布式 XA 事务，写入原表及 GSI 异构索引表。

```
CREATE TABLE orders (
    id bigint not null auto_increment,
    orderid int default 0,
    buyerid int default 0,
    sellerid int default 0,
    orderdate timestamp default now(),
    orderdetail varchar(200),
    primary key (id),
    global index gidx_seller (sellerid)
covering(id, orderid, orderdate, orderdetail) dbpartition by hash (sellerid)
) ENGINE=InnoDB dbpartition by hash (orderid);
```

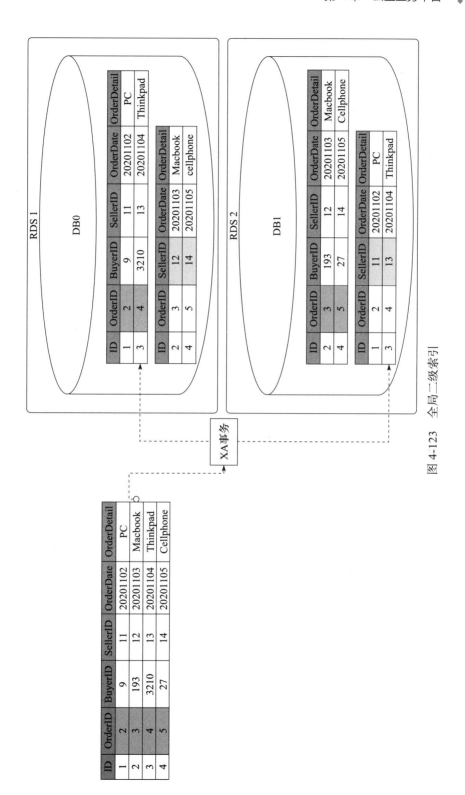

图 4-123　全局二级索引

全局二级索引在使用时有如下限制：
- 全局二级索引会增加表的 DML 操作执行时间。
- 每个表的全局二级索引数量建议不超过 3 个。
- 频繁执行的核心查询需要建立覆盖性全局二级索引。
- 不建议为频繁更新的字段创建全局二级索引，因为涉及 GSI 的更新。

4. 缓存技术

根据缓存在请求链路中所处的位置或者作用可以将缓存分为如下类型：

- 客户端缓存

客户端缓存是离用户"最近"的一种存储介质，经常和网络侧、服务端缓存一起配合使用。常见的客户端缓存有如下几种。

- 页面缓存：页面缓存是指将静态页面中的部分元素缓存到本地，以便再次请求时不需要重复向服务端请求加载资源文件，HTML5 能很好地支持离线缓存的功能。具体实现方式为：通过页面指定 manifest 文件，当浏览器访问一个带有 manifest 属性的文件时，先从应用缓存中获取加载页面的资源文件，并通过检查机制处理缓存更新的问题。
- 浏览器缓存：浏览器缓存通常会专门开辟内存空间以存储资源副本，当用户后退或者返回上一步操作时可以通过浏览器缓存快速获取数据。在 HTTP 1.1 中，通过引入 e-tag 标签并结合 expire、cache-control 两个特性能够很好地支持浏览器缓存。
- APP 缓存：APP 可以将内容缓存到内存或者本地数据库中。例如，在一些开源的图片库中都采用了缓存的技术，当从远程服务器获取图片等资源文件后会进行缓存，以便下一次不再进行重复请求，从而减少用户的流量费用。

客户端缓存是前端性能优化的一个重要方向，毕竟客户端是距离用户最近的地方，是一个可以充分挖掘优化潜力的地方。

- 网络缓存

网络缓存位于客户端以及服务端中间，通过代理的方式解决数据请求的响应，降低数据请求的回源率。通常有如下几种形式的网络缓存。

- Web 代理缓存：常见的代理形式分为正向代理、反向代理以及透明代理。Web 代理缓存通常是指正向代理，即将资源文件和热点数据放在代理服务器上，当新的请求到来时，如果在代理服务器上能获取数据，则不需要重复请求应用服务器。
- 边缘缓存 CDN：和正向代理一样，反向代理同样可以用于缓存，例如 Nginx 就提供了缓存的功能。进一步，如果这些反向代理服务器能够做到和用户请求来自同一个网络，那么获取资源的速度会进一步提升，这类的反向代理服务器称为边缘缓存。常见的边缘缓存就是 CDN（Content Delivery Network），可以将图片等静态资源文件放到 CDN 上。

❑ 服务端缓存

服务端缓存是后端开发中进行性能优化的发力点，常见的后端性能优化也是通过引入缓存来解决的，常见的有数据库的查询缓存、缓存框架以及引入应用级缓存。

❑ 数据库查询缓存

MySQL 的缓存机制是通过将 SELECT 语句以及相应的 ResultSet 进行缓存，当后续收到 SELECT 请求后，如果 MySQL 已经开启了查询缓存功能，就会将 SELECT 语句以字符串的方式进行 Hash，然后从缓存中进行查询。如果查询出数据，则直接返回，省去了后续的优化器以及存储引擎 I/O 的操作，能够极大地提升响应时效。优化查询缓存参数需要从如下几个指标上进行考虑：

- ❑ query_cache_size：设置能够缓存 ResultSet 的内存区域大小。
- ❑ query_cache_type：表示使用缓存的场景。0 表示任何场景下都不使用查询缓存，1 表示显式指定不使用查询缓存的查询都可以使用，2（DEMAND）表示只有明确指定使用查询缓存才会生效。
- ❑ Qcache hits：表示多少次查询命中 Query Cache。
- ❑ Qcache inserts：表示多少次没命中 Query Cache 而插入数据。
- ❑ Qcahce lowmem prunes：表示多少条 Query 引入空间不足而被清除。
- ❑ Qcache free memory：表示剩余内存大小。
- ❑ Qcache free blocks：该值很大表示内存碎片很多，需要及时清理。

在进行 Qcache 优化时，可以对以上指标综合进行分析，比如了解 Qcache 的缓存命中率（Qcache hits/Qcache hits + Qcache inserts）来判断当前 Qcache 的效率，也可以结合 Qcahce lowmem prunes、Qcache free memory 以及 Qcache free blocks 来判断当前 Qcache 的内存使用效率。

另外，如果使用 Innodb 存储引擎的话，需要关注 innodb_buffer_pool_size 参数，该参数决定了 innodb 的索引以及数据是否有足够大的空间放入到缓存中。table_cache 决定了能够缓存表的最大数量，也是需要关注的一个参数。

5. 主流缓存产品

（1）Redis

Redis 一个是开源的遵守 BSD 协议的基于内存的高性能 key-value 数据库。Redis 与其他 key-value 缓存产品相比具有如下特点：

- ❑ Redis 支持数据的持久化，可以将内存中的数据保存在磁盘中，重启的时候可以再次加载并使用。
- ❑ Redis 的 key-value 模型除了支持常见的 string 类型，还提供 list, set, ordered set, hash 数据结构的存储。此外，还支持一些高级的数据结构（如 HyperLogLog、Geohash、Stream 等）。

❑ Redis 支持数据的备份，即主从模式的数据备份。Redis 也支持集群化部署，可以扩展 Redis 读写的能力。
❑ Redis 的读写具有很高的性能，一般场景下 Redis 单实例读取的速度可达每秒 10 万次左右，写的速度为每秒 8 万次左右。
❑ Redis 的所有操作都是原子性的，即要么成功执行，要么失败而完全不执行。单个操作是原子性的。多个操作也支持事务，即原子性，通过 MULTI 和 EXEC 指令包起来。但是，Redis 的事务不同于关系型数据库的事务，中间操作如果失败，则不支持回滚。
❑ Redis 运行在内存中但可以持久化到磁盘，所以在对不同数据集进行高速读写时需要权衡内存，因为数据量不能大于硬件内存。它在内存数据库方面的另一个优点是，相比在磁盘上相同的复杂数据结构，在内存中操作起来非常简单，这样 Redis 可以做很多内部复杂性很强的工作。
❑ Redis 支持 Lua 脚本，有些对 key-value 的处理可以通过 Lua 脚本在 Redis 服务端执行。这个特性类似关系型数据库的存储过程，可以减少与客户端的交互，在某些高性能的场景下能发挥很大的作用。需要注意的是，Redis 的 Lua 脚本在 Redis 集群版上运行有些限制，具体内容可以参考相关的官方文档。
❑ 阿里云除了提供社区开源版本的 Redis，还提供企业版的缓存服务，具有更强大的性能表现。

（2）Memcached

Memcached 是一套分布式高速缓存系统，由 LiveJournal 的 Brad Fitzpatrick 开发，目前被许多网站使用。这是一套开放源代码软件，以 BSD License 授权发布。Memcached 缺乏认证以及安全管制，这意味着应该将 Memcached 服务器放置在防火墙后。Memcached 的 API 使用 32 比特的循环冗余校验（CRC-32）计算键值后，将数据分散在不同的机器上。当表格满了以后，新增的数据会以 LRU 机制替换掉。由于 Memcached 通常只是当作缓存系统使用，因此使用 Memcached 的应用程序在写回较慢的系统时（像是后端的数据库）需要额外的代码更新 Memcached 内的数据。

（3）EhCache

EhCache 是一个纯 Java 的进程内缓存框架，具有快速、精干等特点，是 Hibernate 默认的 CacheProvider。EhCache 是一种广泛使用的开源 Java 分布式缓存，主要面向通用缓存、Java EE 和轻量级容器。它具有内存和磁盘存储、缓存加载器、缓存扩展、缓存异常处理程序、一个 gzip 缓存 servlet 过滤器、支持 REST 和 SOAP API 等特点。

（4）CDN

CDN 主要用于将数据缓存到离用户最近的位置，一般缓存静态资源文件（页面、脚本、图片、视频、文件等）。由于网络异常复杂，跨运营商的网络访问很慢。为了解决跨运营商或各地用户访问问题，可以在重要的城市部署 CDN 应用，使用户就近获取所需内容，降低网络拥塞，提高用户访问响应速度和命中率。

CDN 的基本原理是广泛采用各种缓存服务器，将这些缓存服务器分布到用户访问相对集中的地区或网络，在用户访问网站时，利用全局负载技术将用户的访问指向距离最近的工作正常的缓存服务器，由缓存服务器直接响应用户请求。

图 4-124 展示了部署 CDN 应用前用户发出的 HTTP 请求的处理流程。

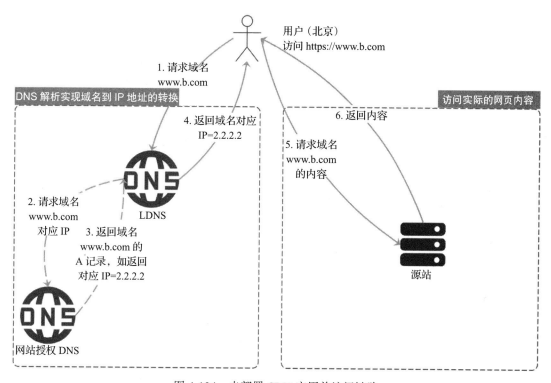

图 4-124　未部署 CDN 应用前访问链路

1）当终端用户（北京）向 www.b.com 下的指定资源发起请求时，首先向 LDNS（本地 DNS）发起域名解析请求。

2）LDNS 检查缓存中是否有 www.b.com 的 IP 地址记录。如果有，则直接返回给终端用户；如果没有，则向授权 DNS 查询。

3）当授权 DNS 解析 www.b.com 时，返回域名的 A 记录，即域名对应的 IP 地址。这里假定返回 LDNS 的地址为 2.2.2.2。

4）用户获取解析 IP 地址。

5）用户向获取的 IP 地址发起对该资源的访问请求。

6）节点返回请求的该资源的内容。

图 4-125 展示了部署 CDN 后用户发出的 HTTP 请求的处理流程。

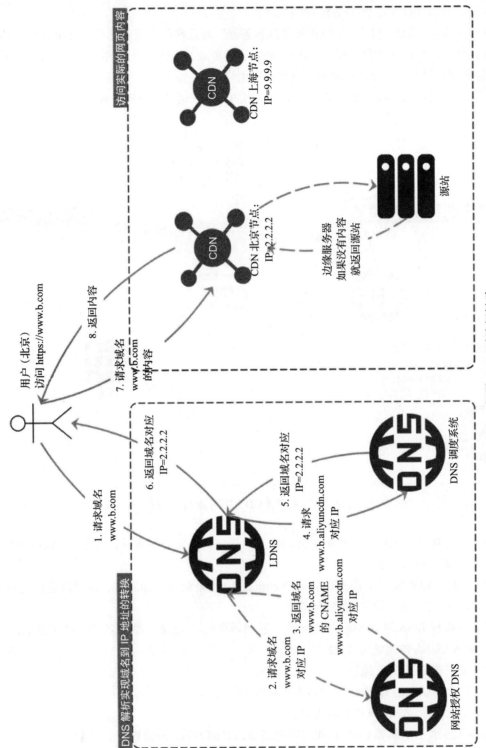

图 4-125 部署 CDN 后访问链路

1）当终端用户（北京）向 www.b.com 下的指定资源发起请求时，首先向 LDNS（本地 DNS）发起域名解析请求。

2）LDNS 检查缓存中是否有 www.b.com 的 IP 地址记录。如果有，则直接返回给终端用户；如果没有，则向授权 DNS 查询。

3）当授权 DNS 解析 www.b.com 时，返回域名 CNAME www.b.aliyuncdn.com 对应的 IP 地址。

4）域名解析请求发送至阿里云 DNS 调度系统，并为请求分配最佳节点 IP 地址。

5）LDNS 获取 DNS 返回的解析 IP 地址。

6）用户获取解析 IP 地址。

7）用户向获取的 IP 地址发起对该资源的访问请求。

8）如果该 IP 地址对应的节点已缓存该资源，则会将数据直接返回给用户，例如图中步骤 7 和 8，请求结束。

9）如果该 IP 地址对应的节点未缓存该资源，则节点向源站发起对该资源的请求。获取资源后，结合用户自定义配置的缓存策略，将资源缓存至节点（例如，图中的北京节点），并返回给用户，请求结束。

4.6.8 Serverless 在业务中台场景中的应用

1. Serverless 架构在业务中台中的应用场景

Serverless 有多种实现形式，除了 BaaS（后端即服务）、FaaS（函数即服务）外，还有 SAE（无服务应用引擎）、ECI（弹性容器实例）、Serverless Kubernetes（无服务容器服务）、Serverless Database（无服务数据库）等。我们在中台的应用架构中讨论 Serverless 时，通常说的是 FaaS 函数计算。

在系统整体架构中，Serverless 技术本身并没有使用限制，可以同时应用于前中后台。例如，基于 Serverless 构建轻量的前台应用以响应端侧请求，基于 Serverless 构建中台共享服务中心，基于 Serverless 搭建构建服务，以衔接业务后台系统、第三方服务或者云原生产品。

下面列举了业务中台中 Serverless 典型的应用场景。

❑ 快速构建轻应用

例如，基于中台共享中心能力，运用 Serverless 技术快速搭建 Web 应用，无须复杂的运维部署，可以很快投入运行，真正将"大中台小前台"的策略发挥到极致。

❑ 构建事件驱动型应用

例如，用户上传照片、营业执照等资质文件到云对象存储 OSS 后，自动触发 Serverless 应用对图片进行人工智能审核。

❑ 应对流量突增业务场景

例如，抢购、秒杀场景中，有大量用户涌入系统，可以通过 Serverless 应用接管突增的用户流量。

❑ 运行定时计算任务

例如，在夜间进行的统计分析类定时任务可以通过无服务计算方式实现。

2. 业务中台中 Serverless 的挑战

Serverless 技术给开发、运维带来了很大的便利，但它运用在大规模系统中，尤其是中台系统时，会面临一些困难和挑战。下面列举在中台系统中使用 Serverless 的难点以及应对措施。

❑ 服务轻量化避免运行超时

为了避免单次运行长时间占用系统资源，Serverless 函数计算产品通常都设置了运行超时时间。需要对业务逻辑进行拆分、轻量化，以确保 Serverless 函数在设定的超时时间内完成。

❑ 控制并发以避免被限流

Serverless 产品虽然有超强的拓展能力，但为了避免单个用户同时占用过多资源，各大厂商通常都设置了 Serverless 程序并发运行的上限。为了避免 Serverless 应用因为超过并发上限而失败，用户需要对 Serverless 部分业务进行主动限流，或者针对被限流的异常进行处理。

❑ 预留资源或预热以缩短冷启动时间

Serverless 的启动和伸缩虽然比较快速，但还是有一定的启动时间，对于时延要求非常敏感的业务来说，需要通过提前预热或者预留资源的方式减少 Serverless 冷启动对业务的影响。

❑ 实现服务容错机制

在生产系统中运用 Serverless 技术时，需要考虑上面提到的超时、限流等异常情况，上游服务需要确保服务的高可用，实现失败重试（failretry）、快速失败（failfast）、服务熔断（circuit breaker）等容错机制。

❑ 克服集成测试、调试难点

Serverless 对用户屏蔽了大部分底层运维操作，但通常很难借助外部工具对 Serverless 应用进行诊断和调试，通过传统的打印日志方式定位、排查 Serverless 问题仍然是比较好的选择。

3. 阿里云 FaaS 技术实践

阿里云 FaaS 函数计算是 Serverless 技术中比较有代表性的产品。本节展示如何使用阿里云 FaaS 产品构建一个无服务应用，实现 FaaS 应用的自动构建、自动部署。

（1）目标及概要

本案例要基于 Node.js 开发一个 Web 后台应用，通过 API Gateway 暴露 RESTful 接口，数据存储采用云原生 MongoDB，通过 Funcraft 脚本实现服务、函数、网关、日志、鉴权等相关资源的部署及配置。

系统架构如图 4-126 所示。

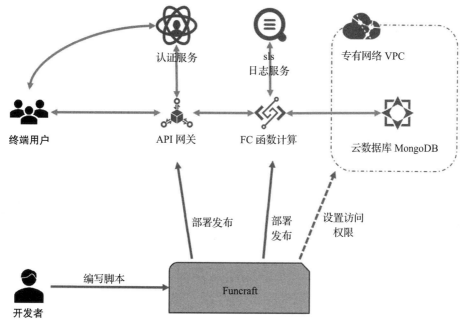

图 4-126　Funcraft 系统架构

（2）编写应用函数

在创建函数时，需要指定函数入口，函数计算会从这个函数入口开始执行。函数入口的格式为 [文件名].[函数名]。

以 Node.js 为例，创建函数时指定的 Handler 为 index.handler，那么函数计算会加载 index.js 中定义的 handler 函数。

入口函数类似于本地开发中的 main() 函数。入口函数需要满足函数计算提供的编程模型。下面的示例代码展示了如何接收 API 网关请求，进行逻辑处理之后返回：

```
module.exports.handler = function(event, context, callback) {
    var event = JSON.parse(event);
    var content = {
        path: event.path,
        method: event.method,
        headers: event.headers,
        queryParameters: event.queryParameters,
        pathParameters: event.pathParameters,
        body: event.body
    }

    //write your logic here

    var response = {
        isBase64Encoded: false,
        statusCode: '200',
```

```
            headers: {
                'x-custom-header': 'header value'
            },
            body: content
        };
    callback(null, response)
};
```

（3）编写 Funcraft 脚本

以下是通过 Funcraft 脚本配置资源并发布应用的示例代码：

```
ROSTemplateFormatVersion: '2015-09-01'
Transform: 'Aliyun::Serverless-2018-04-03'
Resources:
    demoService:                                          # 资源名称，根据需要命名
        Type: 'Aliyun::Serverless::Service'
        Properties:                                       # 属性设置
            Description: 'This is a faas demo '           # 资源描述
            Policies:                                     # 安全策略，系统自动根据策略为函数创建角色
                - AliyunOSSFullAccess
                - AliyunRAMFullAccess
                - AliyunLogFullAccess
                - AliyunApiGatewayFullAccess
                - AliyunFCFullAccess
                - AliyunMongoDBFullAccess
                - AliyunVPCFullAccess
                - AliyunECSNetworkInterfaceManagementAccess  # 特别说明，配置此策略才
                                                             # 能创建弹性网卡，进而打
                                                             # 通函数以及 VPC 内连接
            VpcConfig:                                    # 允许函数访问的 VPC 配置
                VpcId: 'vpc-xxxxxx'
                VSwitchIds: ['vsw-xxxxxx']
                SecurityGroupId: 'sg-xxxxxx'
            LogConfig:                                    # 日志服务配置
                Project: sls-demo
                Logstore: logstore-demo
        demoFunction:                                     # 函数名称
            Type: 'Aliyun::Serverless::Function'          # 资源类型为服务，服务内可以挂
                                                          # 载多个函数
            Properties:
                Handler: index.handler                    # 事件处理入口
                Runtime: nodejs10                         # 程序运行环境
                CodeUri: './src'                          # 程序代码相对于当前脚本的路径
                EnvironmentVariables:                     # 环境变量设置
                    MONGO_URL: mongodb://userx:pwdx@dds-xxx.mongodb.rds.
                        aliyuncs.com:3717/demoDb  #Mongo 内网连接地址
                    RESULT_TABLE_NAME: demo_table
    demoGroup: # Api Group
        Type: 'Aliyun::Serverless::Api'                   # 资源类型为 API，每个 API 分组下可以挂
                                                          # 载多个 API 接口
```

```yaml
      Properties:
        StageName: RELEASE                      # 发布环境
        DefinitionBody:
          '/v1/recommendervera/[resultId]':     # request path
            get: # http method
              x-aliyun-apigateway-api-name: demo_api # api name
              x-aliyun-apigateway-fc:           # 当请求该 API 时要触发的函数
                arn: acs:fc:cn-shanghai:xxx:services/demoService.
                  LATEST/functions/demoFunction
                timeout: 3000
              x-aliyun-apigateway-request-parameters: # 设置参数类型
                - apiParameterName: 'resultId'
                  location: 'Path'              # 传参方式，此处为在 URI 请求
                                                # 路径中传参
                  parameterType: 'String'
                  required: 'REQUIRED'          # 设置为必选参数
          '/v1/recommendervera/':               # request path
            post: # http method
              x-aliyun-apigateway-api-name: demo_api_post # api name
              x-aliyun-apigateway-fc:           # 当请求该 API 时要触发的函数
                arn: acs:fc:cn-shanghai:xxxx:services/demoService.LATEST/
                  functions/demoFunction
                timeout: 3000
              x-aliyun-apigateway-auth-type: APP # 设置鉴权类型，此处设置为
                                                 # 简单的 APP code 类型鉴权
              x-aliyun-apigateway-app-code-auth-type: HEADER # 鉴权加密方式，
                                                             # 此处设置为通
                                                             # 过 Header 传
                                                             # 递授权后的 APP

OSTemplateFormatVersion: '2015-09-01'
Transform: 'Aliyun::Serverless-2018-04-03'
Resources:
  demoService: # the resource name
    Type: 'Aliyun::Serverless::Service'
    Properties:
      Description: 'This is a faas demo '
      Policies:  #security policies
        - AliyunOSSFullAccess
        - AliyunRAMFullAccess
        - AliyunLogFullAccess
        - AliyunApiGatewayFullAccess
        - AliyunFCFullAccess
        - AliyunMongoDBFullAccess
        - AliyunVPCFullAccess
        - AliyunECSNetworkInterfaceManagementAccess
      VpcConfig: #allow function to access VPC network
        VpcId: 'vpc-xxxxxx'
        VSwitchIds: ['vsw-xxxxxx']
        SecurityGroupId: 'sg-xxxxxx'
      LogConfig: #log service configration
```

```yaml
          Project: sls-demo
          Logstore: logstore-demo
  demoFunction: #the name of the function
    Type: 'Aliyun::Serverless::Function'
    Properties:
      Handler: index.handler #the function entry
      Runtime: nodejs10
      CodeUri: './src'
      EnvironmentVariables:
        MONGO_URL: mongodb://userx:pwdx@dds-xxx.mongodb.rds.aliyuncs.
            com:3717/demoDb #Mongo url configration
        RESULT_TABLE_NAME: demo_table
  demoGroup: # Api Group
    Type: 'Aliyun::Serverless::Api'                      #api gateway
    Properties:
      StageName: RELEASE
      DefinitionBody:
        '/v1/recommendervera/[resultId]':                # request path
          get: # http method
            x-aliyun-apigateway-api-name: demo_api # api name
            x-aliyun-apigateway-fc:
              arn: acs:fc:cn-shanghai:xxx:services/demoService.LATEST/
                  functions/demoFunction
              timeout: 3000
            x-aliyun-apigateway-request-parameters:
              - apiParameterName: 'resultId'
                location: 'Path'
                parameterType: 'String'
                required: 'REQUIRED'
        '/v1/recommendervera/':                          # request path
          post: # http method
            x-aliyun-apigateway-api-name: demo_api_post # api name
            x-aliyun-apigateway-fc:
              arn: acs:fc:cn-shanghai:xxxx:services/demoService.LATEST/
                  functions/demoFunction
              timeout: 3000
            x-aliyun-apigateway-auth-type: APP  #authorization type
            x-aliyun-apigateway-app-code-auth-type: HEADER
```

（4）资源准备

服务、函数、API 网关都可以通过以上 Funcraft 脚本一站式创建完成，日志、MongoDB、鉴权所需应用等外部资源应提前创建或者配置好。

这里要说明的是，访问 MongoDB 需要指定函数对应的安全组。下面看看在实际的 MongoDB 资源中如何配置白名单安全组，如图 4-127 所示。

（5）构建和部署

以上脚本资源都准备好后，就可以执行 fun build 命令进行构建了。

```
$ fun build
using template: template.yml
start building function dependencies without docker
building demoService/demoFunction
running task: flow NpmTaskFlow
running task: CopySource
running task: NpmInstall
Build Success
Built artifacts: .fun/build/artifacts
Built template: .fun/build/artifacts/template.yml
Tips for next step
======================
* Invoke Event Function: fun local invoke
* Invoke Http Function: fun local start
* Deploy Resources: fun deploy
```

图 4-127　阿里云控制台白名单配置

构建完成后，执行 fun deploy 命令部署到云端。示例如下：

```
$ fun deploy
using template: .fun/build/artifacts/template.yml
using region: cn-shanghai
using accountId: ***********3452
using accessKeyId: ***********1fap
using timeout: 60
Collecting your services information, in order to caculate devlopment changes...
Resources Changes(Beta version! Only FC resources changes will be displayed):
```

Resource	ResourceType	Action	Property
demoService	Aliyun::Serverless::Service	Add	Description
			Policies
			VpcConfig
			LogConfig
demoFunction	Aliyun::Serverless::Function	Add	Handler
			Runtime
			CodeUri
			EnvironmentVariables

```
? Please confirm to continue. Yes
Waiting for service demoService to be deployed...
    make sure role 'aliyunfcgeneratedrole-cn-shanghai-demoService' is exist
    role 'aliyunfcgeneratedrole-cn-shanghai-demoService' is already exist
    attaching policies ["AliyunOSSFullAccess","AliyunRAMFullAccess","AliyunLog
        FullAccess","AliyunApiGatewayFullAccess","AliyunFCFullAccess","Aliyun
        MongoDBFullAccess","AliyunVPCFullAccess","AliyunECSNetworkInterface
        ManagementAccess"] to role: aliyunfcgeneratedrole-cn-shanghai-demoService
    attached policies ["AliyunOSSFullAccess","AliyunRAMFullAccess","AliyunLog
        FullAccess","AliyunApiGatewayFullAccess","AliyunFCFullAccess","Aliyun
        MongoDBFullAccess","AliyunVPCFullAccess","AliyunECSNetworkInterface
        ManagementAccess"] to role: aliyunfcgeneratedrole-cn-shanghai-demoService
    attaching police 'AliyunECSNetworkInterfaceManagementAccess' to role: aliyun
        fcgeneratedrole-cn-shanghai-demoService
    attached police 'AliyunECSNetworkInterfaceManagementAccess' to role: aliyun
        fcgeneratedrole-cn-shanghai-demoService
    Waiting for function demoFunction to be deployed...
        Waiting for packaging function demoFunction code...
        The function demoFunction has been packaged. A total of 1675 files were
            compressed and the final size was 2.1 MB
    function demoFunction deploy success
service demoService deploy success
Waiting for api gateway demoGroup to be deployed...
    URL: GET http://xxx-cn-shanghai.alicloudapi.com/v1/recommender/[resultId]
        stage: RELEASE, deployed, version: 20200715144450426
        stage: PRE, undeployed
        stage: TEST, undeployed
    URL: POST http://xxx-cn-shanghai.alicloudapi.com/v1/recommender/
        stage: RELEASE, deployed, version: 20200715144453967
        stage: PRE, undeployed
        stage: TEST, undeployed
api gateway demoGroup deploy success
```

脚本正常执行后，可以在云端看到相关函数及 API 已经部署完成。接下来可以将以上 Funcraft 命令及脚本加入 Jenkins 或者其他 CI/CD 工具流水线中，如图 4-128、图 4-129 所示。

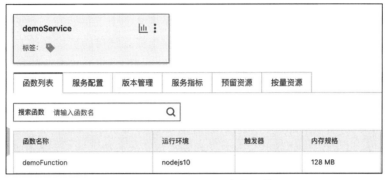

图 4-128 Funcraft 生成的函数

图 4-129 Funcraft 生成的 API

4.7 阿里巴巴业务中台项目案例

4.7.1 直销行业案例

1. 项目背景

一家总部位于美国的家居护理产品公司的业务遍布 80 多个国家和地区。生产的产品有 450 余种，包括营养保健食品、美容化妆品、个人护理用品、家居护理用品和家居耐用品等。

根据该公司中长期规划中提出的 IT 建设目标，必须改变传统的以 IDC 为核心的基础设施建设思路，转而采用灵活性更好、设计理念更先进、资源灵活调度的方案，以满足企业的核心电商类应用在不同时间、不同地点对计算、存储、网络资源的灵活需求。该公司还提出了现代化的 IT 运维和监控需求，以及合理的 IT 投入产出比。2019 年年初，阿里云迁云部门的专家受邀参加该公司的高层领导会议，将阿里云基于数字化转型的最佳实践分享给公司的高层领导，结合业务中台建设给阿里巴巴带来的企业资源优化配置、加速创新的实际经验，建议该公司立即开启基于互联网思维、云计算平台以及中台理念进行 IT 系统转型的战略。公司管理层随后在内部进行了 IT 转型的战略布局，提出分三步走的基于云计算和中台的 IT 转型之道。

第一步，到 2019 年年底，实现企业现有 IT 系统全面上云的目标。该公司确定基于阿里云公有云平台来承载企业的核心 IT 系统，以解决电商系统目前可扩展性差、灵活性不高、稳定性有待提升，以及新业务响应缓慢的问题。经过一年的建设，企业的核心 IT 系统已经全面上线。通过在云上部署多个电商集群环境，缓解了 IDC 部署下灵活性和可扩展性不高的痛点，同时企业在上云的过程中采用 AHAS 来进行限流降级，解决了以前大促场景下因为突发流量导致系统雪崩的痛点；采用云数据库 Redis、RDS 解决此前自建数据库集群运维成本高、扩展性差和稳定性的痛点。因为这些立竿见影的效果，该公司在初步尝试云平台后立即做出了规划第二阶段的决定，即基于阿里巴巴共享服务理念重新构建企业的核心电商平台，公司内部称之为新电商平台，提出在 2020 年年底的双十一之前上线的目标。

第二步，基于阿里巴巴共享服务中心理念（也就是中台理念）重新构建企业的核心电商平台。新电商平台要解决的核心目标有三个：首先，新电商平台必须基于共享服务中心构建，以满足企业对 IT 灵活性和业务创新的要求；其次，引入现代化运维和监控能力；最后，基于一切业务数据化的理念，结合 DDD 领域分析方法论，为数据中台以及后续的双中台战略打下坚实的基础，从源头确保"一切业务数据化和一切数据业务化"战略成功。新电商平台严格按照业务中台建设思路，阿里巴巴业务中台建设团队从需求分析阶段开始介入，引导企业和供应商的业务团队基于 DDD 方法论，将企业的业务域进行逐级细分，一方面逐步缩小每个终端服务需要解决的问题范围，另一方面降低业务理解和系统实现层面的复杂度。事件风暴是建立领域模型的核心方法论，通过对客户业务流程、用户流程、不同的购买场景、不同的客户级别用例的分析，建立领域模型，划分领域边界，建设限界上下文，最后确定领域中各个对象的关系，从而设计出七大中心以及 200 个不同的能力。新电商平台包含库存中心、商品中心、营销中心、用户中心、交易中心、登录中心和支付中心，每个中心通过一个到多个（基于领域分析出的聚合和聚合根）微服务实现中心承载的能力。服务中心提供的原子能力又通过聚合层暴露给前端，解耦前端对原子能力的直接依赖，同时对外提供业务能力级别的复用。经过一年的建设，新电商平台已经支撑了 618、金秋大促等多个大型促销场景。

第三步，数据驱动的业务中台运营和运维。客户在完成平台化建设后，需要进一步解决运营的效率。这里有两个内涵。首先，运营的很多工作目前还是通过脚本方式进行处理，需要统一和高效的运营平台来解决企业业务侧的促销配置、商品上下架、业务监控、业务告警、商品价格、上下架管理等运营诉求；其次，对于业务中台在运营过程中沉淀的数据，如何形成闭环、形成业务洞见、支撑业务决策，需要将业务中台的数据和数据中台的规划结合起来，形成双中台各司其职、相得益彰的效果。在新电商平台构建的中期，阿里巴巴业务中台建设团队就开始和客户进行接触，规划运营平台以及中台战略。期间邀请了数据中台的专家和客户进行了多次沟通，了解客户的真实诉求，完成运营平台的规划以及数据中台和业务中台演进策略的规划。

基于业务中台构建的新电商平台，不光提升了企业核心业务能力的可复用性，同时前端业务的多样化反向滋养了新电商平台上的业务能力沉淀，形成闭环，更好地支撑客户中国区业务的发展和创新，为客户接下来的全球业务 IT 建设提供了很好的样板作用。客户信息化部门的领导对这种建设模式和架构非常认可，并且在大中华区显示出立竿见影的效果后，开始着手规划将大中华区的 IT 最佳实践引入全球 IT 战略规划中，更好地支持企业的全球业务。通过新电商平台的建设，客户信息化部门从以前以项目管理、系统运维等业务支撑型智能逐步转变为企业核心业务能力的沉淀和复用，推动了信息化部门的智能转变，为信息化部门的同学提供更多的机会来引导企业数字化转型。

2. 项目实施

项目在 2020 年 1 月初正式启动，阿里巴巴的业务中台建设团队和客户一起经过 20 多天的业务调研和分析，对客户运行了十多年的遗留系统所承载的业务进行了流程化分析，并和业务分析人员配合，将业务细节通过需求规格说明书的形式沉淀下来。在业务调研的过程中，阿里云 GTS 业务中台建设团队结合中台建设最佳实践，对客户的 IT 现状进行了技术调研，明确了客户现有电商系统的技术架构、集成模式，以及基础设施环境等。整个技术调研通过以下任务安排：

- 了解客户现存业务现状，以及支撑现存业务的技术架构方案。
- 完成技术架构全景图，并且输出技术规范。
- 上线流程以及系统监控和运维体系。
- 客户现存的技术挑战和技术问题，了解长期技术战略规划。
- 依赖的外部系统，包括系统的功能、部署架构、集成方式，以及功能指标。

清晰地理解客户的整体 IT 环境，形成技术调研报告，对新电商平台的设计起到了规避技术风险、解决现存技术痛点，以及了解客户技术约束的作用。完成技术调研后，阿里云 GTS 业务中台建设团队基于需求规格说明书和技术调研的成果，开始客户新电商平台的概要设计工作。概要设计需要完成每个中心的模型设计、能力清单设计，以及关键技术方案的设计。

3. 架构设计

图 4-130 给出了新电商平台的业务架构图。

经过长达 4 个月的系统设计和构建，基于案例的实际业务需求以及共享服务理念，阿里巴巴业务中台建设团队和客户的技术团队携手构建了支撑客户新电商平台的 7 大共享服务中心，同时考虑到云原生支持，结合阿里巴巴中间件团队，完成了在阿里巴巴公共云平台上一系列中间件产品和能力的输出，包括但不限于微服务网关 CSB、EDAS、托管容器服务、数据库服务、消息队列、监控、限流降级、日志服务和告警等。

图 4-131 是客户的新电商平台的整体部署架构图。

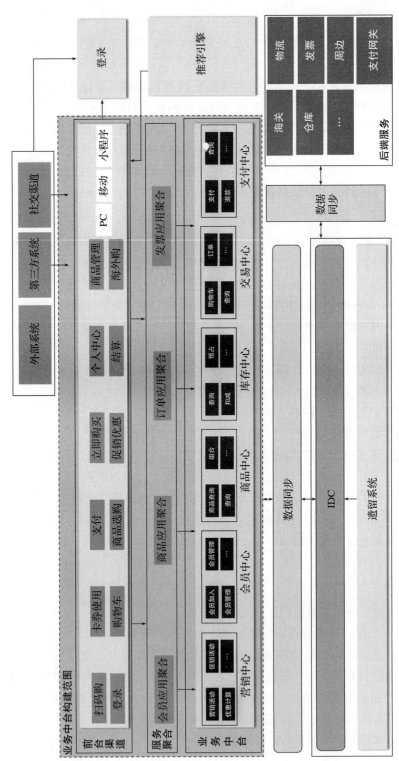

图 4-130 新电商平台业务架构

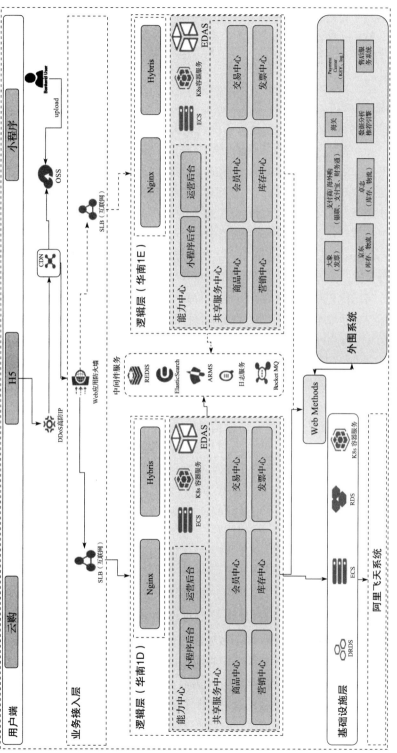

图 4-131 新电商平台整体部署架构

在建设的过程中，针对新电商平台，落地了分布式事务、数据最终一致性、Redis 如何预防雪崩和热点 key 以及分库分表等技术方案。最终，该项目在满足上线时间线的同时，帮助企业基于共享服务中心的理念构建了新电商平台，为企业接下来 10 年的业务发展和创新打下了坚实的基础。

4. 客户收益

客户新电商平台从 2020 年 5 月开始灰度逐步上线，首先上线的能力包括库存中心、营销中心和商品中心。客户通过逐步切换业务的方式，把新电商平台提供的能力纳入整个数字化体系。库存中心的第一笔订单锁定和扣减流水开始于 5 月底，这一小步虽然微不足道，对于客户来说却是一大步，对整个基于中台构建的新电商平台和数字化转型有着特殊的意义。随后，系统逐步把营销中心的核心能力、优惠券的创建和使用能力逐步切换到新电商平台。到笔者编写这个章节为止，库存中心和营销中心已经顺利支持了包括 618 大促、金秋大促等大大小小 20 多次促销活动，基于业务中台和微服务构建的能力中心验证了归于客户的价值：稳定、灵活、可扩展、运维便利性、性能和安全等。笔者也在思考一个问题：为什么客户会对项目给予这么高的优先级，并在项目达成里程碑后，给出了较高的满意度？后来我们了解到，此次项目不仅是企业数字化转型的初次尝试，也是企业在未来多年赖以生存的平台，希望基于阿里云和共享服务中心建设的思路能够复用到企业在全球的其他区域，因此这个项目会让企业在很长一段时间里都有巨大的收益：

- 基于业务中台构建的新电商平台帮助企业构建了"厚中台"的新架构，为实现企业未来几年全面拥抱数字化打下了坚实的基础。
- 新电商平台基于阿里云公共云平台和阿里巴巴经过数十年打造的中间件体系，为客户提供了一套灵活、稳定、安全、可扩展、可持续发展的技术保障体系。
- 通过这个项目，为客户培养了一批懂业务、懂技术、懂管理、懂运维和运营、懂云计算的技术队伍，为企业未来几年数字化转型提供了人才储备。
- 客户通过新电商平台完全采用敏捷的建设模式，打破了组织之间的边界，提升了组织的效能，为后续深化组织变革提供了更多可参考的案例。

4.7.2 快消行业案例

1. 项目背景

快消行业某公司凭借自身雄厚的实力，与某大型国际公司建立了长期合作伙伴关系。在 21 世纪的第一个 10 年内，先后在线下多地建立了分公司，市场覆盖区域及销售额不断增加。随着电商业务在中国的蓬勃发展，公司在淘宝商城开设了专营店，在短短几年的发展历程中赢得了市场份额，奠定了行业优势地位，实现了传统产业和互联网电商的有效结合，推动了企业发展模式的创新。随着更多新品牌不断引进，旗舰店也在陆续开设，经营品类更加丰富，店铺运营管理更加专业。

近年来，该公司依靠自主研发的 OMS 等系统实现了订单的可视化、自动化处理，支撑了过去十年业务的高速发展。随着市场环境的变化，业务的发展与变化对系统提出了更高的敏捷性要求，传统的孤岛式系统架构已难以支撑业务的持续发展。该公司从数字化转型的视角出发，对未来的整体业务架构做出了深度思考，并且基于当前的体系做出了整体规划，借鉴新零售及企业数字化领域最富成效的中台理念，开始了中台架构的设计。

2. 项目实施

整个项目从 2019 年年底开始启动。在项目实施伊始，就面临了多方面的挑战。第一个挑战是项目的工期短，并且要保证客户的十几家线上店铺能平滑迁移到新系统。由于电商行业每年有几次大型促销活动、比如 618、99、双十一、双十二等，大版本的发布必须要合理地分配在这些大促时间点之间的空档期，以防止变更对大促造成的影响。如何在有限的时间内厘清需求、组织人员并且合理安排开发计划，不影响客户的线上业务是一个很大的挑战。第二个挑战是项目的性能指标要求非常高，客户要求系统能够支撑双十一大促的业务量。具体到交易链路则是单天千万订单级别以上，尤其是前 1 个小时的业务量占全天业务量的约 50%，属于业务的洪峰期，系统的稳定性要能够经受住考验。同时，业务上要求全链路每小时发送到外部 WMS 的订单达到 500 万单。第三个挑战是大促期间促销活动数量多且规则复杂。

为应对上面的挑战，项目组采取了如下措施。

❑ 围绕项目经理、业务架构师、技术经理和质量保证专家构建核心团队。项目经理负责制定项目整体建设里程碑、规划项目进度及进行客户侧的对接，业务架构师负责业务蓝图及业务需求规范的输出和把控，技术经理负责整体系统技术架构输出和把控、研发过程管理，质量保证专家主要负责系统的测试与质量把控。技术经理与项目经理一起搭建技术侧的组织阵型，以服务中心的维度划分多个研发小组，每个研发小组指定一个技术 leader，负责小组内研发任务的分派、详细设计、核心代码编写和代码评审。研发小组之间共享应用架构师，与技术经理合作完成应用架构及部署架构的设计及落地，并结合具体业务完成概要设计。整体项目的建设阶段如图 4-132 所示，涵盖需求调研、需求分析、业务中台架构设计、里程碑建设、项目验收及建设转维等工作。整个里程碑建设阶段按照敏捷迭代的方式，通过轻文档、紧密沟通、快速反馈等措施来加快整体的研发流程。

❑ 架构设计层面充分考虑了需要支撑的业务量，保证服务中心的划分遵循高内聚低耦合的原则，核心的服务中心都是可以独立、水平可伸缩的，这意味着服务中心的服务及底层的数据存储都要做到水平可伸缩。

❑ 为保证系统的性能达到要求，在完成一阶段的部署、上线后就要开始持续的性能压测与优化，以应对后面的大促。借助阿里巴巴淘宝聚石塔平台提供的压测工具，在压测环境模拟双十一大促的订单量及订单模型，然后通过阿里云的 ARMS、AHAS、云监控及自研的业务监控工具观测业务中台系统在高负载下的性能指标。通过找出

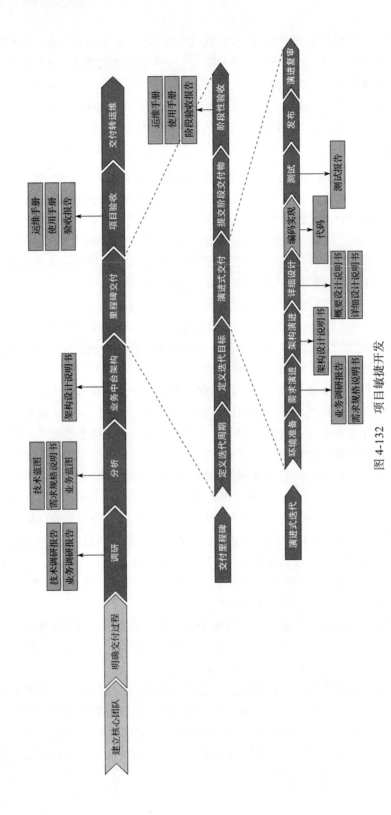

图 4-132 项目敏捷开发

性能瓶颈，不断优化系统的性能，最终达到系统的性能要求。此外，考虑到压测环境与生产环境不一致，为了保证线上系统的稳定性和性能表现，还实施了生产环境的压测，并达到了预期的效果。
- 为保证系统能支持复杂的促销活动规则，一方面通过分析往年的促销活动并在压测过程中配置来完成类似真实场景，保证系统在促销场景下仍然具有高性能。另一方面，自研促销的业务监控工具来监控促销计算的准确性，如果发现有不准确的结果，及时告警，并制定相应的应急预案保证及时纠错。

（1）应用架构

应用架构如图 4-133 所示。以业务蓝图规划和需求规格说明书作为输入，结合阿里巴巴在电商领域的最佳实践及领域驱动的分析技术，项目构建的整个业务中台划分为 9 大服务中心，分别为接单中心、订单中心、商品中心、库存中心、促销中心、用户中心、策略中心、基础数据中心及接口适配中心，它们与上游的阿里巴巴天猫平台及下游的 ERP 系统、菜鸟 WMS 系统、阿里巴巴智能售后服务系统 AG/FBT 等一起支撑客户核心的电商业务。

（2）技术架构

技术架构如图 4-134 所示。项目构建的业务中台按照分层，底层依赖于阿里云的 IaaS 及 PaaS 服务，涵盖众多产品和服务。IaaS 包括 ECS、VPC 网络、NAT、OSS 等，PaaS 包括容器服务、DRDS 及 RDS、RocketMQ、Redis、Kafka、ElasticSearch 等。在 IaaS 和 PaaS 之上是业务中台的服务中心，这些服务中心基于阿里巴巴开源的分布式服务框架 Dubbo 构建，采用 Nacos 作为注册中心，阿里云 ACM 作为配置服务。应用层以阿里云 Cloud Service Bus 作为 API 网关对外提供服务。系统的日志、监控、CI、限流降级等分别通过阿里云的 SLS、ARMS 及云监控、云效及 AHAS 完成。业务中台的服务中心与外围系统的集成（如 WMS 等）都通过阿里巴巴的奇门接口（类似于微服务网关），可以让中台与外部系统（如 WMS）的接口标准化，减少对接多 WMS 系统时的开销。

（3）部署架构

部署架构如图 4-135 所示。项目构建的业务中台部署在阿里云的容器服务集群 ACS 上，每个服务中心的服务都采用镜像部署，服务之间通过 Dubbo RPC 方式通信。每个服务中心的 POD 数可以根据业务需要水平扩展。

（4）服务中心架构

项目构建的业务中台由不同的服务中心组成，每个服务中心也有自身的架构。服务中心整体架构如图 4-136 所示。以项目中核心的交易中心的架构为例，它的应用层通过 Dubbo 框架构建，数据存储层通过阿里云的 DRDS 数据库做了分库的设计，保证了系统的可伸缩性。同时，为支持订单中心的复杂查询，比如模糊搜索等，采用了读写分离技术。首先，利用 DTS 数据订阅功能订阅订单的数据变化，然后将订单的数据写入 ElasticSearch；最后，复杂查询或模糊查询会先在 ElasticSearch 中查到订单的分库键，再通过订单的分库键在 DRDS 中查询，从而提升查询的效率。

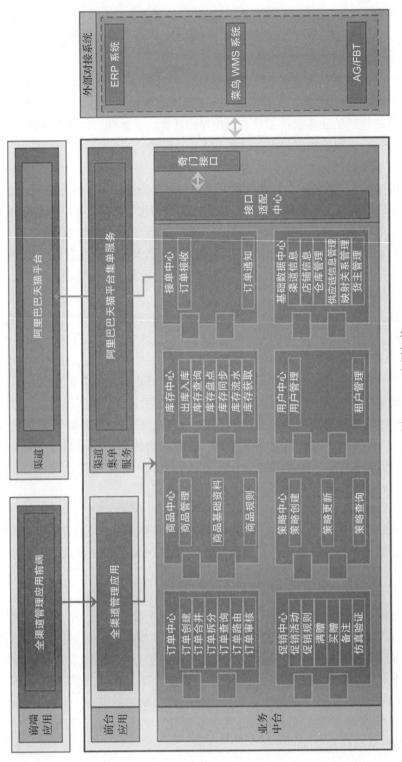

图 4-133 应用架构

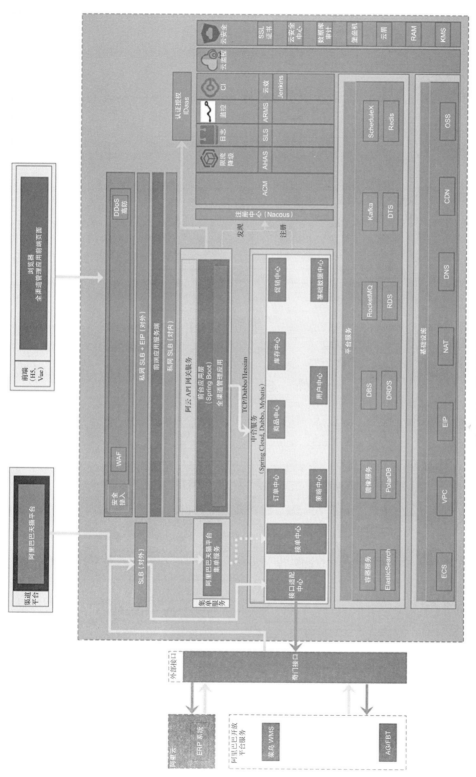

图 4-134 技术架构

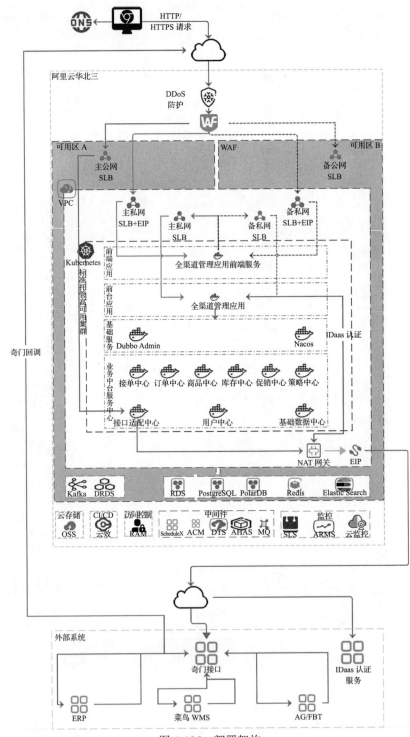

图 4-135 部署架构

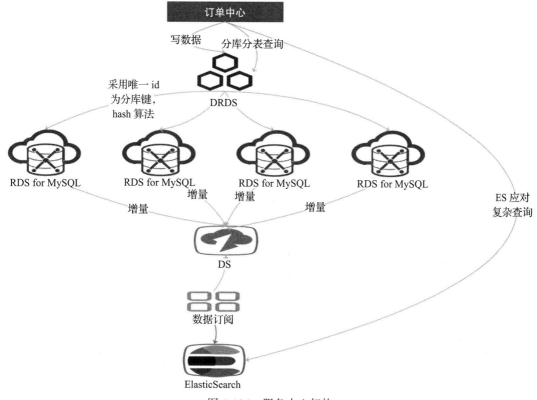

图 4-136 服务中心架构

3. 客户收益

新的业务中台相比原有的系统，从业务侧和技术侧都做了重构。

从业务侧来看，当前系统已经完成了一期的部署上线，使其线上店铺顺利接入业务中台，产销存正/逆向核心链路打通，核心数据统一到业务中台进行可视化管理。系统全面支撑客户在淘系/非淘系/商超/旗舰店/直播等多渠道、采购/财务/仓储/物流等多环节中的信息实时流通，提升业务侧的精细化运营管控效率。其中，针对大促场景下订单发货时间长、赠品漏发/错发以及顾客的退货退款等问题，新上线的中台系统全面支持业务创新，上线了预售爆品下沉、自助修改地址、自动消退、自动拦截、自动审单、多类型营销活动配置与仿真验证等功能。2020 年双十一，在不增加人力的情况下，促销准确率从 95% 提升至 99.95%，退货率降低 4%，极大降低了客户的订单履约成本，并为消费末端带来了顺畅的购物体验。

从技术侧来看，为满足海量订单及灵活配置的需求，基于微服务及阿里云中间件产品，项目团队搭建了满足高并发高性能需求的互联网架构。共享服务中心按照业务领域驱动设计实现，商品、促销、订单、库存等彼此独立，以实现服务高可用、高伸缩性等架构质量需求。同时考虑到精细化运维的诉求，支持弹性扩容、灵活配置运维成本。

此次系统重构对客户而言也是一次技术升级，通过共享能力中心，客户可快速实现 IT

能力复用,以及由复用带来的业务高响应力。

在阿里云护航团队的精密部署下,系统在双十一首次上线就抗住了流量洪峰,单日承载订单量达到几千万级别,业务最高峰达到每秒2.4万笔,这已经与中型电商平台性能相当。

4.7.3 餐饮行业案例

1. 项目背景

某著名快餐品牌在全球很多国家和地区都拥有受大众欢迎的餐厅。该公司制定了未来10年内在全国多个地区开设多家门店的计划。为了实现这个目标,公司高层做了充分的调研和准备。该公司中国区 CEO 指出,20 年来餐饮环境发生巨大变化,而快餐行业的信息化程度仍然较低,业务割裂、系统孤立,导致企业规模越大,成本越高、协同效率越差。为了解决这些问题,该公司选择和阿里云合作,引进中台技术,利用阿里云的资源、体系、服务能力和技术、经验等,在"品牌、商品、销售、营销、渠道、服务、物流供应链、组织、信息技术"等商业要素的在线化和数字化能力方面进行全面合作,为公司的创新发展、品牌升级、流程再造和营销升级等提供有力支撑,从而实现全业务数字化运营。

2. 项目实施

(1) 新餐饮业务蓝图规划

该公司的新餐饮业务蓝图如图 4-137 所示。

项目主要实现以下功能模块。

- 共享服务中心:基于阿里云互联网中间件,建立业务中台共享服务中心,包括商品中心、订单中心、营销中心、支付中心、渠道中心、会员中心,为本期及未来规划的各类应用提供能力支撑,方便后续基于架构服务中心进行建设。
- 中心能力:基于业务中台服务中心,实现基础业务能力、个性化业务能力、第三方适配能力等。
- 点餐小程序与 APP:基于业务中台服务中心实现门店点餐业务,包括用户注册、下单、评价、积分等功能,丰富应用场景,改善用户体验。

(2) 新餐饮业务中台目标

- 打造新餐饮平台

融合线上/线下入口,实现多终端全渠道的业务融合和场景创新,构建商品库存共享及结算体系,从而实现多场景全渠道运营能力。

- 构建会员营销体系

沉淀品牌线上/线下会员数据资产,实现会员注册、会员绑定、积分累计、会员互动、权益兑换等业务流程,为品牌会员提供数据分析、精准营销和分层运营能力。

- 革新 IT 架构、建立共享服务体系

通过业务中台融合各渠道业务数据,融合堂食和外卖等业务,实现全渠道数据统一共享。构建统一的全渠道共享业务中心,实现核心商业化能力统一、沉淀、共享。通过后续数

第 4 章 云上业务中台 ◆ 315

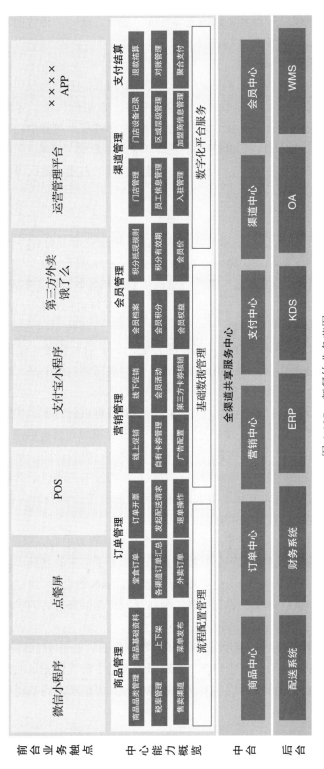

图 4-137 新餐饮业务蓝图

据中台的建设，将这些数据经过整合、治理变得可读、易用、统一，将数据转化为资产，反哺到前端应用，实现数据资产变现。

（3）新餐饮业务中台技术架构图

新餐饮业务中台的技术架构如图4-138所示。技术架构总体上分为应用前端、应用服务层（能力中心）、中台服务层、云基础设施、安全防护层、数据持久层、运维服务层等。在架构设计方面，秉承"大中台、小前台"的理念，业务中台将前台业务中公共、通用的业务沉淀下来，如订单中心、商品中心、营销中心等共享单元，形成"厚平台"。应用服务层主要提供基础业务能力、组合业务能力、个性化业务能力、第三方能力适配等，从而组成基于领域模型分解的业务能力池。

3. 客户收益

系统上线后第一天，就掀起了一阵排队的热潮。开始营业后几分钟，当天的名额就被全部秒杀，在后面的卡券促销秒杀、高峰点餐等场景中，中台系统都承受住了考验。业务中台的架构设计打破了传统的"IT孤岛"模式，重构了数据和业务资源，实现了会员、商品、交易、营销全面打通。结合目前实际上线效果来看，中台系统对用户行为分析、用户画像、数字化营销、门店选址等都有很大帮助。

上线后的点餐方式是以手机小程序、点餐屏为主，基于中台快速迭代更新的能力，目前企业已经快速拓展了自由外卖、第三方外卖（饿了么、美团等）等平台，这也体现出了企业年轻化品牌的定位，也是其全面拥抱数字化的大局观的体现。

新餐饮的核心在于以消费者和营销为中心。在消费者数据沉淀方面，传统的"IT孤岛"系统之间互相割裂，会员数据无法打通整合，而业务中台可以融合所有触点（小程序、点餐屏、外卖平台等）的会员数据，从而实现对用户画像和用户行为的全面、精细化分析。在营销方面，传统的营销方式主要集中在会员身上，现在互联网发展迅速，消费者接收营销信息的渠道众多，传统营销的触达面受到了很大限制。目前的业务中台设计可以触达全域消费者，实现精细化营销，是更适合新餐饮时代的营销方式。

通过业务中台的搭建，基于企业核心竞争力构建了共享能力中心，沉淀业务共用能力，提升了业务创新效率，为企业未来几年全面数字化运营打下了坚实的基础。新餐饮业务中台的上线，大大缩短了开发周期，帮助企业实现了敏捷开发的建设模式。通过实现全渠道订单处理、全过程时效保障、系统弹性扩容支撑等，为新开门店提供强有力的技术服务支持，从而推进企业业务向数字化、智能化全面转型。

新餐饮平台与消费者的接触、互动、交易都是数字化的，业务中台将这些数据沉淀下来，可以打破企业内部职能界限，加速创新，为后面的数据中台提供充足的弹药。企业通过数字化平台对这些数据处理分析，再反过来支持业务中台，可以实现完整闭环，全面提升企业营销和运营能力。

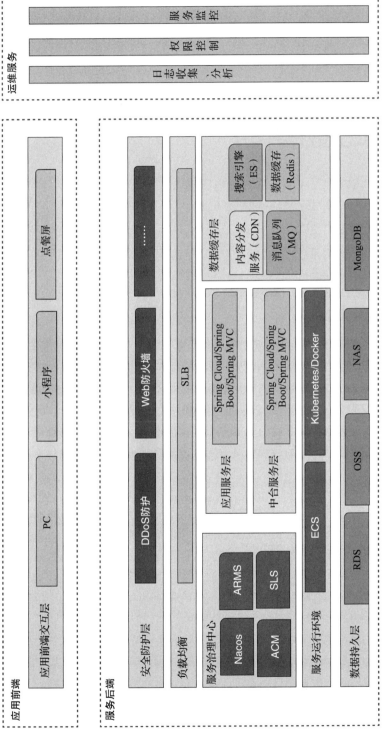

图 4-138 新餐饮业务中台技术架构

第 5 章

云上数据中台

5.1 云上数据中台概述

随着移动互联网和物联网的快速发展,数据爆炸式增长,各种数据服务需求不断涌现。但在传统 IT 建设方式下,企业的各种信息系统大多是独立采购或者独立建设的,各个系统中沉淀的数据之间难以打通,企业内部形成众多数据孤岛,导致数据分散割裂,无法形成可共享和复用的数据服务,无法帮助企业通过数据方式进行精细化管理,达到降本增效的目的。数据孤岛已成为企业发展中的一大痛点。阿里巴巴云上数据中台是针对这些痛点,通过大数据建设的最佳实践而产生的一套解决方案,以实现技术提效、应用降本和业务赋能。

5.1.1 数据中台的发展历史

据统计,2015 年全年产生的数据量等于历史上人类产生数据的总和,这标志着数据从乘数型增长全面转向了指数型增长。海量数据处理成为新的挑战,企业对数据存储能力和计算能力也提出了更高的要求。基于单机的传统数据库已无法满足企业对数据存储和计算的要求,国内以阿里云为代表的云计算公司通过云的存储和计算能力,为企业提供了针对海量数据的高效、低成本存储和计算技术方案。数据时代催生的技术能力为阿里巴巴数据中台的诞生提供了坚实的基础。

企业对数据打通、数据共享、通过数据对企业进行精细化管理的需求日益迫切。2012 年,阿里巴巴启动自研体系的大数据尝试和布局。2015 年,阿里巴巴基于自身业务发展的需求正式提出中台战略,数据中台因有助于构建企业数据资产体系、赋能业务、释放数据价值而被正式推上历史舞台。2018 年,基于阿里巴巴集团海量业务场景沉淀的数据中台方法论和产品正式在阿里云上线,形成云上数据中台解决方案,用于帮助客户基于阿里云产品与技术构建数据中台。

5.1.2 数据中台的演进路线

企业数据中台的建设应分三个阶段进行，分别解决业务全局看数据、业务用数据、业务全面数据化、数据业务化的问题，从而助力企业寻找新商业模式和机会。

❏ 第一阶段：全域数据中台构建与数据资产初始化

基于阿里云数据中台产品与解决方案构建企业数据中台全局架构，可为后续全域数据中台深化应用打下技术基础。

基于数据中台全局架构，从数据向上、业务向下同步思考，启动数据接入采集、数据加工处理和数据公共层建设，并同步启动关键的数据应用层建设。

基于业务需求与业务思考，优先解决业务看数据、用数据的关键业务场景应用。

❏ 第二阶段：全域数据中台迭代与深化应用

第二阶段的目标是持续迭代优化数据中台全局架构、技术体系，丰富全域数据中台数据种类和数据范围，持续优化迭代数据公共层与数据应用层的建设。同时深入业务需求，丰富数据应用场景，赋能业务，实现数据价值。

❏ 第三阶段：全面推进业务数据化并尝试数据业务化

在这个阶段，持续基于业务需求推进全域数据中台的建设，全面推进业务数据化、业务决策自动化。在不断拓展业务场景应用的同时，尝试数据业务化，探索企业新的商业模式，让数据持续变现，产生经济效益。

在企业数据中台演进的三个阶段，企业的组织结构也如图 5-1 所示经历了转型、发展到相对成熟、稳定的三个关键阶段。

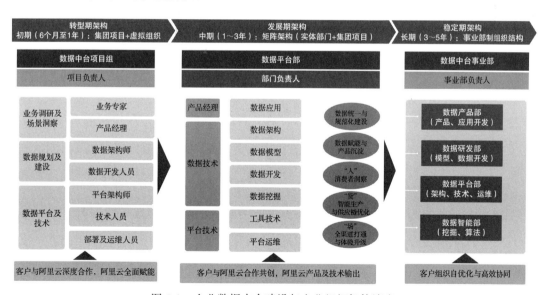

图 5-1　企业数据中台建设与企业组织架构演变

数据中台建设对客户组织架构的价值影响也可以从三个阶段来分析。

- 在数据中台建设初期（我们称为转型期架构），主要定位客户集团层面的项目，以虚拟项目组的形式存在。此阶段，阿里云与客户以数据中台项目制深度合作，客户项目负责人主导整个项目建设过程，并承担虚拟组织的人员管理，阿里云为客户组织及人员从大数据平台、数据中台建设方法论、数据中台业务价值发掘等方面赋能。
- 在数据中台建设中期（我们称为发展期架构），客户方以实体部门和集团项目方式来运作。此阶段成立数据平台部，由部门负责人主导整个数据中台项目建设过程。此阶段，阿里云与客户全面合作和共创，为客户输出阿里云产品及技术方案，帮助客户全面实现数据统一与数据资产化、数据赋能业务、数据产品化沉淀。
- 在数据中台持续运营期，客户组织内已非常认可数据中台建设的目标和价值，组织从数据平台部升级为数据中台事业部，由数据中台事业部负责人从集团层面统管整个数据中台建设，并在组织内实现数据产品、数据研发、数据平台、数据智能的数据中台建设全链路细化分工，客户组织内实现自优化和高效协同，支持业务全面实现数字化转型。

5.1.3 数据中台的建设内容

云上数据中台解决方案可以解决大数据及智能化时代企业在业务、数据、技术以及精细化管理层面遇到的挑战：

- 各部门指标定义不一致，数据一致性问题时刻困扰业务方和决策者。
- 烟囱式开发模式周期长、效率低，导致对业务数据需求的响应速度慢。
- 重复建设导致数据处理链路长，处理逻辑复杂，可维护性差，最终导致数据时效性问题。
- 各部门、各业务系统数据割裂，无法有效地将各部门、各业务系统的数据融合、打通，无法基于一体化的数据资产体系为业务提供统一数据化运营支撑。
- 企业发展从增量市场走向存量市场，企业要在存量市场体现竞争力，就要提升企业精细化运营和管理能力。

为解决企业在业务和数据处理上遇到的问题，阿里巴巴数据中台解决方案主要建设以下内容：

1）智能云上大数据平台：基于阿里云提供的强大计算平台，在离线、实时、OLAP 等方面为企业提供多层次的强大数据计算力。时间是数据天生的敌人，数据价值会随时间而快速衰退，强大的计算力能够保证数据以最快的时效服务商业。

2）数据建模工具 OneModel：从业务源头进行数据规范定义，实现数据标准化和数据资产化。它可将数据规范定义、数据建模与研发、数据加工任务调度与运维等数据技术方案工具化、产品化，实现数据研发全生命周期的赋能与提效，并以数据中台元数据驱动技术方案智能化，实现数据中台底层计算与存储的智能化规划。

3）ID 融通方案 OneID：技术驱动数据连接，基于 ID-MAP 和图计算技术，实现数据同源识别和数据连接打通。通过业务展现驱动技术价值，通过数据连通业务孤岛，实现高质量、高价值的数据共享与服务。

4）数据服务方案 OneService：通过主题式逻辑表服务为使用方屏蔽底层复杂物理数据表，让数据更加易用。它能提供简单数据查询、实时 OLAP、在线数据处理和分析等数据服务形态，方便使用数据。通过统一的数据服务接口与规范，屏蔽多种复杂异构数据源，简化数据使用门槛。

5）数据资产管理和运营平台：以核心数据资产为中心，搭建可管、可查、可控、可通、可估的数据资产服务中心，支撑企业内数据资产流通，提升全员数据使用意识，辅助企业数字化驱动的生产模式转型。

与以上建设内容紧密配合的，还有数据中台建设实施方法论、建设标准及数据中台服务体系，它们共同帮助企业建设好和使用好数据中台。

5.1.4 数据中台的建设方法

基于大量行业客户的实践，我们把企业数据中台建设方法总结为图 5-2 所示的大图。数据中台的建设分为需求调研、方案设计、开发实施、试运行及上线持续运营迭代五个阶段。

1. 需求调研阶段

需求调研包含业务调研、技术调研以及系统与数据调研三项工作内容。

业务调研的对象是企业业务部门的核心人员，一般包括管理层和一线核心业务人员。

业务调研主要从本项目的业务目标和范围出发，了解客户业务模式、业务痛点以及业务对数据支撑的需求，将客户业务目标分解为具体的业务需求报告，为项目交付实施（MRD 设计、PRD 设计、业务蓝图设计）提供输入。

技术调研的范围是企业现有 IT 系统，其中大数据平台和数据仓库等需要重点关注。技术调研的目标是全面了解客户 IT 系统全貌、IT 建设水平，为项目交付实施工作提前做好物理环境准备，为数据中台产品的部署做好基础设施的资源规划，为平台详细设计提供充足的输入。

系统与数据调研的目标是了解 IT 系统核心业务流程、IT 系统基本架构、数据内容、数据分布、数据流转、数据类型、数据规模、数据特点等，为数据上云、数据建模等数据详细设计从系统到数据层面提供足够的支撑，明确数据应用场景是否有足够的数据支撑。

2. 方案设计阶段

方案设计包括总体架构设计、数据详细设计、平台详细设计三项工作内容。

总体架构设计包含数据中台蓝图设计、数据中台架构设计以及数据中台数据应用场景 PRD 设计。

- ❏ 数据中台蓝图设计：基于需求调研阶段的输入与本项目 SOW 交付内容，完成数据中台业务蓝图、管理蓝图（可选）规划设计。

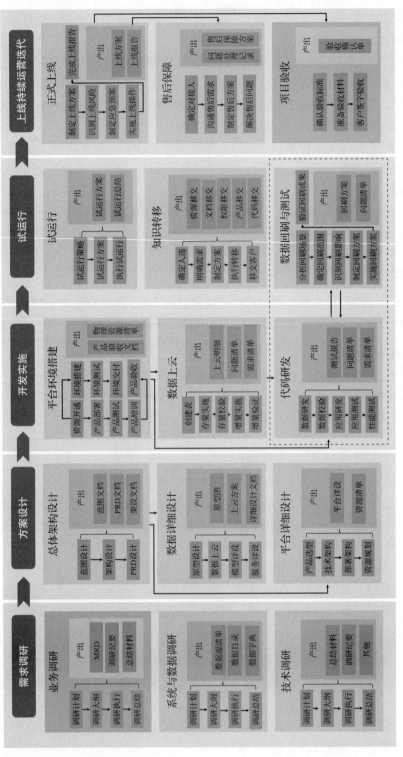

图 5-2 数据中台建设业务大图

- 数据中台架构设计：基于需求调研阶段的业务需求、数据与 IT 技术情况，完成数据中台概要设计工作。架构设计主要包含数据中台整体架构、集成架构、技术架构、网络架构、部署架构、数据架构（包含数据分层、数据流设计）、模型架构、数据中台的标准规范设计。
- 数据应用场景 PRD 设计：基于需求调研阶段的业务需求与客户数据情况，完成数据应用场景 PRD 设计，常见的应用类型包含数据 BI 分析场景、数据大屏可视化、智能数据应用的 PRD 设计，PRD 涉及到具体功能点及实现逻辑。

数据详细设计包含数据上云详细方案设计、数据模型详细设计以及数据平台详细设计，核心是数据上云详细设计与公共层数据模型设计。

- 数据上云详细设计：基于系统与数据调研的输入、ODS 层的数据模型详细设计，并针对每一个数据源的数据表完成可操作的数据上云实施方案。
- 公共层模型详细设计：基于阿里巴巴 OneModel 建模方法论、业务调研 MRD 以及系统与数据调研的输入，完成业务板块、数据域、业务过程、总线矩阵、CDM 公共层的 DIM 维度表、DWD 事实表以及 DWS 轻度汇总表的详细设计。基于阿里巴巴 OneID 方法论完成企业核心实体的数据连接与打通详细实施方案的设计。

平台详细设计包含产品选型与技术架构设计、部署方案设计、资源规划、账号与权限规划、安全方案等。

3. 开发实施阶段

在完成数据中台对应的详细方案设计后，项目交付分批进入开发实施阶段。数据中台开发实施包含项目相关产品资源的开通、环境部署与搭建、数据上云实施、代码研发、数据回刷与测试等工作。

4. 试运行阶段

试运行阶段的主要目标是完成数据中台正式上线前的准备工作，包含数据中台功能、数据准确性业务验证等工作。通过试运行发现项目交付实施中存在的缺陷，以便及早处理，避免故障发生。同时，掌握系统实际的技术性能指标，制定上线运行必要的应对措施和管理规程。

5. 上线运营阶段

上线运营阶段应提前制定维保方案，保证数据中台持续为业务提供服务，以及保障客户数据中台的稳定运行。

5.1.5 数据中台的价值

数据中台建设好之后，企业获得的价值包含业务和技术两方面。笔者认为，数据中台就是为解决业务问题而生，所以我们重点分析业务价值。数据中台赋能业务的价值主要体现在四个方面。

- **业务全局数据监控**：基于阿里云产品与技术为业务决策和数据化运营提供方便、快捷、易用的数据中台解决方案，最大限度地降低数据分析和业务决策的难度，最大限度地提高数据分析效果。同时，通过对业务全流程的数据监控，及时发现业务风险和业务机会，辅助业务决策和业务数据化运营。
- **数据化运营**：基于全链路、全渠道数据建立以"人"为核心的数据连接萃取解决方案，对企业所服务的"人"进行全生命周期的精细化管理和运营。
- **数据植入业务**：基于企业数据中台建设所沉淀的标准的、一致性的、可复用的数据资产，结合业务智能营销推广解决方案，从前期的人群分析、人群圈选到中期的千人十面、百面、千面的客户触达，到后期的业务数据检测和业务迭代优化，实现数据和业务的紧密结合，以及全链路数据化营销和营销决策。
- **数据业务化**：将业务沉淀的数据资产化后，数据业务化是数据中台建设的自然发展和升华。将资产化的数据用于业务或产品本身，主要涉及两个层面：一是数据智能，二是数据创新。数据智能主要是指利用大数据技术提升业务效率和产品体验，如推荐系统、信用评级等。数据创新主要是指利用资产化后的数据孵化和开展新业务。

业务价值是技术价值的显性体现，数据中台建设的内容本身也充分体现了技术的完备性和先进性。企业的技术收益主要体现在以较低的成本获得专业的大数据技术能力，同时快速地实现数据应用开发，满足并驱动业务需求。这就是我们所说的数据中台的技术降本、应用提效和业务赋能。

5.2 数据中台的架构设计

数据中台的理念是让企业可以共享同一套数据技术与资产，为各业务体系提供统一、有力的算法、数据、分析和技术支持。本节主要对数据中台的理论基础、产品体系、平台架构、数据架构、开发建模规范等方面进行设计和说明。

5.2.1 数据中台的理论

1. OneModel 理论

DT 时代，数据已经成为像人们日常生活中的水、电、煤一样的基础资源。随着业务的高速发展，对应的数据量急剧增长，数据表、业务指标越来越多，管理的数据越来越复杂，运维成本越来越高，企业急需一套全方位、标准化的大数据建设体系指导大数据团队高效、高质量地建设自己的数据体系。阿里巴巴 OneModel 正是符合这一要求的产品，可以帮助企业的大数据团队建设自己的数据仓库或数据体系，去除数据烟囱的重复建设，降本、节能、提效。

OneModel 除了包括数据标准规范、模型规范、数据研发规范、数据服务规范等一系列建设标准外，还包括规范实施落地相关的一整套产品工具集，可以保障整个数据中台的标准化和体系化建设。OneModel 体系涵盖从维度和指标的规范定义、数据模型设计、数据研发到数据服务，具有可管理、可追溯、可规避重复建设的优势。

OneModel 在数据标准化、技术内核工具化和元数据驱动智能化三方面有显著价值。

- 数据标准化：OneModel 从源头实施数据的规范定义，而非在数据研发之后，基于数据指标的梳理实现数据模型及数据指标的规范定义和标准化。这使得每一个数据都是唯一的，100% 消除了数据的二义性。
- 技术内核工具化：在 OneModel 体系中，通过 Dataphin 智能研发管理平台实现了数据接入、数据规范定义、数据模型设计、数据研发、数据调度运维及数据质量管理全流程的工具化和平台化，完成了真正意义上的全链路打通，能够对每一个步骤和节点进行监控和分析。
- 元数据驱动智能化：基于 Dataphin 智能研发管理平台实现设计即开发。在完成数据建模后可实现分钟级的自动代码生成，极大简化数据研发工作量，提升研发效率和质量。能做到自动代码生成的重要原因在于，在源头对每个元数据进行了规范定义，尽可能实现数据的原子化和结构化，并将其全部存储在元数据中心。这些元数据对数据计算、调度、存储等有着重要意义，因而能实现从人工到自动化，进而实现智能化。

2. OneID 理论

OneID 是一套跨屏、跨领域的自然人身份追踪、识别系统。通过识别算法给每个连接入网的自然人分配一个虚拟身份 ID。OneID 将自然人来源于各个系统、各个领域的 ID 聚合，剔除不属于该自然人的 ID，突出活跃 ID，剔除消亡 ID 等，从而为商业营销、人群圈选、标签聚合等业务提供帮助。

OneID 技术经过多年的实践，在庞杂而巨大的 ID 群计算中不断演进、更新、迭代，逐步沉淀出一套功能成熟、移植高效的技术。阿里巴巴利用自主研发的基于大规模图计算和匿名用户身份匹配算法可以得到最终的自然人身份和其相关的 ID。

当今社会，每个个体都有机会参与各种社会活动。在参与这些活动时，个体的行为信息是非常宝贵的，它是研究行为人特征、爱好、标签的主要基础信息来源。然而，我们发现，这些行为在发生过程中被单一系统记录下来的身份信息非常稀少。例如，用户去 4S 店看车，或许记录下来的只有手机号；去超市购物，记录下来的或许只有信用卡等。

单一的系统并不清楚消费者的其他信息，更无法知悉行为人在其他地方发生的行为信息。例如，门店的导购员并不知道用户喜欢哪款奶粉，也无法将最新的促销或合适的产品推荐给消费者。许多企业拥有大量业务系统，记录了很多客户信息，但始终未能将系统整合起来发挥应有的作用。一方面是因为这些企业的系统复杂多样，日常管理各自为政；另一方面由于企业过于庞大，ID 信息复杂多样，无法依靠传统的信息聚合方式整理这些 ID 信息。例如，阿里巴巴集团涉及消费者相关的 ID 数据多达几十种，ID 的自然人数量在亿级。OneID 正是为解决这类实际业务问题而产生的技术方案。

OneID 技术依赖底层 MaxCompute 强大的计算能力，将这些具有相关性的 ID 自然聚合、根据 ID 与行为人的关系进行重新归类，根据 ID 与行为人的亲密度进行逻辑排序，实现了对原本庞杂交错的 ID 信息的聚合和拆分，使 OneID 能较精确代表一个自然人。通过这个唯一的 OneID，可以与现实生活或企业业务系统中多个真实的 ID 建立关系，帮助企业根据 OneID 映射得到该消费者所有的真实 ID 及消费者数据，从而消除数据孤岛、准确刻画消费者特征，助力精准营销、人群圈选等业务场景。

3. OneService 理论

OneService 面向阿里巴巴集团内部各 BU 等业务方，与 OneModel 全域数据打通，建设统一数据服务平台，提供稳定、高效、安全的全域数据服务。其日常调用量达数十亿次，QPS 达到十几万，将源源不断的数据能量输送到各个产品线。OneService 让数据在线服务业务，主要有 4 个特征：

- API 化：让数据通过 API 连接业务系统。
- 主题化：让数据按业务主题对象进行组织，提供服务，透明化物理表。
- 配置化：简单地配置就可以完成数据 API 在线化。
- Serverless：完全无服务器的托管方式，保障高性能、可用性。

OneService 的数据价值涵盖以下方面：

- 指标输出：包括商品域、会员域、交易域、营销域、渠道域、日志域、供应链域等，对应下单、商家、交易、发货、评价等业务过程。
- 用户画像标签：包括基础属性（如基本特征、人生阶段、教育信息、职业信息、资产信息等）、社交关系（如亲缘关系、宠物信息等）、地理属性（如 LBS、出生地、收货地址）、消费行为（如消费能力、注册认证、信用属性等）、互动行为（如登录、浏览、搜索、收藏、评价、维权、赔付等）、偏好习惯（如网购偏好、网购习惯、兴趣偏好等）六个领域。

5.2.2 数据中台产品体系

目前，数据中台产品体系包含智能资产平台 Dataphin、敏捷 BI 工具 QuickBI、智能用户增长 QuickAudience 及相关的云产品。Dataphin 主要提供数据中台规范建模、数据连接与萃取及数据服务功能，QuickBI 主要提供敏捷 BI 能力，QuickAudience 主要用于智能用户标签分析、人群圈选及营销。

1. Dataphin

Dataphin 是智能大数据平台建设引擎，旨在面向各行各业大数据建设、管理及应用诉求，通过输出阿里巴巴集团实战沉淀的大数据建设体系 OneModel、OneID、OneService，一站式提供集数据引入、规范定义、数据建模、数据研发、数据萃取、数据资产管理和数据服务的全链路智能数据构建及管理服务，助力企业打造属于自己的标准统一、资产化、服务化和闭环自优化的智能数据体系。

Dataphin屏蔽了计算环境与存储环境差异,帮助用户快速引入数据、规范化地构建数据、设计开发一体化数据建模、萃取以实体对象为中心的数据标签体系、沉淀业务数据与数据资产、管理数据质量问题,同时支持数据表查询等多种类型数据服务。

Dataphin产品架构由四部分组成,分别是技术内核、工具层、数据层和管理服务层,如图5-3所示。

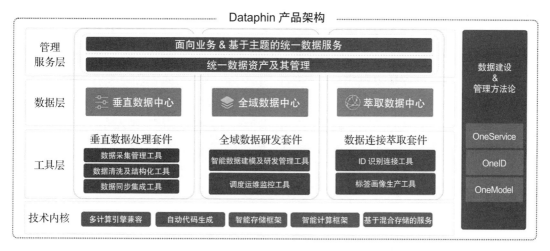

图5-3 Dataphin产品架构

- 技术内核:一套屏蔽底层计算、存储、软件系统差异的技术框架,保证数据研发可兼容多计算引擎与计算时效,实现代码自动化生成和智能存储与计算,数据服务支持混合存储等。
- 工具层:面向开发者的数据构建与管理工具,包括基础数据的标准规范及集成引入,公共数据的标准规范定义、智能建模研发、调度运维及机器学习,萃取数据的ID识别连接及标签生产。
- 数据层:在技术内核的基础上,通过工具加工生产,输出三种层次的结构化数据;构建高保真、面向各业务的基础数据中心,模型化、面向主题的公共数据中心,深度加工、以实体为中心的萃取数据中心。
- 管理及服务层:将数据及数据服务以资产化视角进行管理,以支持数据研发人员及业务人员获取高质量且统一的数据资产;从业务视角将已有数据包装加工为主题式的数据服务,以保障业务可以统一地查询与调用数据。

2. QuickBI

QuickBI是一个基于云计算进行大数据高效分析与展现的轻量级自助BI工具服务平台。它通过对数据源的连接和数据集的创建,对数据进行即时分析与查询;通过电子表格或仪表板功能,以拖拽的方式进行数据的可视化呈现。

QuickBI 的目标是让每个人都成为数据分析师，为用户提供海量数据即席在线分析、拖拽式操作及可视化，支持用户完成数据分析及业务的自助探查。它不仅是面向业务人员的数据分析工具，也是数据化运营的助推器，可以较好地解决大数据应用"最后一公里"的问题。

QuickBI 的架构如图 5-4 所示，主要包含数据连接、数据处理、数据可视化、数据权限处理四个模块。

图 5-4 QuickBI 产品架构

（1）数据连接模块

该模块负责适配各种云数据源，包括但不限于 MaxCompute、RDS（MySQL、PostgreSQL、SQL Server）、Analytic DB、HybridDB（MySQL、PostgreSQL）等，封装数据源的元数据、数据的标准查询接口。

（2）数据处理模块

- QUERY 引擎：负责针对数据源的查询过程。
- 数据预处理：负责针对数据源的轻量级 ETL 处理，目前主要支持 MaxCompute 的自定义 SQL 功能，未来会扩展到其他数据源。
- 数据建模：负责数据源的 OLAP 建模过程，将数据源转化为多维分析模型，支持维度（包括日期型维度、地理位置型维度）、度量、星形拓扑模型等标准语义，并支持计算字段功能，允许用户使用当前数据源的 SQL 语法对维度和度量进行二次加工。

（3）数据展示模块

- 电子表格：负责在线电子表格（Web Excel）的相关操作功能，涵盖行列筛选、普通/高级过滤、分类汇总、自动求和、条件格式等数据分析功能，并支持数据导出，以及文本处理、表格处理等功能。
- 仪表板：负责将可视化图表控件通过拖拽组装为仪表板，支持线图、饼图、柱状图、漏斗图、树图、气泡地图、色彩地图、指标看板等40多种图表；支持查询条件、TAB、IFRAME、PIC和文本框五种基本控件，支持图表间数据联动效果。
- 数据门户：负责将仪表板通过拖拽组装为数据门户，支持内嵌链接（仪表板），以及模板和菜单栏的基本设置。
- 分享/公开：支持将电子表格、仪表板、数据门户分享给其他登录用户访问，支持将仪表板公开到互联网供非登录用户访问。

（4）权限管理模块
- 组织权限管理：负责管控组织和工作空间的两级权限架构，以及工作空间下的用户角色体系，实现基本的权限管理，使不同的人看到不同的报表内容。
- 行级权限管理：负责数据行级粒度权限管控，对于同一张报表，使不同的人看到不同数据。

3. QuickAudience

QuickAudience以消费者运营为核心，通过丰富的用户洞察模型和便捷的策略配置，完成消费者多维洞察分析和多渠道触达，助力企业实现用户增长。它具备如下特性：
- 高效模型创建：通过快速的模型配置，完成用于洞察分析的用户模型。
- 多维用户洞察：通过用户模型和360°的标签完成多维度的用户洞察分析。
- 便捷策略制定：多维度的圈人策略和便捷的营销计划制定，快速完成人群营销策略。
- 多端渠道触达：多投放渠道集成，特别是可一键将受众推送到阿里经济体内，完成全域营销闭环。

Quick Audience的架构如图5-5所示，包含数据源接入、数据集和用户模型管理、用户洞察分析、受众圈选、受众分析、人群引擎6个模块，具体如下。

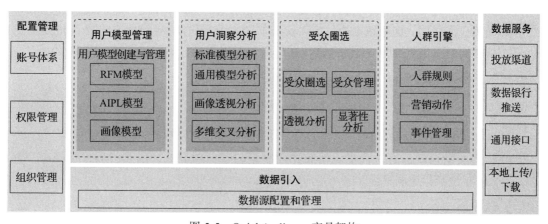

图 5-5 QuickAudience 产品架构

- 数据源接入：提供多种数据源及多种数据集的接入能力，完成数据源导入及管理，支持接入 AnalyticDB for MySQL 2.0、AnalyticDB for PostgreSQL、AnalyticDB for

MySQL 3.0 数据库。
- **数据集和用户模型管理**：提供标签数据集、行为数据集、AIPL 模型、RFM 模型的模型配置能力，针对 AIPL 和 RFM 模型可自主配置得分规则和阈值。
- **用户洞察分析**：提供人群透视分析、RFM 分析、AIPL 分析及流转分析能力。针对受众人群，通过标签透视和显著性分析功能完成对受众的洞察。
- **受众圈选**：支持用户在人群分析的过程中快速圈选指定数量、指定筛选条件的目标人群。对圈选受众的管理包括受众分析、编辑、下载、更新、推送等功能。基于圈选出来的受众进行进一步的洞察分析，包括透视分析、受众间的对比分析、显著性分析。
- **人群引擎**：针对圈选出的人群制定不同规则，进行多种渠道的社交互动和用户营销活动，并对营销事件进行管理。

此外，QuickAudience 支持将企业方的消费者数据一键推送至阿里巴巴品牌数据银行，建立品牌全域消费者数据资产，全面对品牌全域消费者运营赋能、提效。

5.2.3 平台架构设计

本节以某零售客户数据中台建设为例，阐述数据中台的平台架构设计方法。对于其他项目，数据中台的平台架构设计内容和方法基本一致，只是具体设计方案有所不同。

1. 整体架构设计

结合业务需求、数据现状，该客户数据中台的整体架构由业务系统源数据、智能大数据平台（包含 Dataphin 智能数据研发、数据资产管理以及统一的数据中心和数据服务）及数据应用等部分组成，如图 5-6 所示。

- **数据源**：分为四类，包含消费者业务数据、消费者行为数据、供应链业务系统数据和第三方数据。这些数据通过 Dataphin 智能大数据研发平台的数据引入功能定期批量抽取并同步至数据中台的垂直数据中心。
- **智能大数据平台**：由 Dataphin 智能数据研发套件、Dataphin 数据资产管理套件、基于 Dataphin 产品构建的垂直数据中心、公共数据中心和萃取数据中心，以及统一的数据服务组成。
- **数据应用**：面向终端用户的数据分析应用和数据中台赋能应用，包含会员、积分、行为的消费者洞察，营销活动和异业联盟的营促销洞察，以及门店、导购、一方 LBS 的终端渠道洞察等。

2. 技术架构设计

基于数据中台的整体架构，对数据中台技术实现进行选型及设计，如图 5-7 所示。整个技术架构包含五个层次：业务数据源存储技术、数据源接入技术、数据中台数据存储与计算技术、数据服务及数据应用技术。

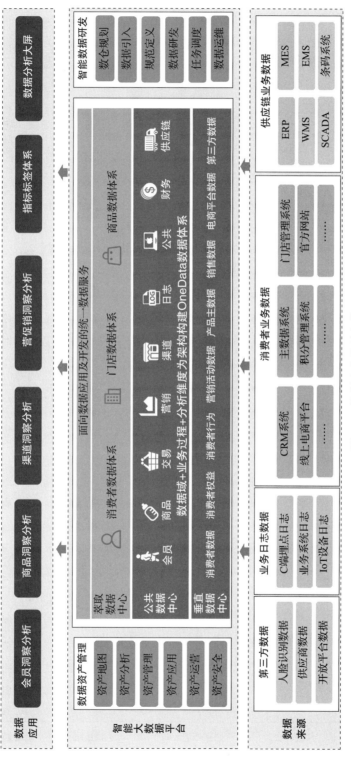

图 5-6 数据中台整体架构

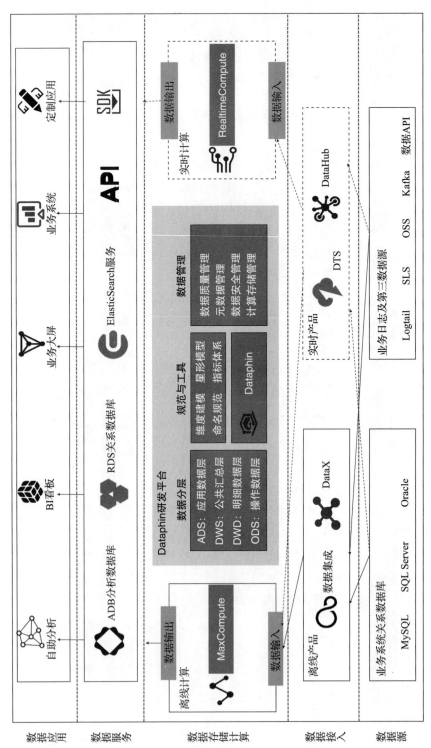

图 5-7 数据中台技术架构图

- 业务系统数据源：分为三类，第一类是基于 MySQL、SQL Server、Oracle 的关系数据库存储及计算；第二类是基于非结构化和半结构化存储的图片、视频和用户行为日志数据；第三类是第三方的数据 API 接口。
- 数据接入：离线数据处理可以采用 Dataphin 的数据接入功能，也可以采用阿里巴巴开源的批量数据抽取工具 DataX，实现业务系统数据批量同步到数据中台；实时数据处理采用阿里云 DTS 数据实时同步服务或 DataHub 实现业务系统数据以及实时日志到数据中台的同步。
- 数据存储计算：数据中台的数据存储和离线计算采用 MaxCompute 离线计算引擎；数据中台的实时计算部分采用阿里云 StreamCompute 流式计算技术实现；数据研发与管理采用阿里云 Dataphin 智能大数据研发平台。
- 数据服务：简单的数据查询服务采用 RDS 关系数据库实现，如每日、每周、每月的报表；对复杂的即席多维分析查询或数据量超过千万级的结果数据采用阿里云 AnalyticDB 分析数据库实现和存储；搜索类的数据服务场景采用阿里云 ElasticSearch 服务实现。
- 数据应用：使用阿里云智能报表工具 QuickBI 实现各种定制数据报表分析需求，以及基于阿里云产品技术体系实现个性化数据应用需求。

3. 数据流设计

对数据中台建设，从业务数据生成到数据赋能业务、端到端数据流转和技术实现方案进行设计，主要包含离线数据流设计和实时数据流设计。

（1）离线数据流设计

针对离线场景下的源端数据接入，对于不同类型的数据源采用不同的技术方案，将源数据同步至数据中台 ODS 的数据缓冲区，数据缓冲区数据完全和源数据保持一致。在数据进入数据中台 ODS 层的数据缓冲区后，每天全量同步或每天增量同步的数据在进入 ODS 层的数据服务区时，会对全量同步的数据进行统一的数据类型转换处理，然后存入数据服务区的每日全量数据分区；对增量同步的数据，会进行统一的数据类型转换处理，同时对前一天的全量数据和当天的增量数据进行数据合并后存入数据服区。

进入数据中台 ODS 层的数据，可以提供给 CDM 层或 ADS 层进行数据加工处理。CDM 层会从 ODS 层的数据服务区获取维度和事实数据，经过转换后按照新的数据模型分别存入 DIM 维度表和 DWD 明细事实表。基于公共汇总指标的需求，以及 CDM 层的 DIM 维度数据和 DWD 明细事实数据，加工生成汇总统计数据存储 DWS 汇总事实表。

ADS 层的数据一般优先来源于 CDM 通用数据模型层数据，但对于一些特殊应用的个性化数据需求或复杂数据需求，可直接从 ODS 层的数据服务层取数据，加工后生成 ADS 层直接面向业务的数据。

最后，ADS 应用层和 CDM 公共层的数据同步至数据接口服务层的在线存储产品，通过统一的数据接口服务层，为上层的数据应用和业务系统提供统一的数据服务。

离线数据流设计如图 5-8 所示。

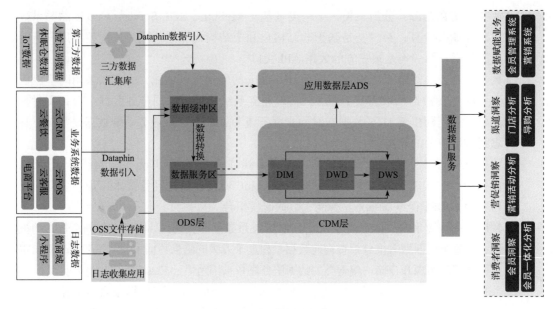

图 5-8 数据中台离线数据流

(2)实时数据流设计

针对不同的数据源类型,采用阿里云 DTS 实时数据传输服务和定制化开发的日志搜集应用,分别从关系数据库和其他数据源类型(如数据 API)实时获取数据,将数据实时写入阿里云 DataHub 存储。

数据写入 DataHub 后,针对需要实时计算的业务场景,通过实时计算引擎进行实时运算,将运算后的结果数据推送到数据接口服务层,提供给数据应用和业务系统使用。

在很多场景下,需要将实时数据流产生的数据保存下来供离线计算使用,所以会定期对 DataHub 的数据进行归档,存储到数据中台 ODS 层的数据缓冲区。数据存入 ODS 层的数据缓冲区后,后续的数据加工及流转过程和离线数据流相同。如图 5-9 所示。

4. VPC 架构设计

假设某企业在阿里云北京区域部署数据中台,VPC 架构设计如图 5-10 所示。

(1)整体架构设计

- VPC 在同一个区域内部署,该用户选择的是北京区域。
- VPC 分配网段时,要根据 VPC 内承载的业务,同时关注线下 IDC 的业务,保证不冲突。
- VPC 内可以创建一个逻辑路由器,一个逻辑路由器下面可以关联多个逻辑交换机。
- 为防止地址冲突,数据中台 VPC IP CIDR 规划保证与企业云下 IDC 和办公网络环境不重叠。

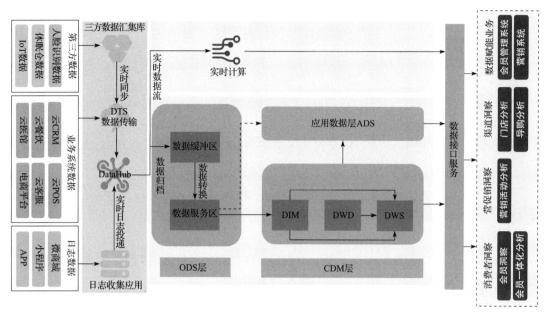

图 5-9 数据中台实时数据流

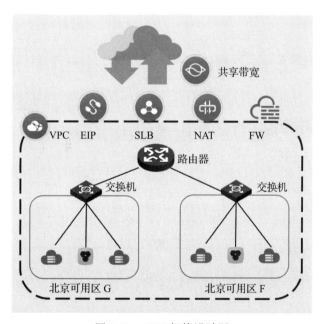

图 5-10 VPC 架构设计图

（2）可靠性设计

对于逻辑交换机的部署位置，可以根据不同业务对于延迟和可靠性的要求进行权衡，同时结合可用区的资源配额，选择部署在同一个可用区或者不同的可用区。

（3）VPC 内安全

❏ VPC 内部署安全组，进行同网段的访问控制。
❏ VPC 出口部署云防火墙，进行 L4～L7 的安全防护和访问过滤。

（4）VPC 内互通

VPC 内的子系统进行互通，由 VPC 管理员自行控制路由的管理策略。

（5）VPC 对外服务

VPC 出口部署 EIP、SLB、NAT 网关等产品，关联共享带宽包，实现带宽最大化利用。

5. 部署架构设计

针对数据中台产品体系内的 Dataphin、QuickBI 和 QuickAudience 分别进行产品部署架构设计，具体方案如下。

（1）Dataphin 部署架构设计

Dataphin 私有化部署架构自下而上由五部分组成，分别是存储集群、Mesos 调度集群、Master 集群、Worker 集群和访问层（如图 5-11 所示）。

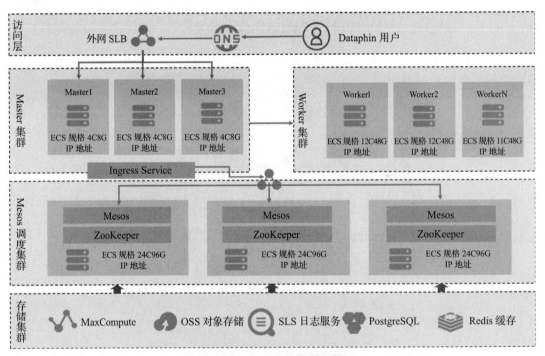

图 5-11　Dataphin 部署架构

❏ 存储集群：从各个业务系统数据源离线采集的业务数据采用阿里云 MaxCompute 进行存储；Dataphin 平台中涉及的所有非结构化数据采用 OSS 进行存储；Dataphin 用户行为审计日志和系统错误日志采用 SLS 日志服务进行存储；Dataphin 平台相关的账号、权限、各种任务配置运行及数据规范定义等元数据采用关系数据库 PostgreSQL

进行存储；对于Dataphin平台经常使用的账号权限等热点数据采用Redis进行缓存以提升效率。
- 调度集群：采用3个高规格（24C96G）云服务器节点组成，混合部署了Apache Mesos分布式资源管理服务和Zookeeper分布式应用协调服务，Mesos负责整个集群的资源管理和调度，ZooKeeper负责应用配置管理和一致性同步。
- Master集群：采用规格为4C8G云服务，部署组成3节点的Master控制集群。
- Worker集群：采用规格为12C48G的云服务器，部署组成多节点的Worker工作集群，负责Dataphin任务的执行。
- 访问层：采用SLB负载均衡和DNS服务，作为Dataphin平台的统一访问入口。

（2）QuickBI部署架构设计

QuickBI部署架构如图5-12所示，IP地址根据实际情况而定，节点概要说明如下。

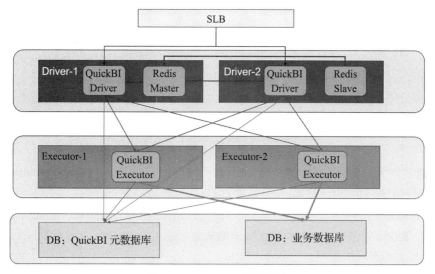

图5-12　QuickBI部署架构

- SLB：负载均衡服务，用于提高QuickBI可用性。可配置一个内网IP及一个公网IP。用户可通过公网或者内网IP来使用QuickBI。
- QuickBI集群：由四台ECS组成，两台作为Driver角色部署，两台作为Executor角色部署。Driver负责管理源数据管理、会话管理等功能，两个Driver机器上分别部署Redis的Master、Slave节点。两台Executor负责具体任务执行。
- 元数据库实例：存放的信息包括工作空间信息、用户角色信息、权限信息等，因此为必须节点。部署前置准备阶段需要在实例上创建两个库QuickBI（元数据）、quickbi_demo（供用户学习数据）。
- 业务数据库：存放业务指标数据，该数据作为电子表格、仪表板的数据源。可通过QuickBI添加数据源的功能引入。

（3）QuickAudience 部署架构设计

QuickAudience 的部署架构如图 5-13 所示。IP 地址根据实际情况而定，节点概要说明如下。

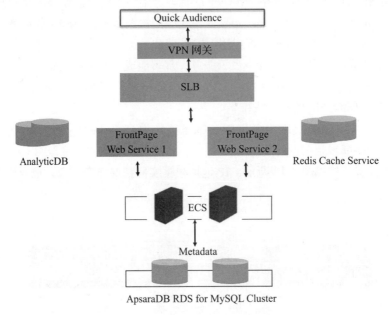

图 5-13　QuickAudience 部署架构

- ECS：用于部署前端页面的 Web 服务，需要配置 SLB。SLB 前端协议为 http（或 https），转发到后端 http 协议的 80 端口，通过 Docker 进行部署。
- 使用 RDS（MySQL）作为系统运行时的元数据存储。部署 QuickAudience 只需要购买一个 RDS，图 5-13 中的两个 RDS 从部署角度说明 RDS 产品内部具备高可用机制。
- ADB 分析型数据库用来存储业务数据。

6. 安全管理设计

使用 Dataphin 业务版块功能可将数据中台环境设计为开发、生产两个独立的业务板块。在每个独立的业务板块中，同一个用户访问不同的逻辑环境时需要使用不同的账号授权后进行访问。每个独立的逻辑环境中，应针对不同的用户分别设计不同的数据表权限，做好用户的权限隔离和管理。整体架构如图 5-14 所示（假设公司名缩写为 BMY）。

- DEV 环境对应 Dataphin 业务板块 LD_BMY_DEV：无真实数据或部分测试数据，用于熟悉 Dataphin 产品、调试代码。开发人员、运维人员、管理人员需要被赋予相应数据表的权限。
- UAT 环境对应 Dataphin 业务板块 LD_BMY_PROD 的开发环境：准生产开发测试使用。限制使用人员范围，只供核心开发人员使用。开发人员、运维人员、管理人员需要被赋予相应数据表的权限。

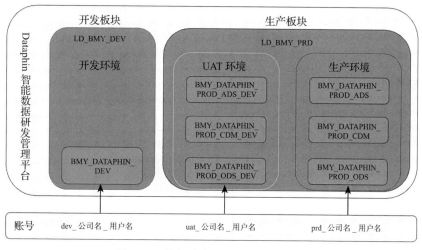

图 5-14 数据中台业务板块整体架构

❑ PROD 环境及对应 Dataphin 业务板块 LD_BMY_PROD 的生产环境：真实生产数据环境。使用人员较少，上线阶段核心开发使用，正式上线后由管理员及运维人员管理。开发人员、运维人员、管理人员需要被赋予相应数据表的权限。

同时，DEV 环境、UAT 环境及 PROD 环境采用不同云 RAM 子账号进行访问，一个 RAM 子账号有且只能访问一个环境。开发人员、运维人员、管理人员需要被赋予相应数据表的权限。

5.2.4 数据架构设计

1. 指导理论

数据中台的数据模型设计理念遵循维度建模理论。阿里巴巴 OneData 公共层数据统一建模理论是在大数据技术广泛应用的场景下对维度建模理论的完善和丰富。OneData 理论体系下的数据模型设计主要包含业务过程、数据域、维度表、事实表以及指标定义。

数据模型的业务过程可以概括为一个个不可拆分的行为事件，它可以是单个业务事件，如交易的支付、退款等；也可以是某个事件的状态，如当前的账户余额等；还可以是一系列相关业务事件组成的业务流程。这取决于分析的是事件过去的发生情况、当前状态还是事件流转效率。

数据模型的数据域设计是指面向业务分析，将业务过程或者维度进行抽象。为保障整个体系的生命力，数据域需要抽象提炼，并长期维护更新。在划分数据域时，既要涵盖当前所有的业务需求，又能让新业务在进入时可以包含进已有的数据域或扩展新的数据域。数据域的划分工作可以在业务调研之后进行，需要分析各个业务模块中有哪些业务活动。

数据模型的维度设计主要以维度建模理论为基础，基于维度数据模型总线架构来构建一致性的维度和事实表。

数据模型的事实表设计在维度模型事实表的基础上，结合数据使用场景的实践，进行一定扩展，采用宽表设计方法。

数据模型的指标定义采取组件化的形式，进行指标标准化定义，先规范定义后生产，进行全生命周期控制，以保障数据口径统一，减少重复建设，强调数据复用和共享。

2. 实施流程

数据架构设计为总线矩阵设计和数据详细设计做输入，一般分为五个步骤，如图5-15所示。

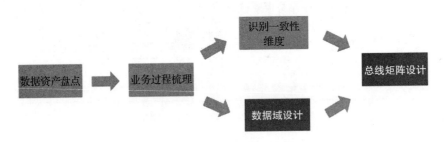

图5-15　数据架构设计流程

- 数据资产盘点：基于技术调研和系统数据调研，梳理企业核心IT架构及系统架构，产出数据资产目录和业务流程。
- 业务过程梳理：基于数据资产盘点及其产出，梳理企业核心业务节点和动作，并结合数据资产目录，产出业务过程及其对应的数据表。
- 一致性维度：基于业务过程梳理及其产出，识别一致性维度信息。
- 数据域设计：基于业务过程的梳理和一致性维度信息，抽象出企业的核心数据域。
- 总线矩阵设计：基于数据域设计、一致性维度和业务过程，设计企业总线矩阵。

3. 设计原则

一般来说，数据中台的数据模型构建遵循如下基本原则：

- 高内聚和低耦合：一个逻辑和物理模型由哪些记录和字段组成，应该遵循基本的软件设计方法论中的高内聚和低耦合原则，从数据业务特性和访问特性两个角度来考虑；将业务相近或者相关的数据、粒度相同的数据设计为一个逻辑或者物理模型；将高概率同时访问的数据放在一起，将低概率同时访问的数据分开存储。
- 核心模型与扩展模型分离：建立核心模型与扩展模型体系。核心模型包括的字段可支持核心业务，扩展模型包括的字段可支持个性化或复用性小的需求，不能让扩展字段过度侵入核心模型，破坏核心模型的架构简洁性与可维护性。
- 公共处理逻辑下沉及单一：越是底层公用的处理逻辑越应该在数据调度依赖的底层进行封装与实现，不要让公共的处理逻辑暴露给应用层来实现，避免公共逻辑在多个地方同时实现。
- 成本与性能平衡：适当采用数据冗余来换取查询和刷新性能，不宜过度采用冗余或数据复制技术。
- 数据可回滚，处理逻辑不变：在不同时间多次运行，数据结果确定不变。
- 数据一致性：相同的字段在不同表中字段命名必须相同，必须使用规范定义中的名称。
- 命名清晰可理解：表命名需清晰、一致、易于理解和使用。

4. 模型架构

数据中台的数据模型架构如图 5-16 所示。

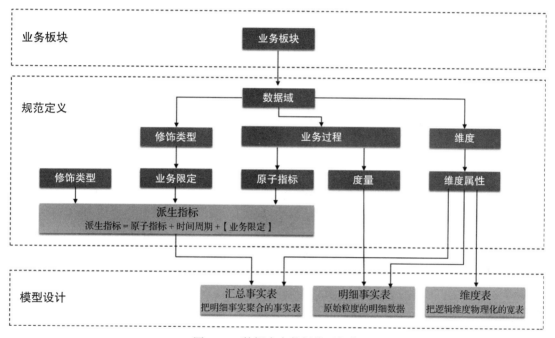

图 5-16　数据中台数据模型架构

- 业务板块：根据业务的特点和需求将相对独立的业务划分成不同的业务板块，不同业务板块之间的指标或业务重叠性较小。例如，阿里电商业务板块包含淘宝、天猫、B2B 和 AliExpress 等。
- 规范定义：结合行业数据仓库的建设经验，设计一套数据规范命名和管理体系，规范定义将被应用于模型设计中。
- 模型设计：以维度建模理论为基石，基于维度建模总线架构，构建一致性的维度和事实，即规范定义在模型设计阶段的落地实施。同时，设计一套模型实施的表规范命名体系。

5. 数据分层

数据中台数据分为操作数据层、通用数据模型层、应用数据层。

1）操作数据层（Operational Data Store，ODS）：主要用于将业务系统、日志等结构化和半结构化数据引入数据中台，保留业务系统原始数据。它分为缓冲区和数据服务区，缓冲区设计主要保持和数据源的一致性，保证 ODS 能原样引入所接入的源数据，不做任何类型转换和数据加工处理；数据服务区包括全量明细数据，数据是对缓冲区数据进行类型转换或增量合并处理后得到的全量明细数据，为 CDM 和 ADS 层提供数据。

2）通用数据模型层（Common Data Model，CDM）：包含整个数据中台的大部分数据，是数据中台的基础，所以要保证该层数据的健壮性。它主要完成公共数据加工与整合，建立一致性的维度，构建可复用面向分析和统计的明细事实表以及汇总事实表的工作。CDM 层分为 DIM、DWD 和 DWS 层，主要作用如下：

- DIM（Dimension）是 CDM 层中的公共维度层，基于维度建模理论，建设企业一致性公共维度数据。
- DWD（Data Warehouse Detail Model）是 CDM 层中的明细宽表层，用于存放完整、详细的历史数据。它面向业务过程建模，紧紧围绕业务过程来设计，通过获取描述业务过程的度量来表达业务过程，包含引用的维度和与业务过程有关的度量。其设计目标是为后续的 Data Warehouse Model 提供灵活性和扩展性的基础，同时可以在 DW 层无法支持需求时为应用层提供数据。由于 DWD 层与业务系统耦合程度较高，因此其稳定性会受到业务系统的影响。
- DWS（Data Warehouse Summary）是 CDM 层中存放详细历史数据的公共汇总数据层，面向分析主题建模。DWS 是 CDM 是核心数据层，为应用层提供足够的灵活性和扩展性的基础。

3）应用数据层（Application Data Service，ADS）：提供直接面向业务或应用的数据，主要对个性化指标数据进行架构处理，如无公用性或复杂性（如指数型、比值型、排名型等指标数据）的指标数据加工。同时，为方便实现数据应用、数据消费，进行面向应用逻辑的数据组装（如打宽表集市、横表转纵表、趋势指标串等）。

6. 业务板块

业务板块基于功能使用进行划分，一般划分为测试板块、开发测试板块和 PROD 生产板块和萃取板块。

- DISTILL 环境对应 Dataphin 业务板块 LD_ditill：萃取环境，生产标签时使用。
- DEV 环境对应 Dataphin 业务板块 LD_PROD_DEV：准生产开发测试使用，用于模型设计开发、SQL 开发、同步任务创建等。
- PROD 生产环境对应 Dataphin 业务板块 LD_PROD：真实生产数据环境，用于各种任务调度、运维管理等。
- TEST 环境对应 Dataphin 业务板块 LD_TEST_DEV 和 LD_TEST：用于熟悉产品。

7. 数据域

数据域是指面向业务分析，将业务过程或者维度进行抽象的集合。其中，业务过程可以概括为一个个不可拆分的行为事件，如消费者的登录、浏览、订购、支付、收货等。为保障整个体系的生命力，数据域需要抽象提炼，并且长期维护和更新，但不能轻易变动。在划分数据域时，既应涵盖当前所有的业务需求，又能在新业务进入时无影响地被包含进已有的数据域或者扩展新的数据域。某零售客户数据中台划分的数据域及说明参考如表 5-1 所示。

表 5-1 某零售客户数据中台数据域

数据域	英文全称	英文缩写	说明
消费者域	member	mbr	线上和线下的注册会员及潜在会员的各种基础信息数据
商品域	item	itm	线上和线下所有可售卖产品和商品数据，包括类目、品牌、SPU、SKU 等相关商品基础信息数据
交易域	trade	trd	交易包含线上从加入购物车到下单、支付、发货、退款退货及成功交易各个业务过程，也包含线下门店商品扫码入库、出库等业务过程
营销域	marketing	mkt	包含线下/线上营销活动过程中的各个业务过程所沉淀的数据
渠道域	channel	chl	包含异业联盟、电商、门店等终端渠道的基础数据及这些终端渠道本身的创建、维护、关闭等业务过程数据
日志域	log	log	用户访问所有平台（包含官网、微信公众号、电商平台等）的所有日志数据，如 GIO 的行为数据
公共域	public	pub	包含企业的组织架构、员工、角色以及公共事务
导购域	ba	ba	包含各渠道中导购及导购培训、薪资等数据

5.2.5 标准规范设计

1. 公共编码规范

公共编码规范主要包含项目命名规范、节点命名规范、起始点命名规范、临时表与中间表规范等。

（1）项目命名规范

ODS 层项目以 ods 为后缀，如 tbods；中间层项目以 cdm 为后缀，如 tbcdm。

应用层项目分两类：数据报表、数据分析等应用以 bi 为后缀，如 tbbi；数据产品等应用以 app 为后缀，如 magicapp 等。

（2）节点命名规范

节点命名规范如表 5-2 所示。

表 5-2 节点命名规范

节点、资源类型	命名规范	示例	备注
虚拟节点	vt_{虚拟节点含义}	vt_mtods_start	任务根节点
同步节点导入任务	imp_s_{表名}	imp_s_source	
同步节点导出任务	exp_{表名}	exp_{table_name}	如果存在多个目标库，可以增加目标库标示后缀
SQL 节点	{输出表名}	fct_mt_ord_evt_di	
Shell 节点	sh_{脚本命名}	sh_small_file_merge_bigfile	

（续）

节点、资源类型	命名规范	示例	备注
MR 节点	mr_{脚本命名}	mr_mt_ilog_parse	
Python 节点	{脚本命名}.py	kv_concat.py	
资源包 -jar	{脚本命名}.jar	partitionBy.jar	
资源包 -python	{脚本命名}.py	uniq_concat.py	
自定义函数	{函数名称}	kv_concat	
跨调度依赖或检查	chk_{源表名}	chk_ads_mt_user	检查该任务是否完成

（3）起始节点命名规范

每个项目必须设立一个起始节点，命名为 vt_{project_name}_start，表示该项目的任务起点。

（4）临时表规范

临时表是临时测试的表，一般临时使用一次，用于暂时保存数据、后续不再使用的表，可以随时删除。

命名规范为

`tmp_{操作用户姓名缩写}_{自定义业务名称}`

注：tmp 开头的表不实际使用，只是作为测试验证场景。

（5）中间表规范

中间表一般出现在任务中，是任务中临时存储的中间数据的表。中间表的作用域只限于当前任务执行过程中，任务一旦执行完成，该中间表的使命就完成了，可以将其删除（按照不同的场景自由选择，建议保留 3 天。特殊场景中间表可保留 32 天的中间表数据，以便排查问题）。

规范：

`mid_{table_name}_{数字从0开始}`

其中，table_name 是任务表的目标名称，通常一个任务只有一个目标表。这里加上表名，是为了防止设计的时候自由度太高，导致表名冲突，所以使用数字编号。

2. ODS 层规范

ODS 层规范主要包含目录规划、同步策略、开发规范三个方面。

（1）目录规划

同步任务的目录规划如下：

- 系统名称缩写。
- 同步任务，如果存在分库分表的情况，增加目标表目录，在目录下存放不同库表的同步任务。

例如，某个零售企业在零售板块中有超市、百货、购物中心三个业态的系统，而且在超市板块中一个门店有一套系统，且系统相同，但是按照门店做了系统的纵向拆分。首先在规范定义中会定义：

- 超市，Super Market，英文缩写为 SM。
- 百货商场，General Merchandise Market，英文缩写为 GMM。
- 购物中心，Mall，英文缩写为 Mall，此处只有一个简单单词，所以缩写选用了单词的全拼。

目录设定为：SM/{ 任务名称 or 目标表 table_name/ 任务名称 }。

（2）同步策略

- 小数据量表：抽取处理策略为数据库直连方式全量抽取；存储策略为全量表按天全量存储，生命周期根据业务需要可设置长周期（如 367 天或永久保存）。
- 大数据量缓慢变化维表：抽取处理策略为数据库日志以解析方式增量抽取到增量表，再从增量表 merge 入全量表。有些表的数据量随业务的发展越来越大，如果按周期全量同步的方式会影响处理效率，在这种情况下，改为每次只同步新变更的增量数据，然后与上一同步周期获得的全量数据进行合并，从而获得最新版本的全量数据；存储策略为增量表可设置长周期（如 367 天或永久保存），全量表根据业务需求及存储资源考虑设置较长周期（如 183 天、367 天或 734 天，若需要永久保存则要使用历史拉链处理）。

（3）开发规范

1）表命名

- 增量数据：{project_name}.s_{ 源系统表名 }_delta
- 全量数据：{project_name}.s_{ 源系统表名 }
- 按小时的增量表：{project_name}.s_{ 源系统表名 }_{delta}_{hh}
- 按小时的全量表：{project_name}.s_{ 源系统表名 }_{hh}
- 当从不同源系统同步到一个项目下，表命名冲突时，后来的表的命名加上源系统的 dbname：{project_name}.s_{ 源系统表名 }_{dbname}{_**}

2）字段命名

- 字段默认使用源系统字段名称。
- 字段名与系统关键字冲突时，处理规则为加一个 "_col" 后缀，即 "源字段名 _col"。

3）分区定义

- 每天采集的数据采用 ds 作为时间分区字段，如果需要按照业务类型拆分可设定二级分区：

```
ds{,业务类型或者库名 }
```

- 按小时采集的分区，建议采用 "ds,hh{,业务类型或者库名 }" 的方式。
- 15 分钟采集一次的分区可以采用 "ds,hh,mi" 三级分区的方式。

4）任务编排

- 针对不同的业务系统构建相应的虚拟节点，命名为

```
vt_{ 业务描述 }_node
```

- 对分库分表的同步任务，构建归一目标节点，便于后期的任务依赖。

分库分表的同步任务需要构建一个统一的目标节点，使用目标表的名称进行定义。

3. CDM 层规范

CDM 层规范主要包含维度表设计与开发规范、事实表设计与规范、汇总逻辑表设计与规范三个方面。

(1) 维度表设计与规范

☐ 表命名

{业务板块/project_name}.dim_{业务BU/pub}_{维度定义}[_{自定义命名标签}]

pub 是指与具体业务 BU 无关、公司内各个 BU 都可以共用的对象，例如时间维度、tbcdm.dim_tb_item（淘宝商品维核心表）。

☐ 任务命名

开发规则为一个任务只有一个目标输出表，任务名称按照数据表名进行定义，例如 dim_tb_item。

☐ 分区定义

根据业务场景对分区进行定义，公共的分区定义为：日期（ds）、小时（hh）、分钟（mi），如有需求可设计自定义分区。

(2) 事实表设计与开发规范

☐ 表命名

{project_name}.fct_{业务BU缩写/pub}_{数据域缩写}_{业务过程缩写}[_{自定义表命名标签缩写}]_{刷新周期标识}_{单分区增量/全量标识}

pub 表示数据包括多个 BU 的数据。单分区增量/全量标识为 i 和 f，i 表示增量，f 表示全量。例如：

tbcdm.fct_tb_trd_ordcrt_trip_di（淘宝航旅机票订单下单事实表，日刷新增量）

☐ 任务命名

开发规则为一个任务只有一个目标输出表，任务名称按照数据表名进行定义，例如：fct_tb_trd_ordcrt_trip_di。

☐ 分区定义

根据业务场景对分区进行定义，公共的分区定义为：日期（ds）、小时（hh）、分钟（mm），如有需求可设计自定义分区。注意：不同环境对分区层级、分区数量有限制。

(3) 汇总逻辑表设计与开发规范

☐ 表命名

{project_name}.dws_{业务BU缩写/pub}_{数据域缩写}_{数据粒度缩写}[_{自定义表命名标签缩写}]_{统计时间周期范围缩写}

例如：

tbcdm.dws_tb_trd_byr_subpay_1d（淘宝买家粒度交易分阶段付款一日汇总事实表）

☐ 字段命名

派生指标命名：

```
{原子指标}_{时间周期}_{业务限定}
```

统计粒度：统计粒度是指维度或维度的组合，所以使用维度设计时的统一规范进行约定。

❑ 分区定义

根据业务场景对分区进行定义，公共的分区定义为：日期（ds）、小时（hh）、分钟（mi），如有需求可设计自定义分区。注意，不同环境对分区层级、分区数量有限制。

4. ADS 层规范

（1）表命名

```
{project_name}.ads_{业务BU缩写/pub}_{分析主题缩写}_{数据粒度缩写}_{自定义表命名标签缩写}_{时间周期修饰词}
```

（2）字段命名

字段命名基于 DWS 层的字段名输出，当 ADS 表出现新增的比率型等自定义指标字段时，需要将分区信息冗余并物理化到表字段中，避免 ADS 数据表对外提供数据服务时出现对分区操作的异常。

（3）分区定义

可根据需求在上层 DWS 数据表的基础上增加新的子分区信息。

5.3 大数据平台建设

上一节重点介绍了数据中台的架构设计，本节遵循阿里巴巴数据中台方法论和阿里云产品实践，参考数据中台架构设计，细化数据中台平台详细设计，从而完成数据中台大数据平台的基础环境建设。从本质上说，数据中台的技术底座就是大数据平台，大数据平台是数据中台非常重要的组成部分。没有大数据平台作为基础，就无从构建数据资产，基于数据资产的各类数据应用就成了无本之木和无水之源，但数据中台不仅仅是建设大数据平台本身。

5.3.1 大数据平台建设概述

在架构设计的框架指引和约束下，大数据平台建设是数据中台建设的第一步。对一个企业来说，建设大数据平台的目标是赋能企业，使企业具有统一的数据获取能力、海量数据存储能力、大数据分布式计算能力、数据应用开发和测试能力、数据分析和展示能力、数据需求快速响应能力。如图 5-17 所示，大数据平台是由数据存储计算层、数据资产构建层以及数据应用层组成，每一层承载不同的功能与场景，由一个或多个产品技术组件来支持。对于一个不以 IT 为主营业务的企业，大数据领域的数据存储、计算的需求比传统业务应用系统更加庞大与复杂，如果没有完整的技术团队与技术人员、深厚的技术积累，这将是一件无法完成的工作。即便是 IT 人员技能水平足够，企业预算到位，在云环境下建设一套通用的 Hadoop 平台也需要短则半年，长则一到两年的时间。

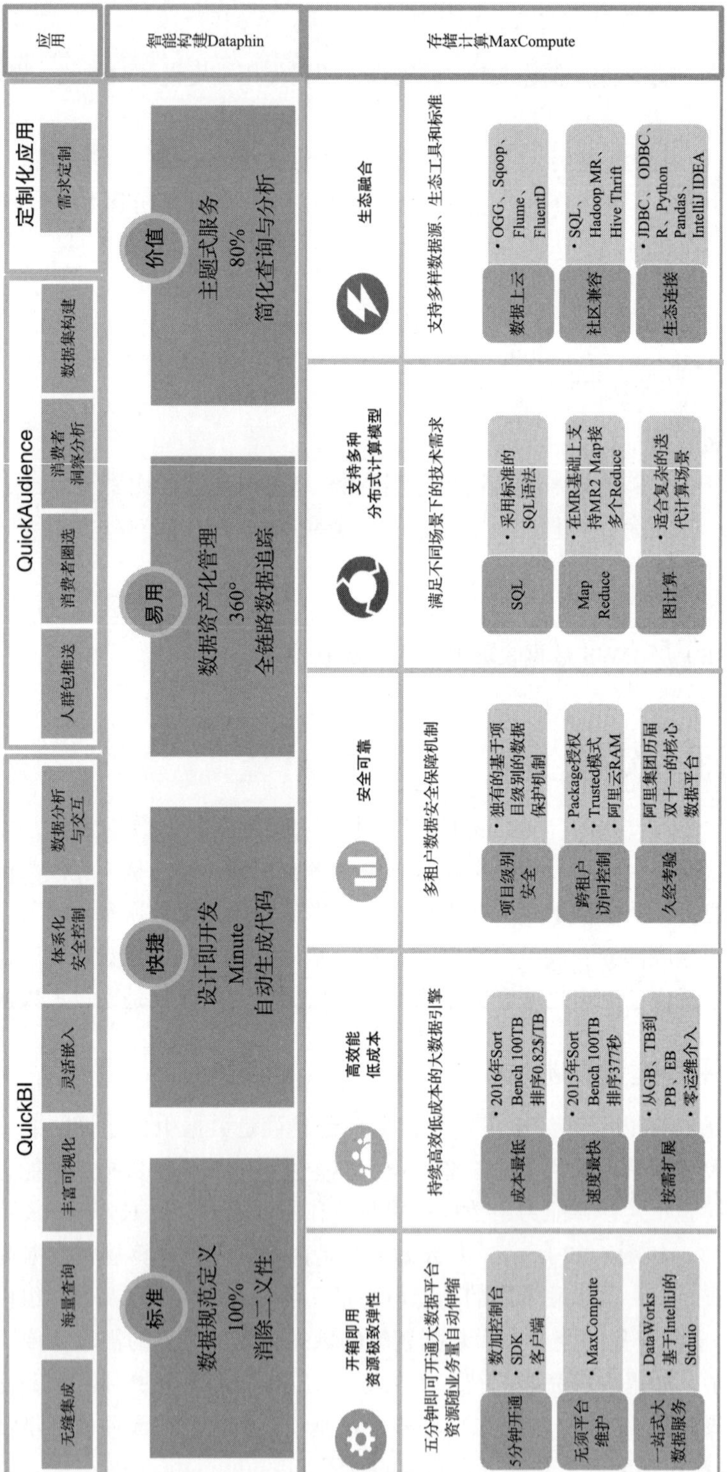

图 5-17　大数据平台基本架构

今天，情况发生了巨大的变化。对于任何企业，只要自身积累的数据足够多，就可以通过按量租用的方式轻松拥有相应的云上大数据服务，构建一套属于自己的大数据平台，而这些工作最快可以在1～2周内完成。云的弹性与资源的快速提供能力拉近了传统企业与新兴技术的距离，推动企业向以数据为中心的治理模式转型，使企业可以更加科学地收集和管理自己的生产经营数据，全面了解这些数据。通过对这些数据进行分析和挖掘，发现以往没有关注或发现的业务特点，可以更好地指导企业的生产经营活动，甚至更快速地进行业务创新。

如果我们把大数据平台建设比作盖房子，架构设计的产物就是蓝图底稿，它的内容详细程度还不足以指导施工建设，依然存在不少需要由数据中台架构师进一步细化的技术细节、参数和配置。数据中台架构师会从技术架构、环境部署、云资源规划、账号与权限设置以及基础安全等方面对架构设计进行细化设计与说明，产出详细设计文档，实施工程师可以根据详细设计文档来完成平台环境的搭建。

在这个过程中，对数据中台架构师的要求是非常高的，他不但要精通大数据技术组件，还必须有完整的应用架构和云产品知识，此外基础网络和安全技能也是必不可少的。

5.3.2 详细技术架构

前面已经介绍了技术架构设计的内容，给出了一个在阿里巴巴数据中台建设中经典且通用的技术架构。但是，在不同的条件和场景下，产品技术组件的选择存在差异。我们根据图 5-18，从产品技术选型的角度做更细致的讲解。

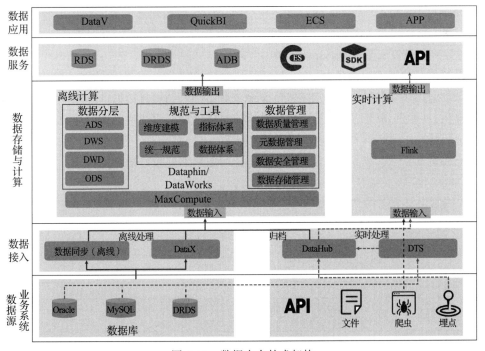

图 5-18　数据中台技术架构

1. 数据接入层

数据接入在数据中台建设中也称为"数据上云",即数据从源端业务系统抽取到数据中台 ODS 层的过程。这一层是数据中台与业务系统的数据集散中心,在技术选型时既要满足业务场景需求,也要面向丰富的业务系统数据源做出设计和考虑。

上层业务场景需求最重要的差异体现在时效性上。离线和实时在大数据领域各占半壁江山,可谓平分秋色,所以在数据采集/接入时,必须同时兼顾这两类不同时效性场景的需求。离线数据采集比较重视数据的吞吐能力以及数据源的兼容性,阿里云通常采用大数据构建管理平台 DataWorks 或 Dataphin 内置的数据集成或同步模块,主流商业数据库、开源数据库、一些数据仓库(Vertica、HDFS、Hive 等)、csv 文件等都可以进行离线数据抽取。在一些特殊的情况下,比如亿级以上数据量的单表数据需要快速离线同步到云上,数据集成或同步模块单个任务提供的并发度以及最大带宽是有限的,建议采用脚本调用内置的 DataX 工具进行更灵活的配置,以实现更高的数据同步效率。

实时数据采集根据数据源的不同,采用的方案也有差别。对于数据库类数据,比如 RDS for MySQL、Oracle 等,实时采集优先选择数据传输服务 DTS 对数据库日志进行实时解析与传送;对于消息类数据,比如 Kafka、MQ,实时计算引擎 Flink 支持直接 source 对接;对于应用日志、文件类型的数据实时采集,推荐使用阿里云日志服务 SLS 的 LogHub,可以轻松地进行采集。通过 DTS 和 LogHub 采集的实时数据,统一先接入阿里云数据总线 DataHub,这是阿里云提供的流式数据(Streaming Data)服务,它拥有流式数据的发布(Publish)和订阅(Subscribe)功能,用户可以轻松地构建基于流式数据的分析和应用。DataHub 除了可以将接入的实时数据流投递到实时计算引擎 Flink 以外,还可以同步将数据归档存储到离线计算引擎 MaxCompute 中。

数据源本身的特点也会限制或决定数据采集方案的选择。结构化数据、半结构化数据、非结构化数据都是数据中台可能会采集与汇总的数据源。结构化数据的处理方法多,相对成熟;消息和 csv 文件等半结构化数据也比较容易直接处理;而图片、视频类的非结构化数据则需要进行结构化转换,才能被数据中台直接识别与处理。

我们在表 5-3 中总结了阿里云上各类数据源的采集工具和方案。

表 5-3 各类数据源采集上云

数据源	离线	实时
Oracle、RDS 等关系型数据库	数据集成、数据同步	DTS+DataHub DataHub OGG 插件 DataHub Flume 插件 DataHub Canal 插件
关系型数据库中的超大表	DataX	DTS+DataHub
csv 文件	数据集成、数据同步、DataX、DataHub Fluentd 插件	不适用
埋点日志、应用日志	LogHub+DataHub、DataHub Logstash 插件	LogHub、DataHub Logstash 插件
MQ、Kafka 消息中间件	不适用	Flink

对于一些小众的特殊数据源，比如 PostgreSQL、API，数据接入策略需要做定制化开发。对于 PostgreSQL，可以考虑使用 Kafka Connector 采集数据，将增量数据先写入 Kafka，然后接入 DataHub；对于 API 数据，一般需要根据 API 提供方的 SDK 或订阅说明文档进行定制化开发，进而做解析并往云上写入数据，写入目标一般是 MaxCompute。以下是一段 Python 程序，这段程序部署在 Dataphin 上，用于采集 API 接口提供的摄像头拍摄区域内人员活动热力图信息。

```
set
# -*- coding: UTF-8 -*-
@resource_reference{"AK"}
@resource_reference{"aliyun_sdk_core"}
@resource_reference{"pycryptodome"}
@resource_reference{"py_reid"}
from odps.tunnel import TableTunnel
from odps import ODPS
import json
import datetime
import os
os.system("mv pycryptodome pycryptodome-3.9.8-cp27-cp27mu-manylinux1_x86_64.whl")
os.system("pip install pycryptodome-3.9.8-cp27-cp27mu-manylinux1_x86_64.whl")
os.system("mv aliyun_sdk_core aliyun-python-sdk-core-2.13.19.tar.gz")
os.system("pip install aliyun-python-sdk-core-2.13.19.tar.gz")
os.system("mv py_reid aliyun-python-sdk-reid-1.1.7.tar.gz")
os.system("pip install aliyun-python-sdk-reid-1.1.7.tar.gz")
from aliyunsdkcore.client import AcsClient
from aliyunsdkreid.request.v20190928 import DescribeHeatMapRequest
#"更多接口 https://github.com/aliyun/aliyun-openapi-python-sdk/tree/master/aliyun-
    python-sdk-reid/aliyunsdkreid/request/v20190928"
import configparser
config = configparser.ConfigParser()
config.read('AK')
odps_akid = config.get("AK_INFO","odps_akid")
odps_akpwd = config.get("AK_INFO","odps_akpwd")
reid_akid = config.get("AK_INFO","reid_akid")
reid_akpwd = config.get("AK_INFO","reid_akpwd")

#-------------------------------part 1 request API-------------------------
def requestAPI():
    client = AcsClient(reid_akid,reid_akpwd,"cn-beijing")
    request = DescribeHeatMapRequest.DescribeHeatMapRequest()
    o = ODPS(odps_akid,odps_akpwd,'ls_group_ods',endpoint='http://service.
        cn.maxcompute.aliyun-inc.com/api')
    t = o.get_table('ls_group_ods.s_xj_list_emap')
    t2= o.get_table('ls_group_ods.s_xj_list_location')
    with t.open_reader(partition='ds=${bizdate}') as reader:
        for record in reader:
            print("record:%s"%record["emapid"])
            request.set_EmapId(record["emapid"])
```

```
                request.set_Date('${date}')
                with t2.open_reader(partition='ds=${bizdate}') as reader2:
                    for record2 in reader2:
                        if record["locationid"] == record2["locationid"]:
                            request.set_StoreId(record2["storeid"])
                            response = client.do_action_with_exception(request)
                            data_list = json.loads(response).get("HeatMapPoints").
                                get("HeatMapPoint")
                            print(response)
                            print("data_list:%s"%data_list)
                            insertData(data_list,record["emapid"],record2["storeid"])
#--------------------------------part 2   insert data------------------------
def insertData(data_list,emapid,storeid):
    o = ODPS(odps_akid,odps_akpwd,'ls_group_ods',endpoint='http://service.
        cn.maxcompute.aliyun-inc.com/api')
    t = o.get_table('ls_group_ods.s_xj_list_describe_heat_map')
    tunnel = TableTunnel(o)

    upload_session = tunnel.create_upload_session(t.name, partition_spec=
        'ds='+'${bizdate}')

    with upload_session.open_record_writer(0) as writer:
        for item in data_list:
            record = t.new_record([storeid,emapid,item.get("X"),item.get("Y"),
                item.get("Weight")])
            writer.write(record)
    upload_session.commit([0])

if __name__ == "__main__":
    o = ODPS(odps_akid,odps_akpwd,'ls_group_ods',endpoint='http://service.
        cn.maxcompute.aliyun-inc.com/api')
    t = o.get_table('ls_group_ods.s_xj_list_describe_heat_map')
    t.delete_partition('ds='+'${bizdate}', if_exists=True)
    t.create_partition('ds='+'${bizdate}', if_not_exists=True)
    requestAPI()
```

下面简要介绍阿里云数据中台数据接入层经常用到的几个产品，以方便读者在工作中进行实践。

(1) DataWorks 和 Dataphin 数据集成

作为阿里云上两个重要的大数据构建与管理平台，数据集成是 DataWorks 和 Dataphin 必须提供的基本能力。早期数据集成只有离线数据同步功能，重点发展在复杂网络环境下将异构数据源与云上 MaxCompute 进行同步的能力，随着实时计算技术与应用场景的发展，现在这两款产品都已经支持实时数据的同步。

❑ 离线数据同步

数据集成主要用于离线（批量）数据同步。离线（批量）的数据通道通过定义数据来源和去向的数据源和数据集，提供一套抽象化的数据抽取插件（Reader）、数据写入插件

（Writer），并基于此框架设计一套简化版的中间数据传输格式，从而实现在任意结构化、半结构化数据源之间进行数据传输。其基本原理如图 5-19 所示。

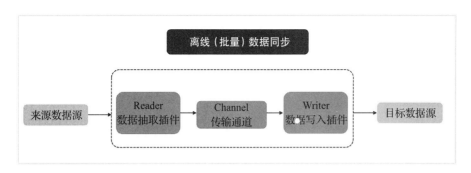

图 5-19　离线数据同步的基本原理

除了数据同步任务以外，面对各行各业对大数据的应用，数据集成会有很多诉求，包括能够简单高效地配置大量数据表的同步任务、集成多种异构数据源、对数据源的数据进行轻度预处理、数据同步任务的调优（例如容错、限速、并发）等。因此，Dataphin 还将离线数据同步升级到了管道任务方式进行。

管道任务持多种类型组件，通过简单的拖拽、配置并组装组件的方式，系统可以生成离线数据管道。其中流程和转换组件可以对数据源的数据进行预处理（如清洗、转换、字段脱敏、计算、合并、分发、过滤等），减少数据上云之后的 ETL 工作。

数据集成支持大多数结构化、半结构化的数据源，如主流的商业数据库、Oracle、SQL Server、MySQL 和 DB2；云数据库 RDS 各类引擎版本、Redis 和 TableStore；也包含内容为结构化数据的无结构化文件，如 OSS、FTP 和 CSV 等。

❑ 实时数据同步

实时数据同步可以将源库中的数据变化实时同步到目标库中，如新增数据、修改数据和删除数据。如果配合历史数据的全量同步，并执行实时同步，会使源库的数据自任务运行起全部同步至目标库中。实时数据同步可以使目标库实时保持和源库的数据对应，及时更新。

数据集成的实时同步包括实时读取、转换和写入三种基础插件，各插件之间通过内部定义的中间数据格式进行交互。一个实时同步任务支持多个转换插件进行数据清洗，并支持多个写入插件实现多路输出功能。针对某些场景，还支持整库实时同步解决方案，开发者可以一次性实时同步多个表，参考图 5-20。

实时数据同步对数据源输入比离线数据同步支持的要少一些，MySQL、SQL Server、阿里云 PolarDB 这三类数据库可以支持接入，其他的实时数据源需要通过云上通用数据传输服务 DTS、消息中间件 Kafka、日志采集管道 LogHub（专门接入日志，本书不展开介绍）或流式数据管道 DataHub 等方式接入上云。

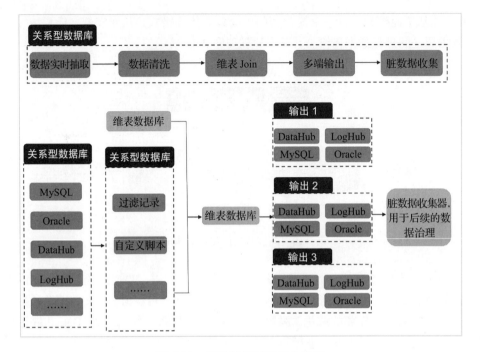

图 5-20　实时数据同步基本原理

（2）DTS

数据传输服务（Data Transmission Service，DTS）支持关系型数据库、NoSQL、大数据（OLAP）等数据源间的数据传输。它是一种集数据迁移、数据订阅及数据实时同步于一体的数据传输服务，致力于在公共云、混合云场景下，解决远距离、毫秒级异步数据传输难题。它底层的数据流基础设施为阿里双十一异地多活基础架构，为数千下游应用提供实时数据流，已在线上稳定运行 6 年之久。用户可以使用数据传输服务轻松构建安全、可扩展、高可用的数据架构。

在数据中台应用场景下，DTS 主要用来解决 DataWorks 和 Dataphin 实时数据上云不能覆盖的数据库，比如 Oracle 数据库的实时数据采集。

（3）Kafka

Apache Kafka 构建的高吞吐量、高可扩展性的分布式消息队列服务广泛用于日志收集、监控数据聚合、流式数据处理、在线和离线分析等工作，是业务中台和大数据生态中不可或缺的产品之一。在实时数据上云场景中，同时支持开源版 Kafka 和阿里云 Kafka，阿里云提供全托管服务，用户无须部署运维，更专业、更可靠、更安全。

在应用架构中，应用和服务的设计更多的是通过消息来进行业务流转和实现松耦合，如果通过实时数据集成和 DTS 等工具不方便采集数据库的变化以实现数据上云时，编写程序消费 Kafka 消息，将消息写入 DataHub 将成为一种更通用的实时数据采集方案。

（4）DataHub

阿里云流数据处理平台 DataHub 是流式数据（Streaming Data）的处理平台，提供对流式数据的发布（Publish）、订阅（Subscribe）和分发功能，用户可以轻松构建基于流式数据的分析和应用。DataHub 服务可以对各种移动设备、应用软件、网站服务、传感器等产生的大量流式数据进行持续的采集、存储和处理。用户可以编写应用程序或者使用流计算引擎来处理写入 DataHub 的流式数据（如实时 Web 访问日志、应用日志、各种事件等），并产出各种实时的数据处理结果（如实时图表、报警信息、实时统计等）。

DataHub 服务基于阿里云自研的飞天平台，具有高可用、低延迟、高可扩展、高吞吐的特点。

DataHub 服务也提供分发流式数据到各种云产品的功能，目前支持分发到 MaxCompute（原 ODPS）、OSS 等。DataHub 与阿里云流计算引擎 StreamCompute 可以无缝连接，用户使用 SQL 可以轻松进行流数据分析。

2. 数据存储与计算层

（1）数据存储与计算引擎

数据采集层的数据接入云上以后，按照离线和实时两条不同的路径，数据将流入数据中台的技术核心，即数据仓库。数据仓库对实时和批量数据的处理架构不同，设计上主要有 Lambda 和 Kappa 两种类型。

图 5-21 给出了一个典型的 Lambda 架构。离线批量计算和实时增量计算是分离的，批量和实时计算的结果在服务层进行整合，也可以不整合，分别对外提供服务。它需要维护两套分别运行在批处理和实时计算系统上的代码，而且这两套代码需要生成一致的结果，这通常是一个棘手的问题。

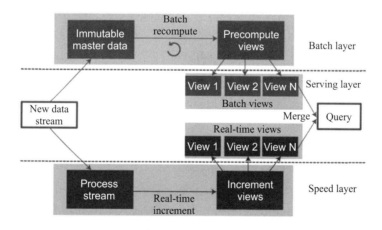

图 5-21　Lambda 架构

图 5-22 是一个 Kappa 架构的实例。区别于 Lambda 架构的核心思想，数据采集后，通过改进流计算系统来解决数据全量处理的问题，使得实时计算和批处理过程使用同一套代

码。此外，Kappa 架构认为只有在必要的时候才会对历史数据进行重复计算，在 Kappa 架构下可以启动多个实例进行重复计算。

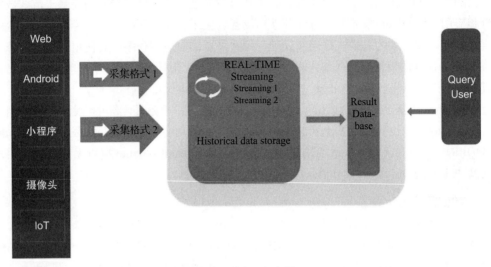

图 5-22 Kappa 架构

从用户开发、测试和运维的角度来看，在 Kappa 架构下，开发人员只需要面对一个框架，开发、测试和运维的难度比较小，这是一个非常重要的优点。但是，业务的需求应该是优先于技术体验的。假设有如下场景：

- 数据初始化，需要存储绝对全量，Kappa 架构的临时存储无法保存这么长时间的数据，回滚代价过大。
- 数据订正（消息乱序、任务启停、过户等非标操作）。
- 还原历史场景（核查问题）。

这些场景往往需要回溯长周期的历史数据，对标准的 Kappa 架构来说是一个非常大的挑战。而企业建设数据中台，必然要对历史数据进行数据分析与挖掘，所以阿里巴巴为外部客户设计的数据存储与计算架构也多选用 Lambda。

阿里数据中台离线存储与计算通常选用大数据计算服务 MaxCompute，它是一种快速、完全托管的 EB 级数据仓库解决方案。MaxCompute 用于结构化数据的批量存储和计算，提供海量数据仓库的解决方案及分析建模服务。

阿里数据中台实时计算存储与计算是分开的，计算部分通常选用阿里云实时计算 Flink 版，它是基于 Apache Flink 构建的企业级、高性能实时大数据处理系统，由 Apache Flink 创始团队官方出品，完全兼容开源 Flink API，提供丰富的企业级增值功能。计算的结果需要在多个实时计算任务之间流转，和离线数据计算模式不同，数据以水一样流动的形式存在，而数据所流过的"水管"自然就是这个场景下数据的存储载体支持两个实时计算任务之间的数据流转的技术组件，我们用得最多的是 Kafka 消息或 DataHub Topic。

(2)数据资产构建和管理

数据的存储、计算几乎不带业务属性，只有为业务提供直接服务才能将其称为数据资产，所以数据需要按照业务需求进行构建和管理。有2个产品可以帮助企业构建和管理自己的数据，即 DataWorks 和 Dataphin。

DataWorks（数据工场，原大数据开发套件）是阿里云重要的 PaaS（Platform-as-a-Service）平台产品，能为客户提供数据集成、数据开发、数据地图、数据质量和数据服务等全方位的产品服务，具有一站式开发管理的界面，企业可用于数据价值的挖掘和探索。

正如前文所述，Dataphin 遵循阿里巴巴集团多年实战沉淀的大数据建设 OneData 体系（OneModel、OneID、OneService），集产品、技术、方法论于一体，可以一站式地提供集数据引入、规范定义、数据建模研发、数据萃取、数据资产管理、数据服务等的全链路智能数据构建及管理服务。帮助企业打造属于自己的标准统一、资产化、服务化和闭环自优化的智能数据体系，驱动创新。

Dataphin 与阿里巴巴数据中台方法论结合紧密，充分融合了 OneData 理论，能为用户提供配置式的可视化维度建模、指标加工和标签萃取功能，在数据中台项目中多选用 Dataphin。在阿里云的客户中，新零售行业的客户多选用 Dataphin，部分金融行业客户也开始使用 Dataphin 建设数据中台。对于政务相关的客户，由于业务对统一建模的需求较弱，而更强调数据的汇总、集中，以及之后的治理与共享，因此多采用通用性更强的 DataWorks。

3. 数据服务层

按照 OneService 的要求，数据中台必须构建统一的数据服务层，数据服务层与大数据平台数据仓库的任意一个层次都不共享，即数据仓库的 ODS、CDM、ADS 层均不对外直接提供服务，需要导出或封装后才能提供服务。数据服务分为以下三类。

(1)数据库表

这是最常见的类型。数据中台加工产出的指标和标签宽表数据从数据中台 ADS 层通过数据集成或同步工具反向导入数据库。这个数据库依然是大数据平台管理下的数据源，它直接对洞察分析报表提供数据查询服务，适合大量数据的批量查询。RDS for MySQL 是常用的数据服务数据库，当查询的模式比较简单、查询的表数量在3张以下、单张表最大数据量在1000万条记录以下、整体数据量在200GB以下时，使用 RDS for MySQL 是性价比最高的选择。当查询模式复杂（比如包含聚合函数和窗口函数）、3张或以上的表关联查询、单表数据量在千万以上、整体数据量在200GB以上时，推荐使用云原生数据仓库 ADB。ADB 是一种支持高并发、低延时查询的新一代云原生数据仓库，全面兼容 MySQL 协议以及 SQL:2003 语法标准，可以对海量数据进行即时的多维分析透视和业务探索，快速构建企业云上数据仓库。产品规格按需可选，可以在成本、容量和性能之间取得平衡，适合 BI 查询应用。在一些特殊场景下，比如需要支持模糊搜索、分词搜索的数据应用，数据同步到搜索引擎（如 ElasticSearch）是非常适合的。在数据中台对外交付的历史中，我们也曾经规划将 MaxCompute 所承载的 ADS 层暴露给应用，应用侧使用 MaxCompute SDK 来批量访问数据，这个设计虽提供了便利、节省了数据服务层的存储空间，但带来了数据安全隐患，因此目前已经不再使用。

（2）API 接口

这是未来的趋势。数据服务 API 可以实现数据的统一市场化管理，能在有效地降低数据开放门槛的同时，保障数据开放的安全。API 接口采用 Serverless 架构，客户只需要关注 API 本身的查询逻辑，无须关心运行环境等基础设施。数据服务会为客户准备好计算资源，并支持弹性扩展，零运维成本。对于高频访问的少量数据，如通过 Key-Value 方式进行访问的单条数据或记录，就适合使用 API 接口方式同步。对于大量数据批量访问的场景，异步的数据读取较多，不适合使用 API 接口。

（3）消息

这是数据嵌入业务和赋能业务的新需求所衍生的数据服务方式。例如，一个商场要在节假日期间进行促销活动，为了更好地识别消费者的类型，商场通过消费者基础信息、购物信息以及行为信息为消费者打上不同的标签，形成不同的消费群体。不同消费者个体的行为源源不断地实时流向数据中台，数据中台利用实时计算能力产生消费者的标签。在促销活动刺激下，消费者的同一个标签会发生变化，此时新生成的标签数据通过消费中间件产生并投递到 Topic 中，由下游的营销应用系统消费后，及时识别消费者标签的变化，从而根据规则自动给消费者实时推送更适合的优惠活动，使得消费者有更好的活动体验。消息中间件的应用是数据中台为业务提供直接价值的有力技术支撑。

4. 数据应用层

数据应用严格地说不在数据中台的范畴内，但数据中台价值的很大一部分需要数据应用来体现和传递。根据阿里巴巴建设数据应用的经验，当前数据应用主要分为三大类：

1）分析洞察报表：区别于传统报表，数据中台分析洞察报表强调数据可视化能力、交互分析能力以及业务人员的自由探查分析能力。智能分析套件 QuickBI 是一个专为云上用户量身打造的新一代智能 BI 服务平台。QuickBI 可以提供海量数据实时在线分析服务，支持拖拽式操作和丰富的可视化效果，使客户能够轻松自如地完成数据分析、业务数据探查、报表制作等工作。所以分析洞察报表这类应用通常选用 QuickBI 来实现。

2）数字大屏：分析洞察报表的数据可视化效果对经营决策类的场景来说是可以满足要求的，但是在一些场景下，需要在一张大屏幕下生动且实时地展示关键指标。DataV 数据可视化就是使用可视化应用的方式来分析并展示庞杂数据的产品。DataV 旨在让更多的人看到数据可视化的魅力，帮助非专业的工程师通过图形化界面轻松搭建具有专业水准的可视化应用，满足客户在会议展览、业务监控、风险预警、地理信息分析等方面的多种业务展示需求。当数据可视化大于分析需求时，我们通常选用 DataV。

3）数据应用：报表与大屏是采用标准产品的方式满足企业看数据与用数据的需求。在数字化日益发展的今天，仅有标准化产品无法满足企业业务中丰富的数据应用需求。比如，数字化营销需要一个基于消费者标签和营销数据的工具平台，会员运营也需要消费者基础数据、行为数据以及交易数据而生成的标签体系，这类应用对数据的依赖度非常高，需要数据中台实时或离线批量地提供数据来驱动业务的发展。此时，我们会建议客户使用云资源做定制化开发。与传统 IT 应用类似，定制化开发应用搭建在应用服务器 ECS、数据库 RDS、缓存服务 Redis、负载均衡 SLB、对象存储 OSS 等基础云资源之上。

5.3.3 环境部署

详细设计完成后，接下来的工作就是部署整体平台环境。阿里云是大数据平台的重要承载媒介，此外还要考虑客户现有环境与云上环境的集成。所以，环境部署主要包括混合云网络部署和数据中台产品初始化。

1. 混合云网络部署

图 5-23 给出了一个比较复杂的混合云网络部署示意图。假设客户在建设数据中台之前并没有任何业务在云上，其业务系统分布在北京、上海、广州、杭州等多个城市自有或租用的 IDC 内，阿里云数据中台需要从多个业务系统中抽取数据。

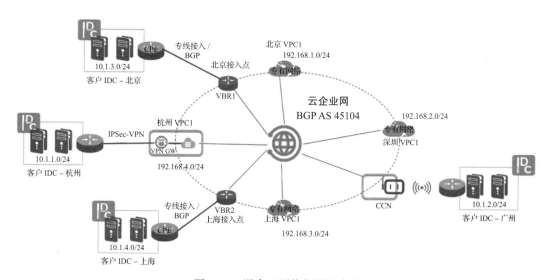

图 5-23　混合云网络部署示意图

首先要考虑如何选择数据中台在云上的主地域，选择时有两个非常重要的因素：第一是客户如果已经决定公司 IT 系统在未来会整体迁云，建议选择公司总部或信息化部门所在城市的阿里云地域，比如在北京可以选择阿里云华北 2 北京地域或华北 3 张家口。如果在广州，则有深圳、河源、广州三个地域可以选择。如果第一个条件不成立，那么要看数据中台需要的业务系统主要集中在哪个城市，数据中台部署在对应城市附近的地域即可。这样选择主要是为了保证网络访问时延在可接受范围内，并且节省客户 IDC、办公室到阿里云上 VPC 带宽资源（阿里云跨多个地域之间的 VPC 网络也是有费用的）。

其次，要考虑 IP 网段。阿里云上提供 3 个大的网段供客户使用：A 类地址段 10.0.0.0/8，B 类地址段 172.16.0.0/12 和 C 类地址段 192.168.0.0/16。客户可以任意选择这三类地址，但要保证云上地址段在集团整体 IP 地址规划范围内，不允许云上和云下 IP 地址冲突。云上 VPC 地址一旦划定是无法修改的，所以既不能太大，也不宜太小，一般取 16 ～ 20 位掩码比较合适。VPC 的规划与实施还有如下一些最佳实践：

- VPC 在同一个 Region 内部署，选择 Region、可用区时必须保证产品部署所需资源充足。
- VPC 内可以创建一个逻辑路由器，一个逻辑路由器下面可以关联多个逻辑交换机。
- 对于逻辑交换机的部署位置，可以根据不同的业务对于延迟和可靠性的要求进行权衡，同时结合可用区的资源配额，选择部署在同一个可用区或者不同可用区。
- VPC 内部署安全组，对 ECS 进行同网段的访问控制。
- VPC 出口部署云防火墙，进行 L4 ～ L7 的安全防护和访问过滤。
- VPC 和云企业网的路由策略可以帮助对不同网络之间的访问策略做更细化的控制。
- VPC 出口部署 EIP、SLB、DNAT 网关等产品，关联共享带宽包，实现带宽最大化利用。VPC 需要访问互联网，建议采用 SNAT 方式，提升安全性。

第三是云上云下如何连通，形成一套统一的混合云架构。阿里云提供了比较丰富的产品方案，要解决 IDC 到云上 VPC 的连通问题，可以选择物理专线、VPN 或者智能接入网关。这三个方案的对比如表 5-4 所示，专线适用于集团型企业，应稳定且高带宽，比如 1GB 或以上；VPN 相对专线更灵活，但对于百兆级别的带宽，使用 VPN 的企业级应用也是可以满足的；智能接入网关比较适合零售型企业，比如多个门店需要快速接入云上的场景。对于 VPC 之间互通的需求，以高速通道做点到点的连接是非常合适的，当 VPC 数量超过 2 个时，云企业网的优势就凸显出来了，所有需要互通的 VPC 只要加入云企业网实例，用户不需要做额外配置，网络通过控制器实现多节点、多级路由的自动转发与学习，实现全网的路由快速收敛。云企业网还具有高可用及网络冗余性，全网任意两点之间存在多组独立冗余的链路。基于以上优势，现在云企业网正在全面替代高速通道。

表 5-4 云上云下网络互连方案对比

项目	高速通道（专线）	智能接入网关（SAG）	VPN 网关
链路	专线	混合链路（专线 + 公网）	公网
成本	高	中	低
质量	高	中	低
交付周期	长（月）	中（硬件版周，软件版分钟）	短（分钟）
业务应用	企业上云	企业上云 + 分支互联	企业上云

通过合适的产品组合，用户云下的网络和云上网络可快速构建混合云和分布式业务系统的网络，用于支撑数据中台的数据传输需求。

最后是应用和系统的部署。数据中台遵循标准的 IT 系统环境设计规范，建议部署 4 套环境，分别是：开发 DEV 环境、集成测试 SIT 环境、用户验收测试 UAT 环境以及生产 PROD 环境。生产环境应严格与其他环境物理隔离，可以通过 VPC 实现；而开发环境、集成测试环境和用户测试环境在同一个 VPC 下可以部署在不同的虚拟交换机，从而实现逻辑隔离。

2. 数据中台产品初始化

数据中台整体技术方案由一系列产品组成，其中核心的产品有：智能数据构建与管理产品 Dataphin、数据可视化分析产品 QuickBI 以及消费者运营 CDP 工具 QuickAudience。对阿里云的用户来说，既可以选择这些产品的公共云独立部署版本，也可以选择公共云多租户 SaaS 版本。独立部署版本能更好地保证资源独享和自主管控，不受用户数、任务数等限制，长期来看 TCO 也具有优势。基于云的快速交付优势，本书不介绍产品的开通或部署步骤，用户拿到这些产品后，需要做哪些初始化工作才能真正进行开发和使用呢？我们分别介绍 3 个产品的初始化配置流程。

（1）Dataphin
- 设置超级账号 ak，保证 Dataphin 主账号拥有充足的权限进行普通账号的管理。
- 配置计算引擎，离线计算引擎支持阿里云 MaxCompute 或 AnalyticDB for PostgreSQL，实时计算引擎一般采用阿里云实时计算 Flink。
- 新建业务板块和项目，参考数据中台架构设计做划分配置即可。
- 添加用户，Dataphin 支持从阿里云 RAM 体系导入子账号，将其添加为 Dataphin 用户，被添加为 Dataphin 的 RAM 子账号才可以访问 Dataphin。
- 用户权限管理，用户被添加到 Dataphin 之后，默认是没有项目空间权限的，需要超级用户或项目空间管理员将其添加到项目空间。不同用户可以通过角色来区分权限。Dataphin 多用户角色的介绍请参考 5.3.4 节。

（2）QuickBI
- 新建管理员账号，与 Dataphin 类似。
- 添加用户，在组织管理功能里进行操作。新增的用户可以是其他的阿里云主账号，也可以是 RAM 子账号。新加入的用户按照角色可以划分为组织管理员和普通用户。
- 划分用户组和工作空间。按照一定的组织架构对用户进行分组，同时划定工作空间，将用户分配到工作空间，不同用户有不同的成员类型。QuickBI 多成员类型的介绍请参考 5.3.4 节。

（3）QuickAudience
- 新建管理员账号，与 Dataphin 和 QuickBI 类似。

- 添加用户，在组织成员管理界面进行操作。新增的用户可以是其他的阿里云主账号，也可以是 RAM 子账号。新加入的用户按照角色可以划分为组织管理员和普通用户。
- 划分用户组，按照一定的组织架构对用户进行分组，以便更好地管理。

5.3.4 安全方案部署

1. 数据中台的安全体系

数据中台的安全通过产品、技术和制度三个方面来保证。首先，数据中台的数据安全要基于阿里云的云平台与云产品，通过云平台本身的安全能力与云产品的安全能力，在基础平台层面上加以保障。在云的能力之上，通过制度与技术两种手段并举，在事前、事中、事后全阶段保障数据资产的安全。

数据中台建设在阿里云平台上，会用到大量的阿里公共云服务或产品。作为一家云服务商，阿里云公共平台已经通过了公安部三级等级保护认证，阿里金融云通过了公安部四级等级保护认证。每一款产品都有各自的安全功能模块，用以保证用户的数据安全和系统安全。读者可以在阿里云官网上详细了解相关内容，本书不加详述。

在平台与产品之外，如何从制度规范与技术方案层面保障数据中台安全？我们从事前、事中、事后三个阶段进行阐述。

（1）事前工作

我们常说：防患于未然，治病于未病，安全工作的重头戏都在事前进行。我们可以从管理制度和技术实施两方面着手。

1）管理制度。

在数据真正被建设者和使用者接触到之前，要先通过管理制度进行数据安全保障工作。

- 安全组织建设：一个完整的安全组织应当包括决策层、管理层、执行层、基层以及审计监督层。
- 人员安全培训：对可能涉及数据的人员需要持续提升其数据安全能力，培养其数据管理能力、数据运营能力、数据技术能力和数据合规能力。
- 日常安全管理条例：通过制定安全管理条例，对所有涉数人员提出数据安全的要求。涉数人员需要清楚知道什么可为什么不可为，从而安全规范地使用数据。
- 保密协议：保密协议用于约束能够直接或间接接触到数据的人员，如出现违反相关条款的行为，应按保密协议的规定进行相应惩戒。
- 数据申请审批流程：数据的使用并非简单的流程定制，需要根据使用的场景选择合适的数据服务提供方式。另外，在不同安全级别下，数据的申请审批流程也可能各不相同。在制度上，需要确定不同场景下的数据申请审批流程，让数据能够被安全合理地使用。
- 运维保障制度：既包含数据中台平台和系统的运维保障制度，也包含数据任务运维保障制度。

2）技术实施。

- **数据资产梳理**：数据资产梳理是指梳理所有数据资产，形成数据资产清单。根据数据资产清单，才能有针对性地制定数据安全策略并推进实施。
- **数据分级分类**：对于已有的数据，确定数据的敏感性程度，定义数据的敏感级别，为后续的数据安全工作提供基础。在政府和金融机构，通常将数据的敏感度分为四类：0 级（不保密，Unclassified）、1 级（秘密，Confidential）、2 级（机密，Sensitive）、3 级（高度机密，Highly Sensitive）。建议将数据中台内部人员的安全级别（Label Security）默认设置为 0 级，并将数据的默认级别设置为 0 级，普通的数据授权通过授权体系完成。同时，根据企业的特点，企业人员的数据安全等级也分为 0～3 级，如企业的临时工作人员设定为 0 级，企业的核心高管设定为 3 级。在数据的使用过程中，当数据安全级别高于人员安全级别时，人员无法访问该数据，需要经过申请审批，调整人员安全级别，或将数据脱敏后得到低敏感数据后再授权给人员使用。
- **账号权限设计**：为了切实做好数据权限的梳理，要对优先数据的权限和授权做好登记，以方便管理，这也是为了在数据出现问题时可以快速止损并针对数据问题的源头进行追溯定位。下一小节会重点介绍数据中台几款重要产品的账号权限。
- **数据建设规范**：产生安全问题的一个重要原因是生产操作不规范。如果没有统一、标准的做法，每个人根据自己的理解去执行，结果就可能不可控，容易出现不安全的情况。需要定义数据建设阶段，包含数据上云、数据开发、数据建模等阶段的数据规范，并在实际的建设阶段严格按照规范执行，从而更好地规避数据建设过程中的安全风险。
- **数据采集安全**：主要包括数据源认证安全、数据传输安全。从组织内外部的数据源采集数据进入数据中台之前，需要通过多种技术手段和策略来保证数据安全性与可靠性。数据源的数据进入云平台与从云平台导出均存在数据传输的步骤，需要切实保证数据传输的数据安全，比如使用 https 对链路进行加密。
- **数据存储安全**：MaxCompute 是阿里云底层数据存储和计算技术的沉淀，可以承担 PB 级数据的汇总存储和计算任务。底层运用成熟的加密机制、密钥管理和多备份恢复等技术，提升数据存储的高可用和安全性。
- **数据计算安全**：数据在数据中台内计算过程中的安全保障包含多个场景，如离线数据仓库的数据分层与敏感数据加密、跨项目空间的数据访问授权机制和数据挖掘环境隔离等。
- **数据使用安全**：数据需要通过对外提供服务来体现价值。在使用过程中，根据不同的数据使用方式，需要规范相应的数据共享流程。目前数据的使用方式主要有通用的数据 API、数据表和数据批量导出三种方式，不同的方式对应不同的安全防护措施。

- 数据销毁安全：阿里云建立了对设备全生命周期（包含接收、保存、安置、维护、转移以及重用或报废）的安全管理机制。设备的访问控制和运行状况监控有着严格管理机制，并定期进行设备维护和盘点。阿里云有废弃介质上数据安全擦除流程，处置数据资产前，会检查含有敏感数据和正版授权软件的媒介是否已做覆写、消磁或折弯等数据清除处理操作，且不能被取证工具恢复。当因业务或法律原因，不再需要某些硬拷贝材料时，会将其物理破坏或取得数据处理第三方的损坏证明，以确保数据无法重建。
- 数据应用安全：数据中台的下游——数据应用也是安全工作中必须关心的，正确使用云平台上的各项安全能力也会影响数据应用安全程度。在云平台资源申请时，就需要依据最佳实践合理使用云资源。在云平台试运行/上线之前，需要再次根据最佳实践去校验是否已经满足这些最佳实践，从而切实保障云上数据安全。

（2）事中工作

当发生安全事件或有重大事件需要护航保障时，需要建立安全事件的发现、处理、升级机制与技术预案，减少安全事件带来的损失。

1）管理规范。
- 护航保障规范：在大促、节假日或其他重要时点，业务系统重点保障活动期间的安全性，避免出现被黑客攻击、篡改数据进而造成恶劣影响的安全事件，需要从网络安全、主机安全、应用安全、安全巡检制度等方面做好保障。
- 应急保障制度：为保证系统安全，防范蓄意攻击、破坏网络系统及数据安全等紧急突发事件，应有应急保障制度并在遇到重大安全问题和故障时使用，包含应急方案组织体系、系统故障等级划分、故障处理程序、应急处理流程等。

2）技术实施。
- 安全线索发现：发现与识别安全线索是事中工作首先要解决的问题。安全问题可能是在出现后由人为发现并上报的，比如某人在工作中发现安全漏洞或数据已泄露后上报，在这种情况下，我们需要保证安全问题的举报、流转流程畅通。数据中台还可以从日常用户使用的数据日志中发现一些可能的数据安全问题。
- 紧急情况止损：紧急情况下出现数据安全风险时，可以通过在 MaxCompute 中设置 set ProjectProtection=true 开启数据防护，禁用数据的导出功能，阻止数据进一步泄露。如果一开始就使用了数据禁止导出功能，则可根据情况先修改 Policy 文件，禁止所有的数据导出功能。
- 问题账号处理：首先需要定义是哪个账号出现问题。如果是通过日志定位的安全风险或事件，我们可以通过日志中的用户账号字段进行定位。在定位到问题账号后，首先需要通知对应账号的拥有者禁用已有的 AK/SK，并生成新的 AK/SK。

（3）事后工作

事后工作主要是指在数据开发、使用后的审计、稽核、问题复盘和持续改善。

1）管理规范。
- 问题复盘：在出现数据安全事件（incident）后，需要在事后对问题进行复盘，分析事件发生的起因、过程、解决的过程，从而形成安全问题（problem），再深入研究问题发生的背景原因，吸取经验和教训，优化工作的规范与技术。
- 持续改进：数据安全的建设不是一蹴而就的，随着数据安全新风险不断涌现、信息安全技术的不断革新及数据安全应用的不断拓展，数据安全的工作也需要持续地改进。数据安全团队需要更积极主动地参与安全稳定性建设，同时帮助其他新业务团队快速地复用相关经验，形成常态化工作模式，持续提升。

2）技术实施。
- 行为审计：首先需要记录数据使用的全生命周期的行为，形成行为日志、操作日志，作为审计的基础。一方面是根据日志判别是否有高风险操作，并进行针对性排查；另一方面是针对日志判别是否有系统异常，如系统出现异常报警、报错，或者异常崩溃等情况，通过各种数据安全模型识别其中的数据风险，并通过业务系统推送、监控大屏等方式对高风险操作进行及时的提醒。

2. 账号与权限

数据中台项目建设会有组织内外部的多个技术和业务部门及相关人员共同参与，这些人员的账号与权限管理是非常重要的。下面我们重点介绍 Dataphin、QuickBI 和 QuickAudience 三款核心产品的用户权限体系。

（1）Dataphin

参考图 5-24，Dataphin 账号体系有 2 级：超级管理员和其他账号。Dataphin 部署时会创建一个超级管理员账号，之后的账号都由超级管理员添加并授权。每个账号在不同的项目空间可以授予不同角色，角色有项目管理员、数据开发、分析师、数据运维和访问 5 种。

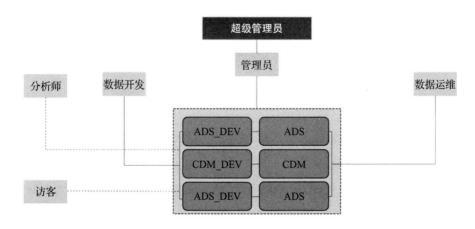

图 5-24　Dataphin 账号体系

加上超级管理员，这 6 个角色在 Dataphin 不同功能模块与场景的权限均有差异，角色分配原则如下：超级管理员只用于 Dataphin 整体运维与管理，在项目空间的开发测试等工作中不建议使用；在开发环境下的项目空间，普通的数据开发人员应授予"数据开发"角色，数据分析师应授予"分析师"角色，其他人员希望能查看配置和任务信息而不允许查看数据内容，可以授予"访客"角色。在生产环境下的项目空间，只有"管理员"和"数据运维"两类角色，以保证数据任务开发与发布上线职责分离。

（2）QuickBI

参考图 5-25，QuickBI 账号与权限管理比 Dataphin 复杂，但更灵活。在组织层面，只有两种角色：组织管理员和普通用户（包含开发者、分析师和阅览者三类子角色）。管理员拥有该空间的所有权限，管理员一般为技术负责人或技术负责人授权的人员，管理员虽然拥有该空间的所有权限，但只能针对自己创建的内容进行对象的修改、删除操作；开发者一般为报表开发人员；分析师拥有该空间的工作表、电子表格、仪表盘、数据门户的操作权限，一般为业务部门的数据分析人员；阅览者拥有该空间的工作表、电子表格、仪表盘、数据门户的预览权限，一般为临时用户。

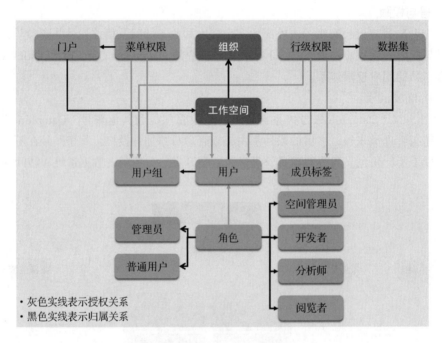

图 5-25 QuickBI 账号体系

用户还可以通过用户组进行归集管理，QuickBI 报表门户的菜单权限、行级权限都可以授予用户组。此外，用户创建时可以定义成员标签，通过成员标签来实现报表数据的行级权限管理。

（3）QuickAudience

参考图 5-26，QuickAudience 的账号权限体系更接近经典的账号管理系统，即账号支持分组，可以设定各类自定义角色，自定义角色打包若干系统权限，账号和账号分组可以被授予不同的角色。

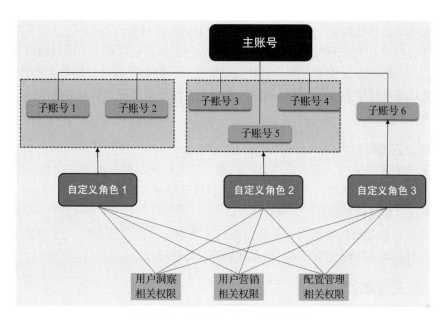

图 5-26　QuickAudience 账号体系

5.4　数据资产化建设

5.4.1　数据资产的定义

数据资产（Data Asset）是指由企业拥有或者控制的，能够为企业带来未来经济利益的，以物理或电子方式记录的数据资源，如文件资料、电子数据等。在企业中，并非所有的数据都构成数据资产，数据资产是能够为企业产生价值的数据资源（摘自《数据资产管理实践白皮书 4.0》）。

5.4.2　数据资产的采集

1. 数据资产采集概述

数据资产采集在阿里巴巴中台上通常被称为数据上云。数据上云的特性之一是集成，就是将不同数据来源、不同形式的数据整合在一起,所以从不同业务系统将各类数据源同步到数据仓库是一切工作的开始。数据上云主要是指针对不同的数据源类型及业务场景选择合适的上云技术方案,将数据同步到数据中台的ODS层中。

在企业的业务系统中,数据类型多种多样,有来源于关系型数据库的结构化数据,如MySQL、Oracle、DB2、SQL Server和OceanBase等;也有来源于非关系型数据库的非结构化数据,如HBase、MongoDB等,这类数据通常存储在数据库表中;还有来源于文件系统的结构化或非结构化数据,如阿里云对象存储OSS、文件存储NAS等,这类数据通常以文件形式进行存储。在数据中台的构建过程中,数据上云就是针对不同的数据源、数据量及网络架构选择合适的上云技术方案,进行数据的接入。数据上云的目的是为中台ODS层提供原始数据,进行数据的整合计算、洞察及挖掘潜在信息,实现大数据的价值,达到赋能商业和创建价值的目的。

2. 数据上云流程

数据上云的流程分为上云方案设计与数据上云实施两部分。上云方案设计是根据系统与数据调研阶段产出的数据源清单、数据目录、数据字典进行数据源梳理、上云方案确认、同步策略确认,最终输出数据上云采集清单。

数据上云实施是根据数据上云采集清单进入数据上云的开发阶段,分为表创建、存量数据上云实施、增量数据上云实施、增量数据校验等阶段。

3. 数据上云方案设计

数据上云方案设计是综合考虑客户业务系统的数据源类型、数据量、同步时效、网络规划、资源成本及安全要求选择合适的上云方案。

(1)数据源梳理

根据系统与数据调研阶段得到的数据源清单,进行业务系统数据源类型的梳理,汇总场景的数据源类型,如关系型、NoSQL数据库、传统数据仓库平台、SaaS平台、数据文件、日志文件等,同时关注是否有实时数据接入场景及数据源与中台的组网方式,作为数据上云方案选型的依据。

(2)数据上云工具

根据业务系统的时效性,数据上云分为离线和实时两大类,对应的上云方式有批量加载和实时采集两种。

1)如果实时性要求不高,则采用批量加载类工具,如DataX,定时完成批量数据加载即可。比如,离线数据仓库、离线BI数据分析等场景可采用此类工具。

2)如果对实时性要求很高,数据一产生就要即时看到分析结果,则使用实时采集类工具,如DTS、OGG、Logstash、Fluentd。

数据上云工具的比较如表5-5所示。

表 5-5　数据上云工具比较

产品名称	用途	使用场景
DataX	开源的异构数据源离线同步工具，致力于实现包括关系型数据库（MySQL、Oracle 等）、HDFS、Hive、ODPS、HBase、FTP 等各种异构数据源之间稳定高效的数据同步功能	离线数据同步
DTS	支持 RDBMS、NoSQL、OLAP 等多种数据源之间的数据传输。它提供了数据迁移、实时数据订阅及数据实时同步等多种数据传输方式	实时在线同步
DataHub	流式数据（Streaming Data）的处理平台，提供对流式数据的发布（Publish）、订阅（Subscribe）和分发功能，具有高可用、低延迟、高可扩展、高吞吐的特点	实时计算
Realtime Compute	阿里云实时计算（Alibaba Cloud Realtime Compute）是一套基于 Apache Flink 构建的一站式、高性能实时大数据处理平台	实时计算

Dataphin 的数据接入功能是基于 DataX 进行集成的，能满足大多数场景下的数据同步需求。下面主要以 Dataphin 为主来介绍数据接入功能，进行数据同步，对于有特殊时效要求或不满足要求的数据源可参考数据上云同步场景中介绍的方案。

（3）数据上云同步场景

1）数据库上云。

❑ 混合云数据库上云

混合云数据库上云的架构如图 5-27 所示，场景如表 5-6 所示。它通过云端 Dataphin 的数据接入功能及周期调度功能，直连数据库将数据写入 MaxCompute 中。

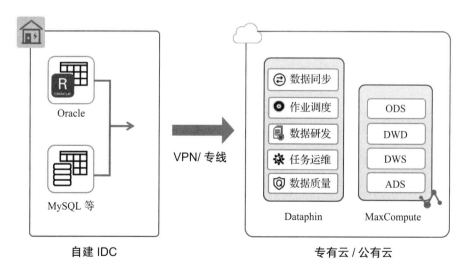

图 5-27　混合云数据库上云

表 5-6 混合云数据库上云场景分析

适用场景	数据库类型需在 Dataphin 的支持范围内,环境自主可控,安全要求高,有一定的带宽费用支持
网络链路	自建 IDC,云端通过 VPN/专线连接,构建混合云
同步策略	从云端主动发起同步作业,连接自建 IDC 数据库,并写入云端集群
安全	网络环境安全,混合云在同一个虚拟局域网中,网络对外封闭
性能	在同步节点上,启用并发抽取及压缩策略,极大提升抽取速度
运维	运维简洁,调度作业在云端统一配置及管理

❏ 本地数据流推送

本地数据流推送上云的架构如图 5-28 所示,场景如表 5-7 所示。它在 IDC 中搭建本地 DataX 服务器集群及任务调度平台,通过配置 DataX 同步任务将数据推送到云上 MaxCompute。

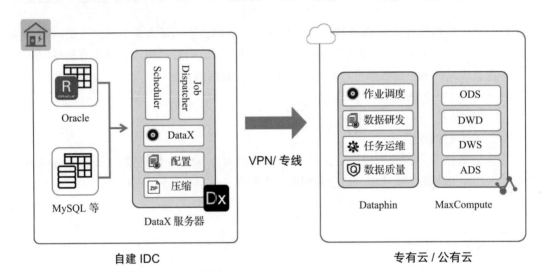

图 5-28 本地数据流推送上云

表 5-7 本地数据流推送上云场景分析

适用场景	数据库安全隔离要求高,无法提供数据库连接信息或权限,由数据源持有方发起数据推送
网络链路	自建 IDC,云端通过公网或专线连接
同步策略	从本地数据库导出数据流,并主动写到云端。数据中途不落地
安全	通过设置白名单进行安全管控,安全级别较低
性能	在 DataX 服务器上,启用并发抽取策略及数据压缩等方法能提升速度
运维	运维复杂。自建 IDC 中的调度作业与云端作业调度互相独立,需要在云端衔接处理,需要额外的调度服务器资源

❏ 文件接口

文件接口上云的架构如图 5-29 所示,场景分析如表 5-8 所示。它在自建 IDC 中将数据库数据转换为 csv 或 txt 格式,进行压缩的文件及标志位通过线下调度服务器定时将数据同步到云上 FTP 中，Dataphin 通过定时检查标志位将数据同步到 MaxCompute 中。

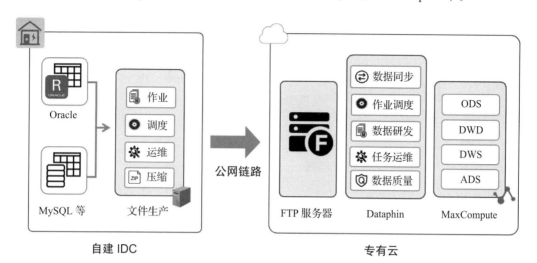

图 5-29 文件接口上云

表 5-8 文件接口上云场景分析

适用场景	环境隔离要求高，需通过文件形式中转，适用于跨部门、第三方数据交换的场景
网络链路	自建 IDC，云端通过公网连接，数据基于公网传输
同步策略	从本地数据导出数据文件，并将文件推送到云端 FTP 接口机 /OSS 存储。Dataphin 作业同步到 MaxCompute 集群
安全	数据库隔绝在内网，不对外透出
性能	速度有保障。对文件进行压缩，节约网络带宽。在 Dataphin 同步任务中，启用并发处理机制，提升同步速度
运维	运维复杂。自建 IDC 中的调度作业与云端作业调度互相独立，需要在云端衔接处理，需要额外的服务器资源

数据库表上云方案的比较如图 5-30 所示。

方案要点	专有云	本地推送数据流	文件接口
	VPN/ 专线互联组成专有云；云端拉取数据到 MaxCompute 集群	本地推送数据到 MaxCompute 集群	本地推送数据文件到接口机；云端作业将数据从接口机同步到 MaxCompute
工程难度	简单	复杂	复杂
系统扩展性	极易扩展	中等	中等
运维	简单	复杂	复杂
总结	系统整体很简洁、可靠；调度作业统一在云端；维护成本低；实施难度低；部署实时计算模块很容易	需在本地部署独立的调度系统，与云端调度衔接复杂；可控性强，可以定制个性化的功能；网络性能很好	方案很常见，适用于多个独立系统之间的离线、低频对接；系统整体比较复杂；维护成本比较高

图 5-30 数据库表上云方案的比较

2)数据文件上云。

❏ 混合云数据文件上云

混合云数据文件上云的架构如图 5-31 所示。它在自建 IDC 中将数据文件转换为 csv 或 txt 格式,将压缩的文件及标志位信息通过线下调度服务器定时将数据同步到线下 FTP 服务器中,Dataphin 通过定时检查标志位将数据同步到 MaxCompute 中。混合云数据文件上云的场景分析如表 5-9 所示。

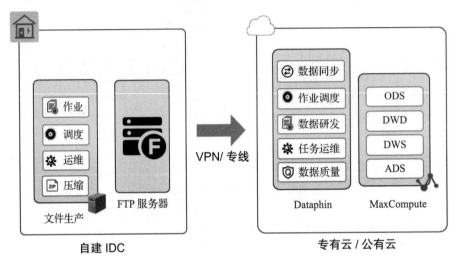

图 5-31 混合云数据文件上云

表 5-9 混合云数据文件上云场景分析

适用场景	环境自主可控,安全要求高,有一定的带宽费用支持
网络链路	自建 IDC,云端通过 VPN/专线连接,构建混合云
同步策略	从云端主动发起同步作业,将数据从自建 IDC 机房拉取到 MaxCompute 集群
安全	网络环境安全,混合云在同一个虚拟局域网中,网络对外封闭
性能	在文件接口机上对文件进行压缩,网络链路性能良好
运维	运维成本低,调度作业在云端统一配置及管理

❏ 本地数据文件推送上云

本地数据文件推送上云的架构如图 5-32 所示。它在自建 IDC 中将数据文件转换为 csv 或 txt 格式,将压缩的文件及标志位信息通过线下调度服务器定时将数据同步到云上 FTP 服务器中,Dataphin 通过定时检查标志位将数据同步到 MaxCompute 中。

3)数据仓库平台上云。

数据仓库平台上云的架构如图 5-33 所示。数据量较小时,通过云端 Dataphin 的数据接入功能及周期调度功能,直接读取 HDFS 文件并写入 MaxCompute 中。存量数据或历史数据可以考虑使用 MMA 同步工具(MaxCompute Migration Assist)。数据仓库平台上云的场景分析如表 5-10 所示。

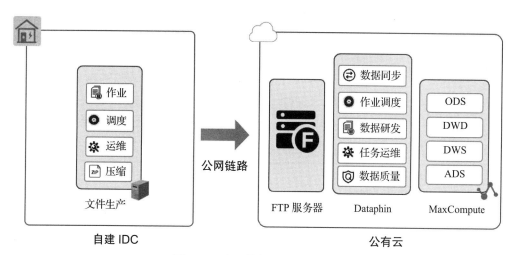

图 5-32　本地数据文件推送上云

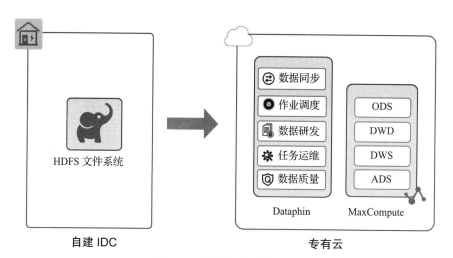

图 5-33　数据仓库平台上云

表 5-10　数据仓库平台上云场景分析

网络链路	自建 IDC，云端通过 VPN/专线连接，构建混合云
同步策略	从云端主动发起同步作业，连接自建 HDFS 文件系统，并写入云端集群
安全	网络环境安全，混合云在同一个虚拟局域网中，网络对外封闭
性能	通过压缩 HDFS 文件节约网络带宽，云端并发抽取，保障抽取速度
运维	运维简洁，调度作业在云端统一配置及管理

4）API 上云。

通过接口文档或约定规划进行定制化 API 开发，在云上进行 API 部署及调度，从源端接口中读取数据并写到 MaxCompute 中。API 上云的场景分析如表 5-11 所示。

表 5-11　API 上云场景分析

适用场景	与第三方系统或软件包对接，因技术或安全隔离等因素无法直接连接数据库进行数据同步
网络链路	通过公网或专线进行连接
同步策略	定制 API 数据读取程序，并部署在云端 Dataphin 调度系统中。云端调度唤醒作业，从接口获取数据，并写入集群。数据尽量不落地
安全	通过白名单及 AK 验证保障数据安全性
性能	受应用层访问策略限制
运维	运维简洁，调度作业在云端统一配置及管理

5）非结构化数据上云。

非结构化数据上云的架构如图 5-34 所示。在线下 IDC 或云上 ECS 通过 OSSImport 将非结构化数据同步到 OSS 存储中，利用知识图谱、声纹识别将非结构化数据转换为结构数据并同步到 MaxCompute 中。非结构化数据上云的场景分析如表 5-12 所示。

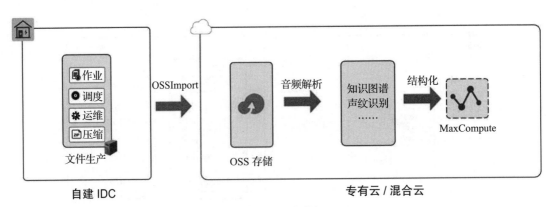

图 5-34　非结构化数据上云

表 5-12　非结构化数据上云场景分析

适用场景	非结构化数据需要进行结构化转换
网络链路	通过公网或专线进行连接
同步策略	配置一次性或增量周期任务，通过 OSSImport 将数据同步到 OSS，通过白名单及 AK 验证保障数据安全性
性能	受应用层访问策略限制
运维	运维简洁，调度作业在云端统一配置及管理

6）实时数据上云。

❑ MySQL 数据库实时上云。

MySQL 数据库实时上云的架构如图 5-35 所示。通过 DTS 数据同步功能将 MySQL 实时数据写入 DataHub 中，使用 DataHub 功能定期将数据归档到 MaxCompute 或结合实时计算进行数据在线处理。

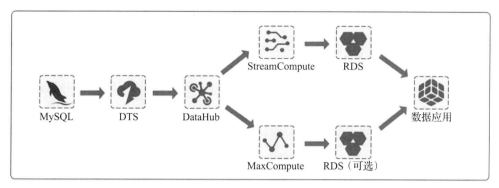

图 5-35　MySQL 数据库实时上云

通过 DTS 数据订阅功能或 DataHub OGG 插件将 Oracle 实时数据写入 DataHub 中，使用 DataHub 功能定期将数据归档到 MaxCompute 或结合实时计算进行数据在线处理。

如果实时数据有归档分析的需求，可通过 DTS 数据订阅，基于 Kafka Connector 将消费数据投递到 DataHub。之后，可以用 DataHub 的 DataConnector 组件直接消费，也可以集成到实时计算引擎 Flink 进行数据深度加工。与此同时，利用 DataHub 的数据归档功能将数据导入 MaxCompute。

若无实时数据归档需求，可不经过 DataHub，直接使用 Kafka Connector 将消费数据投递到实时计算中进行在线处理。

Oracle 数据库实时上云的架构如图 5-36 所示。

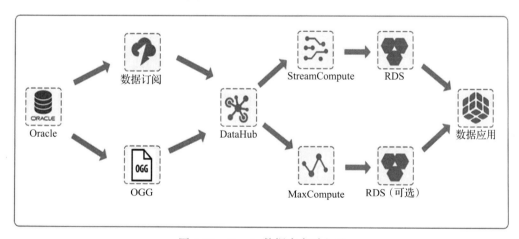

图 5-36　Oracle 数据库实时上云

❑ 日志数据实时采集上云

通过 DataHub 的日志插件 Logstash、Fluentd 可以将日志文件的实时数据写入 DataHub 中，使用 DataHub 功能定期将数据归档到 MaxCompute 或结合实时计算进行数据在线处理。

日志数据实时采集上云的架构如图 5-37 所示。

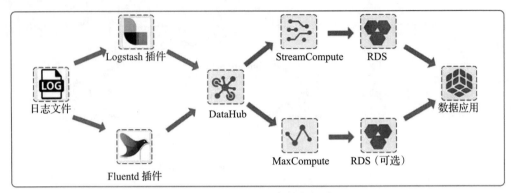

图 5-37　日志数据实时采集上云

（4）数据上云同步策略的选择

数据上云同步策略主要是指根据业务系统表数据量的大小、同步并发数、数据库角色及特殊限制的表选择合适的同步策略，以保障数据同步的及时性、准确性和稳定性。

全量同步策略是指数据上云时无须对数据做任何筛选，每次同步都是全量数据。对于全量同步策略的选择可以参考如下建议：

- 对于全量数据量小于 100W，且日日增量不超过 1W 的维表或事实表可以考虑使用全量同步。
- 如果抽取源为只读库的表，可适量放宽为 1000W，数据量超过这个界限的表不建议使用全量同步的方式，因为多并发同步的情况下，大量的全表扫描很容易导致数据库的 I/O 压力，从而引起故障事件。
- 对于无增量字段及存在物理删除的表，为保障数据的一致性，也可酌情考虑全量同步的策略。

增量策略是指对于业务系统数据量过大，通过全量同步的方式无法满足数据处理时效性时，每次选择一定周期内变化的数据进行多次同步，适用于事实表及日志表。

数据同步策略的说明如图 5-38 所示，数据同步策略的比较如表 5-13 所示。

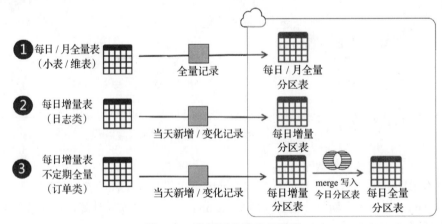

图 5-38　数据同步策略的说明

表 5-13 数据同步策略的比较

场景	上云同步策略
小数据量表（维表：数据量小于 100W）或无增量字段、存在物理删除的表	全量同步，来源数据每日全量抽取，写入每日/每月全量分区表
大数据量表（事实表：数据量大于 100W）	增量同步，增量数据抽取到每日增量分区表，与前一日每日全量表分区进行 merge 后写入今日全量表分区，参照图 5-38 中的流程 3
日志表（无更新操作类）	增量同步，增量数据抽取到每日增量表，按天增量存储

数据上云后，需要梳理上云表的清单，整理对应表的同步策略、同步条件、同步字段及调度时间。同时，有必要整理上云的问题跟踪表，记录上云的异常情形和处理记录，以方便问题跟进及回溯。数据上云采集清单表的内容如表 5-14 所示。

表 5-14 数据上云采集清单表的内容说明

工作大类	工作内容	说明
采集清单梳理	同步方式确认	根据数据源类型确认数据接入的方式，现有工具是否支持，具体支持场景可参照数据上云同步场景
	同步策略确认	根据表数据量大小、是否有增量字段及是否有物理删除的情况，确认数据上云的策略为全量还是增量同步。可参考数据上云同步策略选择的相关内容
	同步周期确认	根据任务计算周期需求，设置同步周期，一般情况下 T+1 即可满足
	增量条件确认	确认增量字段名及类型，一般建议为创建或更新时间字段，同时检查源数据库是否有索引
	同步任务运行窗口确认	根据业务系统架构、负载情况、网络带宽大小确认同步任务运行窗口，建议避开业务高峰期，同时启动时间建议在 0:30 分后，避免数据同步延迟导致数据丢失

4. 数据上云实施

（1）创建表

上云实施的第一步是在 MaxCompute 中创建增量表和全量表，可采用程序和手动的方式来生成这些表。字段名称应尽量与源系统保持一致，如下是 ODS 层表设计的规范说明。

1）增量表结构。表 5-15 给出了增量表结构字段的说明。

表 5-15 增量表结构字段说明

源库表结构	增删标识	业务数据变动时间	增量数据批量写入时间	分区键
COL_A,COL_B	BUSI_FLAG	BUSI_DATE	ETL_TIME	DS

2）全量表结构。表 5-16 给出了全量表结构字段的说明。

表 5-16 全量表结构字段说明

源库表结构	增删标识	业务数据变动时间	增量数据批量写入时间	分区键
COL_A,COL_B	BUSI_FLAG	BUSI_DATE	ETL_TIME	DS

规则说明：

增删标识、业务数据变动时间、增量数据批量写入时间这三个新增字段主要用于直接从数据层面排查数据问题。除第一次全量采集外，每日的数据写入依赖业务库是否有该字段，可采用日志采集方式（如 DTS）实现填写，否则这三个字段置空。

表 5-17 给出了 ODS 层表命名规则的说明。

表 5-17　ODS 层表命名规则说明

	增量表	全量表
表命名规则	{project_name}.s_{源系统数据库名}_{源系统表名}_delta	{project_name}.s_{源系统数据库名}_{源系统表名}
字段命名规则	❑ 字段默认使用源系统字段名称 ❑ 字段名与系统关键字冲突时处理规则如下： 加一个"_col"后缀，即"源字段名_col"	❑ 字段默认使用源系统字段名称 ❑ 字段名与系统关键字冲突时处理规则如下： 加一个"_col"后缀，即"源字段名_col"
字段类型	为防止数据精度丢失，增量表中所有字段都使用 string 类型	参考下面 SQL Server/MySQL 到 MaxCompute 的字段类型映射规则
增删标识	❑ 不能区分时统一用 U ❑ A：第一次全量数据 ❑ D：删除 ❑ U：更新 ❑ I：插入	❑ 不能区分时统一用 U ❑ A：第一次全量数据 ❑ D：删除 ❑ U：更新 ❑ I：插入
业务数据变动时间	❑ 19000101：第一次全量数据 ❑ 不为空：增量数据，与源库栏位的值一致；或由日志采集工具产生（如 DTS） ❑ 空值：未获取到源库	❑ 19000101：第一次全量数据 ❑ 不为空：增量数据，与源库栏位的值一致；或由日志采集工具产生（如 DTS） ❑ 空值：未获取到源库
增量数据批量入库时间	不为空：数据入库写入时间	不为空：数据入库写入时间
分区键	每日一个分区；第一次初始入库键值为"19000101"	每日一个分区
生命周期	默认：分区永不过期；数据量过大时，表单独讨论后确定	默认：30 天；重要表单独讨论后确定

3）表字段类型映射设计规则。

❑ 增量表

为防止数据精度丢失，增量表中所有字段都使用 String 类型，增量表字段类型根据源库映射创建。

❑ 全量表

如数据类型无特殊需求，建议使用 MaxCompute 的老版本数据类型，根据源端数据量类型的不同，选择对应的映射转换，具体可参考 MaxCompute 数据类型映射表：https://help.aliyun.com/document_detail/54081.html?spm=a2c4g.11186623.6.736.329a1ce714PLbh。

（2）存量数据上云实施

存量数据上云是将业务系统中已有的历史数据同步到云上，为数据初始化的一次性任务。实施过程中主要保证目标库增量表/全量表的表结构符合规范，将同步的全量数据插入增量表，用于永久保留初始化数据，便于后续数据问题的排查及数据污染的恢复。

存量数据迁移过程如下：

- 增量表数据同步：此步骤通过数据同步任务将业务系统表（T1）的历史数据同步到增量表（T1_Delta）中，完成增量表的初始化。
- 全量表数据同步：此步骤通过代码任务将增量表的数据同步到全量表中，完成全量表的初始化。

存量数据的同步过程如图 5-39 所示。

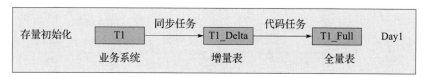

图 5-39　存量数据同步过程

（3）存量数据校验

存量数据迁移完成后，需要对全量表的存量数据进行一次数据验证，验证维度可参照表 5-18 所示的校验规则。

表 5-18　数据校验规则

是否必须	测试项	测试方法	说明
是	数据量比对	数据对比	数据量级需保持合理的波动
是	全文比对	数据对比	适用于预期应完全一致的场景，如报表新增/修改字段逻辑，应进行全文比对，保证原有字段数据准确性
是	字段数量比对	数据对比	校验是否缺失字段
否	字段枚举值分布比对	数据对比	对于日志类数据较常用，对比字段 Top100 的 count 数字
否	字段 sum、max、min、avg 比对	数据对比	指标字段对比，适用于数据订正、数据重构场景
否	字段 distinct 比对	数据对比	维度字段对比，适用于校验主键等字段的一致性

（4）增量数据上云实施

在批量数据同步中，有些表的数据量随着业务的发展变得越来越大，如果使用周期全量同步的方式会影响处理效率。在这种情况下，可以选择每次只同步新变更的增量数据，然后与上一个同步周期获得的全量数据进行合并，从而获得最新版本的全量数据。

在传统的数据整合方案中，合并技术大多采用 merge 方式（update+insert）。当前流行的大数据平台基本都不支持 update 操作，现在推荐的方式是全外连接（full outer join）+数据全量覆盖重新加载（insert overwrite），如日调度，将当天的增量数据和前一天的全量数据做全外连接，重新加载最新的全量数据。如下是常见的增量数据同步处理方式。

1）非流水型事务表数据同步方式，用于数据有更新的表。
- 增量表数据同步：通过数据同步任务按照筛选条件将业务系统表（T1）中的新增数据同步到增量表（T1_Delta）的分区 ds=day2 中。
- 全量表数据同步：此步骤通过代码任务将增量表（T1_Delta）中 ds= day2 的数据与全量表（T1_Full）中 ds=day1 的数据进行合并，将最新的全量数据写到（T1_Full）的 ds=day2 中。

增量数据合并同步的过程如图 5-40 所示。

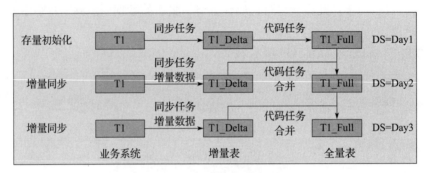

图 5-40　增量数据合并同步过程

2）日志表增量数据同步方式，适用于数据无更新的表。
- 增量表数据同步：此步骤通过数据同步任务按照筛选条件将业务系统表（T1）中的新增数据同步到增量表（T1_Delta）的分区 ds=day2 中。
- 全量表数据同步：此步骤通过代码任务将增量表（T1_Delta）中 ds=day2 的数据写到（T1_Full）的 ds=day2 中。

日志表增量数据同步的过程如图 5-41 所示。

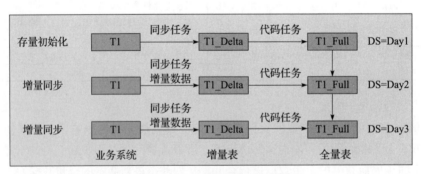

图 5-41　日志表增量数据同步过程

3）小数据量表增量数据同步方式。
- 增量表数据同步：此步骤通过数据同步任务按照筛选条件将业务系统表（T1）中的新增数据同步到增量表（T1_Delta）的分区 ds=day2 中。

❑ 全量表数据同步：此步骤通过代码任务将增量表（T1_Delta）中 ds=day2 的数据与全量表（T1_Full）中 ds=day1 的数据进行合并，将最新的全量数据写到（T1_Full）的 ds=day2 中。

全量数据同步过程如图 5-42 所示。

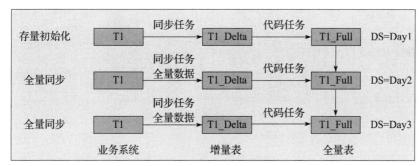

图 5-42　全量数据同步过程

（5）增量数据校验

增量数据迁移完成后，需要对全量表的增量数据进行一次数据验证，验证维度可参照存量数据校验方式，重点关注增量数据的完成性，如修改数据是否生效、增量数据是否符合预期。

（6）数据依赖检查机制说明

对于一些特殊数据源，无法确认数据的到达时间及数据准确性，需要在同步任务启动前增加数据检查任务，进行数据的状态及准备情况检查。例如，在某些行业不允许直连数据库进行数据同步，需业主方将数据导出为数据文件和校验文件并上传到中转机后，再由第三方系统进行数据同步。针对此类情况，需要在数据同步启动前，增加数据状态检查步骤以进行数据传输的完整性及正确性检查，之后再启动数据同步任务。

5.4.3　数据资产的构建

图 5-43 为数据中台 OneModel 的建模流程，下面我们来进行详细说明。

图 5-43　OneModel 建模流程

1. 维度表设计

维度表的设计步骤如图 5-44 所示。

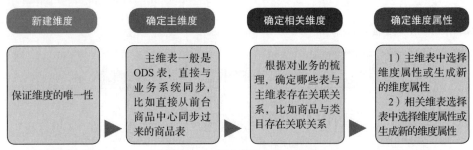

图 5-44　维度表设计的步骤

（1）维度设计的规范

数据仓库的数据来源于大量分散的业务系统，这些数据进入数据仓库后需要进行规范化、标准化的整合，方便下游进行分析使用。规范如下：

- 命名规范的统一，表名、字段名等的统一。例如，会员 id 统一命名为 cst_id 或者 member_id。
- 字段类型的统一。
- 公共代码及代码值的统一。比如，货币统一采用人民币，性别统一用 1/0 表示男女，或者统一用 male/female 表示男女。

（2）维度属性设计的要点

确定维度属性是维度设计的关键，以下给出维度属性设计的要点。

1）尽可能丰富维度属性。为给下游的数据统计、分析、探查提供良好的基础，需要尽可能地丰富维度属性。比如，零售行业核心会员和商品有近百个维度。

2）尽可能多地给出包括一些富有意义的文字性描述。在维度建模中，一般编码和文字同时存在。比如，商品维度中的商品 ID 和商品名称、门店 ID 和门店名称等。ID 一般用于不同表之间的关联，名称用于报表标签。

3）区分数值型属性和事实。数值型字段作为事实度量还是维度属性，主要取决于字段一般的用途。通常用于查询约束条件或者分组统计，则作为维度属性；通常用于参与度量的计算，则作为事实。如果数值型字段是离散值（可枚举），则作为维度属性的可能性较大，例如门店 ID；如果数值型字段是连续值（例如消费金额），则作为事实度量的可能性较大。

4）尽量沉淀出通用的维度属性。有些维度属性的获取需要比较复杂的逻辑处理，或者需要通过多表关联得到，或者需要将单表的不同字段混合处理而成，或者通过单表的某个字段解析而成，这样就需要尽可能沉淀出通用的维度属性。例如，会员注册渠道从会员主表和会员注册行为记录表关联得到，后续就可以通过会员注册渠道来进行分组统计。电商商品是否在线是重要的约束条件，加工逻辑是商品状态为 1 且上架时间小于或等于当前时间。

沉淀通用的维度属性有两个好处，一是方便下游使用，减少复杂度；二是避免下游解析不同逻辑的口径不一致。

（3）维度表设计最佳实践

维度表详细设计主要涉及维度的整合和拆分。

1）维度整合。

维度整合的几种方式如下。

- 主从表的合并方式。将两个表或者多表都有的字段放在主表中（基本信息），从属的信息分别放到各自的从表中。对于主表的主键，采用"源主键 + 系统区分标志"的方式生成。这种情况目前还比较少见。
- 直接合并，即垂直整合。不同的来源表包含相同的数据集，只是存储的信息不同。比如，会员基础信息表、会员扩展信息表都属于会员相关信息表，可以整合到会员维度模型中，丰富会员维表的属性。共有的信息和个性信息都放在同一张表中，这种方式很适合重合性高的表。如果重合性较低，会在字段中存在大量空值。
- 不合并。如果源表结构以及主键等差异较大，就在数据仓库中分开存储。

2）维度拆分。

针对维度进行拆分时，主要考虑以下两个方面：

- 根据维度属性的业务不相关性，将相关度不大的维度属性拆分为多个物理表进行存储。比如1688商品维度和淘宝商品维度，两个BU业务各自发展，可以分成两个商品维表进行存储。
- 对于维度属性过多，涉及源过多的维度表，可以做适当拆分。

在实际中，存在以下情况：某些维度属性的来源表生成时间较早，而某些维度属性的来源表生成时间较晚（例如一些需要通过运算的标签信息）；或者某些维度属性热度高、使用频繁，某些维度属性热度低、使用较少；有些维度属性比较稳定，有些维度属性经常变化。针对这些情况，我们可以设计主从维度，主维表存放稳定、生成时间早、热度高的属性；从维表存放变化快、生成时间晚、热度低的维度属性。

例如商品维表，可以根据实际情况拆分为商品主维表和商品扩展维表。商品主维表存储生成时间早，热度高的属性；商品扩展维表存储一些生成时间较晚的标签信息。

维度属性更丰富好还是要适当拆分为不同维度好，需要根据实际数据和业务情况进行综合考量。

2. 明细事实表设计

阿里巴巴数据公共层设计理念遵循维度建模思想（Kimball，维度建模），维度设计主要以维度建模理论为基础，基于维度数据模型总线架构，构建一致性维度和事实。事实表的设计的步骤如图5-45所示。

（1）明细事实表设计的建议

根据事实表设计实践的经验，总结一些设计建议如下：

1）尽可能将分散在各业务系统中相同或相似的业务过程进行整合。

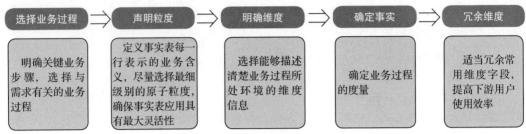

图 5-45　事实表设计的步骤

在企业的业务系统中，同一个业务过程可能涉及不同数据源之间的同步，例如会员领券，可能在会员系统里面有领券这个记录表，在微信平台可能存在微信领券的记录，那么应尽可能将领券这个业务过程抽象出来，生成一个领券事实表。

2）在事实表中生成易于下游分析使用的度量。

例如，报表需要统计访问时长，在业务系统记录表中只是记录访问开始和访问结束时间，而在事实表中可以新生成一个度量字段——访问时长，令访问时长 = 访问结束时间 − 访问开始时间。

3）事实表粒度定义的建议。

在事实表设计的过程中，粒度定义得越细越好，建议从最低级别的原子粒度开始设计。这样的原子粒度可以提供最大限度的灵活性，更好地支持用户各个细节层次的需求。比如，典型的交易事实表设计就包含交易主事实表和交易明细事实表，交易明细事实表包含了原子粒度的灵活性。

4）事实度量的单位要保持一致。

同一个事实表中度量的单位应该保持一致。比如，会员消费金额、优惠金额等应采用统一的计量单位，如统一成元或者分，小数点位数也需要保持一致。

5）对事实表的 null 值的处理。

在实际项目中，因为数据源数据质量的问题，事实表的字段中会有空值。对于空值的处理，有些字段不允许为空，需要反馈给数据源彻底解决或者与业务人员协商填充值。

❏ 事实表的外键不能存在空值，因为涉及与维表的关联。
❏ 度量的字段不能为空，否则统计分析的结果会不正确。
❏ 涉及过滤条件的字段，可能会导致大于、小于、等于等生效，建议和业务人员协商填充值。
❏ 字段不用于统计分析时，可以暂时允许为空。

（2）明细事实表设计最佳实践

事实表的设计主要分为事务事实表和周期快照事实表。累积周期快照事实表应用比较少，在此不涉及，后续有需要时再进行补充说明。

1）事务事实表。

所谓事务事实表就是一个事实表同时表达了一个或多个业务过程。事务事实表主要分为单事务事实表和多事务事实表。事务就是前面说的业务过程，比如下单是一个业务过程，支付也是一个业务过程。为了更直观地说明，我们采用三个电商交易最常用的业务过程——下单、支付和确认收货来说明这两种类型的事务事实表。如果是单事务事实表，那么这个事实表中就表达一个业务过程，要么下单要么支付，一条记录只表达一个业务过程信息。多事务事实表则表示一个表中包含多个业务过程，一条记录表达一个或者多个业务过程的信息。单事务事实表和多事务事实表的比较如表 5-19 所示。

表 5-19 单事务事实表和多事务事实表的比较

类型	单事务事实表	多事务事实表
业务过程	一个	多个
粒度	相互间不相关	相同粒度
维度	相互间不相关	一致
事实	只取当前业务过程中的事实	保留多个业务过程中的事实，非当前业务过程中的事实需要置零处理
冗余维度	多个业务过程，则需要冗余多次	不同的业务过程只需要冗余一次
理解程度	易于理解，不会混淆	难以理解，需要通过标签来限定
计算存储成本	较多，每个业务过程都需要计算存储一次	较少，不同的业务过程融合到一起，降低了存储计算量，但是非当前业务过程的度量存在大量零值

2）周期快照事实表。

相对于事务事实表，周期快照事实表较难理解，下面重点介绍周期快照事实表的特性和类型。

❑ 周期快照事实表的特性

周期快照事实表统计的是间隔周期内的度量统计，如历史至今、自然年至今、季度至今等。

周期快照表没有粒度的概念，取而代之的是周期 + 状态度量的组合，如历史至今的订单总数事实事务表是稀疏表，周期快照表是稠密表。稀疏表是指只有当天发生了操作才会有记录，如下单、支付等。稠密表是指当天没有操作也会有记录，比如针对会员历史至今的消费金额，无论当天会员是否有消费，都会给该会员记录一行。

❑ 单维度周期快照事实表

针对单个维度的快照事实表，比如会员历史至今周期快照事实表，就包含了历史至今消费金额、购买次数等。

❑ 混合维度周期快照事实表

相对于单维度，混合维度只是在每天采样周期针对多个维度进行采样。典型的就是淘宝买家/卖家历史至今周期快照事实表，采样周期是每天，维度是买家+卖家，反映的是不同买家对于不同卖家的下单金额、支付金额、下单次数等。

❏ 全量快照事实表

前面两种周期快照事实表往往是通过事务事实表加工得到，例如会员历史至今周期快照事实表就是通过会员交易事务事实表加工而来的。除了前面两种周期快照事实表，还有一种比较特殊的快照事实表，称为全量快照事实表。

对于状态一直变化的数据，可以用全量快照表来统计至今的最新状态。例如，对于订单评价，好中差评会每天发生变化，就采用全量快照表的方式，也就是每天全量更新。这种类型的快照事实表使用得比较多，如果业务数据表的数据量不大或者没有标识增量的时间戳，每天都是全量同步，也可以设计成全量快照事实表。

3. 汇总事实表设计

基于阿里巴巴 OneData 方法论最佳实践，汇总数据层以分析的主题对象作为建模驱动，基于上层的应用和产品的指标需求构建公共粒度的汇总表。汇总数据层的一个表通常会对应一个统计粒度（维度或维度组合）及该粒度下若干派生指标。通过汇总明细数据得到的事实表称为汇总事实表，汇总事实表属于汇总数据层（DWS）。用户通过访问汇总事实表，可以减少查询的计算量，快速得到响应。另外，这有利于不同用户访问明细数据带来的结果不一致的问题，如阿里集团的买家最近一天交易汇总表、最近一周卖家交易汇总表等都属于汇总事实表。

（1）汇总事实表的基本原则

1）一致性。汇总表的来源是明细粒度的事实表，所以需要提供与查询明细粒度事实表一致的查询结果。

2）避免单一表设计。不要在同一个表中不同行存储不同层次的汇总数据。举例来说，如果汇总事实表中有些行存放按天汇总的交易额，有些行存储按月汇总的交易额，就会让使用者误用。有效的做法就是将按天与按月汇总的交易额分两列存储，然后通过列名或者注释区分出来。

3）汇总的粒度可不同。汇总不需要保持跟原始明细事实表一样的粒度，汇总只需要关心查询的维度。例如，订单涉及的维度有商品、买家、卖家、区域（省、市、县等），这样就可以按照商品汇总一天的交易额，按照买家汇总一周的交易额，也可以按照卖家和区域汇总一个月的交易额。

4）数据公用性。汇总事实表最大的目的是给第三方使用，并且汇总事实表经常提供给下游的任务使用，这样第三方使用的时候不需要每次都从明细事实表中获取，这就避免了重复大量计算。汇总事实表会带来查询性能的提升，但是也增加了 CDM 的层数，提高了复杂性，所以是否具备公用性是建立汇总事实表的重要标准。

5）不跨数据域。汇总事实表由某张明细事实表构成，因此汇总事实表是不跨越事实也不跨越数据域的，是否跨越数据域是划分表属于 CDM 层还是 ADS 层的一个标准。

6）区分统计周期。在表的命名上要能说明数据的统计周期，具体可以参考命名规范。比如，_1d 表示最近 1 天，_td 表示截至当天，_nd 表示最近 N 天。

（2）汇总事实表设计的基本步骤

汇总事实表的设计步骤如图 5-46 所示。

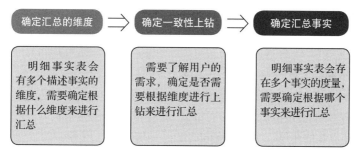

图 5-46　汇总事实表设计的步骤

根据 OneModel 方法论，指标的核心公式如图 5-47 所示。

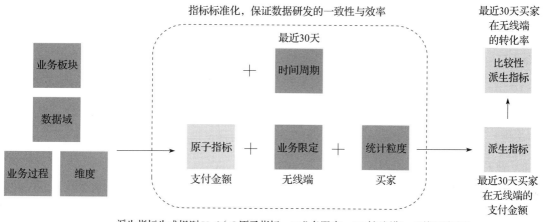

图 5-47　指标的核心公式

根据指标的核心公式，派生指标由原子指标 + 业务限定 + 统计周期 + 统计粒度组成。在 Dataphin 中，组成汇总事实表的统计指标有两种来源，具体如下：

- 通过 Dataphin 规范建模，系统生成派生指标时，按照相同统计粒度自动汇聚。
- 通过非派生指标创建方式创建的普通物理表字段，根据同主键原则写 SQL 的方式聚集到相应的汇总表。

4. OneID 构建

从阿里巴巴数据中台的视角，"OneID"是自然人的身份代号，类似于实际生活中的身份证号。对于互联网世界的每个自然人都通过算法赋予一个稳定的虚拟身份 ID，即 OneID，并且识别自然人拥有的各类身份 ID 和工具 ID，如账号 ID（taobao_id、alipay_id 等）、设备 ID（imei、idfa 等）。OneID 将自然人来源的各个系统、各个领域的 ID 聚合，剔除不属于该自然人的 ID，突出活跃 ID，剔除消亡 ID 等，从而为商业营销、人群圈选、标签聚合等业务提供帮助。对企业来说，也可以基于一方多业务系统通过合法方式采集的数据来构建私域 OneID 体系。

OneID 上云瞄准客户实际需求，以方便移植、部署高效、性能稳定、满足多样需求为目标进行研发。

（1）OneID 术语

1）id：id 是指同一时刻在研究范围内，理论上只归属一个自然人的信息。id 是 OneID 的基础概念，在现实生活中处处有 id 的身影，如设备 id，包括手机号"138×××"，车牌号"浙A××"；企业的注册 id，包括 taobao_id、alipay_id；自然人固有的身份 id，如身份证号、护照号。

2）唯一身份 id：同一个自然人只能拥有 1 个该 id 类型，也称为核心 id。核心 id 是 id 的一个分类，OneID 根据 id 的特征将其分成核心 id 和非核心 id。核心 id 指一个自然人在同一时间、在研究范围内，仅仅拥有 1 个此类 id。在现实生活中，有很多核心 id 的实例，如身份证 id、护照 id、某些特殊的 id（研究范围内，源系统或其他系统给其颁发的唯一 id，如某公司的会员 id）。但是，有时我们通常认为的比较重要的 id，如淘宝 id、alipayid 均不属于核心 id。

3）非唯一身份 id：与核心 id 的概念相对应，即一个自然人可以拥有多个同种类的 id，也称为非核心 id。比如，在生活中，一个自然人可以有多个手机号、淘宝账号、支付宝账号、车牌号等。非核心 id 不限制数量，但其限制归属唯一。也就是说，这些 id 虽然可以被同一个人拥有多个，但是其主人只能有 1 个。这里可能会有很多争议，如夫妻共有手机号，乍一看手机号归属是夫妻两人，但其实针对上述情况，OneID 的计算最终会将该手机号归属于其中 1 人。因为这种共有通常有倾向性，所以 OneID 计算会依据谁用得比较多、谁近期使用得频繁、谁用其做了更加重要的注册等多种信息去确定归属。

4）id 关系对：id 的关系对指两个具有相关关系的 id 形成一个三元组关系，即（ID1，ID2，SCORE）。SCORE 反映了两个 id 的真实关系程度，取值范围是 0～1。它在阿里巴巴 OneID 的应用中使用的是改进后的 cosine_value。形成关系对的方法有利用直接获取法（从日志和维度表获取）、间接获取法（根据辅助信息）等加工出新的关系数据。

5）OneId：OneID 是对自然人身份 id 的统一标识。一个自然人享有一个 OneID 系统颁发的一个 OneID，OneID 是由数字和字母组成的一长串字符串，通常为 32 位或 48 位。它是一个虚拟的 id，不具有现实的意义，但是它在 OneID 技术中是自然人的身份 id。自然人在现实生活中的真实 id 则均聚合于它，从而形成一个具有 id 群的 OneID。我们通常讲到的 OneID 既可能是 OneID 本身那个 48 位的虚拟 id，也可能是包含 OneID 本身的该自然人所有的 id，需要根据场景区分。

6）个人属性：是指除 id 外，其他可描述该自然人的一些个人属性和信息。这些信息包括姓名、性别、出生日期、国籍、籍贯甚至是毕业学校、专业等。这些辅助信息不符合 id 的唯一性要求，但是对自然人仍有一定的辨识度，它将作为 OneID 计算的数据源的信息之一。

（2）OneID 的技术路线

1）OneID 调研。

调研 id 类别和数量的目的是从总体上了解客户的 id 状况，收集需要关注的 id 种类和来源的各个系统，以及 id 在各个系统分布的数量。这一步操作对 id 源数据输入和测试有重要的意义。

- 基础信息调研：了解客户 id 的类别和总体特征数量，id 总体特征的调研表如表 5-20 所示。

表 5-20　ID 基础信息调研表

No	ID Keytype	System	Id Level	Id num	Id total num
1	gr_member_id	CMS	primary_id	1 472 394	1 472 394
2	phone	Opera	secondary_id	13 234	36 709
3	phone	F&B	secondary_id	23 475	36 709
…	…	…	…	…	…

- id 详情调研：在了解了 id 的基本特征后，我们需要开始统计和梳理 id 的详细特征，制定一张《id 详情特征表》，表中主要包括 id 名称、来源表名称、是否为事实表等信息。
- Id 关系对调研：在完成了对 id 及辅助信息的详细调研后，我们不难找出每个主表中可获取的 id 关系对了。为统计便捷和查看方便，我们在《id 详情特征表》的基础上增加一栏，形成 id 关系对构成表，如表 5-21 所示。

表 5-21　id 关系对构成表

No	Table	System	KeyType	…	Special	Info	Example	Id_pairs
…	…	…	passport	…	…	…	…	idcard-passport
			idcard					idcard-credit_card_id
			credit_card_id					…

2）id 关系对获取。

- 事实表直接获取：出现在事实表中的 id 如果含有多个 id 类型，可将这些 id 形成 id 关系对。
- 维度表直接获取：亦可从维度表中获取关系对。由于维度表的信息相对齐全，部分 id 信息客户在注册时会填写，但实际使用的次数非常少。
- 算法获取：直接从一条数据记录中获取 id 关系对是最有效的方法。然而，在业务系统数据所体现的生产生活中，几个 id 出现在一条记录的情况并不能涵盖所有场景。在很多情形下，人的 id 是分开出现在事实记录中的。利用算法构造关系对的思路是：收集 id 所带的个人信息，两两计算信息相似性，若计算值大于设定的判断条件阈值，则可将其设置为新的 id 关系对。算法获取 id 关系对的方法如图 5-48 所示。

图 5-48　算法获取 id 关系对

3）id 关系对计算。

id 关系对计算主要包含以下几个过程：

- 日关系对：计算 id 每日出现频次。
- 累计 id 计算：计算一段时间 id 出现的总数和密度分布。
- 日关系对计算：计算每日关系对出现频次，累计 id 关系对计算，累计一段时日的 id 关系对及相关性。
- 相关性计算：id 关系对相关性采用了 id 空间距离计算。
- 衰减：频次衰减常用的方式有指数衰减和线性衰减。可根据实际需求选择对频次等进行衰减。

如果客户特别注重 id 的时效性，则可以采用指数衰减，如多数互联网企业的 id 信息变换较快，一个 id 若在研究时间范围内未出现，通常可认为其已经消亡。

而传统企业的 id 对时间的敏感性比较弱，如某国际旅游集团，其客户 id 出现在该集团内的时间跨度非常大，或许某次出现的 id 距离上次已超 1 年，甚至多年。这样的场景下，可采用线性衰减。图 5-49 分别是指数衰减的 2 个参数调节和一个线性衰减的实例。

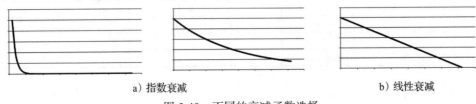

a）指数衰减　　　　　　　　　　b）线性衰减

图 5-49　不同的衰减函数选择

4）图连通。

对所有相关 id 进行一次图连通计算，形成连通分量，每一个独立的连通分量即一个 id 簇。当 id 簇超过 10 万个 id（阈值可浮动）时，处理如下：

- 工具类处理 id（或作弊 id）：同一个 id，关联 id 对超过千对，则所有相关关系均剪断。
- TOP 类处理 id：同一 id 与另一个同类型的 id 关系对超过 N 对，则 topN 以上均剪枝，一般是 100。
- 合法类处理 id：id 内容明细若存在问题，则直接丢弃 id，剪断相关关系。id 明细识别一般使用正则方式即可。
- 不明缘由的巨型簇：限制超级巨型簇部分类型 id 的信息传递。当上述 3 个方法均无法遏制巨型簇时，则需要进行巨型簇的连通限制。巨型簇如图 5-50 所示。

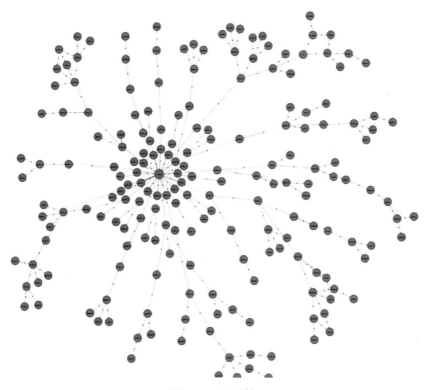

图 5-50　巨型簇

5）图迭代。

id 关系对相关性采用了 id 空间距离计算。

图迭代是一个自然人的识别过程，主要依据包含以下几个部分：
- 图计算起点：多重唯一身份 id 实体。
- 图计算终点：自然人拆分结束，OneID 倒排表形成。
- 图计算依据：输入 id 类型（唯一身份 id 和非唯一身份 id）、个人属性（性别、年龄、职业等）。拆分连通图所代表的自然人间的混杂关系，进行 id 关系重要性排序。
- 图计算终点：自然人拆分结束，OneID 倒排表形成。

图 5-51 给出了 OneID 倒排表产出的图迭代结果。

（3）OneID 倒排表

OneID 倒排表是 OneID 的最终产出物。OneID 倒排表的结构如表 5-22 所示。它是一个二级分区表，这张表的使用场景有以下几种。

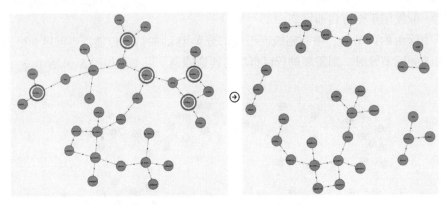

图 5-51 OneID 倒排表产出的图迭代结果

1）根据某个 id 查询全局信息：key_id 和 keytype 可近似看作联合主键，这样就锁定了 OneID 的信息。

2）根据 OneID 查询该自然人所有信息：直接根据 OneID 锁定自然人进行查询，即根据 ds 和 OneID 查询。

表 5-22　OneID 倒排表

key_id	OneID	email	credit	passport	phone	guest_id	keytype	ds
28632@ xx.com	passport#1941002031 53153103149108154149 107107198102156150	28632@ xx.com :1.0	0xe412c 37ad9e4 ec:0.532	SGP#0xdd3 5f19db891 1c26:0.832	0x4688ca996 3cea11f9ef3 5c:0.8382	3590760:0 .737|2131 24:0.12	email	2018 1208

3）id 排序。

（4）OneID 继承

OneID 继承是继承 OneID 的 value，即 48 位的虚拟 id 号。每一个自然人在 OneID 倒排表中都有一个唯一的 OneID 号。同一自然人若非首次出现在 OneID 倒排表中时，则选择沿用之前已经存在的 OneID。保持 OneID 的不变性有很多益处，当 OneID 被下游使用时，往往通过 OneID 的 key_id 而非某个 id 查找这个人。

5.4.4　数据资产的管理

数据资产管理领域的三个重要方向是：资产分析、资产治理和资产应用，我们基于这三个方向的技术研究和实战，将流程、经验、标准和规范等产品化，最终构成企业统一的数据资产管理平台。

1. 资产分析

资产分析包括资产盘点和资产评估两部分。资产盘点是为了让使用数据的人员更好地理解数据，可通过知识图谱进行内容的理解和推理或构建企业资产目录；资产评估则对资产的活性、投入产出比进行评估。

图 5-52 给出了资产分析的内容。

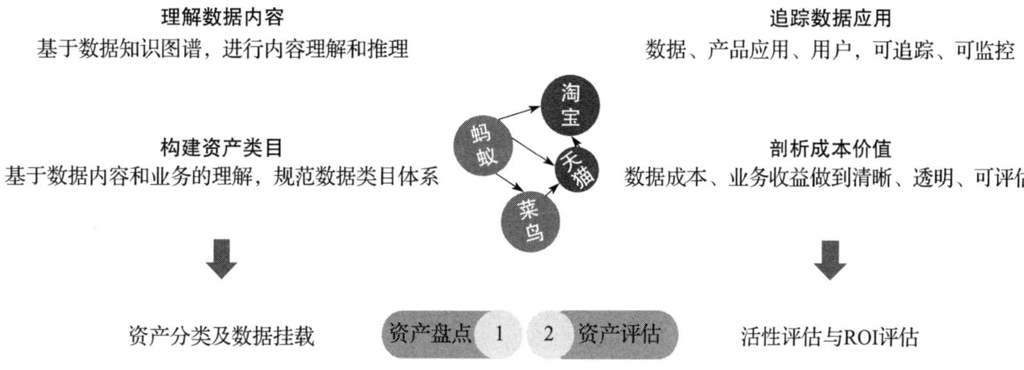

理解数据内容
基于数据知识图谱，进行内容理解和推理

追踪数据应用
数据、产品应用、用户，可追踪、可监控

构建资产类目
基于数据内容和业务的理解，规范数据类目体系

剖析成本价值
数据成本、业务收益做到清晰、透明、可评估

资产分类及数据挂载　　资产盘点 1　2 资产评估　　活性评估与ROI评估

图 5-52　资产分析的主要内容

资产分析包括以下三部分内容：
- 资产分析对象。
- 以企业全域大数据作为资产分析对象。
- 多维度数据资产分析体系。

基于资产分析对象，以基层元数据、用户行为日志、数据知识图谱为素材，通过综合人脑和机器学习算法等手段，充分理解数据资产内容，完成各类数据资产分析，理解数据内容；通过用户协同并建立数据确信机制，实现数据内容理解与数据确信机制相辅相成的多维数据资产分析体系。

资产分析要尽量实现产品化，重点从以下方面入手：
- 基于多维度数据资产分析体系，在技术端和用户看不到的产品背后进行资产盘点、资产评估和资产探查，从而向用户输出易读、易懂的资产报告。
- 提供资产导航服务，方便用户通过多种方式找到想要的数据及其详情。
- 提供特定专题的资产分析服务，如核心资产分析、用户自定义资产分析等。
- 提供简单易用、有助于资产分析和产品化的配置管理，如数据类目配置管理、数据资产打标签管理等。

2. 资产治理

资产治理包括对计算、存储、质量、模型、安全、成本等领域进行治理，并形成有效的智能治理闭环，将治理方法论沉淀为工具产品并输出。

图 5-53 给出了资产治理体系的内容。

资产治理包括以下两部分内容：

（1）资产治理闭环体系
- 建立包括现状分析、问题诊断、治理优化、效果反馈在内的资产治理闭环体系。

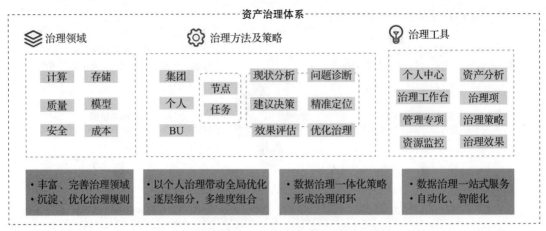

图 5-53 数据资产治理体系

□ 对各环节内容进行丰富和完善，问题诊断不仅包括计算存储资源诊断，还包括数据质量与数据安全的领域诊断。

（2）资产治理多维度输出

资产治理致力于将治理闭环能力开放，通过标准输出、定制产品、能力输出、构建协作机制等维度进行输出。

3. 资产应用

资产应用通过全链路实现端到端打通，评估应用投入产出比，并进行安全的检测管控。图 5-54 给出了资产应用的内容。

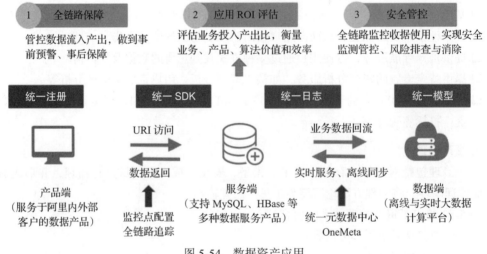

图 5-54 数据资产应用

资产应用主要是指资产应用全链路体系，通过全链路数据跟踪，实现数据从获取到处理再到应用的端到端的打通。

资产应用产品化是指围绕最终用户，以数据资产的本质为驱动力，提供应用分析产品，包括以下方面：
- 全链路"血缘"关系，清晰展示数据的来龙去脉。
- 全链路保障，让用户清楚知道各种保障措施和问题所在，以及为何资产应用能够稳定、健康地运行。
- 访问分析，全面分析数据应用的产品及场景的被访问情况。
- ROI 评估，为用户指明当前产品或场景化应用的投入产出情况。

4. 资产管理工具

通过资产分析、资产治理、资产应用，我们努力让大数据从成本中心走向资产中心，让企业致力于数据资产建设和管理。这里要从两个视角出发进行平台实践：一是研发视角，在数据研发链路中，对于数据安全、数据质量、数据标准、数据资产的构建，关注任务生产节点、生产监控，以提供持续、稳定的数据加工结果提供对外服务。面向的用户群体主要是研发。这个平台实践由 Dataphin 承载和输出。二是大数据管理部门和业务部门视角，需要从业务视角和管理视角实现数据资产可看、可查、可管、可估、可用，回答的是数据资产的成本价值和管理问题，并以最低的门槛让企业业务人员了解数据、获取数据和使用数据。下面重点介绍全域数据资产运营平台。

当企业在研发链路上完成资产构建之后，在数据对外服务的管理和互通层面必然面临如下挑战：
- 海量的提数、查数需求。
- 源源不断的资产建设需求。
- 数据资产的成本和价值评估。
- 数据资产的安全管理、资产定义的完整性和可溯源性。
- 数据资产的服务便捷性，用最低的门槛完成自助式服务。

而这一系列挑战对大数据管理部门来说，都是需要通过平台化的方式解放人力，构建良好的数据运用生态。

另一款云上输出的数据中台产品——全域数据资产运营平台定位是以核心数据资产为中心，搭建可管、可查、可控、可通、可估的数据资产服务中心，支撑企业内数据资产流通，提升全员数据使用意识，辅助企业进行数字化驱动的生产模式转型。它是链接生产平台 Dataphin 和数据消费场景的共享层产品。图 5-55 展示了全域数据资产运营平台在数据中台的位置。

同时，站在企业数据资产管理的全域视角，数据中台的资产仅仅是企业数据资产的一部分，无论从数据中台的发展视角还是全域管理视角，都需要将业务系统的元数据纳入管理。

图 5-56 给出了全域数据资产运营管理的架构。

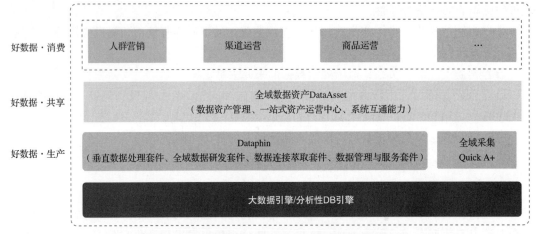

图 5-55　全域数据资产运营平台在数据中台的位置

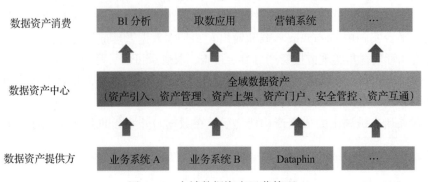

图 5-56　全域数据资产运营管理

（1）数据资产管理部分

- 标准的资产引入流程：以系统化的方式解决资产从引入到标准化、分类、目录规划的管理链路问题。资产引入首先要解决的是数据源端采集适配的问题，需要适配多类型的数据源，且由于不同源端的元数据采集情况不一样，需要设计标准层隔离版本升级的影响，以便向上提供稳定的标准模型支持。
- 资产引入后的标准化流程：这里的标准化主要指资产的上架分类、资产定义和描述的维护、资产的归属、资产的业务标签。而且，从安全管理层面上，要对资产的可见和可消费对象进行集中式管控。
- 标准化流程后的目录规划：从数据中台资产的业务归类角度，站在企业视角看待数据资产分类，进行目录规划。

（2）数据资产服务部分

生产数据资产是为了使用，在使用之前需要可查、可获取，在使用之后需要可评估。平台以系统化的方式解决从业务视角进行资产的展现和查询问题，并通过血缘关系、资产的预览等方式帮助用户在使用前充分了解和定位所用的数据资产。

在定位到数据资产之后,接下来要解决的是服务问题。资产平台通过对接服务市场工具的方式进行在线化对接,如取数工具、分析工具。在使用流程上,用户可以直接就定位的资产发起消费申请,审批通过后由资产平台在工具端创建数据集。在资产平台实现消费端的权限管控基础上,实现用户从看到用的一站式链路打通,这个过程中也解决了 IT 部门大量的查数和取数需求。

(3)数据资产价值评估部分

价值评估要解决的问题是帮助管理者评估上架资产的成本和收益,从而辅助下架决策以及资产使用评估分析。从成本上,资产从存储和计算量角度进行度量;从收益上,主要从服务调用次数、服务输出部门等维度进行分析,以评估中台资产在全公司范围内被使用的程度和广度。我们将在下一节详细介绍数据资产的价值。

5.4.5 数据资产的价值

什么是数据价值?"数据的真正价值在于应用,没有应用价值的数据只是数据而已。"

那么数据价值应该怎么评估?可以依据数据需求分析,建立合适的数据价值评估模型,主要包括数据成本和收益的评估方法、评估指标等,并支持对数据价值评估方法与各项指标的动态更新。

用什么方法来评估数据资产的价值呢?

成本法、收益法、市场法这三种传统的评估方法在应用于数据资产估值时具有一定的适用性,但也存在一定的局限性,目前尚未形成成熟的数据资产估值方法。逐步探索和推进特定领域或具体案例中数据资产的价值分析,将是未来一段时间内不断深化这一研究的可行之道。

我们尝试以成本法为基础,综合其他方法来计算数据的价值,得出相关计算公式如下:

$$数据价值\ v = 单位成本\ c\ (元/TB) \times 数据量\ n\ (TB) \times 内在价值系数\ a \times$$
$$(使用价值系数\ b + 市场价值系数\ d)$$

数据资产价值评价指标体系如表 5-23 所示。

表 5-23 数据资产价值评价指标体系

指标分类	指标名称	指标描述
单位成本 c= 获取成本 $c1$+ 整合成本 $c2$+ 维护成本 $c3$	获取成本 $c1$	获取数据所需的成本
	整合成本 $c2$	整合数据所需的成本
	维护成本 $c3$	存储设备及安全保障投入,维护数据所需的成本
内在价值系数 a= 数据质量 $a1 \times$ 数据规模 $a2 \times$ 数据共享性 $a3$	数据质量 $a1$	数据的质量情况,包括数据完整性、准确性等
	数据规模 $a2$	数据量的多少
	数据共享性 $a3$	数据涉及的业务系统及其复杂度
使用价值系数 b	使用效能 b	数据使用的情况,包括使用人数、使用人评价等
市场价值系数 d= 市场需求 $d1 \times$ 市场供应量 $d2 \times$ 竞争对手定价 $d3$	市场需求 $d1$	市场对该数据的需求
	市场供应量 $d2$	市场上该数据的供应情况
	竞争对手定价 $d3$	市场上竞争对手对于同类数据的定价情况

数据资产的价值已受到越来越广泛的关注,但是当前对于数据资产评估的研究还处于早期阶段,以上的评估方法及落地性还需要逐步完善。数据资产的复杂性也导致从无形资产评估借鉴过来的方法均有不适用性,究竟哪种方式最适合数据资产的价值评估和最终定价,以及具备可执行落地性呢?这些问题有待持续探究。

5.5 智能数据应用

5.5.1 数据应用概览

1. 为什么说数据应用不可或缺

在企业数据中台实践中,架构设计、平台建设和资产化建设均属于平台建设范畴,平台数据资产建设的成果是基于数据中台"三个ONE"方法论的标准化建模以及萃取设计的数据资产体系。但到此为止,如果没有应用层建设,这些资产体系就像"金子"一样躺在"矿山"里,没有被便捷的、可理解的、使用友好的、有业务应用的场景"开采"出来,这会大大限制企业全面使用中台资产,并将其融入业务流程和使用中。同时,数据要做成"活水",任何数据资产要输送到前端业务场景中使用,观察效果,不断调优,数据的价值才会被打磨得熠熠生辉。

2. 数据应用的定义和类别

数据中台应用是面向用户,深入了解其在使用数据中的痛点,结合中台沉淀的数据资产和技术(如实时技术、算法技术等)。打造适用于不同角色用户、不同业务场景下的应用体系,载体就是数据产品。图5-57是阿里内部数据中台顶层设计三角体,可见,产品是其中重要的"一角",数据产品是把数据、数据分析、决策逻辑固化到一个应用产品中,为业务决策提供数据价值的一类产品。

图 5-57 数据中台顶层设计

数据应用面向不同的用户群体,可分为以下类别:

❑ 可视化大屏、固定图表等,一般面向决策层、外部客户、不具备数据分析知识等只需要看数据结果的群体,特点是只展现结果,无分析逻辑和链路的设计。

❑ 交互式数据分析产品,如常见的BI工具,面向需要数据分析的用户,让他们可以通过自由拖拽方式生成分析报表、分析业务问题;面向数据运营人员,帮助他们通过数据发现问题、定位问题,结合业务判断和数据分析结论找到原因,从而完成业务优化。

❑ 智能决策型数据产品,根据数据分析和算法技术的结果自动执行决策和行动的一类数据产品。例如金融行业的风控决策引擎，授信和反欺诈策略通过智能数据标签和各种业务规则判断业务结果，直接干预业务流程。
- 混合类数据产品。结合具体的业务应用场景，混合类数据产品是既包括交互式分析，也融合了算法决策，并且以固定看板的形式反馈数据应用结果等的综合型产品。

5.5.2 数据应用规划实践

企业在搭建数据中台时往往需要考虑总体目标和实施阶段的分解，这样可以更好地集中资源，平衡现状和目标、近期和远期的冲突。在企业数据中台实践中，我们发现很多企业在数据资产还没有沉淀的情况下就期望做到智能决策，认为建一个中台就能解决所有问题。但企业的数据积累并非一朝一夕之事，数据资产需要的是规划和经营。

1. 业务现状分析

数据应用要贴合用户，贴合业务。贴合用户是指要了解企业中需要用数据的人员对于数据分析、数据应用的能力情况，切忌"拔苗式"设计。尤其是在数据中台一期建设时，要考虑适当的数据应用。在企业数据资产上，重点是"掘出水源"，并使之流动起来，能在一期建设中让企业全员广泛使用中台建设成果是最为重要的事情，这对于后面二、三期的扩展至关重要。

在一期建设中，通常企业面临的数据痛点包括指标定义不统一、数据质量不高、数据源不足等，因此一期也是"信用建设"阶段，中台提供的数据要可信、可用。如果能扩充数据源，就增加了额外的价值。

业务现状分析的第一个抓手是用户分析，这里要注意以下几点：

1）角色分析。高、中、基层的数据需求都要考虑。三类角色对"把数据送到嘴边"的需求程度不一样。高层对数据的需求是"宽"和"少"，要的是结果，最好辅以外部竞品和市场数据帮助其做决策参考，表现形式可依据高层自身的专业背景、喜好等量身打造。例如，有的高管喜欢看明细数据，有的高管只是看结果来做绩效跟踪和问题发现。中层需要职责管辖范围内的结果数据，同时需要分析过程，以帮助发现问题原因并找到优化点。基层的同事从"看"的角度需要大量明细数据，从"用"的角度需要数据可以赋能业务的工具/产品。

2）用户使用数据的痛点分析。例如，高管以前看到的同一个数据指标结果不一样，那就需要约定指标口径，且固化看板，让高管在一个地方看数据；基层负责会员运营的员工做精准营销时需要自己想取数逻辑，然后给IT部门提取数需求，那就需要一个产品，用于在其上完成界面化标签操作，圈选直接投放。

3）用户数据分析的能力水平。应用层面对于数据的赋能到底是提供宽表写SQL查询还是包装成界面化操作，以降低数据分析的编程门槛呢？这需要对企业内部人员的数据分析能力有深入的认识。不仅在分析工具能力层面，还包括分析思维方面，如果企业人员能力比较弱，那么就需要提供经典分析看板，固化分析思路，赋能一线员工。

业务现状分析的第二个抓手是企业整体数字化转型阶段设计，着眼未来的同时，一定要尊重当前阶段。首先，我们未来的畅想和规划可以暂时放下现状的约束，去发现和定位目标。在项目中，阿里的专家和企业人员可以一起构想数据的应用如何在各业务板块上赋能业务，包括形式、目的、达到的效果等。然后，再回到现状去看现实条件的约束，列举实施的前置条件，确定分阶段目标。

2. 应用产品规划

应用产品规划本质上就是分角色、分阶段提供给产品矩阵，并在实践上做超量设计，列举实现的前置条件。通常需要遵循业务在线化、运营数字化再到决策智能化这三个阶段。在一个项目中，大家畅想了一个很好的产品——营销沙盘，这个产品通过数据和算法能力为决策者提供营销活动的部署策略支持。例如，根据预算和营销目标，系统可以进行最优决策模拟，给出渠道投放、商品投放、人群投放等方面的策略建议。但这个企业还未完成业务在线化阶段，尚没有营销管理系统可以在线化发起和存储活动数据，不可能一下子跳到第三个阶段。在规划中，我们往往会发现数据中台项目对信息化能力建设的"查漏补缺"作用。

整个规划的流程如图 5-58 所示。

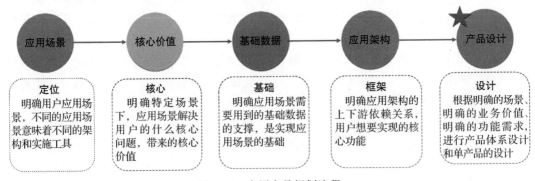

图 5-58　应用产品规划流程

5.5.3　行业数据应用实践

1. 通用型数据应用

通用型数据应用是指建立在数据中台之上，不具备特定行业属性的数据应用，一般是为了便于用户进行数据资产管理、展现、使用。应用功能是在多行业通用的，或者 80% 的功能可以通用。本书介绍两类应用实践。

（1）数据资产平台

这个应用的目的是将中台的数据资产以可理解、低门槛的方式开放给全公司业务部门使用，同时作为大数据部门进行数据资产管理、运营的平台，是数据中台上线后不可或缺的资产运营平台。同样地，我们从用户角色出发去拆解该平台需要承担的职能、实现的目标。

❑ 第一类角色：企业管理者

企业管理需要了解企业的数据资产总量、类型、成本和服务输出调用情况，以判断数据中台对于全公司各业务的支撑程度。同时，从数字化转型的角度，企业数据中台数据资产的规模、标准化程度、调用情况等从一定程度反映了这个工作的进度。

❑ 第二类角色：大数据部门

数据中台上线后一定要考虑运营的问题：一是怎么让全公司广泛使用，使数据中台的资产变成"活水"？二是全公司都应用了之后，如何面对需求井喷的情况？三是如何计算数据中台的成本和收益？

对于第一个问题，有两个很重要的解法：一是要以最低门槛让全公司都知道数据中台是什么、有什么、能给他们的业务带来什么变化；二是一定要将有亮点的数据应用植入到一两个业务场景中去，可以小而美，但一定要对业务有切实的改变。因此，这个平台一定需要承载资产地图、资产全景的功能。而具有亮点的应用属于强业务性质的，不在通用类应用中呈现。

对于第二个问题，要区分需求类型。一般来说，首先井喷的一定是取数需求和各类报表需求。因此，这个平台一定需要有自助取数功能，从看数到取数是一个很自然的过程，当然希望在一个平台里面呈现。

对于第三个问题，要找到数据中台成本和收益计算的指标作为抓手。成本应该很明确，用计算和存储资源消耗即可。对于价值计算，很多企业热衷于搞价值评估模型，如果这个模型计算出来的结果可解释、可被全公司广泛认可、可执行（如依据这个价值带来绩效上的考核），那么就是成功的；如果只是成为一个分数/指数放在页面上看看，那么还不如直接计算资产的调用次数。

❑ 第三类角色：业务部门

这里的业务部门指除了IT/大数据部门之外的其余业务和职能部门，大部分员工因为不可能参与到数据中台建设项目中来，所以对其是不了解的。虽然他们平时也有很多数据需求，但并不知道数据中台有什么，可以提供什么。同时，他们大概率不会写查询语句，需要不断找IT/大数据部门提出各种提数需求，因此，同样需要资产地图、资产全景、自助取数这样的功能。

（2）画像及圈选平台

数据中台中有一类很重要的资产就是标签。标签的实体很多：客户的、门店的、商品的、飞行员的、员工的，等等。标签用来从不同维度描述实体的特征，便于用户对分析的实体对象有深入的了解。同时，标签的设计可以让用户进行精细化运营，例如为了唤醒沉睡用户，可以圈选"最近半年未购买人群且最近一年购买过且高价值人群"，这里面就用到了三个标签，可以依据一线运营人员的运营思路灵活使用标签组合。标签体系的设计不在本章中介绍，本章主要关注资产应用功能方面，所以我们还是从用户角色出发加以阐述。

❑ 第一类角色：大数据部门

这个平台的资产对象是标签，从应用角度是开放给业务部门使用，因此这里一定会有标签管理的功能。要解决的问题是：如何监测标签效果，提供最高质量的标签给用户使用，同时中台可以优化？对于效果不好的标签，如何进行下线管理？对于用户自创的标签或者组合标签，如何提供相关功能并进行管理？如何给用户呈现完整的、清晰的标签目录？

这个应用首先要按照不同的标签实体创建标签目录，便于用户灵活、清晰地查询。其次就是监测效果，标签的效果除了使用次数、查询次数等之外，还可以观察标签商用前和商用后的效果，这类效果往往适用于算法标签。例如，高概率购买人群这个标签是一个有监督学习的算法标签，那么在算法训练上就可以有准确率、召回率这样的指标来评估算法的可信程度，而标签投放之后的效果是需要活动分组对照来比对拉升情况，包括拉升转化率和拉升GMV等。再次，就是根据效果，管理员可以进行标签上下架管理，这个管理可以是应用层面的，也可以是关联到平台层的调度任务的。最后还需要给用户提供便捷的创建组合标签和上传自定义标签的功能。

❏ 第二类角色：业务部门

要让业务部门将标签用起来，首先要解决的问题就是提供标签目录，其次是用户可以灵活地选择标签去解读实体对象的画像情况，接下来就是做界面化拖拽式/点击式圈选操作，最后还要能看到效果情况。

（3）行业型数据应用

前面已经提到几种数据产品的分类。关于可视化大屏和交互式数据分析的产品载体都是大同小异，呈现的内容依据不同业务而定。本节总结了一些具有行业特色的数据应用实践分享给读者。

1）航空业。

❏ 飞行员供需匹配平台

介绍这个应用之前首先描述一下业务背景。

为什么会存在飞行员供需匹配？飞行员是航司非常重要且宝贵的人员资产，其培养和训练关乎飞行安全，因此飞行员一直存在供需矛盾。一方面，基于民航市场的旺盛需求，航司不断引入新飞机和新航线；另一方面，飞行员从航校毕业进入航司，要继续在航司的训练基地不断训练，从窄体机到宽体机，从副机长到机长，每个技术等级的进阶都需要完成一定的飞行小时数和获取训练的资质，不是一蹴而就的。所有供需之间需要长期规划和中短期匹配。而供需面临两层匹配，一是人的匹配，二是飞行小时数的匹配。人要匹配到机型，飞行小时数是基于人的飞行可用小时数，与资质等级相关联，同时需要除去休息、生病、因管理职能承担的锁班等情况造成的不可用飞行小时数。

平台需要解决的痛点和问题有以下几个：一是基于数据中台的"聚"，把以前分散在各业务系统的、线下的以及"专家经验"的数据呈现在一个平台里以提高效率，包括航网计划、飞机引入计划、经验人机比等；二是平台可以根据长期的规划和中短期的调整，进行灵活的计算，细化到每个机型的改装需求，并根据运行经历选择相应人选，从而确定改装需求；三是进一步根据航线、基地、资质等级等细化到最细颗粒度的飞行小时数匹配，确定差异预案。

2）金融行业。

❑ 交易反欺诈风控决策引擎

互联网金融所涉及的交易相关业务包括支付、钱包、营销活动等。每个业务都需要在若干场景下制定反欺诈策略以进行事中、实时的甄别，并向业务系统返回相关决策结果，如通过、拒绝、人工审核。风控决策引擎的应用设计可以抽象成基于业务系统对场景策略的调用，决策引擎依据业务系统实时地传参数和每个场景事先配置的策略，向业务系统返回结果。当然，这里需要定义几个关键点。

一是场景，这是整套决策引擎运行的基础和与业务系统通信的"主键"。这个场景会植入业务系统运行流程中，一旦风控引擎决策结果输出完毕，就需要立即执行。当然，如果风控引擎自身不可用或处于大促期间，企业可基于公司相关风控管理制度并在保证风控关键指标的前提下，从技术上做降级处理。场景可以看成业务流程中需要风控决策的环节，例如登录、重置/修改密码、设置免密支付、下单支付等，每个环节所需要的业务系统的入参和决策引擎的出参都不一样。需要注意的是，基于安全策略，返回业务系统的返回码所代表的原因不一定是真实的风控原因。

二是规则的配置。业务的增长会带来规则的不断增加，所谓"道高一尺，魔高一丈"。但由此给风控决策引擎带来的困惑是如何解决众多规则的冲突（风控策略配置得太多，难以人工评估哪些逻辑是冲突的或重复的）、规则优先级的排序问题以及规则有效性的问题。冲突/重复问题需要决策引擎根据策略的配置解析判断是否有冲突的可能性并提交给人工决策；优先级问题就涉及排序的定义，平台需要约定一套排序规则供策略人员遵守；最重要的是一定要跟踪规则的效能，从命中率、准确率等指标上观察和去掉无用的规则。

规则还可以设置"双路"模式，即在线和旁路。在线的规则就是系统实时得到结果并反馈业务系统；旁路往往是策略人员想要测试另一套策略的效果，只在系统上得结果，并不反馈到业务系统。

由于风控引擎是数据中台之上的应用，因此可以使用大量历史数据在规则上线时进行效果验证，从而更有效地保证规则效果。

三是案件处置。人工处置是反欺诈交易中一个很重要的命令，对于业务系统的返回时挂起状态，决策引擎会将此类案件统一呈现在案件处置模块中分发给案件处置员审核，该角色又会在权限范围内调取大量的明细数据和用户数据进行判断。

四是名单库。在规则设置中，很多场景是直接引用名单进行拦截或者放行。风控的名单有很多种类，如政要名单、白名单、黑名单、灰名单。有些数据来源于外部数据，例如政要名单，有些则是平台积累的名单库。

3）零售行业。

❑ 可视化大屏应用

可视化大屏一般用于驾驶舱和企业对外宣传的场景中，前者是针对企业高管总览企业经营状况全局的目的进行设计,后者则基于企业自身宣传中所需要的数据进行展示。本小节主要介绍驾驶舱。

驾驶舱是为领导层提供全局的数据看板功能,支持其快速了解整体业务达成、运营简况。同时,结合使用者现有大盘数据,可以进行横向对比,评估自身发展趋势及行业发展方向,并且为未来规划的制定和自身目标的设定提供参考和指导。

图 5-59 给出了驾驶舱实施的关键要素和步骤。

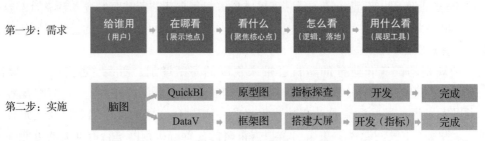

图 5-59 驾驶舱实施关键要素和步骤

通常,若是零售行业的驾驶舱,可以参考图 5-60 所示的结构范围,具体要依据项目范围确定。

图 5-60 驾驶舱仪表盘功能结构

图 5-61 以作战指挥室为例展现大屏效果。

图 5-61　作战指挥室大屏

❑ 交互式数据分析应用

交互式数据分析依赖 BI 工具完成。在零售行业消费者端的场景中，数据中台的项目实践可以面向业务域做横向的主题分析，例如消费者、商品、门店、导购、营销、消费者权益等，也可以面向特定业务场景做纵向的主题分析。横向的意思是可以支撑多个业务分析场景，例如消费者拉新、复购、唤醒、门店的裁撤优化、商品的人群特征等都可以在消费者这一套分析看板中做筛选、查找、下钻和联动。纵向的意思是从一个业务场景入手，横跨多个业务域，并为用户筛选好分析模块，组合好分析链路，以解决这个业务场景的分析需求。

对于交互式分析应用，业务分析逻辑的呈现至关重要，除业务理解之外，还需要用户思维和落地思维，如图 5-62 所示。

图 5-63 是典型的零售行业中分业务域的洞察体系。

4）美妆行业。

❑ 文本挖掘

美妆行业对市场的变化、客户的反馈特别敏感，因此针对客户评价、客服电话、导购与客户的对话等文本挖掘尤为重要，而文本挖掘是通过清洗、提取文本文件中有效的、高价值的、可理解的、特征新颖的数字信息，利用这些信息重新组织起服务应用场景的过程。文本挖掘属于人工智能研究的一个分支，是一个多学科交叉的领域，涉及非结构化数据的处理、知识图谱、图计算、神经网络、聚类等。

用户思维——业务分析逻辑如何在页面上友好、可理解、有层次、有美感地呈现
友好
操作便捷
有分析链路
专业的图形有专业的用途
提示（文字、符号等）
可理解
面向定位用户
一看就懂
巧妙通过模块标题帮助用户迅速洞察用途
有层次
避免简单堆砌各种图表
适当设计总 - 分结构，下钻、联动等交互设计，避免一次性信息太多，做到逐级深入
有美感
配色
字体
图形的搭配
页面布局
落地思维——数据落地可开发 + 功能落地可开发
数据探查（开发同学协助）
库、表、字段位置
探查校验：空值率、最大最小值、业务规则区间分布合理性、枚举值、主键值是否唯一、外键关联性检查、表记录数等
BI 工具功能验证（开发同学协助）
熟悉组件、熟悉仪表盘制作、熟悉数据门户搭建
各类组件功能，包括联动、下钻、标识、预警配置等

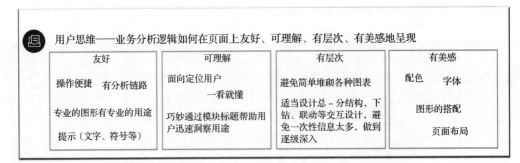

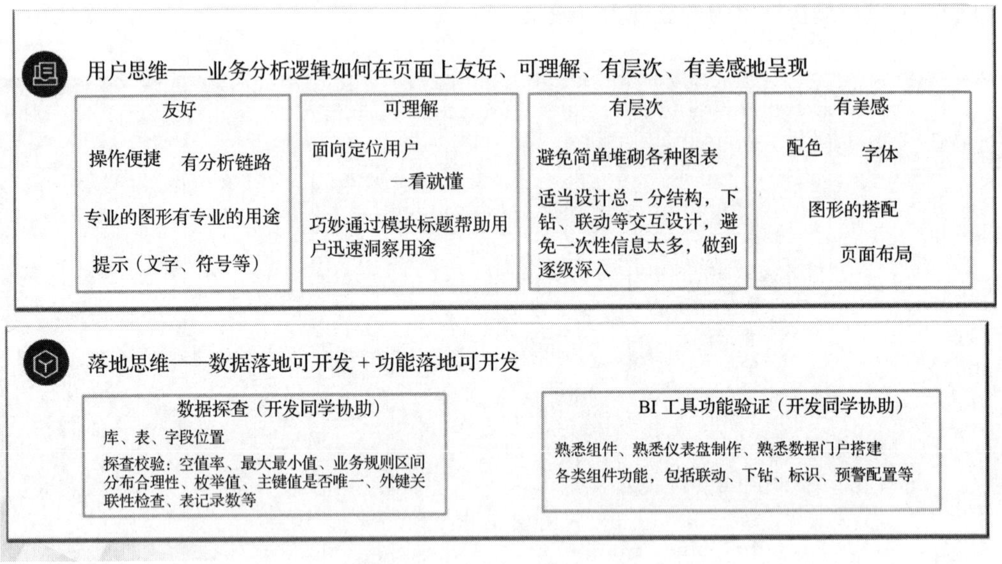

图 5-62　用户思维和落地思维

产品参谋
1.1 产品资产
1.2 产品 360 度评估
1.3 产品创新
1.3 产品跟踪
1.4 产品关联
1.5 产品圈人
消费者运营
2.1 消费者资产
2.2 消费者行为偏好分析
2.3 购买分析与预测
2.4 休眠流失预警和洞察
2.5 积分应用洞察
2.6 消费者声音
2.7 人群圈选
渠道销售
3.1 渠道资产
3.2 销售分析
3.3 终端洞察
3.4 导购洞察
3.5 主题活动效果分析
3.6 主题活动预测
营销策略
4.1 营销总览
4.2 主题活动效果分析
4.3 媒体分析
4.4 达人分析
4.5 决策参谋
供应链
5.1 供应链滚动需求预测
5.2 库存分析器
驾驶舱
6.1 仪表盘
6.2 作战指挥室

图 5-63　零售行业各业务域的洞察体系

阿里巴巴数据中台积累了大量文本挖掘的成功案例，其中针对商品评价尤其常见。我们可以通过阿里数据中台以下四个场景来介绍文本挖掘的应用。

❑ 竞品客户之声分析

竞品客户之声分析如图 5-64 所示。

通过对竞品的客户评论进行分析，获知竞争对手的大量真实信息。例如，竞品的产品特效是保湿补水、味道好，活动吸引力是赠品，主打客群是妈妈、家庭主妇，那么可以有针对性地设计市场策略，提高竞争力。

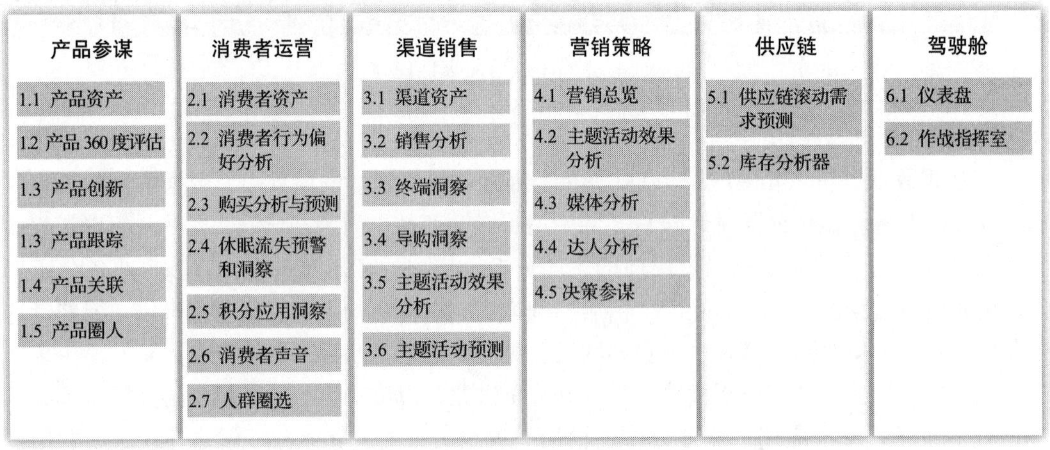

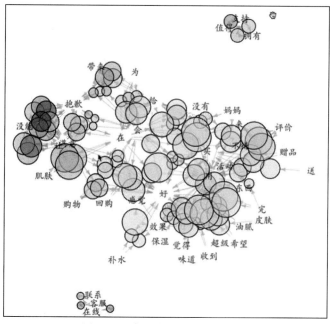

图 5-64　竞品客户之声数据挖掘

□ 自身产品客户之声分析

自身产品客户之声分析如图 5-65 所示。

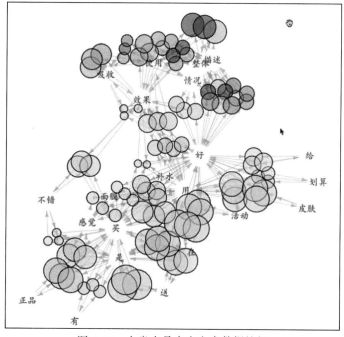

图 5-65　自身产品客户之声数据挖掘

同时，我们还可以通过对自身的客户之声进行分析，辅助我们进行产品定位、制定企划策略等。

❑ 负面客户之声分析

我们通过情感模型，可以筛选出客户的抱怨因素，找到产品的痛点。例如，我们可以识别出客户在积分兑换方面并不满意。通过对负面情感的有效识别，可以及时改进产品，提升客户体验，如图 5-66 所示。

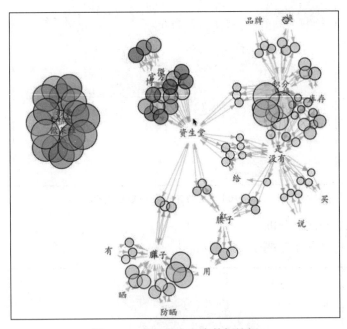

图 5-66 负面客户之声数据挖掘

❑ 客户评价体系的建立

我们通过阿里巴巴数据中台建立起一套完善的客户评价体系，将文本挖掘技术和中台结合，实时量化监控各个颗粒度的产品或市场的舆情，实现洞察、分析，并结合业务策略及时落地改进，从而达到快速响应市场的闭环运营体系。如图 5-67 所示。

5）服饰行业。

❑ 销售预测

服饰行业对于库存特别敏感，因此研究如何准确预测未来销售就十分必要。预测模型是比较常见的有监督模型，常用于精准营销、财务规划等。通过阿里巴巴数据中台，沉淀大量消费者画像、历史销售数据、历史促销活动信息、门店以及导购能力模型、天气以及地理信息，经过数据清洗、去噪、训练样本、筛选特征、构建模型、评估及模型调优等步骤，可以为商家提供线上/线下的销售预测数据，实现库存优化、降本提效。销售预测算法训练流程如图 5-68 所示。

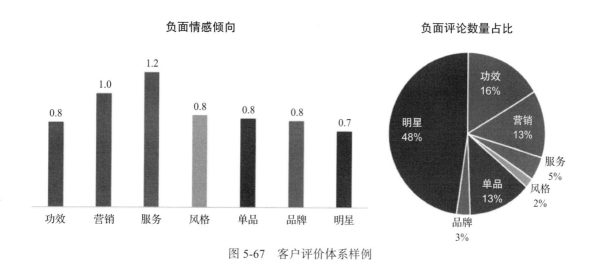

图 5-67 客户评价体系样例

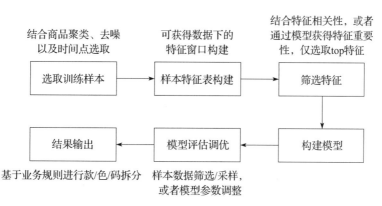

图 5-68 销售预测算法训练流程

5.6 数据中台技术实践

5.6.1 数据治理

随着企业数字化转型的推进，往往会遇到如何管理数据资产、如何查看数据资产、如何快速查找和使用数据的问题，阿里巴巴数据中台能很好地解决企业数据治理的难题。

企业管理数据资产的痛点可总结为：不可知、不可控、不可取、不可联。不可知是指企业资产不清晰，业务人员不知道数据在哪里，技术人员不知道数据的业务含义，企业管理者不知道该如何使用；不可控是指企业数据质量不高，质量和规模都不可控；不可取是指业务人员要采集、获取数据流程难、周期长、链路不通，数据服务不能有效支撑业务；不可联是指数据与业务知识无法联系起来，难以产生价值。在数据中台技术实践中，我们逐渐总结出一套数据治理的有效方法来解决上述问题。图 5-69 给出了数据治理的整体架构。

图 5-69　数据治理整体架构

1. 数据资产运营治理

通过对数据进行资产化运作，基于数据中台搭建统一的视图和管理大屏，改善数据资产不清晰的痛点，使得数据对企业管理者、消费数据的部门清晰可见，从而加深数据的交叉碰撞并提升挖掘价值。

2. 数据服务规范治理

依托数据资产运营，结合数据中台向外提供统一的数据服务。

3. 数据供应链管理治理

通过分析企业整个数据供应链，进行优化和治理，其中包括数据产生、数据集成、数据分析、数据消费四个环节。在数据产生环节，我们通过数据质量工具确保数据源头的质量，通过数据标准管理、主数据管理、元数据管理来保障数据定义，通过数据中台保障数据采集以及清洗的高效、快速及自动化。在数据集成环节，中台将各类数据源进行汇聚、连接，使得结构化、非结构化、实时、离线等数据都可以方便快捷地进行统一管理。在数据分析环节，中台能与 BI、Python 等结合，提供数据分析、模型搭建等功能。在数据消费环节，中台提供统一的数据服务接口。通过疏通一整套数据资产供应链，达到企业数据链路的提效作用。

4. 数据标准管理

建立企业级的数据标准规范，贯穿数据生成与消费全过程，可确保业务和技术的理解一致性。

- 数据定义和格式：主要制定数据定义和格式标准，以确保数据的业务描述、分类和语义一致。一般从基础性、共享性、唯一性、业务优先级、跨部门或系统使用、使用范围、数据周期等方面，协商、制定一致认可的数据标准。

- 数据获取和验证：主要制定数据获取和验证的标准规范，确保数据以正确、可靠的方式进行流转，保持数据持续适用。制定方法一般为基于对现有数据的产生、流转及使用过程，分析解决数据标准落地可能遇到的问题，形成可执行的数据创建、存储和使用过程规范。
- 数据制度和流程：主要制定制度和流程标准，确保数据和流程有可遵循的规则，以便及时解决冲突，并定义数据和流程如何实施、管理和衡量。一般需要与数据管理组织架构及流程制度结合，定义数据标准的管理组织架构及流程制度，实现对标准更新、标准冲突等问题的有效管理。

5. 数据质量管理

基于数据质量管理工具，逐步形成"发现—评估—改进"的良性循环，通过数据质量规则的配置，实现数据质量自动化/智能化管理。数据质量规则一般从完整性、准确性、一致性、及时性四个维度来考虑和设计。

6. 主数据管理

主数据是企业核心的数据，几乎所有业务都是围绕这些业务对象开展的，因此需要确保其在各系统的一致性。

7. 元数据管理

通过企业级的元数据梳理，有效贯通数据的业务和技术方面，统一全员对数据的认识，并完善元数据管理体系，实现元数据监控、变更管理、版本管理和知识管理功能，从元数据管理向元数据驱动全面转型。

8. 数据权限管理

数据权限管理是对企业使用的数据制定一套合理、科学的数据分类标准，并根据分类标准建立一套数据使用授权机制，以满足业务对数据使用的要求，这套标准的分类依据是数据敏感性和重要性。首先，需根据企业的数据特点，参考数据的敏感性和重要性，进行数据分级，可以是多维度交叉形成细粒度的分级管理制度，以适应不同场景需要。其次是权限管理，从人员、流程和技术三个维度建立数据防泄漏体系，全面保障敏感数据不被非法使用、存储和传输。在人员方面，通过培训等方式提升用户的数据权限意识和对风险行为的控制能力；在流程方面，基于在企业级数据授权策略中明确的数据防泄漏的控制要求，建立制度化的行为规范和相应的流程，将敏感数据的保护意识纳入企业文化，降低数据泄漏风险，包括分级流程、敏感数据评估流程、敏感数据隔离流程、访问权限审批流程、合规性控制流程、风险评估流程等。在技术上，通过对敏感数据进行识别，采用主动防御和被动监测相结合的数据防泄漏技术控制手段，对敏感数据进行保护和监控。

5.6.2 实时数据中台

企业数字化的内在需求格外注重效率的提升。数据正在成为一个关键要素参与到数字化建设中，数据从产生到形成数据资产，再到数据资产反哺与赋能业务，在这个过程中，数据本身的价值是随着时间的推移而快速降低的，时间是数据资产最大的敌人。从各个行业的实践来看，实时计算的需求呈爆炸式增长，如何缩短数据价值化的全链路端到端时间，是我们一直关注的问题。

"双十一购物节"既是一场全社会的购物节，也是检验阿里巴巴集团技术团队的"战场"。自从 2012 年设置第一块双十一大屏以来，大屏数据以实时性、数据可视化的效果，通过直播活动形成社会化共振，让每一个参与者印象深刻。在这背后其实有非常多的技术创新与突破，实时计算能力就是其中非常重要的一项。

数字化技术为实现更高的效率创造了可能，实时计算技术能力的引入，使数据中台的价值时效性倍增。这里说的时效性包含实时业务需求梳理、实时数据应用设计、实时数据采集、实时数据加工、实时链路的冗余和灾备，以及如何让生产系统快速获得结果、如何让业务以自助方式快速进行分析、如何快速响应业务变化等。只有把这些方面做好的数据中台，才称得上是一个体系化的完整实时数据中台，才能充分发挥数据的价值，让数据中台更好地为业务服务。

阿里云智能团队不遗余力地将经过内部验证的产品对外普惠输出，笔者所在的技术服务团队则快速地将产品技术转化成客户的落地实践，帮助客户以更低的门槛享受到技术福利，提升业务体验和价值。

图 5-70 是笔者团队从技术成熟度、阿里云产品成熟度、市场潜力三个方面进行调研后得出的基本结论。2019 年，我们开始尝试将数据应用场景从离线 T+1 的模式推向实时模式。同时，我们在为企业级客户建设数据中台的过程中，总结了一套以阿里云技术产品组件为基础的实时数据中台方案以及对应的服务产品，从实时数据中台咨询、设计到实施，以及典型

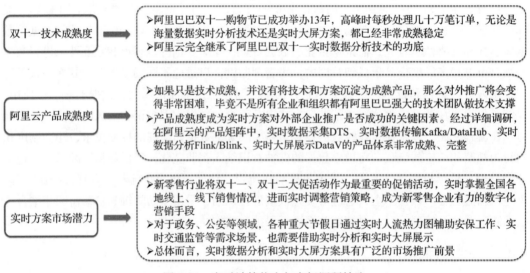

图 5-70 实时计算能力与市场调研结论

实时场景可视化大屏，端到端覆盖市场需求。产品和服务的有机结合可有效地缩短全链路数据流时延、实时化计算逻辑、平摊计算成本，最终有效满足实时处理大数据的业务需求，帮助客户在激烈的竞争中唯快不破，占据先机。

1. 实时数据中台的场景和价值

（1）实时营销

在企业大促期间（如双十一、双十二），促销时间周期较短（关键期只有 2～3 天），通过传统的 T＋1 数据分析模式无法根据实时销售情况对营销策略进行调整。虽然企业在促销活动开始之前，会将促销方案尽可能做到完美，但是在实际促销期间，因为缺乏实时的销售数据支撑，促销方案往往还是会出现纰漏。企业在促销活动结束之后，会对营销活动进行复盘，但是无论如何仔细地复盘，也不能弥补本次促销活动的缺陷。即使能够为下一次促销活动复盘出宝贵经验，但是等到下一次促销活动时，天时、地利、人和等条件也会发生重大改变，这次复盘得到的经验也很难用于下一次促销活动。

企业通过设置合理的实时数据指标，并将指标展示在实时大屏，使负责决策的领导们通过可视化大屏实时看到数据指标，知道全国的线上、线下门店在每时每刻的销售情况：

- 哪个时间点的销售量最大？进而判断库存量、送货的人力、导购人员是否满足服务质量需求。
- 哪个品牌在什么地区销售量最大？进而针对每个地区的特点，决定是否需要立即对营销策略进行调整。
- 当年新推出品牌的实时销售情况如何？进而判断新推出品牌与市场需求的适配度，并快速调整商品的推新策略。
- 会员销售与非会员销售占比如何？新会员与老会员的销售占比如何？进而在短时间内加大针对新客促销的折扣力度，将更多新客发展成为会员，或者立刻增加针对老会员的促销力度，防止优质会员流失。

如图 5-71 所示，实时数据仓库为核心的数据中台通过数据可视化工具 QuickBI 和 DataV 形成销售、市场营销、会员运营的实时洞察分析能力，并为企业高层提供实时"驾驶舱"。

（2）实时供应链管理

双十一已经走过 13 个年头，对于很多企业而言，除优化促销策略以外，还需要在供应链端进行优化，实现与前端销售更好的协同效果。对于用户而言，收到商品的速度也是店铺服务质量高低的评判标准。还有一个很重要的因素是，大部分新零售企业实行线上线下一体化战略，如何实现线上线下销售与线下库存的匹配？

在大促期间，商品要经历库存盘点、商品出入库、商品调拨、发货，最终通过线下物流或门店到达消费者手中。借助实时大屏方案，公司决策层能够实时获取全国每个地区门店在每个时间段、每个品牌和大类，甚至对每个 SKU 的销售情况，进而判断哪些地区的销售和库存更加匹配，哪些地区的库存商品种类和数量不合理，进而在短时间内实现全国各个地区之间的库存调拨，增加销售业绩。

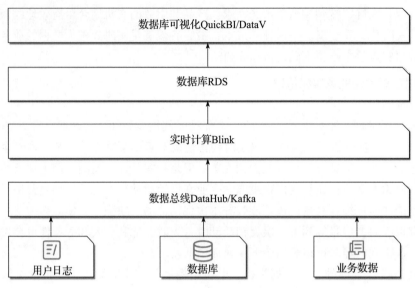

图 5-71 实时营销业务监控架构

同样,线上各家电商平台旗舰店对应若干个电商仓库。公司决策层能够借助实时大屏及时获取每家网上旗舰店在每个时间段、每个品牌和大类,甚至每个 SKU 的销售情况,从而在不同电商仓之间、电商仓与线下仓库之间进行最优调拨,增加线上旗舰店的销售业绩。

(3)实时风控

我们也可以跳出新零售的行业范畴,从更广阔的视野看实时数据中台。例如,对于金融行业,风控是用户业务中的核心功能,应用范围非常广泛,包括内容风控、金融风控、营销风控等类型。随着互联网时代的到来,每天会产生海量的数据、访问、请求,新的业务需求促使传统的风控系统向大数据场景转型。风控如果不能做到实时,将会给客户业务造成巨大的损失。

在图 5-72 所示的架构下,用户的实时事件可以同步调用规则引擎进行实时反馈,还可以通过异步发送消息到实时计算引擎并进行进一步的模型分析,从而为评估、处罚和监控系统提供数据支持与反馈。

基于实时数据中台构建的风控业务体系具备两大优势:第一,实时性强,在大数据场景下能做到高吞吐、低延时,毫秒级报警拦截;第二,独有事件规则支持,实时计算 Flink 独有的 CEP 语法天然支持规则设定,完美适配风控场景。

(4)实时预测

机器学习作为大数据的重要部分已在越来越多的行业得到应用,但传统的算法侧重于使用静态模型和历史数据进行训练并提供预测,如何针对用户短期行为进行准确的、个性化的预测,进而动态实施决策就成为新的难题。

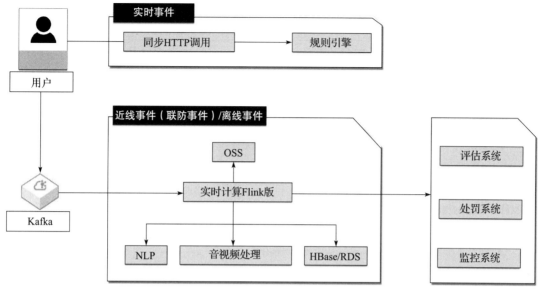

图 5-72 实时风控架构

参考图 5-73，在实时数据采集和计算引擎与实时数据仓库架构保持一致的基础上，实时计算 Flink/Blink 版可以将清洗和规范后的数据流传给机器学习系统，机器学习的训练结果用于支持实时用户画像、实时关联分析等业务场景，加快了机器学习的时效性。

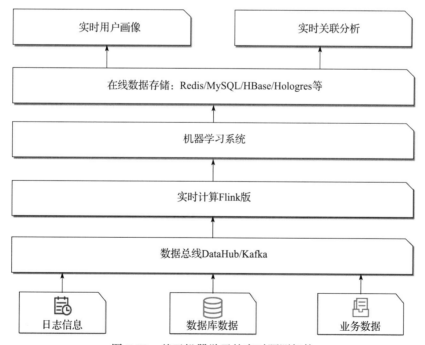

图 5-73 基于机器学习的实时预测架构

基于机器学习的实时预测具有两个重要价值：第一，运营精细化。该方案可支持对百万级客户快速画像，精准定位用户特性，通过个性化运营提高客户成交量与留存率；第二，低门槛。该方案无缝集成实时计算学习算法平台，一站式完成数据开发、模型训练、场景预测全流程。

2. 实时数据中台的架构设计

（1）实时数据中台的整体架构

实时数据中台属于数据中台的一部分，所以其整体架构（见图5-74）与数据中台的整体架构基本一致。两者的差异主要体现在技术核心部分——数据仓库。在这个特定场景下，数据是一直流动的，计算是随时随地进行的。当前，实时数据仓库的各层之间都是通过 DataHub 或 Kafka 进行数据传输，通过 Blink 进行数据处理计算。与离线数据仓库类似，我们来看看实时数据仓库的三个层次的特征。

- ODS（操作数据层，也称为基础数据中心）

在实时数据仓库的层次里，这一层相对不好理解，因为数据通过实时方式采集后，没有进行持久化，而是通过流式数据通道 DataHub 或消息中间件 Kafka 进行传输。实质上，DataHub 或 Kafka 的 Topic 就是实时数据仓库的 ODS 层，与传统离线数据仓库不同，它是实时流动的。

- CDM（公共数据层，也称为公共数据中心）

CDM 能进一步拆分为 DWD 和 DWS 两个层次。

1）DWD（明细数据层）：实时计算引擎订阅业务数据消息队列，然后通过数据清洗、多数据源 join、流式数据与离线维度信息等的组合，将一些相同粒度的业务系统、维表中的维度属性全部关联到一起，增加数据的易用性和复用性，得到最终的实时明细数据。这部分数据有两个分支，一部分直接落地到 ADS，供实时明细查询使用；一部分发送到消息队列或 DataHub 中，供 DWS 计算使用。同时，为了进行后续问题回溯和排查，我们往往会在这个环节向离线计算存储引擎归档一份数据。

2）DWS（汇总数据层）：以数据域+业务域的理念建设公共汇总层，与离线数据仓库不同的是，这里的汇总层分为轻度汇总层和高度汇总层，并同时产出。轻度汇总层希望尽量复用数据仓库公共层的思想，产出一些标准化的且多个业务共用的基础多维明细指标。轻度汇总数据可以写入 ADS 层的分析型数据库，用于前端产品复杂的 OLAP 查询场景，满足自助分析和产出报表的需求；高度汇总层写入 RDS 或 HBase 类数据存储，提供实时数据的简单查询应用，比如实时大屏等。

- ADS 层（应用数据层，也称为萃取或应用数据中心）

考虑到实时计算资源的成本，ADS 层并不完全根据需求一对一建设，而是结合不同的需求对这一层进行统一设计，形成统一的指标库，从而快速支撑更多的需求场景。ADS 层在实时计算场景里以数据库表的形式存在，它们可以直接对外提供服务，也可以通过 OneService 体系进行 API 封装，以 API 的形式提供统一数据服务。

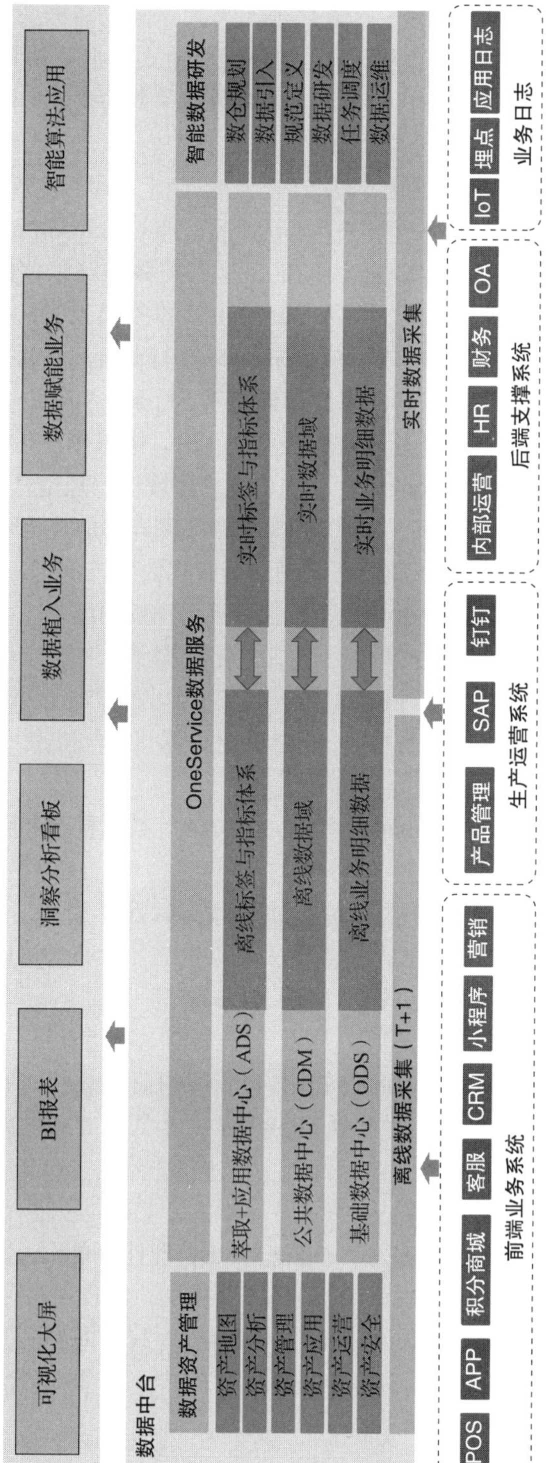

图 5-74 实时数据中台整体架构

（2）实时数据中台技术架构

实时数据中台在技术上要解决三大问题：快速采集流式数据并进入数据中台，数据的快速实时加工、计算以及实时数据分析、查询。实时数据中台的技术架构也是围绕这三大问题来进行设计的，我们参考图 5-75 进行说明。

实时数据的来源有三类：第一类是各种结构化数据存储，即数据库，主要使用 DTS 进行数据库日志的增量采集，也可以使用第三方工具产品，如 Oracle GoldenGate、IBM CDC、DSG 等；第二类是消息中间件，如 MQ 或 Kafka，这一类数据可以使用 Flink 进行实时集成，或者通过 DataHub SDK 进行采集，写入 DataHub 后再投递到 Flink 计算引擎；第三类则是文件类型应用日志，可以使用日志服务 LogService 进行对接和实时采集。

实时计算的核心技术组件是计算引擎。市面上有 Storm、Spark Streaming、SAMZA、Apache Flink 等实时计算引擎，在经过长期的内部实践后，阿里巴巴集团确定以 Flink 作为唯一的实时计算引擎。Flink 通过 Google Dataflow 流式计算模型理论基础，实现了高吞吐、低延迟、高性能的实时流式计算框架。同时 Flink 支持高度容错的状态管理，防止状态在计算过程中因为系统异常而丢失。Flink 周期性地通过分布式快照技术 Checkpoints 实现状态的持久化维护，即使在系统停机或者异常情况下也能计算出正确的结果。

Flink 支持的数据上下游比较丰富，对于结构化数据（如 RDS、Oracle、SQL Server）能直连数据源，将数据实时同步到 Flink 进行计算；也能实时接入数据流（如 Kafka、SLS、DataHub、MQ），实现业务数据在 Flink 中快速计算（包含清洗、数据处理、轻度汇总等）。

同时，Flink 引擎可以集成到 Dataphin 和 DataWorks 等数据构建和管理平台，从而更方便地建设离线与实时一体的数据中台。

可以根据不同的业务场景，选择不同下游存储实时计算结果。实时分析可以选择 Hologres，实时报表/大屏可以选择 RDS，实时大数据量高并发查询可以选择 HBase，实时消息推送可以选择 MQ，数据备份可以选择 MaxCompute 等。

（3）实时数据中台资源的评估

相比离线计算，实时计算为了保证时效性，对资源的消耗必然增加。为了保证企业有更好的 ROI，我们简单介绍阿里云实时计算 Flink 版本（全托管 VVP）的资源评估，供大家进行实时数据中台资源规划时参考。

❏ 业务评估

阿里云实时计算的资源单位为 CU（Compute Unit），即计算单元，1CU= 1Core CPU/4G Mem。对于简单业务，比如单流过滤、字符串变换等操作，1CU 每秒可以处理 10 000 条数据；对于复杂业务，比如 Join、窗口、Group by 等操作，1CU 每秒可以处理 1000～5000 条数据。㊀

㊀ 传统行业的业务评估，给出的 RPS 往往偏低，有时不具备参考性。

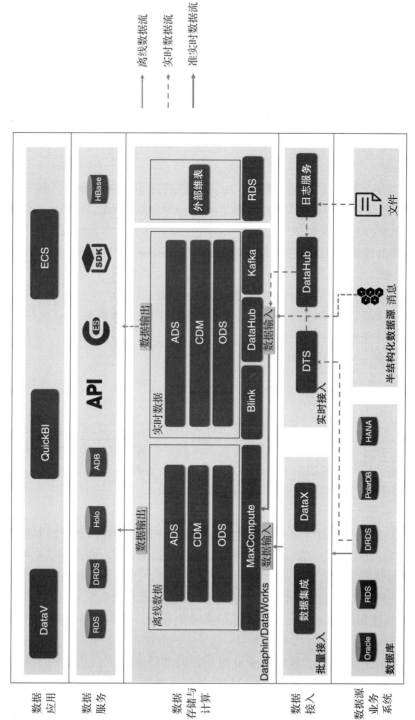

图 5-75 实时数据中台技术架构

❏ 预估容量规划模型

在全托管模式下，资源租用分管控资源和计算资源，比原有的独立资源的版本资源规划更加轻松。管控资源默认为 2CU，计算资源是用户需要重点关注的。

$$CU\ 需求总数 = 每秒总记录数 / (2000\ RPS)$$

其中，RPS 为每秒处理能力，2000 按平均处理能力取值。

在特殊情景下，如果作业中使用窗口函数，计算复杂度提升，CU 的使用量会比简单作业高，建议至少购买 4CU。

❏ 容量规划示例

1）业务评估。

某客户的实时计算主要包括优惠券相关、订单相关、用户相关场景，其中优惠券作业每秒的实时请求量预估最高并发为 500 RPS（Request Per Second），订单相关作业每秒的实时请求量预估最高并发为 3000 RPS，用户大屏相关作业每秒的实时请求量预估最高并发为 1000 RPS。客户处理的业务复杂度较高，包含 Join 及 Group by 等操作。

2）容量规划。

❏ 并发总 RPS：500 + 3000 + 1000 = 4500 RPS

❏ 单 CU 可以处理能力：1000 RPS（业务复杂度较复杂，包含 Join 及 Group by 的操作，平均处理能力向下取值）

❏ 总资源数量：2CU（管控资源）+ 5CU（计算资源）= 7CU

3. 实时数据中台客户案例

（1）某餐饮企业

本案例来自一家新零售餐饮企业。该企业处于行业顶端，近年快速发展，在全球开设了约 1500 家门店，形成了数以亿计的粉丝会员群体。这得益于其早在 2018 年初启动的全面数字化战略，当时阿里团队为其建设了业务中台、数据中台和移动中台，推出了超级 APP，帮助其整体 IT 支撑能力上升了一个台阶。

1）需求分析。

2020 年，这家以线下消费为主的餐饮企业因疫情导致线下店内消费额大幅下降。该企业决定重点从两方面应对，一方面进行业务开拓创新，探索奶茶、粉面等新业务；一方面提升管理水平，因此迫切需要更加及时和精细的数据支持。2020 年底，该企业找到我们，希望能够将之前的离线数据中台升级为实时数据中台，以满足精细化管理和运营需求。

该企业的具体期望是，将数据中台进行实时化升级，从而具备数据全链路实时处理的能力，同时构建一部分实时数据服务和一部分实时数据指标，通过标准的技术接口供下游数据应用使用。经过沟通，我们与企业对项目的范围达成了一致意见：从需求最迫切的、痛点感受最深刻的、最具普遍意义的数据和业务场景入手。在这个过程中，阿里团队重点打好技术基础，并对客户进行技术赋能，帮助企业拥有驾驭这套实时数据中台体系的能力。

❑ 实时数据服务

在进行多轮调研和梳理后,我们确认了 10 项数据服务(如图 5-76 所示),这些数据服务对应场景的现有支撑手段要么存在时效性不够的问题,要么存在大量点对点数据同步带来业务系统本身压力过大的问题。同时,持续地新建数据智能系统无法很好地满足对业务数据明细的需求。这些场景均计划通过实时数据中台进行统一设计,形成标准化服务能力。

编号	需求类型	需求说明	数据基本情况	业务现状与痛点	诉求
1	实时数据服务	POS 系统营业汇总表实时数据服务	每个门店一天一条数据	月初对账时,会多次修改底层数据,财务人员在导出数据时,有聚合操作,数据导出时要排队	解决财务人员在核对数据时,导出数据卡顿的问题
2	实时数据服务	POS 系统菜品销售明细表实时数据服务	千万/月	新建中的智能供应链系统的算法预测场景需要实时流畅的数据源支持	提供实时的数据服务,避免单点数据采集对接
3	实时数据服务	POS 门店表实时数据服务	维表		
4	实时数据服务	POS 菜品信息实时数据服务	维表		
5	实时数据服务	POS 桌位信息实时数据服务	维表		
6	实时数据服务	PS 人事系统人员表实时数据服务(增量+全量)	十万量级	PS 人事系统向财务、BI、POS、微企、OA、微海、署海等 24 个系统提供人事数据,提供方式有全量、增量、Web Service 的方式。通用的表有人员、组织、岗位。目前增量数据的大宽表由 20 多张子表生成,调度需要 1 小时左右,所以增量数据为 T+1 的形式,放到库内的增量表中,由其他系统通过 DBlink 连到库里面自行拉取。由于增量数据有 1 天的延时,时效需求比较高的系统当前业务上存在漏洞。例如,人事系统办理入职后,OA 系统无法立刻体现人员相关信息,无法同步相关权限	解决对实时性要求比较高的系统对数据的需求
7	实时数据服务	PS 人事系统组织表实时数据服务(增量+全量)	十万量级		
8	实时数据服务	PS 人事系统岗位表实时数据服务(增量+全量)	维表		
9	实时数据服务	OA 付款报表的实时数据服务	百万量级	OA 系统无法提供大量的查询和数据导出服务,所以一些报表的服务被引流到 QBI,但是 QBI 的数据是 DP 以 T+1 的形式从 OA 抽取,导致业务人员在核对报表时有延时	解决报表的延时问题
10	实时数据服务	OA 付款发票的实时数据服务	十万量级		

图 5-76 实时数据服务清单

❑ 实时业务指标

在企业业务遇到困难的时候,企业期望迅速进行决策,但是决策之后的业务数据反馈是滞后的,比如菜品调换后经营指标的变化、翻台率是提高了还是降低了、点击率表现如何、消费者的反馈如何等。当企业领导需要了解这些数据时,秘书助理、财务分析团队、数据团队,甚至门店经理等多个部门和人员往往手忙脚乱,八仙过海各显神通,过了大半天,领导才拿到数据,而且拿到的还是几份不一样的数据,领导也不知道该依据哪一份数据来做决策。

因此,我们在一系列指标中,按照领导查看的频率进行排序,选出了 10 个指标数据项(参见图 5-77),计划通过实时数据中台在项目中产出这些数据。

编号	需求类型	需求名称
1	实时指标	门店实时销售桌数
2	实时指标	门店实时销售收入
3	实时指标	门店实时翻台率
4	实时指标	门店实时累计到店会员数（分会员等级）
5	实时指标	门店实时当前在店会员数（分会员等级）
6	实时明细	门店实时在店会员明细
7	实时明细	门店实时没有登录会员桌号明细
8	实时指标	门店实时菜品销量 TOP 10
9	实时指标	门店实时平均单桌消费
10	实时指标	早、午、晚、夜市实时销售桌数

图 5-77　实时数据指标清单

2）技术方案。

我们在一个统一的数据中台技术平台上来实现两部分需求，并统一通过 OneService 提供服务，技术实现和技术流稍有差异，下面分别说明。

❑ 实时数据服务

参考图 5-78，我们从多个数据源采集数据，Oracle、PolarDB 是可以通过 DTS 直接集成到 Flink 的。SAP HANA 暂时还没有被 DTS 支持，阿里云团队做了一系列研究和测试，发现开源工具 HANA Connector 可以订阅 HANA 数据的 insert 操作，但是不支持 update 和 insert 操作。在进一步研究之后，我们发现该工具使用触发器捕捉 insert 操作，所以我们增加了一个触发器，用于捕捉业务表的 update 和 delete 操作，并将这些变化数据打上删除和更新的标记，插入到一张新表，由 HANA Connector 捕捉新表上的 insert 记录。

在数据处理部分，我们将 Flink 引擎集成到 Dataphin 里，对数据进行基本的清洗后写入一个 RDS 中。很明显，这里的业务场景需要的都是原始明细数据，不需要进行建模，所以数据在 CDM 层形成了穿透，也节省了 Flink 计算资源。这些数据大部分同步 OneService 封装为标准 RESTful API，提供给应用消费访问，少部分应用需要的是消息格式数据，因此通过 Flink Kafka sink 发送给下游。

❑ 实时业务指标

参考图 5-79，在实时业务指标的产出方案里，数据采集环节与实时数据服务技术组件和任务实例是相同的或者可直接复用。在实时数据仓库的计算环节，则多了 CDM 的实时数据模型、公共指标加工以及 ADS 层的应用数据加工。公共层模型事实表在数据流中，由于维度表是缓慢变化的数据，因此我们选择存放在 RDS 中作为外部维度表关联计算。ADS 层数据在对外提供实时指标服务时，基于不同的前端应用的技术要求，可以是数据表、API 或消息等多种形式。同时，我们在实时计算的每一层处理中都把结果表在离线计算存储 MaxCompute 里做了归档。如果没有这样的设计，排查数据准确性问题会非常困难，有了这些数据归档，除了方便排查技术问题，还可以替代一部分离线数据任务。

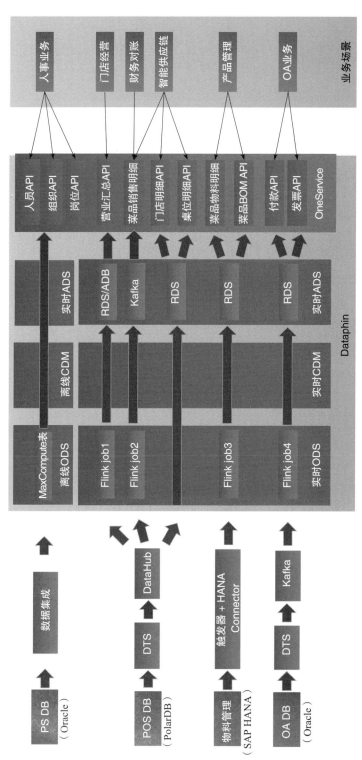

图 5-78 实时数据服务技术方案

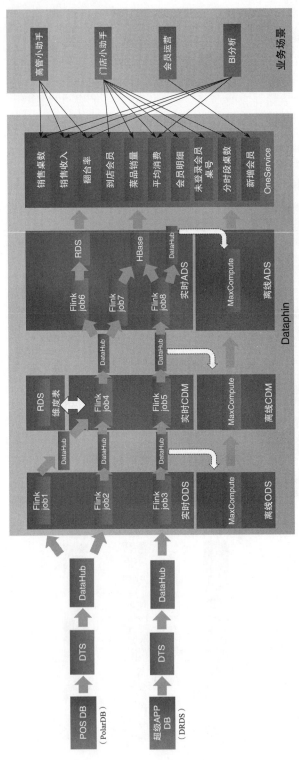

图 5-79 实时业务指标技术方案

3）实现效果。

10个数据服务接口和10个数据指标上线后，企业陆续有多个应用集成了这些实时数据。门店经理级别以上的管理者通过管理助手APP浏览这些数据，随时掌握全国、大区、城市、门店的实时经营数据，再也不用焦急地等待多个部门手忙脚乱地汇总报表；门店经理拥有一个按城市分组的实时数据大盘（参见图5-80），在全国范围内和同城范围内、城市之间和门店之间基于实时的经营数据成为门店经理的一个重要业务提升抓手，形成了良好的竞争氛围。这个实时大盘很快成为一个最受欢迎的数据应用，上线1个月，日均UV达到600以上，PV达到3000以上；几个新建的项目对数据的需求则按照传统的点对点对接方式，老系统开发数据接口需要耗费几天甚至几周的工作量，现在可以直接通过标准API进行访问，大大加快了开发效率，节省了对接双方的工作量和工期。

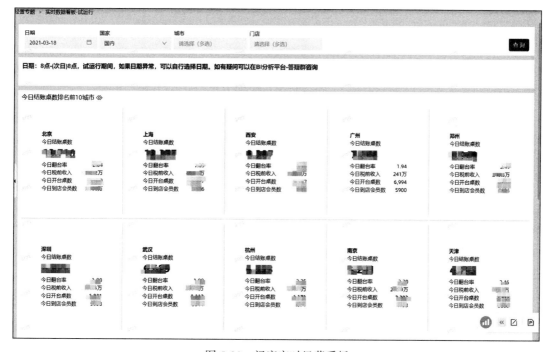

图5-80　门店实时经营看板

对企业自己的数据团队来说，由于整个项目从调研、设计、开发到试运行阶段，企业人员都深度参与，与阿里团队密切合作，因此项目正式交付后，企业人员能快速接手这部分的持续迭代和运维，开发了更多的实时数据服务接口和实时指标，为业务提供了更好的数据支持保障。事实上，图5-80所示的数据大盘就是企业技术团队主导开发的。

（2）某服饰企业

本案例来自一家服饰新零售企业。该企业在多个线上电商平台开设了旗舰店，在线下开设了遍布全国的上千家门店。2020年双十一大促活动为期11天，我们和企业共同打造了一款数字化大屏,实时监控各渠道、分公司、地区的销售情况,从而为管理层对营销策略和库存管理策略进行灵活调整提供了有力的数据保障。

1)需求分析。

让可视化实时大屏具有酷炫效果不是主要的目标,合理的实时数据指标才能真正帮助企业调整营销策略,实现提质增效。如何选取最优的实时指标,是业务设计中的一个关键问题。总体指标如图 5-81 所示(选择部分指标展示)。

实时大屏指标需求

序号	模块	名称	对应指标名称	取数口径
1	总业绩	总业绩	实时销售额	取双十一当天实时销售,包含门店+电商+分销销售额 (注:仅包含零售+量体业务,不含团购和特许)
2		去年同期	实时销售额_同期	去年双十一当天全天销售额:取数口径同上
3		门店	实时销售额(门店)	取线下 POS 零售小票金额+门店量体出库单金额 (注:含自营+商场+购物中心+奥莱,不含特许渠道)
4		占比	门店占比	实时销售额(门店)/实时销售额
5		电商	实时销售额(电商)	取业务中台线上各电商平台订单金额
6		占比	电商占比	实时销售额(电商)/实时销售额
7		分销	实时销售额(分销)	微商城的已付款订单金额,含所有订单状态(如取消、关闭等);不含会员积分兑换商品
8		占比	分销占比	实时销售额(分销)/实时销售额
9		开单率	开单率	开单人数/总分销员人数
10		其中 O2O	O2O 订单金额	电商和分销渠道的销售订单中,经线下门店发货的订单金额计入 O2O 订单金额
11		占比	O2O 订单金额占比	O2O 订单金额/(实时销售额(电商)+实时销售额(分销))
12	地图区	省份	省份销售金额	
13	门店实时订单		实时销售额	展示每笔订单的跳动,包含线上平台和线下门店的订单金额,取数口径同上
14	各时段销售		实时销售额	展示每个时间点的累计实时销售额
15	各电商平台业绩及占比	实时销售额	实时销售额_天猫	取业务中台天猫店累计订单金额
16		占比	实时销售额_天猫占比	实时销售额_天猫/实时销售额(电商)
17	单品排行 TOP 10		实时销售额	某个单品在双十一当天累计实时销售额
18			数量	某个单品累计实时销售的商品件数,订单的取数口径同上
19			排名	根据实时销售额进行排名
20	各营销公司业绩排名		实时销售额	含线下门店零售+量体+分销 (注:含自营+商场+购物中心+奥莱,不含特许渠道) 分销业务,自然流量计入服饰直销
21	门店排行		实时销售额	包含门店零售+量体+分销业绩
22			排名	按照实时销售额排名

图 5-81 某零售品牌 2020 年双十一部分实时指标清单

❑ 线下门店和电商旗舰店销售指标

这里涉及线下门店的实时销售情况，以及各家电商平台的旗舰店销售情况。线下门店分布在全国各地，电商平台包括天猫、淘宝、京东、唯品会和直播平台。门店/旗舰店分为男装、女装、主品牌旗舰店等。指标又可以细分为：

① 店铺营销指标：决策层根据线下门店和电商旗舰店的销售情况，在短时间内调整促销策略，包括不同品牌的折扣力度、优惠券的发放数量等，将电商销售价格与线下销售价格实时打通，将线上优惠券放到线下门店，防止线上客户流失。

② 店铺销售排行：决策层可以清晰地看到全国线上线下的销售情况，发现一些销售情况明显异常的店铺。比如，某家店铺在去年双十一是明星销售店铺，但在今年的销售排名靠后，这时需要立即通知该店的店长及时查找问题并做出调整。

③ 库存健康指标：根据电商订单的分布情况，合理调配电商仓、区域仓、门店仓发货。同时，根据全国各个地区门店不同品牌大类的"销售+库存"情况，及时进行仓库间的货品调拨，尽最大努力将最受欢迎的商品发货到最需要的地区。

④ 新品推广指标：双十一大促期间往往也是推广新品的极佳时机，可以实时调整新品推广策略，打响新品推广第一仗。

❑ 各个时间段的销售指标

双十一大促活动一般从 11 月 1 日凌晨持续到 11 月 11 日深夜，在这 11 天里，每天的销售情况指标、每个时间段的销售情况指标都应让决策层可以直观地看到，从而根据实时趋势图判断出每个时间段的销售对比情况，进而调整每个时间段的促销力度。

2）技术方案。

根据阿里云成熟的产品矩阵，我们为该企业设计的实时数据分析和实时大屏总体架构方案如图 5-82 所示。

从图 5-82 可以看到，该品牌电商订单来自天猫、京东、唯品会、苏宁易购等多个电商平台，因此我们设计的实时数据中台可视化大屏方案称为"全渠道可视化实时大屏"。

❑ 实时数据采集链路。

① POS 系统线下门店订单实时采集。

线下门店的销售数据、库存数据都存储在 POS 系统。顾客在门店购买商品，导购人员将购买的商品信息、金额等信息录入系统之后，POS 系统的 Oracle 数据库会立即记录这笔交易订单。阿里云 DTS 会在 10 秒内采集到这笔订单。因此，线下门店交易从下单到数据采集都能在 20 秒以内完成。

在对外交付过程中，DTS 是实时采集关系型数据增量的首选，在实际使用过程中我们也发现了一些问题或者需要注意的技术点。比如，对某些高版本 Oracle 的数据同步支持不佳，需要使用 Java 程序进行订阅；采集的 update 日志会拆分成两条记录，一条记录为修改前的数据，一条记录为修改后的数据；Oracle redolog 设置太小可能导致 DTS 任务异常等。

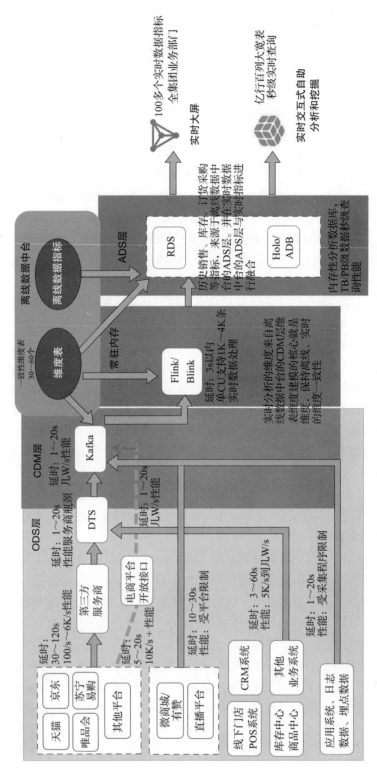

图 5-82 某零售品牌 2020 年双十一实时大屏技术架构

② 微商城订单实时采集。

微商城和 POS 系统类似，订单数据存储在 Oracle 数据库里，且交易订单产生之后，订单数据立即进入 Oracle 数据库。DTS 在 20 秒内完成采集实时订单数据的工作。

③ 电商订单实时采集。

大部分新零售企业的电商订单分布在多个电商平台，最常见的有天猫/淘宝、京东、唯品会、有赞、抖音直播，以及企业自己的私域电商平台。既然要做实时数据分析和实时大屏，最佳的数据采集方式就是直连各家电商平台的订单数据库。但是，熟悉电商平台业务的读者都知道，新零售企业不能够直接获取电商旗舰店的订单，必须经过中间商转发。因此，直连方案被否决了。

于是，我们还是要通过一些中转的方式来实现，我们采用某第三方平台转发订单。该平台从电商平台获取订单，然后转发给企业的业务中台订单中心。为了快速获取双十一的大量电商订单，我们与第三方平台沟通，采用轻缓存模式将订单转发时间控制在 5 分钟以内。考虑到第三方平台从各家电商平台抓取订单也有时延，比如淘系为 2 分钟、京东为 3 分钟，因此，从客户下单到 DTS 采集到订单数据，整体时延在 5～10 分钟之间。

❑ Kafka 实时数据流

阿里团队选择 Kafka 作为实时数据流组件，没有采用 DataHub，主要原因是开发人员有 Kafka 基础，在项目实施时间短的情况下，采用 Kafka 开发更快速。

❑ Flink 实时数据处理

Flink 实时数据处理的整体流程如图 5-83 所示。

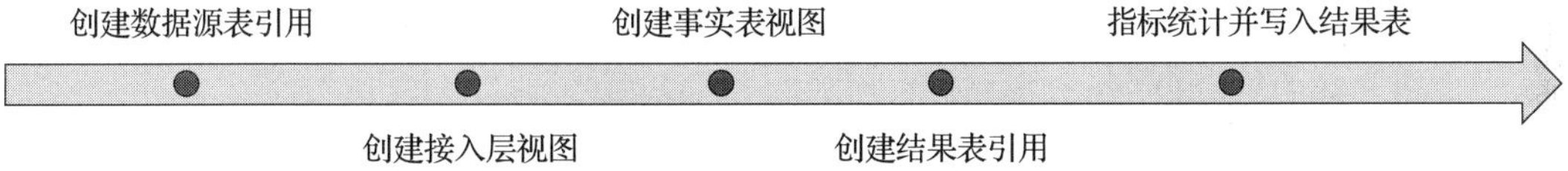

图 5-83　Flink 数据研发全流程

用 Flink SQL 进行数据分析的时候，需要注意几点：

① 记录去重，如果时间戳字段精度不够，为避免数据乱序，可使用偏移量作为排序字段。

② 条件过滤，过滤业务需要的数据。

③ 字段加工，对字段按照业务逻辑进行处理。

④ 关联其他表来获得其他字段信息，特别是关联维度表，属于必然用到的数据处理方法。

DataV 大屏实时展示

设计好 DataV 大屏的各个组件后，可以接入 RDS、API 等数据源。本案例中，RDS 作为 DataV 的数据源，实时处理结果写入 RDS 之后，就可以在 DataV 中进行展示。

❑ 实时链路容灾方案

实时数据处理对时效性要求非常高，从 DTS 数据采集、Kafka、Flink 到 DataV，任何环节出现故障都会导致实时数据指标无法及时产出。因此，我们必须设计备用方案。与阿里巴巴双十一实时方案类似，备选方案必须做到能够与主方案无缝切换。

① 备选方案

备选方案的数据链路为 Oracle → Flink → RDS → DataV，跳过了 DTS 和 Kafka。因为跳过了 DTS 采集实时增删改数据，需要 Flink 直连 Oracle 数据库对交易订单表进行全表扫描，进而产出实时指标。备选方案对 Oracle 生产库的查询压力非常大，除非正式链路发生故障，否则不能启动备选链路。只有当正式链路发生故障时，才能立即启动应急预案。

② 主备链路自动切换

主链路 ↔ 备用链路：is_master，参数值 1 ↔ 0。采用两张 RDS 数据表，分别存储主链路和备用链路的实时分析结果的指标。最后创建一张视图关联这两个 RDS 结果表，让 DataV 连接视图表，is_master 参数值采用 1 与 0，进而完成主链路和备链路的相互切换。

3）实现效果。

经过两个月的业务分析场景探索、业务指标提炼、实时技术全链路开发和测试，实时大屏最终在当年 10 月下旬上线，并最终在 11 月 1 日凌晨 0 点在客户双十一作战室大屏上线。实施效果如图 5-84 所示（已做脱敏处理）。

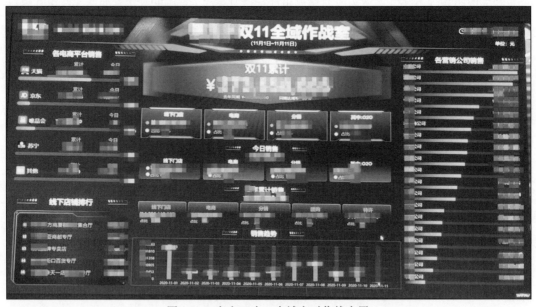

图 5-84　客户双十一全域实时作战大屏

双十一期间，企业的销售目标完成率超过 120%，让企业对我们提炼的实时分析场景方案、业务价值、技术方案更加有信心。在双十一之后，我们将可视化大屏做成常规 BI 报表方案，放置在该企业副总裁的办公室，副总裁可以随时查看全国线下门店、线上门店的实时销售情况，分析业务指标并调整营销策略。

4. 实时数据中台的发展趋势

（1）实时数据中台的双引擎

首先，Flink 只是实时计算的一部分。对实时的理解是一个发展的过程，从最早的 Lambda 架构，到后来提出的 Kappa 架构，再到现在的"流计算 + 交互式分析"双引擎架构。前者强调在计算层面的实时性，后者则强调分析的实时性。

其次，业务方的参与是实时数据赋能业务的关键。这其实是所有数据中台成功的决定因素之一，技术如果没有业务的指引，或者没有带着业务的思维去考虑，就容易丢失目标。

最后，让实时系统快速响应变化，从而缩短 TTM（Time to Market）变得越来越重要。由于开发工具发展代差，以及实时逻辑本身的复杂性，一个实时数据应用开发周期远大于一个离线数据应用的周期。加速实时数据开发，为业务提供直接服务，这是实时数据中台特别关注的一个命题。

"流计算 + 交互式分析"双引擎架构是一个更理想的架构，以带实时存储的交互式分析为中心去构建整个实时链路。在这个架构中，更多地以业务为导向，流计算负责基础数据，而交互式分析引擎是中心。这样就可以用批的方式实现实时分析和按需分析，并能快速响应业务的变化。业务方可以使用他们熟悉的开发工具和开发语言（SQL），像传统 BI 一样去开发基于大数据的实时应用，通过交互式分析实现即用即查，从而实现最优的体验，使大数据实时数据仓库的体验和传统的 OLAP 数据仓库体验一致，最大限度地简化链路和用户体验。

（2）流批一体

流批一体的技术理念最早提出于 2015 年，它的初衷是让开发人员能够用同一套接口实现大数据的流计算和批计算，进而保证处理过程与结果的一致性。之后，大数据厂商 / 框架开发者们（如 Spark、Flink、Beam 等）都陆续提出了自己的解决方案。虽然实现方式各不相同，但在一定程度上说明流批一体的思想已经得到业界的广泛认可。

按照 Kappa 架构的思想，流批一体是指用流的方式来同时实现批的能力，通过一条数据链路满足两大类场景，这需要重点解决流式数据里数据长期存储的问题以及历史数据回溯分析的问题。也可以通过一套模型、一套代码以及一次开发，分别在离线批量和实时流失数据引擎生效和执行，保证流批数据的一致性，这是在 Lambda 架构上的优化和完善，也是一种不错的思路。

流批一体要真正从理论走到落地，尤其是在企业的核心数据业务场景规模化落地，往往面临技术和业务的双重挑战，所以实际生产落地的案例不多见。已有企业在 2020 年双十一将这个理念实现了落地，对应的应用场景是大促营销分析。而营销活动分析产品作为大促期间用来服务决策、指导运营的核心数据产品，覆盖活动前、中、后全链路的分析，以便满足不同角色在不同阶段对数据时效性和数据灵活性的不同要求。

经过长时间的调用和尝试，企业选择了基于集成实时计算引擎的 Dataphin + 交付式实时分析引擎 Hologres + 阿里内部的可视化分析工具 FBI 技术方案来实现天猫营销活动分析的架构重构升级：

- 通过流批一体架构升级，实现了流批 SQL 逻辑与计算引擎层面的统一。首先，统一的逻辑表封装，一个逻辑表映射到两个物理表（即实时 DWD 和离线 DWD），数据计算代码的撰写都是基于该逻辑表开发；其次，流批一体化开发平台 Dataphin 支持逻辑表的代码开发、流、批计算模式的个性化配置，以及不同的调度策略等，形成便捷的开发、运维一体化；最后，基于 OneData 规范的存储层统一，这不仅是模型规范统一，还是存储介质的统一，做到了无缝衔接。
- 通过 Hologres 实现了数据存储和查询的统一。活动直播、预售、加购、流量监控等核心模块得到了 Hologres 的实时点查能力的强有力支撑；面对复杂多变的营销场景，Hologres 的 OLAP 即时查询能力能够提供很好的支持。
- 利用 FBI 产品能力，在降低搭建成本的同时满足业务的高灵活性，并满足不同角色对于报表的需求。针对营销活动定义的批流一体的底层数据，为了满足用户分析实时数据，以及进行实时对比、小时对比的需求，FBI 抽象出一套实时离线一体的标准数据模型，创建该模型后就可以实现实时数据的精确对比，分钟趋势分析会自动路由分钟表，小时趋势则直接路由小时表。

（3）分析服务一体

HSAP（Hybrid Service and Analytic Processing）也是一个近年来颇受关注的话题。从业务场景来看，企业希望有一套统一的技术或平台，同时支持各种类型的数据查询和分析场景，如 HBase 或 RDS 擅长的点查、Hive 或 MaxCompute 擅长的大范围数据批量查询、ADB 或 Hologres 擅长的 BI 报表查询。看到这里，读者们会联想到传统 IT 时代的 Oracle 或 DB2 数据库，所有的查询场景都希望在一个数据库中实现，但实际效果并不好。所以，需求可能相似，但是技术方案完全不同：

- 存储计算分离。存储和计算分离的架构可以满足大量的数据写入和查询需求，同时满足高并发 QPS 和高吞吐带宽。当负载变大时，增加对应的节点，可以更加精准地管理系统资源。
- 分布式存储。分布式存储是现代大数据系统的标配，也是从架构上满足高性能写入和大容量存储的必备条件。在数据存储模式上，行存储支持点查的效果更好，列存储支持范围查询的效果更好，所以数据存储方式应当是同时拥有行存和列存，中间通过索引或者二次写入机制保持数据的一致性。
- 工作负载隔离。在很多大型分布式系统里，工作负载隔离通过调度系统来实现，这涉及多种场景下各种不同的算法实现。另外一种相对简单的解决方法是两个不同的实例对外分别提供数据写入和读取服务，但两个实例共享一份底层数据，如果扩展只读实例，还可以支持更多种类的查询。这种解决方法对资源的利用率不如通过调度来实现负载隔离效率高。
- 实时查询，写入即可查。与其说这是一个技术方案，不如说这是 HSAP 架构必须实现的一个需求。这一点对点查场景非常重要，因为数据写入后，要在下一秒甚至更短的时间内能被查询到,以保证业务体验。LSM 可以较好地解决这个问题,它同时将读和写路径分开,表的基本存储单元通过版本号来标识,让写入的数据在极短时间内能被正常读取到。

计算和分析双引擎、流批一体化以及分析服务一体化都是阿里巴巴集团在实时计算领域的一些积极尝试和探索。作为技术服务团队,在深度上,我们要紧密地跟进产品的技术发展;在广度上,要结合对外交付实践和外部市场的反馈进行思考。存储层的流批一体、流批一体到"湖仓一体"的演进都是可能的方向,而数据算法与实时计算的结合也是一个可以产生很多新应用的领域,比如淘宝天猫的"千人千面"、抖音的视频和广告推荐以及航空票务的实时定价策略等。

5.6.3 数据脱敏

企业都存在一定程度的敏感、隐私数据,此类数据有隐私脱敏需求。它们通常有以下基本诉求:

- 数据脱敏:不可以直接查看原始值。
- 脱敏后的数据:可以反向解析得到原始值或者得到部分原始值,用来参与业务计算。比如,根据身份证解析年龄、出生地,根据护照号解析出国家。
- 脱敏后的数据:尽量保持区分度,可以参与 OneID 等计算。

敏感数据脱敏功能可实现对云环境内数据源产品间的数据脱敏能力。通过静态脱敏,用户能够实现生产数据向开发测试环境脱敏、转存后供分析使用,避免直接访问敏感数据带来的数据泄漏风险。模块逻辑架构如图 5-85 所示。

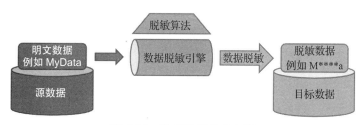

图 5-85 数据脱敏技术方案

脱敏功能支持对异构数据源的脱敏转存能力,支持的数据源类型包括结构化数据源 RDS、MaxCompute、ADS 和非结构化数据源 OSS 中保存的结构化数据(表格类型文件 csv、xls 和包含结构化内容的 txt)。提供基于表维度的原子级脱敏能力,通过任务配置的方式实现脱敏任务的管理,同时支持手动触发、定时触发和结合触发三种模式,为企业提供灵活的脱敏选择。在脱敏算法层面,支持 6 大类共 30 种常见的脱敏算法,包括哈希、遮盖、替换、变换、加密及洗牌,能够满足各类业务场景的脱敏需要。

在数据脱敏过程中,先对源端结构化数据中的数据列进行敏感信息识别,将结果保存在敏感数据分类分级管理模块中,供脱敏模块使用。在进行脱敏时,用户首先选择需要脱敏的源数据表,然后基于对该表的敏感数据识别结果,自动提供对应的脱敏算法预配置选项,用户可以直接使用或基于业务需求对脱敏算法进行编辑和参数自定义,在完成算法配置后,选择需要写入的目标数据表,定义任务触发模式和数据行与列的冲突判断,最终完成任务配置。

1. 数据脱敏方案

脱敏方案有三大类,分别为不可逆脱敏方案、可逆脱敏方案和依赖源系统可逆脱敏方案。

1)不可逆脱敏方案。

不可逆脱敏方案的架构如图 5-86 所示。

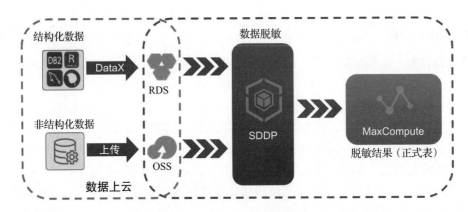

图 5-86 不可逆脱敏的架构

不可逆脱敏算法如表 5-24 所示。

表 5-24 不可逆算法数据处理

序号	数据类型	脱敏算法	脱敏后样例
1	身份证	先替换最后 4 位为 ××××、原始值校验后 md5,AES 对称加密后转十六进制	AES 加密之前的数据 43070319870101××××(替换最后 4 位为 ×××)+e10adc3949ba59abbe56e057f20f883e(原始值校验后 Hash) AES 对称加密后转十六进制 49ba59abbe56e057f20f88349ba59abbe56e057f20f88349ba59abbe56e057f49ba59abbe56e057f20f883
2	护照	先替换最后 4 位为 ××××、原始值校验后 md5,AES 对称加密后转十六进制	AES 加密之前的数据 59046××××(替换最后 4 位为 ××××)+e10adc3949ba59abbe56e057f20f883e(原始值校验后 Hash) AES 对称加密后转十六进制 49ba59abbe56e057f20f88349ba59abbe56e057f20f88349ba59abbe56e057f49ba59abbe56e057f20f883

（续）

序号	数据类型	脱敏算法	脱敏后样例
3	军官证等其他个人身份证件	先替换最后4位为××××、原始值校验后md5，AES对称加密后转十六进制	AES加密之前的数据 5943××××（替换最后4位为××××）+e10adc3949ba59abbe56e057f20f883e（原始值校验后Hash） AES对称加密后转十六进制 49ba59abbe56e057f20f88349ba59abbe56e057f20f88349ba59abbe56e057f49ba59abbe56e057f20f883
4	邮箱	替换邮箱前缀后4位为****、原始值校验后md5	shifu****@alibaba-inc.com+f5a173175cb930c20791bccd4dc2688d
5	姓名	保留首字且其他字符替换为*、原始值校验后md5	向**+15baf6ee9a5dd8ae8235b0d67340734e
6	手机号码	先替换最后4位为0000、原始值校验后md5，AES对称加密后转十六进制	AES对称加密前数据： 13810470000+2d19830b04e48c6714d71ae5f8242027 AES对称加密后转十六进制 30b04e48c6714d71ae5f824230b04e48c6714d71ae5f8242
7	座机号码	先替换最后4位为0000、原始值校验后md5，AES对称加密后转十六进制	AES对称加密前数据： 01047650000+2d19830b04e48c6714d71ae5f8242027 AES对称加密后转十六进制 30b04e48c6714d71ae5f824230b04e48c6714d71ae5f8242
8	地址（国家、省、市）	不脱敏	浙江省杭州市
9	地址（街道、门牌号）	AES对称加密后转十六进制	9e9947ba34bfb3842482af8fccf08da1
10	银行卡号	替换最后6位为000000、AES对称加密后转十六进制、原始值校验后md5	AES加密之前的数据 62260976323000000（最后6位为000000）+e10adc3949ba59abbe56e057f20f883e（原始值校验后Hash） AES对称加密后转十六进制 ba59abbe56e0ba59abbe56e0ba59abbe56e0ba59abbe56e0

2）可逆脱敏方案。

可逆脱敏架构如图5-87所示。

逆加密算法的数据处理如表5-25所示。

数据加密、脱敏可以通过阿里云数据加密产品SDDP来完成。通过如下机制实现密钥的安全保留：

- Project权限管理：加密、解密结果保存在独立的MaxCompute项目空间，权限管理极其严格，只有少数人有权限加入Project中。

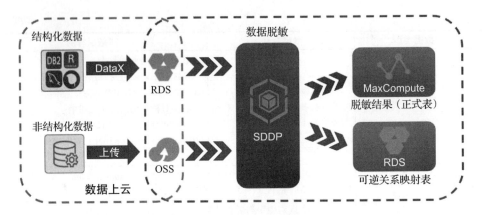

图 5-87　可逆数据脱敏

表 5-25　逆加密算法数据处理

序号	数据类型	加密算法	脱敏后样例
1	身份证	AES 对称加密后转十六进制	AES 对称加密后转十六进制 49ba59abbe56e057f20f88349ba59abbe56e057f20 f88349ba59abbe56e057f49ba59abbe56e057f20f883
2	护照	AES 对称加密后转十六进制	AES 对称加密后转十六进制 49ba59abbe56e057f20f88349ba59abbe56e057f20 f88349ba59abbe56e057f49ba59abbe56e057f20f883
3	军官证等其他个人身份证件	AES 对称加密后转十六进制	AES 对称加密后转十六进制 49ba59abbe56e057f20f88349ba59abbe56e057f20 f88349ba59abbe56e057f49ba59abbe56e057f20f883
4	邮箱	AES 对称加密后转十六进制	同上
5	姓名	AES 对称加密后转十六进制	同上
6	手机号码	AES 对称加密后转十六进制	同上
7	座机号码	AES 对称加密后转十六进制	同上
8	地址（国家、省、市）	不脱敏	原始值
9	地址（街道、门牌号）	AES 对称加密后转十六进制	同上
10	银行卡号	AES 对称加密后转十六进制	同上

- JAR 包安全托管：加密、解密的 JAR 会以资源的方式保存在 MaxCompute 中，只有拥有项目空间的 accesskey、accessid 才能完成 jar 包文件的修改。
- JAR 包代码混淆：加密、解密的代码会经过代码混淆，进一步提升破解难度。
- 密钥强度：可逆加密将采用 AES 对称加密算法，密钥强度符合企业内部安全规定。

3）依赖源系统可逆脱敏方案。

依赖源系统可逆脱敏方案架构如图 5-88 所示。

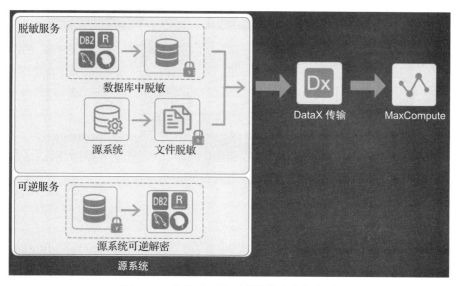

图 5-88　依赖源系统可逆脱敏方案架构图

2. 数据库上云脱敏

数据库类的结构化数据上云流程中,可以根据不同需求在多个阶段进行数据脱敏。

1）云端脱敏。

云端脱敏的方案要点如下:

❑ 数据原封不动地上云,暂存在临时表中。

❑ 调用 SDDP 服务脱敏模块,对临时表进行加工,将脱敏后的数据写入正式表。该方案充分利用云原生优势,保证数据安全可控,推荐通过此方式进行。

云端脱敏方案的架构如图 5-89 所示。

图 5-89　云端脱敏架构图

2）源库脱敏。

源库脱敏方案的要点如下:

❑ 在源库中新增视图,在视图中调用自定义的脱敏函数,实现数据脱敏。

❑ 将视图授权给数据导出账号。

此方案在源库中实现了数据脱敏,安全等级相对较高。不过需要对源系统做一些改造,从而带来系统改造成本。

源库脱敏的架构如图 5-90 所示。

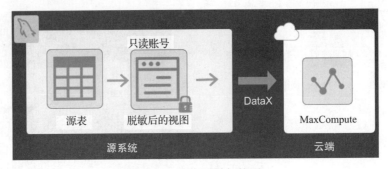

图 5-90　源库脱敏架构图

3）抽取时脱敏。

抽取时脱敏方案的要点如下：

- DataX 从数据库中读取数据时，调用系统函数实现脱敏。
- 此方案在 DataX 中实现脱敏，对源库无改动。不过会将脱敏算法、密钥暴露在脚本中，有一定的泄密风险。

抽取时脱敏的架构如图 5-91 所示。

图 5-91　抽取时脱敏架构图

4）转换时脱敏。

转换时脱敏方案的要点如下：DataX 支持数据转换，可以调用自定义 Jar 包实现脱敏。此方案在 DataX 中实现脱敏，对源库无改动。密敏算法、密钥存放在自定义 Jar 包中，安全性相对有保障。

转换时脱敏的架构如图 5-92 所示。

图 5-92　转换时脱敏架构图

3. 数据文件上云脱敏

若以数据文件方式上云，建议通过 OSS 进行文件保存，再利用 SDDP 进行脱敏。如果存在高度机密的信息，原则上要求数据文件生产方在上传前就进行数据脱敏，具体脱敏方法视各自的数据文件生产系统而定，这里不再赘述。

1）云端脱敏。

参考数据库上云场景，这里不做赘述。

2）转换时脱敏。

转换时脱敏方案的要点如下：

❑ DataX 支持数据转换，可以调用自定义 Jar 包实现脱敏。

❑ 此方案在 DataX 中实现脱敏，对源库无改动。脱敏算法、密钥存放在自定义 Jar 包中，安全性相对有保障。

数据文件上云时脱敏的架构如图 5-93 所示。

图 5-93　数据文件上云时脱敏架构

5.7　阿里巴巴数据中台项目案例

阿里巴巴数据中台诞生于阿里巴巴集团淘宝、天猫的业务体系。从数据资产构建的方法论到数据价值呈现的数据应用建设思想，阿里巴巴在新零售行业已经有了充足的理论基础和最佳实践。阿里云智能 GTS 从 2018 年基于数据、业务、移动三中台的海底捞超级 APP 项目开始，对外交付的数据中台已经积累了近百个项目案例。本节收录 3 个新零售行业的数据中台客户项目案例供读者参考。

5.7.1　美妆品牌项目

国内某美妆行业 Top 10 品牌，过去依赖品牌的高认知度加上电商渠道的拓展，年销售额达数十亿元人民币。在数字化转型的道路上，该公司希望通过数字化能力的建设赋能业务，带来更优、更精准的营销效果。

项目启动初期，公司董事长对项目寄予厚望："数据中台的基础是技术，而价值在于能通过数据中台实现数据产品化。公司要成立数据中台组织，这个组织将是公司最重要的体现策略与技术价值的部门。数据中台将有两类产品：技术产品和数据商业应用产品……数据中台未来将有若干技术产品，而我们真正要实现数据价值的是数据商业应用产品。'从痛点出发创造理想'，这要成为数据中台项目组的思维导向；'大胆假设、相信可能、全力突破'，这要成为数据中台项目组的价值观。"客户的最高层对数据中台的认知，以及数据中台对该公司数字化转型的意义是非常清晰的。顺着公司董事长的思路，本项目案例重点从数据应用的角度来进行阐述。

1. 实施方法论

在该项目实施方法论上，创新了从业务大图到产品大图的方式，最终以产品形态的孵化去承载数据资产建设成果。其中，业务大图是指基于企业业务痛点和数据应用目标，切分业务主题，构建基于业务蓝图视角的数据资产体系。产品大图则承接业务蓝图设计，从用户视角，基于数据应用的具体场景，落地和组装数据资产及上层的应用链路，使之能帮助用户解决具体业务场景的数据赋能应用需求。该项目的数据中台实施方法论如图 5-94 所示。

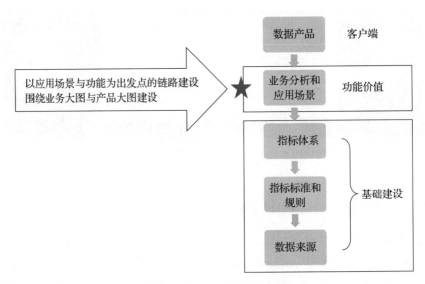

图 5-94 数据中台实施方法论

从业务大图到产品大图的转换实际上包括三层，如图 5-95 所示。

2. 产品体系的封装和构建

该公司数据中台产品体系从产品、用户、销售、营销、驾驶舱、供应链六个方面构建，每个产品都有明确的用户，其中每个菜单/主题的设计

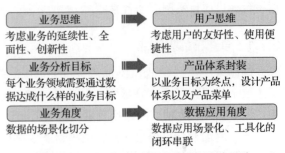

图 5-95 业务大图到产品大图的设计思路

主要解决如何用数据中台数据资产的能力从洞察/人群营销等角度赋能业务具体的操作/决策。

构建了产品体系之后,在后期运营和企业一方数据中台品牌形象的展示方面,项目还包装了门户,与企业钉钉账号体系打通,实现扫码登录。

3. 智能算法加持

在产品体系中,一些业务场景(例如消费者流失预测预警、购买预测、消费者声音等)会用到算法的技术实现。这里介绍几个项目中主要的算法及应用场景。

❑ 转化流失预测算法

转化流失预测算法的整体架构如图 5-96 所示。原始的数据源在 Dataphin 中进行加工,得到 ODS/ADS 层的相关数据,算法所需的特征、样本数据在此基础上进行加工。DataWorks 通过 MaxCompute 读取在 Dataphin 中加工好的物理表,进行相应的特征样本加工。完成加工后,通过 PAI 平台提供的特征、算法等组件,进行特征工程、模型训练和预测等加工,得到算法的预测结果。得到算法结果后,Dataphin 通过读取物理表的形式,将算法预测结果提供给下游报表(QuickBI)使用。

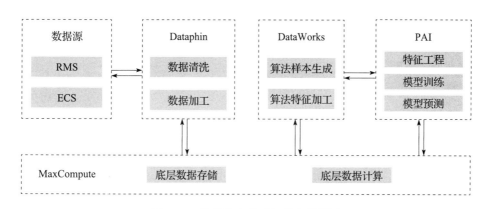

图 5-96　数据中台技术架构与数据流

购买/流失预测属于二分类问题,采用 GBDT(Gradient Boosting Decision Tree,梯度提升决策树)解决。算法结果会以标签形式输出概率值,相关数量在洞察页面显示并预警后,用户可在人群圈选菜单里完成流失预警人群的圈选和投放。

❑ 销量预测算法

在前期的数据探查中,发现销量数据主要随促销活动波动,建模需要额外考虑大促的影响。模型的整体框架如图 5-97 所示,商超渠道和电商渠道的整体建模思路基本一致,在回归模型的特征构建上有一些区别。整体的建模思路是,时序模型通过历史数据,对未来 1~3 个月的每月销量进行预测,回归模型对未来 1 个月的销量进行预测,最终通过模型融合的方式将回归/时序模型未来一个月的销量进行融合作为最终预测值,未来 2~3 个月的销量预测值则由时序模型直接给出。

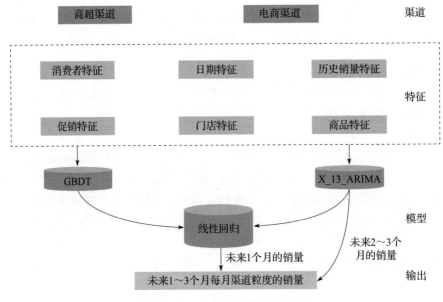

图 5-97　销量预测算法架构

4. 技术解决方案

（1）整体架构

数据中台的整体架构如图 5-98 所示。

这个整体解决方案主要有如下特点：

- 多端数据采集，公司数据横向打通。
- 数据规范建模，固化标准统一口径，100% 消除二义性。
- 结合机器学习 PAI，将算法融入数据应用。
- 多点触达，更贴近用户。
- 整体提升数据中台的延展性和想象力。

（2）门户方案

随着大数据时代的到来，企业对于数据的重视程度越来越高，对于数据的应用形态越来越多样化，涉及应用的产品越来越多。多产品的多入口使得用户使用体验不友好，多产品的多账号增加了用户使用的复杂性，多产品的多风格不能与企业文化很好地融合。在此背景下，门户应运而生，门户将多个数据应用产品集成为统一入口、统一权限、统一风格，并且可定制企业特有功能，完善数据应用场景。为了满足这一场景需求，我们一是需要将 QuickBI、Quick Audience 及 DataV 页面集成到一个门户中，风格符合企业文化；二是通过钉钉将 QuickBI、Quick Audience 及 DataV 的权限统一，实现单点登录。

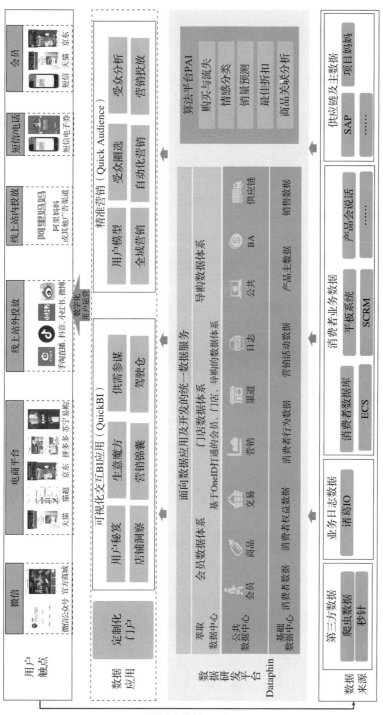

图 5-98 数据中台整体架构

（3）权限集成设计

根据各产品权限可集成方式制订如下集成方案，如图 5-99 所示。

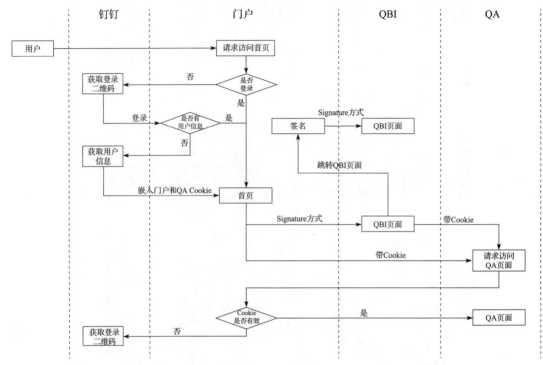

图 5-99 权限集成方案

5.7.2 居然之家项目

1. 项目背景

居然之家集团是国内家居卖场行业的领先企业。该集团经过 20 年的发展，在全国 220 个城市拥有超过 400 家门店，近年营业额接近千亿元人民币。但是，该集团的主营业务依然是家居家装门店摊位租赁为主的传统模式，就像大多数传统企业一样，居然之家在数据方面存在数据"看不清""管不住"和"用不好"的普遍问题。数字化的浪潮对传统企业造成了巨大的冲击，数据将成为未来企业的核心资源，向数字化转型已经成为很多传统企业的共识。居然之家从 2016 年就提出了"从物业管理型向大数据驱动型"转型的战略规划，2018 年和阿里巴巴在新零售领域展开合作，2019 年阿里云智能 GTS 开始为客户建设大数据平台项目，这一系列举措加快了该企业进行数字化转型的步伐。

2. 阿里云解决方案

大数据平台是客户实现业态融合和资源共享的工具，协助各业态由物业空间融合向深层次业务融合的转变，助力居然之家从"大家居"向"大消费"的转型。初期，阿里云与客户就项目整体目标达成一致：打造"1 套角色体系"，即支撑客户多角色在线协同数据平台体系；支撑"4 类主营业务"，即数据驱动的精细化营销平台、招商运营平台、连锁加盟平台和物业管理平台；提升"2 项水平"，对内的管理水平和对外的服务水平；最终构建"1 个生态角色的数据赋能平台"，形成该集团的智慧商业生态网络。

进一步来说，要实现"三化"：通过消费者、导购和品牌商触点系统的建设实现"触点数字化"，通过原有线下为主的营销、招商、连锁加盟和物业管理等业务系统的建设实现"核心业务在线化"，通过数据中台基于大数据的全域业务监控能力实现"运营管理数据化"。用数据中台以数据为中心的观点来看，前两"化"最大的意义是实现 C 端和 B 端数据向数据中台持续沉淀，同时能够承载数据中台加工产出的数据结果以指导和赋能业务。

（1）整体架构

以数据中台为中心，居然之家大数据平台的整体架构如图 5-100 所示。数据中台采集了来自门店市场订单管理系统、POS 系统、CRM 系统、卡券系统、客户系统等多个业务系统数据源的结构化数据，也采集了高德 LBS、门店客流数据以及第三方提供的国家及地区经济运行数据和行业数据等半结构化数据，半结构数据在上云后都做了结构化处理。

在数据中台之内，构建了垂直数据中心、公共数据中心、萃取数据中心三大数据中心。垂直数据中心存放从数据源采集、同步的数据。公共数据中心对垂直数据中心进行数据域划分，同时按照数据中台规范建模思想，进行维度模型设计，产出会员域、交易域、营销活动域等数据域核心数据模型。这些模型经过指标规范定义后产出丰富的原子指标与派生指标。萃取数据中心承担了数据标签加工萃取的任务，围绕消费者、商品、门店、品牌商和经销商产出标签，形成 5 大数据体系。

数据中台产出的指标与标签通过统一的 OneService 体系向上对 4 大类业务系统和 4 类数据应用提供服务，其中营销管理系统实现"触点数字化"，招商管理、物业管理和连锁加盟管理实现"业务在线化"，数据应用实现"运营数据化"。业务系统在调用数据服务时，也持续将数据资产沉淀到数据中台，强化数据的精度、广度和智度，构成不断迭代上升的循环体系。

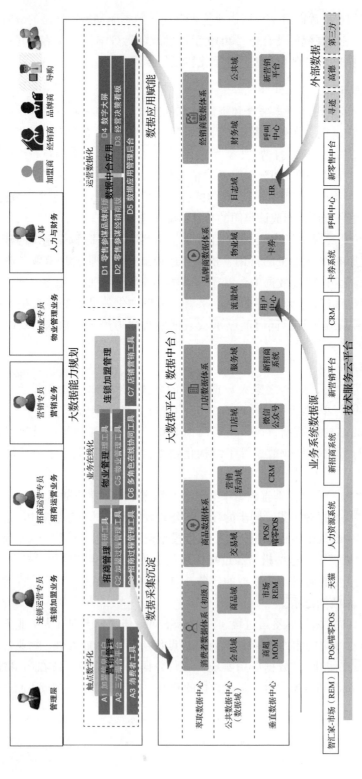

图 5-100 居然之家大数据平台的整体架构

（2）数据资产构建

我们从居然之家业务系统近万张表中梳理出大约 1000 张核心业务表，从一期项目的指标标签需求推导，最终实施了超过 600 张表上云，这 600 多张表中有一半通过 OneModel 方法论实现了维度建模，在 Dataphin 中生成了逻辑事实表和逻辑维度表。围绕这这些事实表和维度表，一共定义了超过 90 个原子指标，原子指标加上分析维度、业务限定、时间周期等修饰词产出了 1000 个左右的派生指标。为响应客户画像和营销品类热度营销两个应用场景需求，我们还建设了 45 个消费者标签和 25 个商品标签。以上都是该项目的离线计算部分的数据资产构建成果。

同时，我们还引入了阿里云实时计算 Blink 来支持门店订单销售以及新增会员两个场景。参考图 5-101，这两个场景使用同一套技术架构，数据采集有两种途径，一种是程序消费 ActiveMQ 实时写入 DataHub，然后 DataHub 写入实时计算引擎 Blink；一种是 DTS 解析 DRDS 数据库 binlog 日志，直接写入实时计算引擎 Blink。我们在 Blink 中引入实时数据仓库概念，数据接入 ODS 层，在 ODS 层经过数据清洗和规范化后再次通过 DataHub 往 CDM 层传输实时计算任务，CDM 层任务对事实表和维表数据流做关联计算，产出轻度汇总事实表。一些可以共用的指标已经在轻度汇总事实表里，结果数据流依然通过 DataHub 向下一级 ADS 层 Blink 任务发送，最终在 ADS 层将数据任务进一步加工计算为不同数据应用所需要的个性化数据指标。这是阿里云智能 GTS 在对外交付数据中台时首次落地实践的实时计算方案。

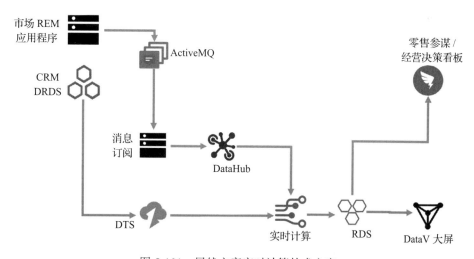

图 5-101　居然之家实时计算技术方案

（3）数据应用建设

显而易见，招商系统、营销系统等业务系统的建设帮助客户的日常经营管理更好地实现了在线化。从数据中台的角度，我们更关心数据应用：

☐ 零售参谋品牌商版和经销商版：这两个为居然之家两类角色的生态伙伴提供的经营分析小工具借鉴了阿里巴巴生意参谋的产品思路，提供到店客户采集、周边潜客放大、选址分析、竞争分析、转化效果分析、营销效果分析、产品分布、产品排名监控等功能，商户可以随时了解经营和销售数据情况，帮助商户建立客户洞察、经营决策、风险评估等智能决策能力。

☐ 经营决策看板：居然之家各个层级的经营管理人员都会关心和用到的一个数据应用，从销售、店铺摊位、招商、连锁、品牌、营销等多个主题对数据进行分析。

☐ 数字化大屏：这是为居然之家高层以及打造社会影响力而设计的一系列数据可视化大屏，包含了销售、工厂、招商、连锁、品牌、会员等主题。

细心的读者已经注意到，数据应用的多个主题是相似的，其中展示和分析的指标实际上也有很多是重复或相似的。得益于阿里巴巴数据中台 OneModel 统一指标规范以及 Dataphin 的产品工具，我们将数据公共层充分做厚，不断地在公共层沉淀公共指标，实现了公共指标复用，既保证了指标口径统一，也避免了重复建设。

更值得一提的是，阿里云智能从 2020 年开始推行"云钉一体"战略，并在居然之家客户项目中也坚决贯彻执行，大数据平台所有应用都统一通过钉钉作为访问入口，所有人都通过手机钉钉轻松访问这些应用进行办公。我们认为，轻量、简洁和清爽的移动端洞察分析看板可能是未来 BI 发展的一个重要趋势。

3. 客户价值

我们站在客户的视角来看项目交付结果（如图 5-102 所示），数据中台汇聚了居然之家集团 368 家门店和 721 万会员的核心业务数据。数据中台的业务赋能对居然集团各个层级数千名领导与员工、数万个品牌商和经销商的管理层、上万名导购都实现了不同程度的覆盖。对此，居然之家副总裁李选选先生高度评价："经营决策看板解决了企业不同层级管理者对他所管辖的业务是否了如指掌的问题。居然之家的决策数字化已经精细到最小的运营单元。不要小看居然之家现在的这个数字化成就，本期项目所有的产品工具都切入了业务最主要的痛点。在绝大多数规模以上企业，你去问管理者，自己的业务领域在过去一周、一天、一小时，具体发生了什么，他们大多数是不知道的。"

我们将项目的价值概括为：提质、增效和赋能。

1）提质。数据中台项目建设过程中的节奏控制和质量把握比较合理，虽然经历 2019 年 12 月～2020 年 5 月新冠病毒疫情的影响，但项目组采用钉钉视频会议工具结合远程日会 / 周会等项目管理手段，顺利完成交付目标。项目的建设实现了居然之家核心数据资产在线化、移动化、精细化管理。项目为居然集团运营管理的决策提供数据支撑，数字化决策触摸到最小的经营单元。这也是当人口红利逐渐消失，市场趋于饱和，企业在经营管理上要做得更好的一个重要手段和途径。我们认为，数字化转型本质上是用技术手段来提升企业的经营管理能力和效率，通过细化管理的粒度、提升管理的精度来达到管理维度的变化，进而寻求业务创新。

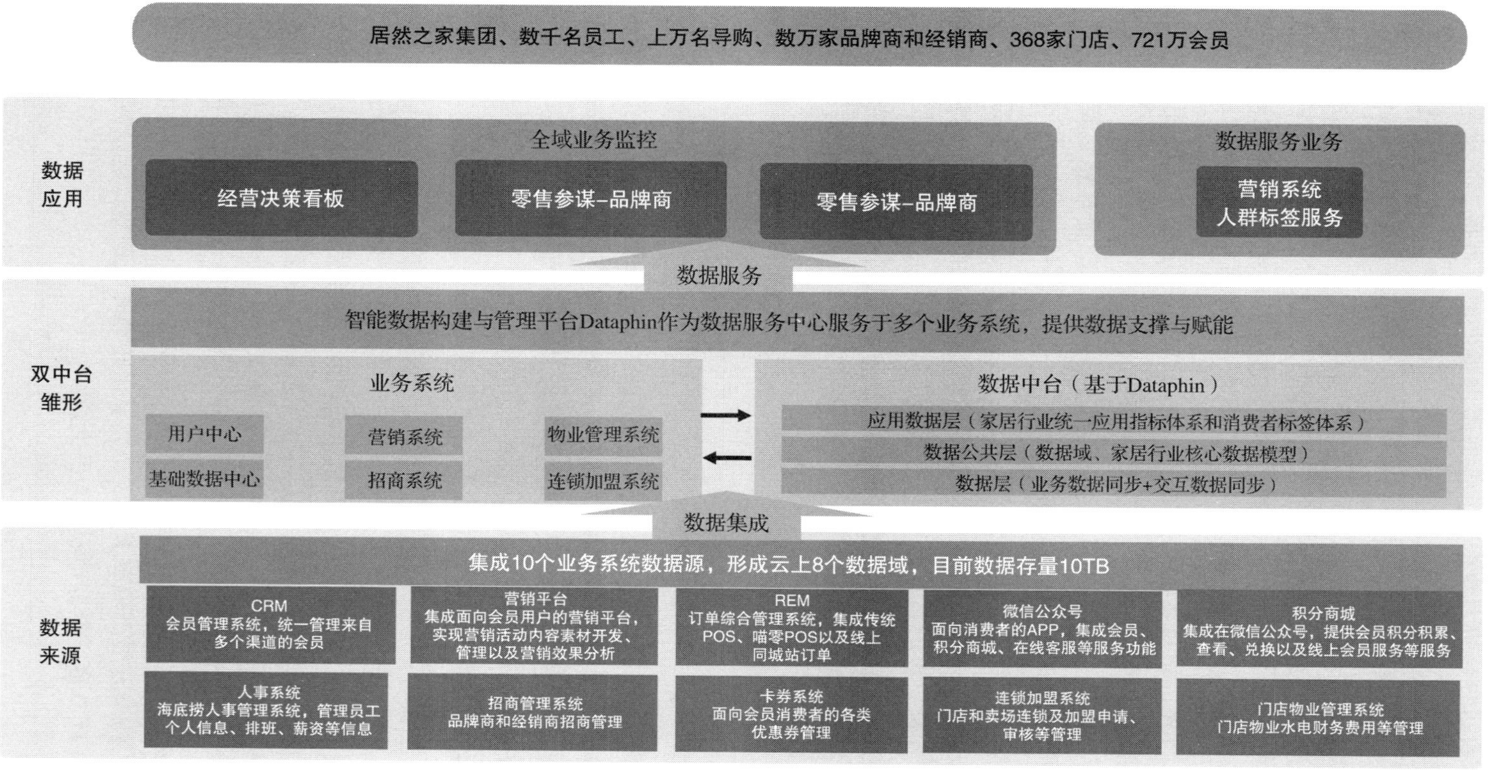

图 5-102 项目交付结果

2）增效。数据中台的大数据计算能力帮助客户对所有报表产出基线实现了大幅度提升，月报从次月提前到当月每天产出，日报产出基线从晚 8 点提早到早 8 点。借助实时计算，业务经营洞察时效从 T+1 天提升到秒级实时水平。依托数据产品和运营，业务人员和技术人员从数据指标反推业务、应用和数据本身的问题，实现了居然之家集团门店、分公司、集团经营分析的一致性。通过平台、版本管理规范以及数据中台敏捷开发能力的三重支撑，业务需求开发周期从以前以月为单位提升到以周为单位，数据应用保持每周迭代一次的速度，bug 平均解决时间小于 1 天。

3）赋能。首先，项目赋能居然之家的营销和招商部门，获得了数据分析的抓手，支持日常连锁、招商和管理的工作。其次，赋能居然之家的合作伙伴，帮助它们快速、准确地了解行业、品牌自身或者摊位的经营情况；再次，赋能居然之家的新零售团队，零售参谋为品牌商经销商提供数据决策支撑能力。在与阿里共同建设项目的过程中，新零售团队基于数据中台方法论与技术体系开发、上线了一套数据应用的运营监控大屏。这些现象和变化意味着该团队从传统的成本部门向收益部门转化，已经有了实现数据价值变现的可能。最后，我们也赋能了这个项目阿里侧的 ISV 合作伙伴，帮助他们组建一支本地化的熟悉阿里数据中台方法论和产品技术的团队，丰富了阿里数据中台交付生态体系。

5.7.3　某商业集团项目

1. 客户背景

某商业集团（以下简称"D 商集团"）成立于 20 世纪 90 年代，高度聚焦零售产业和健康产业两大主业。集团经过多年发展，拥有若干家上市公司、高校、国家级研发平台、院士工作站、全国驰名商标，下属企业数百家，资产总额超千亿元。旗下零售产业涵盖新零售、电子商务、消费金融、职业教育等领域，拥有百货、超市、购物中心等大型零售门店、家居专业店、汽车 4S 店、连锁超市等数百家。

随着国内居民消费市场的不断增长，国内商超百货行业不断扩张，但由于经营模式过于传统和粗放，行业面临线下消费群体流失、库存积压、资金周转、策略转型等多重考验。同时，零售实体门店的客流及销售受疫情影响较大，传统模式因环境的巨大变化而显得不适应。零售行业急需进行数字化转型。

近年，D 商集团成立数字化转型推进工作领导小组，并组建云智能科技中心开展数字化转型相关工作。"D 商数据中台及数字化应用"项目作为集团数字化转型的桥头堡和攻坚战也随之启动。该集团将依托建造的数据中台，构建"数据全域汇聚、数据资产化、数据服务化"三大能力，持续开展产业赋能，推动数字化转型升级调整，建设数据赋能、创新引领、协同生态的数字新 D 商，更好地服务人民大众。

2. 阿里云解决方案

通过阿里云数据中台产品和建设实施方法论，建设了 D 商集团数据中台体系和数据分析服务体系，实现 D 商集团企业级数据标准化、数据资产化、数据服务化等目标。具体分为以下三个方面：

❏ 建设大数据高阶蓝图设计，为 D 商集团提供未来三年的大数据能力蓝图和进行路线。
❏ 建设集团数据公共层，实现数据构建与管理统一，形成标准可复用的数据资产体系。
❏ 打造面向业务的数据应用建设，为企业经营决策提供数据支撑。

下面将分别展开介绍。

（1）大数据高阶蓝图设计

以 D 商集团零售板块百货及购物中心业态数据中台为例，数据中台全景规划如图 5-103 所示。

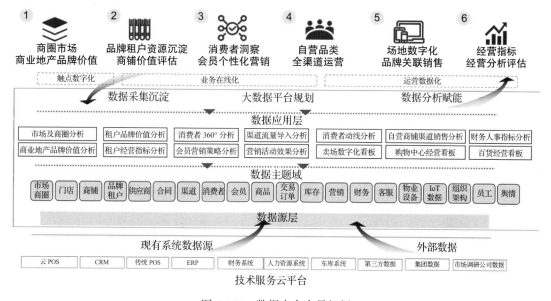

图 5-103 数据中台全景规划

1）市场及商业地产品牌价值：基于沉淀的城市商圈调研数据，分析市场商圈客群情况；建立数据驱动优化品牌营销策略，增强商业地产品牌黏性；分析线上商业地产品牌推广（包括线上评论、互动数据、舆情数据、第三方平台渠道消费者评价数据），优化品牌营销策略。城市商圈数据分析如图 5-104 所示。

2）品牌租户资源沉淀与商铺价值评估：基于租户品牌资源库，沉淀意向及合作品牌资源，建立分级租户品牌评级机制，提供租户品牌合作策略的依据（如图 5-105 所示）。

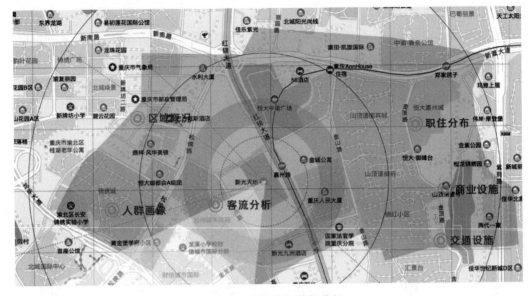

图 5-104　城市商圈数据分析

租户品牌价值

- **品牌属性**：品牌的知名度，品牌的历史，品牌的国际影响力等
- **品牌定位**：品牌与百货、购物中心定位的匹配程度
- **品牌经营表现**：品牌过去三年的总营业收入及递增率，品牌的总门店数量等
- **品牌竞争力**：品牌在区域市场上的竞争状态，在区域市场的门店数量等
- **品牌管理实力**：品牌的法人结构、股权结构、业务模式等
- **品牌贡献度**：品牌对企业的重要程度（主力店、战略合作、次主力等）
- ……

图 5-105　租户品牌价值分析

3）消费者洞察与会员个性化营销：基于消费者行为、消费、偏好等数据，进行多种维度和多个层级的分类，构成数据的标签体系，如基本信息、社会属性、行为信息（又可分线上行为和线下行为）、偏好信息（又可分为生活偏好和消费偏好）等。标签化的客户信息分类展示在同一个视图中，形成 360°客户视图。基于消费者数据的洞察制定个性化的营销策略（如图 5-106 所示）。

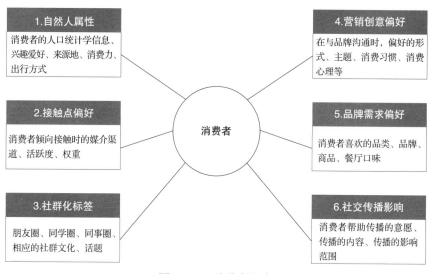

图 5-106 消费者洞察

4)自营品牌全渠道运营:打通会员不同渠道数字身份,构建会员权益中心,通过前端不同触点场景的设计,形成全渠道的无缝消费购物体验。

5)场地数字化品牌关联销售:基于消费者场内销售数据,以及消费购物的先后顺序,识别客户动线,并通过动线和购物篮分析,识别品牌间的关联,未来对异业开展关联销售起到指导作用(如图 5-107 所示)。

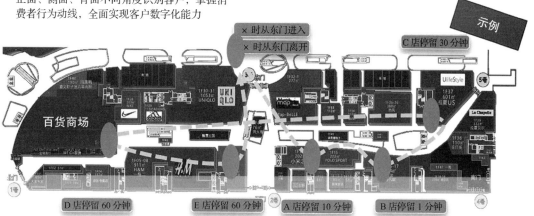

图 5-107 场地数字化

6）经营指标经营分析评估：经营指标包含购物中心、百货、总部、品牌、店员等维度，涉及场景（如卖场）客流分析、物业能耗分析、客户投诉分析、品牌消费者画像、营销活动效果分析、商品画像分析等，通过对经营指标分析评估，为经营决策提供依据（如图 5-108 所示）。

（2）集团数据公共层建设

依托阿里巴巴数据中台 OneModel 的建设经验，基于 D 商集团数据中台建设业务需求和数据资产调研盘点信息输入，完成集团数据公共层建设，主要分为以下几个步骤。

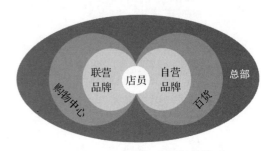

图 5-108　经营指标分析评估体系

1）业务过程分析：业务过程是一个个不可拆分的行为事件，结合业务需求分析调研，参考业务规划设计文档以及业务运行（开发、设计、变更等）相关文档，全面分析数据仓库涉及的源系统及业务管理系统，进而明确业务过程。部分业务流程及过程如图 5-109 所示。

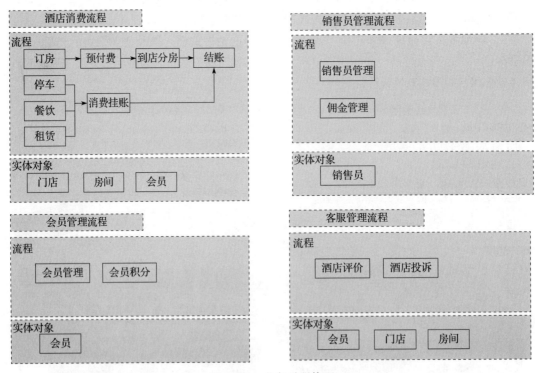

图 5-109　业务过程梳理

2）数据域划分：面向业务分析，将业务过程或者维度进行抽象，形成 D 商集团的数据域，如图 5-110 所示。

商户域	客户域	产品域	交易域	营销域
各产业往来合作伙伴,包括各级品牌、供应商、经销商、租户等,拉通各产业商户合作范围,形成集团战略合作联盟和合作伙伴分级合作策略机制	打通各板块消费者数据,形成消费者唯一身份识别,构建集团消费者权益中心和数据银行,实现精准的消费者触达和全营销生命周期的消费者资产运营	建立数字化商品库,包括品牌故事、商品特色、商品图片、商品描述、营销内容,通过多种渠道清晰、无损地传递商品价值。建立数字化商品供应商主数据,提高集团商品寻源采购能力	沉淀集团各板块订单、交易数据,其一作为财务分析的基础数据;其二作为客户消费行为分析数据的基础;其三是作为经营分析数据的基础凭证	线上数字媒体、各产业线上线下营销策略沉淀,通过营销转化和营销效果分析,提升各产业营销能力,同时构建产业融合联合营销平台

供应链域	财务域	公共域	日志域	生产域
从需求到供应端,实时可视供应链看板。实时展现各节点采购、供应、库存移动数据,分析各板块供应链效率及成本的控制,为优化供应链网络体系提供决策依据	统一财务分析口径,抓取各产业财务业务数据,通过数据整合,创建单一可信赖的信息源,并于获得准确的、详尽和一致的财务及绩效分析报告	建立集团各板块分支机构、公司的实时员工信息、组织机构等人力资源信息	通过前端工具抓取触点客户行为日志、各媒体舆情信息、融合集团客户、消费者社交、互动信息,提升集团客户行为分析、舆情感知分析能力	制造工厂、加工厂、盒饭工厂等经营数据,包括生产计划、产能设计、产能规划、工厂人效、库存等。结合前场销售预测数据,以需定产

服务域	资产域	物联网域	市场域	位置域
整合各产业售后服务数据,包括顾客投诉、订单评价,统计分析各产业售后服务,提升整体售后服务能力	建立集团数字化资产库,包括物业设备、资产情况、资产估值、资产的流转等。建立设备信息库	通过API,集成各物业、景区的IoT数据,包括场地客流、监控、热力、设备监控实时等数据。提升前端各场地实时感知能力	融合各产业市场、城市、商圈、交通、竞品数据,形成集团商业市场数字地图,为各板块产品及服务设计、规划提供数据支撑	各产业物业、卖场、园区的数字位置场地镜像看板,结合实时经营绩效数据,为业务敏捷协同,快速决策提供数据支撑

图 5-110 数据域划分

3)总线矩阵构建:结合业务过程、维度和数据域,基于维度构建总线矩阵,如表 5-26 所示。

表 5-26 总线矩阵(局部)

数据域	业务过程			一致性维度						
	业务过程	英文名	业务过程描述	门店	商品	顾客	供应商	渠道	物流公司/配送员	支付方式
交易域	超市交易订单	trd_cs_ord_evt	超市交易订单	√	√	√	√			
	百货交易订单	trd_bh_ord_evt	百货交易订单	√	√	√	√			
	超市支付流水	trd_cs_pay_evt	超市支付流水	√						√
	百货支付流水	trd_bh_pay_evt	百货支付流水	√						√
	酒店订单	trd_jd_ord	酒店订单	√	√	√				
	D商通支付订单	trd_jr_pay_order	D商通支付订单	√	√	√	√	√		√
	家居交易订单明细	trd_jj_order_evt	家居交易订单明细							
	购物中心交易订单	trd_gwzx_ord_evt	购物中心交易订单	√	√	√	√			
	全渠道新零售平台加入购物车		加入购物车		√	√		√		
	全渠道新零售平台订单管理		下单、支付、取消、收货		√	√		√	√	√
	全渠道新零售平台2C订单管理		订单下单、配送、取消		√	√		√	√	√
	全渠道新零售平台2B订单管理		订单下单、配送、取消		√	√	√	√	√	√

（续）

数据域	业务过程			一致性维度					
	业务过程	英文名	业务过程描述	门店	商品	顾客	供应商	渠道	物流公司/配送员	支付方式
交易域	全渠道新零售平台门店订单管理		拣货、出货、收货	√	√		√	√		√
	全渠道新零售平台门店订单配送管理		配送信息	√	√	√			√	

4）维度表设计：维度是实际存在、不因事件发生而存在的实体，基于维度设计原则、方法进行建设，维度表示例如表 5-27 所示。

表 5-27 维度表设计示例

表名：dim_bh_vender
表描述：百货供应商

字段分类	字段英文名称	字段中文名称	数据类型	字段描述	是否主键	是否枚举	来源业务系统
系统字段	ds	分区字段	STRING	分区字段			
key 值	vender_id	代码	STRING	代码	Y	N	百货 ERR 系统
属性	vender_name	名称	STRING	名称	N	N	百货 ERR 系统
属性	vender_ename	英文名称	STRING	英文名称	N	N	百货 ERR 系统
属性	vender_sname	简称	STRING	简称	N	N	百货 ERR 系统
属性	vender_status	状态	STRING	状态	N	Y	百货 ERR 系统
属性	flag	可用标志	STRING	可用标志	N	Y	百货 ERR 系统
属性	check_code	核算代码	STRING	核算代码	N	N	百货 ERR 系统
属性	region_id	地区	STRING	地区	N	N	百货 ERR 系统
属性	vender_type	供应商分类 Sbnbtype	STRING	供应商分类 Sbnbtype	N	N	百货 ERR 系统
属性	comp_code	企业代码	STRING	企业代码	N	N	百货 ERR 系统
属性	comp_type	企业性质	STRING	企业性质	N	N	百货 ERR 系统
属性	business_license_no	营业执照代码	STRING	营业执照代码	N	N	百货 ERR 系统
属性	re_date	注册日期	STRING	注册日期	N	N	百货 ERR 系统
属性	re_trademark	注册商标	STRING	注册商标	N	N	百货 ERR 系统
属性	re_capital	注册资本	DECIMAL	注册资本	N	N	百货 ERR 系统
属性	business_scope	经营范围（品种）	STRING	经营范围（品种）	N	N	百货 ERR 系统
属性	tax_payer	纳税人类型	STRING	纳税人类型	N	Y	百货 ERR 系统
属性	tax_rate	适用税率	DECIMAL	适用税率	N	N	百货 ERR 系统
属性	tax_no	纳税号	STRING	纳税号	N	N	百货 ERR 系统

5）事实表设计：基于完整性、一致性、可加性等原则，完成事实表设计，示例如表 5-28 所示。

表 5-28 事实表设计示例

表名：fct_trd_bh_ord_evt_d（百货交易子订单）
表中文名称：百货交易子订单事实表
表内容描述：以 ds 作为数据分区，一条数据记录代表子订单交易

分类	二级分类	字段名	数据类型	字段中文名	来源表	来源字段	备注（remark）
单据	属性	ord_id	STRING	订单号	ls_group_ods.s_std_fct_trd_bh_ord_evt_di	ord_id	sglbillno 与 sglsyjid 进行字符串拼接
	属性	flow_id	STRING	交易流水单号	ls_group_ods.s_std_fct_trd_bh_ord_evt_di	sglbillno	
	属性	pos_id	STRING	收银机编码	ls_group_ods.s_std_fct_trd_bh_ord_evt_di	sglsyjid	
	属性	sell_id	STRING	小票号	ls_group_ods.s_std_fct_trd_bh_ord_evt_di	sglinvno	
	关联键	timerange_id	STRING	消费时段编码	ls_group_ods.s_std_fct_trd_bh_ord_evt_di	sgltpid	
	属性	timerange_name	STRING	消费时段名称	ls_group_cdm.dim_bh_timerange	百货时段枚举名称	关联 dim_bh_timerange 表
门店	关联键	shop_id	STRING	门店编码	ls_group_cdm.dim_bh_shop	sglmarket	关联 dim_bh_shop 表的 shop_id
	属性	shop_name	STRING	门店名称	ls_group_cdm.dim_bh_shop	shop_name	
	关联键	shop_type	STRING	门店类型编码	ls_group_cdm.dim_bh_shop	shop_type	字段 shop_id 关联 dim_bh_shop 获取 shop_type
	属性	shop_type_name	STRING	门店类型名称	ls_group_cdm.dim_bh_shop_type	门店类型枚举名称	
	关联键	section_id	STRING	商场编码	ls_group_ods.s_std_fct_trd_bh_ord_evt_di	shop_id	通过 dim_bh_shop 获取 shop_id
	属性	section_name	STRING	商场名称	ls_group_cdm.dim_bh_shop	shop_name	
	关联键	dept_id	STRING	柜组编码	ls_group_ods.s_std_fct_trd_bh_ord_evt_di	sglmfid	通过 dim_bh_shop 获取 shop_id
	属性	dept_name	STRING	柜组名称	ls_group_cdm.dim_bh_shop	shop_name	
地域	关联键	region_id	STRING	地域编码	ls_group_cdm.dim_bh_region	region_id	字段 region_id 关联 dim_bh_region 的 region_id
	属性	region_name	STRING	地域名称	ls_group_cdm.dim_bh_region	region_name	
商品	关联键	goods_id	STRING	商品编码	ls_group_ods.s_std_fct_trd_bh_ord_evt_di	sglgdid	关联 dim_bh_goods 表的 goods_id

（续）

分类	二级分类	字段名	数据类型	字段中文名	来源表	来源字段	备注（remark）
商品分类	属性	goods_type_id	STRING	商品编码类别	ls_group_ods.s_std_fct_trd_bh_ord_evt_di	sglgdtype	计算销售收入相关指标，需要去掉服务费码（商品属性为7或9的）
	属性	goods_barcode_type_id	DECMAL	商品条码编码类型	ls_group_cdm.dim_bh_goods	type_id	G 销售码 1 直销商品
	属性	goods_flaq	STRING	商品标志	ls_group_ods.s_std_fct_trd_bh_ord_evt_di	SDISFLAG	来源s_yz_bh_pos_selldetail_delta 的字段 SDISFLAG，加工逻辑：
	属性	goods_barcode	STRING	商品条码	ls_group_cdm.dim_bh_goods	sglbarcode	
	属性	goods_name	STRING	商品名称	ls_group_cdm.dim_bh_goods	goods_name	
商品类	关联键	category_id	STRING	商品品类编码	ls_group_ods.s_std_fct_trd_bh_ord_evt_di	sglcatid	关联dim_bh_category 的 category_id
	属性	category_name	STRING	商品品类名称	ls_group_cdm.dim_bh_category	category_name	
	关联键	category_lvl1_id	STRING	商品大类编码	ls_group_cdm.dim_bh_category	category_id	
	属性	category_lvl1_name	STRING	商品大类名称	ls_group_cdm.dim_bh_category	category_name	
	关联键	category_lvl2_id	STRING	商品中类编码	ls_group_cdm.dim_bh_category	category_id	
	属性	category_lvl2_name	STRING	商品中类名称	ls_group_cdm.dim_bh_category	category_name	
	关联键	category_lvl3_id	STRING	商品小类编码	ls_group_cdm.dim_bh_category	category_id	
	属性	category_lvl3_name	STRING	商品小类名称	ls_group_cdm.dim_bh_category	category_name	
	关联键	category_lvl4_id	STRING	商品细类编码	ls_group_cdm.dim_bh_category	category_id	
	属性	category_lvl4_name	STRING	商品细类名称	Ls_group_cdm.dim_bh_category	category_name	

6）指标规范定义：基于指标规范定义，完成原子指标、业务限定、统计周期和统计粒度设计，进而完成 DWS 层派生指标定义，示例如表 5-29 所示。

表 5-29 派生指标定义示例

数据域	中文名称	英文名称	原子指标中文	原子指标	时间周期
客户域	最近 1 天 _ 全渠道会员月消费 _ 全渠道会员总数	qqd_mbr_cnt_1d_qqd_monthly_consm_mbr	全渠道会员总数	qqd_mbr_cnt	最近 1 天
客户域	最近 1 天 _ 全渠道会员日消费 _ 全渠道会员总数	qqd_mbr_cnt_1d_qqd_daily_consm_mbr	全渠道会员总数	qqd_mbr_cnt	最近 1 天
客户域	最近 1 天 _ 全渠道月即将沉睡 _ 全渠道会员总数	qqd_mbr_cnt_1d_qqd_monthly_near_sleep_mbr	全渠道会员总数	qqd_mbr_cnt	最近 1 天
客户域	最近 1 天 _ 全渠道会员年新增 _ 全渠道会员总数	qqd_mbr_cnt_1d_qqd_yearly_new_mbr	全渠道会员总数	qqd_mbr_cnt	最近 1 天
客户域	最近 1 天 _ 全渠道会员年新增消费 _ 全渠道会员总数	qqd_mbr_cnt_1d_qqd_yearly_new_consm_mbr	全渠道会员总数	qqd_mbr_cnt	最近 1 天
客户域	最近 1 天 _ 全渠道会员月新增 _ 全渠道会员总数	qqd_mbr_cnt_1d_qqd_monthly_new_mbr	全渠道会员总数	qqd_mbr_cnt	最近 1 天
客户域	最近 1 天 _ 全渠道会员日新增消费 _ 全渠道会员总数	qqd_mbr_cnt_1d_qqd_daily_new_consm_mbr	全渠道会员总数	qqd_mbr_cnt	最近 1 天
客户域	最近 1 天 _ 全渠道会员总数	qqd_mbr_cnt_1d_qqd_all	全渠道会员总数	qqd_mbr_cnt	最近 1 天
客户域	最近 1 天 _ 全渠道会员 7 日新增 _ 全渠道会员总数	qqd_mbr_cnt_1d_qqd_7d_new_mbr	全渠道会员总数	qqd_mbr_cnt	最近 1 天
客户域	最近 1 天 _ 全渠道会员年消费 _ 全渠道会员总数	qqd_mbr_cnt_1d_qqd_yearly_consm_mbr	全渠道会员总数	qqb_mbr_cnt	最近 1 天
客户域	最近 1 天 _ 全渠道会员月新跃 _ 全渠道会员总数	qqd_mbr_cnt_1d_qqd_monthly_active_mbr	全渠道会员总数	qqd_mbr_cnt	最近 1 天
客户域	最近 1 天 _ 全渠道会员日新增 _ 全渠道会员总数	qqd_mbr_cnt_1d_qqd_daily_new_mbr	全渠道会员总数	qqd_mbr_cnt	最近 1 天
客户域	最近 1 天 _ 全渠道全员 7 日消费 _ 全渠道全员总数	qqd_mbr_cnt_1d_qqd_7d_consm_mbr	全渠道会员总数	qqd_mbr_cnt	最近 1 天
客户域	最近 1 天 _ 全渠道月沉睡 _ 全渠道会员总数	qqd_mbr_cnt_1d_qqd_monthly_sleep_mbr	全渠道会员总数	qqd_mbr_cnt	最近 1 天
客户域	最近 1 天 _ 全渠道会员 7 日新增消费 _ 全渠道会员总数	qqd_mbr_cnt_1d_qqd_7d_new_consm_mbr	全渠道会员总数	qqd_mbr_cnt	最近 1 天
客户域	最近 1 天 _ 全渠道会员月新增消费 _ 全渠道会员总数	qqd_mbr_cnt_1d_qqd_monthly_new_consm_mbr	全渠道会员总数	qqd_mbr_cnt	最近 1 天
客户域	最近 1 天 _ 全渠道会员 7 日新增 _ 全渠道会员总数	qqd_mbr_cnt_1d_qqd_7d_new_mbr	全渠道会员总数	qqd_mbr_cnt	最近 1 天
客户域	最近 1 天 _ 全渠道会员月新增 _ 全渠道会员总数	qqd_mbr_cnt_1d_qqd_monthly_new_mbr	全渠道会员总数	qqd_mbr_cnt	最近 1 天
客户域	最近 1 天 _ 全渠道月活跃 _ 全渠道会员总数	qqd_mbr_cnt_1d_qqd_monthly_active_mbr	全渠道会员总数	qqd_mbr_cnt	最近 1 天

3. 客户价值

D 商集团数据中台建设一期项目已经完成，达到阶段性目标。

- 数据资产构建：基于现有 40 余个业务系统盘点数据资产，完成 600 余张数据表上云，构建数据集团全域数据中心，实现集团数据资产标准化和在线化，提供面向全集团的数据中台（PaaS）平台能力，为各产业提供全集团的数据资源。
- 数据赋能业务：通过 D 商云智能科技中心和各产业集团建立联合项目组机制，构建数据中台前端应用，如零售门店经营分析、消费者画像，以赋能门店数字化运营决策；通过大数据域智慧应用的融合，升级商品流通与销售过程，提升门店运营效率。
- 服务生态建设：与各产业对接敏捷数字化共创机制，与产业就分阶段逐步推进数字服务场景建设达成共识。
- 数据资产运营：在夯实数据平台底座基础上，构建 D 商云中心核心能力，赋能各产业，通过数据资产产品的运营，服务生态企业，推动 D 商云中心由成本中心逐步向利润中心转变。

第 6 章　Chapter 6

云上 AIoT 中台

6.1 AIoT 简介

在全球经济发展趋势下，企业纷纷进行智能化战略转型和业务升级，加快面向智慧互联的供给侧结构性改革。通过智能互联的新供给，开拓智能时代新蓝海。智慧互联作为移动互联网升级和演进方向，正成为推动经济发展、产业转型升级、社会进步的重要驱动力量。

在近十年的发展中，越来越多的行业及企业确立了成为数字化原生企业的愿景。经过多年的摸索，越来越多的行业及应用将 AI 与 IoT 相结合，一起服务企业的数字化转型。由于 AIoT 的技术特性，AIoT 在数字化转型中起到非常关键的五大作用：一是产品服务数字化的前提；二是连接交互获取数据的手段；三是分析挖掘价值的工具；四是管理控制实施的途径；五是商业模式改变的基石。

6.1.1 AIoT 的定义

智能物联网（Artificial Internet of Things，AIoT）是 2018 年兴起的概念，指系统通过各种信息传感器实时采集各类信息，在终端设备、边缘或云中心通过机器学习对数据进行智能化分析，包括定位、比对、预测、调度等。

在技术层面，人工智能使物联网具备感知与识别能力，物联网为人工智能提供训练算法的数据。

在商业层面，二者共同作用于实体经济，促进产业升级、优化体验。从具体类型来看，主要有具备感知 / 交互能力的智能联网设备、采用机器学习等手段进行的设备资产管理、拥有联网设备和 AI 能力的系统性解决方案等。从协同环节来看，主要解决感知智能化、分析智能化与控制/执行智能化的问题。

目前，越来越多的行业应用将 AI 与 IoT 结合到一起，AIoT 已经成为各大传统行业实现智能化升级的最佳通道，也将成为物联网发展的必然趋势。

1. IoT

物联网（Internet of Things，IoT）即"万物相连的互联网"，是在互联网基础上延伸和扩展的网络，是将各种信息传感设备与互联网结合起来而形成的一个巨大网络，可以实现在任何时间、任何地点人、机、物的互联互通。

物联网是新一代信息技术的重要组成部分，物联网就是物物相连的互联网。这有两层意思：第一，物联网的核心和基础仍然是互联网，是在互联网基础上延伸和扩展的网络；第二，其用户端延伸和扩展到了任何物品与物品之间，以便进行信息交换和通信。因此，物联网是通过信息传感设备，按约定的协议，把任何物品与互联网相连接，进行信息交换和通信，以实现对物品的智能化识别、定位、跟踪、监控和管理的一种网络。

物联网这个概念最早出现于比尔·盖茨 1995 年出版的《未来之路》一书中。在这本书中，比尔·盖茨已经提及物联网概念，只是当时受限于无线网络、硬件及传感设备的发展，并未引起世人的重视。

1998 年，美国麻省理工学院创造性地提出了当时被称作 EPC 系统的"物联网"的构想。

1999 年，美国 Auto-ID 首先提出"物联网"的概念，主要是建立在物品编码、RFID 技术和互联网的基础上。在我国，物联网早期被称为传感网。中科院早在 1999 年就启动了传感网的研究，并取得了一些科研成果，建立了一些适用的传感网。同年，在美国召开的移动计算和网络国际会议提出了"传感网是下一个世纪人类面临的又一个发展机遇"这一观点。

2003 年，美国《技术评论》提出传感网络技术将是未来改变人们生活的十大技术之首。

2005 年 11 月 17 日，在突尼斯举行的信息社会世界峰会（WSIS）上，国际电信联盟（ITU）发布了《ITU 互联网报告 2005：物联网》，正式提出了"物联网"的概念。报告指出，无所不在的"物联网"通信时代即将来临，世界上所有的物体，从轮胎到牙刷、从房屋到纸巾都可以通过因特网主动进行交换。射频识别（RFID）技术、传感器技术、纳米技术、智能嵌入技术将得到更加广泛的应用。

2. AI + IoT

随着人工智能、云计算、物联网等新兴技术的发展，一些在功能上具有相互补充作用的技术将不可避免地进行结合。

人工智能始于 1956 年召开的达特茅斯会议，物联网概念提出至今已经 20 多年，而 AIoT 即智能物联网，是结合人工智能（AI）和物联网（IoT）的技术的统称。

人工智能（Artificial Intelligence，AI）作为在机器上实现的智能，指通过计算机技术及应用系统等实现的机器对人的思维和意识进行模拟的过程，主要包括语音识别、图像识别、人机交互等。人工智能可以简单理解为人工加智能,是在人工训练的语言、行为等基础上,使机器产生自我意识和思维等类人的思维及行为。

IoT 的核心概念是万物互联,即通过传感器、控制器等将机器、人、物等利用局域网或互联网等信息技术连接在一起。

AIoT 是 AI 与 IoT 技术的融合。首先,通过物联网收集大量机器、人、物之间的信息,将这些信息进行数字化存储;其次,结合人工智能,即让机器能像人一样地思考,并不断训练和优化机器;最后,通过使用者输入的信息,结合物联网收集的云端信息,进行大数据分析,对使用者进行反馈,即智能物联网。理论上,它应该是一个强大的共生系统,物联网为人工智能提供数据,而人工智能将有形的指令和改进反馈给物联网。

每一波技术浪潮的出现都要融入具体的应用场景,创造用户价值,提高作业效率,才会爆发新的机会。AI 与 IoT 这两种强大技术的结合带来了各种各样的应用和灵活性,AIoT 的优势在于它能够促进和提供可行的选择。物联网可以提供有关设备的信息,通过结合机器学习算法,组织可以预测决策和结果,从而为企业提供优于竞争对手的优势。

6.1.2 AIoT 的体系与产业链

AIoT 产业是指从事或主要从事智能物联网生产或服务活动的集合体,包括智能物联网制造业和智能物联网服务业两大类,主要涉及制造业、医疗、能源及公共事业、农业科技、智慧城市、金融服务、智能家居等产业。

1. AIoT 的体系

AIoT 的体系自下而上分为四个层次:感知层、网络层、平台层、应用层,如图 6-1 所示。

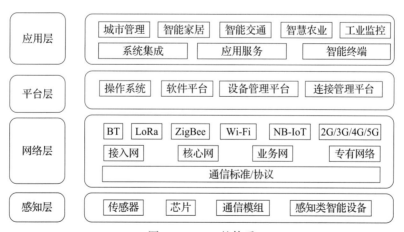

图 6-1 AIoT 的体系

根据这四个层次,AIoT 的产业链大致可分为八大环节:芯片提供商、传感器供应商、无线模组(含天线)厂商、网络运营商(含 SIM 卡商)、平台服务商、系统及软件开发商、智能硬件厂商、系统集成及应用服务提供商，如图 6-2 所示。

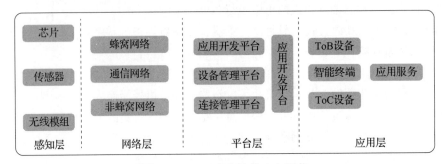

图 6-2　AIoT 产业链的八大环节

2. AIoT 的产业链

1999 年，凯文·阿什顿（Kevin Ashton）最先提出"物联网"这个名词。2005 年，《ITU 互联网报告 2005：物联网》一文正式提出"物联网"这一概念，全球开始了物联网的相关建设。我国的物联网产业起步较晚，2009 年才进入培育期，重点在研发相关技术上，并开始在公共管理与服务市场应用；2013 ～ 2015 年，我国物联网市场进入导入期，系统集成类企业在这个阶段取得较好的发展，产业规模达到 1 万亿元左右；2016 ～ 2020 年，与物联网相关的产品开始在企业、家庭和个人层面大规模使用，创新运营服务体系不断壮大，整个行业的技术标准体系进一步完善并全面普及，标志着行业已进入成长期；2020 年以后，AIoT 行业开始进入成熟期，人、物、服务网络全方位融合，相关技术得到深入应用，市场规模初步预计将会达到百万亿元。

1）芯片是物联网的"大脑"，低功耗、高可靠性的半导体芯片是物联网几乎所有环节都必不可少的关键部件之一。依据芯片功能的不同，物联网产业所需的芯片既包括集成在传感器、无线模组中实现特定功能的芯片，也包括嵌入在终端设备中的系统芯片的嵌入式微处理器，一般是 MCU/SoC 形式。

目前，物联网领域的芯片厂商数量众多，芯片种类繁多，个性化差异明显。然而，芯片领域依然由高通、TI、ARM 等国际巨头主导，国内芯片企业数量虽多，但关键技术大多引进自国外，这就直接导致了众多芯片企业的盈利能力不足，难以占领市场份额。

2）传感器是物联网的"五官"，本质上是一种检测装置，是用于采集各类信息并转换为特定信号的器件，可以采集身份标识、运动状态、地理位置、压力、温度、湿度、光线、声音、气味等信息。广义的传感器包括传统意义上的敏感元器件、RFID、条形码、二维码、雷达、摄像头、读卡器、红外感应元件等。

传感器行业由来已久，目前主要由美国、日本、德国的几家龙头公司主导。我国传感器市场中约 70% 左右的份额被外资企业占据，我国本土企业占据的市场份额较小。

3）无线模组是物联网接入网络和定位的关键设备。无线模组分为通信模组和定位模组两大类。常见的局域网技术有 Wi-Fi、蓝牙、ZigBee 等，常见的广域网技术主要有工作于授权频段的 2G/3G/4G、NB-IoT 和非授权频段的 LoRa、SigFox 等技术，不同的通信对应不同的通信模组。NB-IoT、LoRa、SigFox 属于低功耗广域网（LPWA）技术，具有覆盖广、成本低、功耗小等特点，是专门针对物联网的应用场景开发的。

此外，广义来看，与无线模组相关的还有智能终端天线，包括移动终端天线、GNSS 定位天线等。目前，在无线模组方面，国外企业仍占据主导地位，国内厂商也比较成熟，能够提供完整的产品及解决方案。

4）网络是物物相联的通道，也是目前物联网产业链中相对成熟的环节。广义上来讲，物联网的网络是指各种通信网与互联网形成的融合网络，包括蜂窝网、局域自组网、专网等，因此涉及通信设备、通信网络（接入网、核心网业务）、SIM 制造等。

考虑到物联网很大程度上可以复用现有的电信运营商网络（有线宽带网、2G/3G/4G 移动网络等），同时国内基础电信运营商是目前国内物联网发展的最重要推动者，因此我们在本环节将聚焦电信运营商以及与之紧密相关的蜂窝物联网终端（SIM 卡）制造商。

5）平台是实现物联网有效管理的基础。物联网平台作为设备汇聚、应用服务、数据分析的重要环节，既要向下实现对终端的管控，还要向上为应用系统的集成提供 PaaS 服务。根据功能的不同，平台可分为以下 3 种类型：

- 设备管理平台：主要用于对物联网终端设备进行远程监管、系统升级、软件升级、故障排查、生命周期管理等，所有设备的数据均可以存储在云端。
- 连接管理平台：主要用于保障终端联网通道的稳定。
- 应用开发平台：主要为 AIoT 开发者提供应用开发工具、后台技术支持服务以及中间件、业务逻辑引擎、API 接口、交互界面等。此外，还提供高扩展的数据库、实时数据处理、智能预测离线数据分析、数据可视化展示应用等，让开发者无须考虑底层的细节，从而可以快速进行开发、部署和管理，缩短开发时间、降低成本。

就平台层企业而言，国外厂商有 Jasper、Wylessy 等。国内的物联网平台企业主要有三类：一是三大电信运营商，其主要从搭建连接管理平台方面入手，并提供连接和管理设备的平台；二是 BAT、京东、华为等互联网企业，其利用各自的传统优势，主要搭建设备管理和应用开发平台；三是在各个细分领域的平台厂商，如宜通世纪、上海庆科、小米、海尔智家等。

6）系统及软件可以让物联网设备有效运行，物联网的系统及软件一般包括操作系统、应用软件等。其中，操作系统是管理和控制物联网硬件和软件资源的程序，类似智能手机中的 iOS、Android，是直接运行在"裸机"上的最基本的系统软件，其他应用软件在操作系统的支持下才能正常运行。

目前，发布物联网操作系统的主要是一些 IT 领先企业，如谷歌、微软、苹果、华为、阿里等。由于物联网目前仍处在起步阶段，应用软件开发主要集中在车联网、智能家居、终端安全等通用性较强的领域。

7）智能硬件是物联网的承载终端，是集成了传感器和通信功能，可接入物联网并实现特定功能或服务的设备。如果按照面向的客户来划分，可分为 To B 和 To C 两类：
- To B 类：包括表计类（智能水表、智能燃气表、智能电表、工业监控检测仪表等）、车载前装类（车机）、工业设备及公共服务监测设备等。
- To C 类：主要指消费电子，如可穿戴设备、智能家居等。

8）系统集成及应用服务是物联网部署、实施与实现应用的重要环节。所谓系统集成，就是根据一个复杂的信息系统或子系统的要求，把多种产品和技术组合成一个完整的解决方案的过程。目前主流的系统集成有设备系统集成和应用系统集成两大类。

物联网的系统集成一般面向大型客户或垂直行业，例如政府部门、城投公司、地产公司、工业制造企业等，往往以提供综合解决方案为主。面对物联网的复杂应用环境和众多不同领域的设备，系统集成商可以帮助客户解决各类软硬件与建筑环境、施工配合、组织管理和人员配备相关的问题，确保客户得到合适的解决方案。

6.2 AIoT 的发展

近几年来，物联网作为高新行业引领了一波又一波全球技术革命，当前更是国家、工业界和学术界的重点关注对象，其发展已经上升到了战略层面。各国都希望在物联网掀起的新一轮全球技术革命中有所成就，以提升国家的综合实力。物联网技术能否领先对于各国物联网产业的发展至关重要。美国将物联网列入《2025 年对美国利益有潜在影响的六种关键技术》，并在 2009 年的《经济复苏和再投资法》中将物联网作为摆脱金融危机的关键战略；欧盟委员会制定了《欧盟物联网行动计划》以引领世界物联网发展；韩国、日本等国也都制定了相应的物联网战略，力争抢占物联网技术和产业发展的先机。

物联网作为我国的战略新兴产业，技术发展速度和水平提升非常快，物联网技术的发展对于我国各类产业的发展具有非常重要的促进作用。中科院在 20 世纪末就组织团队对物联网技术进行研究，并投入了大量资金，在微型传感器、移动基站等方面取得了成绩，而且目前在材料供应、技术支持以及网络配套等方面建立了非常完善的系统。同时，我国加强了与国外物联网技术较为发达国家的合作，在物联网国际标准的制定方面也有重要的影响。我国在物联网技术相关领域申请了大量知识产权以及技术方面的专利。依托已有的物联网技术和理论等方面的基础，我国物联网技术已经进入快速发展的阶段。

由于我国政府重视物联网技术的发展，并不断推动物联网技术的研发，因此在较短的时间内，物联网已经从一个人们较为陌生的科技名词演变成影响人们生活各个方面的产业。

当前，我国物联网产业仍面临一些发展瓶颈，但在国家战略带动、产业政策引领和业界人士的共同努力下，我国物联网将加速融合创新、赋能实体经济。可以看到，物联网产业的发展呈现出以下趋势：

1）全球物联网进入产业落地加速与网络监管整治并重的阶段。全球物联网设备持续大规模部署，连接数突破 110 亿；模组与芯片市场势头强劲，平台集中化趋势明显，工业领域投资愈加活跃。虽受新冠肺炎疫情影响，市场规模增长预期下调，但整体向好趋势不变。

世界主要经济体加速布局，美国连续出台多部法案，关注 5G、物联网创新与安全；欧盟发布战略夯实物联网数据基础，多措并举提升网络安全风控能力；日本设立新规确立物联网终端防御对策；韩国提速 6G 研发布局，持续加大物联网相关领域的资金投入。

2）我国物联网产业规模超预期增长，网络建设和应用推广成效突出。在网络强国、新基建等国家战略的推动下，我国加快推动 IPv6、NB-IoT、5G 等方面的建设，移动物联网连接数已突破 12 亿，设备连接量在全球设备连接量中的占比已超过 60%，消费物联网和产业物联网逐步开始规模化应用，5G、车联网等领域取得突破性进展。数据显示，2019 年物联网产业规模突破 1.5 万亿元，已超过预期规划值。

3）龙头企业布局加码，5G 网络建设和边缘计算发展双轮驱动物联网应用深化。2019 年以来，华为、阿里巴巴、海尔等龙头企业各有侧重进行布局，头部创投机构投资活跃，物联网领域平均融资额有所上升。随着 5G 商用进程加快、NB-IoT 规模部署，物联网与人工智能、大数据等融合创新加速，同时设备连接量的增加驱动边缘计算需求的增长，车联网、工业互联网、智慧医疗等应用场景进一步深化。

6.2.1 我国政策法规的支持

物联网是互联网、传统电信网等的信息承载体，是让所有能行使独立功能的普通物体实现互联互通的网络。近几年，我国物联网产业发展迅猛，产业规模急速壮大。我国物联网产业能得到如此快速的发展，主要受益于国家相关政策的支持。

2013 年，我国提出物联网专项发展战略，物联网产业随着政府制定的产业发展的战略部署起步。

2017 年，工业和信息化部发布《物联网"十三五"规划》，明确物联网发展目标。

2018 年，工业和信息化部出台《物联网安全白皮书》，对物联网安全的现状、防护策略、发展方向进行了详细阐述。

2019 年，人大代表郭永宏建议完善监管体系、保护用户隐私，可见做好物联网的防护工作是下一个阶段的重心。政府将投入更多的财政支持物联网安全工作的开展。

近年来，国家相关部门以及地方政府出台了一系列物联网行业相关政策。

1. 国家性政策

1）2013 年 2 月，国务院印发《国务院关于推进物联网有序健康发展的指导意见》，指出到 2015 年，在工业、农业、节能环保、商贸流通、交通能源、公共安全、社会事业、城市管理、安全生产、国防建设等领域实现物联网试点示范应用，部分领域的规模化应用水平显著提升，培育一批物联网应用服务优势企业。

以掌握原理、实现突破性技术创新为目标，把握技术发展方向，围绕应用和产业急需，明确发展重点，加强低成本、低功耗、高精度、高可靠、智能化传感器的研发与产业化，着力突破物联网核心芯片、软件、仪器仪表等基础共性技术，加快传感器网络、智能终端、大数据处理、智能分析、服务集成等关键技术研发创新，推进物联网与新一代移动通信、云计算、下一代互联网、卫星通信等技术的融合发展。

充分利用和整合现有创新资源，形成一批物联网技术研发实验室、工程中心、企业技术中心，促进应用单位与相关技术、产品和服务提供商的合作，加强协同攻关，突破产业发展瓶颈。

2）2013 年 9 月，国家发改委同多部委印发了《物联网发展专项行动计划（2013—2015）》，计划包含了顶层设计、标准制定、技术研发、应用推广、产业支撑、商业模式、安全保障、政府扶持、法律法规、人才培养 10 个专项行动计划。各个专项计划从不同角度，对 2015 年物联网行业将要达到的总体目标做出了规定。

3）2017 年 1 月，国家发改委印发《物联网"十三五"发展规划》，指出到 2020 年，具有国际竞争力的物联网产业体系基本形成，包含感知制造、网络传输、智能信息服务在内的总体产业规模突破 1.5 万亿元，智能信息服务的比重大幅提升；推进物联网感知设施规划布局，公众网络 M2M 连接数突破 17 亿；物联网技术研发水平和创新能力显著提高，适应产业发展的标准体系初步形成，物联网规模应用不断拓展，泛在安全的物联网体系基本成型。

打造 10 个具有特色的产业集聚区，培育和发展 200 家左右产值超过 10 亿元的骨干企业，以及一批"专精特新"的中小企业和创新载体，建设一批覆盖面广、支撑力强的公共服务平台，构建具有国际竞争力的产业体系。

4）2017 年 6 月，工业和信息化部印发《关于全面推进移动物联网（NB-IoT）建设发展的通知》，指出到 2020 年，NB-IoT 网络实现全国普遍覆盖，面向室内、交通路网、地下管网等应用场景实现深度覆盖，基站规模达到 150 万个；加强物联网平台能力建设，支持海量终端接入，提升大数据运营能力。

5）2018 年 12 月，工业和信息化部印发《车联网（智能网联汽车）产业发展行动计划》，指出到 2020 年，实现车联网产业跨行业融合取得突破，具备高级别自动驾驶功能的智能网联汽车实现特定场景规模应用，车联网综合应用体系基本构建，用户渗透率大幅提高，智能道路基础设施水平明显提升，适应产业发展的政策法规、标准规范和安全保障体系初步建立，开放融合、创新发展的产业生态基本形成，满足人民群众多样化、个性化、不断升级的消费需求。

2. 地方性政策

（1）上海：上海市推进"互联网+"行动实施意见

该实施意见提出了互联网+研发设计、虚拟生产、协同制造、供应链、智能终端、能源、金融、电子商务、商贸、文化娱乐、现代农业、新业态、新模式、众创空间、交通、健康、教育、旅游、智能家居、公共安全、城市基础设施、电子政务等专项行动。

（2）浙江：浙江省物联网产业"十三五"发展规划

该规划提出，到 2020 年，集研发制造、系统集成、示范应用、标准推广于一体的物联网产业体系较为完善，关键核心技术研发、系统集成、服务提供的能力得到全面提升，物联网产业规模、创新能力和应用水平全国领先，基本建成全国物联网产业中心，并在数字安防等领域形成全球产业中心，全省物联网产业主营业务收入突破5000亿元。

提出的发展目标如下：

1）产业集聚水平大大增强：集聚一批具有国际竞争力的物联网骨干企业，形成龙头企业带动、区域协同发展的良好态势。到2020年，形成主营业务收入超800亿元的物联网领军企业1家，超百亿龙头企业5家以上，超十亿骨干企业50家以上，集聚产业链核心企业500家以上，成为具有较强国际影响力的物联网产业发展高地。

2）技术创新水平显著提升：构建政产学研用相结合的科技创新体系，建有省级以上企业技术中心的物联网企业达到100家，支持物联网领域的高等院校、科研院所落户发展，攻克一批物联网关键技术，产生一批物联网创新成果。全省物联网企业主导参与制定国际标准30项、国家标准100项以上，高新技术企业超过500家，使杭州国家自主创新示范区成为国际一流的物联网技术创新集聚区。

3）示范应用水平全国领先：以智慧城市建设、两化融合发展、"互联网＋"应用为重点，探索物联网规模应用的商业模式，发展工业互联网特色应用示范，在经济发展、民生服务、城市管理等领域累计实施示范应用工程100项以上，构建全国领先的物联网应用示范先导区。

（3）福建：关于加快物联网产业发展八条措施

该措施提出聚焦发展重点、强化创新支撑、打造特色平台、扶持龙头发展、支持创业创新、拓展全国市场、加快培育人才、加大财税支持八项措施。

（4）广东：广东省物联网发展规划（2013—2020年）

该规划指出：

1）加快物联网基础设施建设，主要通过完善通信和加快公共支撑平台建设来提升物联网的设计。

2）推进物联网技术集成创新和产业化发展，提出三项部署：加快物联网技术集成创新，发展物联网核心产业和新型业态，优化物联网产业布局。

3）推进打造世界级的智慧城市群，重点推进智能交通、智能环保、智能市政、智能电网、智能安全监管等示范工程建设，强化应用集成与业务协同，推动粤东西北智慧城镇协调发展。

4）推动物联网在生产和商贸服务领域的应用。

5）推动物联网在社会服务领域的运用，这里主要提到两个方面，一是政府公共服务的智能化，二是社会民生服务领域的应用。

（5）广西：广西推进物联网有序健康发展的实施方案

发展目标是实现物联网在经济社会各领域的广泛应用，物联网应用的相关技术研发能力明显提高，物联网产业发展生态明显改善，安全保障能力明显提高，基本形成安全可控、具有较强竞争力、空间布局合理、具有一定产业规模的物联网产业体系，成为推动广西经济社会智能化和可持续发展的重要力量。

可见，物联网已成为驱动社会创新发展、加快经济发展动力转换、加速经济转型升级的重要战略支点。

6.2.2 物联网标准的发展

虽然我国物联网标准的制定工作处于起步阶段，但发展迅速，成立了多个物联网标准化组织，标准数量逐年增长。

（1）基础类标准方面

国家物联网基础工作组成立"总体项目组"，制定我国物联网术语、架构、物联网测试评价体系等标准。

（2）感知类标准方面

我国制定了仪器仪表及敏感器件行业与传感器直接相关的技术标准超过500项；建立了一套基本完备、能为我国RFID产业提供支撑的RFID标准体系，完成了RFID基础技术标准、主要行业的应用标准等工作。

制定了传感器的接口标准，定义了数据采集信号接口和数据接口；制定了生物特征识别的公共文档框架、数据交换格式、性能测试等标准；制定了音频、图像、多媒体和超媒体信息编码标准。

（3）服务支撑类标准方面

SOA标准工作组开展SOA、Web服务、云计算技术、中间件领域的标准制（修）订工作，物联网基础标准工作组开展物联网信息共享和交换系列标准、协同信息处理、感知对象信息融合模型的研究，大数据工作组统筹开展我国大数据标准化工作，云计算工作组开展我国云计算标准化工作。

（4）业务应用类标准方面

在公共安全领域，2011年3月，我国成立了公共安全行业物联网应用标准工作组，并将标准化项目列为国家支持的公共安全国家物联网示范工程组成部分。

在健康医疗领域，2014年，卫健委申请筹建医疗健康物联网应用标准工作组，并推进《医疗健康物联网应用系统体系结构与通用技术要求》等11项医疗健康物联网标准制定工作。

在智能交通领域，我国成立了物联网交通领域应用标准工作组，开展《车辆远程服务系统通用技术要求》等交通物联网相关标准化工作；相继成立了"数字电视接收设备与家庭网络平台接口标准"工作组、"资源共享、协同服务标准"工作组和"家庭网络标准"工作组开展相关标准化工作。

在智能制造领域，工业和信息化部、国家标准委于2015年12月联合发布了《国家智能制造标准体系建设指南》。

在农业、林业以及环保领域，我国分别成立农业物联网应用标准工作组、林业物联网应用标准工作组、环保物联网应用标准工作组，开展了农业、林业、环保领域物联网术语等物联网相关标准化工作。

(5)共性技术类标准方面

国家物联网基础工作组下设多个工作组:"标识项目组"研制我国物联网编码标识基础技术标准;"国家物联网安全项目组"研制我国物联网安全基础技术标准;"电子标签标准工作组"建立我国的 RFID 标准,推动我国的 RFID 产业发展。

(6)未来标准的制定

标准的制定和产业推广是一项长期工作,标准会随着物联网产业的发展不断制定、修订和完善。物联网标准以物联网技术和产业发展为基础,物联网涉及技术领域繁多、应用领域多样、产业规模庞大,这些特点都决定了物联网标准的制定任务艰巨。同时,不同国家、地区联盟在标准制定方面竞争激烈,这使不同标准之间的协作、协调工作难度更大。但是,随着物联网技术的进步、物联网产业的发展,物联网领域的标准一定会朝着统一、协调的方向发展。

6.2.3 行业应用

新一代信息技术正在推动人类社会进入全新的时代,物联网、人工智能、云计算、大数据等技术赋能各个产业,进而衍生出智慧城市、智能制造、智慧交通、新零售等商业模式,并创造了巨大的发展机遇。一直以来,物联网被视为继计算机、互联网之后世界信息产业发展的第三次浪潮,得益于近年来人工智能技术、产品、落地应用的成熟与完善,AI 与物联网结合的 AIoT 赋予了物联网更加智能化的优势,让万物互联能够真正实现。越来越多的企业利用物联网将所有物理设备连接起来,采集了大量数据,并通过深度学习提炼出智慧的决策,最终让整个产业发挥出巨大的商业价值。

各行各业都在谈论数字化转型。但是,转型和升级是一条漫漫长路,许多行业眼望着 AIoT 的时代红利而跟不上步伐,而有些行业已经领跑这条智能化赛道。从工业制造到医疗、交通、零售,各领域都需要自动化和信息化的升级。例如,在医疗行业使用机器人做手术,不仅是为了达到更高的精度,还可以避免细菌的感染,因为机器人创造了更洁净的空间。这些趋势都为物联网产业创造了发展契机。

(1)能源及公共事业

物联网能够将更多的能源来源与越来越多的需求建立联系,它还能集成可再生能源,实现清洁发电。通过物联网,人们可以几乎实时地了解设备的信息,从而减少临时停电造成的影响。

(2)运输及配送

物联网将轨迹追踪提高到了一个全新的水平。它能记录发货过程中的各个参数,包括位置、温度、湿度、振动、倾斜等,从而对司机与设备进行全方位监控,大大提高安全性,使无人驾驶车辆更贴近现实。

(3)农业科技

物联网有助于实现精准农业,能使播种、灌溉和施肥更加准确。物联网能够监测土壤质量、风速和阳光,使农民清楚地了解农作物的生长状况。同时,在农业生产中使用物联网还可以节约资源、降低成本并减少对环境的影响。

比如，通过传感器数据可以知道需要灌溉多少水，这些预测建议既可以节约水和电等资源，还能预防作物疾病，降低成本并提高作物质量。

再比如，物联网能帮助农民管理他们的农场。通过使用应用程序和传感器，农民可以收集、存储并跟踪农场的数据信息，包括温度、空气质量、能源供应以及饲料使用，使农场的各种业务可以被远程观测并管理。

（4）智慧城市

智能城市的完全体形态暂时没有出现，不过智慧城市正在建设中。物联网可以减少能源消耗、管理交通、增加公民的安全性，使城市居民的生活变得更轻松、更清洁、更安全，也更愉快。

（5）零售

物联网一直在改变零售业，它使店内购物体验变得更加个性化。有了物联网，消费者再也不用担心在商场迷路，物联网还能通过消费者的购买历史行为给消费者推荐"可能喜欢"的商品。

（6）金融服务

在数据驱动的全球金融环境中，物联网有助于提高智能化、降低风险并提供更好的数字化体验。它可以用于计算保险费用，进行准确的信贷分析，提供个性化零售银行业务的体验并定制化新产品。

（7）智慧生活

智慧生活涵盖的范围非常广泛，智能家居、智慧地产、智慧社区等应用都可以归入智慧生活领域。物联网平台在智慧生活场景的应用主要分为两个阶段：

一是设备物联阶段。早期很多企业围绕智能硬件做了大量投入，虽然从商业层面，智能家居行业在当时没有取得预想的成功，甚至有不少企业在3年内转型或者关门，但留存下来的企业都已借着这个机会打通了从底层硬件到云端的接入能力，积累了丰富的客户资源。

二是数据运营阶段。智慧生活领域的设备物联比工业制造领域简单得多，不管是家庭中的大小家电／照明／智能单品、社区里的门禁／摄像头／停车道闸／安防系统，平台企业大多认为该领域物联的问题已经解决，至少单品智能和联动智能的畅想已经实现，下一阶段面临的任务是实现各类设备和系统间的互联互通，并且思考如何为客户尤其是运营方提供数据层面的服务，提升产品给客户带来的价值。

物联网是多个行业数字化转型的关键驱动力。经过数十年的摸索，越来越多的行业及应用将 AI 与 IoT 结合在一起，AIoT 已经成为包括制造、交通、建筑、能源、电力、教育、物流、零售在内的各大传统行业进行智能化升级的必由之路。

6.2.4 技术的应用与发展

物联网作为一个已经提出 20 多年的概念，在技术上获得了各项突破性进展，包括前端的感知技术促进智能设备获取数据，通信技术负责传输数据，大数据技术负责分析和处理数据。物联网正在从硬件、传感等基础设备向软件平台和垂直产业方向升级。同时，随着硬件成本下降，云计算、大数据、AI 与行业场景结合以及 5G 和 NB-IoT 网络技术的演进，当前产业生态正值爆发前夜，如何支撑海量设备安全、稳定地连接到云端，并提供通畅、可靠的数据通道和设备管理能力，物联网平台无疑是最重要的基础设施。

在通信技术方面，5G 是新一代蜂窝移动通信技术，也是 4G（LTE-A、WiMAX）、3G（UMTS、LTE）和 2G（GSM）系统的延伸。5G 网络的优势在于，数据传输速率远高于以前的蜂窝网络，最高可达 10Gbit/s，它比当前的有线互联网快，比之前的 4G LTE 蜂窝网络快 100 倍。5G 网络的另一个优点是网络延迟较低（响应时间更快），通常低于 1 毫秒，而 4G 网络的延迟通常为 30～70 毫秒。由于数据传输速度更快，5G 网络不仅可以为手机提供服务，还能为家庭和办公网络提供服务，与有线网络提供商竞争。目前，我国已建成的 5G 基站超过 13 万个。为了加快 5G 建设进度，2020 年 3 月，中国电信宣布与中国联通在 2020 年三季度完成全国 25 万座 5G 基站共建工作。截至 2020 年 3 月初，中国铁塔已累计建成 5G 基站超 20 万座，2020 年全年部署 50 万座。此外，中国移动已全面完成 5G 一期工程建设，在 50 个城市实现 5G 商用。2020 年 3 月 6 日，中国移动正式启动了 2020 年 5G 二期无线网主设备集中采购，共有 28 个省、自治区、直辖市发布集采，需求数量总计 232 143 个 5G 基站。2020 年底 5G 基站数达到 30 万座，2020 年内在全国所有地级以上城市提供 5G 商用服务。

随着 5G 技术的商用，物联网企业后期的核心规划不再是关注底层硬件或通信技术，而是关注软件平台和垂直行业应用，深度挖掘物联网带来的商业价值。那时，物联网平台将成为各项应用的基础设施，成为有规模、成本低、使用便利的软件和服务，满足万物互联背景下物联网解决方案的各项需求。

6.2.5 竞争格局

国际知名调研机构 Gartner 发布全球物联网平台竞争格局报告，阿里云入选最具竞争力的 10 家企业。Gartner 的报告显示，阿里云在物联网市场表现强劲，提供了百亿级 IoT 设备的连接能力和上万个行业解决方案，已覆盖智慧社区、园区、城市、工业、农业等多个领域。

在这份调研报告中，Gartner 对上百家科技公司进行了分析，从产品格局、技术优势、生态布局等视角和维度进行了对比，最终筛选出十家企业：阿里云、亚马逊 AWS、微软 Azure IoT、Automation Intellect、AspenTech、CloudPlugs、Samsara、三星 SDS、东芝、涂鸦智能。

在云计算市场位于第一梯队的亚马逊 AWS、微软 Azure 和阿里云在该格局中占据有利地位。亚马逊 AWS 侧重工业 IoT 领域，微软 Azure 重点投入制造、能源、建筑等领域，阿里云则聚焦于解决城市、交通、工业、医疗等领域的复杂跨域应用。

这三家公司正将云计算的布局和技术优势转移到物联网领域。如果把云计算比喻成人的心脏，那么物联网就是神经网络，AI 相当于大脑，数据是流动的血液，这样整个机体才能高效运转起来，这也是云计算巨头纷纷布局物联网的原因。

2018 年，阿里云宣布 IoT 是集团继电商、金融、物流、云计算后新的主赛道，阿里云计划在未来 5 年内连接 100 亿台设备。

制造业是物联网首先要攻破的桥头堡。在中国制造业最发达的广东省已经有数千家中小企业接入阿里云工业物联网平台，实现机器物联的纵向拉通和产业链协同横向拉通，将企业订单、采购、生产以及仓储物流全面数字化，平均数字化改造成本下降了 80%，生产效能提升了 30%。

Gartner 在报告中指出，"物联网的未来是由垂直市场细分驱动的，需要关注细分领域的应用，但大多数供应商还停留在粗糙的技术阶段，因此科技公司需要优先物联网纵深战略，才能在未来市场掌握先机"。

目前，阿里云已推出城市、工业、生活、园区四大物联网平台，与合作伙伴提供超过 2 万个物联网解决方案和应用，覆盖城市、交通、工业、生活、航空等领域的复杂交互应用场景。

6.3　AIoT 项目的建设过程

基于阿里云 AIoT 在多个行业的深度实践，我们总结 AIoT 中台的建设过程如图 6-3 所示，主要包括 4 个阶段：需求与方案调研、方案设计、项目设施、服务上线与推广运营。

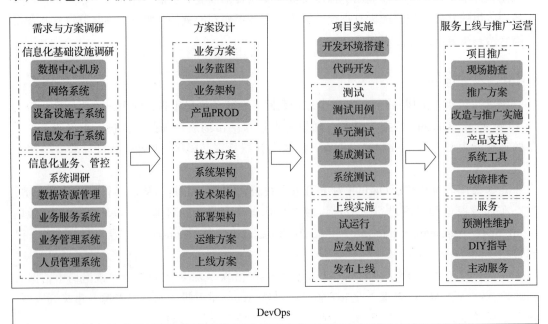

图 6-3　AIoT 项目的建设过程

由于 AIoT 项目与设备系统的相关性非常强，因此本节将专门针对 AIoT 的建设过程进行阐述。

6.3.1 需求与方案调研

首先对项目建设相关业务部门进行需求调研，对调研得到的需求进行整理和分析后，编制系统需求规格说明书。编制好的系统需求规格说明书需提交给业务部门进行评审，评审通过后对系统需求规格说明书进行签字确认，作为下一步工作的基础。

AIoT 项目涉及面广，至少涉及自动化技术、嵌入式技术、通信技术等。技术的复杂性也表明在 AIoT 项目中要调研的系统非常庞杂，各子系统采取不同的建设方式，建设方不统一，导致系统建设较为零散。本阶段主要涉及两类系统的调研，一类是信息化基础设施的调研，包括数据中心机房的建设、网络系统建设、设备设施子系统建设、信息发布子系统的建设；第二类是信息化业务、管控系统的调研，包括数据资产的管理、业务服务系统、业务管理系统、人员管理系统、财务管理等。

在 AIoT 项目中，除了对软件部分进行管控之外，最复杂的部分是硬件部分的管控。由于 AIoT 项目的特殊性及设备设施子系统的建设没有行业统一标准，管理非常复杂，而且涉及传统的弱电改造，因此本节主要介绍设备设施子系统的实施部分的建设。

1. 弱电系统改造调研及报告

为了确保项目后续实施范围精准、可控、可行，项目建设前期应针对实施落地 AIoT 的项目进行现场调研和业务梳理，并形成调研评估报告，调研要点如下。

（1）材料收集

应收集项目平面图、弱电智能化系统图等图纸，了解设备分布位置、点位数、网络拓扑情况；项目方填写调研表，了解项目智能化系统现状（如设备品牌、型号、数量等）及项目运营数据。

获取智能化系统厂商对接人的联系方式，沟通获取协议、接口文档、产品介绍文档，了解现有设备软硬件能力，便于后续评估设备是否满足业务需求。

（2）现场调研

现场调研阶段的工作包括现场核实设备品牌、型号、数量、点位、网络拓扑、改造/对接条件等情况；与智能化系统使用人员、运维人员、项目运营管理人员沟通来了解业务需求；评估现有硬件设备是否满足业务需求，判断采用对接系统、加装传感器、增加点位、直接更换设备等方式中的最优方案；评估现有项目基础网络拓扑结构是否满足改造需求，判断应采用有线还是无线方案进行网络改造；评估项目改造风险，例如评估智慧园区项目中通行区域的改造方案风险，进行设备更换及挖地、断水断电、大型设备进出场等影响项目正常运营的改造项。施工需严格按照施工计划实施，提前 3～5 天告知项目方通知企业，尽量降低交叉改造的影响程度。

（3）调研报告编制

调研报告涉及现状解读及建设规划，编制工作包括梳理各智能化系统改造升级功能需求、业务部门场景运营需求，确认建设规划；梳理各智能化系统品牌、型号、现有功能、接口方式、是否满足对接需求、项目使用情况、项目网络拓扑等情况。

2. 弱电改造升级方案

弱电改造升级方案应包括如下清单和工作内容。

（1）弱电设备、系统、管线等改造清单

确认业务需求、改造方式、弱电实施图纸后，根据工程量输出改造清单，分系统罗列设备材料的选型规格、数量、品牌等信息，整个工程的弱电设备、系统、管线等材料应满足以下要求：

- 满足施工图纸的要求。
- 满足工程规范的技术要求。
- 满足标准工程规范的要求。
- 满足政府部门对建筑工程的最新要求。

（2）弱电设备采购清单

确认业务需求、改造方式、弱电实施图纸后，根据工程量输出采购清单，分系统罗列设备材料的推荐选型规格、数量、品牌。

（3）软硬件接口协议清单

根据项目改造方式与厂商沟通、获取软硬件接口协议并管理对接进度及协议清单。

（4）弱电改造施工设计蓝图

- 以系统图、软件界面、功能清单等方式明确体现弱电系统及实现功能。
- 以设备材料表和系统图等方式明确体现关键设备的技术指标和技术类型。
- 以平面图明确体现各子系统的点位数量、布置和弱电井、控制室位置、公共区域线槽规格、预留孔洞、暗埋管路等。

（5）工作量及预算评估

- 编制招标工程量清单：按照方案设计规范标准，编制包含软硬件一体化工程量清单。
- 软硬件对接详细要求说明：提供软硬件对接的详细资料，包含流程框架、开发指引、开发包 Demo、开发示例、功能要求等详细对接说明。
- 管线计算书：根据项目规划、图纸设计和工艺标准核算不同管线用量及费用。
- 功能预算：按照不同建设模块拟定建设预算。
- 技术规格说明书：根据业务需求及建设规划编制不同智能化模块技术规格说明书。
- 主要设备及材料表：根据项目规划、图纸设计和工艺标准梳理主要设备及材料清单。

（6）协助完成弱电改造评标工作

- 投标及回标疑问卷回复。
- 审核投标相关技术内容、评标报告。

- 施工阶段技术交底。
- 图纸审核。
- 设备产品技术选型建议。
- 设计变更内容审核。
- 施工工艺建议。
- 竣工图纸审核意见。
- 参加竣工验收。
- 设施风险评估及改善建议。
- 设施运营维护设计与优化建议。

6.3.2 方案设计

根据前一阶段的业务及信息化系统建设的调研结果，对信息化建设基础设施升级需求、信息化业务系统建设升级管理需求以及当前业务系统功能进行深度分析，开展业务架构、应用架构、数据架构、技术架构等设计工作。

1. AIoT 整体架构设计

AIoT 通用的整体架构采用"设备 + 边缘网关 +AIoT 平台 + 业务中台 + 应用与 IOC"的形式进行设计。在技术总体架构中，边缘网关和 AIoT 平台基于阿里云的物联网平台架构来构建，支持海量智能化设备接入；项目 IOC 应用层基于成熟的 AIoT 智能领域服务中台，以及微服务架构模式进行二次开发。

技术架构基于解耦性的原则来设计，项目侧的边缘网关、IoT 平台、业务中台和应用与 IOC 这四层核心架构之间以及架构内的各组件均支持跨网络灵活部署，各层级均支持通过接口进行数据交互，满足各组件未来持续优化、迭代和新业务场景的灵活扩展需求。

边缘侧采用阿里云完善的边缘网关管理以及应用发布能力，开发者可以自行对新接入设备、子系统进行对接开发。配合阿里云的边缘应用集中发布能力，能够快速将新发布的对接程序以及边缘应用部署到整个系统中。同时，阿里 IoT 边缘服务框架已经预集成了边缘网关到 IoT 平台之间的上云功能。开发者只需在边缘侧完成设备对接的驱动开发工作，以及子系统的对接工作，不用关注设备上云的具体细节，也不用进行设备上云功能的开发。

2. 系统部署架构

经典的 AIoT 平台的部署架构是项目本地边缘应用部署 + 云端 SaaS 的高可靠方案部署架构。云端 SaaS 采用集群部署方式，支持高可用（服务冗余、互备，无单点故障），也便于未来横向扩展各服务单元。

云端 SaaS 中每个服务组件既可部署在相同的服务器，也可分别部署在独立的服务器，部署结构如下：

- 将连接服务和会话管理服务一起部署，多机互备。

- API 服务、管理台和业务子服务也采用多机高可用的方式部署。
- 高速缓存服务采用多机高可用方式和 API 服务部署在一起。
- 数据库采用单独的多台机器，以集群方式部署。

对于边缘服务器高可用部署，推荐使用物业管理一体机集群部署方案（2 台或以上），确保一台物业管理一体机故障后，业务不会中断或能够在短时间内恢复。边缘服务器部署架构如图 6-4 所示。

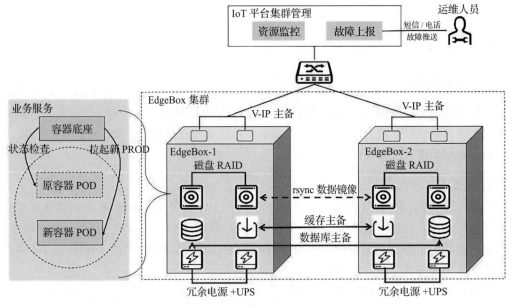

图 6-4　边缘服务器部署架构

3. 业务中台架构设计

业务中台采用微服务解决方案，使系统服务具备灵活的松耦合能力，开发团队也易于开发；通过微服务的解决方案，便于系统实现服务化、接口化、模块化管理，让每一个业务系统都成为一个微服务，实现不同服务间的互通，并让 SaaS 架构拥有良好的开放性，以 API 的方式把核心业务资产贯通整理并开放给应用；通过对服务的访问控制、安全审计等功能确保服务的安全性，提高服务水平、拓展合作空间。

微服务架构拥有良好的开放性，通过 API 以及 HTTP 接口调用的方式可以实现不同服务间的互通。借助此特性，我们可以开放业务中台的服务能力，与前端拥有良好的对接能力。

4. 技术方案设计

在实施前，根据调研情况和业务场景需求进行集成和业务场景方案设计并输出概要设计报告；对解决方案中各组件的组网、IP 规划、系统规格、接口实现等进行详细设计，输出详细设计报告。

(1）概要设计报告

主要包含如下内容：
- 项目需求分析：项目背景、规模、目标概述、系统概述。
- 系统总体架构：平台架构、功能架构。
- 各业务模块功能场景描述。
- 运行环境：软件平台、硬件平台。
- 接口设计。
- 安全、可靠性等方案说明。
- 培训、维保等服务说明。

(2）详细设计报告

主要包含如下内容：
- 硬件配置/虚拟机资源分配、物理/逻辑设备组网图与表（含本端/对端IP、端口、VLAN、协议等）。
- 主要数据流向（到IP+端口级）。
- 防火墙策略。
- 涉及的用户名/密码。
- 相关外部系统说明（如GIS/NTP/短信/邮件服务器、各个子系统等的IP/端口/用户名/密码/有效期说明等）。

6.3.3 交付实施

软件开发的整个过程会遵循统一的编码规范，规范主要针对代码命名、代码编写格式、编程技巧、性能等进行了明确规定。

系统开发完成后，测试人员会对系统功能、系统性能等进行测试，在测试过程中会产生《测试计划》《测试报告》等文档，其中《测试报告》会提交给QA，由QA对《测试报告》的内容进行检查和确认，以验证提交的产品是否符合测试规范要求，并在此后将安装包及相应的文档正式提交给业主方。

1. 系统开发集成

完成解决方案中各终端/子系统、各业务系统和各组件的开发、集成、对接、上线、个性化定制（功能/UI等）。

- 边缘节点和各子系统对接协议的开发集成

完成和各设备设施子系统的对接协议和数据交互开发，根据每个项目的实际情况部署不同数量的边缘节点，由于相同功能的子系统在不同的项目中存在不同的厂家和版本，部分试点项目在合同签订后应做具体调研以确定改造方案，再根据改造方案完成相关对接开发，通过接口获取相关数据。同时，完成和各项目子系统的网络打通、对接调测、试运行及业务上线。

- 边缘节点和 AIoT 平台的开发集成

参照 AIoT 平台提供的标准接口或 SDK，完成边缘节点和 AIoT 平台的对接协议以及数据的交互开发，完成项目边缘节点和 AIoT 平台的网络打通、对接调测、试运行及业务上线。

- AIoT 平台集成

完成 AIoT 平台和各项目边缘节点的网络打通、对接调测、试运行及业务上线，实现边缘节点及子系统在 AIoT 平台上的注册、接入和管理，完成 IoT 平台和项目之间的网络打通、对接调测、试运行及业务上线，实现 IoT 平台和项目之间的上行和下行数据交互。

2. 系统试运行

应用系统试运行实际上是测试的延续，主要检查系统的稳定性、适用性等。新老系统转换的同时要求管理人员从传统的管理系统进入新系统，如何使不同层次的使用人员尽快适应新系统，是试运行管理要解决的问题。同时，针对内部外部环境的变化、运行中出现的不足之处，为了使项目在预期的时间内正常地发挥其应有的作用，处于良好的运行状态，必须要有统一的试运行管理。

- 项目试运行前，由项目组制定试运行计划书、用户手册和系统运维手册，以及必要的培训素材，报业主和业务用户审批。
- 试运行期间，安排专人为系统试运行的顺利开展保驾护航。在试运行期间暴露出的系统问题需要由专人进行记录，并将记录的问题分派给相应的开发人员进行跟踪和修改，每天应将记录的系统问题及修改情况汇报给业主方。

试运行结束后，项目组负责完善用户手册和运维手册等材料。

3. 系统正式运行与验收

- 系统正式运行

系统正式运行后即进入系统运维期，系统运维期的工作主要包括：系统日常的监控维护、应用系统升级更新、故障恢复、故障分析和处理、系统备份工作等。

- 系统验收

根据业务方要求，准备验收资料、提交验收申请，由业务使用方组织验收工作。

应用系统验收除应符合业务使用方要求外，还应符合国家法律、行政性法规及有关强制性标准和行业标准的规定。在此基础上，应准备验收材料，并向业务方提交验收申请，由业务方组织验收工作。

6.3.4 服务运营

1. 勘察调研

阿里云 AIoT 为了确保项目实施范围准确、可控、可行，在系统上线之前会进行项目现场勘查调研。

(1)项目基础设备信息调研
- 项目基本信息：建筑面积、楼栋数、交付年限等。
- 项目管理信息：物业工程人数、巡检频次、运维概况。
- 项目材料收集：平面图、弱电图、现场拍照。
- 项目改造条件：是否可以断水断电、是否支持更换。
- 项目信息化程度等。

(2)项目设备信息调研
- 设备类别：供配电、给排水、消防、电梯等。
- 设备信息：地理位置、改造对象、改造数量。
- 网络概况、节点信息、带宽、系统网络拓扑结构。

2. 运维体系

阿里云 AIoT 为业主提供企业级的运维服务保障支持和培训，包括平台软件发布、变更、服务状态监控、服务容灾和数据备份等工作，并对服务进行例行排查、故障应急处理等。

(1)设计评审

在产品研发、设计评审阶段，充分考虑运维角度的相关机制，使服务满足运维准入的高可用要求。

(2)服务管理

负责制定线上业务升级变更及回滚方案，并进行变更实施。掌握所负责的服务及服务间关联关系、服务依赖的各种资源。能够发现服务上的缺陷，及时通报并推进解决。制定服务稳定性指标及准入标准，同时不断完善和优化程序与系统的功能、效率，提高运行质量。完善监控内容，提高报警准确率。在线上服务出现故障时，第一时间进行响应，对已知线上故障按流程进行通报并按预案执行，对未知故障应组织相关人员联合排障。

(3)资源管理

对各服务的服务器资产进行管理，梳理服务器资源状况、数据中心分布情况、网络专线及带宽情况，能够合理使用服务器资源，根据不同服务的需求分配不同配置的服务器，确保服务器资源的充分利用。

(4)例行检查

制定服务例行排查点，并不断完善。根据制定的服务排查点，对服务进行定期检查。对排查过程中发现的问题及时进行追查，排除可能存在的隐患。

(5)预案管理

制定预案，并不断完善。根据制定的预案，对服务进行定期检查。对排查过程中发现的问题及时进行追查，排除可能存在的隐患。

3. 边缘计算运维

1)连接诊断：当 Link IoT Edge 无法连接到云端时，可以通过 lectl 工具，使用 diagnose

命令进行初步诊断。

2）管理日志：可以使用 lectl 工具，打包日志或临时改变日志服务行为，以便在出现问题时上传日志或临时排查。可通过命令打包日志、管理日志服务。

3）管理配置：主要通过 config 子命令实现获取配置、设备配置、移除配置、获取匹配键、强制写入等操作。

4）管理设备：可通过 device 子命令来管理 Link IoT Edge 的设备相关信息，可通过 lectl device show 命令查看当前设备的状态信息。

5）管理函数计算：可通过 lectl 管理 Link IoT Edge 上的函数计算，包括显示信息、部署函数、移除函数、重置部署、调用函数、重启函数等。

6）管理流数据分析：可启动流数据任务、停止流数据任务、验证 SQL。

7）远程运维：远程服务访问包含远程连接（SSH 协议）、远程文件管理（SFTP 协议）和其他基于 TCP 协议的网络服务远程访问。

4. 培训

为保证设备能正常安装和运行，业务系统能正常上线，项目成果能更好地被项目物业管理人员理解、利用，项目建成投产后的运营难度最小、运营成本最低，需要对相关人员、单位提供相应的技术培训。

1）培训对象主要为项目物业管理方的相关技术人员、业务人员等。

2）培训内容应包括但不限于以下内容：

- 与工程实施进度一致的项目阶段性成果。
- 项目包含设备材料产品或系统的基本知识、工作原理、性能技术指标、系统参数配置、管理维护方法等，要求提供设备厂家原厂培训。
- 业务系统的使用培训，例如车场管理、人员通行管理业务系统；在安防应用领域，提供安防告警业务规则的设置及工单处置的培训。

6.3.5　AIoT 交付的价值

行业 AIoT 平台在迎接巨大机遇的同时也面临着诸多挑战。市场需求的不断变化，要求 AIoT 能够快速提供项目所需的解决方案，而开发一个完整的物联网解决方案则需要产品在项目中不断地打磨。随着近年来 AIoT 市场的蓬勃发展，阿里 AIoT 平台为行业客户解决了如下问题。

（1）解耦应用与硬件

因为连接协议和控制系统的多样性与复杂性，很多细分行业都面临设备接入难的问题，AIoT 通过统一的接入标准实现了软硬分离的架构，成功实现了应用与硬件设备的解耦。

（2）统一集成分散自制的子系统

在 AIoT 项目规模化、市场化推广之前，市场已经存在很多第三方系统，例如在地产和园区行业存在停车子系统、门禁子系统、EBA 子系统、安放子系统等，AIoT 平台厂商能做的就是与原有的系统进行对接。原有系统向 AIoT 平台的开放程度将直接影响平台的安全性、响应速度等指标。如果让客户推翻原有系统，采纳去除子系统的思路建设新的平台，那么客户需要很大的决心，阿里云 AIoT 平台通过强大的系统整合能力帮助客户统一管理各子系统，协助客户完成在业务中台统一管控分散子系统的建设目标，提升系统的管控运营效率。

（3）实现 AIoT 产品标准化

因为客户的物联网需求通常不一样，一套软件不能适配所有需求，所以平台厂商要面对不同程度的定制化修改，这给一些标准化不强的平台企业带来了很大的压力，导致成本变高、周期变长，甚至影响客户满意程度。阿里云 AIoT 通过不断沉淀行业领域服务，同时通过分层的架构设计、建立设备接入的标准，通过物模型机制实现了设备管理功能及服务的标准化，通过连接协议的标准化简化了设备接入多样性和复杂性的难题。

（4）提升产品竞争力

物联网技术从实验室走向产品，从产品走向市场，这两段路都非常艰难。现在，大多数企业还停留在从技术到产品的阶段，在市场化道路上走的并不是很顺利，原因包括平台企业对行业的理解不足、平台的中立性不够、缺乏标杆案例等。阿里云 AIoT 通过在智慧园区、智慧文旅，智慧社区等垂直行业与客户进行场景、产品、方案的共创，打造出 AIoT 细分领域的标杆，极大提升了 AIoT 产品市场化的竞争力。

（5）建立行业标准

不同行业、不同客户的标准不一样，比如客户希望节能减排、降本增效，但减多少、降多少才能赚钱？所以能源行业企业提出通过制定标准来衡量产品价值，促进客户对平台价值的理解与认识。通过项目的落地实施，阿里云与客户共创行业的标准，提升行业的运营管控的数字化建设目标。

在项目交付实施中，阿里云 AIoT 根据物联网项目的特性，从顶层设计架构出发，整体规划各类智能化设施/设备与系统的接入要求，集成连接到 AIoT 平台，从而实现设备数据标准化、服务模型标准化，并可以基于 AIoT 平台开发各种标准化应用，形成丰富的 AIoT 服务生态，实现 AIoT 数字化应用的有效落地。

阿里云 AIoT 依靠自身的技术实力与行业客户的共创，为 AIoT 项目实施的智能化工程整体设计了如下参考原则。

1）统一架构：结合建筑空间的建造规划，将智能化工程基础设施建设纳入整体设计范畴，以"一体化规划集成，高质量建设""统一设备标准规范接入"等原则进行统筹规划，依托 AIoT 平台支持的标准协议，集成安防监控、可视对讲、人员通行、车辆通行、门禁管理等智能化设施，快速完成 AIoT 项目数字化部分的基础设施建设。

2）规范性：根据 AIoT 项目使用的智能化硬件设备，采用的相关软/硬件应符合相关业界标准，涵盖主流物联网体系结构、芯片和设备类型，采用主流框架设计系统，使用主流数据库开发。

3）安全性：根据 AIoT 项目采用的智能设备与系统服务，设计了完善的多级安全机制，包括设备身份认证、安全运营中心、可信执行环境、可信服务管理。

4）可扩展性：在系统软硬件的设计和选型上，充分考虑可扩展性、系统结构易于扩充、支持统一运维，以适应今后可能出现的更大的任务负载。硬件平台具有可升级性，屏蔽同类设备品牌差异，以保障今后更稳定的运维环境和使用体验的一致性，进一步降低运维成本。

6.4 阿里云 AIoT 中台

1. 阿里云 AIoT 发展历程

从万物互联到万物智联，离不开"无处不在的计算"。阿里云 IoT 在云边端部署了可协同的计算，基于物联网使能平台联合开发者、芯片模组厂商、行业合作伙伴等在城市、生活、汽车、制造四大领域完成深度布局，即一朵云、两个端、三类伙伴、四大领域的"1234"战略。整个发展历程如下：

- 2014 年，成立智能生活事业部，开始布局物联网。
- 2017 年 4 月，阿里云 IoT 事业部成立。
- 2017 年 6 月，阿里云联合 200 多家物联网产业链企业成立物联网标准联盟——ICA，推动国家标准和国际标准的制定与应用。
- 2017 年 10 月 12 日，阿里云在杭州·云栖大会上正式发布阿里云 Link 物联网平台，提供物联网云端一体化使能平台、物联网市场、ICA 三大基础设施，推动生活、工业、城市三大领域的智联网构建。
- 2018 年 1 月 9～12 日，阿里云 IoT 亮相美国 CES 展，展示共享单车和基于 AliOS 的模组芯片。
- 2018 年 3 月 28 日，阿里云宣布战略投入边缘计算，推出首个边缘计算产品 Link Edge。
- 2018 年 3 月 28 日，阿里巴巴宣布全面进军 IoT，IoT 是继云计算后新的主赛道。
- 2019 年 9 月，推出了新款 AIoT 操作系统 AliOS Things 3.0、AIoT 激活中心以及城市 AIoT 平台 2.0。
- 在 2018 年举行的深圳·云栖大会上，阿里巴巴集团资深副总裁、时任阿里云总裁胡晓明正式宣布，阿里巴巴将全面进军物联网领域，定位为物联网基础设施的搭建者，提供 IoT 连接平台、AI 能力，实现云边端一体的协同计算，并向社会输出。2019 年，阿里云宣布升级为阿里云智能，将"IT 技术设施的云化，核心技术的互联网化，应用的数据化、智能化"作为新战略，将阿里所有的技术通过阿里云对外开放输出，帮助各界降低数字化转型门槛，而阿里云自身坚持"被集成"，做专最擅长的云和数据智能技术环节，使之成为合作伙伴技术的一部分。行业方面，则聚焦在新零售、数字政府、新金融等领域。总体来看，阿里的 AIoT 是以 IoT 作为主干，AI 无处不在地体现于各解决方案中，与 AIoT 有关的数据智能技术能力则可通过合作伙伴赋能到各行各业。

2. 阿里云 AIoT 的发展目标

从阿里云 IoT 的发展历程可以看出，阿里巴巴早在 2008 年就制定了云计算和大数据战略，建立了以飞天操作系统为基础的云服务平台，并抓住云计算的发展浪潮，一跃成为国内最大、世界领先的云计算厂商。阿里巴巴云计算业务的成功也为阿里巴巴 IoT 的发展奠定了基础。2017 年 4 月，阿里云 IoT 事业部成立。并为自己确定了明确的愿景和发展目标，如图 6-5 所示。

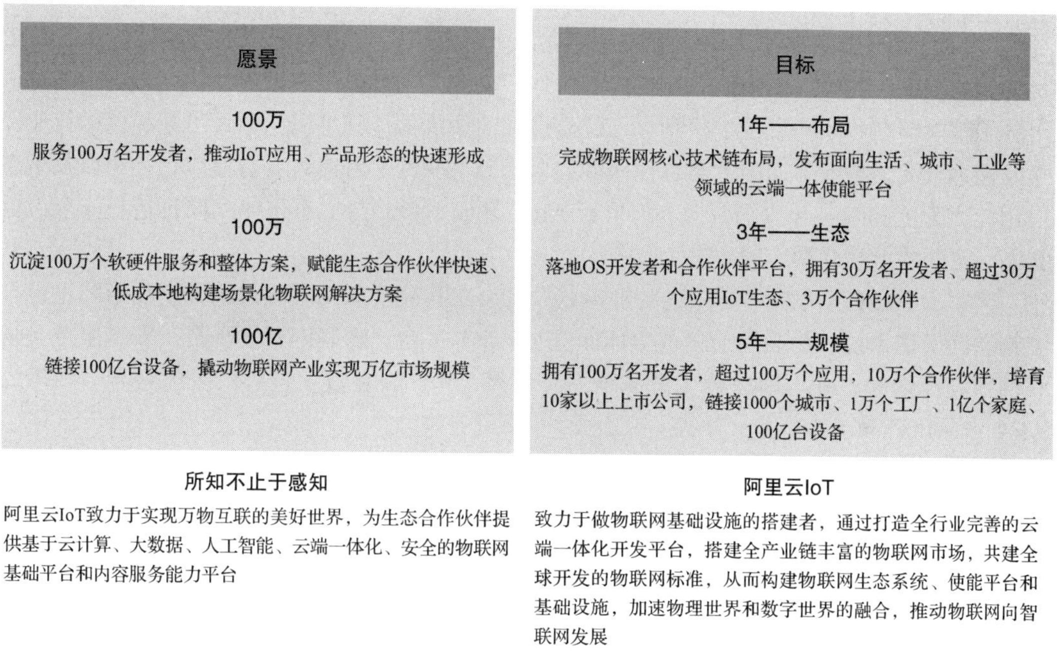

愿景	目标
100万 服务100万名开发者，推动IoT应用、产品形态的快速形成	**1年——布局** 完成物联网核心技术链布局，发布面向生活、城市、工业等领域的云端一体使能平台
100万 沉淀100万个软硬件服务和整体方案，赋能生态合作伙伴快速、低成本地构建场景化物联网解决方案	**3年——生态** 落地OS开发者和合作伙伴平台，拥有30万名开发者、超过30万个应用IoT生态、3万个合作伙伴
100亿 链接100亿台设备，撬动物联网产业实现万亿市场规模	**5年——规模** 拥有100万名开发者，超过100万个应用，10万个合作伙伴，培育10家以上上市公司，链接1000个城市、1万个工厂、1亿个家庭、100亿台设备
所知不止于感知 阿里云IoT致力于实现万物互联的美好世界，为生态合作伙伴提供基于云计算、大数据、人工智能、云端一体化、安全的物联网基础平台和内容服务能力平台	**阿里云IoT** 致力于做物联网基础设施的搭建者，通过打造全行业完善的云端一体化开发平台，搭建全产业链丰富的物联网市场，共建全球开发的物联网标准，从而构建物联网生态系统、使能平台和基础设施，加速物理世界和数字世界的融合，推动物联网向智联网发展

图 6-5　阿里云 AIoT 的愿景与目标

虽然很多公司都提出了自己的物联网战略，但是由于自身的定位和行业不同，其看待物联网的视角、推出的解决方案、推行的措施也不尽相同，甚至可以说是五花八门。

在阿里巴巴看来，过去的 20 年是"人联网"时代，未来的 20 年是"物联网"时代。前者是通过电商、社交、文化娱乐活动将人类活动数字化，从而催生出今天蓬勃发展的互联网市场；而后者则是将整个物理世界数字化，从森林、河流到道路、汽车，万事万物，无所不包、无所不有，即所谓的"万物互联"，最终目标是实现"物"与"物"、"物"与"人"的交互，其影响将远胜"人联网"。

在这一过程中，阿里云 IoT 也给自己树立了一个明确的定位，即阿里云 IoT 要做物联网基础设施的搭建者。其核心价值在于解决三大问题：

第一，提供开放、普惠的 IoT 连接平台。

第二，提供强大的 AI 能力。

第三，实现云、端一体的协同计算。

以智能城市建设为例，为了实现这一目标，2017 年 10 月，阿里云推出了阿里云 CityLink 城市物联网平台，提供了一套云、边、端的智能城市解决方案，通过搭建本地化物联网平台加速城市部件接入，统一数据标准，提升城市的治理效率、民生体验和综合协调能力。对应于不同城市的物联网建设，定制了不同的平台并给予新的命名。比如，支持无锡鸿山小镇的物联网平台就命名为飞凤平台。

3. 阿里云 AIoT 产品矩阵

物联网是一个非常碎片化的市场，仅凭几个厂商或行业很难把这个行业做好。若想把价值真正变成应用模式，我们需要更多的伙伴、企业共同创造生态价值，让生态链中的每一个环节都能够在物联网市场中找到自己的定位和商业价值。阿里巴巴通过不断深化的行业探索及能力沉淀，搭建了面向生态合作伙伴的以基础物联网平台能力、行业应用能力以及生态应用能力为主的统一开放平台——阿里云 AIoT 开放平台，与生态伙伴共同打造更安全、更智能、更开放的物联网应用生态。

阿里云 AIoT 努力从"端 – 边 – 管 – 云"各层次构建物联网基础设施，产品矩阵里包含了物联网操作系统、物联网通信 IoT Hub、边缘计算平台、物联网开发平台、安全服务、物联网市场等内容，并不断完善生态系统，实现人、物、云在数字世界的智能融合。阿里云 AIoT 产品矩阵如图 6-6 所示。

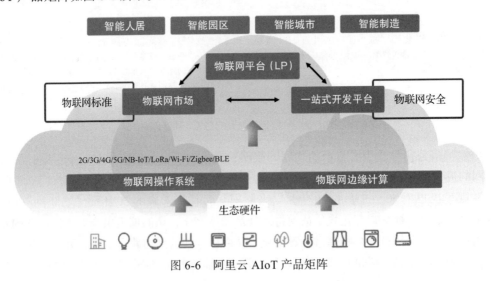

图 6-6 阿里云 AIoT 产品矩阵

6.4.1 一站式开发平台 IoT Studio

IoT Studio（原 Link Develop）是阿里云针对物联网场景提供的生产力工具，是阿里云

AIoT 平台的一部分。它可以覆盖各个物联网行业核心应用场景，帮助用户高效、经济地完成设备、服务及应用开发，加速物联网 SaaS 的构建。物联网开发服务提供了移动可视化开发、Web 可视化开发、服务开发与设备开发等一系列便捷的物联网开发工具，能够解决物联网开发领域开发链路长、技术栈复杂、协同成本高、方案移植困难的问题，重新定义了物联网应用开发。

1. IoT Studio 的特征

用户可以在设备端开发完成的基础上，对接 IoT 基础服务，进而使用 IoT Studio 提供的服务开发、Web 可视化开发和移动开发能力，高效地开发物联网应用。IoT Studio 的架构如图 6-7 所示。

图 6-7　IoT Studio 的架构

（1）可视化搭建

IoT Studio 提供可视化搭建能力，用户可以通过拖拽、配置操作，快速完成设备数据监控相关的 Web 页面、移动应用、API 服务的开发。用户可以专注于核心业务，从传统开发的烦琐细节中脱身，有效提升开发效率。

（2）与设备管理无缝集成

设备相关的属性、服务、事件等数据均可从物联网平台设备接入和管理模块中直接获取，IoT Studio 与物联网平台无缝打通，大大降低了物联网开发的工作量。

（3）丰富的开发资源

各开发平台均拥有数量众多的组件和丰富的 API。随着产品迭代升级，组件库愈加丰富，IoT Studio 能够帮助用户提升开发效率。

（4）无须部署

使用 IoT Studio，应用服务开发完毕后可直接托管在云端，支持直接预览、使用，无须部署即可交付使用，免除用户额外购买服务器等产品的烦恼。

2. IoT Studio 的优势

物联网应用开发是物联网企业上云的必经之路，但是实现起来非常困难，因为物联网应用开发存在诸多痛点：

1）成本高：物联网应用开发通常不是设备厂商或解决方案商的核心业务，随着软件人工、外包成本的上涨，这笔费用会逐年增加，一些企业的物联网应用开发的成本甚至与净利润相等。

2）链路长：物联网应用开发涉及嵌入式开发、协议集成、数据开发、服务开发、前端开发等多个环节，构建一个完整的物联网应用要有多种角色相互配合，经历 23 个环节才可完成。

3）定制强：大部分物联网应用都是需要定制的，比如建筑工业领域每个建筑都不同、每个工厂都不同，必须按需施工，只能以项目方式实施。

表 6-1 是传统开发与基于 IoT Studio 开发的对比。

表 6-1 基于 IoT Studio 开发与传统开发的对比

特点	传统开发	基于 IoT Studio
一站式	传统开发需要嵌入式开发、协议开发、数据开发、后端开发、前端开发等多种角色配合	提供多种开发工具，可以在一个平台完成物联网 SaaS 搭建，包括服务端、Web 应用、H5 移动开发等
低成本	需要购买服务器、CDN、数据库，每次部署都需要上传资源，很可能出错	提供应用完全托管的服务，开发完成发布后即刻可用，无须购买服务器、数据库或部署服务
易定制	需要购买服务器搭建负载均衡分布式架构，需要花费大量人力、物力开发"接入＋计算＋存储"一整套物联网系统	通过可视化搭建面板/服务的方式让每个开发者都能成为物联网全栈工程师，十分钟即可完成可视化应用搭建，如同使用 PPT 一样简单
性能	自行实现扩展性架构，极难做到从设备粒度调度服务器、负载均衡等基础设施	具有亿级设备的长连接能力、百万级并发的能力，架构支持水平性扩展
稳定	需自行发现宕机并完成迁移，迁移时服务会中断，无法保障稳定性	服务可用性高达 99.9999%。去中心化，无单点依赖。拥有多数据中心支持
安全	需要额外开发、部署各种安全措施，保障设备数据安全是个极大挑战	提供多重防护保障设备云端安全： 1）设备认证保障设备安全与唯一性 2）传输加密保障数据不被篡改 3）云盾护航、权限校验保障云端安全

6.4.2 AIoT 平台

阿里云 AIoT 平台是致力于物联网、智能硬件云服务的开放平台。该平台依托阿里云强大的平台及技术支撑，为行业用户提供智能设备的联网接入、数据存储、实时数据处理展示,以及应用开发和应用运行服务。

该平台通过傻瓜式的工具、不断增强的 SDK 与 API 服务能力最大限度地降低了企业智能设备联网的技术门槛和研发成本,提升了产品投产速度,帮助企业搭建自己的物联网行业应用,更好地连接、服务最终消费者。

AIoT 云 + 端一体化管理平台能实现 CMP(连接管理)、DMP(设备管理平台)、AEP(应用使能平台)、BAP(业务分析平台)等平台管理功能,从而实现 AI 赋能交互的万物智联。

阿里云 AIoT 平台基于实例化的部署架构,提供设备接入、设备管理、监控运维、数据流转、数据管理、处理分析等物联网构建能力,帮助企业在数字化转型时拥有更完整的生产资料,助力产业数字化升级。

阿里云 AIoT 平台的架构如图 6-8 所示。

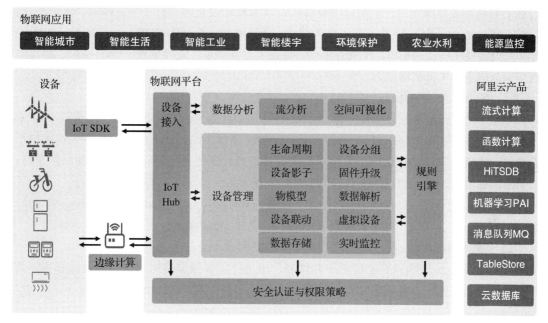

图 6-8 物联网平台(LP)的架构

1. IoT Hub

IoT Hub 能帮助设备连接阿里云 AIoT 平台服务,是设备与云端进行安全通信的数据通道。IoT Hub 支持 PUB/SUB(发布 / 订阅)与 RRPC(Reverse Remote Procedure Call)两种通信方式,其中 PUB/SUB 是基于 Topic 进行的消息路由。IoT Hub 具有下列特性:

- ❑ 高性能扩展:支持线性动态扩展,可以支撑十亿台设备同时连接。
- ❑ 全链路加密:整个通信链路以 RSA 算法和 AES(Advanced Encryption Standard)加密,保证数据传输的安全。
- ❑ 消息实时到达:当设备与 IoT Hub 成功建立数据通道后,两者间将保持长连接,以减少握手时间,保证消息实时到达。
- 支持数据透传:IoT Hub 支持将数据以二进制透传的方式传到自己的服务器上,不保存设备数据,从而保证数据的安全可控性。
- 支持多种通信模式:IoT Hub 支持 RRPC 和 PUB/SUB 两种通信模式,以满足用户在不同场景下的需求。
- 支持多种设备接入协议:支持设备使用 CoAP、MQTT、HTTPS 协议接入物联网平台。

阿里云 IoT Hub 除了支持单一设备接入方式,也支持网关设备的接入。

2. 设备连接

连接管理平台(Connect Management Platform,CMP)是物联网平台的基础平台之一,它的核心职责是支撑海量的、多协议的设备间以及云端和设备间进行安全、高效的互联互通。目前,连接管理平台支持了丰富的接入协议,如 MQTT、CoAP、HTTP、HTTP2、LWM2M 等,同时支持 Lora、NB-IoT 等网络标准,提供了设备认证、连接管理、消息路由、协议解析等基础能力及丰富扩展能力。

(1)设备认证——基础认证

物联网平台使用 ProductKey 标识产品,使用 DeviceName 标识设备,使用设备证书(ProductKey、DeviceName 和 DeviceSecret)校验设备合法性。设备通过协议接入物联网平台之前,需依据不同的认证方法上报产品与设备信息,认证通过后,方可接入物联网平台。针对不同的使用环境,物联网平台提供了多种认证方案。
- 一机一密:每台设备烧录自己的设备证书(ProductKey、DeviceName 和 DeviceSecret)。
- 一型一密:同一产品下设备烧录相同产品证书(ProductKey 和 ProductSecret)。
- 子设备动态注册:网关连接上云后,子设备通过动态注册获取 DeviceSecret。

三种方案在易用性和安全性上各有优势,用户可以根据设备所需的安全等级和实际的产线条件灵活选择,方案对比如表 6-2 所示。

表 6-2 三种认证方案对比

对比项	一机一密	一型一密	子设备动态注册
设备端烧录信息	ProductKey DeviceName DeviceSecret	ProductKey ProductSecret	ProductKey
云端是否需要开启动态注册	无须开启,默认支持	需打开动态注册开关	需打开动态注册开关
是否需要预注册 DeviceName	需要,确保产品下 DeviceName 唯一	需要,确保产品下 DeviceName 唯一	需要,确保产品下 DeviceName 唯一
产线烧录要求	逐一烧录设备证书,需确保设备证书的安全性	批量烧录相同的产品证书,需确保产品证书的安全存储	网关可以本地获取子设备 ProductKey,将子设备 ProductKey 烧录在网关上

（续）

对比项	一机一密	一型一密	子设备动态注册
安全性	较高	一般	一般
是否有配额限制	有，单个产品 50 万上限	有，单个产品 50 万上限	有，单个网关最多可注册 1500 个子设备
其他外部依赖	无	无	依赖网关的安全性保障

（2）设备认证——预认证

预认证是指设备先从统一中心认证，得到云端分配的接入地址后再进行连接。典型场景是设备出货后分布在各地，可以实现接入路由、跨区就近连接等功能。

设备连接其他功能的解决方案如下：

- 设备连接：物联网平台支持海量设备连接，设备与 IoT 平台可进行稳定可靠的双向通信。
- 设备接入：提供设备端 SDK、驱动、软件包等，帮助不同设备、网关高效接入物联网平台。开源多种平台设备端代码，提供跨平台移植指导，赋能企业基于多种平台实现设备接入。
- 设备传输：TLS、DTLS 设备与物联网平台的数据传输通道进行非对称加密，保证数据不可篡改。
- 数据路由：平台提供统一 Topic 管理规范，设备与物联网平台通信，需要与指定的 Topic 进行通信；支持设备跨账号进行授权，实现设备权限的转移；提供 API 配置 Topic 路由关系，实现 M2M 场景。
- 多协议支持：支持设备通过 OPC-UA、Modbus、BACnet、SNMP 等协议连接云端，既满足长连接的实时性需求，也满足短连接的低功耗需求。
- 双向通信：设备和物联网平台进行双向通信，支持设备上报数据、支持云端下发指令控制设备。
- 网络异构：提供 2G/3G/4G/5G、NB-IoT、Wi-Fi、LAN 等网络设备接入能力，解决企业异构网络设备接入管理需求。

3. **设备管理**

依托物联网平台海量设备连接、管理功能，将边缘设备及边缘设备中的服务封装成边缘实例，以边缘实例来承载边缘计算功能。

物联网平台提供完整的设备生命周期管理功能，支持设备注册、功能定义、数据解析、在线调试、远程配置、固件升级、远程维护、实时监控、分组管理、设备删除等功能；能提供设备模型，简化应用开发。

（1）设备分组

物联网平台提供设备分组功能，可以通过设备分组进行跨产品管理设备。

（2）设备影子

物联网平台提供设备影子功能，用于缓存设备状态。设备在线时，可以直接获取云端指令；设备离线后，再次上线可以主动拉取云端指令。

设备影子是一个 JSON 文档，用于存储设备上报状态、应用程序期望状态信息。

每个设备有且只有一个设备影子，设备可以通过 MQTT 获取和设置设备影子来同步状态，该同步可以是影子同步给设备，也可以是设备同步给影子。

（3）物模型

物模型指将物理空间中的实体数字化，并在云端构建该实体的数据模型，用于描述实体的功能。

物模型（Thing Specification Language，TSL）是一个 JSON 格式的文件。它是物理空间中的实体（如传感器、电工照明、大小家电等）在云端的数字化表示，从属性、服务和事件三个维度分别描述了该实体是什么、能做什么、可以对外提供哪些信息。定义了物模型的这三个维度，即完成了产品功能的定义。

物模型将产品功能分为三类：属性、服务和事件，参见表 6-3。

表 6-3 物模型产品功能分类

功能类型	说明
属性（Property）	一般用于描述设备运行时的状态，如环境监测设备读取的当前环境温度等。属性支持 GET 和 SET 请求方式。应用系统可发起对属性的读取和设置请求
服务（Service）	设备可被外部调用的能力或方法，可设置输入参数和输出参数。相比于属性，服务可通过一条指令实现更复杂的业务逻辑，如执行某项特定的任务
事件（Event）	设备运行时的事件。事件一般包含需要被外部感知和处理的通知信息，可包含多个输出参数。例如，某项任务完成的信息，或者设备发生故障、告警时的温度等，事件可以被订阅和推送

（4）数据解析

物联网平台定义的标准数据格式为 Alink JSON。低配置且资源受限或者对网络流量有要求的设备，不适合直接构造 JSON 数据与物联网平台通信，可将原数据透传到物联网平台。物联网平台提供数据解析功能，可以根据提交的脚本，将数据在设备自定义格式和 JSON 格式之间进行转换。

目前支持解析两类数据：

- 自定义 Topic 上行数据，即将设备通过自定义 Topic 上报给云端的自定义格式数据 Payload 解析为 JSON 格式。
- 上、下行物模型 Topic 的数据，即将设备上报给云端的自定义格式物模型数据解析为 Alink JSON 格式，并将云端下发的 Alink JSON 格式数据解析为设备自定义的格式。

（5）数据存储

物联网平台支持设备通过 HTTP/2 流通道方式，将文件上传至物联网平台服务器存储。设备上传文件后，可以在物联网平台控制台进行下载、删除等管理操作。

（6）在线调试

物联网平台提供虚拟设备功能。虚拟设备模拟真实设备与物联网平台建立连接、上报模拟属性和事件数据；模拟云端推送属性设置和服务调用指令到虚拟设备。用户可以根据虚拟设备的数据，完成应用的开发调试。

（7）OTA 升级

物联网平台提供 OTA 升级与管理服务。首先确保设备端支持 OTA 服务，然后在控制台上传新的升级包，并将 OTA 升级消息推送给设备，设备即可在线升级。

（8）远程配置

使用远程配置功能，可在不用重启设备或中断设备运行情况下，在线远程更新设备的系统参数、网络参数等配置信息。

4. 规则引擎

规则引擎提供数据流转和场景联动功能。通过配置简单的规则，即可实现将设备数据无缝流转至其他设备，实现设备联动；或者将设备数据流转至其他云产品，获得存储、计算等更多服务。

5. 数据分析

物联网数据分析提供设备智能分析服务，全链路覆盖了设备数据生成、管理（存储）、清洗、分析及可视化等环节。物联网数据分析主要包括数据收集、数据清洗、数据分析和数据展现四个部分。设备产生数据后，物联网数据分析中的数据管理模块存储 IoT 设备数据和管理业务数据，并支持跨域分析数据，对数据进行清洗。数据清洗后，可通过数据开发模块进行进一步分析，快速搭建开发任务以处理设备数据。最后，可将数据分析结果展示在空间可视化模块中，也可通过流数据分析模块将数据流转到其他云产品或边缘端加以展示。

（1）数据分析

物联网平台提供物联网数据分析功能，支持基于物联网平台的开发，提供设备智能分析服务，全链路覆盖设备数据生成、管理（存储）、清洗、分析及可视化等环节，可有效降低数据分析门槛，为物联网应用开发提供基础支撑。

物联网平台支持实时数据分析，提供在云上进行流式数据实时化分析的工具，可搭建自定义的实时数据分析和计算任务。实时数据分析任务包括组件编排任务和 SQL 任务，可对数据进行处理、过滤或分流。

- 组件编排任务：通过拖拽组件的方式，建立设备数据输入与输出的关系，通过设置属性过滤数据也可分流数据。
- 基础组件：设备输入、数据源输出、数据过滤、聚合计算、维表关联，可用于配置基础的数据清洗及数据聚合流计算规则。
- 高级组件：异常检测，支持设备数据异常检测。
- SQL 类型任务：基于 StreamSQL 编写业务逻辑，在 SQL 中定义多种数据处理函数和操作符并保存为任务，对数据进行处理。

（2）数据管理

物联网平台的数据分析服务支持一键配置 IoT 设备数据存储和业务数据管理，支持物联网设备数据与业务数据的跨域分析。

- 物联网数据存储：用户可创建并指定数据存储周期，用于后续数据分析。
- 其他数据源：支持使用其他数据源功能（原数据源配置），配置数据库账号，将 RDS 上的业务数据与物联网产生的运行数据进行关联分析，用于流计算及数据开发中与业务数据联动。

（3）数据开发

物联网平台支持数据开发的云上交互式查询服务，无须数据预处理过程，直接使用标准的 SQL 语句对设备进行数据分析。

数据开发支持如下功能：

- 创建数据开发任务，支持 SQL 分析。
- 开放物联网平台常用设备数据表。
- 支持用户配置的 RDS 业务数据表。
- 通过语法校验检查是否符合语法执行规则。
- SQL 语句分析查询结果支持 CSV 下载。
- 表管理，对系统数据表（平台系统表、平台设备数据表）和其他数据源中的用户数据进行管理。
- 函数列表，可列出物联网数据分析支持的函数以及函数说明，开发任务中需要使用函数，可通过函数列表查看函数信息。
- 数据开发支持对以下三个数据来源中的设备数据进行分析：物联网平台的系统数据、基于产品能力定义的设备数据、用户授权的业务数据。
- API 服务开发，可将数据开发中的数据任务（使用 SQL 开发的数据任务）封装成 API，方便开发者调用，既可以直接响应设备端请求，也可以用来进行服务端数据对接。支持两种生成 API 服务的方式：通过数据任务生成 API、在 API 服务目录下开发 API 服务。

6. 视频及 AI 算法

视频边缘智能服务（LinkVisual）是一个提供视频流接入上云、云端存储、分发、视频 AI 功能的视频服务产品，旨在帮助视频设备厂商、方案商与服务提供商，快速将存量或者新建摄像头设备接入上云。另外，它还提供了丰富的视频算法，以及云边协同（算法云端训练、云端下发、边缘计算推理）的视频智能服务。LinkVisual 的架构如图 6-9 所示。

LinkVisual 为用户提供了端到端完整的视频能力。用户视频设备在边缘侧通过 Alink 协议接入，在云端集成阿里云基础平台中间件，获得高质量的视频分发和存储等能力；为行业 ISV 用户提供 App SDK，能够在客户端侧实现视频直播、点播、图片管理、消息订阅等功能。

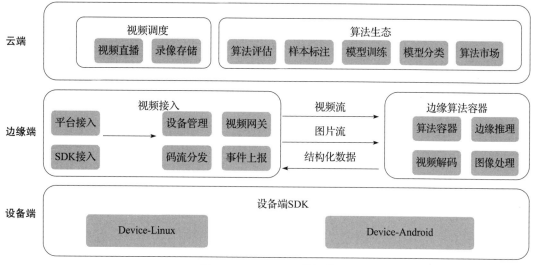

图 6-9　LinkVisual 的架构

（1）视频管理能力
- 视频设备连接：支持 GB/T28181、ONVIF 协议直连云端，或者通过边缘计算服务器连接云端，支持定义集成私有协议 SDK，完成数据上云，可提供 SDK，将设备数据上云。
- 编码：支持 H264 或 H265 格式编码。
- 设备控制与管理：支持国标或者私有协议提供的 PTZ、管理等功能；支持 MQTT 命令下发，完成 PTZ/OTA/ 报警事件 / 消息联动 / 录像计划设置。
- 视频分发：支持对外 rtmp、rtsp、hls、http-flv 视频流输出。
- 视频播放：播放终端支持 Android、iOS、PC、Web 端播放，播放器支持 videojs、ckplayer 等浏览器播放，支持 H5 浏览器播放 hls。
- 云端 API：支持直播、录像播放、本地录像列表、云端录像列表、设置录像计划、读取录像计划、云端存储、事件联动、报警抓图、云台控制、码流切换、心跳保活、鉴权，以 API 形式对外输出。
- 设备接入：支持设备接入，三元组管理，设备配置。

（2）AI 分析算法

阿里云 AIoT 平台具备人相关、车相关、事件相关的 AI 算法，并具备更多 AI 与算法持续迭代的能力，支持算法在云端、边缘服务器和终端设备以不同形态进行部署和运行，实现云边端协同调度，能将边缘应用产生的数据实时同步到云端平台。以下给出了智慧园区场景中实现的两个算法。

❑ 人脸识别

可以自动分析人脸信息，识别人员的相貌特征，以便加强人员管理。人脸识别算法支持自动对人员进行人脸抓拍并识别。系统录入人员底库照片，系统识别人脸后抓拍并进行对比，区分人脸数据库内和数据库外的人员身份。

人脸数据库内的人员也可以通过算法进行身份区分。算法支持将识别到的人脸图片、抓拍时间、人员身份等信息推送到系统内，根据系统内设置好的报警条件自动判断是否报警。

❑ 禁区监控（智能布防）

在一些重点区域可设置禁区监测，一旦有人闯入立即产生告警。区域入侵算法用来自动监控设置好的范围内是否有异常入侵。算法可识别人类和各种车辆（三轮车、卡车、轿车、自行车等）是否入侵，并支持用户自行绘制电子围栏，监控相机覆盖范围内任意的区域。

在区域入侵算法任务中，选择标注区域可以对算法监控区域进行自定义绘制。绘制的区域支持矩形和任意多边形，可以根据实际监控场景进行绘制。同时，可以设置算法置信度，置信度主要控制算法检测的置信度阈值，这个值越高，算法检测到的次数越少，但越可信。

算法将识别结果、识别时间、识别抓拍图片等推送到系统内，系统使用预警规则进行判断，最终将需要预警的信息通过设备终端或其他途径传递出去，以达到监控、防护、警告、处理的作用。

7. 安全能力

物联网平台可提供多重防护，有效保障设备和云端数据的安全。

（1）身份认证

❑ 提供芯片级安全存储方案（ID^2）及设备密钥安全管理机制，防止设备密钥被破解。安全级别很高。

❑ 提供一机一密的设备认证机制，降低设备被攻破的安全风险。

❑ 提供一型一密的设备认证机制，设备预烧产品证书（ProductKey 和 ProductSecret），认证时动态获取设备证书（包括 ProductKey、DeviceName 和 DeviceSecret），适合批量生产时无法将设备证书烧入每个设备的情况。安全级别普通。

❑ 提供 X.509 证书的设备认证机制，支持基于 MQTT 协议直连的设备使用 X.509 证书进行认证。安全级别很高。

（2）通信安全

❑ 支持 TLS（MQTT\HTTP）、DTLS（CoAP）数据传输通道，保证数据的机密性和完整性，适用于硬件资源充足、对功耗不是很敏感的设备。安全级别高。

❑ 支持设备权限管理机制，保障设备与云端安全通信。

❑ 支持设备级别的通信资源（Topic 等）隔离，防止设备越权等问题。

6.4.3 边缘计算

边缘计算指在靠近物或数据源头的网络边缘侧，融合网络、计算、存储、应用核心能力的开放平台，它能就近提供边缘智能服务，满足行业数字化在敏捷连接、实时业务、数据优化、应用智能、安全与隐私保护等方面的关键需求。在行业内有个十分形象的比喻：边缘计算犹如人类的神经末梢，可以对简单的刺激进行处理，并将特征信息反馈给云端大脑。随着 AIoT 的落地实现，在万物智联的场景中，设备与设备间将互联互通，形成数据交互、共享的崭新生态。在这个过程中，终端不仅需要更加高效的算力，在大多数场景中，还必须具有本地自主决断及响应能力。

1. 阿里云边缘计算概述

阿里物联网边缘计算是一款云边一体的 PaaS 层软件产品，它将云端的能力下沉到边缘侧，解决边缘实时性、可靠性、运维经济性等方面的问题。南向提供通信协议框架，为软硬件开发者提供便捷的通信协议开发能力；北向通过 Open API 为 SaaS 开发者提供快速构建云端应用的能力。云端提供一体化的运维工具，可以在云端集中运维，从而降低运维成本，提升运维效率。

从技术上讲，物联网边缘能力是物联网平台能力在边缘端的拓展，继承了物联网平台在安全、存储、计算、人工智能的能力，可部署在不同量级的智能设备和计算节点中，通过定义设备模型连接不同协议、不同数据格式的设备，提供安全、可靠、低延时、低成本、易扩展的本地计算服务。同时，可以结合大数据、AI 学习、语音、视频等能力，打造出云边端三位一体的计算体系，提供丰富的软硬一体的边缘解决方案。

物联网边缘计算产品的架构如图 6-10 所示。

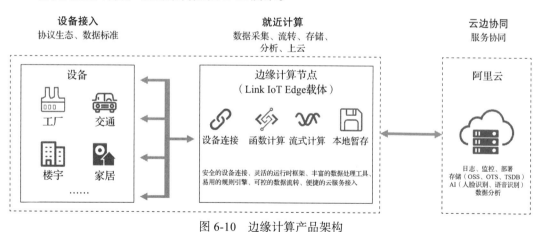

图 6-10 边缘计算产品架构

物联网边缘计算产品主要涉及设备端、边缘计算端和云端三个部分。

❑ 云端

设备数据上传云端后，可以结合阿里云功能，如大数据、AI 学习等，通过标准 API 接口，实现更多功能和应用。

❏ 边缘计算端

设备连接到网关后，网关可以实现设备数据的采集、流转、存储、分析，并上报设备数据至云端，同时网关提供规则引擎、函数计算引擎，方便场景编排和业务扩展。

❏ 设备端

开发者使用设备接入 SDK，将非标设备转换成标准物模型，就近接入网关，从而实现设备的管理和控制。

对于项目管理人员，可以在本地完成所有的业务管理；对于项目运维人员，支持边缘应用的统一运维和云边协同，支持高可靠架构，满足边缘应用的稳定运行；针对管理人员，可以实时获取项目中的数据，助力云端分析，实现精细化运营。

2. 云端

边缘计算包含云端管控服务和边缘运行时两部分。边缘运行时以 SDK 的形式发布，运行在边缘网关或工控机中；云端以 SaaS 服务的形式，通过 API 和控制台对外部提供服务。

如图 6-11 所示，云端管控部分提供边缘网关的管理、规则计算、函数计算、消息路由等能力，可以创建边缘规则、部署和配置函数、编排流数据的规则，以及消息路由的增删改查等，所有的配置以资源包的形态加密部署到边缘网关中。边缘网关下载、解密、解析、加载资源并运行，并将数据或结果反馈到云平台。在云边一体化的设计框架下，云端提供边缘管控服务，边缘运行时发挥边缘实时性的优势，实现原始数据本地处理、降低流量成本，反馈数据到云端做数据二次分析处理。

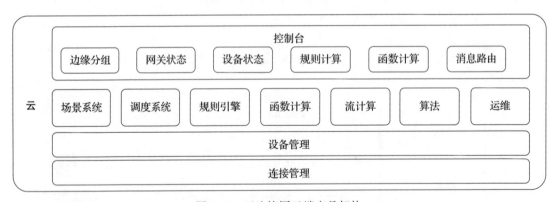

图 6-11　云边协同云端产品架构

物联网平台边缘能力支持边缘端应用托管，主要包括：

❏ 资源统一调度：通过将所有边缘端计算节点的计算资源虚拟化，并将应用容器化部署，系统可以更加充分地利用所有资源。

❏ 应用统一运维：所有应用通过 Kubernetes 部署，用户可以对所有应用进行扩容、监控、日志抓取等操作的统一管理。

❏ 应用高可靠：应用的高可靠表现在无状态节点的多副本部署和有状态节点的主备部

署。前者保证服务的持续性,后者保证数据的可靠性。
- 资源水平扩展:平台提供扩容的能力,即用户可以按需增加设备数量。用户只要使用扩容工具,即可完成资源到应用的分配。
- 边缘自治:集群在弱网或者断网环境下,可以实现边缘管理。
- 集群应用免登:集群中的应用统一对接,一套账号体系可在多个应用之间免密登录。
- AI 能力:边缘网关能够支持 AI 能力,支持云端与边缘端一体化调度,能够支持人、车、物图像的识别、跟踪、检测等功能,提供更为智能与实时的分析预测能力。

3. 边缘视频一体机 AI-Box

阿里云 AIoT 边缘视频智能一体机(以下简称 AI-BOX)是一个部署在客户数据中心的边缘计算产品,通过本地交换机或路由器完成与本地摄像头设备的连接。它具有适配广、部署运维成本低、云边协同等特点。

AI-Box 的整体架构如图 6-12 所示。

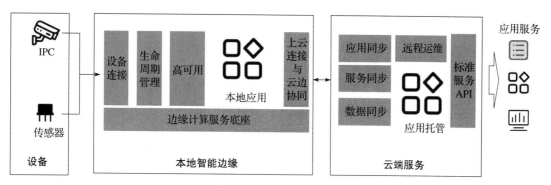

图 6-12 AI-Box 的架构

AI-Box 在客户数据中心,具备连接前端各类摄像头,以及适配各种视频协议、在本地进行视频 AI 分析计算、运维管理等功能。

AI-Box 在云端提供了标准的 API 服务,支持云端应用基于视频数据或者本地视频 AI 分析后的结构化数据进行二次应用开发。同时,提供了对 AI-Box 的远程控制、远程配置、远程算法更新下发等服务。

AI-Box 既可以支持云 – 边 – 端的典型应用架构,也提供纯本地离线运行的应用架构。但离线运行无法提供远程云端提供的各种增值服务。

边缘智能视频服务一体机的主要功能包括:

1)本地 AI 计算能力:在本地,边缘智能视频服务一体机可完成视频图像类分析推理计算,把需要的结果数据和结构化数据上云,大大减少上行的带宽和流量成本,同时云端支持二次大数据计算。

2)利旧接入,兼容性强:支持本地摄像头利旧,支持 GB/T 28181 或 ONVIF 标准协议,同时支持海康、大华、宇视等主流厂家的私有协议对接。只要具备支持标准通用视频协议的摄像头，或者可以提供 SDK 的私有协议设备，AI-Box 都可以适配连接。

3）开箱即用、配置简单：通电、网线连接路由器即可使用，同时本地提供控制台，完成设备连接配置与算法任务。

4）远程升级，算法可升级：本地算法容器部署，支持远程升级和替换算法。在云端可以实现远程的设备运维和管理、算法的升级迭代并向本地下发，完成算法的远程调优，减少了后续跑现场的成本。同时，支持人脸识别、人流量统计、安全帽识别、明火识别等算法。

AI-Box 采用标准服务器硬件，其配置不低于以下标准：

处理器：Intel Xeon Silver 4114 Processor * 1

内存：16G RDIMM DDR4 2666 * 4

显卡：NVIDIA Tesla T4 * 2

存储：2.5 SATA 480G SSD * 1，8T 7.2k rpm SATA 3.5 * 4

网络：双口万兆网卡（带光模块）* 1，四口千兆物理卡 *1

电源：冗余电源

❏ 典型的视频智能场景

本地摄像头连接 AI-Box，AI-Box 在本地完成视频 AI 计算，通过公网或专线网络将计算后的结果或结构化数据上传云端，云端的应用服务通过标准的 API 获取视频流或者视频分析的结果数据，完成应用二次开发（云端的应用一般都是由客户自行定制开发）。在后续运维阶段，可以通过云端提供的远程运维工具，从云端算法能力中心更新和升级本地的算法。

❏ 建议在各行业中的应用场景

AI-Box 作为视频图像的连接与分析产品，可以用于各种视频智能的场景，包括但不限于智慧平安社区、智慧园区、智慧楼宇、智慧校园、智慧工业等。

同时，AI-Box 的核心价值是提供更经济、更高效的边缘视频智能服务，以及各类运行在本地数据中心的识别、检测算法，让普通的摄像头也可以具备"大脑"。

4. 协议网关 EdgeBox

阿里云协议网关（以下简称 EdgeBox）是一个部署在客户数据中心的边缘计算产品，通过本地交换机或路由器完成与本地设备设施及系统的连接，它为本地应用提供完整的应用生命周期管理、安全、容灾容错保障，以及云边协同、远程运维管理。

EdgeBox 实现了现场应用部署模式的变革，通过 Kubernetes 技术对边缘主机的 CPU、内存、存储、网络等资源进行虚拟化调度，以及应用的容器化编排，实现边缘应用的生命周期管理、安全运行支撑、高可用及容灾保障以及远程运维能力，有效提升了主机的资源利用率。

通俗地讲，EdgeBox 将多个物理主机虚拟化成一个（CPU、内存等）资源池，应用被包装成一个个容器，并且被编排进总的资源池中，同时又在这个资源池里建立了一套保障这些应用运行的能力。

EdgeBox 提供设备接入、微服务等功能，南向对接智能化子系统，北向连接阿里云 IoT 平台。

EdgeBox 的架构如图 6-13 所示。

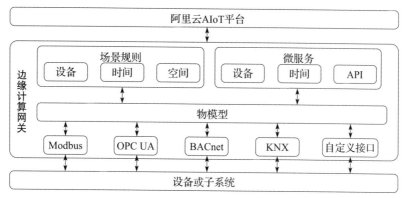

图 6-13 边缘协议网关产品的架构

EdgeBox 的主要功能如下。

（1）设备接入能力

设备接入是阿里云边缘计算提供的基础能力，设备接入模块在阿里云边缘计算中称为驱动（driver）或设备接入驱动。所有连接到阿里云边缘计算的设备都需要通过驱动实现接入。

设备接入驱动是阿里云边缘计算中独立的服务模块，用户可以根据业务协议需求开发自定义设备接入驱动。图 6-14 展示了自定义设备驱动的功能和数据流向，并指出了开发一个自定义驱动需要做的工作。

（2）场景联动

场景联动是规则引擎中一种开发自动化业务逻辑的可视化编程方式，用户可以通过可视化的方式定义设备之间联动规则，并将

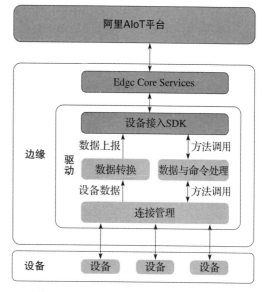

图 6-14 边缘设备接入驱动开发的架构

规则部署至云端或者边缘端。每个场景联动规则由触发器（Trigger）、执行条件（Condition）、执行动作（Action）三个部分组成。这种规则模型称为 TCA 模型。

当触发器指定的事件或属性变化事件发生时，系统通过判断执行条件是否已满足来决定是否执行规则中定义的执行动作。如果满足执行条件，则直接执行定义的执行动作，反之则不执行。

6.4.4 物联网设备

终端设备由承担感知信息作用的传感器、智能终端等设备组成，终端设备具有感知信

号、标识物体等功能。

Link SDK 由阿里云提供给设备厂商,并集成到设备上,从而将设备安全地接入阿里云 AIoT 平台,并由阿里云 AIoT 平台对设备进行控制与管理。设备需要支持 TCP/IP 协议栈才能集成 Link SDK。对于 ZigBee、KNX 这样的非 IP 设备,需要通过一个网关设备接入阿里云 AIoT 平台,网关设备需要集成 Link SDK。

对于终端设备的接入,需要满足如图 6-15 所示的功能模块:设备上云、设备认证、OTA、子设备管理、Wi-Fi 配网、设备管理、设备绑定支持以及设备本地控制。

对于终端接入 SDK 的设计,充分考虑阿里云计算作为 IoT 中台的支撑基础云平台。产品 Link Kit 所提供的终端接入 SDK 满足项目场景所需的技术设计要求。因此,考虑推荐使用阿里 IoT 云平台产品 Link Kit,下面具体介绍相关产品对于终端接入部分的支持。

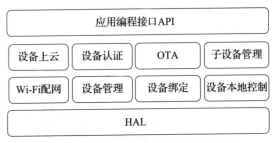

图 6-15　设备接入 SDK 功能

Link Kit SDK 由阿里云提供给设备厂商,由设备厂商集成到传感设备上,再通过该 SDK 将传感设备安全地接入阿里云 IoT 云平台,使传感设备可以被阿里云 IoT 云平台管理。其软件结构和功能如下:

1)应用编程接口(API):Link Kit SDK 给设备调用提供 API,用于对 SDK 提供的各个功能模块进行控制。

2)功能模块:Link Kit SDK 提供了一系列功能模块供设备调用。

- 设备上云:提供 MQTT、CoAP、HTTP/S 等多种方式连接阿里云 IoT 云平台。
- 设备认证:提供一机一密、一型一密对设备进行身份认证。
- OTA:提供设备固件升级。
- 子设备管理:接入子设备。
- Wi-Fi 配网:将无线路由器 AP 的 SSID、密码传输给 Wi-Fi 设备。
- 设备管理:提供属性、服务、事件对设备进行管理和控制。
- 用户绑定:提供安全绑定 Token 来支持用户与设备进行绑定。
- 设备本地控制:对于使用 Wi-Fi 和以太网接入的设备,手机或者网关如果与设备位于同一个局域网,则可以通过局域网对设备进行控制而不是通过云端进行控制,从而让控制更快捷、更可靠。

3)硬件适配接口(Hardware Abstraction Layer,HAL):有的功能模块需要设备厂商提供一些信息或者处理函数,Link Kit SDK 为这些接口定义了 HAL,以便让设备厂商用于实现针对端 / 边设备的接入。

阿里云 AIoT 平台在云端提供智能生活、智能制造、智能人居等多个行业的解决方案/服务，设备使用 Link SDK 接入阿里云 AIoT 平台后即可被这些行业解决方案管理。Link SDK 的架构如图 6-16 所示。

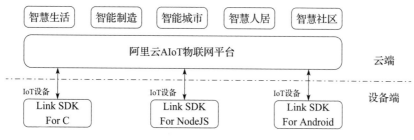

图 6-16　Link SDK 方案架构

Link SDK 适用于所有连接阿里云 AIoT 平台的产品，下面是一些通过集成 Link SDK 连接阿里云 AIoT 平台的方案。

❑ 生活类产品

这类设备大多通过 Wi-Fi 连接家庭中的无线路由器，继而连接互联网并与阿里云 AIoT 平台进行通信。常见的设备包括：电子猫眼、智能锁、风扇、扫地机器人、空调、冰箱、接线板、空气净化器、取暖器、窗帘、灯具、电热水器、油烟机、微波炉、烤箱等。此类产品的网络接入如图 6-17 所示。

图 6-17　Link SDK 设备部署

❑ 网关类产品

有的设备不支持 TCP/IP 协议，无法直接集成 Link SDK，这样的设备需要通过集成了 Link SDK 的网关接入阿里云 AIoT 平台，包括 ZigBee 网关、蓝牙网关、433 网关、KNX 网关等。网关类产品的网络接入如图 6-18 所示。

❑ 蜂窝网接入产品

使用电信运营商的蜂窝网连接的 IoT 产品大多应用于农业、城市等覆盖地域较广的场景，或者设备处于移动的场景，例如物流运输车、自动售货机、气象收集系统、水文收集系

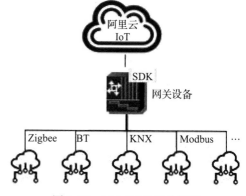

图 6-18　Link SDK 网关部署

统、智能电表、智能水表等。此类产品的接入网络如图 6-19 所示。

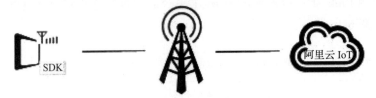

图 6-19　Link SDK 蜂窝网部署

6.4.5　物联网安全服务

阿里云 Link Security 物联网安全平台面向 IoT 设备全生命周期构建全链路、多层次的安全防御体系,从可信终端、可信接入、可信服务三个层面全面构筑可信物联网平台。

1)可信终端:物联网安全的根基是终端的安全,Link Security 安全平台基于可信硬件、可信计算框架和安全 SDK 构筑可信终端。它支持提供多种安全等级、多类安全载体的可信根安全套件,提供针对不同硬件和软件操作系统的可信计算框架、积木式多重终端安全开发套件,保障端侧存储、运行、计算、联网认证的本地安全。

2)可信接入:支持端到端的安全双向身份认证,提供多层次、多种类的物联网安全加密协议,保障传输过程的数据机密性、完整性、可用性。同时,可适用于轻资源占用的物联网终端,针对业务数据敏感的场景,还提供额外的独立业务数据加密传输的能力,保证业务数据隐私。

3)可信服务:在服务端提供多种安全服务,包括可信设备深入认证、可信服务管理、可信密钥服务以及固件安全扫描服务,并且提供全周期、一站式、可视化安全运营能力。通过对设备行为的持续分析,构建统一的设备数字安全画像;通过对设备的持续性安全检测、安全态势感知,提供一站式、可视化的实时安全风险监控响应平台。

Link Security 物联网安全平台(如图 6-20 所示)面向 IoT 设备提供了一整套安全防御体系,AIoT 平台的业务在不同层面可以按需集成安全能力。

1)终端感知层:提供积木式多重终端安全开发套件,包括多种安全等级、多类安全载体的可信根安全套件,以便支持多类型终端设备快速开发集成使用。

2)边缘网关层:提供积木式多重边缘网关安全套件,具备可信身份认证、安全存储环境、安全执行环境、容器安全保护等安全防护能力。

3)终端与边缘网关烧录:面向终端与边缘网关的密钥及敏感数据,提供多层级安全生产烧录、安全空发方案,结合统一密钥管理服务保障生产、运输、烧录过程中的身份信息和密钥的安全性、完整性、可用性。

4)网络连接层:提供全终端安全连接能力,基于物联网可信数字身份认证标识,通过端到端的安全单向 / 双向身份认证,提供多种安全加密传输协议,包括 TLS 以及更轻量化的安全加密传输协议,保障传输过程中的数据机密性、完整性、可用性,并可用于具有资源能力的物联网终端。

5）物联网平台层：全周期、一站式、可视化安全运营，通过对设备行为的持续监控、分析，提供一站式、可视化的安全风险监控平台。

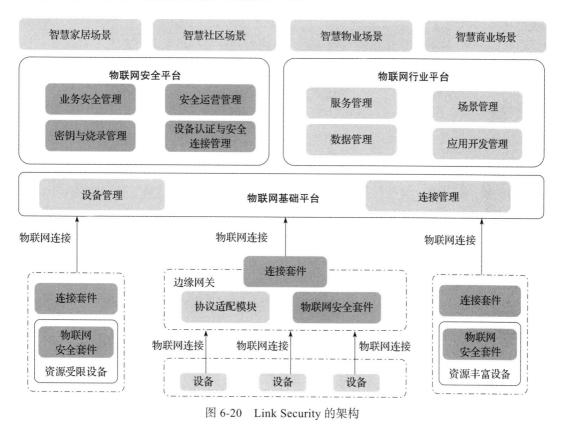

图 6-20　Link Security 的架构

6.4.6　物联网应用服务平台

物联网应用服务平台（如图 6-21 所示）致力于快速构建 IoT 场景智能化解决方案。结合平台预集成的大量行业智能硬件和软件，并协同阿里云及生态的力量，快速打通 OT 与 IT，通过容器化技术实现应用及解决方案的自动化部署和交付；结合阿里云在人工智能和大数据上的优势，提供面向场景的智能化数据分析服务，实现即开即用的开通体验。

1. 设备管理

设备管理提供 IoT 设备的创建、管理等功能。

- ❑ 产品：产品通常是一组具有相同功能定义的设备集合。产品指同一个型号的产品，设备就是该型号下的某个设备。
- ❑ 设备：产品指某一类设备，创建完产品后，需要为设备创建身份。用户可以创建单个设备，也可以批量创建设备。

图 6-21　物联网应用服务平台

- 网关：网关是一种硬件，它被部署在用户现场，通过不同的协议快速连接本地的各种有线、无线设备，使其快速联网。
- 授权：授权是针对设备权限的处理，可以将用户生产的设备授权给其他租户，让其他租户的应用可以获取设备上报的数据。

2. 项目管理

项目管理提供 IoT 项目实施落地的基本管理流程，以及项目依赖的各种能力管理。

- 服务集成：IoT 项目内可以通过服务集成功能，选择需要添加的服务（比如人行领域服务），统一支持。
- 数据集成：IoT 项目中涉及的业务数据，比如对于车辆道闸数据，可通过数据集成功能进行统一支持。
- 规则引擎：根据物上报的数据，可以根据 TCA 模型定义规则，触发新的场景。
- 告警服务：根据物上报的数据，可以根据 TCA 模型定义规则，触发告警。
- 人员管理：设置 IoT 项目内的人员信息。
- 组织管理：设置 IoT 项目内的组织关系。
- 权限管理：设置 IoT 项目内的权限。
- 空间管理：设置和管理空间信息。
- 账号开放：支持各类账号对接。

3. 领域服务

领域服务是阿里云 IoT 提供的特有的垂直类服务，目标是解决与设备相关的统一逻辑集成以及统一数据集成问题，功能上分为服务总线与数据总线。例如，在智慧社区项目中，阿里云 IoT 将制定与提供人行领域服务、车行领域服务、安防领域服务、设备设施领域服务 4 个领域服务，支持业务中台快速对接与设备相关内容。

服务总线（https://help.aliyun.com/document_detail/114863.html）的设计目标是规范应用

之间行为表达方式和对结果的预期。对于服务提供方，通过服务标准化，能够清晰而简洁地表达本服务提供了哪些接口、定义以及它们所应实现的具体功能，并且任何依赖该服务所提供的能力的应用，都必须按照这套接口来实现服务供应；对于服务依赖方（即使用该服务的应用），能够清晰而简洁地表达它所依赖的接口、分别期望这些接口完成什么样的具体功能，任何为其提供服务的应用只要遵循相同的服务模型，即可实现服务提供方的替换。

数据总线（https://help.aliyun.com/document_detail/114862.html）的设计目标是规范应用之间数据的传递方式和表达方式。平台提供了对数据进行增删改查的 4 个 API，以及 HTTP2 方式的消息订阅机制。

（1）智能人居开放平台

无论是家庭、社区还是长租公寓，人居环境承载着人们生活中最长的居住时间，也承载着人们对于美好生活的追求与向往。阿里云 IoT 智能人居承载了阿里巴巴新零售使命愿景，通过线上＋线下的融合，将生活与服务串联起来，使人居体验更加丰富、便捷、愉悦。

智能人居开放平台为客户提供了一套完整的可以用来快速搭建出全屋智能、租赁公寓、智慧社区等业务系统 IoT 相关的基础能力。平台支持全屋智能方案搭建、智能社区方案搭建、数据安全，以及提供数据分析等服务。

开发者可以通过移动端 SDK&API、Open API 实现移动应用和云端对阿里云 IoT ICA 标准的设备进行联网和控制，创建场景（设备联动）以及本地控制（设备、场景）。同时，可以通过云端 API 打通小区服务（小区门禁、车辆系统、物业系统），并提供智慧便利店、健康中心等服务。

智能人居开发平台（如图 6-22 所示）基于多款阿里云的云产品搭建，包括 OTS（分布式存储）、OSS（文件存储）、MQ（分布式消息队列）、API 网关、日志服务、移动推送等。开发者可以搭配阿里云的其他云产品搭建自己的智能人居解决方案。

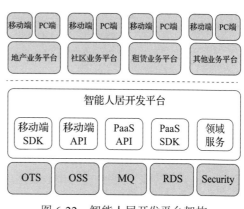

图 6-22　智能人居开发平台架构

智能人居开发平台提供了基础业务实体，包括用户、设备、空间和场景，以及维护它们之间关系的服务 API。

智能人居平台可以接入阿里云 IoT 体系内的设备，包括"物联网平台"和"生活物联网平台"接入的设备，通过配网或绑定的方式把设备接入智能人居平台进行管理和操作。

接入智能人居平台的设备通过天猫精灵实现语音控制，能为用户提供更自然的设备使用方式。

接入智能人居平台以后，可以使用扩展服务中的各种标准领域服务（如图 6-23 所示），还可以从已有的服务提供商中选择匹配需求的服务商,实现云端的能力对接。

智能人居平台	智能人居平台	智能人居平台	智能人居平台	智能人居平台	智能人居平台
门锁密码服务	车辆通行服务	人脸服务	门禁服务	视频服务	……

图 6-23　智能人居开发平台的领域服务

（2）文旅服务

景区 Vlog 智游系统以游客为中心,通过定制高帧率摄像机来拍摄景区的独特风景,能自动捕捉人脸,支持美颜、背景虚化等算法能力;基于人脸识别,结合景区主题模板,可自动实现多镜头的游玩动线串联,打造明星式跟拍 Vlog。该产品在景区及游客的视频素材基础上,利用阿里云的物联网及 AI 技术,自动生成"人+景"的 Vlog 短视频,让游客轻松获得专属的视频游记,而且游客可将其分享到各大社交平台,同时实现对景区美景和文化的互动传播。

1）业务流程。

Vlog 的业务流程如图 6-24 所示。

图 6-24　Vlog 业务流程

个性化专属 Vlog 方案是基于景区的人脸摄像头或手机摄像头,获取游客的人物视频片段,结合景点中的风景、文物、活动等空镜,按照一定故事性进行有机整合,自动生成一段"人+景"的 Vlog 短视频。

Vlog 短视频以游客片段为中心,体现游客的"C 位感",在游客离开景区后也能留下旅程纪念。在游客将 Vlog 分享到社交媒体的同时,自然地把景点的特色文化内容对外传播。

该方案包含两种产品形式:一种是基于景区摄像头的人脸抓拍,一种是基于移动端的 AR 互动体验。

- 游客片段:摄像头捕捉,移动端 AR 互动体验。
- 空镜片段:包括片头片尾、风景延时摄影或航拍、游乐活动、动物活动等视频镜头,附加镜头特效和设计美学,打造出游客难以自己用手机拍摄出的视觉效果。

2）产品架构。

Vlog 系统的产品架构如图 6-25 所示,它可基于多种 AI 算法智能、实时生成 Vlog。

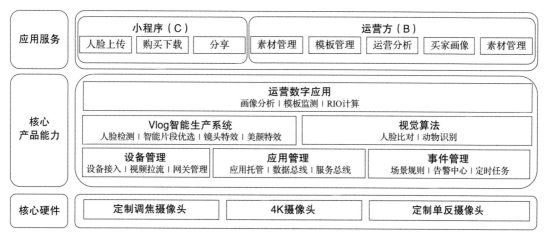

图 6-25 Vlog 系统产品架构

- 智能镜头分析：分析景、人脸等信息，按照一定的集锦脚本，智能提取视频片段，实现实时合成。
- 丰富的视频包装：对片头、片尾、空镜等素材进行有机组合，产生多样化的模板和镜头语言。
- 运用各类 AI 技术：基于人脸识别、人体识别、美颜、素材优选等 AI 算法，突出集锦个体并增强美感。

（3）智慧生活物联网平台

智慧生活物联网平台（飞燕平台）是阿里云 IoT 针对消费级智能设备领域的物联网平台（架构如图 6-26 所示），是在阿里云 IaaS 和 PaaS 层云产品的基础上搭建的一套公有云平台。该平台能够助力生活领域的开发者、方案商，提供了功能设计、嵌入式开发调试、设备安全、云端开发、APP 开发、运营管理、数据统计等功能，以及从产品前期开发到后期运营的全生命周期服务。

2020 年 7 月，天猫精灵 IoT 开放平台和阿里云智慧生活物联网平台完成融合。融合后的智慧生活物联网平台成为阿里巴巴集团内统一的消费级智能设备 IoT 平台，可以支撑以下两种业务形态：

- 面向智能生活行业赋能的云产品，为全球客户提供全球化、智能化的付费云服务。接入智慧生活物联网自有品牌项目的 IoT 产品可以在全球范围内售卖设备，同时还可以拥有配套自有品牌的 APP，提升用户的品牌形象。
- 面向天猫精灵 IoT 生态的设备接入，与国内设备厂商共同搭建围绕天猫精灵的 IoT 生态。选择接入天猫精灵 IoT 生态的产品，可以被天猫精灵全系生态终端控制，包括天猫精灵各型号音箱、天猫精灵 APP、天猫精灵车机及 AliGenie Inside 智能设备等，可以实现语音、触屏等多模态交互，为消费者提供控制、查询、播报、场景与主动服务。目前，天猫精灵 IoT 生态已接入 1000 多个品牌、200 多个类目、4000 多个型号。

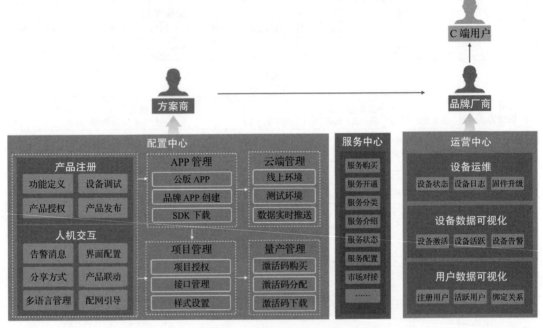

图 6-26 飞燕平台产品架构

（4）城市物联网平台

阿里云智能城市平台 AIoT CityLink 是基于阿里巴巴多年的技术积累，构建在阿里云飞天分布式系统底座上，以物联网、云计算、大数据、空间地理信息技术为依托来支持城市智能化运营管理的平台。

该平台定位于城市智能化及数字化转型的底座和基础设施，希望通过平台提供的海量感知设备的统一接入和生命周期管理、多领域标准数据模型的沉淀及统一权限管控、城市物理空间和实体部件的数字镜像构建、数据可视化呈现的灵活配置、基于事件驱动的城市资源调度规则的编排、统一的应用（存量及新增）接入及管理等核心模块来帮助城市集成商快速完成智能城市项目的集成、交付，帮助城市运营商基于平台构建持续化运营的能力，最终达到"全时空感知""全领域在线""全要素联动""全周期迭代"的新型智能/智慧城市的运行模式。

❑ 全时空感知：依托部署在城市全域并接入城市平台的多类型感知设备的实时监测来完成城市中人、事、物、场的数字镜像构建，从而完成物理世界的数字化。

❑ 全领域在线：智能城市平台支持存量设备、数据、应用的接入，通过新增及存量的汇集让平台沉淀全领域资源，充分发挥存量系统的价值。

❑ 全要素联动：通过智能城市平台构建的标准模型，实现设备数据、领域模型数据、数字部件数据的统一拉通，通过基于事件驱动的城市资源调度引擎，把人、组织、设备、应用串联起来，实现跨组织、跨系统的过程管理、流程联动、事件闭环。

❑ 全周期迭代：通过智能城市平台构建的智能化运营能力，利用设备资产、数据资产、事件运营中心、应用集成等配置系统，实现城市各类物联网应用业务的快速迭代与管理优化，满足运营过程中的业务变化，实现运营效益提升。

智慧城市解决方案的架构如图 6-27 所示。

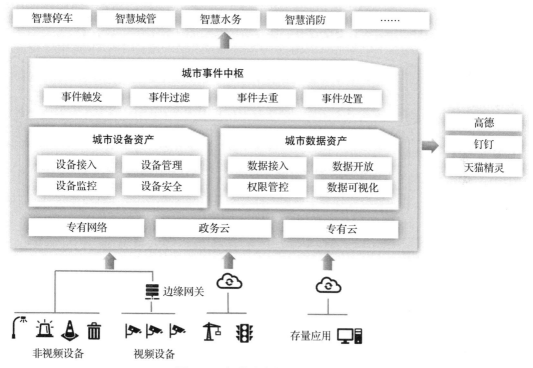

图 6-27　智慧城市解决方案的架构

6.5　阿里云 AIoT 项目案例

阿里云 AIoT 提供横向的通用物联网平台，聚焦的行业/领域包括城市、地产、园区、生活、制造、农业。面对物联网客户多样化、碎片化的需求，阿里云 AIoT 可以根据客户的需求制订适合不同场景的优秀解决方案：一是能在细分领域找到有体量的需求；二是能在细分领域上有持续性的研究深入。

（1）深耕细分行业

阿里云 AIoT 平台从技术上讲是一个底层泛平台的概念，其本身的成熟度、可用度已经很高了，横向来看可以应用于很多行业。但在不少公司看来，物联网平台更应该纵向发展，充分融合细分行业的知识，落实在具体的场景和行业里面，解决好客户问题。

（2）建设标杆案例

标杆案例有一个重要的特点是可快速复制，能够将用户需求更快地转化为落地项目。

阿里云 AIoT 推出"IoT 心选"渠道，由阿里云 IoT 精选各行业标准解决方案，为客户提供优质软硬件产品，保障方案可以快速复制，给市场更多的信赖与信心。

（3）选择性进入新的增量市场

因为不同行业的成熟度不同，所以不同行业的智能化进程是有先后顺序的。比如，现在工业、园区、社区、建筑改造需求大，吸引了众多企业参与其中，未来可能还会有下一片蓝海市场。当意识到所有传统行业都有智能化升级的机会时，阿里巴巴就无法排除企业将在某个时机扩大业务场景的可能性（就像 2019 年有不少企业选择工业作为新的市场开拓方向），这对市场适应能力较强的底层泛平台来说是不可多得的业务扩展机会。

（4）发展行业生态伙伴

每一个垂直行业都要求深厚的经验和技术积累，阿里云 AIoT 不可能去做任何一个垂直行业，所以阿里巴巴发展行业生态合作伙伴来实现技术的广泛赋能。值得注意的是，我们可以从两个层次来理解生态合作：一是商业模式的生态，就像总包和分包，企业一起在商业行为上抱团；二是技术型的生态，企业在各个层次都有统一的技术框架，因此各家的产品在技术上将更耦合，做出的产品更有一致性，这实际上是能真正推动产业规模化发展的一类生态。

阿里云 AIoT 面对不同客户各个层次的需求，可快速高效地提供服务。阿里云 AIoT 企业服务模型如图 6-28 所示。

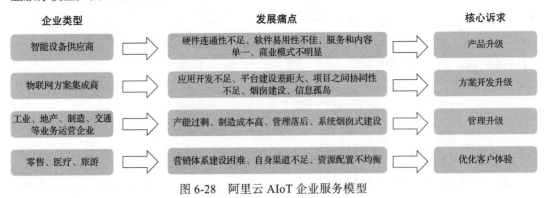

图 6-28　阿里云 AIoT 企业服务模型

6.5.1　智慧社区

智慧社区建设的技术条件不断进步，发展基础不断增强。一是多样化联网终端日益普及，物联网终端快速发展，智慧社区的应用实体全面触及城市社会经济生活的方方面面；二是移动网络快速发展，高速宽带接入千家万户，物联网发展进一步拓展了城市网络的深度和广度，实现了人与物的全方位网络接入；三是云计算和大数据产业蓬勃发展，智慧社区应用奠定了数据存储、计算和分析处理的基础能力，机器学习、神经网络带来人工智能的飞跃，进一步为智能化发展创造了基础条件；四是智慧社区应用开发和平台运营技术方案日益成熟，逐步形成了多种数字化信息技术融合的智慧社区建设解决方案。

1. 市场现状

物联网平台是智慧社区的设备接入管理、边缘计算和人工智能（AI）能力的基础，应该具备打通智能化厂商的协议规范、建设统一的设备模型和服务模型、支撑统一的智能化应用系统建设等能力。

物联网是通过信息传感设备，按约定的协议实现人与人、人与物、物与物之间全面互联的网络，其主要特征是通过信息传感设备等方式获取物理世界的各种信息，结合互联网、通信网等网络进行信息的传送与交互，采用智能计算技术对信息进行分析处理，从而提高对物理世界的感知能力，实现智能化的决策和控制。作为新一代信息技术的典型代表，物联网与云计算、大数据等新兴技术并称为"智慧社区"的支柱，其应用越来越多、越来越重要。

随着物联网技术的飞速发展，传感器、数据采集装置、智能家电等智能设备已在社会广泛使用，形成了智慧社区、智慧生活、智慧工业等多种应用场景，产生了海量的数据，这些海量数据背后蕴藏着用户行为、能源管理、生产效率等方面的规律，拥有巨大的价值。

物联网通过与大数据计算平台、云计算服务能力以及人工智能技术等进行融合，能够极大推动、发掘出物联网设备与数据中蕴含的价值，从而实现各个物联网应用领域的智能化。同时，物联网产业依然存在着诸多挑战。

（1）物联网基础标准缺失导致产业碎片化

物联网应用场景多，涉及范围广，建设过程中的基础标准不统一，导致资源共享、利用不足，数据信息互通困难，物联网应用呈现相互隔绝的碎片化状态。一方面，物联网项目的投入大，周期长，涉及的厂商分散。在缺乏统一标准的情况下，系统封闭、自建自用，基础能力难以共享利用，云计算、大数据分析平台也无法有效对接物联网设备，从而严重影响资源效率。另一方面，物联网应用场景涉及社会、经济生活的方方面面，采集的数据信息复杂多样，在没有统一标准的情况下，数据信息难以互通共享，云计算、大数据分析平台无法对物联网产生的数据进行深度分析，后续应用价值难以发挥，智慧管理难以实现。

（2）资源能力不足制约物联网建设

物联网建设是系统性工程，需要多种数字化信息技术的融合应用，而且应用场景多元，基础设施建设投入大，建设周期长。从目前的实践来看，由于缺乏一个完整的物联网产业链平台，产业链上的各个厂商相互割裂，对需求互通带来影响，难以有效整合物联网产业生态，最终难以满足巨大的物联网建设需求。

AIoT平台正是为了解决智慧社区物联网中资源整合问题而出现的。物联网平台作为沟通底层的感知层设备和上层的应用层业务的重要桥梁，封装了底层设备和网络的异构性，提供统一、通用的访问接口，实现数据和计算资源的复用。物联网平台是数据管理、设备管理、事件管理的中心，是物联网应用集成的核心部件。

智慧社区方案将建设物联网平台，支持多样化的协议以及设备，并在平台上研发支持多种应用功能业务的应用中间件,满足智慧社区应用扩展的需求,提供系统的灵活性和可扩展性。主要解决如下问题。

(1)建立智慧社区全面感知的监控体系

物联网平台有能力接入海量异构的物联网传感设备,并实现硬件厂商无关性、通信方式无关性,更加灵活快速地接入各类物联网传感设备,从而以更高效率、更低成本的方式利用物联网技术对智慧社区各个项目的实施管理、安防监控、人流统计、网络舆情等行为和动作进行全面实时的感知。广泛、全面地感知数据,将为科学、精细和数字化的社区运营管理提供坚实的数据基础。

(2)提升智慧社区应急事件的处置能力和运营管理水平

随着感知数据的不断积累,与业务数据不断融合发酵,大量的事件可以被定义,用以定义和说明项目中发生的各类日常的、紧急的、累积的变化与动态。在强大的智能化联动引擎的支撑下,大量的事件不再需要人工干预,而是会自动得到处置,而且处置的方法、手段结合 AIoT 技术不断得到优化和更新。

(3)构筑安全可信、不惧攻击与入侵的平台

面对全球持续猖獗的各类网络攻击手段和各种病毒,物联网平台能够从容地应对,并保护其全面感知网络与智能处置引擎不会因数据篡改、设备劫持或信道监听而被入侵,确保平台上数据的可信性以及各类联动处置流程安全地运行。

(4)对生态兼容并包,走在创新前沿

物联网平台为整个社区智能化及信息化产业树立了标杆,也为众多独具特色的垂直应用或智能设备厂商打开了广阔的商业视野。越来越多的创新、黑科技产品不断涌现,原有的设备与应用也随着业务的展开而不断推陈出新,物联网具备兼容并包、标准开放的能力,可以轻松快捷地接入这些创新方案,并不断提升社区信息化水平、运营效率与用户体验。

从经济效益看,建设统一的物联网管理平台,可以减少企业的智慧应用建设成本。各部门可以通过统一的物联网管理平台进行各应用的感知数据采集,同时进行感知设备的管理,大大缩短业务系统的开发应用时间,利用平台公共的服务能力调用节约系统开发成本。

1)直接效益:基于统一物联网管理平台建设,期望效益基本分布在物联网产业孵化、社区运营或低成本的综合服务响应与成本投入上。统一的物联网管理平台可提供公共的平台服务,而非独立建设子系统。市场对统一的物联网体系的潜在效益有很高的期望,包括:提升产品或者服务的质量、提升企业生产力、提升社区管理效率及服务的质量,以及提升运营的可靠性等。效益来源于经营效率提升带来的成本节约、新的或者更好的数据流,这些可以帮助企业做出更好的决策、提升企业生产率和整个企业组织的资产透明度,能够更好地进行社区治理的监控,带来新的或者更好的客户体验,节约社区管理综合投入及提升投入的效益,通过统一可复用的采集与感知服务降低投资成本与服务效能最大化等。基于物联网形成

新感知或者更为精细化、多方面的感知数据流，可帮助企业和社区管理者做出科学的决策，保障决策投入的科学性与可行性，节约实施时间与成本投入。

2）间接效益：针对企业和社区运营管理人员，可通过物联网管理平台实现对于企业产品、社区公共区域相关设施（即资产）的透明管理，能够更好地进行监控，保障资产可用性，提升运营效率，降低维护成本。同时，通过打通人与物的交互，给企业、消费者、市民提供新的或者更好的服务体验。

2. 客户需求

通过对国内头部地产集团的物业公司的市场调研和走访，我们发现，大部分物业公司的管理社区系统相对独立，项目的物业管理自治程度非常高，导致在社区管理单元中的人行、车行、安防硬件品牌各有差异，进而造成售后运维无法统一管理，设备损坏后无人维护，特别是车场系统规模相对庞大、业态丰富、数量众多，物业管理人员缺乏统一建设规范和业务标准流程；EBA系统管理复杂，规则配置门槛较高，每个项目各异，集团无法统一管控；各车场信息、人员通行信息相互独立，互为信息孤岛，集团层面无法有效监管；停车系统、人员通行等各系统供应商众多，管理难度大、培训成本高、很难标准化，其中停车场收费岗亭值守人员至少多人多班，而且人员成本逐年递增，设备现场维护运维，工程运维人员运营成本高；人行门禁管理模式较为陈旧，业主体验感不佳；人员进出无法把控，快递、送餐、营销可以随便进出小区；监控设备因老旧而无法长期保存视频监控。

国内的社区智慧化场景主要集中在人员通行管理、车行管理、AI安防管理和物业基础服务管理、社区智能服务等方面，而国内的地产集团及物业集团现有的管理模式中，各物业小区的各场景管理系统都是自主使用的状态，集团无法准确、及时地掌握各个项目的管理情况、财务情况、安防情况等信息，给集团管理带来了很大的困难和风险。

目前，全国主要的地产集团都开始规划并推动智慧升级方案，按照"统一规划、分步实施"的方式开展集团信息化系统建设，有序推进智慧社区整体升级工作；构建信息系统投入保障机制；逐步推进集团信息数据集成平台建设工作，实现集团内各业务、财务等信息系统数据的整合，为经营决策提供科学的数据支持、分析手段和决策方法；基于集团实际，有条不紊地逐步推进，消除信息孤岛，为整体化、智能化管理提供支撑。

3. 阿里云解决方案

阿里云根据客户现状来建设智慧社区统一的物联网平台，为社区各类设备提供泛在连接和云化服务，形成一个全面感知、广泛互联、相互协同的有机网络。该平台能够实现各类数据的汇集，沉淀统一的社区数据中心，并以此为基础搭建统一用户身份认证、统一支付体系和统一运营管理平台，支撑社区安防、巡检等管理应用，并通过社区一码（脸）通的多码合体串联人、地、事，实现因人、因地、因事的智能化管理，支持社区业主通行、消费等用户服务，构建社区智慧化应用与体验入口。通过对数字化建模，构建全要素数字化和虚拟化、状态实时化和可视化的数字孪生,实现对社区管理、运营的数字化和可视化展示。

智慧社区平台采用业界常用的微服务架构,使用主流的开源技术框架,前后端分离,支持分布式集群部署,遵循统一的技术路线,架构设计注重服务间的松耦合和服务内的高内聚,通过业务的抽象、映射实现业务对象组件化和统一的服务调用,充分考虑系统的可扩展性、可复用性、可配置性,降低开发和维护成本,使得系统能够随需而变,快速灵活地满足业务变化的需要。

基于对地产行业多个智慧社区项目业务需求的全方位、多渠道梳理,深入理解和把握各地产客户项目的建设目标和预期效果,以及对多业务场景下的需求把握,提炼出智慧社区项目的总体架构,如图6-29所示。

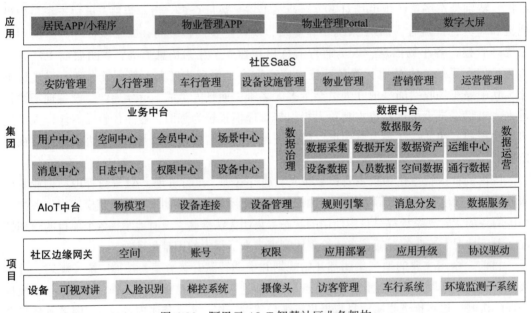

图6-29 阿里云AIoT智慧社区业务架构

从图6-29中我们可以看出,整体架构分为三层,下面我们将详尽说明这三层结构。

(1)应用前端

- C端小程序:致力于为社区业主提供快捷、便利的可视化操作界面,帮助业主快速完成缴费、报事报修、人行登记、访客邀约、社区生活等业务,并为业主提供在线求助服务,给业主打造安心舒适的社区管理环境,实现社区"智慧生活""居民自治"的便捷化物业管理。

- B端移动管理端:为物业管理人员提供更加便捷的物业费用收缴、抄表、工单管理、日常巡检、车辆管理等物业服务,从而更好地为业主提供服务,提升物业服务的业主满意度。

- B 端 Web 管理后台：物业管理人员 Web 后台可视化操作界面，统一化应用管理平台，管理的应用包含车行、人行、安防、收费、基础档案、工单管理、EBA 规则管理等，从而提升物业管理工作效率，帮助物业实现社区管理的信息化、智能化。

（2）集团云端

- AIoT 中台：AIoT 中台作为沟通感知层设备和应用层业务的重要桥梁，封装底层设备和网络的异构性，提供统一、通用的访问接口，实现数据和计算资源的复用。AIoT 中台是数据管理、设备管理、事件管理的中心，是物联网应用集成的核心部件。
- 业务中台：业务中台对多业态业务应用（车行、人行、安防、物业管理）进行统一管理和授权，实现平台共享和业务松耦合。
- 数据中台：与地产集团及物业公司现有的 ERP 企业数据打通，同时拉通多业态（车行、人行、安防、物业管理）的核心主数据，提升数据质量，为多业态的横向经营及管理提供数据决策依据。
- 车行应用：智慧社区项目中的车位管理、车辆进出管理、收费管理、异常管理、财务管理等核心业务应用。
- 人行应用：智慧社区项目中的业主通行、访客通行、人脸识别、一卡通、二维码进出、可视云对讲等核心业务应用。
- 视频应用：智慧社区项目中的人员管控、人脸门禁、访客管理、周界警报、高空抛物、公共区域占用等 AI 安防应用，可通过安防事件分析及图片和视频查看进行有效管理。
- 物业管理服务：智慧社区项目中的社区基础档案管理、物业收费、工单管理等核心业务应用。

（3）物业项目本地

- 应用容器化部署：车行、人行、视频的边缘应用都是部署在项目本地的物业一体机的 Docker 容器中，容器化部署更加方便、安全，可以有效隔离各个服务，易于维护和排查问题。
- 硬件设备统一控制：所有社区管理单元中的硬件设备都是由设备控制接口服务进行统一管理，可以集中化地管理各个设备。
- 项目本地的车行、人行、视频应用等通过设备控制统一服务进行与设备对接，经过本地业务逻辑处理后，调用阿里云 AIoT 边缘领域服务传送至阿里云 IoT 平台
- 通过边缘自治的应用管理能力和基于云边协同体系的分发部署能力，为物业一体机边缘应用提供高可用、可运维、可迭代的远程运维能力。同时，提供云边协同组件，实现项目和总部的标准化云边系统集成。通过实施基于阿里云 AIoT "边缘应用管理平台"的智慧小区建设方案，帮助客户物业集团实现了项目系统的快速复制和快速集成，大大降低了项目智慧化改造成本。

阿里云 AIoT 智慧社区方案的架构如图 6-30 所示。

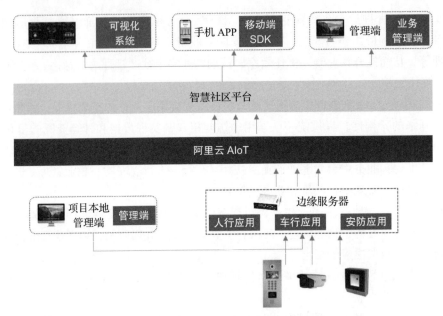

图 6-30　阿里云 AIoT 智慧社区方案架构

6.5.2　智慧园区

智慧园区是构建新时代产业经济发展的重要阵地，是及时捕捉新兴技术并持续融合到园区创新发展中的重要抓手，是推动园区生产、生活、生态有机融合的重要动力，是面向多业态园区构建现代化管理体系和能力的重要保障。

阿里云作为领先的数字经济新型基础设施云服务商，已经在全国打造了多个智慧园区，与各领域中优秀集团的合作，打造出具有行业代表意义的新标杆。

通过综合运用物联网、大数据、云计算、人工智能、5G 等新技术和新应用成果，并融合到智慧园区平台系统建设中，有效提升了园区管理集团对于分布在不同地理位置上的园区的标准化管控能力。利用智慧园区的迅捷信息采集、高速信息传输、高度集中计算、智能事务处理和无所不在的服务提供能力，实现园区内、总部到园区之间的及时、互动、整合的信息感知、传递和处理，从而提高园区的竞争力和可持续发展能力，构建一流、智慧、安全、舒适、便捷、高效的园区经济发展软环境。

物联网在智慧园区应用建设中扮演了"中枢神经系统"的角色，是智慧园区的基石。园区部署的物联网感知前端，通过数据敏捷地感知到发生问题的基础设施，通过统一管控平台对收集到的各类信息进行快速、准确、有效地处理，并对各类设施做出智能化管控，实现各系统间的联动，实现对基础设施的自动感知和智能控制。

1. 市场现状

近几年，随着移动通信、物联网、大数据、云计算等新一代信息技术的发展，数字园区在数字化的基础上进一步演进到智能化。依托物联网可实现物理实体的智能化感知、识别、定位、跟踪和监管；借助云计算及智能分析技术，可实现海量信息的处理和决策支持。通过数字园区的发展，各个园区积累了大量的基础和运行数据，但也面临着诸多挑战。主要挑战包括园区级海量信息的采集、分析、存储、利用、处理等问题，多系统融合中的各种复杂问题，以及技术发展带来的园区发展异化问题。更重要的是，目前的数字园区只是实现了数据和信息的单方向传递（数据的上行传递），以及通过记录与测量手段将实体数据记录在三维地理信息系统中，并通过三维虚拟现实技术展现出来，而忽视了（或者说在当时技术条件下无法实现）数据的下行传递与应用（即对物理实体的控制数据的传递）。

2. 客户需求

智慧园区平台的重点在于一体化建设。经验表明，系统分割、数据烟囱是信息化时代普遍存在的现象，在传统楼宇智能化建设中，不同厂家的硬件都配备一套应用系统，这对园区管理人员来说操作压力很大，有时连登录密码都会忘记或者搞错；系统价值很单一，无法形成系统间的联动。而在数字时代，数据的贯通、数据资产的统一、数据的融合应用是可持续发展的原动力。因此，智慧园区平台的难点体现在以下几个方面：

1）如何实现园区全域数据的汇聚，包含物联网自动采集的数据、线上线下管理服务数据的采集、横向异构系统间的数据拉通。

2）如何实现平台建设的开放性和先进性，技术的发展日新月异，资源的整合需要生态化，这些都要求平台的建设和扩展是持续性的，它应该是一个可"成长"的系统。

园区的建设包括以下三个目标。

（1）构建覆盖园区的物联网络，实现园区数据的全面感知

以大数据、物联网、人工智能、物联网为引擎的第四次技术革命正将我们带入一个万物感知、万物互联、万物智能的世界。物联网、人工智能等技术的兴起为真正意义的智慧园区建设，在设备互联及网络传输方面提供了成熟的条件。

在智慧园区应用建设中，物联网基石。智慧园区建设将基于传感和无线射频技术，通过物联网络把无处不在的植入园区的基础设施的智能传感器连接起来，实现对园区的全面感知。

（2）对感知数据进行分析决策，实现园区设施的智能管控

园区部署的物联网感知前端，通过数据敏捷地感知到发生问题的基础设施，通过统一管控平台对收集到的各类信息进行快速、准确、有效地处理，并对各类设施做出智能化管控，实现各系统间的联动，实现对基础设施的自动感知和智能控制。

（3）高新技术应用场景精准落地，人性化服务体验全面提升

基于大数据应用，广泛利用语音交互、人脸识别、机器学习等人工智能技术，结合园区部署的前端各类智能交互屏等终端设备，使人机互助更加简洁，提升了人机交互体验，使工作、生活更方便。

3. 阿里云解决方案

2020年11月,阿里云推出《阿里云数智园区白皮书》,明确定义数智园区是园区在新环境下全新的发展阶段,是以数据为核心生产要素,以数字运营为核心生产关系的系统变革,是生产力全面提升且人、物、空间全面联动的新型园区,不仅涵盖了完整的产业生态,也是一个具备自生长能力的有机整体。

事实上,园区的智慧化在园区形态的每个阶段都有体现,每个阶段的智慧化特征和侧重点不同。在园区1.0阶段,通过应用自动化办公系统,园区的管理部门只是对园区做简单的数据收集工作,并通过少量的数据来对园区的产业布局和发展政策做出调整;在园区2.0阶段,不仅园区的楼宇实现了智慧化弱电系统,而且随着产业间协同效应的提升,园区的数据量逐渐丰富,新兴的信息化技术手段逐渐应用到园区的规划和管理中,各部门之间开始出现简单的数据联通,园区运营开始体现出智慧化的特点;在园区3.0阶段,随着园区在生产和生活功能上的扩充,园区的数据流日渐丰富,园区管理和运营部门开始对大量数据进行沉淀,基于统一集成框架的智慧园区雏形开始出现,但对于如何充分地将数据资产转变为园区发展的动力依然没有找到答案;在园区4.0阶段,随着产城融合的进一步加深,园区的功能和业态向更高精度和更深融合度演进,人们日益增长的生产生活需求与园区落后的运营管理现状产生严重的矛盾,数智园区成为解决这一问题的关键措施。

阿里云AIoT数智园区的架构如图6-31所示,园区解决方案给客户带来的有效经验是实践。

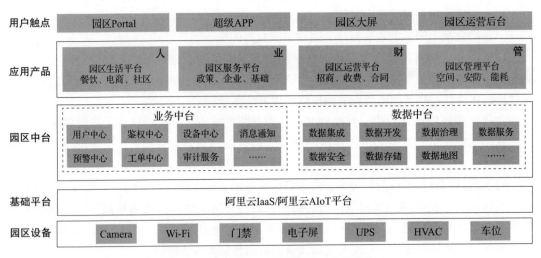

图 6-31 阿里云 AIoT 数智园区整体架构

第一,通过不断地做园区的数字化运营,真真切切地感知和认识园区的痛点和需求,以此倒推智慧园区的建设,形成建设、运营的不断滚动和优化完善,淬炼出一套行之有效的智慧园区体系和能力。

第二，基于阿里云 AIoT 能力构建数字化的"新弱电"，实现万物互联、全局智控，真正发挥物的智能化价值，便于统一管理及维护，减少使用成本，提高对突发事件的响应能力，使主管人员迅速做出决策，减少突发事件造成的损失。

第三，智慧园区平台是工具，人的灵活运用是关键。为此，运营团队的建设首先在思想上要与集团保持高度一致，其次要逐步推动园区管理和服务从经验判断型向数据分析型、被动应付型向主动服务型转变，全力做到工作方式从"管人、管房、管事"转变成"管平台、管数据、管事件"。

Chapter 7 第 7 章

阿里云数字化转型综合案例

7.1 某航空公司数字化转型案例

7.1.1 客户背景

现阶段,新兴发展区域的民航业处在重要机遇期,仍将在较长时间内保持快速增长。G 航空公司(以下简称 G 航)明确了要建设世界领先的航空运输企业的目标和发展蓝图。G 航在信息化建设领域将顺应行业发展趋势和技术发展潮流,落实"建设领先信息系统,提供最佳 IT 服务"的目标,持续推进数字化转型,加强新技术、航空核心算法和大数据分析等方面的研究和应用,为 G 航新时代智能化发展打下良好基础。

G 航在当前的数字化建设中,坚持稳中求进的总基调,希望通过应用云计算和大数据技术,完成 IT 技术转型,实现数据统一管理、系统互联互通,建立安全、高效、先进、智能的微服务平台。

为此,G 航通过招标后引入阿里云的咨询、设计、部署、培训与维护等系列产品与服务。通过借鉴互联网公司的先进经验,基于 G 航的 IT 发展愿景和 IT 设施管理与建设的现状,规划、设计并逐步协助 G 航实施基于中台架构的数字化转型。

G 航的数字化转型建设从时间上分为多期在多个领域实施,截至本书成书时,G 航的双中台架构仅完成了数据中台的设计与实施,业务中台还未完成最终的方案设计,故本案例主要介绍数据中台相关的内容,而不会涉及业务中台的相关内容。

7.1.2 阿里云解决方案

考虑到 G 航的业务以及 IT 系统现状,我们主要从以下三个方面实施相关改造。

❑ 建设面向未来的具备弹性能力的高可用、安全的数据中心。
❑ 建设统一的数据管理制度与工具平台。
❑ 打造面向业务的数据能力共享平台：数据中台。

下面将从上述三个方面分别展开介绍。

1. 混合云数据中心建设

G 航混合云数据中心的建设是支撑其数字化转型的底座和基石。

G 航混合云建设目标可概括为：增强业务可用性、提升业务响应能力、加快业务创新、降低 IT 总拥有成本，从而构建具备柔性、弹性特征的 IT 基础设施架构，如图 7-1 所示。

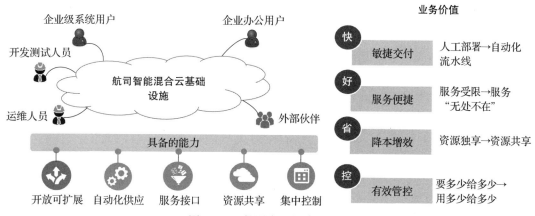

图 7-1　G 航混合云的建设愿景

总体建设能力框架包括战略方向、资源池及迁云规划、运维及运营规划、容灾管理体系规划、安全管理规划和治理管控规划六部分。

伴随着云计算、大数据和人工智能应用的兴起，整个数据中心市场呈现出从通用到异构、从耦合固定到池化组合、从中心到边缘、从单云到混合云的四大趋势。G 航云平台建设战略方向也参照该趋势进行 4 阶段的演进。IT 基础设施发展将逐渐打破 CPU、服务器、数据中心和企业网络的边界，历经从通用到异构、从耦合固定到池化组合、从中心到边缘、从单云到混合云的四大阶段，实践无边界数据中心的战略（如图 7-2 所示）。

数据中心资源池及迁云规划主要包括服务器资源、存储备份资源、网络资源、数据库资源、云桌面和机房规划，以及应用上云的评估模型、迁移路径。

以业界成熟的 IaaS 平台为标杆，结合趋势发展适度超前地分析 G 航云的差距，从建设和使用两个阶段中涉及的机房、网络、存储、服务器、数据库和应用迁移六个方面进行差距分析（如图 7-3 所示）。

服务器资源总体架构上，补充云优化型架构；能力上，补充 FPGA 及 GPU 能力；形态上，逐渐去除小型机，将多数传统虚拟机转换为 ECS 云主机并保留部分物理机和一体机，形成混合态计算池，对计算池进行性能和功能的分区，业务按需分配在计算池里并可按情况迁移。资源原子态和云调度技术实现定量分配和弹性调度能力,为计算充分服务化提供支撑。

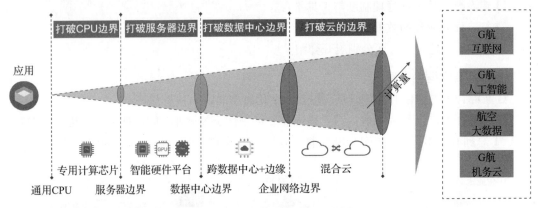

图 7-2　G 航无边界数据中心战略

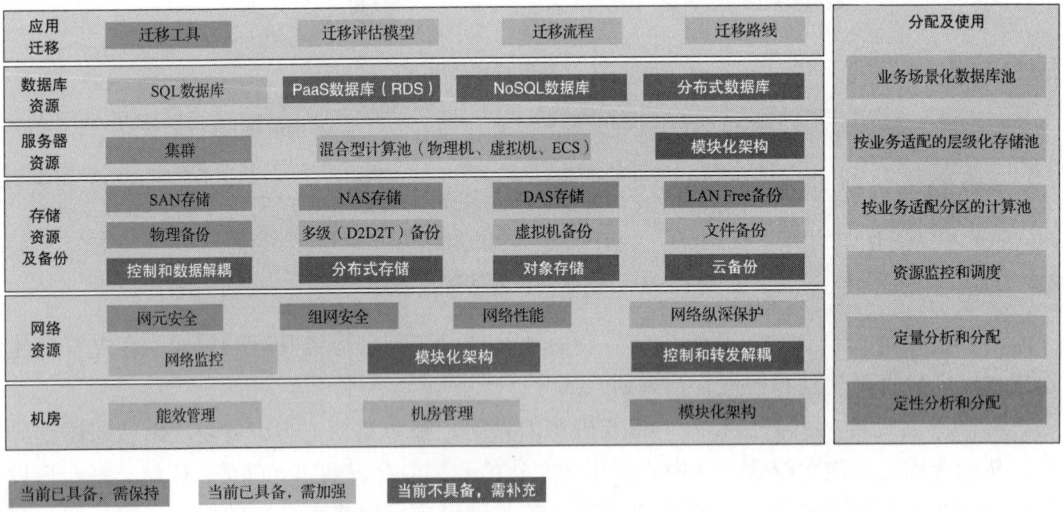

图 7-3　数据中心资源池蓝图和差距分析

存储备份规划包括存储备份的总体架构设计,资源类型和分级设计,使用分配原则,存储和备份架构,存储和备份容量估算,以及云备份的使用建议。

网络规划主要包括整体功能架构规划,G 航专有云可用区,网络安全,数据中心互联,网络运维,容灾网络设计,双活网络设计。

数据库规划主要以业务发展为指导,建设多类型、多架构的数据库服务。未来,G 航数据库生态侧重补充分布式架构,引入非关系型数据库,通过镜像、接口和容器等方式提供给用户,并同时为用户提供用户侧数据库的管理服务。

迁云规划应具备一个科学的评估模型,类似于漏斗,将需要上云的应用筛选出来并为这些应用设计合适的方法,评估迁云所需的资源,给出迁云策略和路线。

G 航混合云运维的主要目标在于支撑体系（PPTR）的完善，以及智能化运维、业务运营（包含服务支持）两大方面的流程设计和工具建设。运维建设任务包括资产和配置管理域、监控运维域、服务支持域、业务运营域和自动化管理五大能力域（如图 7-4 所示）。建设要点包括：

- 混合云资产配置：配置数据库、配置基线管理和自动化配置。
- 混合云运维监控：实施全面、统一的监控，融合监控数据，开发自动化引擎和适配器，部署流程数据总线服务，创建和测试安装、配置等任务的流程编排。
- 混合云运营：服务目录设计、发布、交付和支持，用户使用计量计费，使用量分析，用户体验管理。
- 智能化运维：系统日志数据接入和数据治理、挖掘和分析，数据可视化，监督化机器学习，自动化问题分析和处理。

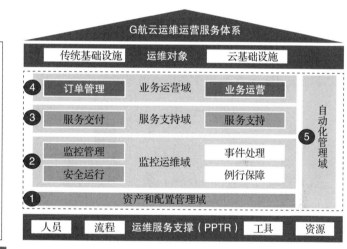

图 7-4　G 航云运营蓝图和建设任务

容灾体系规划包括容灾指标设定、容灾策略设计、容灾技术和架构设计以及容灾管理体系设计。总体视图如图 7-5 所示。

根据同城保发展、异地保生存的建设原则，构建 G 航混合云"同城双中心""异地三中心"的灾备恢复能力，初期实现大部分数据级容灾、小部分应用级容灾（如图 7-6 所示）。

容灾体系建设需要确保灾难发生时信息系统数据的完整性、可恢复性及关键业务处理的连续性，需要结合 G 航数据中心专有云进行建设和调整。后期需要实现全量数据级容灾，大部分应用级容灾。

具体来看，新旧机场机房共同组成数据中心环境，承担核心应用的数据备份和应用恢复，实现实时互备、双活容灾。新机场机房与股份楼机房同城灾备中心均与广域网有多路出口，确保业务无损灾备。在 Y 市建设异地备份中心，承担全面的异地数据备份功能。

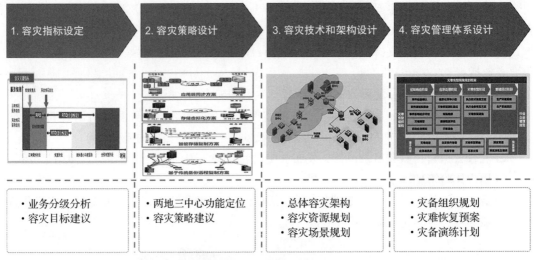

图 7-5　G 航容灾体系

在新机房（主中心）不能正常使用时，旧机房作为同城灾备中心可以接管；新机房与旧机房均不能使用时，在 Y 市灾备中心内重新构建核心应用。

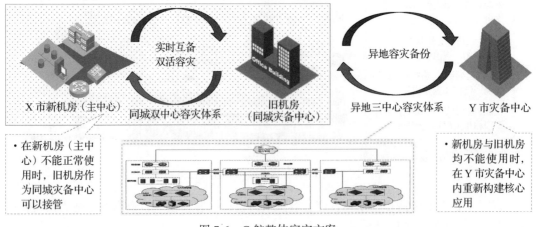

图 7-6　G 航整体容灾方案

数据中心安全管理主要结合 G 航重点关注的安全问题，厘清云平台建设的安全重点任务，实施可落地的安全运营规划。安全框架提供了自上而下的组件视图，这些组件可以促进 G 航构建全方位高性能安全体系。数据中心安全框架如图 7-7 所示。

2. 数据治理制度与工具平台建设

G 航是大型企业，业务复杂，通用和专用的系统繁多，当前各种应用系统超过 400 套，各套系统建设经历了多个时期的替换或迭代改造，且各个时期的建设目标与建设标准、规格都不一致，公司全体系的数据不仅没能成为增值资产，反而给业务的运作带来各种不便，急需实现拉通、标准化、安全及价值变现。

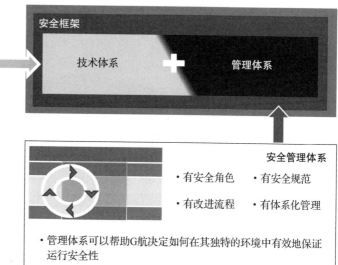

图 7-7　G 航数据中心安全框架

（1）客运营销数据中的问题

- 数据感知不足：内外数据未贯通，如客户信息、竞争对手和搜索数据；各业务部门烟囱化管理，前期系统建设没有统一规划，标准不一致。
- 客户洞察欠缺：缺乏场景营销，如 B 端管理缺乏结构化的产品矩阵，未针对特定场景进行产品打包或投放；产品同质化严重，产品管理未结合客户体验流程和偏好组合产品。
- 产品管理方式传统：缺乏对产品管理方式的梳理，产品落地能力欠缺，缺乏配套标准和考核指标（如产品交付各航站楼支撑不足），欠缺异常情况恢复能力。
- 组织结构低效：欠缺组织结构有效性，职责不清晰，决策管理复杂，业务间协同不足，如营销系统建设的 7 个专家工作组之间缺乏横向拉通，导致对市场感知和响应不足。

（2）客户服务数据中的问题

- 数据未贯通：服务模块和链条的服务各节点存在链条信息缺失情况，客户回访数据分散在多个渠道。
- 精细管理不足：缺乏统一的服务体系，营销管理未提供对应规则。
- 客户研究欠缺：未对客户体验流程和关键节点进行深入研究和洞察，客户体验流程贯通欠缺。
- 差异化不足：客户体验未实现核心价值点，核心触点体验与领先航企差距较大；未提供标志性的亮点体验，无法将其与竞争对手明显区分开以加深旅客对航司的印象。

其他模块也存在各自的问题，这里不再一一枚举。

基于智能化转型对数据治理的总体要求，G航在智能化转型愿景中设定了以下数据治理的目标：构建一个融合、标准统一规范、数据及时可信、安全、高效的数据供应链，实现数据驱动业务并促进数据价值变现，持续提升生产与运营能力（如图7-8所示）。

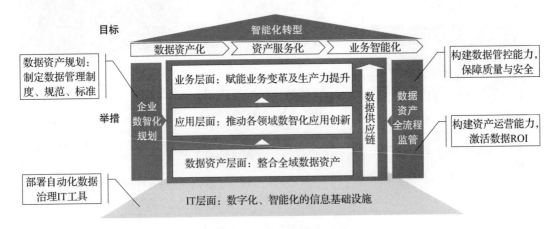

图 7-8　G 航数据治理总体要求

根据阿里的实践经验，数据资产管理体系框架（如图7-9所示）包括4个层面的工作内容：以数据层整个供应链为核心，治理层负责制定标准并监管、实现数据可控，运维层负责保障运行正常，运营层实现资产的可看、可查、可估、可管。

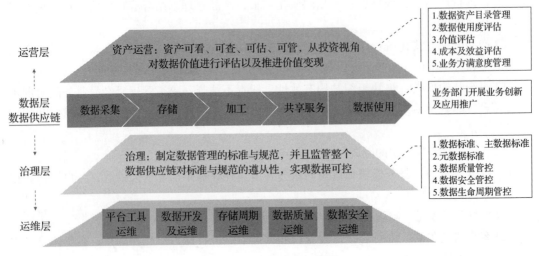

图 7-9　数据资产管理体系

通过结合 G 航的数据治理现状和阿里的实践，我们设计了更为详细的治理方案。

- 治理目的：确保数据供应链的准确、及时、安全以及高 ROI。
- 治理机制：事前制定统一标准与规范，所有系统都遵从统一标准；事中建立管控体系，对数据进行稽核审计，发现问题并进行告警处理，确保与规范的一致性；事后进行资产的运营，对全量数据进行评估，发现问题并进行优化处理（如图 7-10 所示）。

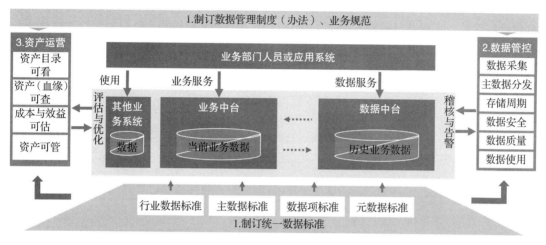

图 7-10　数据治理机制

我们首先需要制定指导公司全局数据定义的标准，包括行业参考标准、主数据标准、数据项标准和元数据标准。有了共同的数据定义标准后，需要对数据的存储、流转、访问规则以及二次利用与价值变现制定规范和约束手段。同时，要考虑数据的安全问题。基于以上前提，在阿里的数据建设平台 Dataphin 上严格同步和遵从相关的标准，将公司全局的数据以数据中台的方式完整、及时、敏捷地向前台和第三方共享支撑问题的发现并解决问题，支持业务试错与创新。

制定的系列制度如图 7-11 所示。

阿里的 Dataphin 平台对于数据的使用和建设方法而言，就是一套固化的数据治理规范，结合公司全局的制度后可以更好、更高效地达到数据治理的目标。

①数据管理制度（即总则）　　⑩数据加工管理制度
②数据认责管理制度　　　　　⑪数据使用管理制度
③主数据管理制度　　　　　　⑫数据质量管理制度
④数据标准管理制度　　　　　⑬数据安全管理制度
⑤元数据管理制度　　　　　　⑭数据生命周期管理制度
⑥数据敏感分级规范　　　　　⑮数据考核管理制度
⑦个人隐私数据管理制度　　　⑯数据需求管理制度
⑧数据采集管理制度　　　　　⑰数据监督检查制度
⑨数据存储管理制度

图 7-11　G 航数据相关制度规范

3. 数据中台建设

前面两部分更多的是从基础设施和数据管理使用标准以及工具平台的角度介绍了一些前提工作，这是 G 航数字化转型项目在数据领域做的既是辅助也是必需的工作。下面介绍 G 航数据中台的一些工作。

数据中台是全域数据的共享能力中心，包括数据采集、数据建模、数据资产管理、对外提供数据服务和各种数据能力（主要是指标和标签）等。基本方法是根据阿里的中台方法论，首先调研客户业务大图、业务流程以及数据资产现状，然后按业务主题抽取主题下的关键业务场景，设计对应的数据能力（MRD），在阿里或其他应用上根据业务需求以各种方式利用这些共享的数据能力（PROD）以体现数据中台的价值。在数据中台的初步体系建设好以后，还需要经过较长时间的优化运营，持续改进和提升数据中台的数据能力与价值。

图 7-12 是 G 航数据中台框架的简图。

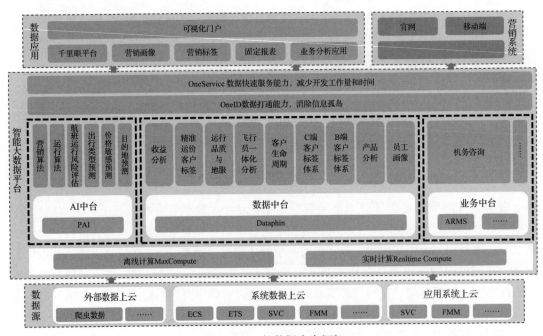

图 7-12　G 航数据中台框架

由于数据中台需要及时融通公司各个业务板块的数据，这就决定了数据中台的建设是一个长期、渐进的过程，我们也只能选择先把核心业务板块的数据纳入中台，之后再逐步扩展到全域。比如，在 G 航的案例中，我们先选择了方框中的业务主题来进行建设（如图 7-13 所示）。

数据中台的核心是将公共数据服务能力提供给前端，经过应用自由组合，形成需求的应用场景解决方案。航司的业务主题众多，各业务主题下场景又很繁杂，由于篇幅所限，以下简要介绍部分业务主题下某些场景的共享数据能力设计（数据应用场景大图见图 7-14）。

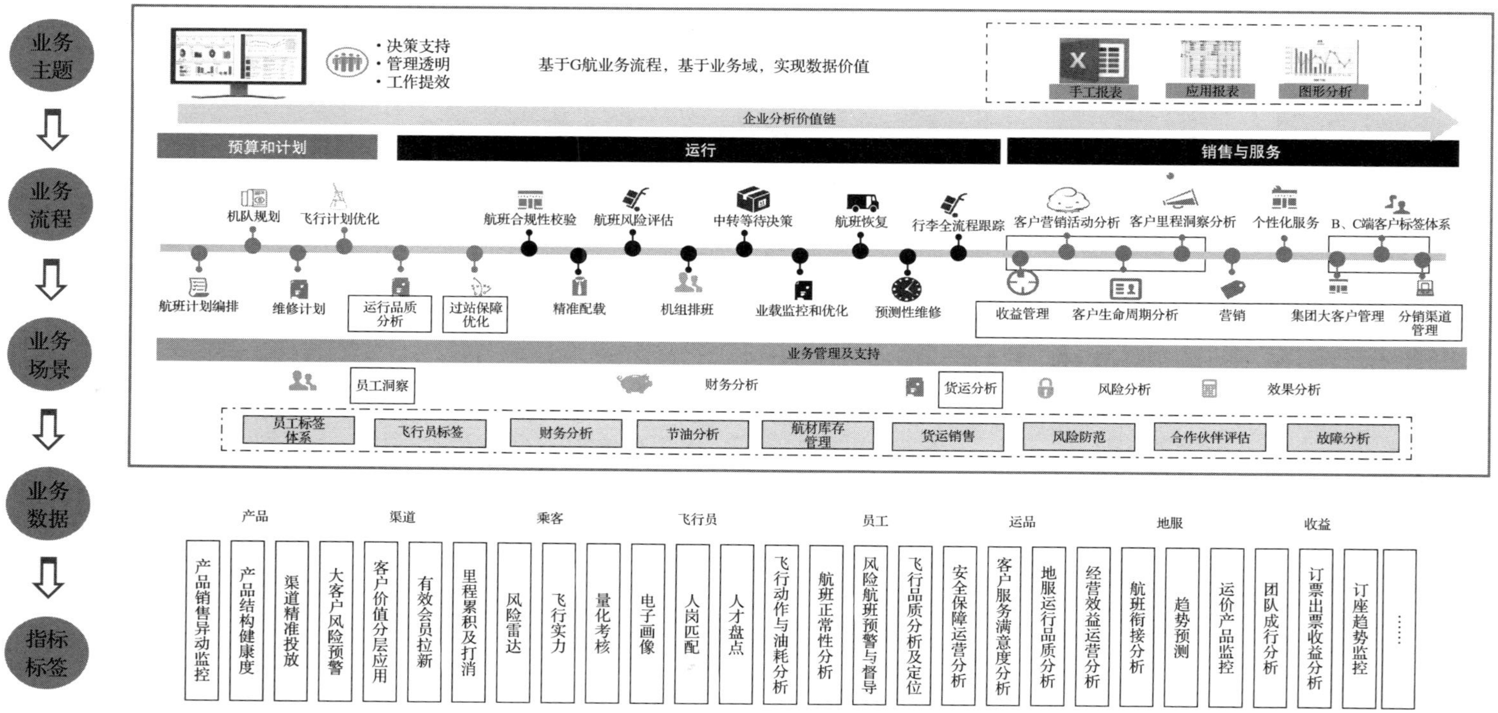

图 7-13 G 航数据分析体系总体设计

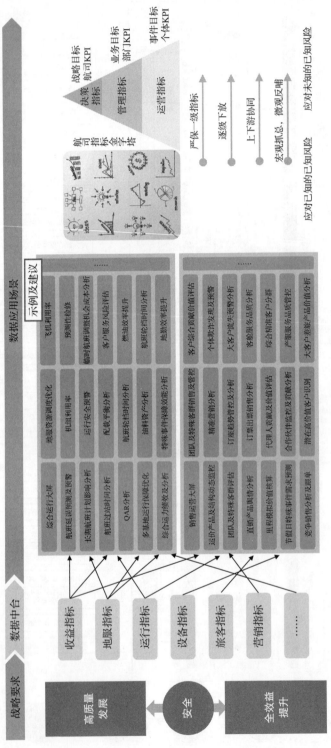

图 7-14 数据应用场景大图

□ 航班正常性分析场景：航班正常性分析用来衡量航空产品的合格率，利用数据指标对运行效率进行讲评和考核，对运行保障的各节点跟踪航班动态，对比航班计划与实际执行的差异，识别航班计划的编排是否不合理或是否有优化空间，确保后续保障及衔接等的正常性（如图 7-15 和图 7-16 所示）。

图 7-15 航班正常性分析指标体系

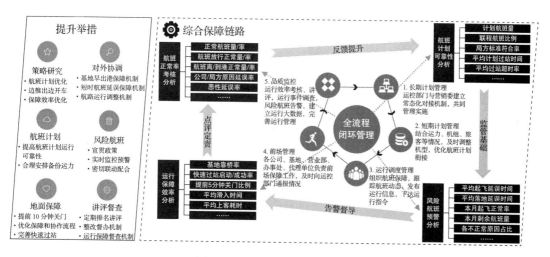

图 7-16 航班正常性分析场景

☐ 地服领域数据分析应用场景——客户服务满意度运营分析：开展以旅客为中心的"全触点"体验满意度分析，促进品牌影响力的提升（如图 7-17 和图 7-18 所示）。

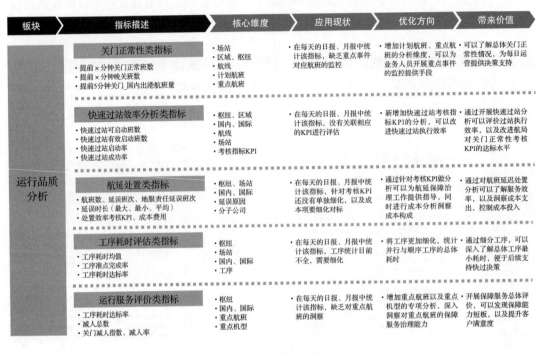

图 7-17　地服指标体系

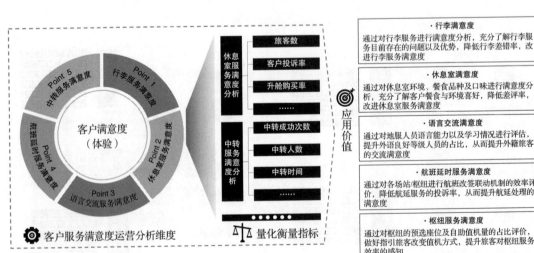

图 7-18　客户服务满意度运营分析场景

在收益管理业务中,各种分析十分复杂,但也非常重要。以运价调优场景为例,需要基于各类促销产品的销售结果来评估定价及促销策略的有效性和时效性,从而进一步评估促销产品的有效性,及时调整运价产品策略(如图7-19和图7-20所示)。

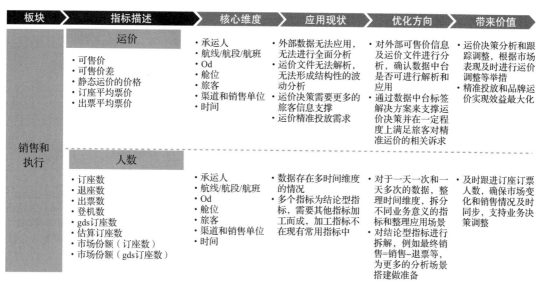

图 7-19　收益指标体系

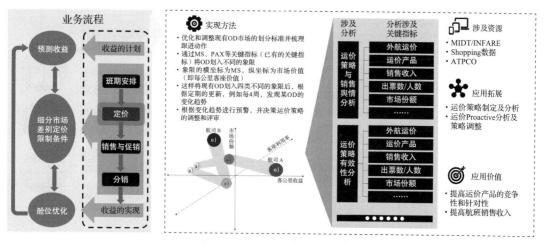

图 7-20　运价有效性分析场景

在客运营销业务中,对于 B 端渠道和 C 端的乘客,不仅要做画像分析,还要考虑后续进行各种营销活动时针对性地做对象群体的圈选,所以还需要给这些业务对象设计各种标签。

在 C 端乘客主题，我们结合阿里新零售的实践，根据阿里 AIPL 理论和客户生命周期以及 G 航用户运营的现状，做了一些数据中台的能力规划与设计，如图 7-21 和图 7-22 所示。

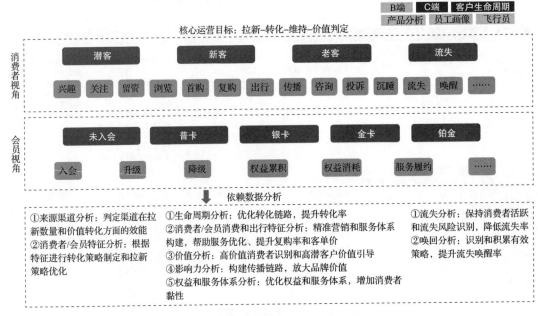

图 7-21　C 端乘客核心业务节点和运营诉求

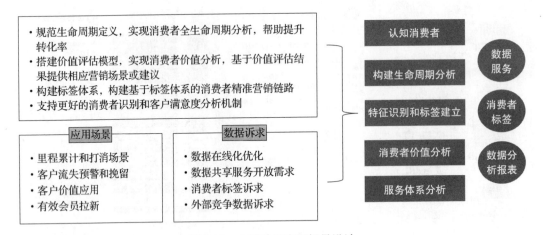

图 7-22　C 端乘客应用场景设计

以客户价值分层的应用场景设计为例，由于航司营销资源有限，航司应构建客户价值评价体系，结合具体业务需求/目标，圈定目标客群，并提炼、总结选定客群的特征及偏好，确定投放的产品、服务、促销及营销活动，在保证 ROI 的前提下，提升现有客户黏性，实现高效的会员发展及维持，如图 7-23 所示。

图 7-23　客户价值分层应用设计思路

再以其中的客户流失预警及挽留场景为例，航司业务人员借助流失预警模型，可以提前识别具有流失倾向的客户。在此基础上，进一步开展价值分群，针对高价值旅客进行深入、多维的分析（包括流失原因、客群特征分析等），从而制定并投放具有针对性的挽留策略，实现在控制营销成本的基础上，最大限度地减少客户流失率，提升客户的活跃度（如图 7-24 所示）。

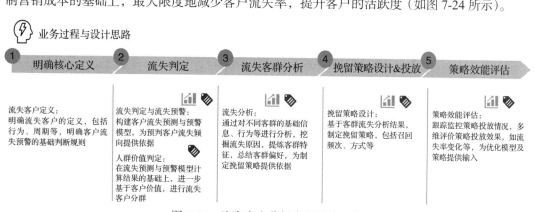

图 7-24　流失客户分析应用设计思路

在产品分析体系已有的一些分析场景基础上，我们又做了一些补充：除主营机票产品外，附加、辅营、增值类产品的经营流程按照产品生命周期来运作，对应的数据分析也针对性地对于产品不同的生命周期提供支持性洞察。分析不仅局限于销量及收入，还需关注客群、渠道及触点、促销三个密切相关的因素（如图 7-25 所示）。

以销售异动场景为例，在定义好的产品规则、客群及渠道投放基础之上，明确销售阶段的目标及预期；投放后针对不同的生命周期，关注重点生命周期指标，不仅关注 ROI 等常规指标，还要关注客群、渠道、促销、时机等销售状况以及异动信息，从而综合反映产品的运营状况（如图 7-26 所示）。

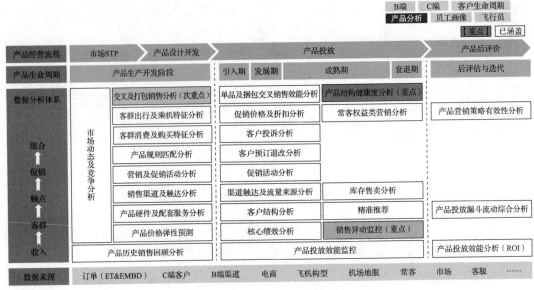

图 7-25 航司产品数据分析体系和场景

⚡ 设计思路

1 定义销售及营销目标	2 增长率及预期监控	3 核心绩效及基础分析	4 交叉分析	5 复盘分析
产品设计伊始及投放之前，需要定义清晰的产品规则及阶段性目标，以便后续精准地进行量化分析	对于产品的关键营销指标和品质结果及增长率进行监控，保障产品投放的稳定预期的实现	投放过程深钻相关客群、渠道、促销、投诉、预定、退改等维度，确定当前销售状态与特定因素的舆情	对于客户、产品、渠道、促销、时机等进行多维分析，从而寻找最优匹配及影响预定的关键因素	对于一定时间周期下产品投放到目标客群的变化，分阶段分步骤地定位产品消费的真实路径并复盘分析

图 7-26 销售异动场景设计思路

上述案例从不同角度简单介绍了我们为航司数据中台设计的一些数据能力，并在业务主题、业务场景、业务过程、关键分析场景与逻辑、指标和标签等层面给出了一些参考示例。需要注意的是，对于不同行业、不同业务类型和业务场景，我们需要的数据能力不一样，不能生搬硬套。在数据中台的 MRD 设计中，应根据业务模型提取核心数据能力（如指标和标签等），帮助我们及时、快速、方便地发现和解决业务中的痛点问题并支撑试错创新，这是数据中台的宗旨。

7.1.3 项目交付过程

G 航项目是阿里在航司领域交付的首个中台类项目，整个交付过程充满了挑战。航司和阿里均组织了庞大的交付队伍，双方成立了一个联合的交付团队，期望共同达成目标。尽管如此，在日常的项目沟通与推进中，各种困难依然超出了预期。航司业务涉及的关系部门和人员众多，有一个获得授权并能决策和推动、协调各部门资源与利益的项目发起人及项目总监或委员会尤为重要。在项目组的调研共创阶段，需要航司投入大量资源，在需求和方案设计出来后需要敢于担责的人来认可与验收方案，而后期的方案实施验证更需要许多航司部门与人员一起配合才能完成。要完成这些任务，光靠航司已有的项目管理制度远远不够。

项目的一些里程碑如图7-27和图7-28所示。

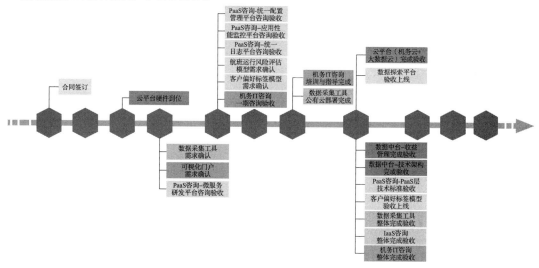

图 7-27　项目里程碑（1）

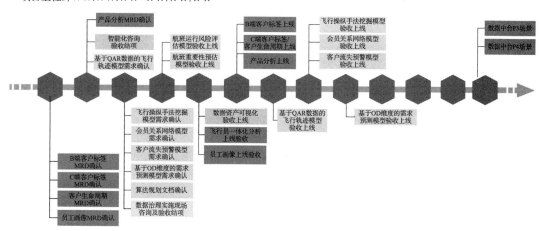

图 7-28　项目里程碑（2）

双方组成的联合交付团队的组织架构如图 7-29 所示，各模块下更详细的组织结构不再赘述。

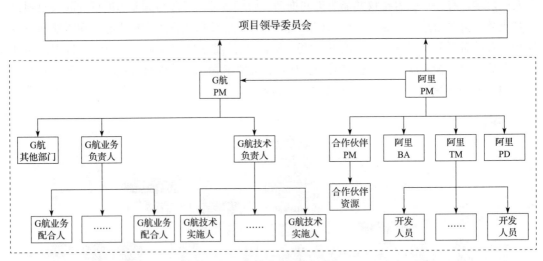

图 7-29　项目组织架构

相对来说，前面两部分工作（即数据中心的建设以及数据治理制度与平台的建设）与传统的 IT 类项目交付类似，我们不多做介绍。一个大型的数据中台类项目的交付过程通常如图 7-30 所示，G 航项目基本上按照图中所示过程逐步推进。

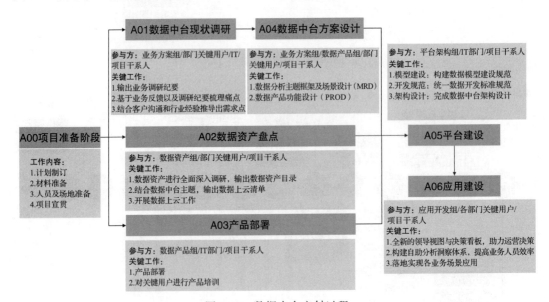

图 7-30　数据中台交付过程

另外，需要重点关注的是业务场景规划推导过程，如图 7-31 所示。

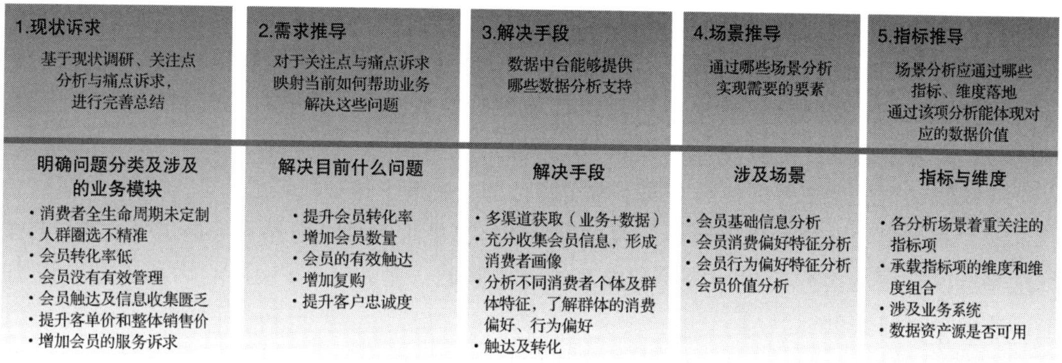

1.现状诉求	2.需求推导	3.解决手段	4.场景推导	5.指标推导
基于现状调研、关注点分析与痛点诉求，进行完善总结	对于关注点与痛点诉求映射当前如何帮助业务解决这些问题	数据中台能够提供哪些数据分析支持	通过哪些场景分析实现需要的要素	场景分析应通过哪些指标、维度落地通过该项分析能体现对应的数据价值
明确问题分类及涉及的业务模块 ・消费者全生命周期未定制 ・人群圈选不精准 ・会员转化率低 ・会员没有有效管理 ・会员触达及信息收集匮乏 ・提升客单价及整体销售价 ・增加会员的服务诉求	解决目前什么问题 ・提升会员转化率 ・增加会员数量 ・会员的有效触达 ・增加复购 ・提升客户忠诚度	解决手段 ・多渠道获取（业务+数据） ・充分收集会员信息，形成消费者画像 ・分析不同消费者个体及群体特征，了解群体的消费偏好、行为偏好 ・触达及转化	涉及场景 ・会员基础信息分析 ・会员消费偏好特征分析 ・会员行为偏好特征分析 ・会员价值分析	指标与维度 ・各分析场景着重关注的指标项 ・承载指标项的维度和维度组合 ・涉及业务系统 ・数据资产源是否可用

图 7-31　业务场景规划推导过程

总的来说，大型数字化转型项目的成功既要依赖一个成熟的业务与技术解决方案，又需要具备丰富经验的交付团队，特别是架构师和项目管理人员。同时，客户方必须要有一个强有力的、富有合作精神的项目管理团队和业务及技术领域的明白人。

7.1.4　客户价值

G 航项目还没有全部完成，但是数据中台即使未经过通常意义上必需的运营优化阶段，仍展示出很多独特的价值。

通过新型混合云数据中心的建设，整个集团在 IT 基础设施上具备了可以按需分配的弹性能力，而且两地三中心的容灾系统提供了全系统的高可用性。阿里提供的高安全方案，使得整个系统可经受深度的安全考验。

系统在第一期建设中完成了 40 多个系统上云，有 7.6 万个字段的相关数据完成了上云与业务建模。系统数据处理量从一期的 TB 级上升到 PB 级。相比之前的 MongoDB，采用 ADB 后，数据查询响应时间从分钟变成秒级。

通过数据中台的建设，解决了原来业务部门间数据孤立不通的问题，将公司所有关键数据融通在一个平台并及时更新。

建立了全新的基于全局数据的快速业务分析和标签体系，包括 16 个数据域、12 个典型业务主题（已完成运行、收益、地服、营销、飞行员、员工等 9 个）、50 多个分析与应用场景，新设计 500 多个指标、500 多个标签。已完工的收益、运营等 3 个主题下有 800 余个用户，每个用户平均每天节省 2 小时，历史数据处理时间从 1 个月缩短至 2 天。

实现了运行、收益、地服、营销等典型业务场景的可视化洞察，帮助实现了航班正常率监控。

建立全新的营销体系、产品、渠道、用户、基于全生命周期的业务分析策略，如预警模型、漏斗模型、关联分析模型等。同时，帮助客户完成智能化转型规划。从无到有地制定了数据治理规划及相关制度。

在平台与应用建设方面，完成了 Dataphin 等关键平台的部署，应用上云工具节约了

80% 以上的人力成本，数据开发效率大幅度提升。

通过完成 QA 和 QBI 等的部署，大幅度提升了业务数据的展示提取和分析效率。

可视化门户及数据资产管家应用受到 G 航客户的高度赞赏并被成功复制、推广到了其他项目，成为数据中台类项目的标配。

千里眼平台成功部署，帮助实现了航司座位调仓决策支持。

客户画像平台充分利用新设计的数据指标和标签能力为精准营销业务提供了支撑。PAI 算法平台的部署为客户流失预警等智能算法提供基础，比如在客户因公／因私出差的识别上，准确率达到了 90%。

更多的价值在这里不一一列举，要注意的是，数据中台需要一段时间的运营沉淀后才能展现其强大的能力和价值。

7.2 旅游与酒店行业案例

7.2.1 客户背景

R 集团是亚洲领先的综合娱乐度假城，设施包括酒店、环球影城、水族馆等。该客户希望阿里云帮助其实施基于阿里巴巴最佳实践的数字化转型。利用阿里云基础设施、双中台架构建设统一的客户体验管理、营销引擎、B2B 业务管理、客户洞察、Chatbot 等能力。在这个项目群中，阿里云为客户提供完整的云原生的开发框架，如 IaaS、中间件、大数据平台、安全、网络、人工智能服务等。

科技的进步改变了消费者的旅行方式，对于今天的旅行者，从航空公司到酒店再到旅行计划，有众多的应用和平台提供解决方案和餐厅推荐等。这种趋势也让消费者有了更高的期望：从单纯满足物质需求，到现在优先考虑个性化、与众不同的体验，还要保证方便、高效与快捷。

技术对旅行者消费行为的影响也推动着旅游行业的变革。除了业务更多地转向在线旅行社和其他技术提供商外，旅游业作为一个整体，所有的行业参与者都需要对其当前的业务模式进行变革，以满足不断增长的需求和期望。通过深度学习互联网行业的最佳实践，以中台理念为支撑、完善 B2B 门户和开放平台为切入点来更好地适应上述旅游行业趋势，在紧跟整个旅游业变革的同时更好地满足消费者和合作伙伴的需求。

这一背景也让 R 集团的数字化转型有了更加迫切的需求，在旅游数字化及零售行业有着成功实践和技术能力的阿里巴巴也成为 R 集团关注的对象。通过几个月的研讨和评估，最终与阿里巴巴合作，规划实施双中台战略来支撑其业务的快速变化和创新。

7.2.2 阿里云解决方案

1. 项目目标

R 集团通过规划企业 IT 转型，实现统一的客户体验，支持组织的业务快速增长。业务中台和数据中台是阿里巴巴集团在企业数字化转型方面实践的方法论。基于阿里云平台强大的计算和弹性伸缩能力,为企业构建共享数据资产层和业务逻辑层,支撑整个组织业务能力的快速迭代发展。

通过业务中台的建设,构建以多渠道业务为创新点的软件应用体系,达成多渠道协同发展的全渠道业务运营支持体系,增加销售场景并提升销售机会;打通现有的线上交易渠道、分销商等渠道的商品、订单、库存,提升运营效率。

基于业务中台构建如下应用:渠道客户关系管理平台(CRM)、B2B交易平台。通过支撑C端新零售业务和B端的渠道业务应用,助力R集团完成"以服务为中心的模式"向"以客户为中心的模式"转移,在找准客户、建立信任关系、挖掘客户需求、提出客户方案、实现签约承诺、提升客户满意度等过程中实现业务在线化,为进一步的数据分析、企业决策与营销提供基础。

通过业务中台与数据中台、数字工厂的协同,以大数据技术为基础的数据采集、存储、分析、应用闭环能够逐步提升R集团对业务数据和泛会员数据的治理能力和数据应用能力,为业务发展及平台化运营提供有力的数据支撑。

业务中台采用以"互联网+"为基本技术特点的集团全域数字运营技术基础架构,达到稳健、高效、安全、可扩展的目标;业务中台负责将业务能力进行聚合、共享与开放,并有效支撑前端业务的灵活拓展。

2. 总体设计

总体设计基于业务需求调研分析,通过营销、销售和客户服务以及客户体验管理生态系统(下称X系统)加强R集团业务。

总体设计详细说明了实现营销、销售和客户服务功能的架构决策,并提供了满足RWS功能需求的X系统解决方案指南(如图7-32所示)。

项目基于中台理念,以业务中台、数据中台为支撑,开展多业态、多渠道的业务创新。

总体架构参考业务需求,通过全面解耦,提高系统的灵活性、弹性和可维护性。系统整体设计原则如下。

(1)前后端解耦
- 前端负责展现和用户交互,业务逻辑在后端中台实现。
- 前后端采用各自的技术路线,统一规划、并行开发。
- 前后端通过服务进行数据交互。

(2)业务解耦
- 将整体系统按照业务领域垂直划分为相互独立的服务中心,中心的设计遵循业务的高内聚、低耦合原则。
- 中心通过服务向外部提供业务能力的支撑。
- 在功能架构设计中,划分了业务域、共享域、技术域等领域共享服务中心。其中,业务域提供的服务一般是业务应用独有的,比如销售、营销等服务中心;共享域主要提供核心的中台服务,包括客户、产品等服务中心。

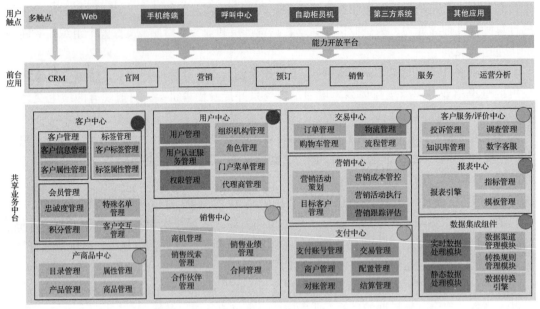

图 7-32　总体架构

（3）数据解耦

数据按照中心进行规划，每个中心负责管理各自的业务数据，使用某中心数据时，其他中心或者应用必须通过该中心的服务进行数据访问。

7.2.3　项目交付过程

整体项目共有 4 期，以中台化思路不断深化在集团的企业应用。中台架构的优点在于它可以提取共享和可重用的业务逻辑，以减少重复开发并能共享全局数据，为业务创新提供基础，为 R 集团的业务持续增长提供技术支撑。下面从技术架构设计的规划和实施的角度来介绍项目交付过程。

1. 系统架构分层

后端业务系统的架构基于领域建模设计。业务系统的层次如图 7-33 所示。

❑ 用户层

用户层利用应用层提供的数据和功能提供出色的用户体验。在系统架构上，这一特性体现在 PC 和移动客户端的性能上。

❑ 应用层

应用层作为每个业务的应用系统，管理领域层中的服务。例如，四个中心可以作为系统架构应用层的一个应用。

❑ 领域层

领域层是所有业务服务的集合，分为业务域和共享域。业务域提供的服务对相应的业务通常是唯一的。共享域提供核心的中台服务，如用户和产品中心。

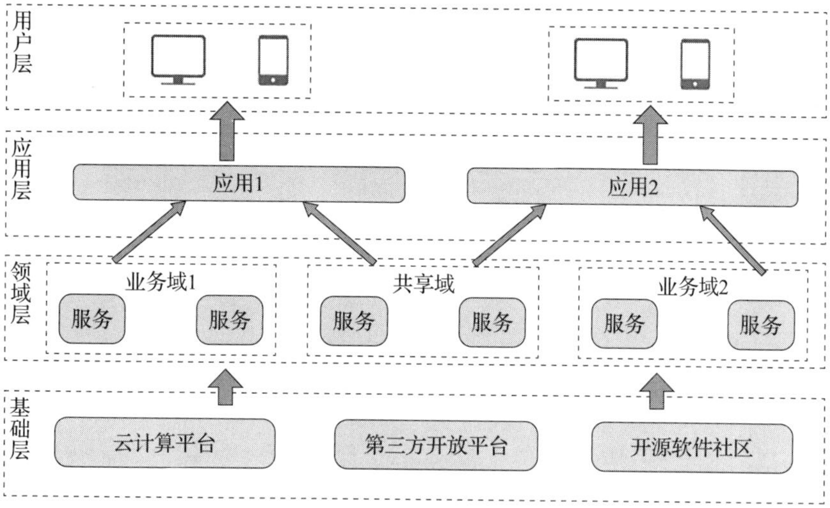

图 7-33 业务系统层次

基于领域模型，共享的中台架构支持业务应用所需的线性可伸缩性，并重用积累的中台服务以适应快速变化。

❏ 基础组件层

基础组件层实现、管理和维护应用程序层和领域层的服务。它通常由开源组件、第三方平台和与业务逻辑无关的中间件组成。

2. 总体技术架构

技术架构在南北向上，分为前端、业务应用、业务中台、技术中台四层；在东西向上，通过企业总线、数据集成与企业内部应用系统、数据中台进行整合（如图 7-34 所示）。总体技术设计有以下几个特点：

❏ 前端与后端相分离，前端架构采用流行的前端框架，分别对移动端、PC 端进行支撑。通过合理的技术搭配人性化的设计来满足用户的需求。

❏ 后端采用分布式的微服务架构，整体技术架构具备易于扩展、组合、部署的特点，可支持动态伸缩、精准监控，并且提供灰度发布。

❏ 后端包含应用层与基础服务层。业务中台的服务与应用服务都以微服务架构在应用层实现。基础服务层将通过各项基础中间件和云服务的能力，向应用层输送同步通信、异步通信、对象存储、数据库、分布式缓存等能力。

❏ 应用运维支撑将从底层对所有应用相关服务运维进行支持。运维体系将提供 IaaS 层的基础监控、服务升降级等治理措施，以及灰度发布、弹性伸缩等服务，确保高可用能力与稳定性。同时，运维层还提供分布式链路跟踪、在线调试、日志收集白屏化展示等能力，最大限度暴露服务现状。

❑ 集成包含数据集成和应用集成，应用集成通过 RESTful API 的方式将 X 系统与其他内部系统进行集成，统一实现应用之间高效通信、互相调用及协同工作；数据集成将和数据中台、其他应用数据源集成，将历史数据通过抽取、转换处理、加载进行整合。

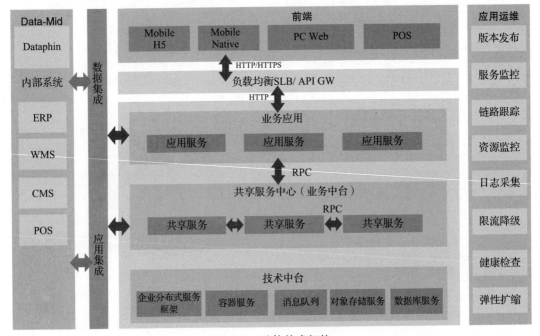

图 7-34　总体技术架构

3. 后端技术架构

后端的技术架构可以分为三大部分。

❑ API Gateway 服务

API Gateway 服务的核心职责是根据业务的逻辑需求，组织及编排业务逻辑，为前端框架提供统一的 API 接入服务。服务接口安全相关的控制逻辑也由这个服务提供，此服务在 1B 阶段实现。

❑ 无状态服务

无状态服务的核心职责是实现各个模块的业务功能。所谓的无状态，是指在应用代码开发中，只负责逻辑的处理、数值的计算，不负责管理数据的缓存或者持久化。无状态服务可以根据具体的业务场景需求，部署到多个服务器节点中。这也是分布式的高可用、高可靠、弹性伸缩的基础。

❑ 有状态服务

有状态服务负责各个模块的缓存加速、消息队列存储、数据库存储等服务。有状态服务可以保证高可用、高可靠，会采用主从 / 读写分离、分布式存储等技术。

由于在微服务架构上把服务的颗粒度切分得很细，因此在需要开发新应用的场景下，可以轻松地复用之前的服务。这也是最适合共享中台业务架构的框架。基于微服务技术架构，通过技术中台各基础服务组件，可以屏蔽实现微服务的技术复杂性。

7.2.4 客户价值

- 建设完成基于业务中台和数据中台的双中台闭环运营体系，持续沉淀核心业务服务能力和数据，基于中台能力持续探索新业务模式。
- 借助中台能力快速构建多业态创新业务，打造企业级能力开放平台，灵活支持 B2C、B2B 等交易模式。
- 通过业务中台的数据基础，结合阿里云大数据能力，提供用户画像、标签运算等能力，为客户引流。以技术手段为支撑，在更好地为客户提供服务的基础上，提升客户业务价值。

7.3 飞鹤乳业客户案例

7.3.1 客户背景

飞鹤乳业是广为人所知的国产婴幼儿配方奶粉品牌。如果从 2001 年二次创业开始算起，它从中国东北的一个县城起步，经过 20 年的时间成长为首家营收过百亿元的国产婴幼儿奶粉品牌，并成为国内婴幼儿奶粉市场的龙头企业。

它之所以能够迅速发展，并不是因为运气好，而是在同行都在高举高打、攻城略地的时候，飞鹤乳业却在"种草养牛"，埋头建设自己的产业集群。

飞鹤乳业历时十余年打造了中国婴幼儿奶粉的第一个专属产业集群，从牧草种植、奶牛饲养、鲜奶采集到生产加工、渠道管控，所有环节做到全程可控。同时，依托专属产业集群的优势，形成了两小时产业生态圈，实现从牧场挤奶厅挤出的鲜奶，通过全封闭的低温安全运输车在两小时内运到世界级工厂，然后直接喷雾干燥生成奶粉，保证了产品的营养和新鲜。

虽然飞鹤乳业成了市场领导者，但一个不容忽视的现实是，自 2017 年以来，国内出生人口持续下降，出生人口总数持续减少意味着国内婴幼儿奶粉市场的总体容量会逐渐缩小。

于是，飞鹤乳业在 2018 年确立了强化头部地位的战略。为此，该公司和阿里巴巴达成合作，开启了数智化转型之路。

7.3.2 阿里云解决方案

数据孤岛、缺乏企业数据标准、数据运营缺失，对业务飞速发展的飞鹤乳业来说，是急需解决的痛点。阿里巴巴提出双中台（数据中台和业务中台）建设思路，从数据展现、数据决策、数据运营再到业务支撑，从能力共享到加速企业信息化建设，飞鹤乳业通过两期数据中台建设、一期业务中台建设，打造形成了企业双中台架构，如图 7-35 所示。

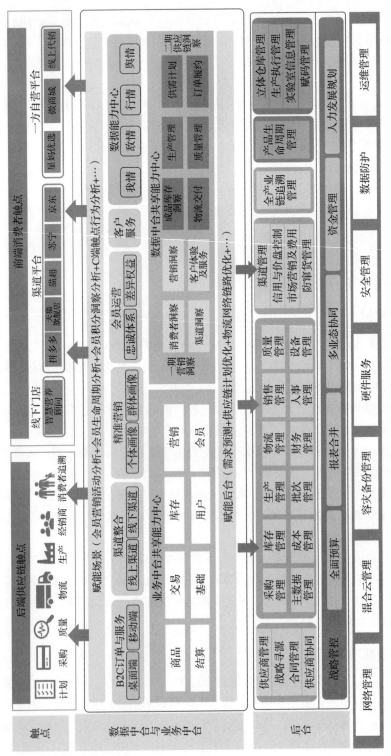

图 7-35 飞鹤的双中台整体架构

飞鹤双中台的建设，打通了业务后台基础数据，贯穿业务全流程，并对前后端赋能，促进了企业全链路数字化运营，提升了响应效率，为企业决策和业务开展提供了有力的支撑。

下面我们从业务中台和数据中台建设两个维度来介绍飞鹤乳业数字化转型建设的路径。

1. **数据中台**

基于 OneData 方法论的阿里巴巴数据中台是阿里巴巴集团数据中台建设经验的沉淀和输出，飞鹤乳业作为第一批标杆客户，数据中台的价值在该企业内得到成功展现。

在建设数据中台前，飞鹤乳业的数据分析以 ERP 系统为核心，也建设了电商平台、会员运营平台、营销系统等设施，为数字化建设打下了基础。但其积累的庞大数据资产呈零散状态，在 C 端的业务痛点如下：

- 消费者：运营缺少全面的数据支撑。
- 导购：数据指标缺乏统一口径；APP 端工具与营销管理系统数据不通，数据稽核困难；导购和营销缺乏全面的数据支持。
- 渠道：订单、营销等数据散落在各系统中难以整合；销售管理平台与终端平台数据不通，全链路数据难洞察。
- 客户体验及服务：缺少全生命周期管理。

在供应链端，飞鹤乳业对数字化改革投入果断，先后重建了采购、生产、质量、库存、物流等供应链系统，推动了供应链的数字化转型，使企业可以快速获取各链路模块情况，便于进一步分析。在供应链数字化改造完成之后，需进一步依赖数据中台解决以下痛点。

- 采购：缺少对原材料库存货龄情况的分析以及及时监控预警。
- 计划：大量依赖人为经验判断，对需求、供应、调拨、销量缺乏精准数据支持。
- 生产：缺少产能、库存、生产计划的精准管理。
- 物流：库存管理多是通过人工从多个系统导出数据进行分析处理，缺少对物流成本的优化分析。
- 销管：缺少对订单满足率的多维度分析，且要以人工方式处理销量预测和需求计划。

飞鹤乳业通过两期数据中台建设项目来打通数据孤岛，一期主要解决 C 端业务痛点，二期主要解决供应链痛点，整体架构如图 7-36 所示。

一期建设主要涵盖 C 端的消费者洞察、营促销洞察、渠道洞察、客户体验及服务。其中消费者洞察包括：

- 基于 OneID 标签建设：以消费者价值为主轴，以行为特征和其他信息为辅轴进行三维交叉分析，精准识别。
- 消费者洞察：基于消费者生命周期各个阶段的分析。
- 积分洞察：对积分完整生命周期进行分析和异常预警。

营促销洞察包括：

- 营销活动：覆盖内容营销、线上营促销、线下营促销。

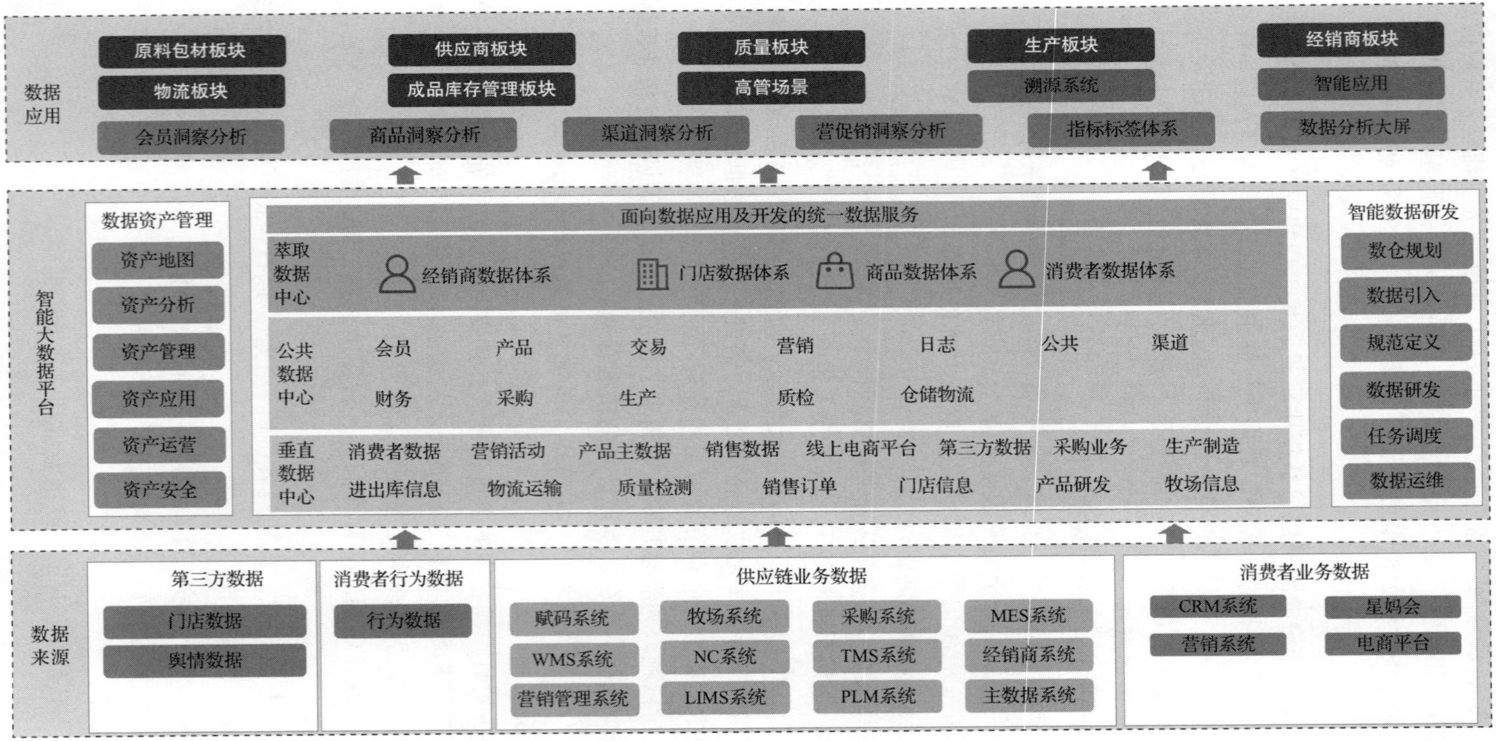

图 7-36 飞鹤数据中台整体架构

❑ 异业联盟场景分析：对于异业联盟合作场景，从产品、活动、合作消息三个维度进行分析。

渠道洞察从进、销、存、人四个维度进行分析，包括：

❑ 终端门店分析：针对终端门店进行相关指标的趋势分析、对比以及结构分析，便于终端门店的管理。

❑ LBS 数据分析：基于位置信息进行区域特征分析。

❑ 导购分析：针对导购进行相关指标的趋势分析、对比以及结构分析，便于导购的考核与管理。

客户体验及服务包括：

❑ 消费数据分析：依托 C 端埋点数据，根据 AIPL 模型，为企业现状分析及提升方向提供依据。

一期建设内容如图 7-37 所示。

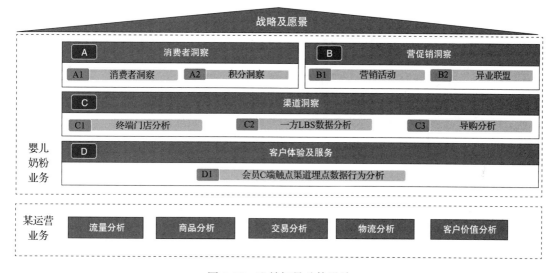

图 7-37　飞鹤场景总体设计

飞鹤乳业正在积极推进二期针对供应链的数据中台建设。整个供应链中台建设涉及 8 个板块、25 个场景，以及追溯系统和智能应用（由销量预测、供应计划、物流调拨及发运计划组成），项目交付过程与客户侧 10 余个部门沟通并明确需求。

其中，成品库存管理主要解决以下问题：

❑ 建立产成品货龄管理及预警机制，把控库存周转情况及耗用速度，为供应链全链路新鲜度追踪提供品质保障。

❑ 建立可用天数 DOS 预警机制，剖析不同仓库维度下对终端需求的满足情况，可及时预警缺货风险并启动补货机制，同时深入解析缺货现状和原因，为后续优化备货机制奠定基础。

原料包材管理及优化主要解决以下问题：

- 拉通各节点原材料库存，建立原材料短缺预警机制，合理分配现有资源，为原材料整体供应保障提供数据支持。
- 建立原材料货龄管理及预警机制，横向拉通各工厂的库存数据，结合货龄情况及原材料消耗速度，执行自我消耗或库存调拨，规避大龄原材料的产生。

生产及质量管理主要解决以下问题：

- 从质量、成本、效率等方面，分别以总公司、分公司、部门角度监控 PCS 时刻。
- 打通数据断层，实现体系化质量监控、自动化预警，提醒监控原辅料质量。
- 监控产成品检测预警、及时放行，分析市场投诉率，监控产成品检测。

经销商管理主要解决以下问题：

- 从经销商后端库存到前端需求，跟踪过单量情况。
- 从总公司、业务部门、经销商视角监控订单交付情况。

物流管理主要解决以下问题：

- 在应用内多维度考虑调拨及发运决策，有效平衡供应链供需两端及利用物流资源以降低物流费用。
- 通过产成品发货货龄分布情况监控在库停留时间信息。
- 通过建立成品库存各节点停留时间分析场景和监控在途货物情况，以多维度、多节点的视角帮助业务部门追踪成品库存，为后续形成决策依据奠定基础。

另外，通过大屏为企业高管提供供应链全局指标总览，使客户高管可以及时获知供应链情况，便于决策。

二期数据中台建设除上述场景展示外，还交付了两个应用，分别是溯源系统和智能应用。溯源系统为飞鹤乳业提供了从牧场、生产、质量、仓储流通、销售的全流程溯源能力，并对外提供服务接口，便于消费者和监管部门查询对接。智能应用则采用智能算法进行销量预测，从而提出需求计划，进而生成供应计划，同时在生产和销售的中间环节，运用智能物流调拨和发运模块给物流管理人员提供合理的物流建议。

2. 业务中台

在经历了一期数据中台建设后，飞鹤乳业充分感受到了数字化转型带来的价值，以及在建设过程中捕获到的业务系统建设痛点，于是启动了业务中台建设。在业务中台建设前，各业务系统有各自的会员、订单、商品、库存等数据，主数据统一维护企业商品、门店、经销商、价格等内容，营销系统维护导购与会员关系等，且每个系统有各自的技术体系，导致系统运维成本高且新业务承建均是烟囱式建设，不便于企业进行统一管理。建设业务中台后，在业务中台统一维护订单、商品、库存、会员、营销、结算等内容，各业务系统后端对接到业务中台，进行标准接口对接。各业务系统只需要关注自身的前端系统建设以及个性化需求，从而加快系统迭代，快速满足消费者需求，如图 7-38 所示。

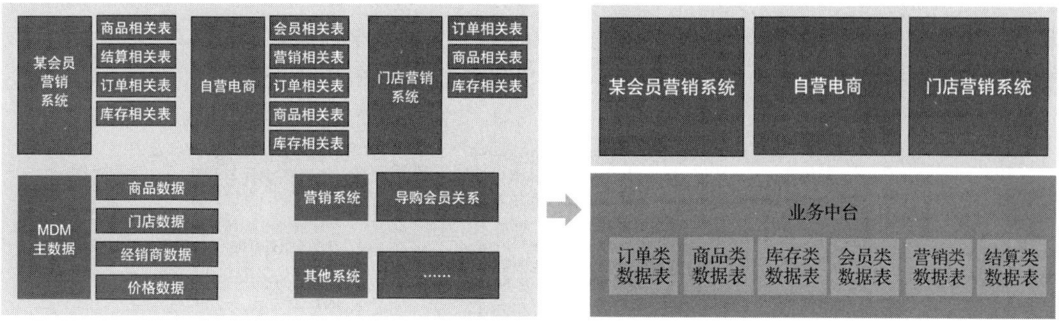

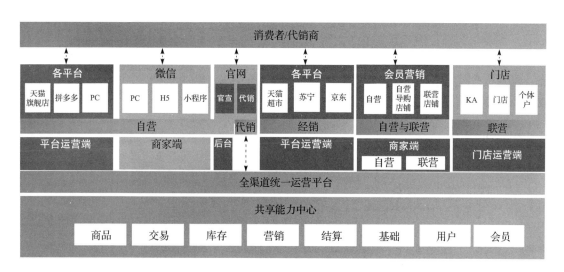

图 7-38　业务中台迭代

在系统架构层面，充分考虑到客户各渠道的平台，目前以会员营销系统以及电商系统为试点，后续逐步以全渠道统一运营平台的形式，对接平台运营端、商家端、门店运营端，从而支撑各渠道业务，规划如图 7-39 所示。

图 7-39　系统架构规划

业务中台承建商品、交易、库存、营销、结算、基础、用户、会员共享能力中心，由全渠道统一运营平台对外统一提供标准服务，从而支撑自营、代销、经销、联营等多种业务形态。

7.3.3　项目交付过程

飞鹤乳业作为阿里巴巴数据中台对外输出的头部客户，同时也是首批落地客户，一期数据中台经历了半年的建设期。前期调研了100余人，覆盖20个系统，范围包含业务部门、省区管理人员、导购人员，涉及会员域、营销域、物流域、渠道域、交易域、商品域、日志域、公共域8个数据域，上云24个系统、788张核心业务表，产生125个原子指标、893个派生指标，落地221个会员标签。关键里程碑节点如图7-40所示。

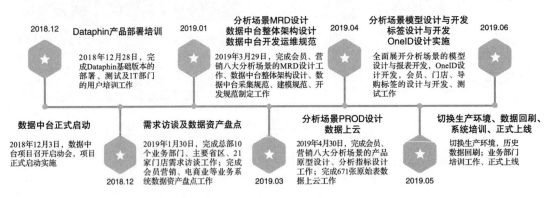

图7-40 一期数据中台关键里程碑节点

二期数据中台目前还在建设中，前期已进行128场访谈，涉及145位各部门、工厂人员，梳理出126个业务痛点，提出80个改进点，上云1000多张表，覆盖13个供应链系统，增加生产域、采购域、仓储物流域、财务域等数据域，设计了627个供应链指标，预计交付周期为14个月。关键里程碑节点如图7-41所示。

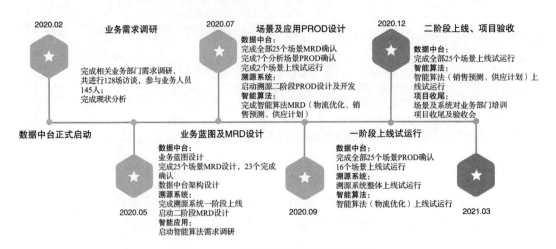

图7-41 二期数据中台关键里程碑节点

业务中台自2020年6月初开始建设，一阶段完成对积分营销系统的改造，在2020年12月上线。二阶段将会完成电商业务承接。项目计划如图7-42所示。

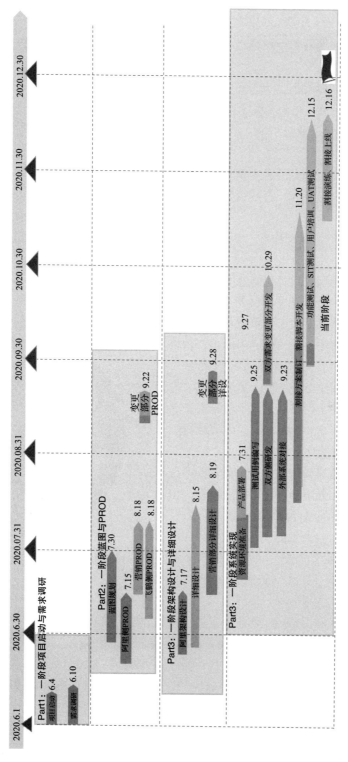

图 7-42 业务中台项目计划

7.3.4 客户价值

飞鹤乳业经过两期数据中台建设,实现了从经验主义到数据主义的转变,达成了如下目标:

- 同源:使用同源数据,为各业务板块提供全面的信息;从管理层到执行层,各业务部门使用同一分析工具,统一逻辑,避免沟通误会。
- 双向:拉通全产业链数据,打破供应链上下游壁垒,有效协同,提升业务运转效率。
- 敏捷:免除手工从各业务系统收集数据并进行合并分析工作,利用阿里云算力对大数据进行多维度分析,有效利用资源进行决策,提升对供应链的响应能力及决策能力。
- 倒推:通过建设数据中台,识别数据的问题及缺失,反推业务流程及系统的改造方案。
- 预知:通过预警逻辑,智能地预警业务问题并识别供应链风险。

数据中台项目的价值如图 7-43 所示。

数据中台建设实现了数字化赋能业务,一期数字化营销覆盖消费端、经销商、门店,二期智慧供应链覆盖原材料、供应商、计划、生产、质量、物流,从而实现全链条赋能,形成闭环,进而加速数字化转型,与阿里巴巴数字化转型五部曲(基础设施云化、触点数字化、业务在线化、运营数据化和决策智能化)吻合。

数据中台的成功建设激发了客户对业务中台的建设期望,通过业务中台在飞鹤乳业落地,预期将带动企业业务更加贴合消费者需求。

- 基于互联网架构开发能快速响应业务需求变化,实现业务创新,平台数据实时在线;线上、线下打通,实现会员通、商品通、交易通、库存通。

图 7-43 飞鹤数据中台项目的价值

- 通过企业级互联网架构实现业务变化实时感知与支撑。
- 业务割裂导致消费体验直接下降,从而影响企业品牌价值。通过中台共享业务中心实现业务互联互通,消费体验一致,提升了品牌价值与用户黏性。
- 传统商业软件需求的升级迭代与故障解决存在困难,业务中台将信息化核心能力掌握在企业自己手中,实现按需快速定制。

- 中台建设改变了传统企业的烟囱式建设方式，在业务梳理分析过程中促进了企业流程与组织架构的优化，推动企业在市场竞争中不断发展进化。
- 全渠道数据实时在线，实时洞察分析当前渠道商品库存分布，任意周期销量趋势变化，推动上游供应链计划与采购优化。
- 针对全域营销和线上线下融合，将销售与商品数据结合，真正洞悉转化的过程，掌握不同渠道的贡献度，实现精细化运营。
- 通过中台建设，最终实现数字化生态链，打造差异化竞争力，包括消费在线、商品在线、交易在线、会员在线、库存在线、门店在线。

业务中台的价值如图 7-44 所示。

图 7-44　飞鹤业务中台项目价值

参考文献

[1] 中国信息通信研究院. 中国数字经济发展白皮书（2020）[EB/OL].（2020-07-03）. http://www.caict.ac.cn/kxyj/qwfb/bps/202007/t20200702_285535.htm.

[2] 杨孟. 迎接"智造"时代，探索中小制造企业数字化转型之路[N]. 科技日报，2020-08-31（8）.

[3] 杨孟. 积极推动中小企业数字化转型升级[N]. 企业家日报，2020-08-27（3）.

[4] 张庆龙. 财务共享服务数字化转型路径探析[J]. 财会月刊，2020（17）：12-18.

[5] 中国信息界. 临矿集团以大数据治理促进企业数字化转型[J]. 中国信息界，2020,（4）：95.

[6] 梁建交. 工业大数据：制造企业数字化转型重点[N]. 中国信息化周报，2020-08-24（14）.

[7] 段淳林，林嘉纯. 新消费时代的企业数字化转型发展[N]. 中国社会科学报，2020-08-20（6）.

[8] 于常涛. 新基建加速企业数字化转型 ADI 多维度推动工业物联网应用落地[J]. 互联网经济，2020（7）：66-69.

[9] 陈浩，刘雁兵，朱皓然. 企业数字化对标要点分析与研究[J]. 企业科技与发展，2020（8）：224-225+228.

[10] 陈林楚，潘艳君. 浅析新业态下的中小微企业数字化转型[J]. 商场现代化，2020（14）：117-119.

[11] 刘俊艳. 传统外贸型中小企业数字化转型升级的障碍与对策——以 OEM 型青岛家居纺织业为例[J]. 科技导报，2020,38（14）：126-133.

[12] 宿宸，阿里云研究中心. 新一代数字化转型白皮书[EB/OL].（2019-11-04）. https://developer.aliyun.com/article/726987.

[13] 中国信息通信研究院. 数据资产管理实践白皮书 4.0[EB/OL].（2019-06-05）. http://www.caict.ac.cn/kxyj/qwfb/bps/201906/t20190604_200629.htm.